Lichtenbergs Hogarth

Die Kalender-Erklärungen
von Georg Christoph Lichtenberg mit den
Nachstichen von Ernst Ludwig Riepenhausen zu
den Kupferstich-Tafeln von William Hogarth

Herausgegeben von Wolfgang Promies

Carl Hanser Verlag

1 2 3 01 00 99

ISBN 3-446-18940-8

Satz: Satz für Satz. Barbara Reischmann, Leutkirch
Lithos: KAOS Kreativ-Agentur, Leutkirch
Druck und Bindung: Franz Spiegel Buch GmbH, Ulm
Printed in Germany

INHALTSVERZEICHNIS

UEBER DIE HOGARTHISCHEN KUPFERSTICHE.

Es wird nicht leicht unter uns, oder überhaupt in der gesitteten Welt, einen Mann von Geist und Geschmack geben, der den Namen Hogarth nicht kennt. Auch ist der Mann in seiner Art gewiß so einzig, als Raphael in der seinigen, so verschieden auch die Wege seyn mögen, die beyde zu ihrem Ruhm betreten haben. Man hat zwar von Hogarth's Namen, so wie von Raphaëls, Miltons, Horazens, Anakreons, Fontäne's öfters Gebrauch gemacht, neuere Künstler und Dichter zu loben und aufzumuntern, allein im Ernst kann es nicht geschehen seyn. Wenn ihn irgend jemand übertroffen hätte, oder ihm nur gleich gekommen wäre, so wüßten es die Deutschen, die seit einiger Zeit alles wissen, gewiß. Es kann für einen Zeichner, der nur etwas Beobachtungs-Geist besitzt, nicht schwer seyn, ein Paar Gesichtchen darzustellen, die irgend einen Affeckt ausdrücken oder rege machen; aber solche Zeichnungen verhalten sich immer zu einer Hogarthischen Darstellung, wie ein Paar Theophrastische oder Bruyer'sche Charaktere zu einem Shakespearischen Stück. Den allgemeinen Beyfall hat er, wie große Schriftsteller den ihrigen, der Darstellung allgemeiner menschlichen Natur, und der Sprache zu danken, die man in Lissabon so gut versteht als in Moskau. Allein ausser diesen Zeichen, die seinen Werken die Verständlichkeit versichern, so lange als sie dauern werden, bedient er sich, um denselben einen Reiz für sein Zeitalter besonders zu geben, einer Menge anderer, die mit der Zeit verlöschen werden, und wohl zum Theil schon verloschen sind; auch selbst die allgemein verständlichen sind öfters so angebracht, daß sie nicht jeder gleich für wichtig hält, und also einen Gedanken entbehrt, den er sogleich würde gefunden haben, wenn er nur das Zeichen für wichtig gehalten hätte. Hogarths Werke haben dieses mit den Werken der Natur gemein, daß nichts bey ihnen ohne Absicht ist. Er erreicht seinen Hauptzweck selten ohne Mittel, die nicht zu mehreren dienen, oder selbst wieder Zwecke sind. Wer sollte denken, daß er in dem Stück *die Biergasse*, das eigentlich bloß zur Ehre des englischen Biers verfertigt ist, zugleich dem berühmten Dr Hill und einem bekannten Mahler der damahligen Zeit, Stephan Liotard die empfindlichsten Hiebe versetzen könne. Ein schwitzender Taglöhner ruht mit einem großen Pack Bücher, den er weg bringen soll, aus, und trinkt einen Krug Porter mit einer Inbrunst, die sich ohne die größte Theilnehmung kaum ansehen läßt. Unter den Büchern zeichnen sich aus: Dr Hill's Critick über die Königl. Societät, *Lauder on Milton* u. s. w. und dieser Pack ist an einen Coffermacher auf St. Pauls Kirchhof wohnhaft addressirt. Bekanntlich werden die Coffer in England inwendig häufig mit Makulatur beklebt. Und dieses ist die Satire. Dem Coffermacher hat er noch überdas den drolligten Namen *M*[r] *Pastem* gegeben (eigentlich soviel als *paste 'em*: verkleistre sie oder Kleister drauf). Aber viel schöner und würklich unnachahmlich schön, ist die Satire auf den Mahler *Liotard*. Dieser, so wie es mehreren Mahlern geht, konnte schlechterdings gar nichts mahlen, was er nicht in Natur vor sich hatte. Hogarth stellt also einen Weisbinder vor, der auf einer Leiter steht, um ein Bierschild zu mahlen: Das Stück soll eine Bouteille werden; um nun diese richtig zu treffen, hat sich der Mann eine würkliche Bouteille an einem Strumpfband an die eiserne Verzierungen des Schildes aufgeknüpft, nach welcher er beym Farbenmischen, mit solcher Sorgfalt und seitwärts geneigtem Kopf hinäugelt und hinvisirt, als wenn es das Porträt einer Königinn werden sollte.

Der Verfasser gegenwärtigen Aufsatzes hofft, den Lesern des Calenders einen Dienst zu erzeigen (zumal da er von mehreren würklich dazu aufgefordert ist) wenn er einige Züge aus den Werken dieses unsterblichen Mannes, die nicht jedem verständlich seyn mögten, hier aufsammelt und erklärt, er wird gröstentheils ohnehin nur solche wählen, die auch noch ohne die Abbildung dabey zu haben, unterhalten können. Hogarth hat eine große Menge Werke geliefert. Sie belaufen sich auf 180, und darunter sind alle Platten, die zu einem einzigen Werk gehören nur für Eins gerechnet*. Aechte Abdrücke von den besten darunter verkauft seine Wittwe noch jetzt für 13 Guineen, und die *Analysis of Beauty* mit 2 Kupferstichen für 15 Schillinge. In der That enthält diese Sammlung das vorzüglichste, und alles, worauf sich der Ruhm des Verfassers hauptsächlich gründet. Vollständige Listen seiner Werke finden sich nebst vielen vortrefflichen Erläuterungen in *Sir Horace Walpole's Anecdotes of painting in England* im 4ten Theil, und hauptsächlich in einem vortrefflichen Werk des gelehrten Buchdrucker *Nichols*, das den Titul führt: *biographical anecdotes of William Hogarth London 1782* und zwar nach der 2ten Ausgabe. Die Titul-Vignette zu diesem Buch, stellt eine Invitations-Karte vor, womit Hogarth einmal seinen Freund Mr King zu einer Pastete im Wirthshaus zur Bischoffsmütze einlud, und welche zeigt, auf was für eine seltsame Weise sich die Laune des außerordentlichen Mannes zuweilen auch bey den kleinsten Gelegenheiten äußerte. Er stellte eine Pastete vor, und oben drauf eine Bischoffsmütze. Um diese Vorstel-

* Und gleichwohl bestehen seine Kupferstiche zu *Aubry de la Motraye's* Reisen aus 12 Blättern in Folio, die zu *Beaver's military punishments of the ancients* aus 13 und die zum klein Hudibras aus 17 Blättern ec.

lung geht in einiger Entfernung eine runde Einfassung; außerhalb dieser ist zur rechten ein Messer und zur linken eine Gabel. Innerhalb der Einfassung, über und unter der Pastete und zu beyden Seiten derselben, stehen die gewöhnlichen Einladungs-Complimente der Engländer, allein nach den Worten *at dinner* (beym Mittagessen) steht noch: *to Eta, Beta, Py.* Es wird manchem schwer werden zu rathen, was Hogarth damit wollte. Er meint nehmlich die drey griechischen Buchstaben η, β, π, die der Engländer wie Ita, Bita, Pey ausspricht, aber eben so ließt er auch die Worte *to eat a bit of pie* (einen Bissen Pastete zu essen). Ueber den Werth dieses Einfalls zu urtheilen, ist hier der Ort nicht, genug er entsprang aus dem Kopf, dem wir die *Mariage à la mode* und die herumstreichenden Comödianten zu verdanken haben, und deswegen wird er aufbewahrt.

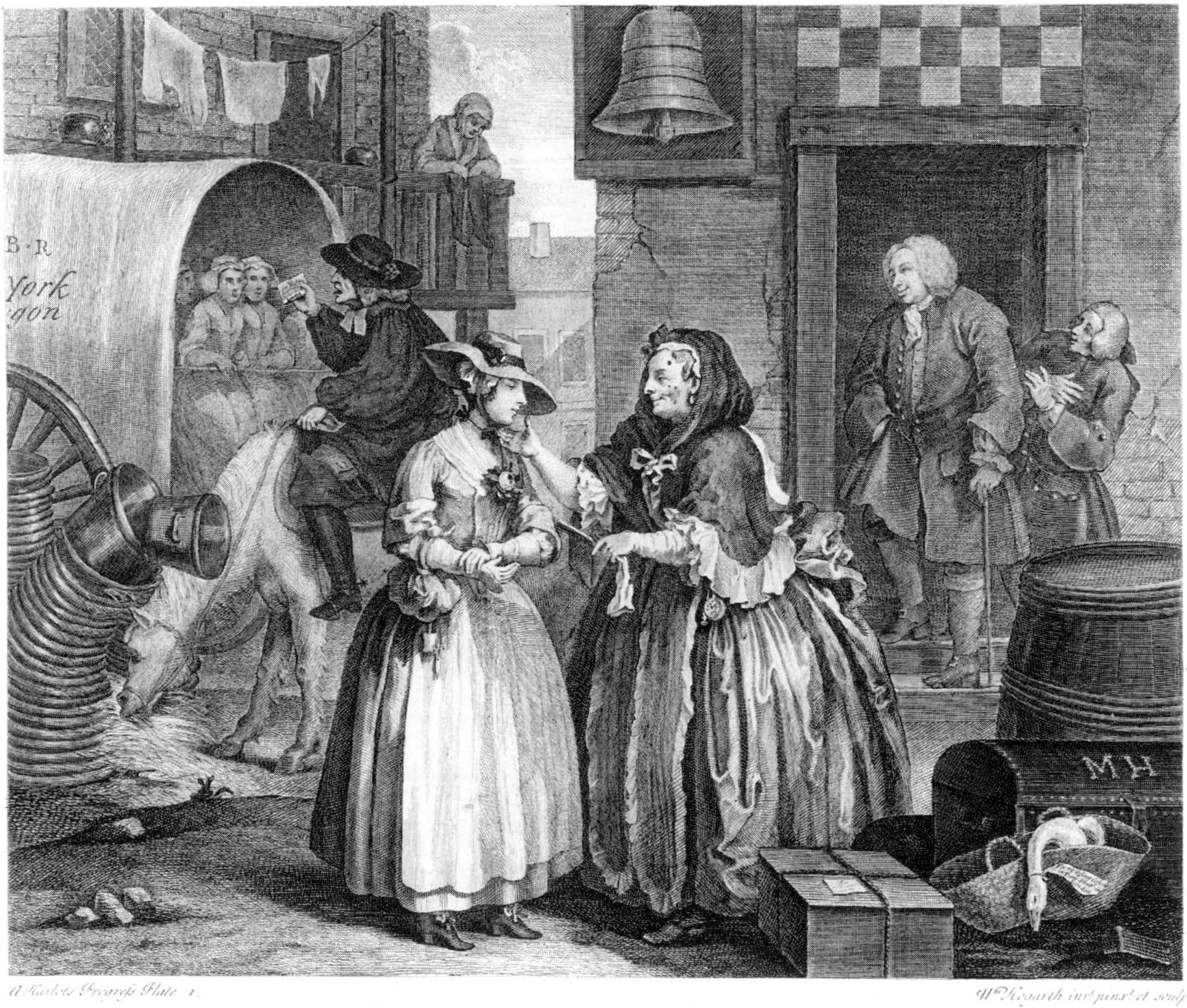

A Harlots Progreſs Plate 1.

Wm Hogarth inv pinx et sculp

DAS LEBEN EINER LIEDERLICHEN.

(Preiß eine Guinee.)

Dieses Werk besteht aus 6 Platten.

I.

Die Heldin des Stücks, ein unschuldiges Mädchen und die Tochter eines armen Dorfpredigers (in keinem Lande giebt es ärmere Priester als in dem reichen England) kommt so eben mit dem Yorkschen Postwagen an. Diese Wagen, die man von den vortrefflichen Postkutschen wohl unterscheiden muß, sind äußerst wohlfeil und elend, man kann sich kein erbärmlicheres Fuhrwerk gedenken, fast so schlecht als die deutschen, denen der Rang in Erbärmlichkeit wohl nur allein noch von dem Fuhrwerk streitig gemacht wird, in welchem ehemals Regulus zu Carthago den Berg herab kutschte. Und doch hat der Vater nur einen Platz für die Tochter genommen, er selbst ritt auf einer ihm zuständigen elenden Mähre neben her, die, um die Sache mit Fieldings und Butlers Ausdrücken zu erläutern, außer einigen andern Eigenschaften hauptsächlich das Knien mit ihrem Reiter gemein hat, nicht wie Bucephalus denselben bequem aufzunehmen, sondern ihn geschwind und unvermuthet auf steinigtem Boden abzusetzen. Während der gute Alte die Addresse eines Empfehlungsschreibens an einen vornehmen Geistlichen (den Hochwürdigen Vater in Gott N. N.) in London studirt, fällt seine arme Tochter, ohne Addresse, einem nicht sehr ehrwürdigen Vater im Satan, dem berüchtigten Obristen Charters in die Augen, das ist nehmlich der Mann, mit den verwachsnen Beinen, der in einer bedenklichen Stellung aus der Thüre des Wirthshauses kommt. Er soll sich außerordentlich gleichen. Sein Name wird von den englischen Dichtern gebraucht ein Scheusal von einem Menschen auszudrücken, wenn alle andere Wörter zu schwach sind. Dr Arbuthnot hat ihn durch eine Grabschrift verewigt, (denn würklich erhielt er ein Grab) die wenige ihres gleichen hat. Sie lautet ohngefehr so: Die Fäulniß, in die er schon bey lebendigem Leibe zu gehen anfieng, setzt nun hierunten weiter fort. Franziscus Charters, der mit nicht zu beugender Standhaftigkeit und nur von ihm allein erreichter Gleichförmigkeit des Lebens trotz Alter und Schwachheit in beständiger Ausübung jedes Lasters beharrte, dessen der Mensch fähig ist; Verschwendung und Heucheley ausgenommen. Vor jener schützte ihn unersättlicher Geitz, vor dieser nie übertroffene Unverschämtheit. So einzig er in unwandelbarer Verdorbenheit der Sitten war, so glücklich war er in Aufsammlung von Reichthum, denn, ohne Handel, ohne ein eigentliches Gewerbe, ohne Verwaltung öffentlicher Gelder, und ohne ein der Bestechung würdiges Amt, erwarb er sich, oder vielmehr erschuf er sich das Vermögen eines Fürsten. Er war der einzige Mensch seiner Zeit, der betrügen konnte ohne die Maske der Ehrbarkeit, der den ursprünglichen Schmutz seiner schlechten Herkunft noch beybehalten konnte, als er schon eine Einkunft hatte von 60000 Thalern des Jahrs; der täglich des Galgens würdig, für das, *was er that*, endlich zu einem verdammt wurde, für etwas was er nicht thun *konnte**. Der du dieses mit gerechtem Unwillen liesest, Wanderer, denke nicht, daß sein Leben für dich unnütz war. Die Vorsicht ließ die verruchten Kniffe dieses Scheusals zu, künftigen Zeitaltern deutlich das Beyspiel und den Beweiß zu geben: wie gänzlich Nichts unermeßlicher Reichthum vor den Augen des Allmächtigen ist, da er ihm einen Manne gewährte, der vielleicht der größte Schurke war, seit dem die Welt steht.

Hinter diesem schändlichen Verführer steht einer von den menschlichen Spürhunden, die er immer um sich hatte, so wie die Jäger die ihrigen. Auch dieser, um den Abgrund, auf dessen Rand das unschuldige Mädchen bereits steht, noch einige Zeit vor ihr zu verstecken schickt wieder die Kuplerinn ab, die ebenfalls ein Porträt ist. Sie war zu ihrer Zeit sehr berühmt in diesem Fach, und hielt ein liederliches Haus. Man nannte sie *mother Needham*. Pope nennt sie in seiner Dunciade sogar einmal *pious Needham* (die andächtige Needham), zwar freylich ironisch, aber für einen so witzigen Mann, wäre eine solche Ironie, ohne weitern Grund, viel zu alltäglich gewesen. Sie vereinigte nehmlich würklich mit dem Gewerbe einer Hurenwirthinn den Charakter einer Betschwester. Man sagt, sie habe täglich gebetet, der Himmel möge ihr doch recht viele Kunden verleihen, um sie dadurch in Umstände zu setzen, den schändlichen Handel mit Ehren aufzugeben, und sich ganz der Andacht widmen zu können. Weil sie den weltlichen Theil ihrer Beschäfftigung aber sehr viel eifriger trieb, als den geistlichen, so fiel sie endlich der Gerechtigkeit in die Hände; wurde an den Pranger gestellt, und da von dem Londonschen Pöbel, der sich auf die Bestrafung solcher Sünden fast eben so gut versteht, als auf die Begehung, so äußerst mishandelt, daß sie wenige Tage darauf starb. Im Hof, auf der Erde, steht der ziemlich ge-

* Er wurde von einem Frauenzimmer Nothzucht wegen angeklagt. Kam aber am Ende doch durch. Der weitläuftige Proceß ist in mehreren Sammlungen, solcher Processe gedruckt.

räumige Coffer, der vermuthlich alle die Glücksgüter des Mädchens enthält, wie man aus dem mit Nägeln darauf verzeichneten M. H. (*Mary Hackabout* ihrem Namen in sehr gelindem deutsch, Maria Gassenbesen) ersieht. Gleich dabey liegt in einem Korbe eine fette Gans, mit der Addresse: *To my lofing brother in Thames street* (an meinen liwen Pruter in der Thems-Strase). So wenig man auch von der Person weiß, die diese Gans abgeschickt hat, so sollte man doch fast glauben, daß sie die Principia der neusten deutschen Orthographie schon damals eingesogen gehabt hätte. Noch muß der Beschauer merken, daß die Themse-Strase eine der volkreichsten und tobendsten der ganzen Stadt ist, und wo die liwen Prüter zu tausenden beysammen wohnen.

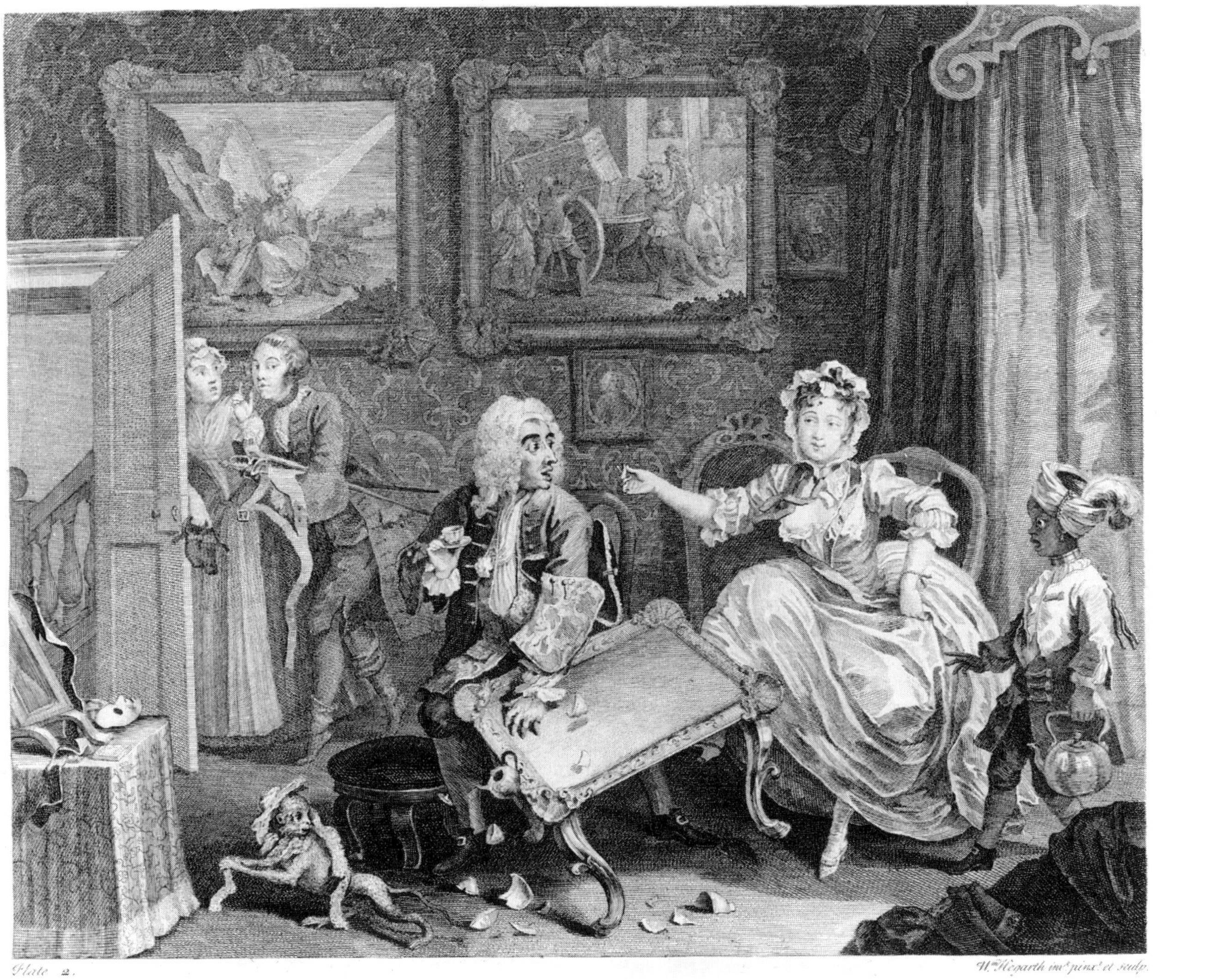
Plate 2.
Wm. Hogarth inv. pinx. et sculp.

2.

Hier liegt das Mädchen schon im Abgrund und zwar tiefer als man glauben sollte. Ein reicher Jude unterhält sie als Mätresse, und dieses auch schon nicht mehr allein. Der glückliche Liebhaber schleicht sich auf den Zähen unter Begünstigung des Cammermädchens, die ihm die Schuhe trägt, weg. Um diesen Rückzug noch mehr zu decken, sucht die Heldin Zank mit dem Juden, und tritt mit Verachtung, den Theetisch um, vor welchem Sie sitzen und frühstücken. Hierdurch entsteht eine grosse Verwirrung, die Tassen stürzen zusammen, der heise Theetopf ergießt sich, und zwar grade dem Juden in die Schuhe. Ein Affe läuft mit einem Kopfzeug davon, und dessen Landsmann ein kleiner Mohr, ihr Bedienter, mit dem Theekessel in der Hand, schreyt mit fürchterlicher Mine. Mit diesem Mohren pflegte der beisende Quin ein berühmter Schauspieler, Herrn Garrick im Othello zu vergleichen; freylich verlohr Garrick viel, wenn der Zuschauer sein ausdruckvolles Gesicht nicht sah, und da seine Figur mehr zu den niedlichen als edeln gehörte, so blieb freylich in einer solchen Caminfeger Maske dem sonst unerreichbaren Mann nicht genug übrig, den Donner zu unterstützen, den Shakespear dem Othello in den Mund legt. Garrick fühlte das Gewicht dieses Spotts und machte den Othello endlich nicht mehr. Doch soll er selbst einmal gesagt haben, da er diese Rolle nochmals übernahm: Nun wird Quin wieder sagen, hier ist Pompey, (ein Name den die schwarzen Bedienten häufig führen) wo ist der Theekessel? Auch die Bilder in der Stube verrathen den Juden, die Erfindung in diesen Gemählden ist nicht sonderlich. Ein Jonas vor Ninive. Anstatt daß ihm die Kürbisse Schatten machen sollten, so scheint er ihnen vielmehr Schatten zu machen, und äußert übrigens seinen Unwillen über einen Sonnenstrahl, mit einer Händehaltung, die man nur bey Leuten sieht, die sich boxen wollen. Das andere ist David, wie er vor der Bundeslade herspielt. Die Lade scheint fallen zu wollen, und Usa der dieselbe halten will, wird von einem Priester von hinten durchgestochen, in der Bibel steht: und der Herr schlug ihn. Unter einem der da hängenden Porträte, stund ehemals der Name *Woolston,* und dieser schickte sich freylich nicht schlecht, zu solchen biblischen Gemählden; in den neusten Auflagen ist der Name weggeblieben.

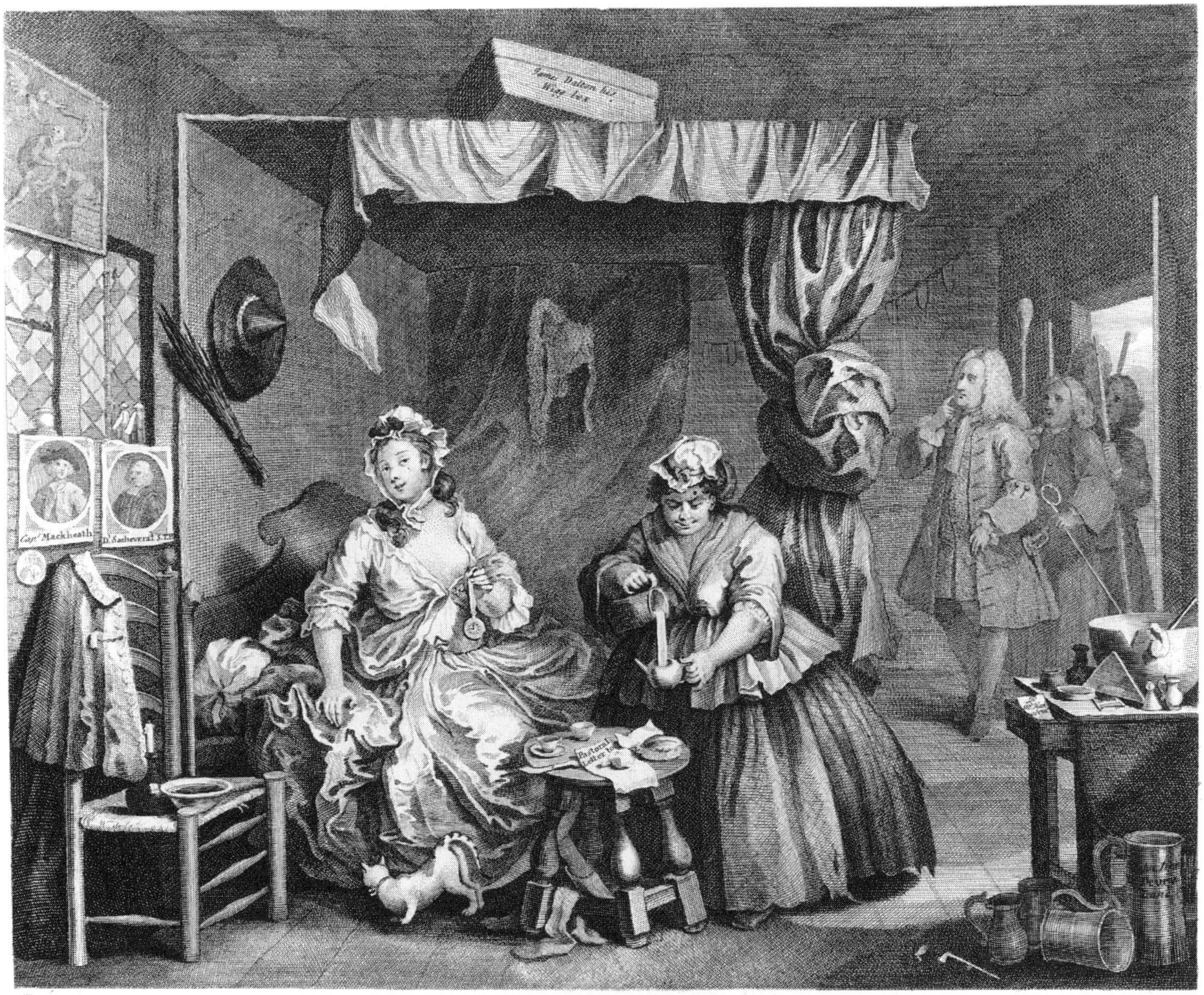

Plate 3 W. Hogarth inv. pinx. et sculp.

3.

Noch tiefer gefallen, hat sie hier ihr eignes elendes Zimmer, wo sie ihr Gewerbe treibt. Mit welcher Classe von Menschen, sieht man oben auf dem Himmel der Bettlade, aus der Perückenschachtel, die einem der größten Straßenräuber, Jacob Dalton, zugehört, dem sie auch vermuthlich die Uhr zu danken hat, die sie in der Hand hält. Wie elend alles geworden ist, ersieht man aus allem. Hier ist kein Pompey und kein Theekessel und kein Affe mehr, sondern die Aufwärterinn ist ein schmieriges Mensch mit gequetschter Nase, die wie Fielding, der es wissen konnte, selbst sagt, grade so aussieht, wie die sanftmüthige Hausehre seines Partridge (Rebhuns) im Fündling. Zum Theekessel dient ein elendes blechenes Milchmaas, und anstatt des Affen ist eine Katze da; der Leuchter ist eine Bouteille, und der Nachttopf eine Schüssel. Die Butter liegt auf einem gedruckten Bogen und zwar auf Dr *Gibson's* Pastoral-Briefen, die der Doctor zwar an die Gemüther seiner Gemeinde addressirt hatte, die aber die Gemeinde bald besser zu gebrauchen wußte, wie man hier sieht. An der Wand hängen die Bilder eines Heiligen, eines Straßenräubers, und eines Doktors der Theologie, und zwar das von dem berüchtigten Sacheverel; außer den Arzney-Gläsern, sieht man hier noch manches an der Wand, das hier nicht erklärt werden kann. Zur Thüre kommt eine ehrwürdige Magistratsperson herein, die damals sehr berühmt, wegen ihres Eifers diesen Lüderligkeiten zu steuren war, nehmlich Sir John Gonson.

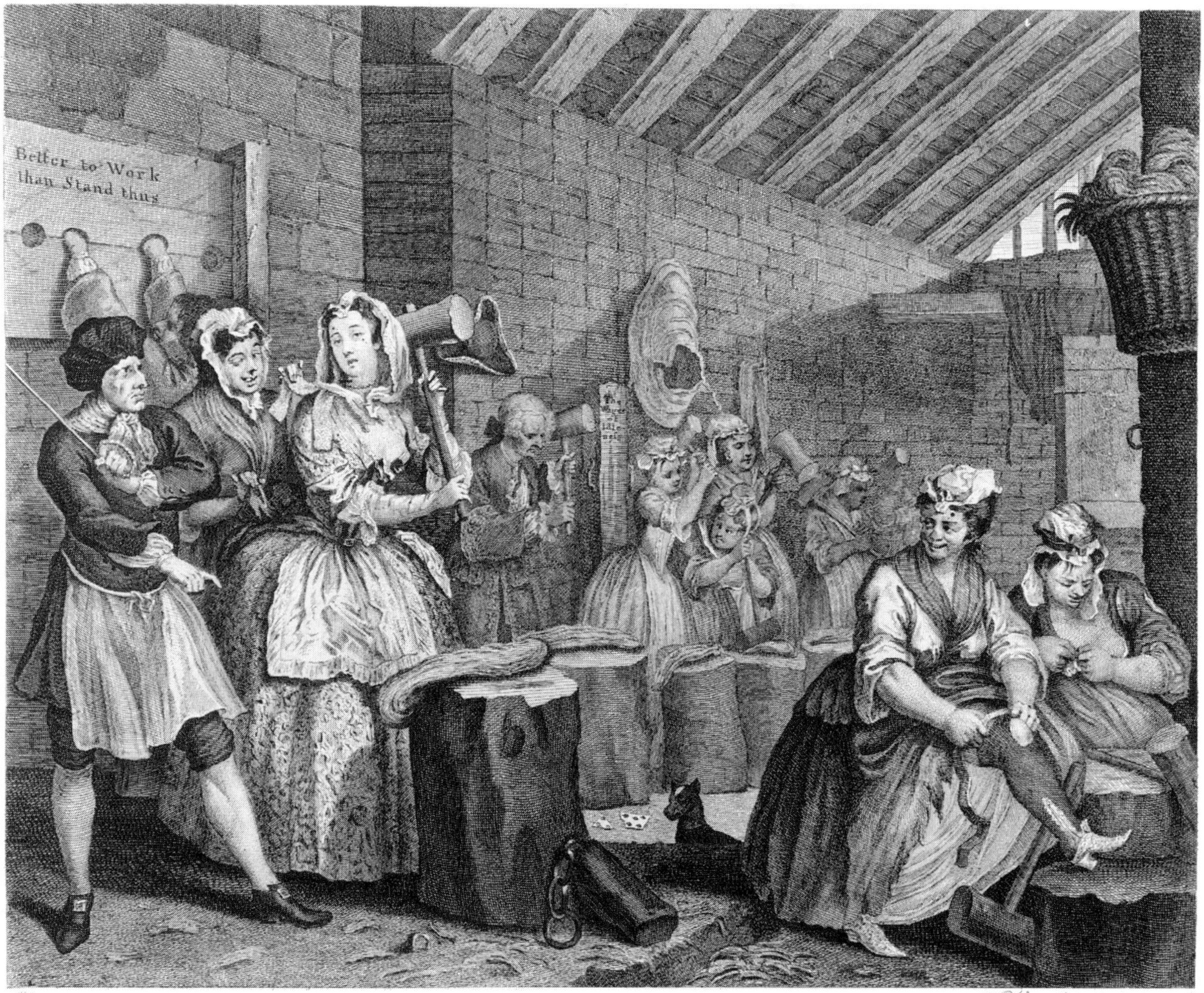

Plate 4. Wm. Hogarth inv. pinx. et sculp.

4.

Es geht immer elender. Hier ist sie im Zuchthauß und zwar noch ganz im geborgten Schmuck des vorigen Abends, und bereits unter der Zuchtruthe des Verwalters, der, wie Fielding versichert, dem Hrn. Candidat Thwackum, Hofmeister beym jungen Tom Jones gleicht, wie ein Ey dem andern. Ein Teufel von einem Weibe, vermuthlich die Frau des Aufsehers, spottet ihrer Bänder und ihres Putzes. Was für eine bunte Reihe von Sündern ist nicht hier! nunmehr alle gleich; auch ist würklich hier eine Grabstätte für die Ehre, aus denen die meisten nach kurzer Zeit zu noch größerer Schande auferstehen. Die Ehre des einen darunter, leidet einen doppelten Tod, der Mann ist in den Stock gespannt, und sitzt also sogar im Stockhause des Stockhauses. Wie sonst der Tod Krone und Federn, Scepter und Bleystifte durcheinander wirft, so hängen hier Reifröcke und Bortenhüte, neben den Lumpen schwarzer und weißer Sünderinnen, die vielleicht unschuldiger waren. Zur Rechten sitzt das Mensch mit der gepratschten Nase wieder, und lacht über das Schicksal ihrer ehemaligen Herrschaft, die doch, wie man sieht, Schuhe und Strümpfe mit ihr theilte, auf denen noch schwache Spuren der vorigen Herrlichkeit sind. Merkwürdig ist rechter Hand an dem verschlossenen Fensterladen die Figur mit Kreite, die an einem Galgen hängt, ganz in dem über die ganze Welt üblichen Stil, in welchem ehemals Michel Angelo die größte Häßlichkeit ausdrückte. Oben stehen die Buchstaben S. J. G. (*Sir John Gonson*). Ohnmächtige Satire, gefesselter Bösewichter gegen einen rechtschaffenen Mann, die sich statt der Kreite, des Dolchs und der Pistol bedienen würde, wenn sie Macht hätte. Auch hieraus sieht man, daß die Magistratsperson auf dem vorhergehenden Blatt Sir John Gonson, und nicht Henry Fielding, der Schriftsteller, ist, wie in einigen Büchern gesagt wird. Fielding begleitete freylich dieses Amt, das nachher, in unsern Tagen, dessen Halbbruder Sir John Fielding auch während seiner Blindheit mit so großen Ruhm begleitet hat, allein es war nur eine sehr kurze Zeit, und der Kopf im vorhergehenden Blatt hat gar keine Aehnlichkeit mit dem von Henry Fielding, den man, sogar von Hogarth selbst, vor einigen Sammlungen von Fieldings Werken hat. Die zerhauene treulose Karte des Spielers, der neben ihr Hanf klopft, ist nicht schlecht mit dem treuen Hund contrastirt. Beyde sind ihrem Herrn gefolgt; doch dieses ist blos Muthmaßung. Auch verdient noch angemerkt zu werden, daß den beyden liederlichen Figuren im Vorgrund, rechter Hand ein Sitz erlaubt ist, welches nicht anders, als aus der verdächtigen Corpulenz erklärt werden kann, die sich bey ihnen zu zeigen scheint.

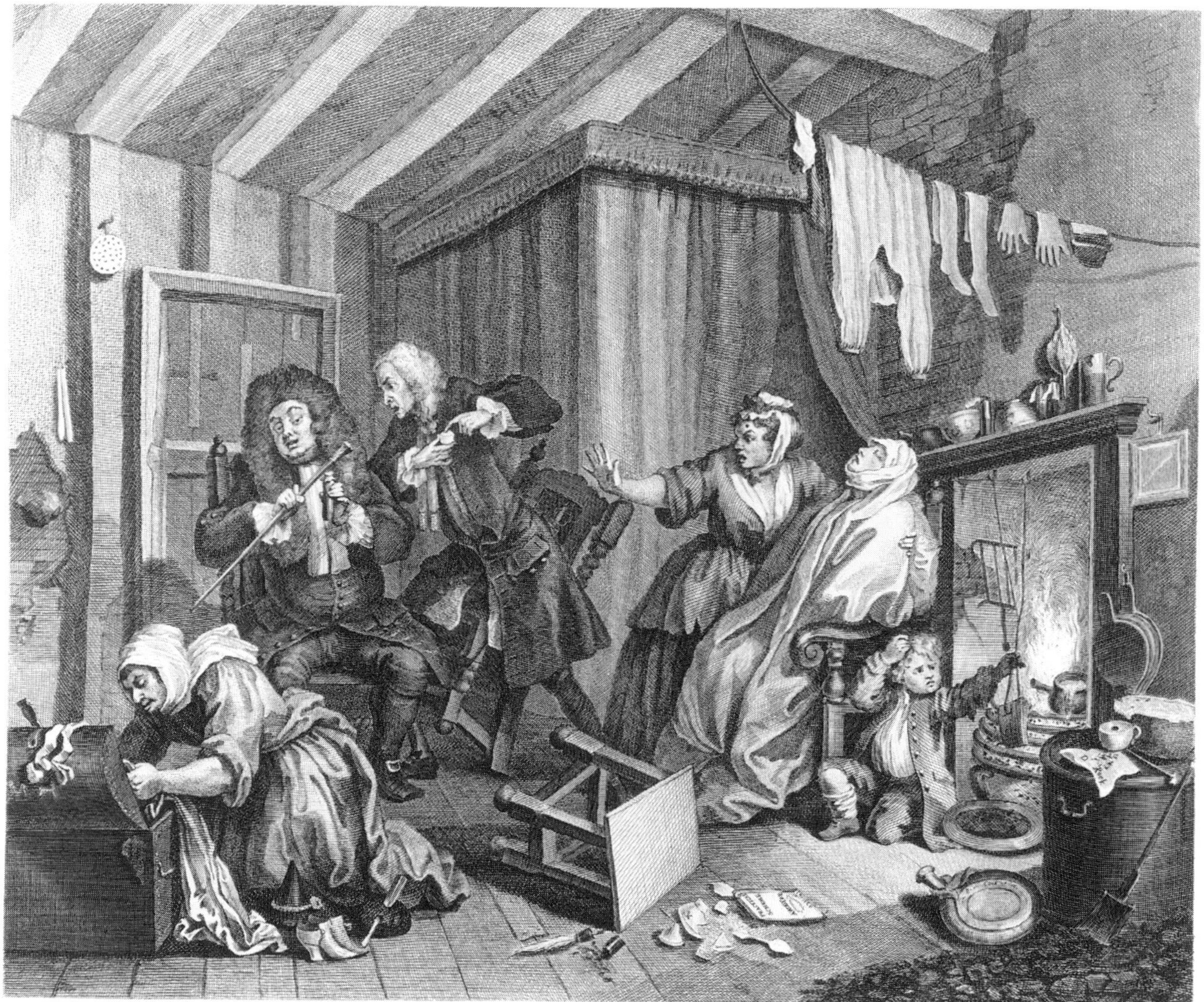

Plate 3. Wm. Hogarth inv. pinx. et sculp.

5.

Hier stirbt sie endlich, während die Facultät noch disputirt, wie solches am leichtesten zu bewerkstelligen sey, nach ihrer eignen Methode, und diese war vielleicht auch eben so gut. Die beyden Aerzte sind vortreflich gewählt, um einmal die Krankheiten bey irgend einer Versammlung menschlicher Uebel zu repräsentiren. Der eine ist mager zum brennen und der andere fett zum ausbraten, und der Streit in dem sie begriffen sind gleicht einem Kampf zwischen Hektik und Wassersucht. Wie ruhig, und mit wie vieler Ueberzeugung der Repräsentant der aufblähenden Krankheiten auf seine Mixtur mit dem Stock, den er etwas über der Mitte faßt, hinweißt, man sieht die Worte, die er spricht: Mein Gott, so glauben sie mir denn noch nur auf mein Wort. Hingegen die Schwindsucht empfiehlt ihre Pillen mit Heftigkeit, es fällt sogar der Stuhl hinter ihr um, und eben des heftigen Antritts wegen, den die Stimme genommen haben muß, ehe sie vornen heraus fuhr, wagt es der Erklärer nicht, die Worte herzusetzen, in die sie übergieng, ob er sie gleich ebenfalls zu sehen glaubt. Der fette Arzt soll, einer gedruckten Nachricht zufolge, ehemals Harlekin bey Fargatsch zu Hamburg gewesen seyn. Er mußte flüchten, weil er Zahnpulver aus Menschenschädeln brannte, und so kam er nach London, wo er mit vielen Beyfall prakticirte, und endlich gehenkt wurde; vermuthlich aber, weil er sich in andere Händel mischte, denn auch in London erhalten seit Moliere's Zeiten die Aerzte mit dem *Privilegio saignandi* das *Privilegium tuendi per universum orbem*. Nur ganz kürzlich wäre schier ein berühmter Arzt, Dr *M'Gennis*, daselbst an den Galgen gekommen (verdammt dazu wurde er, aber nachher begnadigt) weil er seinen Hauswirth auf den Kirchhof brachte. Er wurde aber blos deswegen so scharf angesehen, weil er sich weder einer Mixtur, noch eines Pulvers, sondern eines Messers, wovon beym Moliere nichts vorkommt, bedient hatte, das er ihm in den Leib stieß, und also dem Apotheker nichts zugewendet hatte. Die Miene des erblaßten Mädchens muß Schaudern erwecken, wenn [man] sie mit der Unschuld des ersten und mit der Herrlichkeit des zweyten Blatts vergleicht. Dr Rocks Avertissement liegt auch hier wieder neben einem holländischen Spuckpöttchen und einer Pfeife. Was der Tisch worauf dieses alles liegt, ist, läßt sich besser sehen, als sagen. Das übrige bedarf keiner Erklärung und verträgt zum Theil keine, dahin gehört einiges, vermuthlich mit Lichterdampf an die Decke angeschriebene; Hogarth hat zwar in den neusten Ausgaben eine Obscönität wegzuwischen gesucht, sie ist aber, dem der sie vermuthen kann, noch immer leicht zu finden.

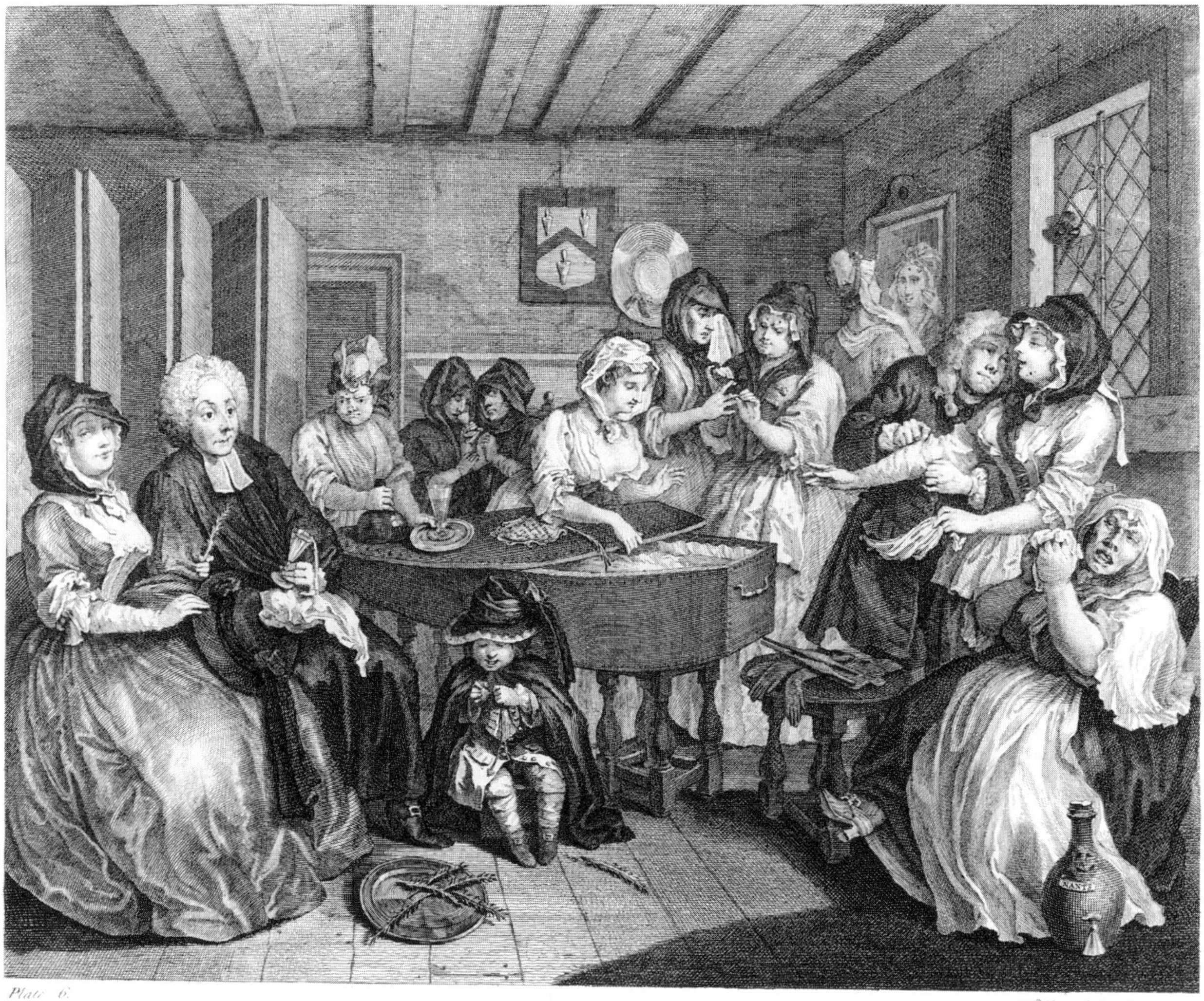
Plate 6.
Wm. Hogarth inv. Pinx. et sculp.

6.

Hier liegt sie im Sarg, von Nonnen ihres Ordens umgeben, die hier ihr Beyleid – – schmaußen. Rouquet, ein französischer Emailleur in London, der für den damals zu Windsor gefangen sitzenden Marschal Bellisle einige Kupferstiche des Hogarth erklärte, und dessen Erklärungen alle Aufmerksamkeit verdienen, weil er Hogarths Nachbar und Freund war, meint, Hogarth hätte die Geschichte mit dem fünften Blatt schließen müssen, und sagt von diesem sechsten: *c'est une farce dont la defunte est plutot l'occasion que le sujet.* Allein Rouquet irrt hier sehr. Hogarth will unstreitig damit sagen, was Gray in seiner vortreflichen Elegie so schön gesagt hat: auch der elendeste und der niedrigste, sie sterben auch noch so unberühmt, trösten sich noch mit einiger Achtung der zurückgebliebnen und wünschen sie; Nicht blos Beschimpfungen nach dem Tod, (denn wem sind die gleichgültig?) sondern schon lachende Erben, ja selbst Gleichgültigkeit derer, die um uns sind, verbittren die letzten Augenblicke auch des leichtsinnigsten Menschen. Aber was wartet der unglücklichen Heldin dieses Stücks für ein Beyleid? Eine Versammlung von feilen Dirnen berauschen sich in Brantwein um ihren Sarg, der zum Schenktisch dient. Eine betrachtet sich gleichgültig im Spiegel, eine andere sieht mit einer Ruhe in den Sarg, als wäre es die Wiege eines geliebten Kindes, einige weinen zwar, allein wer sieht nicht, daß dieses, zumal bey denen im Hintergrund, blos die Würkung des Rausches ist, der zuweilen bey schwachen Geschöpfen die erloschene Empfindlichkeit auf eine kurze Zeit wieder auffrischen soll. Ja der Todengräber (eigentlich der Mann der die Leiche besorgt (*undertake*r)) macht sogar den verliebten gegen eine der Dirnen, die, während sie ihn mit der Mine zu begünstigen scheint, ihm das Schnupftuch aus der Tasche stiehlt, und der Geistliche, ein damals bekannter Bösewicht, der in dieser Maske herumschlich, und den man, weil er für ein Paar Groschen copulirte, *Couple-Beggar* nannte, führt sich noch scheußlicher auf. Ich wähle statt der deutschen Erklärung dieser Scene, lieber ein Paar englische Verse aus einem übrigens schlechtem Gedicht:

His left hand spills the wine, his right –
I blush to add – is out of sight.

Das Mädchen, das neben ihm sitzt, ist ganz deutlich eine gewisse *Mary Adams*, die im September 1737 gehenkt wurde. Man hat ihr Porträt besonders. Aus diesem wenigen wird der Leser schon erkennen, wie Unrecht Rouquet hat. Hogarth wollte die fürchterlichen Folgen der Lüderlichkeit dem weiblichen Gemüthe einschärfen, und konnte also diese nicht übergehen, denn eine solche Ehre nach dem Tode, ist doch wohl nur um eine einzige Staffel von dem Begräbniß unter dem Galgen verschieden. Wichtiger scheint ein anderer Tadel: daß die Scene nicht zum übrigen passe, weil bey dem Leichenbegängniß einer Hure, die arm, und überdas keine von Rang war, keine Trauerringe und keine Handschuhe werden ausgetheilt worden seyn, der Sarg keine künstliche Metallplatte mit einer Innschrift gehabt haben, und bey dem Zug keiner in Staatstrauer (*Chiefmourner*) gewesen seyn wird; letzteres wird aber gleichwohl durch den kleinen Jungen gemeint, der ruhig, fast unter dem Sarge sitzt, und einen Brummkräusel aufwindet*. Allein wer weiß, ob nicht Hogarth über das unnütze Gepränge bey vornehmeren Leichen hat spotten wollen.

Auf dem Stuhl und an der Wand findet sich allerley Muthwillen ausgedruckt, der sich nicht erklären läßt, den aber der Kenner bald findet. Zu diesem Werke erhielt Hogarth 1200 Subskribenten, und es wurde mit solchem Beyfall aufgenommen, daß man es auf das Theater brachte, und auf Sonnenfächern vorstellte. Hogarth pflegte seine Dienstmädchen gemeiniglich mit einem solchen Fächer zu beschenken, und in der That war das Geschenk so witzig als weise gegeben.

* Es ist eine bloße Muthmaßung von mir, daß H. vielleicht auf das bekannte Geheul dieser Kräusel hat anspielen wollen.

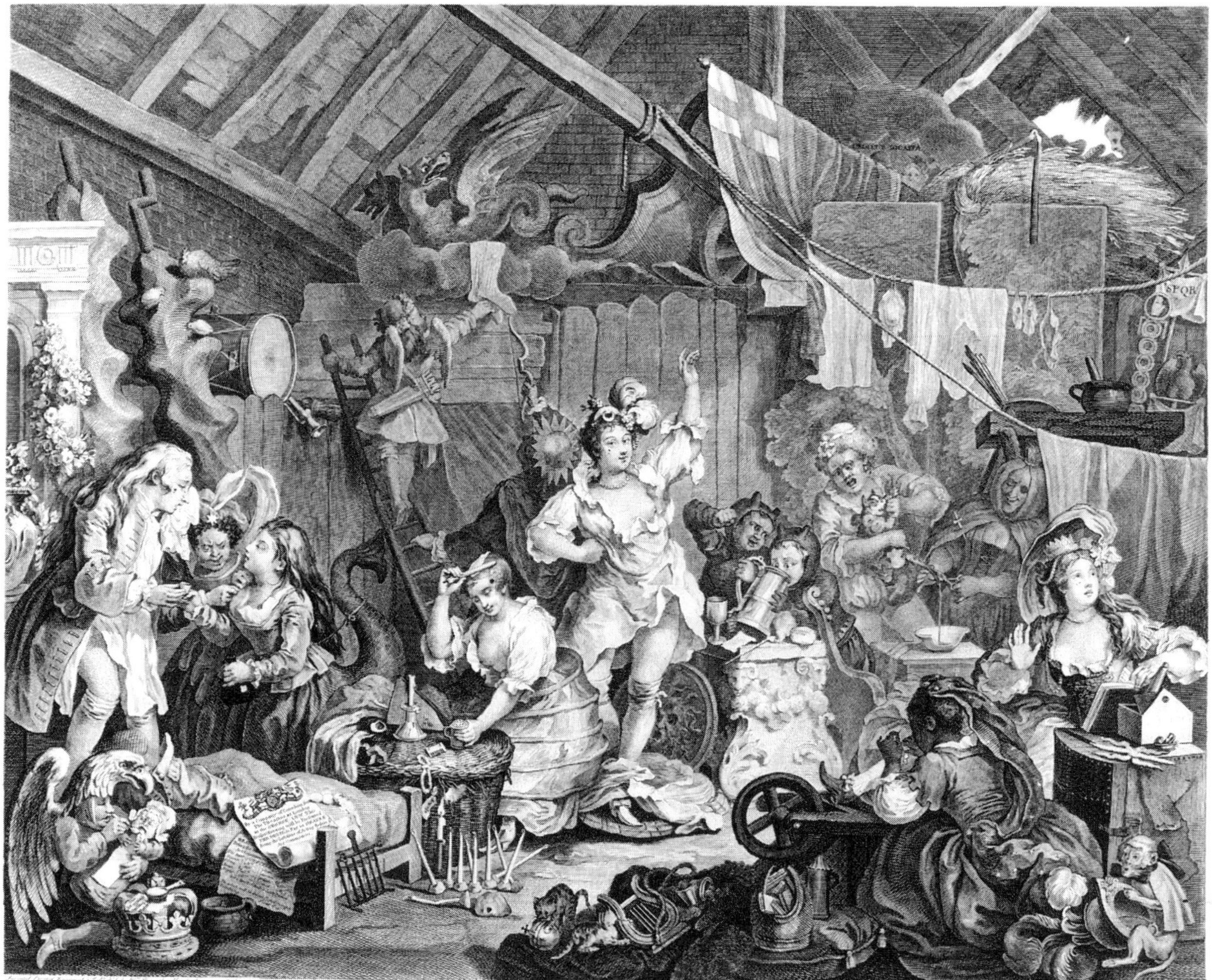

HERUMSTREIFENDE COMÖDIANTEN, DIE SICH IN EINER SCHEUNE ANKLEIDEN.

(Preiß eine halbe Guinee.)

Vielleicht ist, seitdem Grabstichel und Pinsel zur Satire angewandt worden sind, nie so viel Laune in einen so kleinen Raum zusammen gedrängt worden als hier. Man wird schwerlich eine Lombre-Karte auf dieses Blatt werfen können ohne irgend einen oder mehrere Züge der feinsten Laune und des drolligtsten Spottes zu bedecken. Obgleich in den übrigen Werken dieses großen Mannes vieles vorkommt, was auch die besten Stellen in diesem Stück einzeln genommen übertrifft, so darf man doch kühn behaupten, daß sie in keinem so dicht beysammen stehen, als in diesem, das man daher längst mit Recht Hogarths Meisterstück genannt hat.

Gleich linkerhand befindet sich ein Dorisches Portal. Die eine Triglyphe steht nicht mitten über der Säule, und der Zwischenraum ist kein Quadrat. Die Säulen selbst sind mit Blumenkränzen umwunden, die einem Zimmermeister bey einem Spruch zu drey vollendeten Häusern dienen könnten. Bey diesen Säulen stehen die Wellen des wogedonnernden Meeres, in Holz geschnitzt, und zwar fast senkrecht, mit Kurbeln versehen, wie Bratspiese, dem Aeolus die Sache so bequem als möglich zu machen. Auf die oberste horizontale Wassersäule hat sich eine Gluckhenne ruhig gelagert, und die Hünchen klettern der Mutter von Welle zu Welle voll Sehnsucht nach. Davor steht ein halb schon verkleidetes Frauenzimmer, die sich vermuthlich auf eine traurige Rolle vorbereitet, die Beinkleider, die sie entweder eben ausgezogen hat, oder erst anziehen will, liegen vor ihr. Man muß sich nehmlich hier das Theater, in einer andern Abtheilung der Scheune dazu denken. Vielleicht ist sie auch so eben ohne sonderlichen Beyfall abgetreten; sie weint, und eine Syrene mit Fischschwanz und Schnürleib, die Bewohnerinn des Salzwassers bringt ihr ein Gläschen von gebranntem zu, während ihr eine Aurora mit dem Morgenstern vor dem Haupt sehr aufmerksam die Seeläuse auf ihrem Halstuch knickt. Tiefer unten sitzt eine Frau, die den Vogel Jupiters diesen Abend vorstellen wird. Noch hat sie vom Adler blos den Kopf und die Flügel angelegt; Krallen, Schwanz und Donnerkeil hat sie noch nicht (der letztere liegt am andern Ende der Scheune, auf einem Coffer neben dem Salzfaß) und warum? um ihrem armseeligen Kinde Brey zu geben, das Pfännchen mit dem Brey steht auf einer Kayserkrone mit einem Nachttopf contrastirt, und damit diese nicht beschmutzt wird, hat sie zwischen Kayserkrone und Pfännchen eine Parlementsakte gegen herumstreifende Comödianten eingeschoben, denn der Gesellschaft wäre wohl nichts erwünschter, als daß glühende und russigte Breypfännchen auf allen Exemplaren derselben in England stehen mögten. Das Stück das Sie spielen heißt: *Der Teufel ist los im Himmel,* und ist das letzte Stück vor dem Datum, da die Akte rechtskräftig, und der Teufel für diese armen Tröpfe auf Erden los seyn wird. Alles dieses ersieht man aus den gedruckten Bogen auf dem Bette, auf welches sich auch noch ein zerbrochenes Ey mystisch ergießt. Oben, neben den Wellen, liegt eine Trommel mit einer Posaune und einem alten Besen mahlerisch gruppirt. Gleich dabey steigt ein Amor, mit Flügel und Köcher, eine Leiter hinauf, um auf Verlangen eines Phöbus, der ihn mit seinen Bogen zurecht weißt, ein Paar neugewaschene Strümpfe zu holen, die man zum trocknen an die pappdeckelnen Wolken gehängt hat. Kann etwas drolligter seyn, als ein paar alte Strümpfe an ein Donnerwetter aufzuhängen, um sie zu trocknen? Unter dieser Scene sitzt eine Schauspielerinn im Reifrock auf den Fersen, talgt sich das Haar mit einem ganzen Licht und hält eine Pfefferbüchse in der Linken um sich daraus zu pudern. Vor sich hat sie einen Spiegel, der ehemals zu einem viel größeren gehörte; es ist ein rechtwinklichtes Dreyeck, dessen Catheti nichts weniger als gleich sind; so klein auch das Glas ist, so ist der Spiegel doch noch kleiner als das Glas, denn die Zeit hat hinten etwas von der Folie abgekratzt. Dabey steht etwas Butter oder Pommade in einer Austerschaale, neben einem sehr engen Kamm wider die Land-Läuse der Göttinnen. Diesem allem, dient ein Korb zum Tisch, der wenigstens ein Malter Korn halten könnte, mit Stroh und zerbrechlicher Waare bepackt, und dieser Korb, enthält nichts geringeres als die *Juwelen* der Gesellschaft. Dabey ist ein brennendes Licht nachlässig hingestellt, das so eben das Malter-Cassetchen mit den Juwelen ergreift, und nicht allein alle die Juwelen, sondern auch den übrigen Schmuck dieses Pantheons in der Scheune auffliegen machen wird, wenn sie es nicht bald gewahr werden. Also hier glimmt schon die Rechtskräftigkeit der Parlementsakte, vom Schicksal selbst angefacht. Die Mitte des Blatts nimmt eine Diana ein, die ihre Rolle übt. Hogarth hatte gewiß den doppelten Gürtel der Göttin im Sinn, da er hier nicht allein gar keinen Gürtel anbrachte, sondern auch durch Zugluft und zerrissenes Hemd, alles that, was er mit Anstand jenen Gürteln ganz entgegnes thun konnte. Niemand wird leicht hierbey an das *biscincta Diana* ohne lächeln denken können. Weiter hin, nach der Rechten, stehn ein Paar kleine Teufel, die sich um einen Krug Bier vor einem Altar boxen. Der Gedanke fließt über von bitterer, aber fast profaner Satire, die jedem sogleich einleuchten wird, wenn er statt Bierkrug, Kelch setzen will. Um das Brod, das gleich dabey liegt, zanken sie sich nicht. Neben dem Altar steht eine lautschreyende Frauensperson, die eine Katze hält, von der sie gebissen wird, weil man ihr die Spitze des Schwanzes abschneidet, um Blut fürs Trauerspiel zu erhalten; der übrige Stamm des Schwanzes bleibt stehen, für eine nächste Erndte, wenn man sich anders hinter der Parlementsakte noch weg schleichen kann. Ein junger Anflug von Katzen für den jungen Anflug von Trauerspielen, spielt fürs erste sein zeitiges Lustspiel unten vor der *biscincta Diana*; die eine mit einem Reichsapfel, und die andere lockt, oder ist im Begrif zu locken, Katzentöne aus der goldnen Leyer. Ganz zur Linken, im Vorgrund, sitzt eine begeisterte Juno, und ist beschäfftigt ihre Rolle zu lernen, mit dem Buch gestützt gegen das Salzfaß, hinter welchem der Donnerkeil ruht, den der Adler abholen wird, wenn er erst des Kindes gepflegt hat. Damit keine Zeit verlohren gehe, so läßt sich Juno indessen ihre Strümpfe von der Göttinn der Nacht flicken das Bein auf eine Schubkarre gelehnt; denn Löcher in den Strümpfen gehören nicht für den Tag. Phöbus trocknet dafür die nassen lieber, und wäre es auch auf einer Donnerwolke. Ganz im Winkel rechter Hand, sitzt ein kleiner Affe in einer Haarbeutel-Perucke und Mantel, wodurch Hogarth dem englischen Pöbel ein kleines Vergnügen macht, dem nichts besser gefällt, als wenn die *Don's*, wie er sagt, und die *Mounsieurs* etwas abkriegen. Hier geschieht beydes mit einem einzigen Hieb. Vor sich hält der Affe die majestätische Kopfzierde eines Mars oder einer Minerva, einen reichlich befiederten Helm, und macht einen Gebrauch davon, für welchen das eigentliche Gefäß, auf der linken Seite des Stücks neben der Kayserkrone steht. Vor der Schubkarre der Juno steht eine Bischoffsmütze, die ganz mit Farçen- und Comödien-Büchelchen angefüllt ist, auf einem weichen Polster, und neben der Bischoffsmütze eine Handlaterne. Es ist doch wohl die des Diogenes nicht? Noch empfehlen wir dem Betrachter, das Seil mit den zerrissnen Kopfzeugen und Hemden; das Donnerwetter konnte sie nicht tragen; die Fahnen und Flaggen nebst den römischen Adlern, und endlich, (was als Inschrift über das Ganze hier angesehen werden kann), das *Senatus Populusque Romanus*.

Doch man wird nicht fertig, wenn man dieses Mannes Werke betrachtet. So eben erblicke ich noch ganz oben in der Scheune, unter dem Theaterapparat, zwey Gesichter, unter einem Wolkenkranz mit der Ueberschrift: *Oedipus, Jocasta* und zwar steht der Name *Jocasta* über dem *Oedipus*. Dr. Trusler, der ein Buch: *Hogarth moralized* geschrieben hat, will, daß er damit auf das Bludschänderische Leben dieser Comödianten angespielt habe. Das ist aber sicherlich nicht. Es ist schon drolligt genug, daß Oedipus und Jocasta wie ein Paar Mumien dort hinten hervorblicken. Wer den Hogarth, oder überhaupt einen Schriftsteller erklären will, muß sich ganz in seine Laune zu versetzen wissen, das wird ihn oft sicherer leiten, als alle Scholiasten. Hogarth konnte schlechterdings, in einem Stück, das ganz dem unschuldigen Lächeln geheiligt ist, nicht mit einem Gedanken hervorkommen, der mit einemmale durch das abscheuliche, was er enthält, allen Eindruck stöhrt. Sind diese Leute Blutschänder, so lacht kein Mensch mehr über sie, man verabscheut sie. Nein! Sünder mögen diese Tröpfe wohl seyn, aber sicherlich gutmüthige, arme Sünder.

Das Originalgemälde dieses vortrefflichen Stücks ist in dem Besitz eines gewissen Hr. *Wood* zu *Littelton*, der nur 26 Guineen dafür bezahlt haben soll.

(Künftig vielleicht mehr, wenn es verlangt werden sollte.)

HOGARTHS LEBEN DES LIEDERLICHEN, MIT ZEICHNUNGEN DER VORZÜGLICHSTEN KÖPFE ERLÄUTERT.

(Die in ( ) eingeschlossenen Ziffern,
verweisen auf die Köpfe
der verschiedenen Kupferplatten.)

Der Beyfall, womit man hier und da die Erklärung einiger Hogarthischen Kupferstiche im vorjährigen Calender beehrt hat, hat mich aufgemuntert, in diesem Jahrgang fortzufahren. Ich habe diesesmal *das Leben des Liederlichen* (*The rake's progress*) gewählt, und um die Sache für diejenigen Personen unterhaltender zu machen, die diese Blätter nicht besitzen, die vorzüglichsten Köpfe aus der Geschichte von unserm Hrn. Riepenhausen dazu ätzen lassen. Ich hoffe sie werden dienen, den Credit dieses jungen Künstlers zu befestigen, denn, wer seine Copien mit dem Original vergleichen will, wird finden, daß von dem Geist derselben nichts verlohren gegangen ist.

Man übersezt gewöhnlich das Wort *Rake* durch *Lüderlicher*, und ich habe dieses Wort ebenfalls beybehalten. Allein der eigentliche *Rake* ist zwar allerdings lüderlich, aber nicht jeder Lüderlicher ist ein *Rake*. Der *Rake* trinkt, spielt, hurt, prügelt sich mit der Schaarwache, macht aus Nacht Tag, und sucht eine Ehre darin. Daher geschieht es zuweilen, daß er am Ende noch ein guter, brauchbarer Mann wird, nemlich sobald sich seine Begriffe von Ehre ändern, da der eigentliche lüderliche Taugenichts gar kein Gefühl von Ehre hat, und daher selten oder gar nicht zu bessern ist. Die leztere Art hat seit der Erfindung des Brantweins, da man sich für sechs Pfennige über die ganze Welt hinwegsetzen kann, sehr merklich zugenommen. Der *Rake* des Hogarths, geht aus dem ersten in den lezten über, welches gemeiniglich der Fall ist, wenn es beym Erwachen aus dieser Trunkenheit an Geisteskraft und Thätigkeit fehlt, den Schaden gut zu machen, oder wo die Erwachung selbst zu spät geschieht.

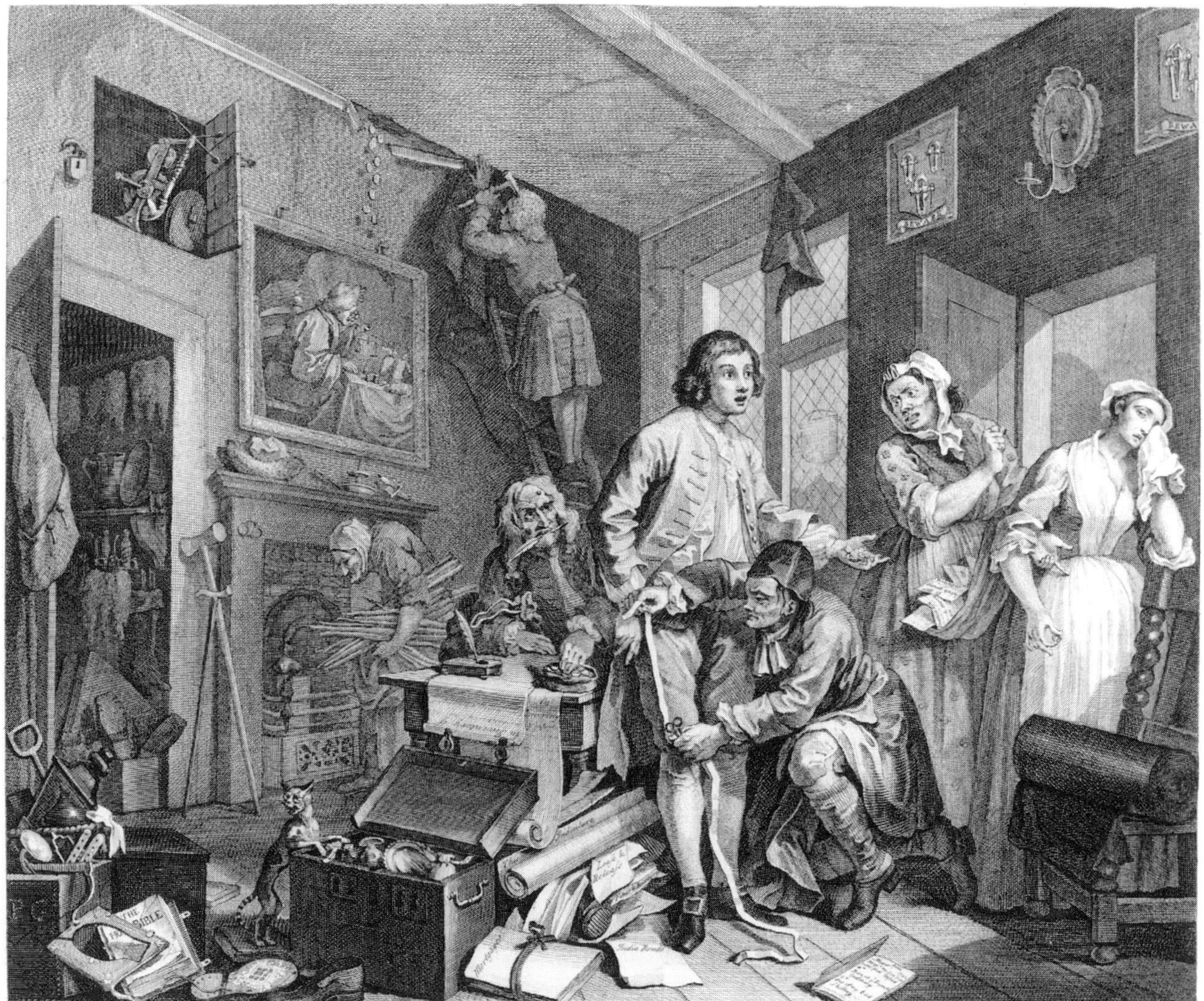

O Vanity of Age, untoward,
Ever Spleeny, ever froward!
Why those Bolts, & Massy Chains,
Squint Suspicions, jealous Pains?

Why, thy toilsom Journey o'er,
Lay'st thou in an useless Store?
Hope along with Time is flown,
Nor canst thou reap ye Field thou'st sown.

Hast Thou a Son? In Time be wise –
He views thy Toil with other Eyes –
Needs must thy kind, paternal Care,
Lock'd in thy Chests, be buried there:

Whence then shall flow ye friendly Ease,
That social Converse, homefelt Peace,
Familiar Duty without Dread,
Instruction from Example bred,

That youthfull Mind with Freedom mend,
And with ye Father mix the Friend.

Invented Painted Engrav'd by Wm Hogarth, &
Publish'd June ye 25 1735 According to Act
of Parliament. Plate 1

Erstes Blatt A.

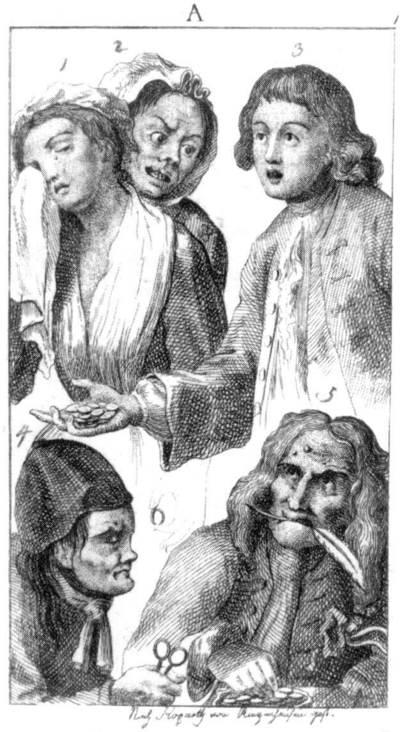

Der Vater des jungen Rakewell (so heißt der Lüderliche, dessen Geschichte hier geliefert wird) war ein Geizhals, und der Name Rakewell ist daher nicht ganz übel gewählt, weil *Rake* ein Lüderlicher *bon vivant*, und *to rake* im Englischen zusammenscharren heißt, und folgl. die Benennung den Sammler und Zerstreuer in grader absteigender Linie zugleich trift. Im deutschen machen dergleichen Namen ihr Glück nicht, und das macht unserm Geschmack Ehre; auch mögte es schwer seyn, hierzu einen gleichgutpassenden zu finden, leichter aber könnte der Deutsche die Sache mit Familiennamen so wohl des hohen als des niedern Adels ausdrücken, aber damit machte der Verfasser kein Glück. Der Zeitpunkt, den Hogarth hier gewählt hat, ist gleich nach dem Tod des Alten, da der Sohn zum erstenmal freyen Zutritt zur Schatzkammer bekommt. Man sieht dieses daraus, daß das Zimmer schwarz tapezirt wird, wozu auch noch der Ballen auf dem Stuhl gebraucht werden soll, wenn er nicht zum Trauerkleid gehört, das der Schneider dem jungen Menschen anmißt. Rakewell, der eben von Oxford gekommen, ist hier auf der ersten Tafel bey (3) vorgestellt, zugleich ist ihm ein Mädchen (1) nachgekommen, die sein erstes Specimen sehr sichtbarlich unter dem Herzen trägt; Ihr Arm ist schlaff herabgesunken und in der Hand hält sie einen Ring, ein redendes Zeichen von dem, was ihr der junge Patron versprochen hat. Der Affekt im Gesicht des Mädchens ist gut ausgedrückt, was darin nicht gefällt ist, daß es schon zu alt ist, und überhaupt schöner seyn könnte; allein die Zeichnung der Schönheit war nicht die Sache des Zergliederers derselben*. Zugleich mit der abschlägigen Antwort bietet er ihr eine Hand voll Guineen zur Entschädigung an, allein weder Mutter (2) noch Tochter, scheinen die Ehre auf dieser Waage wiegen zu wollen. Die Mutter, die mit der linken auf den schwangern Leib ihrer Tochter hinweißt, hält in der Schürze die Briefe, die er dem Mädchen geschrieben, woraus man sieht, daß sie *Sarah Young* heißt. Die Sammlung ist beträchtlich und der Roman muß lange oder hitzig zwischen ihnen gespielt worden seyn. Das leere Gesicht und die Gleichgültigkeit womit der Held das Geld hinreicht (3) läßt wenig Gutes von seinem Herzen hoffen. Hinter ihm sizt ein Taxirer (5), der die Ehre nach der Waage zu schätzen scheint, welche die beyden Frauensleute nicht anerkennen wollten; er macht sich den Auftritt zu Nutze, und sucht indessen, da die Feder queer in dem abscheulichen Mund ruht, einige Guineen zu stehlen. Hr. Gilpin der im

* Hogarth hat bekanntlich ein Werk geschrieben, das er *Analysis of Beauty*, Zergliederung der Schönheit nennt.

Englischen ein sehr gutes Büchelchen über Kupferstiche geschrieben hat, das bereits 1768 zu Leipzig, doch ohne den Namen des Verfassers, übersezt herausgekommen, und nun, weil es schon 16 Jahre alt ist, vergessen wird, glaubte der alte Kerl betaste das Geld, und lobt den Gedanken. Der Gedanke jemanden vorzustellen, der sein Gefühl und seine Einbildungskraft durch Betastung fremden Geldes küzelt, ist gut, weil er natürlich ist. Es ist kein Dienst, den einem eine gewisse Classe von Menschen lieber abnimmt, als Geld zählen, selbst manche vernünftige Leute finden darin ein unschuldiges Vergnügen. Allein hier ist offenbar die Mine des alten schlauen Spitzbuben, der sich, wo nicht die Verlegenheit doch wenigstens die Beschäftigung die dem jungen Menschen die Vorwürfe des Mädchens geben, zu Nutze macht, diesen unbesonnenen Besitzer von Tausenden zu – bestehlen. Seine Augen bewachen die Bewegungen des Jünglings, der ihm den Rücken zukehrt, um bey der geringsten Umdrehung desselben, der Hand einen unschuldigere Lage geben zu können, als sie hier über dem Geldsack hat. Der Schneider, der beyde Hände zum Maaßnehmen gebraucht, betastet das Geld – mit den Augen. Das mag ihm hingehen, obgleich der Diebstahl, wo nicht hier aus den Säcken, unmittelbar, doch mittelbar durch das Conto, im Herzen vollbracht seyn mag. Ich habe einmal gehört, die Schneider seyn immer desto schlechtere Arbeiter, je mehr sie aussehen wie die Schuster. Wenn dieses ist, so ist dieser hier (4) ein erbärmlicher Stümper, denn er sieht völlig aus wie ein Schuhflicker. Was Hrn. Hogarth bewogen hat, diesen Dorfschneider hieher zu bringen, weiß ich nicht. Der neue Herr von Tausenden, die er nicht erworben hat, hätte wohl nach einem von denen geschickt, die in Kutschen fahren, und eine solche Figur würde sich kniend vor dem neuen Götzen, dem er das Maas nimmt, nicht übel ausgenommen haben. Je weniger eigentliche, Hogarthische Laune in diesen Figuren herrscht, desto reichlicher hat sie sich in der Anordnung des Zimmers ergossen. Man sieht hier ein ganzes diplomatisches Cabinet von Pergamenen, Lehnsbriefen, Schuldverschreibungen, Documenten, Inventariis, Reversen u. d. gl. Säcke mit Tausenden angefüllt in eisernen Kasten und gleich dabey das Hausbuch des seelig verstorbenen aufgeschlagen, worin folgendes registrirt ist. »Den 2ten May 1721 kam mein Sohn von Oxford; den 4ten Ditto speißte ich in der franz. Gahrküche.« (Vermuthlich weil an diesem Tage, wie an mehreren in der eignen lieben Haushaltung nicht gahr gekocht wurde. Wer den Hogarth erklären will, muß ihm keinen Strich ungeprüft durchlassen, kein großer Schriftsteller wirft ein Wort weg, und Hogarth keinen Strich; vermuthlich hat der 2te und 4te May hier etwas zu bedeuten, ich habe keinen Calender von 1721, vielleicht konnte auch der Hr. Sohn grade von Oxford weggegangen seyn wenn der beßre Theil der studirenden dort bleibt; auch ist zu merken, daß französische Gahrküche, bey dem gemeinen Engländer etwas sehr viel anderes sagt als bey uns. Kein Engländer der untern und mittlern Classen glaubt, daß man sich in Frankreich satt essen könnte; gebratene Frosch-Schinken, Kuhfleisch und *soup meagre*, das heißt Wasser, dem man mit Schmalz ein Paar Fettaugen aufsezt, ist alles, was er sich bey der französischen Küche gedenkt. Hingegen bey der großen Welt sagt: ein französischer Koch unendlich viel, und fast so viel als große Welt selbst, ferner »den 5ten May wurde ich endlich meinen bösen Schilling los.« Ein Zug, dessen Vortrefflichkeit keiner Hinweisung bedarf. Die endliche Ausgabe eines falschen 10 Groschenstücks wird hier registrirt, wie die Geburt eines Erbprinzen, und zeigt was für ein Dorn er in den Augen des seeligen seit langer Zeit gewesen seyn muß. Auf der linken Seite im Vorgrund, liegt ein altes Paar Schuhe, wovon der eine, wie der Augenschein weißt, mit einem Theil der ledernen Decke einer Familienbibel gesohlt ist, vermuthlich ist diese Besohlung eine Lucubration des Alten selbst. Alte Familienbibel und Schuhsohle. Hogarth wollte sagen Gottes Wort mit Füßen getreten. Ich liebe Erklärungen von Anspielungen, deren ganzer Werth im Errathen des Beobachters selbst besteht, nicht, sie sind aber zuweilen nicht zu vermeiden. Ueberhaupt ist bey Erklärung solcher Werke zu bedauren, daß für einen großen Theil der Leser mit der eröffneten Erklärung der Effekt des erklärten verlohren geht. Jede Zweydeutigkeit, wird durch die Erklärung eindeutig und also grade das, was der Künstler vermeiden wollte. Ich will demohngeachtet ferner, lieber mit Erklärung etwas verderben als durch Stillschweigen ganz undeutlich bleiben! einige Scenen in diesen Blättern ausgenommen, die keine Erklärung in einem Neujahrsgeschenk vertragen. Indessen hoffe ich an einem andern Ort Hogarths Verehrern ohne Einschränkung zu dienen.

Der Tapezierer schlägt, beym Annageln des schwarzen Tuchs, an eine alte Cornische und da fällt verstecktes Geld heraus und dem gemahlten Wucherer, der darunter hängt, schier auf seine Goldwaage. Ein altes Weib will in dem reinlichen Camin Feuer anmachen, mit Holz, das in England Knauserey verräth; umher stehen, wie bey Geitzigen die auch das Weggeworfene sammeln und vor dem nächsten Wegwurf sichern, Krücken von ungleicher Länge, vielleicht von ungleich Hinkenden bey ihm versezt, Bratenwender, Etagenhoch hinter Schlösser gelegt, also nicht zum Braten, Perücke, Stiefel, Lichtsparer, Lichtendchen auf Stacheln, (Profitchen heißt man sie in einigen Gegenden Deutschlands); Einfassungen von Brillen im Camin, denn Gläser können nicht darinnen sitzen, wie man sehen wird, wenn man sie durch eine Brille betrachten will; Krüge aus denen große Zwikel herausgesprungen sind, ja sogar zerbrochene Bouteillen, vermuthlich Gartenmauren damit zu befriedigen, oder zum Isoliren bey elektrischen Versuchen zu gebrauchen oder an kalten Frühlingstagen über junge Pflänzchen zu stürzen. In den Trauerzimmern pflegt man Wappenschilde aufzuhängen, hier sind es drey festgeschraubte Handschraubzwingen mit der Unterschrift *beware*, das unter diesen Sinnbildern des Geizes durch: halt fest was du hast übersezt werden könnte.

Zweytes Blatt. B.

B 2

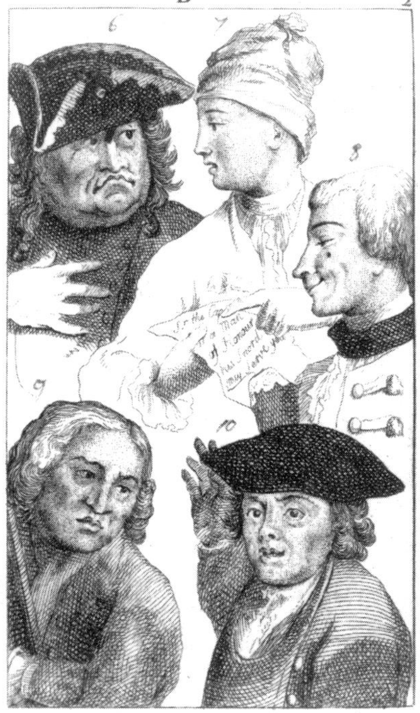

Hier ist jeder Kopf ein Porträt. Die künstlerische Composition scheint fast über der Wahrheit des Ganzen vergessen; Die Figuren stehen neben einander wie in einer Sammlung, fast ohne Verbindung, auch ist das Licht schlecht vertheilt, oder vielmehr es hat alles einerley Licht, allein der Ausdruck geht über alles.

Der junge Held (7) hat sich nun schon erhoben, er ist nun unendlich feiner, daß er aber dennoch weiter will, sieht man hier aus seiner Gesellschaft. Der Erziehungsplan den er an seinem eignen Leib in Ausübung bringen will, erhellt aus den Lehrmeistern, und den übrigen, die sich hier bey seinem *Lever* einfinden. Musicmeister, Tanzmeister (8) Fechtmeister (10) Klopfechter (9) ein Bravo (6), ein Waldhornist, ein Kunstgärtner, ein Rennpferdreiter (*Jockey*), und in der Antichambre, Perückenmacher, Schneider, Poeten, Putzkrämerinnen, und sonst dergleichen.

Die Figur (6) ein Bravo, der sich für einen schlägt, und auch, wie man aus dem Pflaster über der Nase sieht, zuweilen schlagen läßt, bringt dem Rakewell ein Empfehlungsschreiben, dessen Inhalt ist: »Der Herr Hauptmann ist ein Mann von Ehre, sein Degen kann Ihnen Dienste thun.« Rakewell scheint zu fragen: sind Sie der Mann? und der Hr. Hauptmann antwortet: Ja, Ich. Dabey legt er die rechte Hand an den Degen und die linke auf den Wohnsitz der Courage, (hier ist es, weil die Figuren nicht umgezeichnet worden sind, die Rechte.) Rouquet tadelt in seiner Brochüre den Hogarth, daß er diesen Charakter hereingebracht hätte; er sey nicht englisch sondern italiänisch. Wenn der Hr. Hauptmann ein Bandit ist, so hat Hr. Rouquet recht, nicht als wenn es in England keine Menschen gäbe, die sich zu so etwas miethen liesen, sondern weil es der Charakter dieser Nation sicherlich nicht ist, solche Menschen zu miethen. Aber der Hr. Hauptmann sind auch kein Banditt; Sie sind vielmehr das, was die Engländer einen *Bully* nennen, eine Art Eisenfresser, die einem Pürschchen, das so aussieht wie Hr. Rakewell hier in der Nachtmütze, und keine blose Degen sehen kann, bey hundert Gelegenheiten nützen können. Bey (8) ist der Tanzmeister Essex; er ist grade in einem *pas frisé* begriffen, und weil niemand auf ihn merkt, bespiegelt er sich mit fast geschloßnen Augen in seiner eignen Einbildung mit solchem Entzücken und Genuß seines eignen Werthes, daß man ihn kaum ansehen kann, ohne ebenfalls solche Fältchen auf den Wangen zu kriegen wie Er. Was das für eine Seeligkeit auf dem Gesicht ist! und was das für glückliche Menschen sind, die bey einem *pas frisé*, den niemand beobachtet so aussehen können. Der Fechtmeister (10) ist gleichfalls ein Porträt; er war ein Franzos und hieß *Du Bois*; gerieth mit einem Irländer

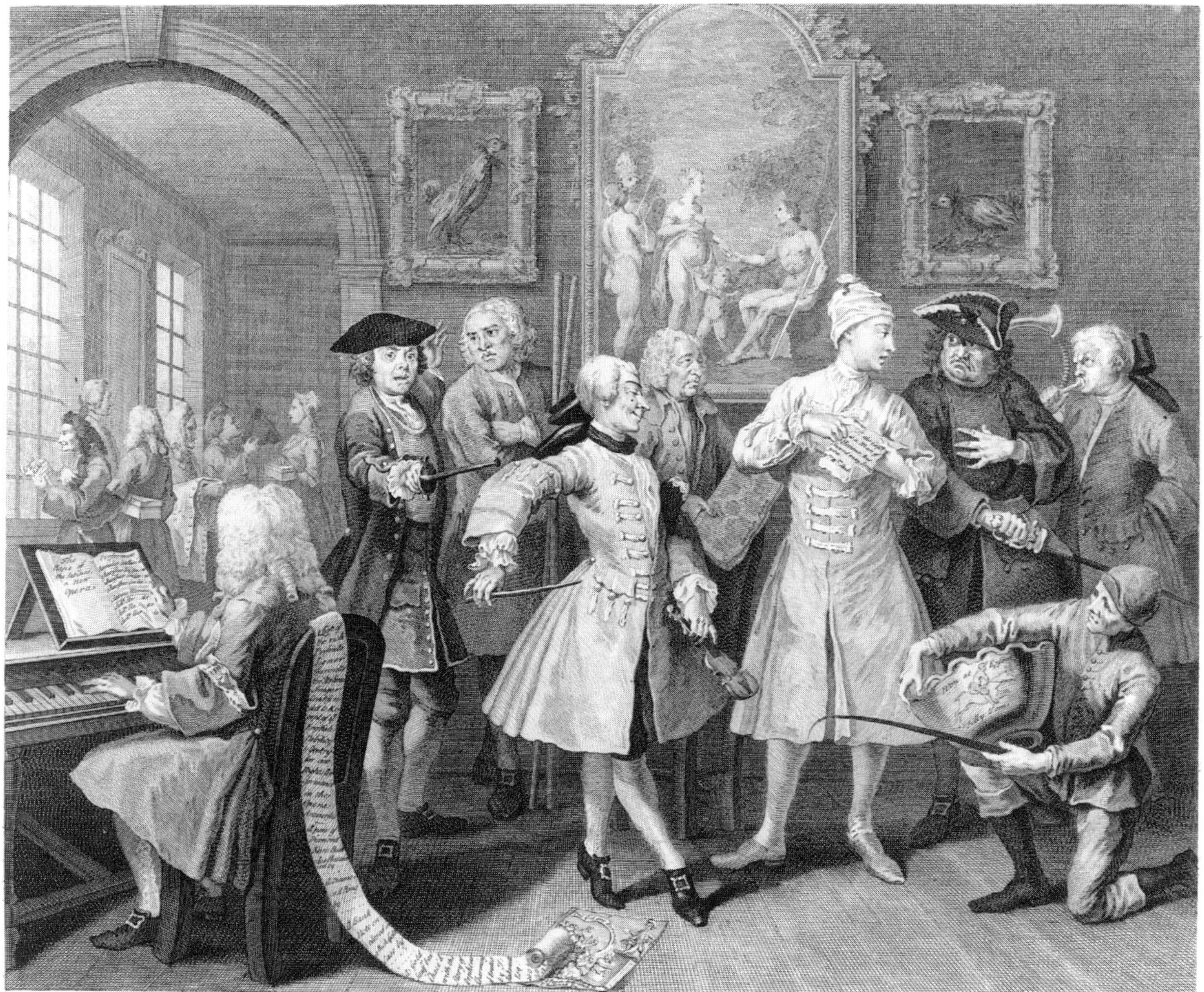
Invented &c by Wm. Hogarth & Publish'd according to Act of Parliament June ye. 25. 1735.
Plate 2d.
Prosperity, (with Harlot's smiles,
Most pleasing, when she most beguiles,)
How soon, Sweet foe, can all thy Train
Of false, gay, frantick, loud & vain,
Enter the unprovided Mind,
And Memory in fetters bind;
Load faith and Love with golden chain,
And sprinkle Lethe o're the Brain!
Pleasure on her silver Throne
Smiling comes, nor comes alone;
Venus moves with her along;
And smooth Lyaeus, ever young.
And in their Train, to fill the Press,
Come apish Dance, and swolen Excess,
Mechanic Honour, vicious Taste,
And fashion in her changing Vest.

gleichen Namens, ebenfalls einem Fechtmeister, in Streit (und freylich mag gleiches Geschäft bey gleichen Namen in derselben Stadt, zu allerley empfindlichen Situationen Anlaß geben) und ward im Duel von ihm erstochen. Er ist im Begriff einen Ausfall mit dem Rapier zu thun, im Original mit der Rechten; Gleich bey ihm, etwas zurück, steht ein sehr großer Mann in seinem Fach, nämlich der berühmte Klopfechter *Figg*, dessen Porträt man besonders hat (9). Es war ein Kerl, der mit der Faust einen Ochsen hätte erschlagen können, und mit seinem Streitkolben, (*Quarterstaff**), deren er zwey in den Armen hat, sicherlich ein halbes Dutzend französischer Fechtmeister mit allen ihren blosen Degen auf einen einzigen Hieb. Wenn ich oben gesagt habe, die Figuren dieses Stücks seyen nicht verbunden, so habe ich diese zwey Paare nicht gemeint. Die Verbindung des brittischen Klopfechters und des französischen Fechtmeisters ist gewiß eine der glücklichsten. Es ist eine Gegeneinanderstellung der Nationen selbst. Brittisches, solides, dauerhaftes Eichenholz, der leichten, flatterhaften französischen Zitterespe gegenüber, der Streitprügel neben dem Rapier, und der Löwe neben dem Thier das kräht. Wie der schwere *Figg* nicht da an der Wand ruht und auf das possierliche Fechter-Solo des *Dubois* herabsieht, mit einem Ausdruck in dem schweren Gesicht, der zu erkennen giebt, er sey nicht allein im Stand den *Dubois* in Stücken zu schlagen, sondern auch, wenns verlangt wird, aufzuessen. Der Waldhornist hat die linke Hand in den Hosen. Ich konnte lange nicht errathen, warum der Mann das that, und doch war ich überzeugt, daß Hogarth nichts umsonst thut, endlich fand ich es, da ich mich eines Trompeters erinnerte, der eben so stund wenn er bließ, und von dem war mir bekannt, daß er es that, um sich keinen Bruch zu blasen. Der Kopf des Kunstgärtners, eines gewissen Hrn. Bridgeman, ist wohl der, der auf diesem ganzen Blatt die meiste Natur hat; wenn man nicht wüste, daß dieses ein Porträt ist, so würde man es doch vermuthen. Er konnte hier im Calender nicht wohl Platz finden, weil sich nicht viel darüber sagen ließ und der Mann ganz isolirt dasteht, vielleicht erscheint er künftig. Der Alte vor dem Clavier ist wohl Händel. Was Sir John Hawkins *a priori* darwider einwendet, ist nicht viel werth und sagt am Ende nichts weiter, als daß Hogarth nicht recht gethan haben würde den großen und rechtschaffenen Mann in diese Gesellschaft zu bringen. Allein gegen eine so allgemeine Sage als die, daß diese Figur Händel sey,

* Der *Quarterstaff* ist eigentlich ein derber Prügel von etwas mehr als Mannslänge. Der Name kommt daher, weil man ihn bey dem Gebrauch mit der Rechten etwas gegen die Mitte zu faßt und mit der Linken wieder in der Mitte der untern Hälfte, also gleichsam vierthelt.

und die sich vermuthlich von Hogarth selbst herschreibt, richtet man mit solchen Gründen nichts aus. Ueberdas sagt es auch Trusler in seinem *Hogarth moralized*, ein Buch, welches Hogarth's Wittwe, eine kluge Dame und große Verehrerin ihres Mannes und Kennerin seines Witzes, selbst verkauft; die Trusler sicherlich zu Rath gezogen hat, und die so etwas nicht würde haben stehen lassen, wenn es falsch wäre. Auch erscheint ja Händel hier mit bedecktem Gesicht, und mit bedecktem Gesicht erscheint ja mancher eben so große und rechtschaffene Mann, zuweilen wohl in noch schlechterer Gesellschaft als die gegenwärtige. Von Händels Stuhl hängt eine große Rolle herab, die ein Verzeichnis von Geschenken enthält, welche der berühmte Castrat Farinelli, der sich damals schier ein Fürstenthum ertrillerte, erhalten hat, darunter steht auch eine goldne Dose von Hrn. Rakewell mit dem Orpheus darauf, wie er die Thiere anzieht. Hr. Rakewell macht sich damit ein schlechtes Compliment, denn es könnte heissen: Siehe, auch mich Rindvieh hast du angezogen. Unten an der Rolle liegt ein Kupferstich, der den Farinelli über einem Altar vorstellt auf welchem Herzen brennen, dabey kniet eine Menge Damen, die ihm brennende Herzen zum Opfer bringen. (Ein seltsames Opfer für eine castrirte Gottheit) und eine darunter, die in die Worte ausbricht: Ein Gott und ein Farinelli. Diese ruchlosen Worte hat würklich damals eine Dame aus den Logen im Enthusiasmus laut ausgerufen. Die Frauenzimmer halten ihre Herzen in den Händen, und dieser Umstand macht das Opfer noch begreiflich, denn so läßt sich denn doch das andere Herz noch sonst wo opfern. Vor der Hauptfigur kniet ein Rennpferdreiter, der zu Epsom eine große silberne Schaale gewonnen hat und hier überreicht; an der Wand sieht man die Porträte von 2 Streithahnen. Hogarth will hiermit andeuten, daß Rakewell Rennpferde und Streithahnen hält, vielleicht wird mit dem Urtheil des Paris an der Wand, das Mätressen halten angedeutet, und da hätten wir also Rennpferde, Mätressen und Streithahnen und folglich mehr als hinreichende *data*, einige künftige Scenen begreiflich zu machen. In der Antichambre sieht man würklich Se. Excellenz den Schneider, den man auf dem vorigen Blatt vermißte, weil vielleicht jene Scene in einem Landstädtchen war, diese aber offenbar zu London ist. Der Mann der dort den Rock über dem Arm liegen hat, könnte bey der Perüke, bey der Kopfhaltung und dem Gesicht, wenigstens Staatsraht seyn. Der Dichter überließt seine Epistel an Hrn. Rakewell noch einmal, und wie vortreflich sie seyn muß, sieht man deutlich an dem Beyfall den er der Stelle zuschmunzelt, woran er ließt.

DRITTES BLATT. C.

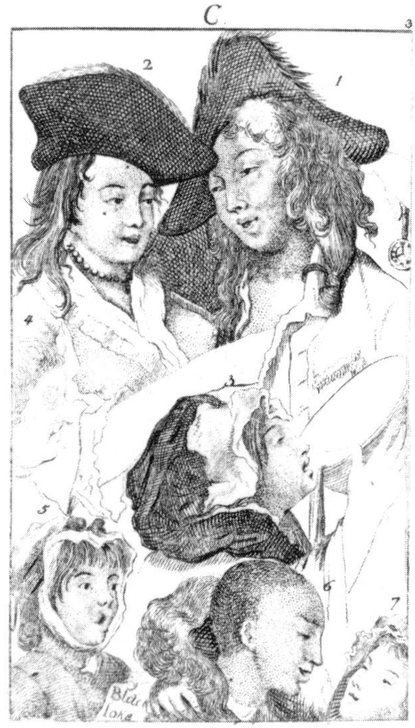

Hier ist er in einem lüderlichen Hause mit einem Mädchen zusammengestellt, die ihm die Uhr stiehlt und einer andern Schwester vom Hause hinreicht (1. 2.). Aus der Mine sieht man, daß der junge Herr sehr weit ist. Es ist auch schon Tag, die Taschenuhr zeigt zwar nur erst drey aber auf den Bouteillen spiegeln sich die Fenster und der helle Tag. Der kurzgebrannten aber noch brennenden Lichter und der Fensterchen auf den Bouteillen hat sich Hogarth mehr als einmal bedient, wenn er andeuten will, daß man gestern Abend sich hiehergesezt und diesen Morgen noch sitze. Toller kann es wohl nicht leicht zwischen vier Wänden hergehen als hier. Der Spiegel ist entzwei; einer schönen Suite von Römischen Kaysern in Gemählden an der Wand, haben sie die Köpfe ausgeschnitten, den Nero allein ausgenommen, weil das ein fideler Kerl war. Die römischen Kayser folgen sich hier ohngefähr so, wie die Bilder des Thierkreißes auf der großen Montgolfierschen Maschine zu Paris: Augustus, Nero, Titus, Otho etc. Den Löchern, worin die Köpfe saßen, hat der drollige Künstler wiederum lächerliche Kopfformen gegeben, so hat Augustus eine Nase bekommen, die wie eine Rübe aus dem Gesicht hervorsteht, und der gute Vespasianus einen Schweinskopf. Eine Suite von Kaysern ohne Köpfe ist übrigens in der Geschichte selbst nicht so unerhört, als an der Wand. Auf der Erde umher liegt die zerbrochene Laterne eines Nachtwächters und der Stab eines Polizeyknechts, mit denen sich der junge Herr geprügelt hat; Frauenskleidungen, selbst einige der nöthigsten nicht ausgenommen, Muschen oder Pillenschächtelchen, Kayserköpfe, zerbrochene Gläser und Stöcke, gebratene Hüner mit den Gabeln darin und halbe Citronen, über welches alles die Najade Cloacina ihre Urne geußt. Die Frauensperson im Vorgrund, die zwar größtentheils ausgekleidet, aber demohngeachtet schon wieder sehr weit angekleidet ist, ist ein damals berühmtes Mensch, die man die Positurmacherin (*the posture woman*) nannte. Sie machte allerley Künste, wie z. E. solche wie Macrini's Kinder, nur mit dem beträchtlichen Unterschied, daß diese artigen Mädchen ihre Künste in der nach dem Sündenfall gewöhnlichen Frauenzimmertracht und in Beinkleidern machten, diese hingegen die ihrigen in dem vor demselben üblichen, also in den Kleidern der Unschuld. Trusler sagt sie habe Aratine (vielleicht Aretina) geheisen. Zu einigen Stellungen bediente sie sich einer großen zinnernen Schüssel und das ist die Schüssel, in welche der Kerl an der Thüre hineinleuchtet. Der Kerl selbst ist ein Porträt und hieß *Leatherhead*; er war berühmt wegen seiner großen Kenntnis der Unheiligen zu London, die er alle herzunennen wuste. Neben ihm steht ein Mädchen (5) die eine

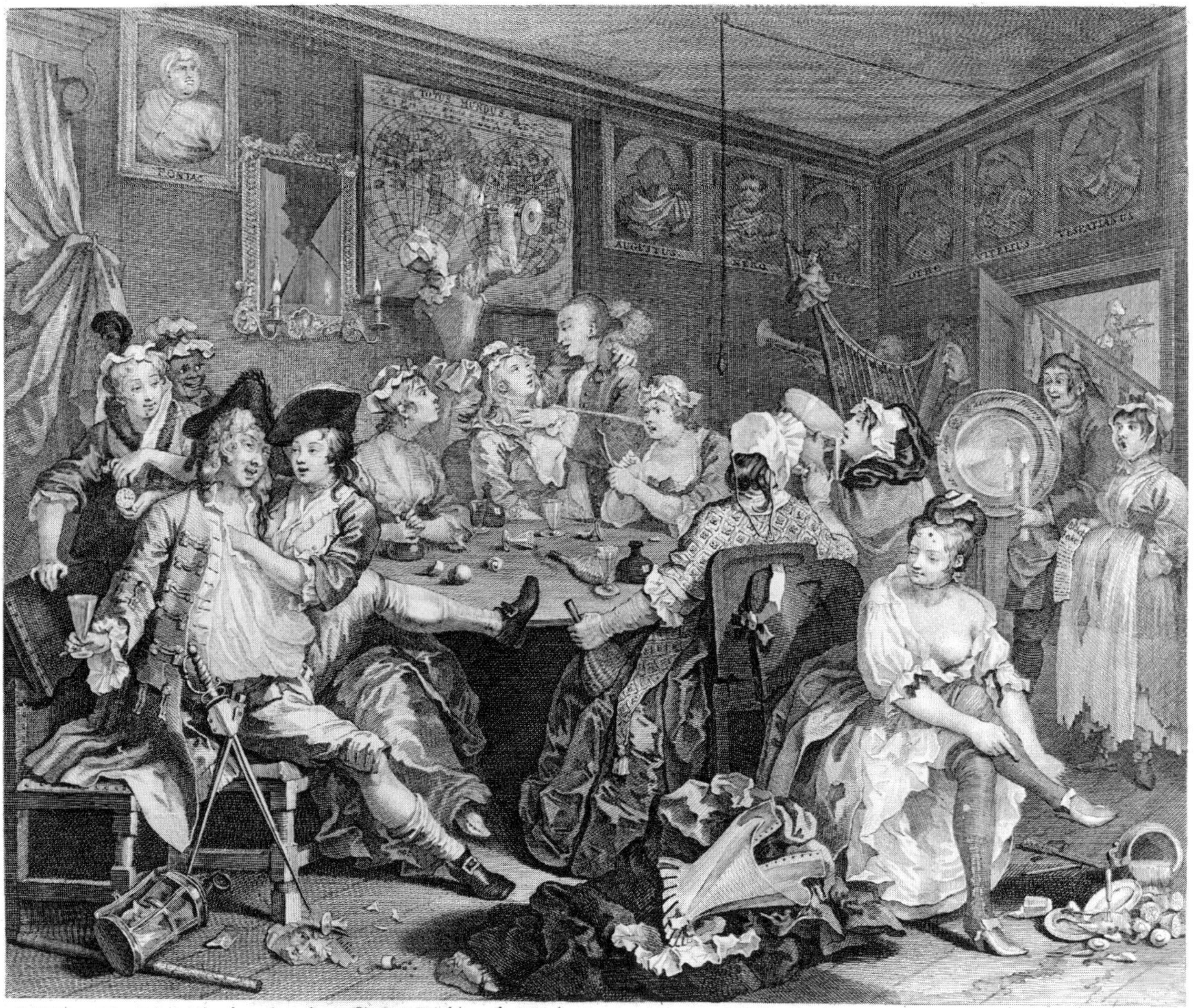
O Vanity of youthfull Blood,
So by Misuse to poison Good!
Woman, form'd for Social Love,
Fairest Gift of Powers above!
Source of every Houshold Blessing,
All Charms in Innocence possessing:
But turn'd to Vice, all Plagues above,
Foe to thy Being, Foe to Love!
Guest Divine to outward Viewing,
Abler Minister of Ruins!
And Thou, no less of Gift divine,
Sweet Poison of Misused Wine!
With Freedom led to every Part,
And secret Chamber of ye Heart;
Dost Thou thy friendly Host betray,
And shew thy riotous Gang ye way,
To enter in with covert Treason,
O'erthrow the drowsy Guard of Reason,
To ransack the abandon'd Place,
And revel there with wild Excess.
Invented Painted Engrav'd & Publish'd by Wm Hogarth June ye 25 1735 According to Act of Parliament.
Plate 3.

äusserst unzüchtige Ballade *the black Joke* abblärrt und zwar in der Stellung des Trompeters auf dem 2ten Blatt. Dazu spielt ein Blinder Harfen-Spieler, (4) und ein andrer bläßt die Trompete. Auf der Harfe des Musikanten, sizt vornen ein ausgeschnizter David mit der Krone auf dem Haupt, der wieder eine Harfe spielt, welches drollig genug läßt. Um den Tisch geht es toll zu, wie man sich vorstellen kann, die Reihen sind nicht bunt; 10 Damen gegen 2 Chapeaus, unter den ersten befindet sich um der Wahl willen eine schwartze. Zwey darunter, die zum Glück nicht beysammen sitzen, sondern zwischen sich noch den verliebten Auftritt (6. 7) haben, gerathen in Streit, und die eine sprüzt der andern mit dem Munde Wein ins Gesicht, wogegen diese das Messer zieht. Uebrigens ist der mannigfaltige Ausdruck von Schläfrigkeit, Kopfweh und Trunkenheit in einigen weiblichen Gesichtern sehr gut. Proben davon sieht man bey (7) und (3); leztre will sich den Punsch in den Mund gießen und gießt sich ihn in den Busen. Ganz im Hintergrund ist ein Mädchen beschäftigt ein Paar große Planiglobia über welchen mit großen Buchstaben steht TOTVS MVNDVS, mit dem Licht anzuzünden. Einer von Hogarths' Commentatoren meint sie thäte dieses aus Wuth, weil sie zurückgesezt worden wäre, und wolle also die Welt und sich verbrennen. Kann man sich wohl einen läppischern Gedanken denken? Hätte Hogarth einen solchen Einfall haben können, so würden wir vermuthlich seinen Nahmen in Deutschland nicht kennen. Das Mädchen steckt die Welt an, weil es die Welt anstecken könnte. Es ist das Feuer, welches zuerst in Amerika ausbrach, von da durch Christen auf christliche Schiffe geladen, nach Paris und Neapel, und von da über die übrigen Welttheile, und als man einen 5ten Welttheil entdeckte, wiederum durch Christen auf christlichen Schiffen auch in diesen 5ten verführt wurde; das Feuer endlich, das man nicht mit Wasser, wohl aber mit Quecksilber löscht. Freylich war es einem Deutschen, wegen der zweifachen Bedeutung des Worts *anstecken*, leichter Hogarths Sinn zu treffen, als einem Engländer, allein die Aehnlichkeit in dem Begriff ist doch auch nicht schwer zu finden und die ist bey allen Nationen dieselbe. Die Verse unter diesen Blättern, die den Sohn des Bischoffs von Winchester Hoadly zum Verfasser haben, sind sehr tröstlich. Schon der ganze Einfall taugt nichts. Eine gedruckte Moral läßt sich wohl mit Kupferstichen erläutern, aber eine in Kupfergestochene noch mit Worten zu erläutern, ist ein unglückseliges Unternehmen. Die Zeichen freylich können einer Erklärung bedürfen und die erkläre ich hier selbst, aber der Endzweck muß völlig einleuchten sobald die Zeichen erklärt sind. Hr. Hoadly kömt mir vor wie Hogarths Pajazzo, ein plumper ungeschickter Mensch, dem sich die Luftspringer und Seiltänzer des Contrasts wegen zugesellen, um das, was sie selbst gut gethan haben, während als sie ausschnaufen, schlecht zu thun. Nur eine Probe: das Gedicht unter dieser dritten Platte fängt sich an:

O vanity of youthfull blood
So by misuse to poison good etc.

zu Deutsch.
O Eitelkeit vom jungen Blute
So zu vergiften alles Gute ec.

Doch um nicht alles gute zu vergiften, was dieser Aufsatz enthalten könnte, so breche ich gleich ab. Indessen passen diese Verse des Hrn. Hoadly auf nichts in der Welt besser, als auf die Verse des Hrn. Hoadly selbst.

Viertes Blatt. D.

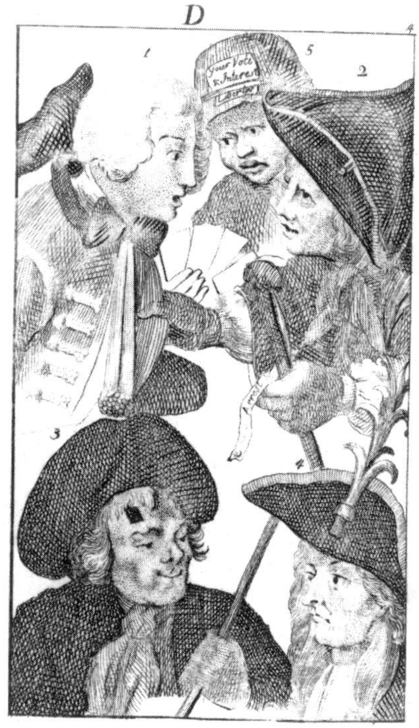

Auf den beyden ersten Blättern stieg der Held; auf dem dritten schwebte er, und nun auf diesem vierten fängts an herunter zu gehen. Dieses Blatt fließt über von der feinsten Satire, die gewiß von vielen übersehen wird, auch selbst manchen die England gut kennen. Rakewell ist hier *en Gala* und will am ersten März, als dem Geburtstage der Königin Carolina nach St. James, das sich im Hintergrunde ziemlich im Stil eines alten Rathhauses, sehr natürlich präsentirt. Daß hier heute der erste März ist, hat Hogarth durch den Lauchbüschel auf dem Huthe des steif einhertretenden Wälschmannes (4) gezeigt. Der erste März ist nemlich St. Davids Tag, an welchem dieses Volk und eine Menge anderer mit ihn, zum Denkmal eines erfochtenen Siegs, Lauch (freylich aus seidenem Band und silbernen Blumen verfertigt) auf den Hüten trägt. So wuste Hogarth Tage zu bezeichnen. Der Held (1), der nach Hofe will, wird Schulden halber von einem Gerichtsdiener (2) auf öffentlicher Strase (so gehts zuweilen im Lande der Freyheit) arretirt und, wie man sieht, etwas derb angefaßt. Dabey steht noch ein Polizeyknecht, (3) der in seiner Hand Bewegungsgründe im Vorrath hält, falls der Stuzer nicht willig nach dem Gefängniß folgen sollte, und kaut seinen Taback indessen ruhig fort. Sarah Young, das Mädchen mit dem Specimen, die nun mit Putz handelt, geht eben da vorbey, sie läßt ihren Kasten fallen über der Eile, womit sie den Häschern ihre ganze Börse anbietet, den treulosen Liebhaber frey zu machen; vielleicht ist es ihr gelungen, denn auf dem 5ten Blatt ist er wieder frey. Kein Unglück kommt allein; hier ist grade über dem Ort, wo die Portchaise angehalten wird ein Laternenanzünder beschäftigt, Oel in die Lampe zu gießen, und das so reichlich, daß Rakewell auch von der Seite etwas abkriegt, aber nur auf das Galakleid. Aus der Mine des Kerls sieht man, daß er es vorsäzlich thut: der englische Pöbel ist gegen nichts ausgelassener, als gegen gestickte Kleider an einem Mann der bankerot ist, und da hat er nicht ganz Unrecht. Die Satyre auf diesem Blatt, die von wenigen ganz bemerkt wird, ist folgende. Zur linken sieht man White's Caffeehauß, auf welches der Blitz einschlagen will. Hogarth wolte also eigentlich sagen: Daß Euch das Wetter da drinn! und in der That verdienen die da drinn so etwas wie das Wetter. Es ist nemlich das Haus, wo oft Rittergüter auf eine Karte gesezt werden, und wenn die Rittergüter und alles verlohren sind, die goldnen Hemdknöpfe, wovon man ein sehr berüchtigtes Beyspiel hat; es ist der Ort wo Betteley und Ueberfluß in einer Secunde die Stellen wechseln; die Quelle tausendfachen Unheils, der Duelle, der Verzweiflung und des Selbstmords. Das ist bekannt und Hogarth hat hier blos gezeichnet, was jeder vernünftige

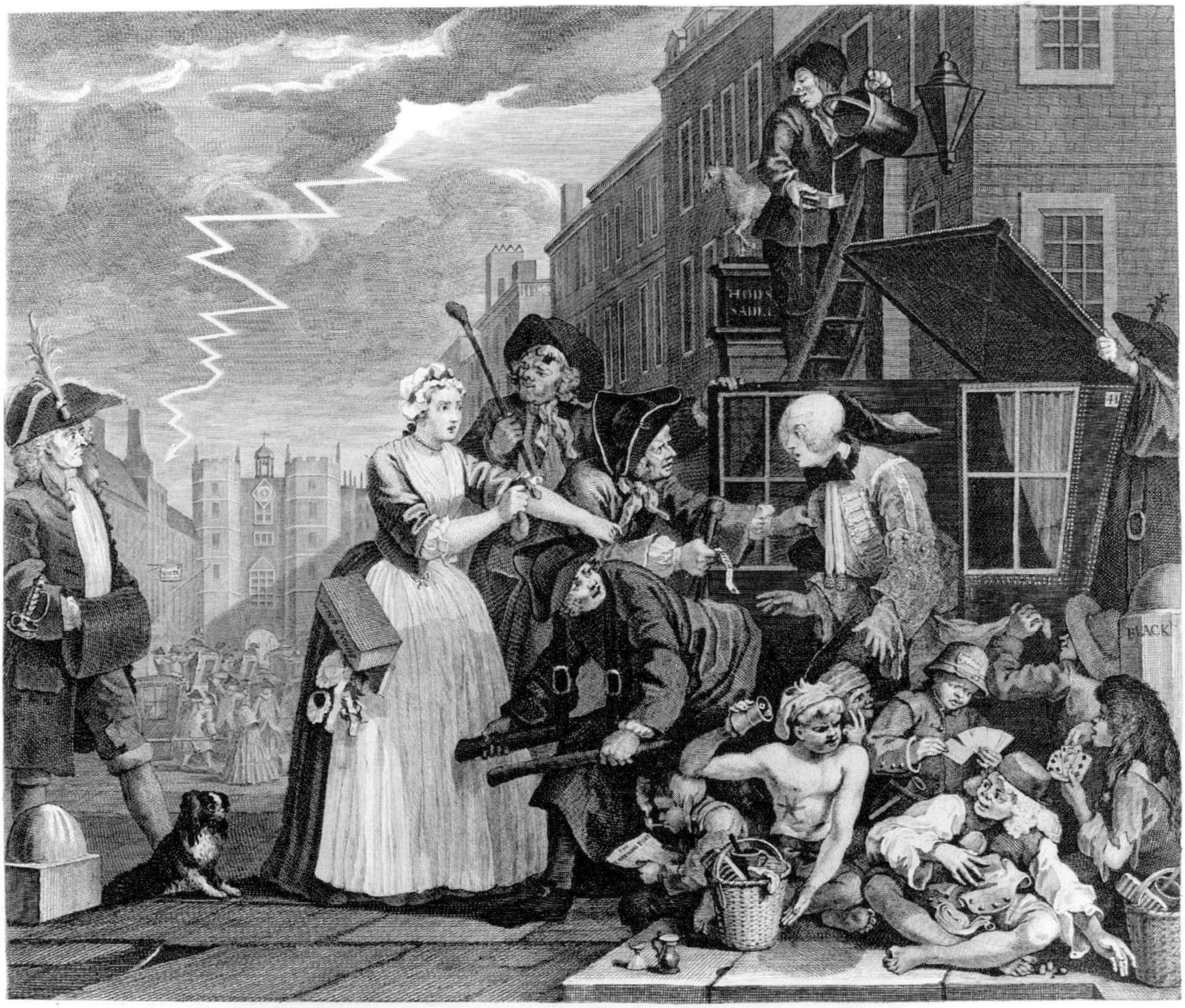

O Vanity of youthfull Blood,
So by Misuse to poison Good:
Reason awakes, & views unbarr'd
The sacred Gates he watch'd to guard;

Approaching views the Harpy Law:
And Poverty with icy Paw

Ready to seize the poor Remains
That Vice hath left of all his Gains.

Cold Penitence, lame After-Thought,
With Fears, Despair, & Horrors fraught,

Call back his guilty Pleasures dead,
Whom he hath wrong'd, & whom betray'd.

Invented Painted & Engrav'd by Wm. Hogarth & Publish'd June ye 25 1735. According to Act of Parliament

Plate 4

Mann in England denkt. Aber nun kommt die Satyre. Unter der Portchaise, aus welcher Rakewell geholt wird, hat er eine Gruppe von Hazardspielenden Caminfegern, Schuhputzerjungen u. d. gl. angebracht. Weil nun diese gemeiniglich schwarz sind, so steht auf einem dabeystehenden Stein: *Black's*, als Contrast von dem eben genannten Caffeehauß, auf dessen Schild *White's* steht. Wir sehen also hier zwey Spielgesellschaften, die eine die weisse, (Hrn. Weissens) die andere die schwarze (Hrn. Schwarzens Caffeehauß.) Weiß und Schwarz gegen einander. Die weissen in tapezirten und mit Fußteppichen belegten Zimmern, die schwarzen auf den blosen, blanken, breiten Steinen der Strase. Betrogen wird in beyden; denn der eine Junge weißt dem andern mit den Fingern, was sein Gegner in der Karte hat; gestohlen wird in beyden, denn der eine Junge zieht Hrn. Rakewell das Schnupftuch aus der Tasche; Zeitungen werden in beyden gelesen, denn hier ließt selbst unter den Füßen der Portchaisenträger ein Junge eine Pfennigszeitung. Einer von diesen Herrn in *Black's* Caffeehauß, hat alles verspielt, selbst sein Hemd, er sizt nackend da, aber zeigt dafür auch einen Stern auf der blanken Brust, vermuthlich ein Brandmahl, vortrefflich contrastirt mit den gestickten Sternen in *White's* Caffeehauß. Der Leser wird nun fühlen was hier Schwarz und Weiß sagen will. Der Commentator Gilpin hat von allem dem nichts gemerkt. Wie viele Gilpins mögen nicht unter den Auslegern alter Schriftsteller seyn! Nun noch einen Hauptsatz; unter den Spielenden in *Black's* Caffeehauß nemlich, befindet sich ein Junge (5), eben der Betrüger, der betrogen wird. Auf seinem Hut hat er einen Zettel stecken, mit den Worten: *Your vote and interest*. Deutsch eben soviel als: Ich erbitte mir Ihre Stimme und was Sie noch sonst vermögen. Dieses Gesicht nemlich, eine Galgenphysiognomie, ist ein Kerl, der bey Parlementswahlen eine Stimme hat. Ich kenne die Hand nicht deutlich, allein es kommt mir fast vor, als wenn es die Hand der Herzogin von Devonshire bey der letzten Parlementswahl wäre.

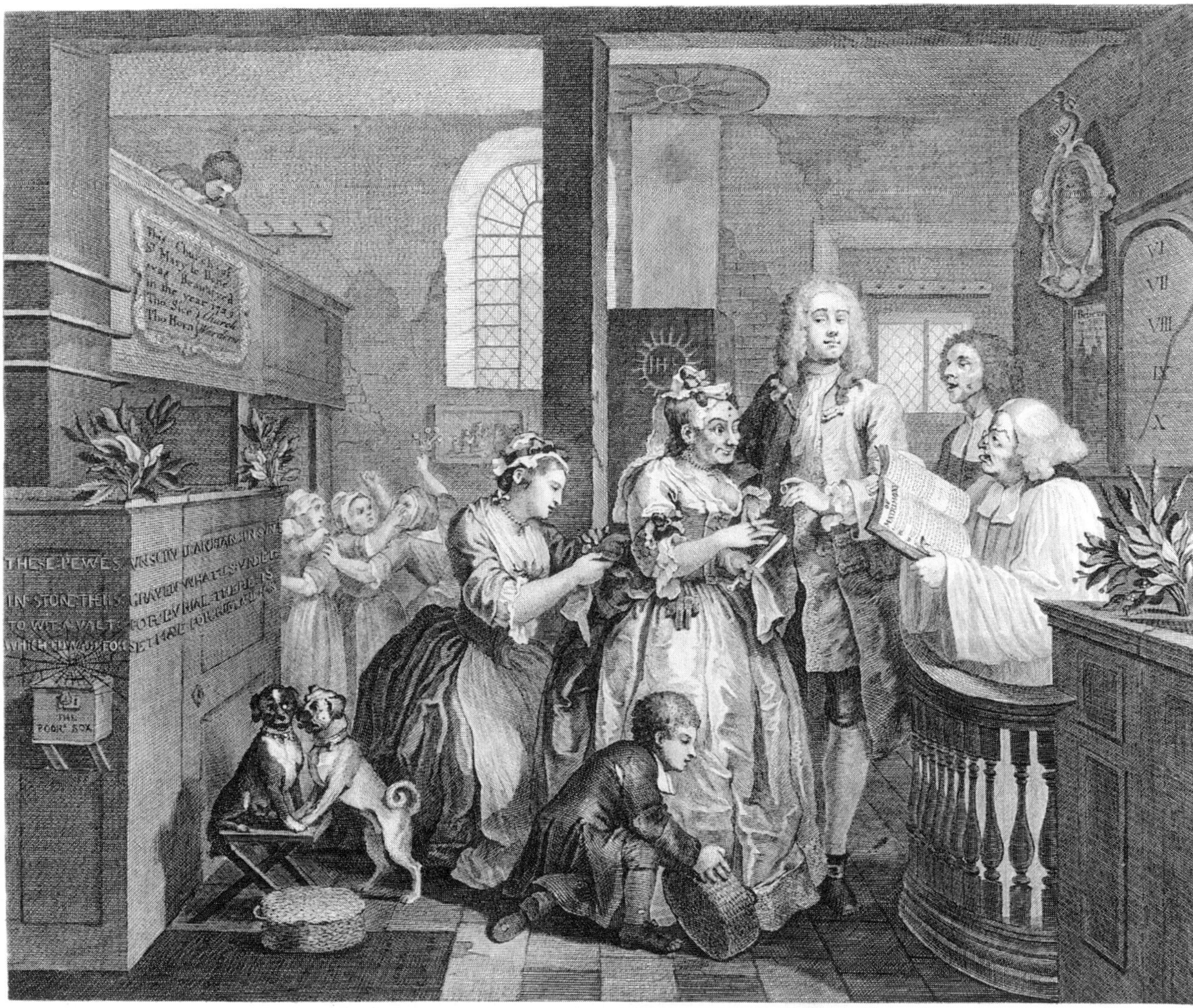

New to ye School of hard Mishap,
Driven from ye Ease of Fortune's Lap,
What Shames will Nature not embrace,
T'avoid less Shame of lean Distress?
Gold can the Charms of Youth bestow;
And mask Deformity with Shew;
Gold can avert ye Sting of Shame,
In Winter's Arms create a Flame,
Can couple Youth with hoary Age,
And make Antipathies engage.

Invented Painted & Engrav'd by Wm Hogarth & Publish'd June ye 25 1735 According to Act of Parliament. Plate 5.

Fünftes Blatt. E.

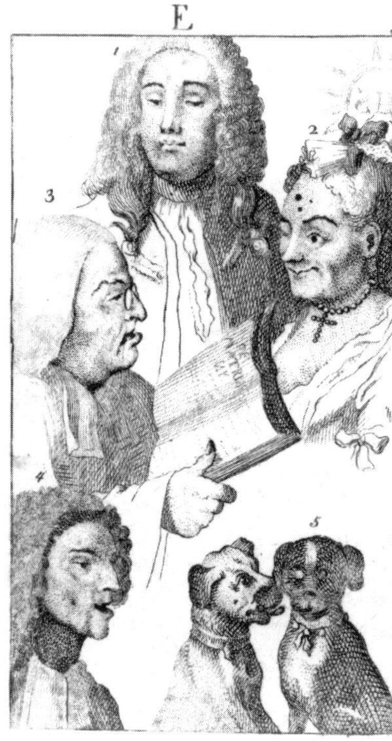

Ob Sarah Young unsern Helden auf der Straße von St. James frey gemacht hat, weiß ich nicht; hier in der Kirche ist er es wenigstens wieder, aber nur um in eine neue Art von fürchterlicher Sklaverey zu fallen. Um sich zu retten, oder eigentlich seinen Ruin noch etwas hinaus zu schieben, läßt er (1) sich hier ein altes, häßliches und dabey einäugiges Weib (2) antrauen, deren Seele schwerlich viel schöner ist als ihr Körper, wie man aus ihrem studirten und freyen Anzug und dem süßen Mäulchen sieht; er selbst scheint mit gezwungener Mine die Verachtung gegen seine junge Braut zu verbergen, und wie man glaubt, nach einem Mädchen hinzuschielen, die derselben eine Schleife ansteckt. Origineller Hogarthischer Muthwillen ist es, daß er das *in Hoc Signo** das im Hintergrund an der Wand befindlich ist, grade so gestellt hat, daß man es für ein Glorie um den Kopf der Braut hält, und daß er auf der Seite einen rüstigen Mops einer einäugigen Hündin den Hof machen läßt (5). Der Hund der es wenigstens redlicher zu meynen scheint, als der Bräutigam hier über ihm, war Hogarths Mops und hieß Trumpf, er hat ihn in einem satyrischen Kupferstich wider den Dichter Churchill eine noch weit wichtigere Rolle spielen lassen. Von dem Pastor (3) sagt Gilpin, er habe einen solchen Mann gesehen, könne sich aber nicht recht erinnern wo; es ist auch würklich ein Gesicht, das nicht leicht erfunden werden kann. Den Küster (4) glaubt man sein *Amen* blöcken zu hören. In der Kirche, welche die von *Mary-la-bone*, ehmals einem Dorf bey London, jetzt einem Theil der Stadt, seyn soll, ist viel Satyre angebracht. Auf der Gesetztafel geht ein starker Riß durch das 9te Gebot, unser 8tes: du sollst kein falsch Zeugniß reden. Denn jene Kirche macht aus unserm 2ten Gebot zwey, und hingegen aus unserm 9ten und 10ten eins, daher wird unser 8tes ihr neuntes. Wer sich also in England gegen das sechste Gebot vergeht, kommt nicht so leicht weg als bey uns, er wird gehenkt; da ist es wider den Mord. Neben den 10 Geboten hängt ein Stück des gedruckten Glaubens, es ist alles abgerissen, bis auf die Worte: Ich glaube an, und dann kommt ein großes leeres. Hogarth will also sagen: Ich glaube – – an gar nichts, oder an alles, was man dahin zu kleben für gut finden wird. An der Seite ist die Armenbüchse, über welche eine Creutzspinne ihr Gewebe gezogen hat, weil das der sicherste Ort in der ganzen Kirche für sie war, auch vielleicht zugleich anzudeuten, daß für das was hineingeworfen wird, schon ein anderes Netz gelegt sey. An den Kirchenstühlen befindet sich eine lächerliche Inschrift, eine gerechte Satyre auf die elen-

* Hier ist das IHS umzuzeichnen vergessen worden.

den Denkmäler, womit man die Kirchen auch bey uns beklext, in einer nicht verächtlichen Orthographie, und zwar im Stein-Stil auf – Holz.

THESE: PEWES: VNSCRVD: AND: TAN: IN: SVNDER IN: STONE: THERS: GRAVEN: WHAT: IS: VNDER: TO: WIT: A: VALT: FOR: BVRIAL: THERE: IS: WHICH: EDWARD: FORSET: MADE: FOR:

HIM: AND: HIS.

Deutsch:

Schraubt man die Kirchstihl' ab, und nimbt sie drauf in Sticken:
Wird man in Stein gegrabt, was drunter ist, erblicken.
Als nemlich ein Gewelb zu thun die todten 'nein,
Das Edward Forset baut' für sich und für die sein'n.

Vermuthlich hat Hogarth damit eben bestimmt, was er für eine Kirche meyne, und da ist freylich die Satyre sehr bitter, aber dabey immer sehr gerecht, wenn es so darin aussah. Welche Kirchenvisitation könnte mehr thun, als ein solches Blatt? Im Hintergrund schlägt die Küster Frau mit einem Bund Schlüssel auf die Mutter der Sarah Young los, welche mit dem Kind, nunmehr auf dem Arm, gekommen war, Einspruch zu thun. Die Küsterin fürchtet, wenn die Vermählung rückgängig würde, so komme ihr Mann um sein Trankgeld.

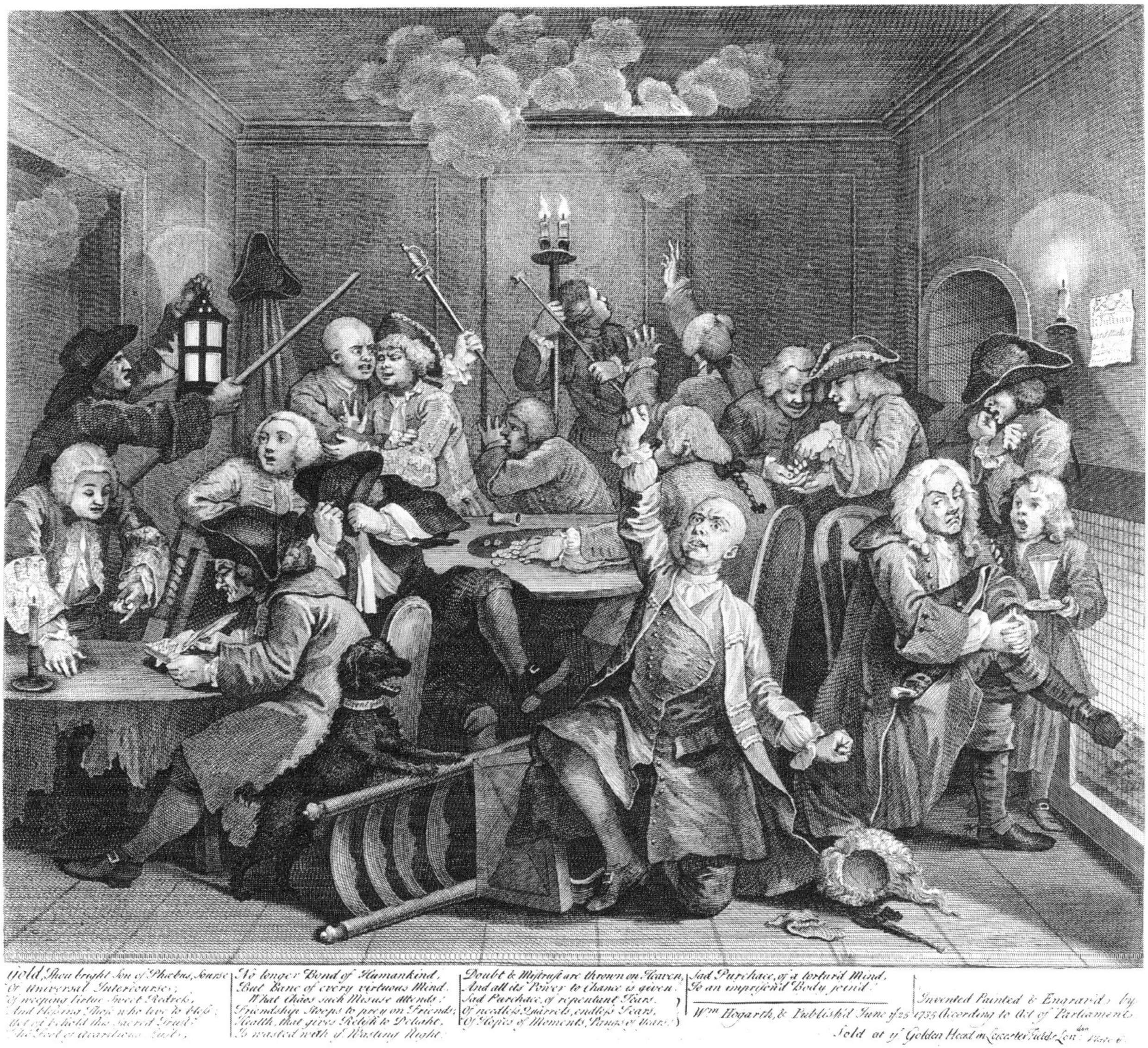
Gold, Thou bright Son of Phœbus, Source
Of Universal Intercourse;
Of weeping Virtue sweet Redress,
And blessing Those who love to bless;
No longer Bond of Humankind,
But Bane of every virtuous Mind.
What Chaos such Misuse attends!
Friendship stoops to prey on Friends;
Health, that gives Relish to Delight,
Is wasted with ye Wasting Night.
Doubt & Mistrust are thrown on Heaven,
And all its Power to Chance is given.
Sad Purchace, of repentant Tears,
Of needless Quarrels, endless Fears,
Of Hopes of Moments, Pangs of Years!
Sad Purchace, of a tortur'd Mind,
To an imprison'd Body join'd.
Invented Painted & Engrav'd by
Wm Hogarth, & Publish'd June ye 25 1735 According to Act of Parliament.
Sold at ye Golden Head in Leicester Fields London
Plate 6.

Sechstes Blatt. F.

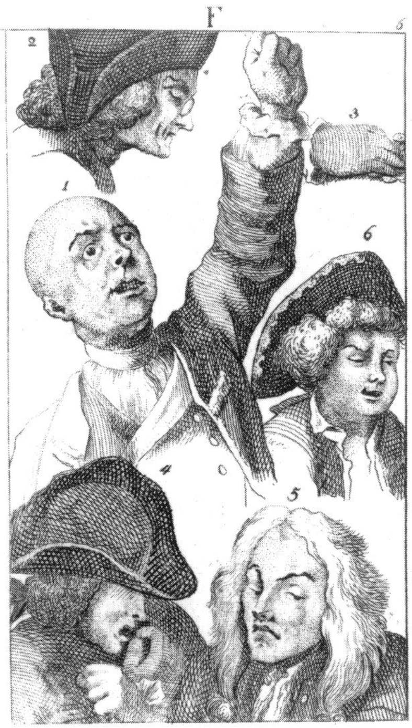

Nun ists geschehen. Ein Spielhauß, und der Held (1) in der äussersten Verzweiflung kniend, mit den Zähnen knirschend und rasend über den Verlust seines Vermögens. Neben ihm liegt der leere Geldbeutel, und neben dem die Perücke und neben dieser der Zopf. Er verflucht und verwünscht sich und sein Schicksal. Bey ihm sizt in gleichen Umständen (nur äussert sich alles auf eine etwas verschiedene Weise) ein Strasenräuber in den tiefsten Gedanken. Die Pistole steht aus der Tasche hervor und ein Strick dabey. Vielleicht Mittel und Ende in redenden Zeichen gekuppelt; die Thaten mit dem Strick, der sie endlich krönt. Er ist in tiefen Gedanken über seinen Verlust des Geraubten, so daß er selbst den Knaben nicht hört, der ihm das bestellte Wasser bringt; vielleicht überhorcht er aber auch ein Paar, die sich hinter ihm Geld zuzählen. Er sizt vor einem Camin, der mit einem Drat-Gitter geschlossen ist, damit die Herrn im Anfall der Verzweiflung ihre unschuldigen Perücken nicht ins Feuer schmeißen können. Hinter diesen äussert sich Verzweiflung auf eine dritte Weise in dem Manne (4), der mit Wuth seine und anderer Guineen von der fetten Hand (3) einstreichen sieht. Daß der fetteste und ruhigste Kerl am Tisch alles gewinnt, ist ein sehr schöner Zug, es kränkt destomehr. Von dem Kerl haben die Unglücklichen nicht einmal den Dank eines geschäftigen Gesichts zu erhalten. Ich habe die Hand mit Fleiß zeichnen lassen, die wie eine Pipa über den Guineen brütet, so wie der ganze Kerl viel von der männlichen Pipa hat. Auf der andern Seite des Tisches geht es ernstlicher zu, ein ebenfalls verzweifelnder stößt mit dem Degen nach dem, dessen Würfel besser fielen, als die seinigen. Sie werden von einem ziemlich ruhigen vielleicht etwas benebelten jungen Herrn (6) noch in einiger Entfernung gehalten. Am kleinen Tisch sizt der Wucherer (2) ein vortreflicher Kopf, der, mitten in diesem Lärm, indem noch dazu hinter dem Getäfel Feuer ausbricht und die Wache zuläuft, in dem fürchterlichen Getöse, wo die Verzweiflung in so mannichfaltige Töne ausbricht, die selbst den schwarzen Hund zu sympathisiren zwingt, ganz gelassen da sizt, wie der weise wann der Himmel einstürzt, und 500 Pfund Sterling, die er so eben dem Lord Cogg geliehen, ins Schuldbuch trägt. Vermuthlich werden die jährlichen Procente wieder 500 werden. Hinter diesem äussert sich Verzweiflung bey einem Mann in Pleureusen wieder auf eine neue Art. Vielleicht war wohl gar der Verlust eine ganze Erbschaft. Auch ein gleichgültiger hinter dem Mann in Pleureusen erhöhet den Contrast. Das meiste auf diesem vortreflich gruppirten Blatt ist verständlich. Ich merke nur noch an, daß am 3ten May 1733 in White's Caffeehauß würklich bey einer solchen Gelegenheit Feuer ausgebrochen ist, worauf hier angespielt wird.

Siebentes Blatt. G.

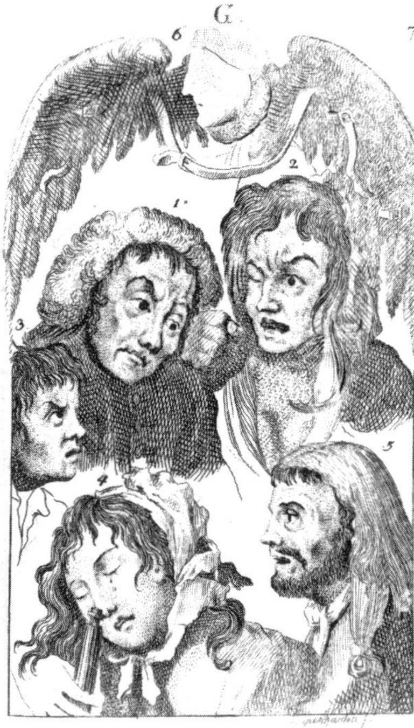

Hier sizt er (1) im Fleet, einem Londonschen Gefängniß, hauptsächlich für Banquerouteurs, und neben ihm die häßliche Schöne (2), die ihm mit einem ihrer weichgeballten Fäustchen auf die Schulter schlägt, und mit der andern ins Gesicht zu schlagen droht. Rakewells Figur hier ist ein Meisterstück. Was für eine Mine! und was kann Ausdrucksvoller seyn, als der Gestus mit der auf das Knie gestützten rechten Hand, welcher zugleich der rechte Fuß sympathetisch folgt. Nun denke man zurück, an den Tanzmeister Essex, den Fechtmeister Dubois, den Kunstgärtner, die Streithahnen, die Mätressen, und Rennpferde, die Dose mit dem Orpheus, und die silberne Schaale. Wo sind die? Hier ist nichts mehr als der schreckliche Rest der Coalition in der Kirche von *Mary la bonne*. Ein solches Ende nehmen solche Coalitionen. Vor ihm liegt auf einem Tisch eine Rolle, ein Manuscript von einen Schauspiel, womit er sich retten wollte, aber sich so rettete, wie die meisten, die in dieser Station des Lebens und Lage der Umstände ihre Rettung in Werken des Genies suchen wollen; er hatte es an Hrn. Rich (so wie mancher sein Werkchen an Hrn. Reich,) damals einen Direcktor eines Schauspielhauses geschickt. Die Sentenz liegt in einem Billet desselben bey: *Sr. I have read Your play & find it will not doe* (*do*). (Hogarth verstund die Orthographie der Sprache der Minen besser als der Sprache des gemeinen Lebens) Mein Herr, ich habe ihr Stück gelesen, finde es aber unbrauchbar. In dieser traurigen Lage versagt ihm auch noch ein trotziger Junge aus der nächsten Schenke (3) den Trunk Porter, bis er erst bezahlt ist, und der Unterbeschließer des Stockhauses (*Under-turnkey*) mit dem eisernen Schlüssel, schier an der Stelle, wo sonst die goldnen hängen, mahnt ihn wegen des Willkomms-Geldes, (*garnish money*), eine Art von Einstand, den man dort bezahlen muß wenn man in den Stand getreten ist, wo alle Bezahlung ein Ende hat. Um sein Leiden noch zu vermehren erscheint auch hier Sarah Young (4) wieder und fällt, da sie ihren ehmaligen Liebhaber in diesem entsezlichen Zustand erblickt, in Ohnmacht. Die Ohnmacht ist gut ausgedruckt, aber die Figur plump. Die Taille doch nicht wieder *à la Montgolfier*? Das wäre von der treuen Sarah Young nicht schön. Auch ist die Moral hier etwas verfehlt und die Geschichte unwahrscheinlich. Die Gemahlin scheint nicht sowohl wegen des mislungenen Trauerspiels, als hauptsächlich deswegen aufgebracht, daß er ihr nichts von seinen ehmaligen Verbindungen gesagt hat, denn das kleine Mädchen das hier um die Mutter weint, ist eine kleine Miß Rakewell, und das schmerzt diese Furie (2). Nun hat Hogarth den Kerker noch mit einigen andern Zügen zu heben gesucht. Wer sich ein Zimmer in einem englischen Schuldthurm

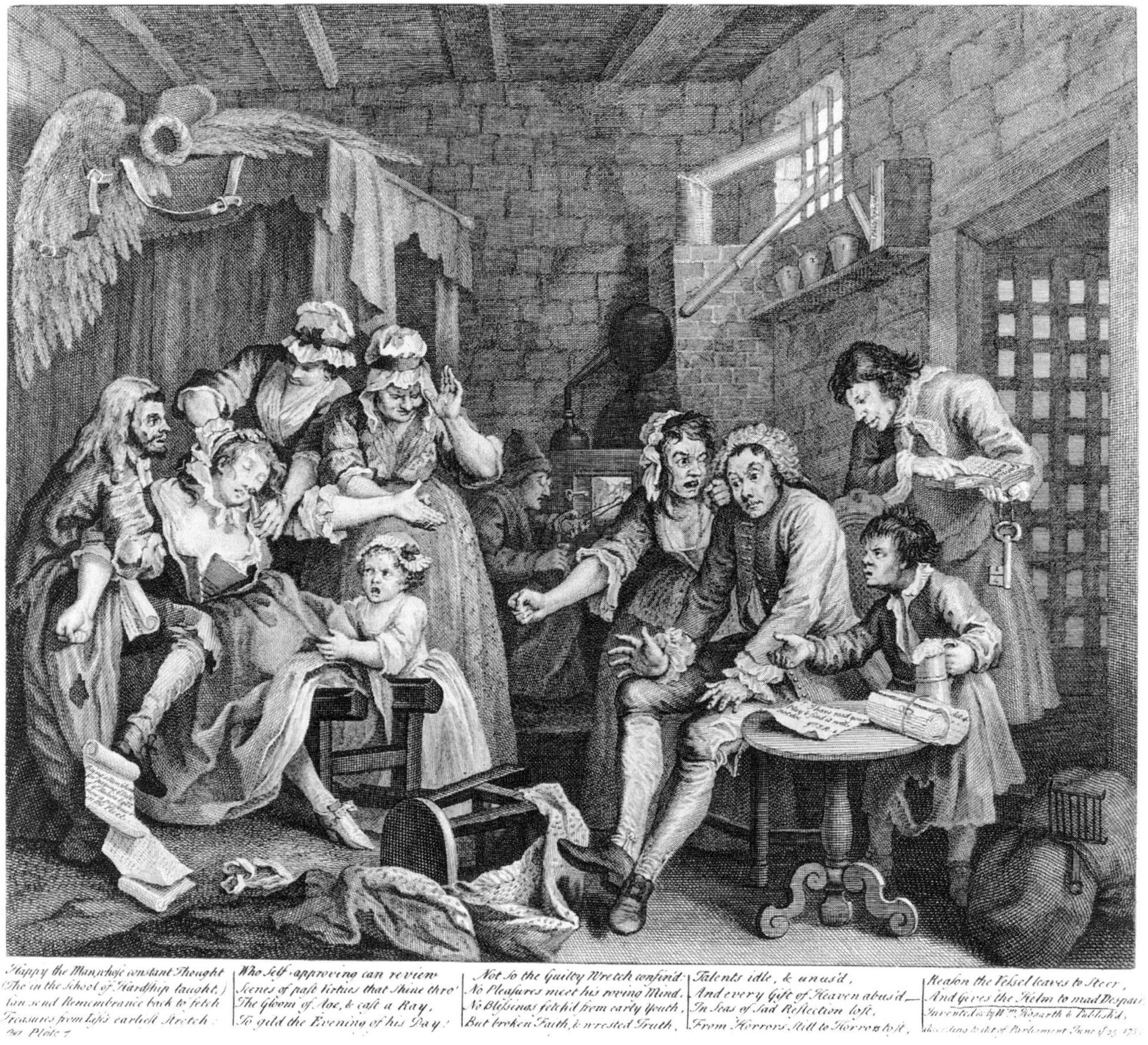
Happy the Man, whose constant Thought
(Tho' in the School of Hardship taught,)
Can send Remembrance back to fetch
Treasures from Life's earliest Stretch:
Who Self-approving can review
Scenes of past Virtues that Shine thro'
The Gloom of Age, & cast a Ray,
To gild the Evening of his Day!
Not so the Guilty Wretch confin'd:
No Pleasures meet his roving Mind,
No Blessings fetch'd from early Youth,
But broken Faith, & wrested Truth,
Talents idle, & unus'd,
And every Gift of Heaven abus'd,—
In Seas of sad Reflection lost,
From Horrors still to Horrors tost,
Reason the Vessel leaves to Steer,
And Gives the Helm to mad Despair.
Invented by W.m Hogarth & Publish'd,

denkt und Hogarths Genie kennt, muß erstaunen daß der Mann eine so vortrefliche Gelegenheit seinen Witz zu zeigen fast ungenüzt hat vorbeygehen lassen. Hätte er doch lieber die ganze Ohnmachts-Gruppe weggelassen und uns noch einige englische Schuldner gegeben. Jetzt haben wir nur drey Züge, allein man sieht wenigstens daraus, was er noch hätte thun können. Der niedersinkenden Sarah Young greift ein Projecktmacher unter die Arme, (5) lange nicht rasirt, und in einer Perüque, die nun nicht mehr frisirt, aber desto fleißiger gekämmt und ausgeschwungen wird; In der Bestürzung fallen ihm seine Papiere aus dem Zipfel des zerrissenen Schlafrocks, worinnen er sie hatte, darunter ist nichts geringeres als ein Projeckt die Nationalschulden zu bezahlen, es ist unterzeichnet T. L. vermuthlich auch ein Hieb, dessen Direcktion ich aber nicht ausfinden kann. Auf dem Himmel der Bettlade liegt das Werk eines Dädalus, eines englischen Blanchard, nemlich ein Paar Flügel, womit der Erfinder den großen Flug aus seinem Haus von Frau und Kindern weg bis – – an den Himmel* der Bettlade im Schuldthurm gethan hat. Vielleicht ist es auch dieses nicht einmal, sondern Hogarth hat etwa nur an das Gefängniß des Dädalus gedacht, und damit sagen wollen, entweder bezahlt, oder durch die Luft fortgegangen, oder hier bey Lebendigem Leibe gefault, bis ans Ende. Die Flügel sieht man bey (7). Im Hintergrund sizt ein Goldmacher, dessen Kopf Hr. Riepenhausen, weil sonst kein Platz gewesen wäre, sehr schön in den Flügel-Hals selbst gesteckt hat. Hogarth würde sich des Gedankens gewiß nicht geschämt haben, zumal, da es fast umöglich ist bey dem ganzen Blatt nicht an das *sub umbra alarum tuarum* zu gedenken, das so oft mißbraucht wird. Der Alchymist, der seinen Irrthum nur für einen der Justitz-Canzley hält, arbeitet da in dem Mikrokosmus des Schuldthurms eben so ruhig fort, als in der offnen Welt. Oben steht seine Bibliothek darunter ist ein Band unter der Rubric *philosophica*, vermuthlich werden keine EX-BRITANNIANA darunter seyn. Nun zum Beschluß.

* Ich erwähne des Himmels hier blos als Deutscher, denn an einen Himmel der Bettlade, konnte Hogarth als Engländer nicht denken. L.

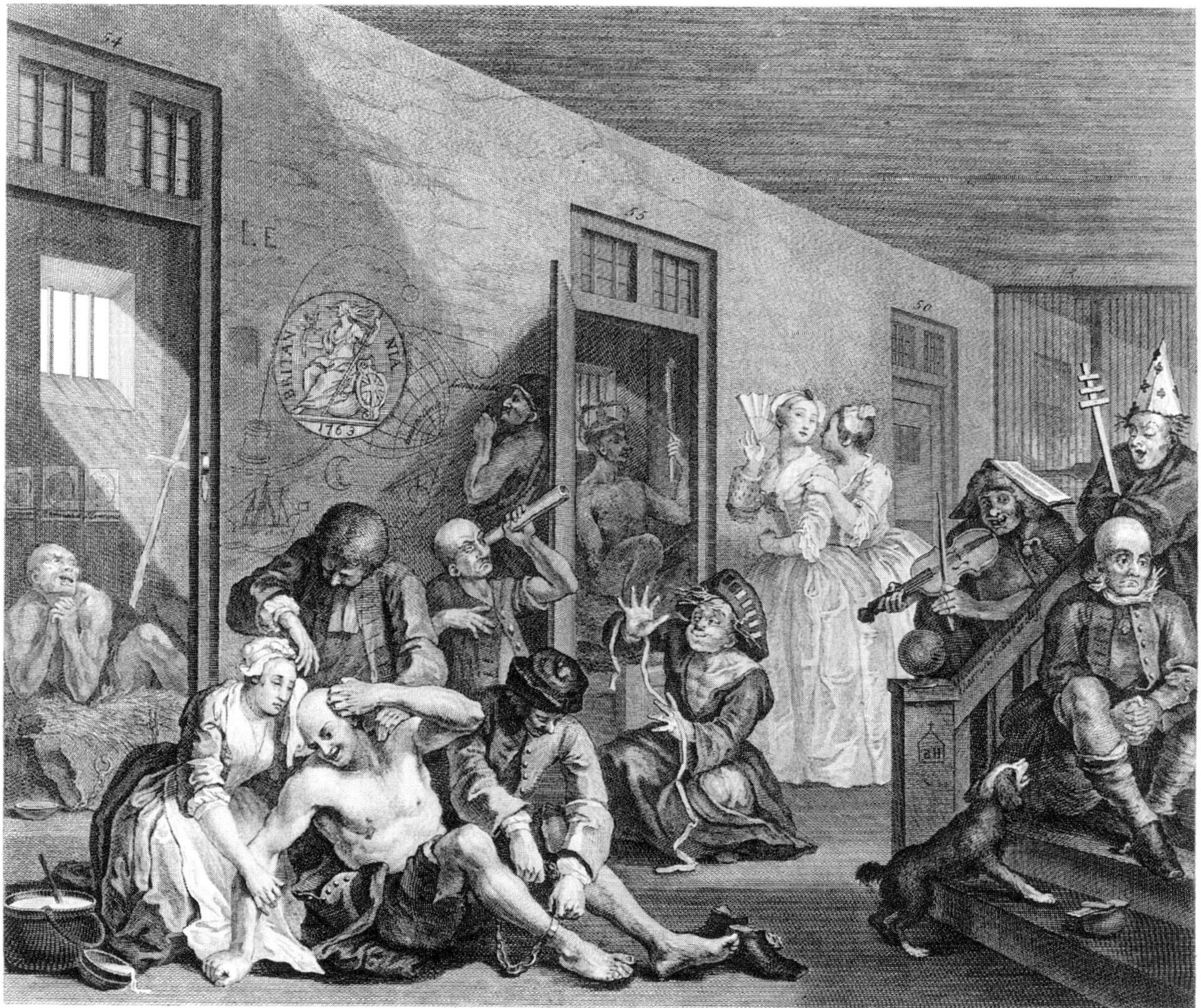
L. E.
BRITAN NIA
1763
Madness, Thou Chaos of ye Brain,
What art? That Pleasure giv'st, and Pain?
Tyranny of Fancy's Reign!
Mechanic Fancy; that can build
Vast Labarynths, & Mazes wild,
With Rule disjointed, Shapeless Measure,
Fill'd with Horror, fill'd with Pleasure!
Shapes of Horror, that would even
Cast Doubt of Mercy upon Heaven.
Shapes of Pleasure, that but Seen
Would split the Shaking Sides of Spleen.
O Vanity of Age! here See
The Stamp of Heaven effac'd by Thee.
The headstrong Course of Youth thus run,
What Comfort from this darling Son!
His rattling Chains with Terror hear,
Behold Death grappling with Despair;
See Him by Thee to Ruin Sold,
And curse thy self, & curse thy Gold.
Retouch'd by the Author 1763
Invented by Wm. Hogarth & Publish'd according to Act of Parliament June ye 25. 1735.

Achtes Blatt. H.

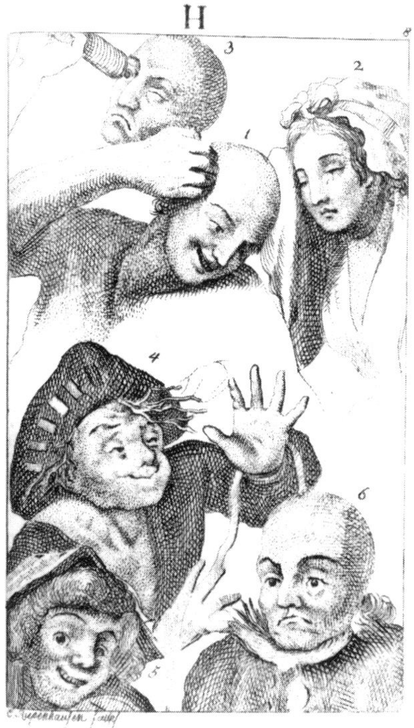

Hier ist endlich Rakewell, nach den tausend Stürmen, die er ausgestanden hat, in den Hafen Bedlam, das Londonsche Tollhauß sicher eingelaufen, und man ist hier beschäftigt ihn in Ketten zu legen (1). Sarah Young folgt ihm auch noch hieher (2) und weint über ihn. Vielleicht aber nimmt man ihm auch die Ketten als einem unheilbaren ab und überläßt ihn der Pflege der Verwandten. Denn in Bedlam sind nur 100 Stellen für unheilbare, die da auf Lebenszeit verpflegt werden; die ganze übrige Menge ist blos auf eine gewisse Zeit, ich glaube ein Jahr da unter der Cur; schlägt diese nicht an, so werden sie den Verwandten zurückgegeben. Der Erklärer dieser Blätter hat selbst einem ähnlichen Auftritt in Bedlam beygewohnt, da einem solchen unglücklichen Geschöpf die Ketten in dieser Absicht abgenommen worden, indem sie meistens in der Wand fest gemacht sind. Weil es ein schöner, junger Mensch war, der sich damals vollkommen ruhig hielt, und seine Lage zu fühlen schien, so war der Anblick über alle Maße rührend. Dieses brachte ihn auf den Gedanken, daß hier ein Abnehmen der Ketten verstanden seyn könne. Denn unstreitig wird nun der Zustand des unglücklichen noch viel kläglicher. Wäre nun ferner Rakewells Frau todt, so wäre es ein sehr schöner Zug von Sarah Young, ihn jezt als einen verlassenen zu verpflegen; und der Umstand, daß sie den, der sie auf dem ersten Blatt so niederträchtig verstieß, nun als einen von aller Welt und selbst vom Tollhaus verstossenen unheilbaren zu sich nimmt, brächte eine gefällige Symmetrie in die Geschichte und ründete das Ganze zu einem großen moralischen Zweck mehr ab, zumal wenn Hogarth uns auf irgend eine Weise den Tod der Frau gewiß gemacht, und das Mädchen während Rakewells Ehestand gar nicht auftreten gelassen hätte. Die Scene hier ist eine von den sogenannten Gallerien von Bedlam, die gewöhnlich von einer Menge unschädlicher Narren besezt sind; es ist ein wahres Gedräng. Hogarth hat sich dieses hier zu Nutze gemacht, allein ob man gleich von seiner Laune kaum etwas bessers erwarten konnte als er auf diesem vortreflichen Blatt geliefert hat, so hätte man doch noch größere Mannigfaltigkeit erwartet. Der Stein der Weisen, das Perpetuum mobile, die Prophetie, die Universal Medicin, die Geisterseherey, die Titulsucht, der Jacob Böhmismus, die Apokalypsie, die Religions-Unirung, die Weltbezwingerey u. s. w. hätten hier vielleicht Platz finden können, wenigstens zum Theil. Die Narren die er hier aufgestellt hat, sind zween Longitudinarier. Freylich konnte der Anblick von 20000 Pfund Sterling, die auf die Entdeckung der Meeres Länge gesetzt sind, einen Mann, der ohne Kenntniß von der Sache zu haben, sich in kostspielige, unnütze Versuche hierüber einläßt, zumal wenn er schon ohnehin von Natur einen kleinen Hieb hat, leicht hieher bringen. Der eine steht mit einem der Sache angemessenen Ernst an der Wand und zeichnet mit einer Kohle Projectionen von Sphären, und krumme Linien an dieselbe, über denen eine Bombe aufsteigt; ein Seitenhieb auf Whiston der zu Findung der Meereslänge Bomben vorgeschlagen hatte. Der andere (3) beobachtet die Sterne durch eine Rolle Papier. Gleich bey ihnen kniet ein Schneider (4), eine unnachahmlige Figur, mit einer Musterkarte am Hut, und dem papiernen Maaß über dem Arm, womit er ganz andere Längen maß als die vom Meere. Er berstet schier vor lachen über die eitele Bemühungen der beyden Längensucher. Daß ein Narr über den andern lacht, ist freylich närrisch genug, allein doch nicht ungewöhnlich, weder in noch ausser dem Tollhause, allein hier steckt mehr dahinter: es soll würklich damals ein Schneider in Bedlam gesessen haben, der glaubte für das schönste Geschöpf Gottes eine Bedeckung zu schneiden, die der schönen Form angemessen wäre, sey nicht allein eine der wichtigsten Beschäftigungen des vernünftigen Menschen, sondern auch unendlich schwerer, als namentlich Sir Isaac Newtons brodlose Künste. Dafür sitzt der arme Teufel hier, die Strafe ist hart, zumal für einen Schneider.

In dem andern Winkel des Blattes sitzt auf einer Treppe mit gefaltenen, herabgesunkenen Händen ein ziemlich alter, hohlaugigter leidender Werther (6), in den tiefsten Gedanken an das Mädchen, dessen Bildniß an seiner Brust hängt und deren Namen *Charming Betty Careless* (reitzendes Lischen Leichtsinn) er an das Treppengeländer geschrieben hat. Er ist wie in Gedanken versteinert und hört und sieht den Hund nicht, der im Begrif ist ihn anzufallen. Gleich bey ihm, um die Summe des Vergnügens und der Fröhlichkeit, selbst im Tollhause, immer gleich zu halten, steht ein Virtuos auf der Violine (5), in den alle die Munterkeit gefahren zu seyn scheint, die den armen No. 6. verlassen hat; er fiddelt mit einem Gesicht, so freundlich es nur ein Tollhaus aufweisen kann, sein Stückchen weg, mit dem aufgeschlagenen Notenbuch auf dem Kopf, wodurch, sehr drollig, dieses musikalische Genie das Ansehen von einem doppelten Musicpult erhält. Hinter diesem ist ein Heiliger, seine *Horas* abblöckender Narr, der, wie man aus seinen Insignien sieht, in der Kirche hoch hinaus wollte, aber sehr tief sitzen blieb. Er hat eine spitze einfache Crone und ein dreyfaches Creutz; so drückt sich nemlich Hogarth aus, wenn er sagen will: einfaches Creutz und dreyfache Crone. In der einen Celle linker Hand liegt ein noch tiefer gesunkener Heiliger, der ebenfalls ein Creutz anbetet, und seinen Stall noch mit Bildern von andern Heiligen beklebt hat, die also auch hier sitzen, es sind St. Clemens, St. Athanasius und St. Laurentius. Einem Manne von Hogarths

Erziehung, die sehr schlecht war, ist ein solcher Muthwillen wohl zu verzeihen. In der benachbarten Celle sitzt ein König in der Einbildung, mit einem strohernen Scepter und einer Crone aus eben dem Metal, nackend auf seinem strohernen Throne, und läßt Segen auf seine Unterthanen auf eine Weise herabregnen, die man auch ohne den Kupferstich versteht, sobald man nur stille davon schweigt. Vielleicht war dieser Segen zweyen allzuneugierigen Mädchen aus der Stadt zugedacht, die sich hier umsehen, wo sie allerdings nicht hingehören, es wäre denn um hier zu bleiben. An der Wand, grade unter Whistons Bombe, ist die Kehrseite eines englischen *Halfpenny*, eine sitzende Britannia mit der Jahrzahl 1763 vorgestellt. Das soll heissen: im Jahr 1763 saß, oder sollte doch wenigstens sitzen, die Britannia im Tollhaus. Damals brachte freylich der glückliche Friede, den dennoch eine Menge anderer wieder für übereilt hielt, seltsame Auftritte unter dem Volk hervor, und Witz genug, von der Art dessen, der jetzt in Holland strömt, ergoß sich ohne Schonung überall. So wollte Hogarth vermuthlich verstanden seyn. Uebrigens aber, hätte ein Künstler zu Paris eine *Gallia* so im Bicetre vorgestellt, so hätte er leicht selbst *in natura* dahin gebracht werden können; auch in manchen Gegenden Deutschlands wäre ein solcher Witz mit dem Zuchthaus bestraft worden, obgleich die Durchlauchtige Halbgöttin, die das Ländchen vorstellt, öfters das Tollhaus im Ernst verdiente. Allein, daß Brittannia solche unschädliche Ausbrüche unwiderstehlicher Laune ihrer Kinder, nicht ahndet, beweißt was für eine großmüthige und gütige Mutter sie ist; so zeigt sie der Welt, daß sie nicht verdiene hier zu sitzen; sie nimmt solchen kleinen Muthwillen auf wie etwa eine gute Mutter den Fallhut sitzen läßt, den ihr ein geliebtes spielendes Kind zum Scherz aufgesezt hat.

Diese 8 Blätter kosten bey der Wittwe Hogarth in Leicester-Fields zu London 2 Guineen; nach jetzigen Cours die Louisd'or zu 5 Rthlr. gerechnet, 11 Thaler 15 ggl.

Zusätze zu vorstehendem Aufsatz.

Da der Herr Verleger für nöthig erachtet hat den ganzen Calender (nicht blos das Titulblat) neu auflegen zu lassen, so habe ich diese Gelegenheit genüzt und einiges in demselben, vorzüglich in vorstehendem Aufsatz verbessert, und letzterm auf Verlangen noch die 2 Kupferplatten I und K hinzugethan, zu deren besserem Verständniß folgendes hinreichend seyn wird.

Neuntes Blatt. I.

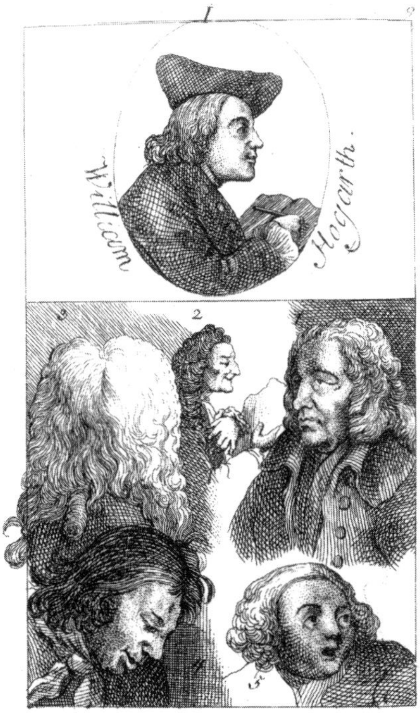

Oben befindet sich das wohlgetroffene Porträt des großen Künstlers, dessen Werk wir hier erklären, und das hoffentlich unsern Lesern nicht unangenehm seyn wird. In der gewöhnlichen Sammlung seiner Werke findet sich sein Kopf dreymal. Einmal als Porträt vor der Sammlung, mit seinem Namen darunter, und zweymal hat er sich in die Geschichten, die er darstellt, selbst eingewebt, wo ihn ein nur etwas aufmerksamer Beschauer, der sein Porträt gesehen hat, leicht findet. Einmal unter dem satyrischen Porträt des Dichters Churchill, wo er unten ein allegorisches Gemählde von der Größe einer halben Lomberkarte etwa, angebracht hat, dessen Witz, der sich darin vom *Salomon du Nord* an bis herab auf Hrn. Wilkes ausbreitet, zu entwickeln, ungleich mehr Papier erfordern würde. Er wird künftig einmal im Calender ganz, und in seiner natürlichen Größe geliefert werden.

Auf diesem Blatt hält er die Hrn. Wilkes und Churchill, seine beyden berüchtichten Gegner, den ersten unter der Gestalt eines tanzenden Affen, den andern unter der von einem tanzenden Bären an einem Leitseil und giebt ihnen die Peitsche. Obgleich da sein Gesicht kaum so lang ist, als auf gegenwärtiger Platte der Buchstaben I, oder als hier die Linie von der Lippe bis zum Unterkinn, so gleicht er sich dennoch völlig. Das zweytemal kömmt er auf seiner Darstellung eines Thores von Calais, einem seiner vorzüglichsten Stücke, vor, wo er sich als eine Person angebracht hat, die einen drolligten Auftritt, der sich beym Thor ereignet, abzeichnet, und dieses ist die Vorstellung, die ich hier gewählt habe. Sie hat mir immer vorzüglich gefallen, des Mannes Geist ist darin nicht zu verkennen, und die Art den Hut zu setzen sehr charakteristisch. Wenn er auch seinen Hut nie so getragen hat, so sieht man doch, daß er diese Lage desselben als redendes Zeichen seiner Laune angesehen und sich ganz dabey gefühlt haben muß, denn auch da, wo er die beyden Patrioten, (Bär und Affe) peitscht, hat er ihn so sitzen. Zu Beförderung der Menschenliebe und Menschenkenntniß merke ich an, daß ein Kenner in diesem Porträt eine Aehnlichkeit mit Hrn. Chodowiecky gefunden haben will. Nach der näheren Kenntniß, die ich von des letzteren Mannes Geist habe, kann ich nichts gegen diese Bemerkung einwenden, und nach der unvollkommenen von seinem Gesicht nur wenig. Um unsern Lesern das Anschauen dieses Bildes unterhaltend zu machen, setze ich einige Umstände her, die diese ganze Geschichte begleitet haben. Hogarth zeichnete das Thor von Calais würklich *in loco* ab, wurde deswegen von der Wache angehalten, und als ein Spion vor den Commendanten geschleppt. Die Sache war gefährlich. Er wurde visitirt. Freylich waren die übrigen Zeichnungen, die man bey ihm fand, nichts weniger als militärisch, allein dennoch war das einzige was ihn rettete der Zufall, daß wenige Wochen vorher der Aachner Friede würklich geschlossen worden war. Ohne diesen Umstand, erklärte ihm der Commendant offenherzig, würde ich Sie, ohne weitere Umstände, am Walle aufknüpfen lassen. Er bekam indessen doch sogleich bey seinem Wirth Hausarrest, und durfte nicht aus der Stube, bis das erste Packetboot nach England segeln konnte. Auch in diesem wurde er auf eine halbe deutsche Meile weit von Gerichtsdienern begleitet, die ihn hier auf das Verdeck nahmen, bey den Schultern faßten, etlichemal wie einen Kräusel herum trillten und sagten, nun könne er gehen, wohin er wolle. Zum Glück für alle Verehrer unerschöpflicher Laune, ereignete sich dieser Umstand nicht auf seinem Hinweg; Hogarth hat also Frankreich würklich gesehen, und für diesen an sich geringfügigen Schimpf, (denn sein Versehen floß aus dem besten Herzen) die Franzosen in seinen Werken so getrillt, daß so lange diese Werke dauren werden, oder noch ein sie copirender Grabstichel in der Welt seyn wird, selbst der gesezteste Mann sich nicht des frohsten Lächelns über gewisse Classen dieser Nation enthalten können wird. Proben davon sollen unsern Leser künftig mit Zeichnungen erläutert vorgelegt werden. So viel von Hogarths Bildniß für itzt. Ich gehe nun zur Erklärung der übrigen Köpfe fort. (I) Ist der Kunstgärtner *Bridgeman*, dessen Kopf oben in der Erklärung des Blatts B versprochen worden ist. Er scheint freylich in dieser Gesellschaft so wenig an seinem Ort als Händel. (2) Ist der Dichter, der seine Epistel an Rakewell beschmunzelt, die Stelle, die er ließt, floß aus dem Herzen, er berührt daher die Quelle mit seiner Rechten, während der Strom selbst durch die ausdrüklich dazu verzierten Lippen sanft hervorbricht. Würklich ist die Mündung dieses Wasserfalls nicht schlecht verziert. Der Zug, daß ein Dichter die Epistel, die jezt auf dem Sprung ist ihren Endzweck zu erreichen, noch selbst im Vorsaal des Mäcens aus der Tasche zieht, und sie unter Putzkrämern und Schneidern sich selbst, mit so vieler Herzlichkeit vorlispelt, ist vortreflich. (3) Ist Händels Kopf von hinten, oder vielmehr Händels Perücke. Es ist würklich viel gutmüthiges und geseztes darin, niemand wird dem Manne, der eine solche Perücke trägt seine Zuneigung versagen, nachdem er den Mann so befunden hat, wie ihn die Perücke ankündigt. Diese Köpfe dienen noch zur Erläuterung der Geschichte von B. (4) Ist der Kopf des Unterbeschließers im Fleet in der Geschichte von G. und (5) derjenige im Spielhauß der unter Feuer, Mord und Verzweiflung, die in dem Zimmer ausbrechen grade so leer aussehen kann. Es ist seiner bey der Geschichte von F Erwähnung geschehen.

Zehntes Blatt K.

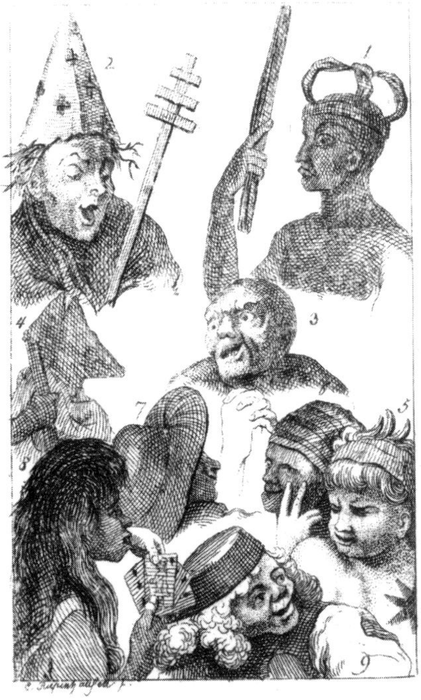

Die Köpfe 1, 2 und 3 dienen zur Erläuterung dessen, was ich über die Tollhaus-Scene (Blatt H) gesagt habe: (1) Ist die Majestät die Höchstdero Unterthanen segnet, (2) der Mann mit der einfachen Crone und dem dreyfachen Creuz und (3) der Heilige in der Celle. Lezteren der ein Creuz, das hier nicht vorgestellt ist, anbetet, habe ich würklich oft aus dieser Scene weggewünscht, denn so oft ich bey Betrachtung dieses Blatts an dieses Jammerbild kam, so konnte ich auch in den aufgeräumtesten Gesellschaften, denen ich diese Scene erklärte, den unangenehmen Abfall in mir bemerken, den es von dem Eindruck des übrigen bey mir machte. Ein armer Tropf der aus falsch verstandner Demüthigung vor der Gottheit, die ihn seine Erziehung auch noch in diesem Stroh-Creuz finden läßt, sich ohne weitere Prätension in den Staub demüthigen wollte, und sich bis in den Mist der fürchterlichen Cellen von Bedlam gedemüthigt hat, ist ein Gegenstand, der wenigstens nach meinem Gefühl, hier nicht ganz schicklich ist. Erbarmen und Mitleid hat seine Stufen, über diesem Elenden geht es in Schmerz, und ich möchte fast sagen, in Unwillen gegen den Künstler über. Diese Todten müste man ruhen lassen. Im Tollhauß freylich hat alle Regel ein Ende, aber nach meinem Gefühl wenigstens, sollte der Künstler der es darstellen will, die ästhätischen doch nicht ganz verläugnen. Bey dem Strohkönig (1) und dem Pabst mit der Krone aus Zuckerpapier (2) findet in dem eigentlichen Verstand des Worts kein Mitleid statt, denn diese Personen leiden nicht. Daher erlaubt sich auch oft der gesezteste Mann ein Lächeln, bey dem Anblick und das ist eine Art Mitfreude, nicht Freude über sie, die wohl niemand haben wird. Bey der Lage von No 3. kann ich mich mit nichts beruhigen, hingegen werde ich sehr ruhig und fast vergnügt, wenn ich mir vorstelle No. (2) wäre der P. Simplicius H••, der allen Protestantismus dem Teufel übergiebt* und No. (1) Lord *Firebrand*** der ihn dafür in seinen gnädigen Schutz nimmt. Die Köpfe 5, 6, 7, 8 und 9 sind allerseits *membra* des Clubs auf dem schwarzen Caffeehaus, von welchen bey Erklärung des Blatts D geredet worden ist. (5) Ist der, der sich bereits nackend gespielt hat, und jezt seine Stiefelwixer Instrumente auf den lezten Wurf sezt, auf der Brust sieht man hier noch einige Strahlen des eingebrannten Ordensterns, als redendes Zeichen des Verdienstes dessen, der ihn trägt, hervor schimmern. (9) Ist der alte Betrüger der das alles ge-

* Schlözers StaatsAnzeigen, Heft 24. S. 490 u. ff.

** Lord Feuerbrand, heißt jetzt in England der berüchtigte Lord G... wegen der Flammen von 1780, jezt beschäfftigt sich sein Eifer mit einem andern Element: Er will die Schelde verschließen.

wonnen hat. Der Pavian (8) ist im Spiel mit dem Repräsentanten seiner Miststätte, den wir auf D bey (5) mit dem Billet auf dem Hut vorgestellt haben, und (6) der hinter diesem sizt, weißt dem Pavian mit den Fingern was er in der Karte hat. Die Perücke von (9) ist, wie man sieht, für eine höhere Physiognomie geschnitten worden, bequemt sich aber zumal gegen die Stirn zu gegenwärtig bereits nach dieser. (7) ist das Mitglied der Gesellschaft, das dem Hr. Rakewell, in dem er selbst aus der Portechaise geholt wird, das Schnupftuch aus der Tasche holt. So hätten wir also das ganze schwarze Caffeehaus bis auf den Zeitungs-Leser, den wir seiner Unschuld wegen sitzen lassen wollen. Die Silhouette bey (4) ist nichts geringeres als das Loch welches die lustige Gesellschaft des Blattes G mit ihren Säbeln dahin gezeichnet, wo vorher der Kopf des Kaysers *Vespasianus* stund. Das Schweinsmäßige ist darin nicht zu verkennen. Hogarth hat doch wohl nicht an Jerusalem und die Kriege mit den Juden gedacht?

Zum Beschluß soll ich noch erinnern, daß der Herr Verleger dem Verlangen mehrerer Personen zufolge gesonnen ist, künftig einmal im Calender, *das Leben einer Liederlichen und die herumstreifenden Comödianten*, die wir im Calender für 1784 beschrieben haben, ebenfalls mit Kupferstichen begleitet wieder aufzulegen um die Suite zu completiren. Durch die Auflage dieses älteren Stücks, so sehr verschönert, soll aber weder der Preiß des Calenders selbst erhöhet, noch auch eine neue Beschreibung eines Hogarthischen Stücks verdrängt, sondern das ganze im eigentlichen Verstand *gratis* geliefert werden. Der Calender für 1786 wird die umständliche Beleuchtung einer Heyrath nach der Mode und noch eines andern drolligten Stücks dieses großen Künstlers enthalten, mit einigen Reductionen für den mittleren Meridian von Deutschland.

HOGARTHS HEIRATH NACH DER MODE, MIT 33 DER INTERESSANTESTEN KÖPFE VON HR. RIEPENHAUSEN ERLÄUTERT.

Hogarth hat diese 6 Blätter *Marriage à la mode* genannt. Das erste Wort ist in England naturalisirt, und also englisch, die leztern sind noch zur Zeit französisch und mit Fleiß gewählt, die Heirath eines Mannes von Stand und *à la mode* auszudrücken. Der gemeine Mann verheirathet sich dort, wie es Mode ist, und speißt sein Rindfleisch wie es Mode ist: der Vornehme hingegen verheirathet sich nicht selten *à la mode*, so wie er *boeuf à la mode* ißt, und eine Religion *à la mode* hat. Die Moral in diesen Blättern ist vortreflich, und in der Art des Vortrags hat sich Hogarth als einen feinen Kenner des menschlichen Herzens deutlicher beinah gezeigt als auf irgend einem andern seiner Werke. Daß aber die Satyre auch treffend ist, sieht man schon allein daraus, daß man streitet, welcher Lord hierin gemeint sey. Es machen mehrere auf diese Ehre Anspruch, wahrscheinlich gebührt sie aber vorzüglich einem damaligen Lord W. . . .

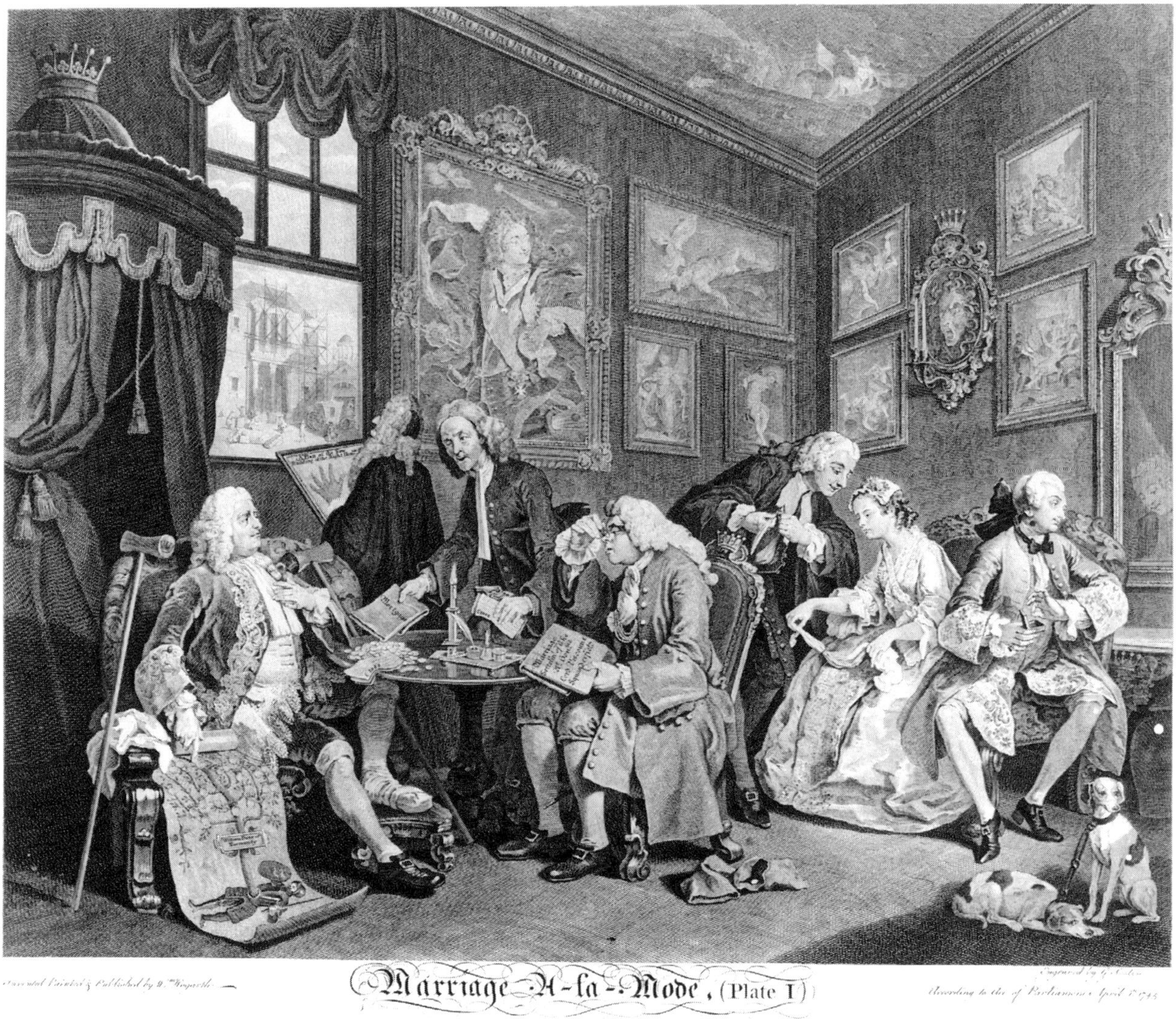

Marriage A-la-Mode, (Plate I)

Erstes Blatt. A.

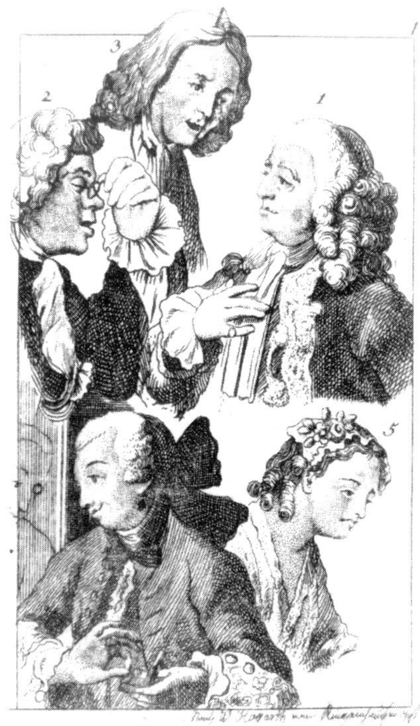

Dieses Blatt stellt die Eheberedung und die Auswechslung der Ehepakten vor. An dem kleinen mit Silberblech überzogenen Schreibtisch sizt der Vater des Bräutigams (1) der Hochgebohrne Lord Viscount Sqanderfield* und gegen ihm über der Vater der Braut, ein durch Handel reich gewordener Alderman der Stadt London (2), mit dessen Geld Se. Hochgeb. Gnaden, die etwas heruntergekommen sind, Hochdero Familie zu vermählen gedenken, um das reizende Vergnügen herunter zu kommen, das Sie selbst in so vollem Maaße genossen haben, auch Hochdero einzigen Erben dereinst schmecken zu lassen. Der Alderman (2) sieht noch mit gespanntem, sorgfältigem Geschäftsblick durch die Brille dem neu vermählten Geld nach, das sein Buchhalter (3), ein im Comtoir vertrockneter ehrlicher Alter so eben, theils baar, theils in papiernen und pergamentnen Verschreibungen dem Lord zugezählt hat. Der Lord (1) giebt dafür, was freilich mehr werth ist, als alle Schätze der Welt – seinen Adel, und entschließt sich gegen diese Baarschaft sein hohes Blut in Krämeradern überströhmen zu lassen; und da es grade dieses ist, was der Kaufmann sucht, so scheinen die contrahirenden so ziemlich im Gleichgewicht. Neben dem alten Lord liegt sein Stammbaum, dessen Wurzeln sich im Leibe von Wilhelm dem Eroberer verliehren; auf allen Aesten sieht man Herzoge, Grafen und Barone, und mit dem Finger der rechten Hand weißt er am Hauptstamm, ohngefähr auf die Stelle wo er sizt. Ein abgebrochener Ast, woran zwey Schildchen hängen; davon das männliche ein Wappen führt, das weibliche aber sehr unadlich und finster aussieht, scheinet auf die gegenwärtige Verunreinigung des Bluts zu zielen: das sind die Pergamene, die der alte Viscount darbringt, und dann weißt er mit der linken auf den Schwerpunkt dieser Familie und ihrer Ehre, sein eignes großes Herz: das ist die Baarschaft die er in seine Waagschale legt. Zu beiden Seiten von diesem großen Manne stehn Krücken, wie zween Schildhalter, beide mit Wappen gestempelt, (adeliche Krücken) und der podagrische, bewickelte Fuß ruht ebenfalls auf einem mit Sammet beschlagenen Schemel, ebenfalls adlich, denn auch der führt ein Wappen.

Auf der andern Seite sitzen nun die beiden lieben Leutchen, die man an dem silbernen Tisch aneinander verhandelt hat, Braut und Bräutigam (5 und 4) und zwar, nicht wie die beiden Wechsler, mit dem Gesicht, sondern mit dem Rücken gegen einander, auf einem Canapee. An der Wechselbank zur linken hatte man so viel Geld und Adel, daß man noch

* Zusammengesezt aus *to sqander* verthun, und *field* Feld, liegende Güter.

wegwerfen konnte, denn würklich liegt noch Geld in den ausgeleerten und hingeworfnen Säcken: daß Adel da weggeworfen wird, ist schon gesagt worden: Auf dem Canapee hingegen hat man Liebe wegzuwerfen. Die Braut (5) schenkt die ihrige einem jungen Advokaten, einem *Marchand de Droit*, dessen Anträgen sie sehr aufmerksam zuhört, (früher kann wohl die Ehe nicht gebrochen werden,) und der Bräutigam (4) schenkt die seinige seinem Bild im Spiegel, und das ist sicherer: denn wer in sich selbst verliebt ist, hat wenigstens bey seiner Liebe den Vortheil, daß er nicht viel von Nebenbuhlern zu befürchten hat. Sie mit einem Ausdruck von Ungezogenheit in den Mienen, der über alles geht, hat durch den Trauring ein bloses Schnupftuch gezogen, und spielt damit, als mit nichts. Er, bereits mit einem Pflaster unter dem Ohr, (dem Wappen der Debauche,) besieht sich, und die Prise die er aus der Dose nimmt, im Spiegel, die Knie weit auseinander, um so sanft zu sitzen als möglich. Etwas von des Tanzmeister Essex Seeligkeit in den Mienen, die wir voriges Jahre beleuchtet haben, ist nicht zu verkennen. Zu den Füßen des Bräutigams liegen zwey Hunde von verschiedenem Geschlecht, ebenfalls durch ein eisernes Band verbunden, dem Sinnbild der im Himmel geschlossenen Ehe. Das Männchen ist müde und schläfrig und hat das Wappen auf der Seite, die Hündin führt kein Wappen, sizt voller Erwartung und sieht gierig umher. *C'est tout comme chez nous* könnte das menschliche Paar auf dem Canapee sagen. – Ein Pflaster unter dem Ohr des Hundes kann ich indessen nicht entdecken.

Vor dem offnen Fenster steht ein Advocat und Procurator, mit dem Plan eines Gebäudes in den Händen, das Lord Squanderfield aufführen läßt, und das man in der Ferne halb aufgeführt erblickt. Das Gebäude ist abscheulich, allein der alte Advocat bewundert es nichtsdestoweniger, weil es der *Legislator* Squanderfield so gewollt hat. Sein Erstaunen über die Schönheit des Gebäudes erstreckt sich in die fünf Finger der linken Hand, und treibt sie auseinander. An dem Gebäude selbst treffen die obern Säulen nicht auf die untern; gleich neben der Säulenstellung sind platte, todte Wände mit den abscheulichsten Fenstern; die Säulenfüße scheinen cannelirte runde Blöcke zu seyn, und die Fenster zu den Souterrains sind dreieckigt; auch steht gleich neben der Haupt-Façade die Kutschen-Remise, lauter Dinge, die niemand anlegen lassen kann, als ein geschmackloser, reicher Dummkopf, und niemand bewundern, als ein alter Procurator. Ueberhaupt hat Hogarth in diesen Blättern mit ungemeiner Feinheit, den gänzlichen Mangel von Gefühl für das Schöne in den bildenden Künsten überall sichtbar zu machen gesucht, der in diesen beiden Familien, zumal in der Hochadlichen, herrscht. Es ist unmöglich, daß er etwas anders damit habe sagen wollen, als: es würde besser mit diesem Hauße stehen, wenn der Geschmack des Besitzers in der Jugend mehr gebildet worden wäre, und es ist auch nicht zu läugnen, daß die recht erhabnen Sotisen die das Unglück einzelner Familien, und, nachdem der Mann ist, ganzer Länder ausmachen, gemeiniglich von Leuten herrühren, die mit großem Vermögen oder großer Macht, einen gänzlichen Mangel von Gefühl für das Schöne verbinden, das für die Mädchen etwa ausgenommen.

An dem Gebäude sieht man keine Arbeiter, weil vermuthlich das Geld fehlt, allein dafür sieben bezahlte Müßiggänger von Bedienten in allerley Stellungen. An der Wand des Zimmers zeichnet sich vorzüglich das Portrait eines der Vorfahren aus. Wer Saussen, Sturm und Donner sehen will, ohne sie hören zu wollen, der betrachte dieses Bild. Der Held in einer großen Knoten-Perücke sieht mit selbstgefälliger Miene so eben nach dem linken Flügel; in der Rechten hält er den Donnerkeil Jupiters; die Linke ist in die Seite gestemmt, und die Spitzen-Manschetten an beiden sind nicht vergessen. Vierzig bis funfzig Ellen Gewand flattern um ihn her, und dem Sturm, der in Gestalt von drey Cherubim aus vollen Backen daraufbläßt, grade entgegen. Der Held hat also seinen eignen Wind. Indessen ergreift der äussere Sturm den Hauptschweif der Perücke des Helden und hebt ihn fürchterlich auf. Er steht schrecklich da und scheint selbst dem von einem Cometen Troz zu bieten, der über ihm schwebt. Es ist unmöglich, diese Schwänze anzusehen, ohne an Krieg und Pestilenz, Sturm und Ueberschwemmung zu denken. Unten geht eine Canone selbst unter dem Mantel des Helden los, fast als käme der Schuß aus seiner Hosentasche. Die Kugel ist deutlich zu sehen, und scheint nach dem Leben gezeichnet, nur ist sie zu klein. Um die Wunder vollkommen zu machen, hätte sie Hogarth nothwendig größer als die Mündung zeichnen müssen; mich wundert, daß ihm dieses nicht eingefallen ist. Um das ganze Portrait geht ein Rahmen von vergoldetem Zimmerwerk her, oben mit einem Fratzengesicht, einem Mittelding zwischen Löwen und Affen, wie der Held selbst ist, geziert, man sieht auch die Tatzen dieser Bastard-Art, und so sieht (drollig genug,) das Ding über den Rahmen hervor, wie ein Traum Daniels in einer alten Bilderbibel über die Bettlade.

An der andern Seite über den Verlobten stellt ein sehr ausgepuzter Wandleuchter einen scheußlichen Medusenkopf oder eine Furie vor, mit der Wappencrone über sich, als gehöre sie zu der Familie. Ueberhaupt sieht man die Wappencrone (*Coronet*) in diesem Zimmer 9mal: einmal über dem Zeltbett, zweimal an den Krücken, einmal am Fußschemel, einmal am Stuhl des Alderman, einmal über dem Medusenkopf, einmal über dem Spiegel, einmal an der Console vor demselben und einmal am

Jagdhund. Am Stammbaum habe ich sie noch überdas 14 mal gefunden. Die übrigen Gemählde an der Wand sind ein seltsamer Mischmasch von biblischen Geschichten und Mythologie, allein das Schönste ist das Decken-Stück, es ist nemlich Neptun, der den Wellen gebietet. Ein See-Stück an der Decke! Wäre es Mode, die Fußböden zu bemahlen, Squanderfield hätte gewiß Sonne, Mond und Sterne darauf anbringen lassen.

Zweites Blatt. B.

B

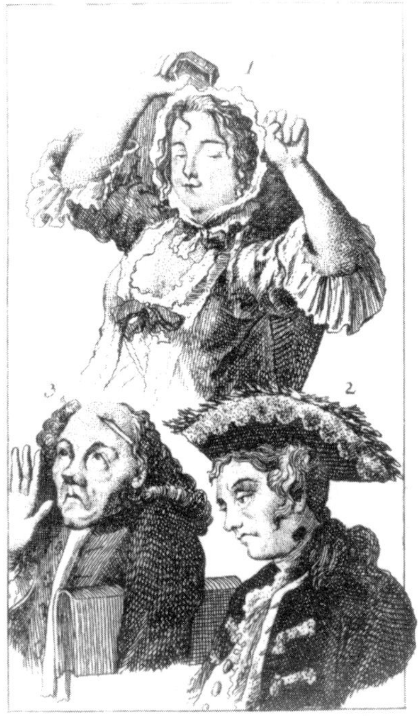

Der alte Squanderfield scheint bereits zu Wilhelm dem Eroberer seinem Ahnherrn gegangen zu seyn, und der junge Lord im Besitz des noch übrigen Vermögens. Der Vorgrund stellt ein Zimmer vor, welches an einen sehr zierlichen Egyptischen Saal stößt, der den Hintergrund ausmacht. Hier war vorige Nacht Assemblee bey der Dame vom Hause. Man sieht überall Spieltische, Karten auf den Tischen und auf der Erde; auf der Erde liegt auch Hoyle's Buch über das Whist. Die Lichter brennen ganz nahe am Leuchter und einige verlöschen so eben von selbst; es ist Ein Uhr des Nachmittags, wie man an der Uhr, am Frühstück und am Tageslicht sieht, und doch wird es hier erst Morgen. Die Dame (1) hat, wie man sieht, auf dem Stuhl geschlafen; sie erwacht und dehnt sich, mit der offnen Tabacksdose über dem Kopf, sie macht kleine Augen, sieht überhaupt nicht unfreundlich aus, und scheint bey vollkommner Gesundheit. Gegen über sizt ihr Gemahl (2). Das wahre Sinnbild der Erschlaffung nach der wildesten Debauche aller Art. Die Figur ist ein Meisterstück. Er scheint noch nicht lange zu Hause, und im Taumel über den Stuhl und die schönen Cremoneserinnen gestolpert und gefallen zu seyn, und dabey den Degen zerbrochen zu haben, der vor ihm liegt. Er hat den Haarbeutel verlohren, aber nicht das Pflaster unterm Ohr; die Weste ist ganz aufgeknüpft, die Hände hat er in den Hosen-Taschen, das einzige vielleicht was er darinnen hat; aus der Rocktasche sieht ein Kopfzeug hervor, das er vermuthlich da erbeutet hat, wo er den Haarbeutel, auch wohl den Geldbeutel und die Uhr verlohr. Es ist vermuthlich parfümirt, dadurch bemerkt es ein kleiner Bologneser, der mit vieler Behutsamkeit hinzutritt und es beschniffelt. In dem Gesicht scheint denn doch Nachdenken und Reue, aber auch das ist bloße Erschlaffung. Zu diesem Nachdenken hat vermuthlich der Haushofmeister (3) Anlaß gegeben, der mit einer Handvoll unbezahlter Rechnungen hereingetreten war und Geld verlangt aber nur eine darunter bezahlt erhalten hat, die man an dem Drat (*file*) an der Hand hängen sieht. Die Figur dieses redlichen alten Dieners ist unnachahmlich schön. Das Gesicht ist ein Porträt, wo ich nicht irre, von einem berühmten treuen Diener, der Mundschenk bey einem Erzbischof von Canterbury war. Hogarth hatte lange nach einem redlichen Gesicht für diese Rolle umher gesehen, als er von diesem Manne hörte. Er fuhr also mit einem Freund des Bischofs einmal nach Lambeth, zeichnete ihn unbemerkt, und als er wieder in die Kutsche stieg, sagte er zu seinem Gefährten: *Now I have him*, Nun hab ich ihn. Die stumpfen Schuhe, der altmodische Rock, das unfrisirte Haar, zeigen, daß er nicht von dieser Welt, und am allerwenigsten von derjenigen ist, von welcher $\frac{9}{10}$ der englischen Bedienten sind. Er scheint ein Methodist zu seyn, aus sei-

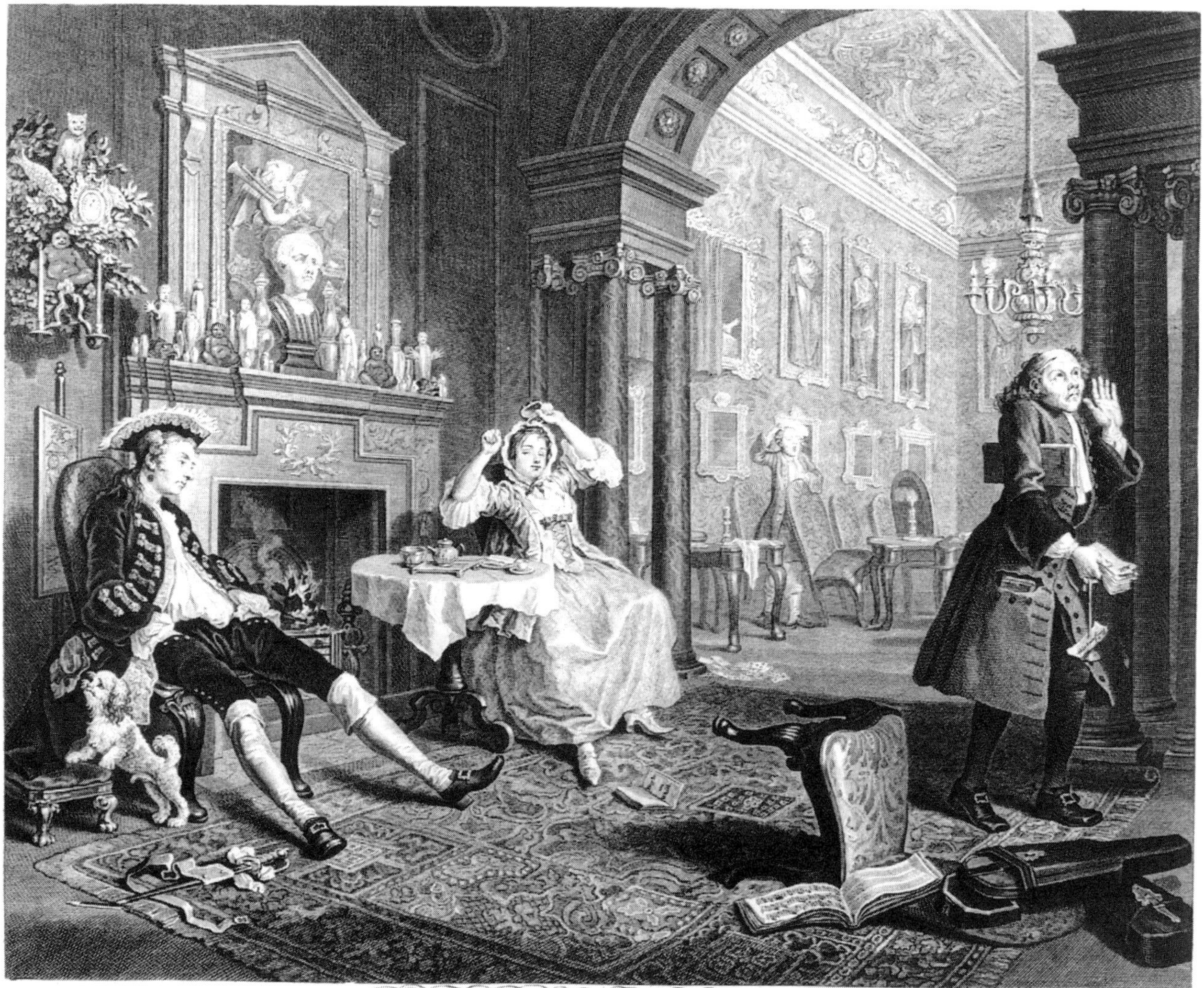

Invented Painted & Published by W.m Hogarth — Marriage A-la-Mode, (Plate II) Engraved by B. Baron

ner Tasche guckt ein Buch über die Wiedergeburt hervor. Ich glaube nicht daß Hogarth damit hat spotten wollen. Seine Weltkenntniß, die ihn lehrte, daß es viele Heuchler in dieser Sekte gäbe, muste ihn auch nothwenig lehren, daß die Rechtschaffenen darunter es in einem sehr hohen Grade sind. Was kann es schaden, Frömmigkeit im äußeren, mehr als andere Frommen zu zeigen, wenn sie würklich im Herzen da ist. Hogarth spottet zwar häufig, aber nie zweckwidrig, und das wäre es hier. Diese Figur hat mich immer sehr gerührt. Wehe! der Herrschaft, deren alte und treue Diener bey Betrachtung ihrer Haus-Umstände solche Minen annehmen. Wenn man diese Figur betrachtet, so wird man geneigt, seine eigne Casse zu prüfen, wenn man sich auch noch so sicher weiß, man muß sie aber ganz sehen, der bloße Kopf ist nicht genug.

Die Verzierungen dieser Zimmer sind wieder äusserst geschmacklos. Der ganze Sims des Camins ist mit kindischen Lappalien besezt, mit Chinesischen dickbäuchigen Götzen, Puppen mit den Händen an der Schulter ohne Arme, elenden Gefäßen, und in der Mitte einem modernen marmornen Haubenstock mit ergänzter Nase, der dem Herrn Besitzer wohl gar für eine Faustina aufgehängt worden ist. Das Caminstück ist ein Amor, der sich auf dem Dudelsack übt. Gleich darneben ist ein Wandleuchter mit Laubwerk, in welchem 1) eine Uhr, 2) eine Katze, 3) ein Fisch befindlich ist, also hier hängt nun gar Neptun in einem Baum. Hätte Hogarth von des berühmten Telliamed* Theorie der Erde etwas gehört, er hätte nicht kräftiger darüber spotten können. In dem Salon sieht es mit den Verzierungen noch toller aus. Da hängt eine Reihe von Heiligen und gleich dabey ein so unzüchtiges Bild, daß selbst Squanderfield *junior* noch für nöthig erachtet, einen Vorhang davor zu ziehen, man sieht nur einen einzigen Fuß, der hinlänglich zeigt, was hinter dem Vorhang steckt.

* Da wir nicht voraussetzen können, daß alle unsere Leser und Leserinnen diesen Telliamed kennen, so wollen wir eine kurze Nachricht über den Umstand, auf welchen hier gezielt wird, mittheilen. Obgleich die Sache in die Geschichte der Physik und der Philosophie gehört, so hat sie doch so viel Hogarthisches in sich, daß sie keinen Mißklang mit dem obigen machen wird. Wenn man Telliamed rückwärts ließt, so kommt De Maillet heraus, und das ist der wahre Nahme des Mannes. De Maillet war 16 Jahre lang französischer Consul in Egypten und nachher in andern Städten am mittelländischen Meer, er war ein Mann von Genie, der viele vortreffliche Beobachtungen zum B. über die Pyramiden geliefert, und auch viel Gutes gemuthmaßet hat. Allein in seinen Hypothesen fängt er meistens im eigentlichen Verstand an zu faseln. Unter andern leitet er alle Bäume, Pflanzen und Thiere sogar die Vögel aus der See her. Mit den Vögeln gieng es so zu: fliegende Fische, auch wohl andere, blieben, als die Erde zu trocknen anfieng, in den Hecken hängen, wie hier an Squanderfields Wandleuchter oder Wanduhr. Da sie nun hier nicht herausschwimmen konnten, so wuchsen ihnen in der Angst Flügel und Federn, und so flogen sie heraus, welches besser gieng. Er beschreibt dieses so natürlich daß man glaubt, man sähe die Federn wachsen. Nur ist nach dieser Theorie nicht recht begreiflich, warum, wenn die Angst bey Verwickelung in Sträuchen Flügel machen kann, Absalom als er an der Eiche hieng, sich nicht in einen Vogel Greif oder Kuntur verwandelt hat.

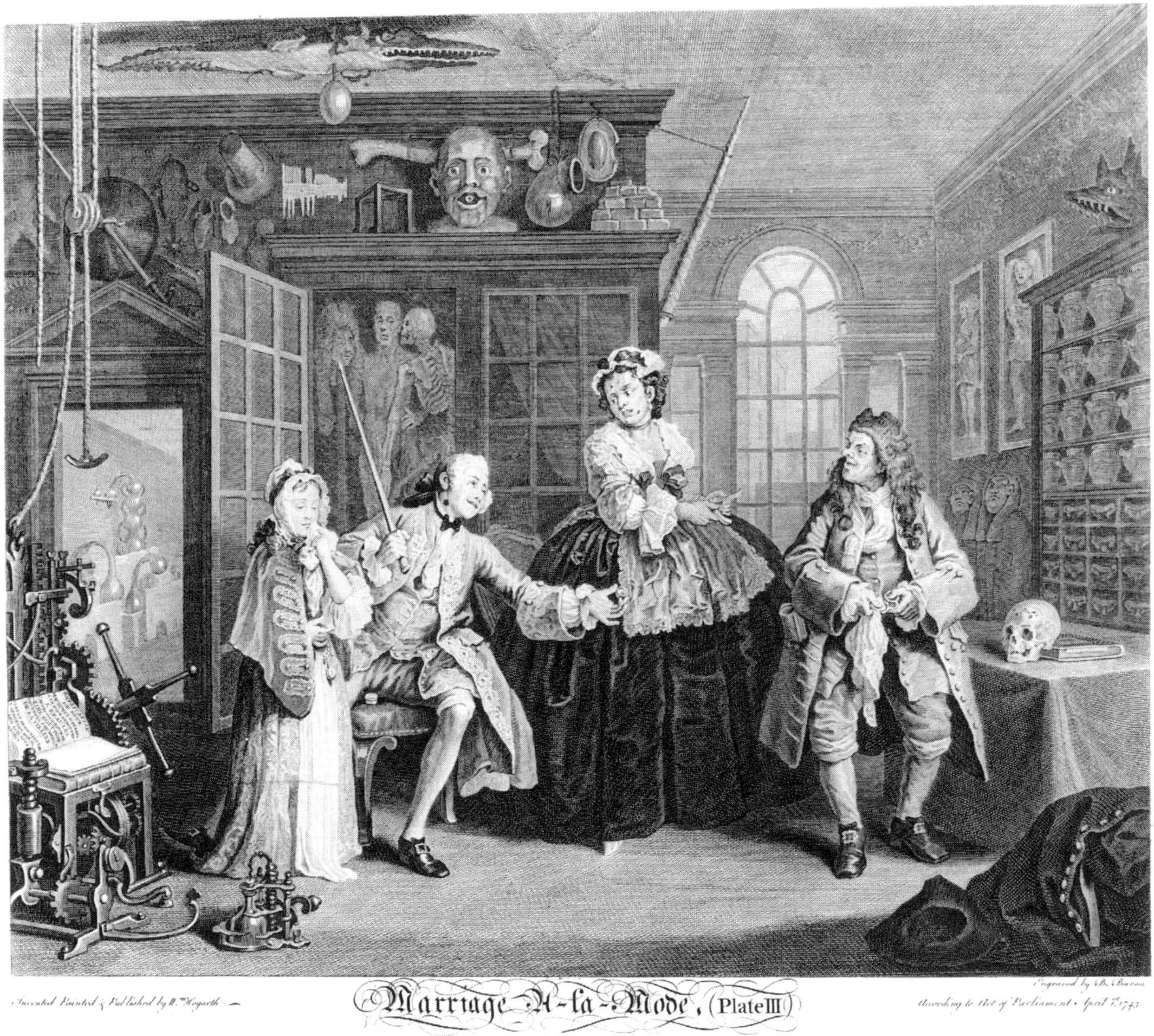

Invented Painted & Published by Wm. Hogarth — Marriage A-la-Mode, (Plate III) Engraved by B. Baron According to Act of Parliament April 1st 1745

Drittes Blatt. C.

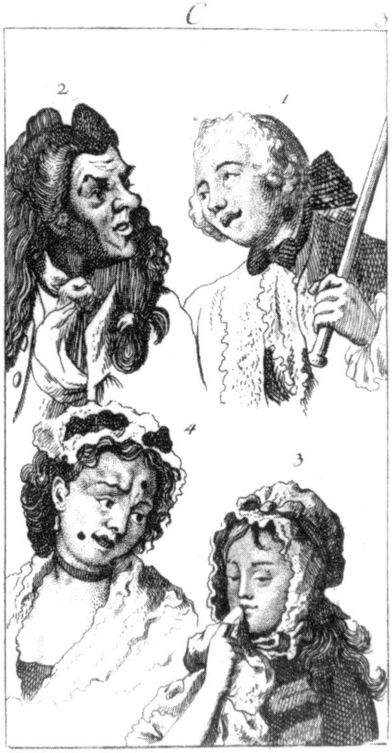

Sir Horace Walpole (oder eigentlich George Vertue, denn Sie Horace ist blos der Herausgeber) sagt in s. *Anecdotes of Painting in England T. IV.* daß Hogarth in seiner Satire, was die Hauptsache betreffe, immer verständlich sey. Dieses ist freilich von den meisten seiner Blätter wahr, aber gewiß nicht von dem gegenwärtigen. So verständlich und vortreflich hier die Seitenhiebe auf die Aerzte und Quacksalber angebracht sind, so unverständlich ist die Hauptscene. Die Erklärungen, die ich davon gelesen oder gehört habe, weichen sehr von einander ab, und alle haben etwas an sich, das niemanden befriedigen wird, der sich mit dem Genie dieses Mannes im Ganzen bekannt gemacht hat. Da es hier also an bestimmten Nachrichten fehlt, und niemand genau zu sagen weiß, was Hogarth würklich hat sagen wollen, so ist wohl diejenige Erklärung die beste, die uns etwas angiebt, was ein Mann wie Hogarth hätte sagen können. Der Herausgeber hat es gewagt, sich eine solche Erklärung zu entwerfen, die Leser werden ihm aber gerne den critischen Beleg derselben schenken, er würde sich genöthigt sehen, von den Folgen gewisser Ausschweifungen deutlicher zu reden, als diese Blätter verstatten. Wegen der kurzen Erklärung aber, die er hier beifügt, hoft er auf die Vergebung der Leser. Es ist unmöglich, die schrecklichen Folgen des Lasters darzustellen, ohne von dem Laster selbst zu reden.

Der Held des Stücks (1) befindet sich hier in dem Zimmer eines französischen antivenerischen Quacksalbers (2) namens *Mr. de la Pillule.* Den Namen dieses Herrn ersieht man aus dem bey der Thüre aufgeschlagenen Titul seines gelehrten Werks. Daß sich der junge Lord Hier befindet, zeigt deutlich wie es um die Haushaltung steht. Seine Ehe ist *à la mode.* In der Linken hält er ein Büchschen mit Pillen, worin nur noch vier Stück sind, und ein anderes Büchschen, vermuthlich schon verbraucht, steht zwischen seinen Beinen auf dem Stuhl; in der Rechten hält er sein spanisches Rohr gegen eine Frauensperson (4) aufgehoben, die ihm vermuthlich das Kind (3) als vollkommen unschuldig zugeführt hat, das es aber nicht war. Seine Mine scheint zu sagen: siehe, so versorgst du deine Kunden. Diese hierüber aufgebracht, zieht ein Klappmesser gegen den jungen Lord, dem sie, umgekehrt, die Krankheit des Kindes zugleich beimißt. Die kleine, die ebenfalls ein Büchschen in der Hand hält, scheint aber gewonnen, und auf des Lords Seite zu treten, und mit Vorzeigung ihrer Arzneien mit noch jugendlichem Ausdruck von Schaam zu gestehen, sie sey schon vorher mit diesen Folgen des Lasters bekannt gewesen; vieleicht haben auch die übrigen Büchschen dem Mädchen zugehört. Dieses scheint mir die natürlichste Erklärung. Einige Ausleger mischen den Quacksalber mit in den Streit, das ist aber sicherlich nicht, man hat nichts wider ihn, sondern man ist hieher gekommen, um etwas von ihm zu haben. Auf dem dummen, abscheulichen Gesicht ist nichts zu lesen als Schadenfreude und Interesse, auch sieht man daraus, daß er seine Brille wischt, daß es auf eine Inspection der jungen Person losgehen soll. Doch genug hiervon. Der Leser vergleiche nun einmal die Gesichter 3 u. 4; Das war ich, könnte die Alte zu dem Mädchen sagen, vor 40 Jahren auch, was du bist, aber durch Uebung bin ich geworden was ich bin, und was du werden wirst, eine Kupplerin und auf den ersten Anlaß eine Mörderin. Nr. 4 ist eine von den verworfensten Geschöpfen, die zu hunderten in den Strasen von London umher schwärmen, junge Schlachtopfer für den Galgen zu sammeln. Auf ihre Brust hat sie die Buchstaben *F. C.* mit Schießpulver eingeäzt*. Wenn die englische Polizey für gut befunden hätte, diese leichte Truppen in Compagnien abzutheilen, welches vielleicht nicht schaden würde, so könnte dieses wohl *First Company* (erste Compagnie) heißen. Es soll aber, sichern Nachrichten zufolge, *Fanny Cock* heißen, welches der Name der Tochter eines berühmten Auctionators war, mit welchem Hogarth Händel hatte. War das Mädchen an sich liederlich, so kann die Satyre gelten, und das wird wohl der Fall gewesen seyn. Denn sich an dem Vater durch eine solche Beschimpfung einer unschuldigen Tochter zu rächen, wäre eben so abscheulich, als es nach Hogarths bekanntem Charakter unwahrscheinlich wäre. Indessen sagt die Nachricht nichts von dem Charakter der Tochter. In der Ausmeublirung des Zimmers erscheint Hogarths Genie in vollem Glanz. *Mr. de la Pillule*, dieser wahre Halbbruder des Todes und lateinscheue Practicant, giebt sich ausser der Praxis, auch noch das Ansehen von Weltweisen, Naturalisten und Antiquar. Auf dem Tische steht ein seltsames *Memento mori*, es erinnert nicht blos an den Tod, sondern auch an die Todesart, der Kopf ist venerisch und cariös. Da stehen Urnen, Mumien und Misgeburten, Römische Backsteine, *Caroli M.* Uringlas, Mambrins Helm, wenn es nicht des Herrn Doctors ehemaliges Barbierbecken ist. Crocodille mit Strauß-Eyern, Riesenknochen, Molochsköpfe, Hüte, Spornen, Schilde und Schwerter aus der Ritterzeit neben Schwertern von Schwertfischen, vielleicht sind auch moderne Petrefacta darunter. In einem Glasschrank stehen drey merkwürdige Stücke, ein Skelet, ein am Galgen vertrockneter Kerl und des Herrn *de la Pillule* eigner Perüquen-Stock mit seiner Perüque. Recht Hogarthisch ist es, daß das Skelet sich mit dem Perü-

* In unserer Darstellung fehlen diese Buchstaben. Der Ausleger hat einst in dem anatomischen Cabinet des Hrn. William Hunter die unzüchtigsten Darstellungen auf diese Weise auf menschliche Haut im Leben geäzt, in Spiritus aufbewahrt gesehen.

quen-Stock zu zanken scheint, es thut einen Schritt vorwärts als wolle es den Perüquenstock bey der Perüque fassen; vermuthlich weil es Ursache dazu hat: denn daß die Skelete sich nur in Gemählden mit dem Arzt zanken, dem sie ihre Promotion zu danken haben, rührt wohl nicht daher, daß sie keine Ursache haben. Der Vertrocknete scheint sehr aufmerksam zuzuhören. Ueber diesen 3 Grazien hat der Künstler den Dreifuß nicht der Pythia, sondern der peinlichen Justiz, einen Galgen aufgestellt, der sicherlich mehr Wahrheiten, wo nicht gelehrt, doch gewiß eingeschärft hat, als der zu Delphi. Man sieht hieraus, wie weit der Mann die Kunstliebhaberey treibt, vielleicht ist es auch blos ein Memento mori für den Herrn Doctor.

Bey der Thüre stehen zwey Maschinen von des Herrn Doctors Erfindung. Die eine ganz von Metal, besteht aus einer ungeheuern gezähnten Stange, großen Stern-Rädern mit kleinen Getrieben, Flaschenzügen, Haken und Stricken, die sich bis zur Decke erstrecken und nach allem diesen noch aus einem Haspel, der allein an seiner Welle schon hinlänglich wäre, Eichbäume auszureissen. Die andere ist eine verkorkte Bouteille vermittelst vierfacher starker Haken nebst Schrauben und Kurbel eingeklammert, vermuthlich, sollte man denken, zu thun, was der Druck von zehn Atmosphären nicht kann, die arme Bouteille mit einem Ruck zu Pulver zu drücken. Allein man höre wozu diese Maschinen dienen. Wir setzen den Titul des Werks her, das Hr. *de la Pillule* von diesen Erfindungen in zwey mäßigen Folianten, die beide da liegen, geliefert hat: *Explication de deux machines superbes, l'une pour remettre les épaules, l'autre pour servir de Tirebouchon, inventées par Mr. de la Pillule Vues et approuvées par l'academie Royale des Sciences à Paris.* Also eine Maschine verrenkte Schulterblätter einzurichten, und ein Korkzieher, dazu macht der liebe Mann die ungeheuren Anstalten. Also viel Lärmens und Aufhebens um Nichts, das wäre schon hinlängliche Satyre auf schlechte Aerzte und Wundärzte: allein da auch selbst nicht einmal die Anstalten das sind, was sie seyn sollen, da das Schulterblätter-Hebezeug unmöglich heben, und ein solcher Korkzieher unmöglich Korke ausziehen kann; das macht die Satyre vollkommen. Im Laboratorio, auf welches man eine kleine Aussicht genießt, wird auf gleiche Weise mit großen Umständen nichts gethan, also gequacksalbert.

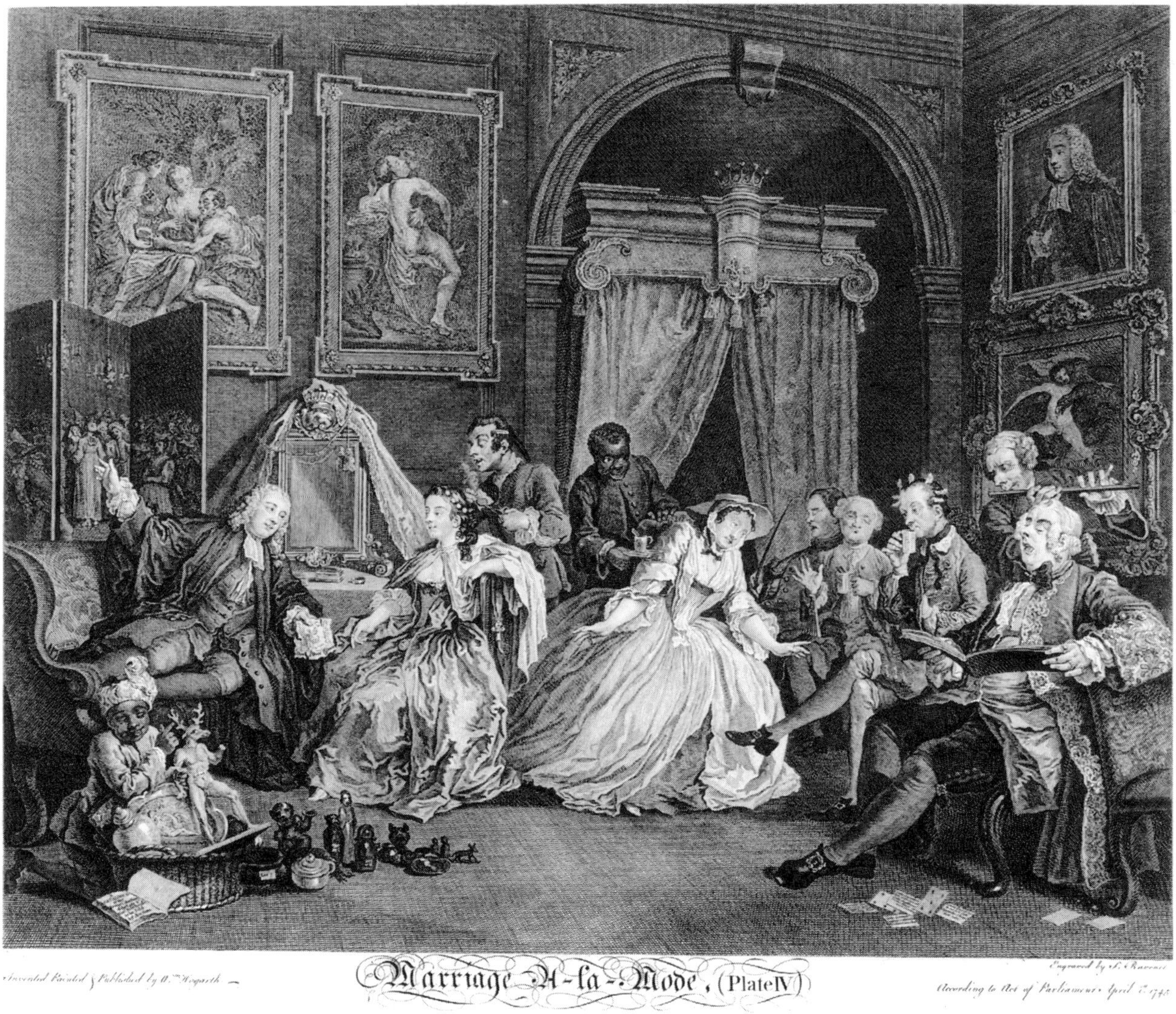
Marriage A-la-Mode, (Plate IV)

Viertes Blatt. D.

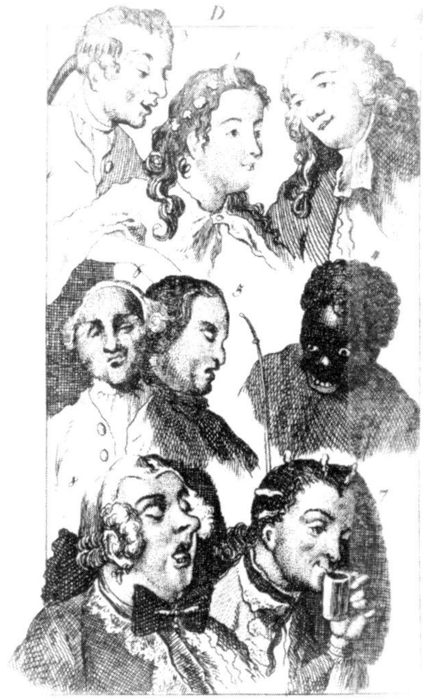

Hier wird auf dem Zimmer der Dame gefrühstückt und zugleich ein kleines Concert gegeben. Sie selbst (1) läßt sich von einem französischen Friseur (3) die Haare zurecht machen; sie hat einen Pudermantel um, der vornen sorgfältig auseinander geschlagen ist, um dem jungen Rechtshändler (2) den Prospect frey zu halten. An ihrem Stuhl hängt eine Rassel, zu zeigen, daß schon Familie da ist. Der Advocat (2) sizt oder liegt vielmehr ihr gegenüber auf einem Sopha, woraus man sieht, was für Macht er in dieser Stube hat, auch zeigt sein ziemlich getroffenes Bildniß an der Wand, daß sich seine Macht noch weiter erstreckt, als auf die Stube und die Bequemlichkeiten in derselben. In der Linken hält er ein Blatt, das vermuthlich ein Avertissement von einer großen Masquerade ist, dieses wird durch die spanische Wand, die hinter ihm steht, noch deutlicher, worauf eine Masquerade vorgestellt ist. Es wird also hier Abrede genommen, sich auf diese Masquerade in bestimmten Masquen einzufinden, und denn ferner ergehn zu lassen, was Recht und *à la mode* ist. Dem Friseur hat Hogarth die Hunger-Physiognomie gegeben, mit der sich der Pöbel jeden Franzosen denkt und zeichnet. Ich habe den Grafen von d'Estaing so vorgestellt gesehen; in einem andern Stück des Hogarth, zeichnet ein englischer Grenadier den König von Frankreich eben so mit Kohlen an die Wand, und eben so sieht der französische Soldat aus, den er an dem Thor von Calais Schildwache stehen läßt, mit Manschetten aus einem gedruckten Blatt, und die Hosen vornen mit einem hölzernen Spieß zum Hüneraufzäumen zugespießt.

Das Concert, von dem diese beiden wenig zu hören scheinen, besteht aus einer Singstimme und einer Flöte. Die erste ist ein Castrat (8), eine Figur, in die Hogarth alles Eckel erweckende beisammen angebracht hat, was diese Menschen einzeln schändet. Eine dicke, weiche, schlottriche Menschengestalt, bey der alles Fett in Oel übergegangen zu seyn scheint, mit brillantnen Ohrringen, brillantnen Ringen an allen Fingern und Brillanten selbst an der Solitaire unter dem gemästeten, bartlosen Kinn. Was für eine Nase und welcher Mund! Gütiger Himmel! Was für einen eckelhaften Erdenklos der Mensch wieder aus deinem Meisterstück macht, wenn er daran zu schnitzeln anfängt. Um einen solchen melodischen Balg, eine wahre Sackpfeife von einem Kerl (doch es ist kein Kerl mehr), gehörte wenigstens eine spanische Wand. Und dieses soll Farinelli seyn, der berühmte Kislar-Aga bey der italiänischen Oper zu London, von dem wir im Calender vorigen Jahrs geredet haben? Der Mann von dem Brydone*

* Reise nach Sicilien und Malta im zweiten Theil S. 233 der deutschen Uebersetzung.

sagt: »Er erschien einmal in dem Charakter eines jungen gefangenen Helden, der einen zornigen und grausamen Tyrannen, welcher ihn und seine Geliebte zu Gefangenen gemacht hatte, in einer sehr zärtlichen Arie (eine zärtliche Arie, aus einer solchen Hängetasche von Maul!) um Mitleiden und Barmherzigkeit anflehte. Die Person, welche den Tyrannen vorstellte, wurde durch die rührenden Töne des Farinelli so vollkommen überwältigt, daß sie, anstatt ihm, wie sie hätte thun sollen, seine Bitte abzuschlagen, ihren Charakter völlig vergaß, in Thränen ausbrach und ihn umarmte.« Der grausame Tyrann mag wohl auch einer von denen gewesen seyn, die ihre Befehle im dreimal gestrichenen C vom Throne herabtrillern. Vielleicht hat auch Hr. Brydone nur falsch gehört, welches ihm zuweilen begegnet seyn soll, und es sollte heißen: er bat einmal einen sehr gnädigen König einer geringen Beleidigung wegen mit einem so zärtlich geöffneten Mund um Vergebung, daß, anstatt ihm zu vergeben, wie er hätte thun sollen, der König sich so vergaß, daß er ihm mit geballter Faust hinter die demantnen Ohrgehenke schlug, daß er zu Boden stürzte. Andere halten es für das Portrait des Carestini, und dieses wird mir wahrscheinlicher, denn nach allem was Chapeaux von Farinelli gesagt und Damen ausgerufen haben, konnte Farinelli unmöglich so aussehen. Der Flötenspieler soll das Portrait unsers berühmten Landsmanns des großen Flötetraversisten Weidemann seyn. Unter den Bewunderern dieser beiden Tonkünstler befindet sich eine schon etwas bejahrte Dame, die mit ausgebreiteten, jedoch gegen die Erde geneigten Armen, im Entzücken fast vom Stuhle zu fallen scheint, woraus man schließen kann, daß Carestini so eben in einer Cadence begriffen sey. Etwas zurück sizt ein süß-zärlicher Geck (6) der mit einem Pflästerchen unter dem verdrehten Mäulchen seinen Beifall schmunzelt, und hinter ihm ein müder Fuchsjäger (7), eine Art von Junker Western, der eingeschlafen ist und den seinigen schnarcht. Nr. 6 hat an der Hand, deren Finger aus Entzücken von einander gehen, einen Sonnenfächer hängen, den er vermuthlich der Dame hält; der Zug ist charakteristisch. Zwischen diesem und dem Castraten sizt eine Chocolade trinkende Figur (7) aus der man nicht recht weiß, was man machen soll. Alle Commentatoren geben ihn für einen Fremden, der nicht ins Haus gehört, aus, und Nichols sogar für Mitchel, den ehemaligen preussischen Gesandten. Ich habe aber einmal den Nichols im *Critical Review* wegen seiner Deutung dieser Gruppe getadelt gelesen. Könnte es nicht Lord Squanderfield selbst seyn? Diese Muthmasung hat einiges für und wider sich. Darwider ist: daß er das Pflaster nicht unter dem Ohr hat, allein wir haben diesen Backen vorher noch nie gesehen, es war immer die andere, auch auf dem fünften Blatt sieht man blos die andere; er hat einen Hut unterm Arm, und gar mit einer Coquarde, und ist überhaupt etwas zu mager für Lord Squanderfield. Zu lezterm gäbe es nun wohl in dieser Haushaltung Ursachen genug, allein auf dem folgenden Blatt, das doch die Geschichte desselben Tages vorstellt, ist er vollkommen. Dafür streitet: 1) eine Aehnlichkeit des Gesichts, zumal mit Nr. 2 auf A; 2) die Papilloten am Kopf, die ihn gleichsam mit der Dame vom Hause kuppeln, auch erinnern sie einen an das gehörnte Thier; 3) die kummervolle Miene, es ahndet ihm nicht viel Gutes aus der Unterredung seiner Liebsten mit ihrem Liebsten, und wer am Abend als Hahnrey erstochen wird, kann wohl des Morgens beim Frühstück solche Meditationen anstellen. Unter diesen Gründen sind wohl die Papilloten der stärkste, denn mit Papilloten beim Frühstück einer Dame zu erscheinen, ist ganz gegen alle Sitte, selbst in Papilloten auszugehen ist es, und sich bey dem Frühstück einer Dame frisiren zu lassen, würde wenigstens beweisen, daß dieser Herr, wenn er auch nicht der Hausherr wäre, doch Hausherrns Rechte genießen muß. Freilich wäre das, was er unter dem rechten Arm hat, würklich ein Hut, und zwar, ein Hut mit einer Coquarde, die in England schlechterdings ausser Officiren, kein Mensch trägt, so wäre dieses ein Grund wider meine Muthmaßung, der den von den Papilloten überwöge. Es wäre also vielleicht ein ehemaliger Liebhaber der jungen Dame, ein Officier, den sie nunmehr wegen seiner Magerkeit auf halbe Gage gesezt hat. – Hinter der Dame steht ein Mohr (4) der den Castraten seine Bewunderung mit etwas weit geschliztem afrikanischen Gebiß zufletscht, das aber doch erträglicher ist, als das italienische Lappenmaul.

Vor dem verliebten Paar kniet ein Mohrenknabe, der so eben allerley Sachen aus einem Korbe hervorkramt, welche die Dame an diesem Morgen in einer Auction erstanden hat. Es sind die albernsten Schnurrpfeiffereien, die sich nur denken lassen; die, wie man aus dem darneben liegenden AuctionsCatalogus ersieht, einem seeligen Baron *Babyhouse* (Hrn. v. Puppenhausen) zugehört haben. Allein die englischen Auctionen sind die *Rendevouz* der *Beaumonde*, wo der Verkauf körperlichen Geräthes, dem unkörperlichen Herzenstausch im Blicke-Wechsel nur zum Deckmantel dient. In so fern ist die Dame von Seiten des Geschmacks zu entschuldigen. Der kleine Schwarze freut sich sehr über einen gehörnten Actäon, der sich unter dem erstandenen Gut befindet. Der gute Tropf weiß noch nicht, daß diese Geschöpfe diesseits des atlantischen Meers so gemein sind, wie jedes andere Hornvieh, und daß er selbst die Ehre hat, einem davon zu dienen. In dem Korbe liegt noch eine Schüssel von Fayence, mit einer Leda auf dem Boden vorgestellt. Jupiter erscheint da als eine Bastard-Art von Adler und Gans. Sie ist nicht von Raphael, sondern was sie besonders merkwürdig macht, von *Giulio Ro-*

mano. Uebrigens gehört diese Darstellung mit unter die deutlichen, wofür die Dame besonders eingenommen zu seyn scheint, wie man aus den Gemählden an der Wand sieht. Eines stellt den alten Loth mit seinen Töchtern vor, ein anderes Jupiter mit der Jo und ein drittes Jupiter und Ganymed. Dieses Bild hängt grade hinter dem Hemling Farinelli. Jupiter hat den Schnabel offen und so gerichtet, daß einem bange wird, er mögte aus dem Ganymed einen Farinelli für den Himmel machen wollen. Auf der Erde, bey den Füßen des Castraten liegt eine Menge treffender Satyre auf Visitenkarten zerstreut. Lady Sqanderfield wird eingeladen, 1) auf Lädy Townlys *Drum* (Trommel, (*Tambour*) eine Art Assemblee in England, Maultrommel könnte man sie im Deutschen nennen) 2) auf Lady Heathems *Drum-Major*, Regiments-Tambour, wo noch mehr gemaultrommelt wird, und zwar ist hier der bestimmte Tag ein Sonntag, welches in England um so mehr auffällt, als die Sonntage dort, äusserlich wenigstens, sehr gewissenhaft gefeiert werden. Musik und Tanz sind da am Sonntage unerhört, und noch weniger schlachtet man Schweine am Charfreytage, wie in einem gewissen Städtchen in Niedersachsen am Charfreytage 1785 geschehen ist; 3) auf Miß Hairbrains *Rout*, wo alles drunter und drüber geht. Endlich liegt noch dabey eine Karte worauf sich ein ausländischer Graf Basset nach dem Befinden von Madam erkundigt. Er ist vermuthlich nach England gegangen um englisch zu lernen, und legt hier die Proben seines Fleises ab; deswegen setzen wir sie ganz her: *Count Basset begs to no how lade Squander sleapt last nite*, soll heissen: *C. B. begs to know how Lady S. slept last night*, (Graf Basset winscht su wihsen, wi Lehdi Squander fergangen Nagt geslaffen.)

Fünftes Blatt. E.

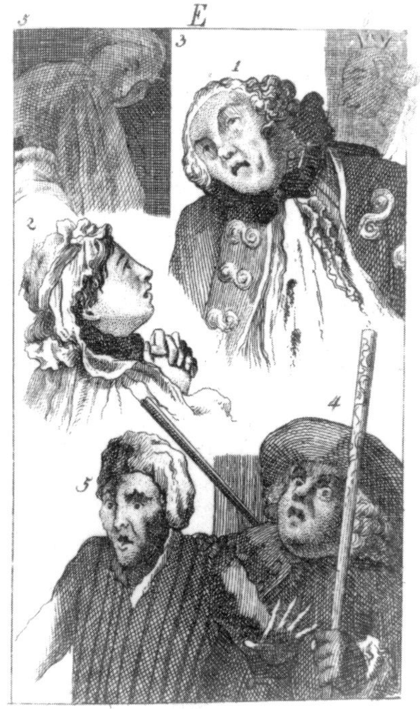

Der Inhalt dieses Blatts ist so deutlich, daß sich nur sehr wenig dabey sagen läßt. Das verliebte Paar, (nicht das, das sich hätte lieben sollen), schleicht sich von der Masquerade weg, nach einem Bagnio. So nennt man in London Häuser, worin eigentlich blos gebadet und geschwizt werden sollte, die aber gewöhnlich jezt zu allem gebraucht werden, ausgenommen zum Baden und Schwitzen. Der junge Lord, der muthmasete, daß so etwas vorgehen würde, folgt ihnen nach diesem Hause, läßt die Thüre aufsprengen, wie man aus dem Riegelkloben sieht, der auf der Erde liegt, und findet sie im Bette. Sie stürzen beide heraus, und zwar eiligst, wie man denken kann und auch daraus sieht, daß das Bettlaken ziemlich weit herausgeschleift ist. Es entsteht Krieg über diese Helena, beide ziehen die Degen. Menelaus Squanderfield (1) bekommt eine tödliche Wunde, und der Advocat Paris retirirt sich ohne Hosen zum Fenster hinaus (3). Ersteren (1) fängt bereits die Todesblässe zu entstellen an; er bricht zusammen, und wird, wie sein auf der Spitze tanzender Degen augenblicklich fallen. Vor ihm kniet im Hemde mit hartgefaltnen Händen das treue Weib (2). Es ist geschehen: und sie sieht ihn nun zum erstenmal mit Blicken, die aus dem Herzen kommen, die aber von dem Jammerbild, auf welches sie gerichtet sind, nicht mehr gefühlt werden. Es ist ein schrecklicher Auftritt. Der Lärm, der hier vorgieng, bringt den Wirth (5) ohne Strümpfe in Pantoffeln, und einem gemästeten Schaarwächter (4) herein. Die Physiognomie des leztern ist wahrhaft englisch, und unter der niedern Classe vonMenschen, die ihr Roast-Beef und Plumpudding nicht vergeblich gegessen haben wollen, sehr gemein.

Daß der Degen auf der Spitze und zwar in einer sehr inclinirten Lage steht, ist kein sonderlicher Gedanke des Künstlers; der Fehler, den er hier begeht, ist von dem mit der Canonenkugel auf dem ersten Blatt nur dem Grade nach unterschieden. Denn obgleich der Mahler nur einen Punkt von Zeit darstellen kann, so haben doch diese unendlich kleinen Zeiten, welche die Handlungen dauern, die auf dem Stück dargestellt werden, noch immer ein Verhältniß gegen einander, ja einer kann gegen den andern gerechnet, verschwinden. Dieses scheint hier der Fall. Es wäre also wohl abgeschmackt, Körper zu zeichnen, die sich schnell bewegen, weil sie auf dem Bilde deutlich, aber in der Natur nur undeutlich gesehen werden können. Auf einem gemahlten Degen der fällt, könnte ich den Namen des Schwerdfegers und die Jahrzahl lesen, aber auf einem würklich fallenden nicht; doch hat auch hier der Gebrauch vieles geadelt.

Der Mahler hat hier Gelegenheit genug gehabt seine Kunst zu zeigen, denn es ist hier dreierley Licht; das hauptsächlichste, und wovon die

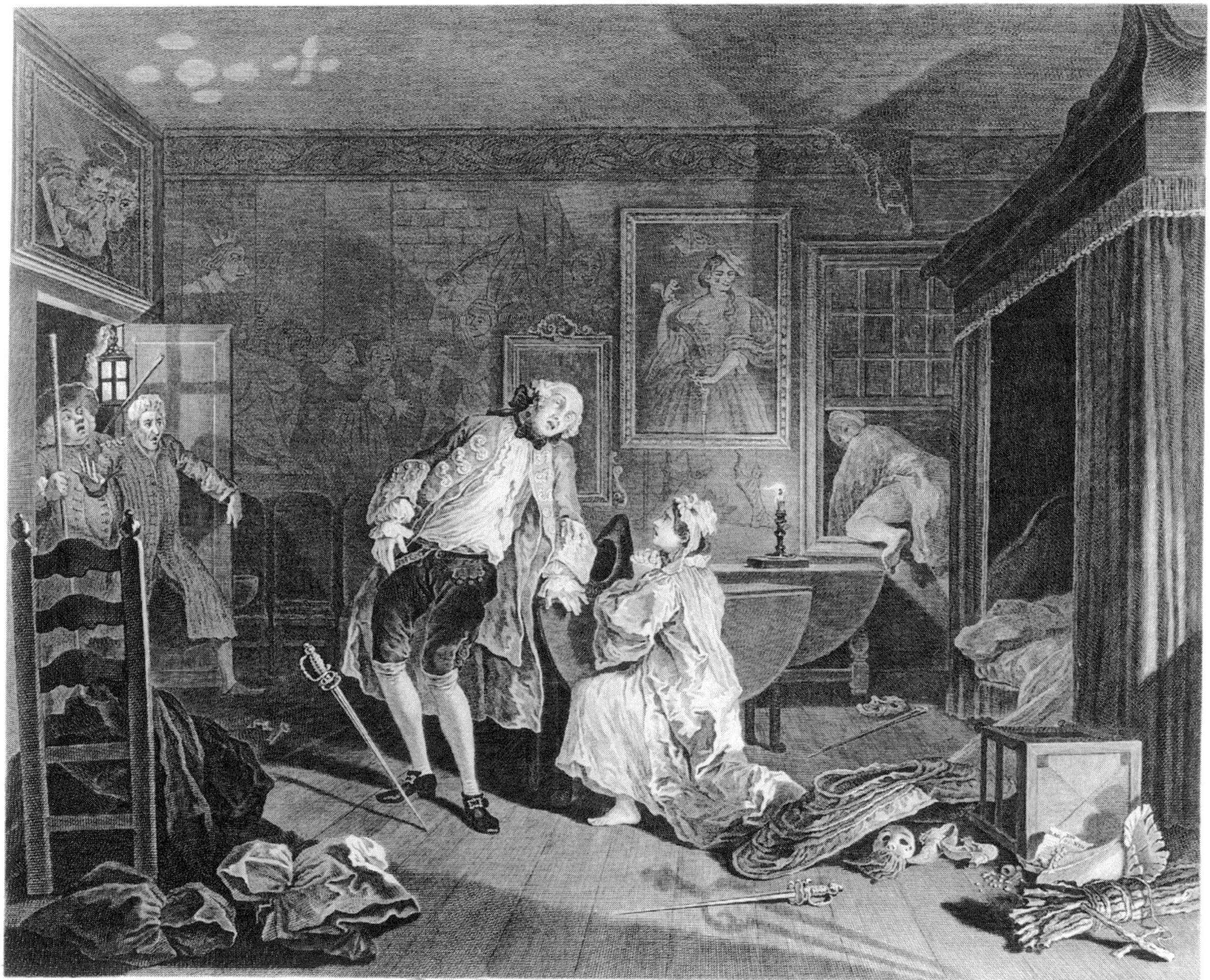

Marriage A-la-Mode, (Plate V)

Hauptfiguren erleuchtet werden, ist das Caminfeuer, dessen Gegenwart man blos aus dem Schatten der Feuerzange auf dem Boden bemerkt; das 2te ist das Licht auf dem Tische, dessen Flamme durch den Luftzug vom Fenster nach der Thüre bewegt wird; das dritte befindet sich in der Leuchte eines der Schaarwächter. Die hellen Flecke an der Decke des Zimmers sind Projectionen der Löcher in dem Deckel der Laterne. An der Erde liegen die Masken und Kleidungsstücke der Verliebten. An der Wand im Hintergrunde findet sich auf einer alten Tapete das Urtheil Salomons. Um den Werth dieses Stücks dem Leser fühlbar zu machen, habe ich blos den Kopf des Königs Salomon herzeichnen lassen (6). Das eine Mensch, welches zugreift um die Theilung des Kindes zu verhindern, scheint wieder gesegneten Leibes, und sieht einer holländischen Schifferfrau nicht unähnlich. An derselben Wand hängt noch das Bildniß einer geschminkten Schöne von funfzigen, im Reithabit. Es ist ein Knie-Stück, wo aber ihre Knie aufhören, da gehn ausserhalb des Rahmens, auf der Tapete, die Knie eines von Salomons Kriegsknechten an, welches der Figur ein drollichtes Ansehen giebt. Ueber der Thür hängt der Evangelist Lukas mit dem Ochsen, hält die Feder in der Hand, und sieht mit so gespannter Aufmerksamkeit auf die ganze Scene herab, als wenn er alles zu Protocoll bringen müßte. Die biblischen Geschichten an der Wand eines solchen Zimmers machen übrigens keinen übeln Contrast mit den Handlungen, die in demselben gewöhnlich vorgehen. Nichols sagt: der Hintergrund, sey von Madame Ravenet, der Frau des Kupferstechers, gestochen, und zwar mit einer Sorgfalt, die nur Leute von Profession ganz beurtheilen könnten. Zum Beschluß der Erklärung dieses Blatts, gebe ich noch eine Probe von der Art, wie Trusler, der Verfasser des *Hogarth moralized* seinen Künstler commentirt. Er meint nemlich in allem Ernst, daß wenn der junge Lord, nicht so lange gewartet hätte, bis die beiden Leute zu Bette waren, sondern ihnen lieber an der Hausthüre aufgepaßt hätte, so würde das Unglück nicht geschehen seyn. Aber, alsdann hätte mancher wackere Hausvater auch nicht erfahren, wo er sich eigentlich hinstellen muß, wenn er sieht, daß seine Frau sich mit einer Maske vom Bal wegschleicht.

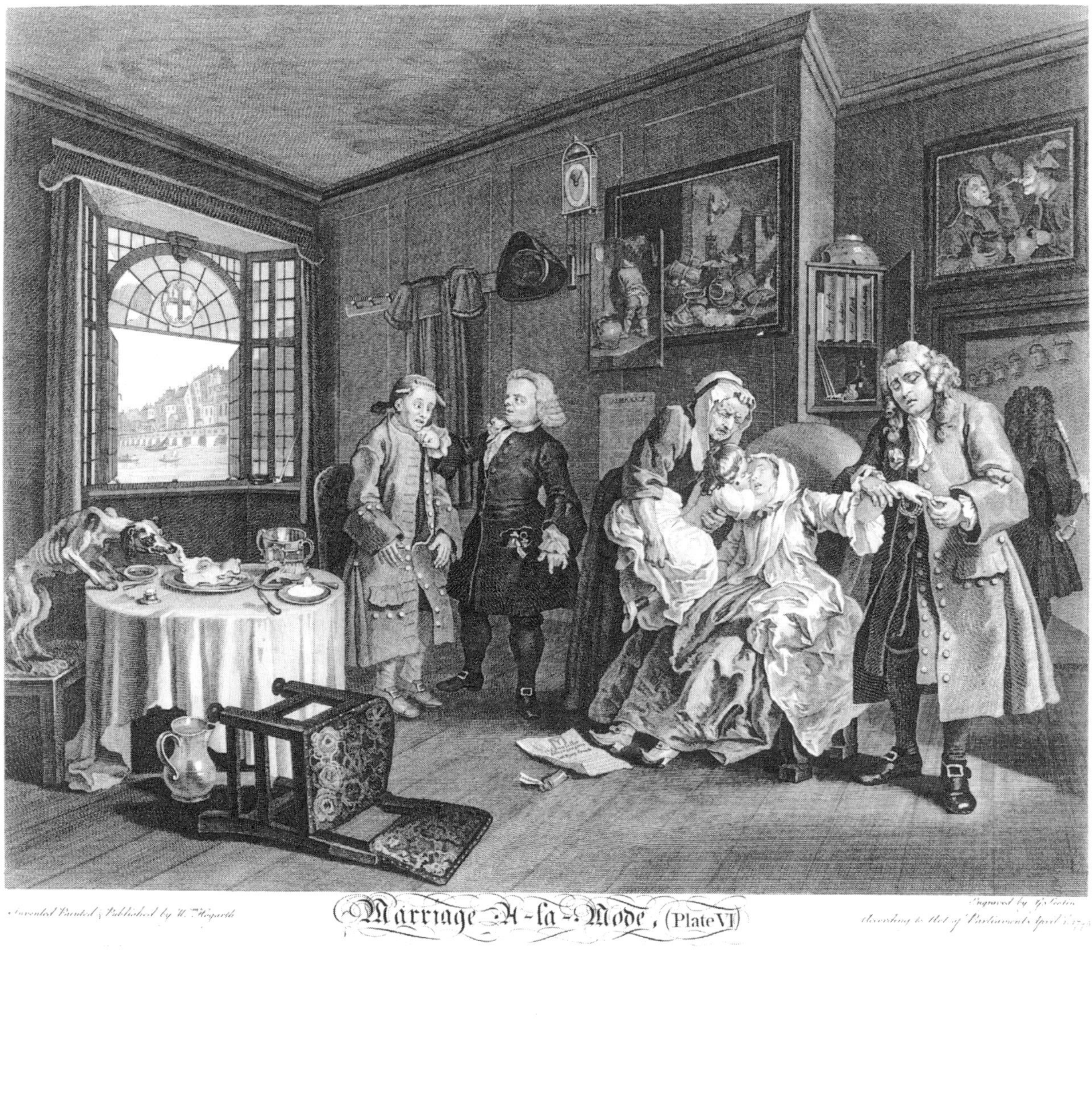
Invented Painted & Published by W. Hogarth
Marriage A-la-Mode, (Plate VI)

Sechstes Blatt. F.

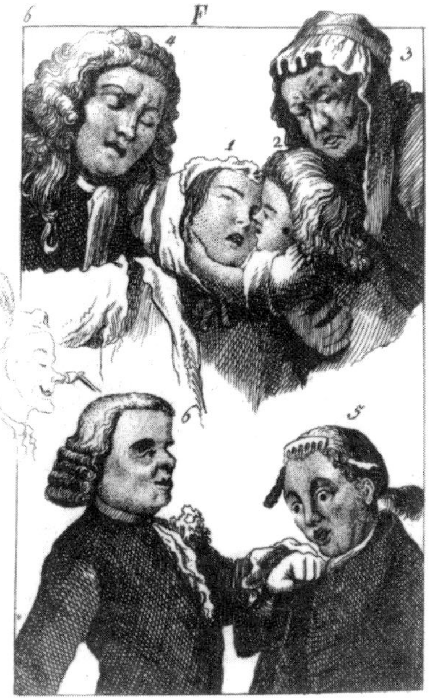

Nach Lord Squanderfields Hintritt nimmt der Alderman seine Tochter wieder zu sich. Indessen wird dem jungen Advocaten und Mörder, der, wie man hier aus einem gedruckten Bogen ersieht, *Silvertongue** hieß, der Proceß gemacht; er wird zum Galgen verdammt und würklich gehenkt. Ein dankverdienerischer armer Teufel von einem Bedienten (5) bringt der Dame, in guter Absicht, ein Exemplar von der Rede, die er unter dem Galgen gehalten hat. Hierüber geräth sie in Verzweiflung, und freilich mag der Zustand, zweimal Wittwe in Zeit von einem Monat zu werden, und an diesem Wittwenstand durch strafbaren Muthwillen selbst Ursache gewesen zu seyn, auch selbst dem Herzen und dem Gewissen einer ungezogenen und frechen Kaufmannstochter zu schwer werden. Sie schickt nach einer beträchtlichen Portion Laudanum, dessen Heilkräfte bey solchen Krankheiten, sie vermuthlich aus Romanen kennen gelernt hat, und vergiftet sich. In dem Augenblick da sie hinstirbt (1), bringt eine alte Haushälterin (3) noch das einzige Kind (2). Dieses küßt seine Mutter, allein der Abschiedskuß wird nicht mehr erwiedert; es ist zu spät. Bey dieser Scene, die nicht leicht rührender gedacht werden kann, bleibt der alte Vater (4) vollkommen gelassen, und zieht mit einer Miene, als stopfte er sich noch eine Pfeife vorm Schlafengehn, der sterbenden Tochter die Ringe vom Finger, damit sie nicht etwa verlegt werden. Er empfängt diese seine *secunda* Züchtigung vom Himmel, so wie er vermuthlich die *prima* auch empfangen hat, mit einer Gelassenheit, als wäre es ein Avisbrief von einem guten Hause. Der Erklärer dieser Blätter hat auch, was hier Hogarth sagt, häufig in seinem Leben wahr befunden: nemlich Handel und Wandel, oder eigentlich das Louisd'orsammeln, und die Begierde jährlich gewisse runde Sümmchen, wie es die Leute verkleinernd nennen, zurücklegen, überzieht das Herz mit einem gewissen nobeln Callus, der wider die schädliche Theilnehmung an anderer Leute Widerwärtigkeiten so sehr sichert, als ein dickes Wamms wider die Kälte, und giebt seinem Besitzer endlich die beneidenswürdige Fertigkeit, alles Leiden seines Nebenmenschen, wie sich Swift ausdrückt, mit christlicher Gelassenheit zu ertragen.

Die kleine Miß hat, wie man sieht, von ihrem Vater das Zeichen unter dem Ohr geerbt, auch ist sie rachitisch, welches Hogarth durch die Stahlfedern anzudeuten sucht, die man an die Halbstiefel der Kleinen

* Aus *Silver* Silber und *tongue* Zunge, Sprache, zusammengesezt. Also Silbermund. Es ist nach Chrysostomus, (Goldmund) geformt. Ob der Advocat diesen Namen wegen seiner Beredsamkeit in den Gerichtsstuben, oder der auf dem Sopha zu danken hat, wird nicht gesagt.

angebracht hat. Der Apotheker (6) ein stämmiges Mitglied der Facultät, dem die Klystiersprütze und der Kühltrank (*Julap*) aus der Tasche sehen, macht sich, da der Patient bereits verschieden ist, und gegen die nächsten Ursachen des Uebels nichts mehr auszurichten steht, an die entferntere, nemlich an den Bedienten (5), der die Galgenrede des seeligen und das Gift herbeigeholt hat, und schüttelt ihn beim Kragen. Die Figur dieses simplen Tropfs ist sehr drollig, man sieht ihm an, daß er unschuldig ist, und dennoch geräth er in eine Angst, als wenn er fürchtete, in wenigen Tagen würde man seine eigne Galgenrede herumtragen; seine Knie sind gebrochen, die Füße parallel und die Arme hängen grade herab, es ist da ausser dem erbärmlichen Anstand auch kein Schatten von Ausrede und Vertheidigung. Die Uniform, die er trägt, scheint ein sehr altes Bedienten-Lehn zu seyn, das, wenn der Besitzer fortgejagt wird, wieder an den Lehnsherrn zurückfällt. Sie ist dem gegenwärtigen Inhaber so äusserst weit, daß ein flinkerer Pursche als dieser, der Kralle des Apothekers durch eine schickliche Häutung entgehen könnte, entweder wenn er unten herauskröche, oder oben beim Halskragen herausspränge. Desto strammer sizt dafür der Rock des Apothekers. Der Abzug des Arztes auf der rechten Seite durch die Stubenthüre, hat etwas, das sich besser fühlen als beschreiben läßt. Die große Knotenperuque räumt dem Tod das Feld, um sich nach einem andern Ort zu ziehen, wo die Sachen noch nicht so weit gediehen sind. Der Arzt hält sein spanisches Rohr mit dem langen Knopf um die Gegend des Schwerpunkts senkrecht, welches immer ein Zeichen von Meditation ist.

In dem Zimmer umher finden sich überall Spuren des niederträchtigsten Geizes und der elendesten Geschmacklosigkeit. Der alte saß vermuthlich beim Mittagstisch, als das Gift bey seiner Tochter zu würken anfieng. Die Mahlzeit besteht aus einem halben, magern Schweinskopf, einem Paar Rippenstückchen und einem weichgesottnen Ey, das in Salz aufgestellt ist. Hier hätte der Franzoß nicht Unrecht, der einmal Mittagsmahl durch *mal de midi* übersezte. Um diesen Speißen aber doch einige Würze zu geben, und sich durch das Anschaun des Nutzens einer solchen Frugalität bey guter Laune zu erhalten, ist ein kostbares silbernes Gefäß auf den Tisch gestellt, auch ist das Salzfaß von Silber, und der Wasserkrug an der Erde scheint es auch zu seyn. Ein wahres Hungerskelet von einem Hunde macht sich des Auftritts im Zimmer zu Nutz, sich wegen der bisher versagten Kost schadlos zu halten, und fällt über das Skelet von Schweinskopf her. Hierbey fällt einem der vortrefliche Vers des Churchill ein, der von Schottland sagt: es sey ein Land,

Where half starv'd spiders feed on half starv'd flies,

wo halbverhungerte Spinnen halbverhungerte Fliegen verzehren. Oben über dem Fenster hängt auch würklich eine Creuzspinne, die, wenn der Alderman seine Fliegen nicht besser füttert als seine Hunde, sich leicht in dem Fall ihrer Schottischen Mitschwestern befinden mögte. Im Fenster selbst sitzen hier und da halbe Fensterscheiben, unten steht eine Tabackspfeife und in einem kleinen Schrank noch 3 andere. Der Alderman hebt also auf, was in England selbst der niedrigste Taglöhner nach gemachtem Gebrauch wegwirft, weil er es bey dem geringsten Trunk den er fordert, wieder neu umsonst erhält. Die Auszierungen der Stube sind, eine altfränkische vermuthlich hölzerne Wand-Uhr, der Zeiger steht auf 11 und zeigt die alten Sitten des Mannes, der um 11 zu Mittage speißt, vermuthlich weil er schon um 4 Uhr vor dem RentenBuch sizt. Dieses wäre nun freilich nicht die übelste Seite des Mannes; ein Almanach; ein Küchenstück wo eine gemahlte Hammelskeule an einem gemahlten Spieß steckt, zur Augenweide bey der Tafel; ein Vierthel dieses Stücks wird von einem andern eckelhaften in Teniers Geschmack bedeckt; ein kleiner Schrank mit zwey Abtheilungen, oben stehen die Hausbücher, und unten die oben erwähnten 3 Pfeiffen, nebst einem Papier mit Taback und eine Bouteille; ich vermuthe die Dintenbouteille. Oben auf diesem Schrank ist eine Punschschaale gestülpt, die immer noch aufbewahrt wird, obgleich ausser dem Einschnitt, den die Kunst gewöhnlich für den Löffelstiel daran anbringt, Zeit und Unvorsichtigkeit noch einen zweiten daran angebracht haben; der Deckel fehlt, so wie sie aber da steht, bedeckt sie sich selbst. Ueber der Thüre, durch die der Arzt seinen Rückzug nimmt, hängt ebenfalls ein Stück, im niederländischen Geschmack, worauf ein Bauer seine Pfeife an der Nase eines andern ansteckt. Vielleicht hat Hogarth Bardolphs Nase beim Shakespear im Sinne gehabt, von der wir bey Erklärung des 8ten Monatskupfers geredet haben. Denn sie scheint eine von denen mit Carbunkeln und kleinen Schmarotzernasen besezte zu seyn, die einen eher an eine glühende Kohle, als an das Werkzeug des Geruchs erinnern. Herr Riepenhausen hat eine Skizze davon über dem Kopf des Apothekers angebracht. – Durch die Thüre sieht man auf dem Gang Feuereimer aufgehängt und durch das Fenster genießt man einen Prospekt auf die Themse und die daran befindlichen Kaufmannshäuser und Waarenlager; der Künstler hat manche darunter sehr überhängend und den Einsturz drohend vorgestellt; wodurch er unstreitig auf den wankenden Credit derselben angespielt hat. Soviel von einer Heirath *à la mode* in England.

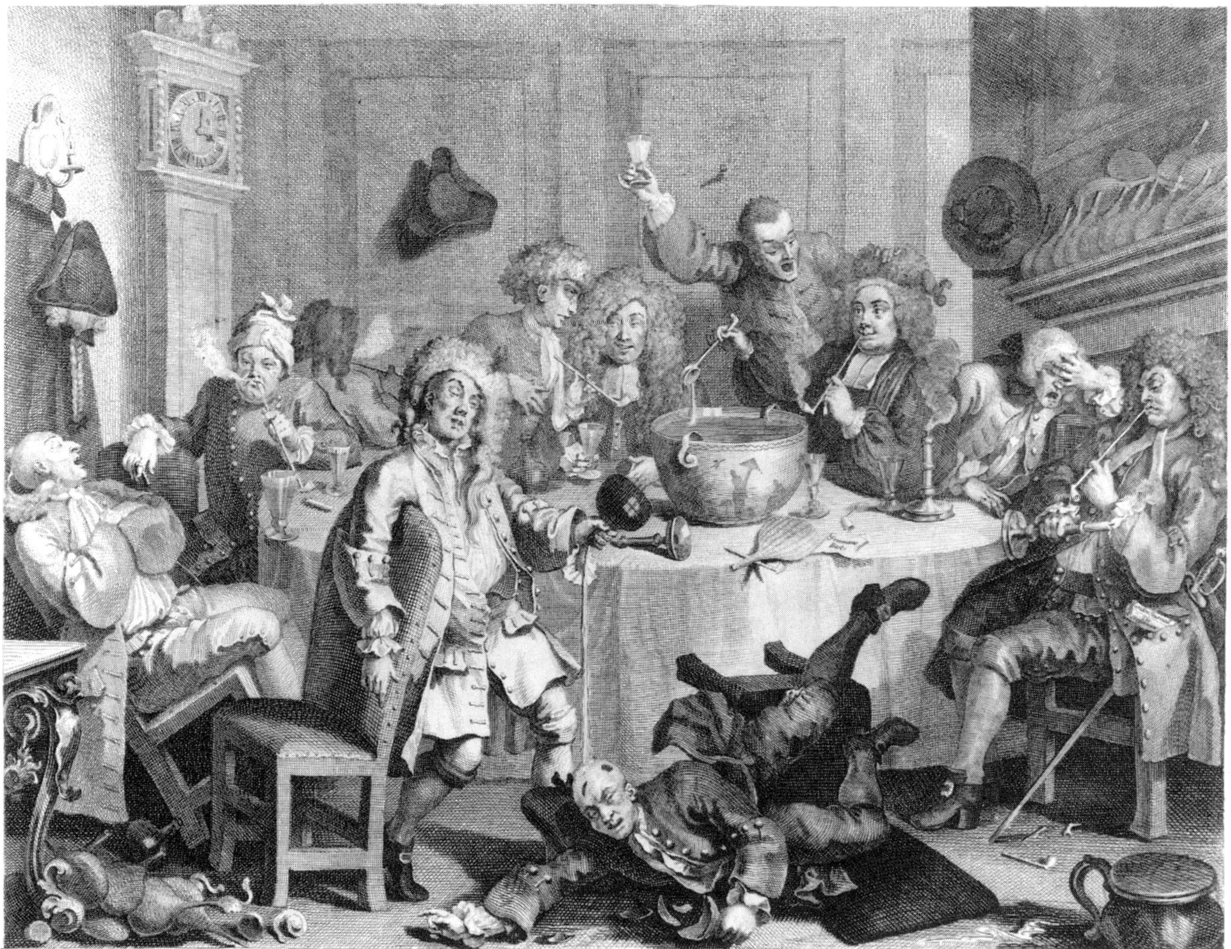

Think not to find one meant Resemblance there
We lash the Vices but the Persons spare;
Prints should be priz'd as Authors should be read
A MIDNIGHT MODERN CONUERSATION
Wm. Hogarth Inv. Pinxt. & Sculpt.
Who sharply smile prevailing Folly dead
So Rabelais Laught & so Cervantes Thought
So Nature dictated what Art has Taught.

HOGARTHS MITTERNACHTS-CLUB, GEMEINIGLICH DIE PUNSCH-GESELLSCHAFT GENANNT, MIT DEN KÖPFEN ALLER EILF MITGLIEDER VON HR. RIEPENHAUSEN ERLÄUTERT.

Dieses vortrefliche Blatt und sein Inhalt, ist wohl dasjenige unter Hogarths Werken, das am meisten in Deutschland bekannt geworden ist, theils durch mehrere Nachstiche, worunter einer der sehr gut gerathen, dem Hogarth selbst zugeeignet und mit seiner Bewilligung erschienen ist, theils durch die bekannten herumziehenden Wachsfiguren, die einige Gruppen daraus darstellen. Was ihm diesen allgemeinen Eingang verschafft hat, könnte wohl daher rühren, daß der Inhalt so sehr verständlich ist. Es ist nemlich allgemeine Natur des Menschen, in dem Zeitpunkt gezeichnet, da es dem Meisterstück der Schöpfung gefällt, seinen Rang etwas zu vergessen und durch Trunkenheit ein Paar Staffeln gegen die Bestien herabzusteigen, oder gar noch etwas tiefer.

Gemischter kann wohl nicht leicht eine Gesellschaft ohne Frauenzimmer seyn als diese. Es sind hier nicht allein die 4 Facultäten beisammen, sondern der Soldatenstand und die Kaufmannschaft hat ihre Repräsentanten, und ausserdem finden sich noch einige Mitglieder die so zweideutig aussehen, daß man nicht weiß was man aus ihnen machen soll, Poetaster, Criticaster, Zollbediente oder Spitzbuben. Ein solcher ist namentlich Nr. 1 auf dem Blatt G, der jedes dieser vier nicht allein einzeln seyn könnte, sondern vielleicht gar würklich alles zugleich ist.

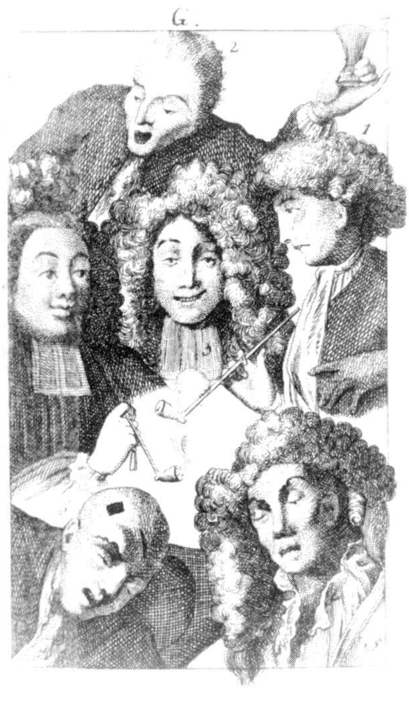

G.

Zuerst fällt in die Augen, wie derbes, schwarzes Schwabacher, unter blasser Perlschrift, der Pastor (4), vermuthlich minder Schriftgelehrter als Pharisäer, indem er sich nicht einmal scheut, bey diesem mitternächtlichen Gelag in seinem Amtshabit (*Cassock*) zu erscheinen. Vielleicht bemerkt der lustige Bruder (2) diese seltsame Kuppelung des zeitlichen mit dem ewigen, und sezt ihm daher auf die geistliche Perücke seine eigene weltliche. Da dieser (2) ein Medicinä Prakticus zu seyn scheint, so sollte nur noch der Advocat (3) seine mächtige Wolke auf die KnotenPerücke des Arztes stürzen, so säße der Pastor mit einer dreifachen Crone da, und das nicht ohne geheime Bedeutung: denn ob er gleich jezt allen einschenkt, so ist doch eine eminente Anlage im Fall der Noth auch für alle zu trinken, in seinem Gesicht nicht zu verkennen. Uebrigens rührt er den Punsch, und raucht seine Pfeife, obgleich die Glocke schon 4 schlägt und der Tag hell hereinbricht, mit vieler Besonnenheit: ob es daher gleich unter der Würde dieses Mannes seyn mag, sich zu betrinken, so ist doch, (dieses einmal bey Seite gesezt,) nicht zu läugnen, daß man nicht leicht mit mehrerer Würde betrunken seyn kann, als er. Es ist dieses nach einigen das Portrait eines Pastors namens Ford, nach andern und wahrscheinlicher von einem gewissen Henley. Der Rechtsgelehrte und Advocat (3) soll der nachherige Groß-Canzler Lord Northington in seiner Jugend gewesen seyn. Dieser scheint würklich schon etwas zu schweben, und empfängt alles was gesagt wird, mit einerley und stehenbleibender Freundlichkeit. Vor dem Tisch steht oder schwebt oder hängt (man weiß nicht recht welches) die dritte Facultät, der Arzt (5). Von den zwey Knoten seiner Perücke, die, wie ich versichert worden bin, Medicin und Chirurgie vorstellen sollen, ist einer aufgegangen, und das lose Haar hängt ihm vor der Brust. Es muß der Knoten der Medicin seyn, denn Chirurgie übt er noch, indem er dem gestürzten Officier (6) eine ganze Flasche Wein auf den kahlen und zerschlagenen Kopf gießt. Beide folgen also selbst hier noch ihren Beruf. Der eine stürzt auf dem Schlachtfeld mit dem Pokal in der Faust, und der andere salbt ihn, doch scheinen beide diesesmal wenig von ihrem Beruf zu wissen. Der Leser wird bemerkt haben, daß die Facultäten immer etwas mehr mitgemacht haben, wenigstens es stärker empfinden, je weiter sie sich von der theologischen entfernen. N. 4 behauptet ihre ganze Würde, Nr. 3 äugelt nur etwas und sieht mehr einem schlauen Fuchs ähnlich als einem Betrunkenen, Nr. 5 ist würklich sehr betrunken. (6) liegt gar unter dem Tisch.

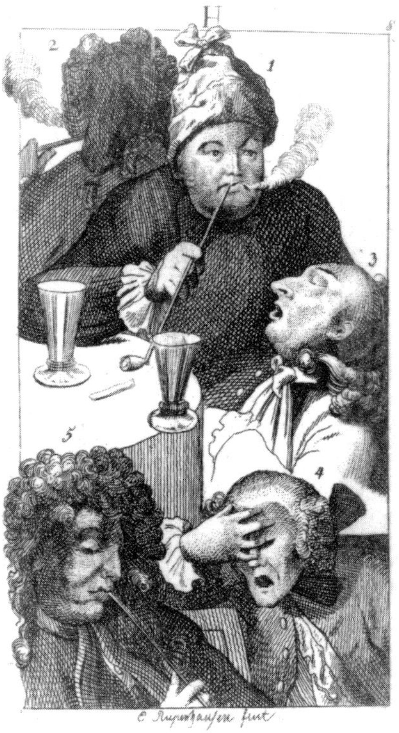

H.

Nach diesem Gesetz des Fortgangs sollte man fast vermuthen Nr. 4 auf diesem Blatt falle zwischen 5 und 6 des Blatts G und sey die Philosophie. Es ist ein ziemlich alter Passagier, der sich aber immer nach der Mode kleidet, er trägt sogar einen Haarbeutel. Vielleicht ist es ein Franzoß, und da wäre der Einfall nicht übel, die Philosophie, wenigstens eine gewisse, unter der Figur eines französischen HofAtheisten vorzustellen. Wäre hier der Ort dazu, so ließe sich aus diesem Blatt vieles über diese weitläuftige

Facultät sagen, an das Hogarth nie gedacht hat. Nr. 1 ist offenbar der nüchternste in der ganzen Gesellschaft. Er denkt weiter als auf das gegenwärtige, daher hat er eine warme Mütze aufgesezt, selbst die Klappe seines Rocks ist übergeschlagen und zugeknüpft. Mit seinen Gedanken ist er nicht in der Gesellschaft, die Erklärer halten ihn auch alle für einen calculirenden und speculirenden Kaufmann. Auch die große Perucke (2) scheint zu meditiren, hat sich daher von dem Geräusch entfernt und sizt mit der Nase gegen die Wand. Diese Gruppe von (1) und (2) erhält sehr viel drolligtes, wenn man bedenkt, daß sich beide zuweilen vielleicht mit einander unterreden, daß einer des andern Stuhllehne ist, und der eine mit dem Gesicht gegen die Wand sizt. (3) hat sehr viel Apathie, er schläft sorglos und weiß nicht, daß vor ihm ein Glas mit Wein halb auf dem Tisch und halb in freier Luft steht, das sich ihm bey der geringsten Bewegung grade in die Hosen ergiessen kann. Ueberhaupt balançiren diese Leute ihr Handwerkszeug zum Theil besser als sich selbst. An der andern Seite des Tisches steht ebenfalls eine Pfeife mit dem Kopf in die Luft hinaus, so daß sie sich unmöglich halten könnte, wenn sich nicht eine leere Bouteille, die selbst etwas übersteht, von ohngefähr auf sie gelegt hätte. (5) ist offenbar die Politik; zwey politische Blätter von entgegengesezten Partheien *the Craftsman* und *the London Journal* sehen ihm aus der Tasche. Er macht bey sehr ernsthafter Miene das Projekt, seine Pfeiffe mit einem Licht anzustecken, steckt aber, des großen Ernstes ungeachtet, seine Manschette damit an, die über 3 vierthel Fuß von der Pfeife entfernt ist, und saugt als ob die Pfeife brennte. Das Ameublement hat wenig sonderbares. So viele angefüllte Köpfe setzen eine Menge leerer Bouteillen voraus, und damit ist alles reichlich belegt und besezt. Auch eine Urne der Cloacina, nicht viel kleiner als der Punsch-Bowl ziert das Zimmer und hat bereits angefangen es zu überströhmen. Auch sieht man an der Erde CitronenSchaalen, und Fragmente von Pfeiffen, die man doch falsch balancirt haben muste. Auf dem Tisch liegt ein Zettel mit der Aufschrift *Freeman's best.* Vermuthlich ist es ein Stück von einem TabacksPacketchen *Freemanni optimum subter solem*; da aber Hogarth gewöhnlich mit einer Klappe zwey und mehr Fliegen schlägt, so könnte es gar wohl zugleich eine kleine Parentation auf den übel balançirten Officier seyn, vor dessen Platz der Zettul liegt, und da hieße es denn: bestes Prärogativ freigeborner Britten. Ueberhaupt zeigt es sehr von Engländischer Melancholie, daß sie einen so wackern Trinker ohne Umstände hinstürzen lassen, ohne irgend einen Lärm, als den, den er und sein Stuhl und sein zerbrochener Pokal selbst gemacht haben: wäre bey einem deutschen Gelag ein Held so gefallen, die halbe Gesellschaft hätte sicherlich ein *Requiem* über ihn angestimmt.

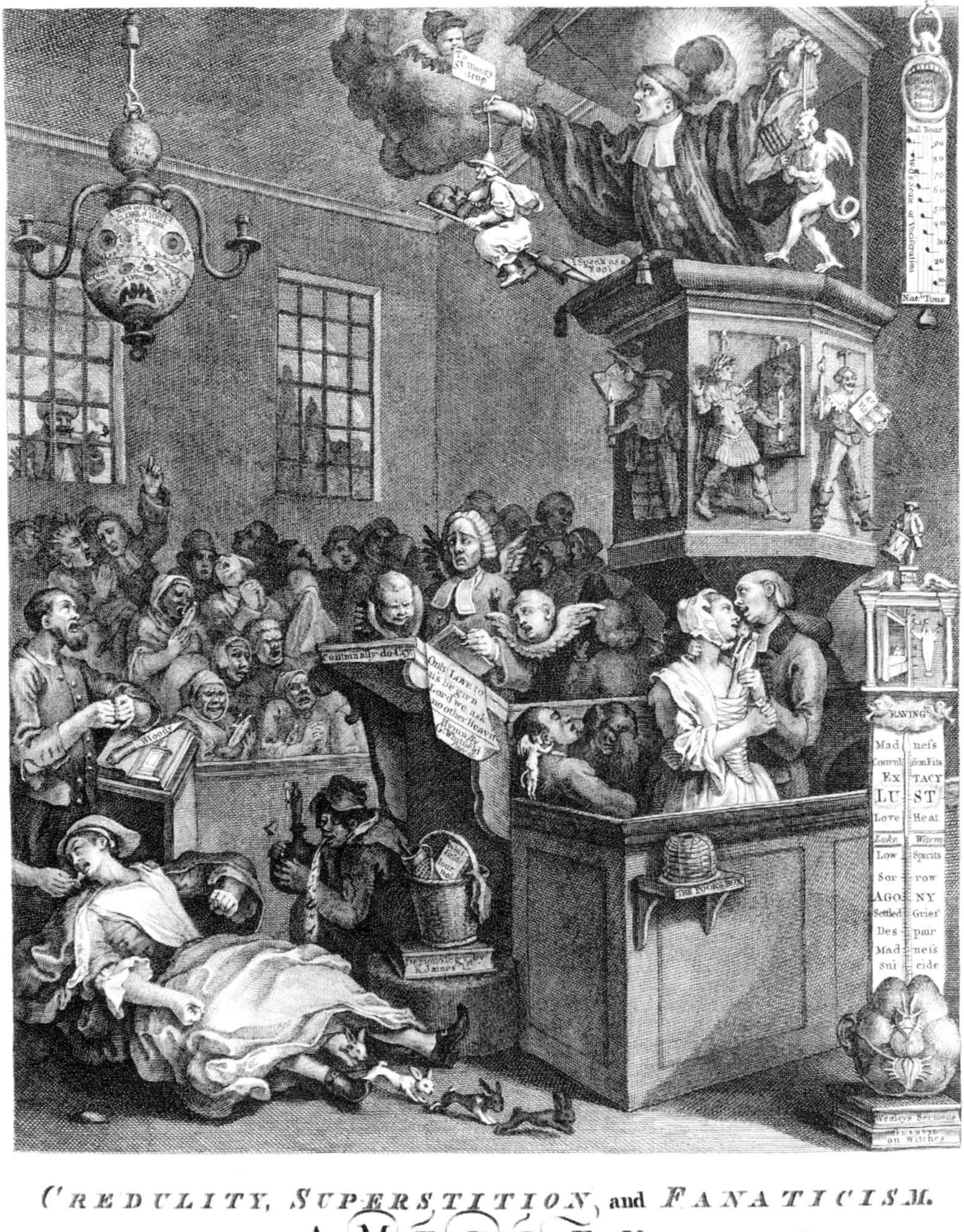

CREDULITY, SUPERSTITION, and FANATICISM.

A MEDLEY.

Believe not every Spirit but try the Spirits whether they are of God: because many false Prophets are gone out into the World.

1 John. Ch. 4 V. 1.

Design'd and Engrav'd by W.m Hogarth. *Publish'd as the Act directs March y.e 15.th 1762.*

LEICHTGLÄUBIGKEIT, ABERGLAUBEN UND FANATISMUS. EINE GEMISCHTE GESELLSCHAFT. MIT DER UNTERSCHRIFT AUS I. JOH. IV. CAP. V.I. VON W. HOGARTH.

Herr Walpole sagt von diesem Blatt unsers großen Künstlers, daß es an tiefer und nützlicher Satire, das größte sey, was sein Griffel je hervorgebracht habe. Wenn auch dieses Lob etwas übertrieben seyn sollte, so scheint es denn doch, daß es unter allen Hogarthischen Blättern dasjenige ist, welches am ersten verdiente (wenigstens in dieser betrübten Zeit) unter jede Haustafel gestochen zu werden. Der Anblick erweckt Schauder und Entsetzen, und doch ist hier alles wahr. Ja manches paßt so sehr auf unsere Zeiten und uns, die doch Hogarth nicht kannte, daß der Leser, der die hier beygebrachten Kupferstiche nicht gern in diesem flüchtigen Taschen-Calender sieht, sie füglich zu einigen Abhandlungen in der bleibenden Berliner Monatsschrift als Erläuterungen kan beybinden lassen. Es war so und ist so, und – – wird so bleiben; dieses vermehrt den Schauder und das Entsetzen. Der Jammer ist nur, daß solche Augen als hier vorgestellt sind, nicht mehr sehen, und solche Ohren nicht mehr hören, was zu ihrem Frieden dient; allein vielleicht ist es so mit aller Satyre, mehr zur Warnung für die die draußen als zur Besserung derer, die drinnen sind.

Man glaubt Hogarth habe durch dieses Blatt die Methodisten lächerlich, oder wohl noch mehr, verabscheuungswürdig machen wollen; und freylich sieht man hier die Namen Whitfield's und Westley's*, welches die Muthmaßung rechtfertigt. In wie weit aber alsdann die Satyre gerecht oder ungerecht wäre, zu entscheiden, ist hier der Ort nicht, auch ist es nicht nöthig. Wenn wir nur darin eins sind, daß es solche Thoren und Betrüger, als das Blatt darstellet, überall giebt, und daß sie sich täglich mehr ausbreiten, so kan es uns gleichgültig seyn, zu wissen wie sie heißen, und welche Secte die meisten liefert.

Der Schauplatz ist ein Tabernakel, und hier sehr gut gewählt. Wenn jeder Gesellschaft und jedem Versammlungssaal diesseits der Thüre des

* Ersterer ist der Stifter der Methodistischen Secte, und der letztere sein Nachfolger im Amt, der aber doch vom ersteren in einigen Stücken abweicht. Westley lebt noch jetzt in einem sehr hohen Alter. Was auch von den Anhängern dieser Männer Böses und mit Grund gesagt werden mag, so trifft doch das wenigste darunter sie selbst.

Tollhauses etwas ähnliches jenseits correspondirt, so hat auch das Tollhaus sein Tabernakel; und thörigte Leichtgläubigkeit und Aberglauben halten sich alsdann gewöhnlich zu dem Zimmer, worin die Kanzel steht. Religion so wie die Liebe, erhält sich auch noch in jenen Gewölben des bürgerlichen Todes am längsten.

Zu den auf diesem Blatt vorgestellten Thorheiten und Ausschweifungen liefert freylich London allein mehr Beyspiele als ganze Gegenden andrer Länder, nicht eben immer zum Beweis besondrer Vorzüge der letzteren. Ewiges Branteweintrinken, Tabackrauchen, Cartoffelbäuche, dumpfige Stuben und ein zwölfstündiges Federbad in jeder Nacht wiederholt, thun oft Wunder hierin, und wenn sie auch Tugend nicht befördern, so machen sie doch öfters zu Ausschweifungen unfähig, und das ist immer Etwas. Manche Leute werden vor lauter Kränklichkeit nicht krank, und wer keine Vernunft mitbringt, hat wenigstens keine zu verlieren. In Berlin ist das Volk abergläubischer als in Wien. Ich zweifle ob in letzterer Stadt Rosenfeldt viel zu entsiegeln oder der Mond-Doctor viel Patienten würde bekommen haben. Von dem systematischen Aberglauben, der an manchen Orten von den Kanzeln gelehrt wird, und von den Wundern heiligen Schnitzwerks und heiliger Weißbinderarbeit rede ich nicht. Der Erklärer dieser Blätter war daher einmal willens, den Berlinischen Pöbel gegen einige Angriffe die auf ihn geschehen sind, zu vertheidigen, nicht seinen Aberglauben, sondern das, was ihn dazu fähig macht. Der Aberglaube des römischen Volks hing wohl gewiß mit seinem Edelmuth zusammen, und das Londonsche welches von dem übrigen Europa so sehr bewundert wird, ist das Volk, das sich im April 1750, als ein elender Kerl von der Garde der Stadt den Untergang weissagte, zu Tausenden davon machte, und zu Hunderten auf den Heerstraßen in Kutschen schlief. Es ist ein bekanntes Histörchen, daß ein Kerl, dem sein Bettcamerad sagte er solle aufstehen, der jüngste Tag sey da, denselben kaltblütig fragte, ob man schon posaune, vermuthlich, weil er sich noch einmal auf das andere Ohr legen wollte. Diese Rede ließe sich keinem Engländer andichten, plattdeutsch wird sie auf einmal natürlich wahrscheinlich: posuhnet se all?

Blatt A.

A

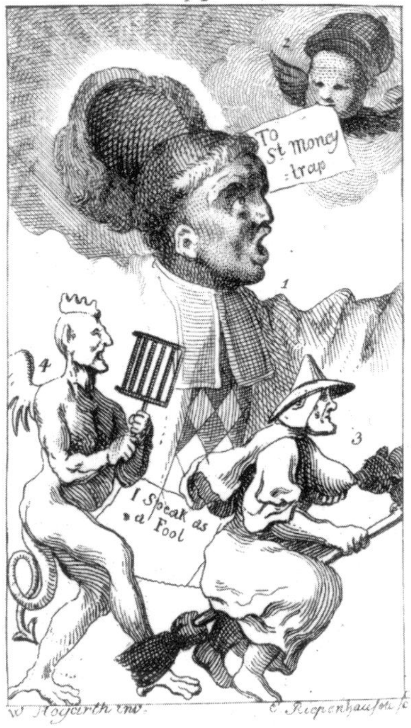

Hier ist der selige Gaßner völlig (1), nur heißt er hier St. Moneytrap (St. Geldfang), wie man aus einem Brief sieht, den er so eben durch einen Expressen vom Himmel und zwar franco bekömmt. Ein keiner Cherub (2), der sich mit einer Postillionsmütze versehen hat, apportirt ihn, in Ermangelung der Hände, mit dem Munde. St. Geldfang scheint irgend etwas auf die Versammlung zu canoniren, vermuthlich Fluch oder Weissagung. Der Donner muß heftig seyn, denn wirlich ist das Schallbrett, der Resonanzboden der Kanzel, so davon gesprungen, daß man mit einer Hand hinein kan. In der linken Hand hält er den Teufel (4) und in der Rechten wo ich nicht irre, seine Großmutter (3), oder doch jemand aus der Familie, wie man aus dem gemeinschaftlichen Schnitt des Unterkinns, und aus einer gewissen Bonhommie sieht, die um beyder Lippen schwebt. Ersterer hat den Rost in der Hand, worauf bekanntlich die Seelen gebraten werden, und letztere reitet auf einem Besen zugleich mit einer schwarzen Familienkatze, welcher sie indessen die Brust reicht. Beydes sind, wie es scheint, geschnitzte Bilder, die St. Geldfang an Schnüren hält, und aus seiner geistlichen Gewehrkammer gerade für heute mit auf die Kanzel genommen hat, zur Beförderung der – reinen Lehre. Im Eifer stürzt ihm die protestantische Pastorenperücke vom Kopf, und reißt zugleich den heiligen Schein mit sich fort, und hier geschieht ein Wunder: der vermeintliche Protestant steht in völliger Tonsur da. (S. Hrn. Nicolais Reisen und die Berl. Monatsschrift.) Auch fährt der Chor-Rock vornen auseinander, und da bekömmt man noch etwas zu sehen, nemlich den Harlekin*. Was würde man nicht noch mehr zu sehen bekommen, wenn es nicht die Kanzel bedeckte! An der Kanzel hängt noch mehr geistliches Schnitzwerk, nemlich 3 Gespenster-Geschichten; eine von einer gewissen Frau Veal, welche in der Vorrede zur engl. Uebersetzung von Drelincourt über den Tod erzählt stehen soll; die zweyte Cäsars Geist mit den Dolchen in der Brust, und die dritte von Sir George Villars, Vaters des Herzogs von Buckingham, der von einem gewissen Felton zu Portsmuth ermordet wurde. Man sagt nemlich, er sey einem seiner Bedienten erschienen, und habe ihm von der Verschwörung Nachricht gegeben, man habe aber nicht darauf geachtet. Vor dem Priester liegt ein auch hier abgebildetes Blatt, mit den Worten: *I speak as a fool,* (ich rede als ein Thor) und dieses wollen wir ihm gerne auf sein Wort glauben, und weiter gehen.

* Es wird nicht sowohl auf den Harlekin der Farce, als den der Pantomime angespielt, der bekanntlich sich in Alles verwandelt, um nur seinen Zweck zu erreichen.

B

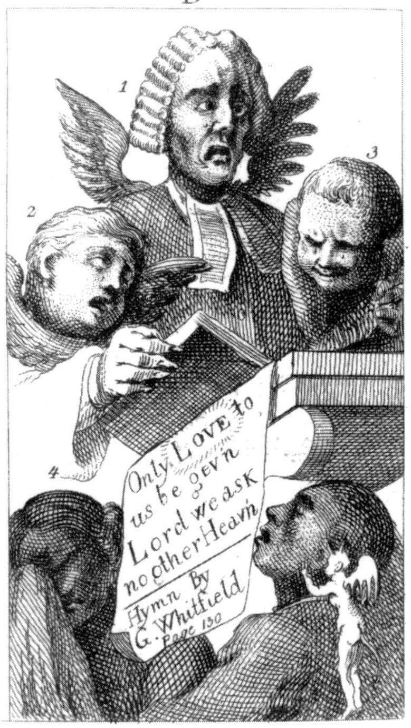

B.

(1) Ist der Küster des St. Goldfang, er steht unter der Kanzel um Amen! zu sagen. Ein rechtes Sinnbild des Fanatismus, mit Flügeln und Krallen. Er weint, so wie die Cherubim ihm zur Seite, und eine untere Figur. Auf dem Pult stehen im Original die Worte: *continually do cry:* Wir weinen ewiglich. Ueberhaupt wird hier viel geweint, eigentlich über das stinkende Ich, wie das Kunstwort heißt. Das herabhängende Blatt enthält eine Stelle aus Whitfields Hymnen, ohngefähr folgenden Inhalts:

> Wir flehn, giebst du uns Lieb', o Herr!
> Um weiter keinen Himmel mehr.

Der Leser bemerke die Glorie um das Wort Liebe, sie hat ihre Bedeutung, wie wir auf dem folgenden Blatt finden werden. Unten im Winkel ist einer eingeschlafen, dieses macht sich ein kleiner wohlgewachsener Souffleur mit Schwanz und Hörnern (ein netter *diable de poche*) zu Nutz, ihm privatissime einige seiner kleinen Grundsätze der Moral, auf den Zähen stehend, zuzuflüstern.

C.

Hier fällt linker Hand das Thermometer der Schwärmerey in die Augen. Die Kugel desselben ist ein menschliches Gehirn, welches Trusler, der sonst dieses Blatt umständlicher und besser erklärt als irgend eines, mit eben so schlechter Kenntniß der Physiologie als der Quelle der religiösen Schwärmerey, für ein Herz hält. Es stehet auf Westleys Predigten, und Glanvils Tractat von Hexen, vermuthlich um den Siedpunkt zu bestimmen. Am Gehirn hängt nur noch Ein Ohr, das andere vielleicht an irgend einer Pillori. Die Punkte, die auf der Scale angegeben sind, sind von der Kugel aufwärts gezählt; Selbstmord, Tollheit, Verzweiflung, fixes Herzensweh, Todeskampf, Kummer, Niedergeschlagenheit, Laulicht, hier ist die mittlere Temperatur; nun wirds plötzlich heißer: Liebesgluth, Fleischeslust (mit einer Glorie) Entzücken, Zuckungen, Tollheit (über der mittlern Temperatur, vorher hatten wir sie drunter) und endlich der Rase-Punkt auf einem Wölkchen angegeben, aus welchem ein Paar Cherubim in ihre Trompetchen stoßen. Hogarth muß keine sonderliche Idee von diesen Geschöpfen Morgenländischer Phantasie gehabt haben. Aus der Glorie um den Lustpunkt hier, die wir vorher um das Wort Liebe gesehen haben, läßt sich, wie Trusler ganz richtig bemerkt, schließen, daß Hogarth habe andeuten wollen, diese Leute halten jene Liebe im Liede mit dem Siedpunkt der Wollust auf dieser Scale für einerley. Oben über dem Thermometer, ist wie ein Savoyarden-Hygrometer zwischen zwey Säulchen, die Geschichte des Gespensts von Cockläne* angebracht. Dieses Gespenst machte um das Jahr 1762 sehr viel Aufsehen. Ein Mädchen von 12 Jahren sagte nemlich, sie würde, wo sie auch schliefe, beständig von einem Geist gequält, der an dem Getäfel entweder krazte oder pochte. Der Geist hier linker Hand ist nach Art einer Mumie vorgestellt, dergleichen auf diesem Blatt noch mehrere vorkommen, in der linken hält er den Hammer, womit er klopft, und in der Rechten das Instrument womit er krazt. Der Glaube an dieses elende Mährchen nahm sehr überhand, und es sollen sich, zumal in den beyden obern Facultäten, Männer von ihm haben einnehmen lassen, hinter denen man so etwas nicht hätte suchen sollen. So sagt man. Allein grade bey diesen, sollte ich denken, ist der Beyfall zu suchen, vorausgesetzt, daß ihnen das Licht wahrer Philosophie und wahrer Naturkenntniß nicht vorleuchtet. Sie werden meistens schon auf Schulen und Universitäten gewöhnt, Dinge ohne Untersuchung zu glauben, wogegen das Gespenst von Cockläne bloße Kleinigkeiten sind. Der Imperator und die Tradition sind wahre Tyrannen für den, der außer ihnen weiter nichts kennt. Das ganze Thermometer-Bret wird durch einen kleinen Trommelschläger gekrönt, der auf einem Postament mit Flügeln (wieder die Cherubim) steht. Auf dem Postament steht der Name *Tedworth*. Auch dieses ist ein Gespenst, von dem sich wahrscheinlich das bekannte Lustspiel Addisons, das Gespenst mit der Trommel herschreibt. Auch dieses hat viele hingerissen. Die Geschichte ereignete sich schon im Jahr 1661, da zu Tedworth in Wiltshire ein Windbeutel mit einer Trommel unter allerley Vorwand, wie der Ratzenfänger zu Hameln, mit einem falschen Paß, umherzog, und vermuthlich wie letzterer aus andern Absichten als Ratzen zu fangen, oder andern als zu werben, wenigstens nicht für den König. Ein gewisser Friedensrichter, Namens Mompesson fand den Betrug aus, steckte den Kerl ein, nahm ihm die Trommel, und verwies ihn des Landes; unglücklicher Weise nahm er die Trommel ins Haus, diese trommelte nun in der Mitternachtstunde beständig, so daß es noch zu Hogarths Zeiten wiederhallte.

C

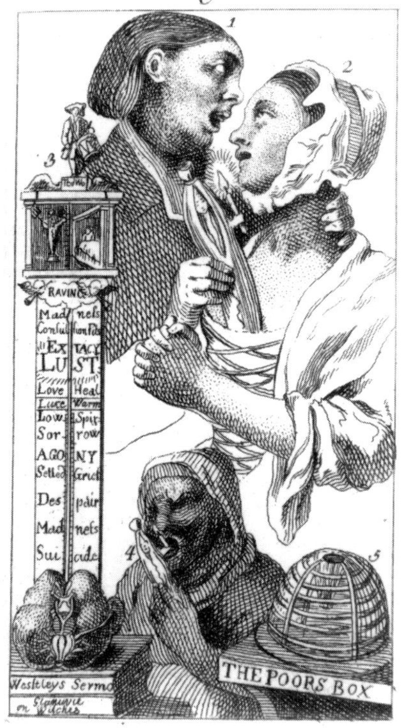

Die beyden Figuren (1) und (2) auf diesem Blatt finden sich mitten in der Wildniß religiöser Schwärmerey auf dem Pfade der Natur, der immer noch durch jene hinläuft, unvermuthet zusammen; in ihren Augen lassen sich selbst durch alles das Gespenster-Unwesen und die Verwir-

* Ein Gäßchen in London, in der Gegend von Smithfield.

rung die St. Geldfangs Donner in ihnen gestiftet haben mag, die kräftigeren Spückereyen der kleinen blinden heidnischen Gottheit nicht verkennen, die das Herz des Mädchens bereits überrumpelt zu haben scheint, noch ehe das Gespenst von Cockläne, das ihr hier mit dem Lichtchen in den Busen gesteckt wird, die Belagerung anfängt. Von 4 Händen, die hier bey diesem Paar erscheinen, sind, jetzt wenigstens, blos noch zwey ganz unschuldig. Was den Erklärer dieser Blätter hier vorzüglich aufmerksam gemacht hat, ist das weiche, gestreckte Haar des armen Sünders hinter die Ohren gestrichen. O! er hat dieses so oft gesehen, bey Köpfen die der Kühlung von innen bedurften, daß dieser Zug einer von denen war, die ihn zuerst auf Hogarths Shakespearisch-triebmäßige Beobachtung aufmerksam gemacht haben. Schade, daß die Haare hinten aufgesteckt sind; doch der Mann ist noch jung und also vielleicht ein heiliger Stutzer. Der Leser, der noch nicht Erfahrung hat, bemerke ja das weiche gestreckte Haar hinter die Ohren gestrichen. Es wird ihn nie trügen. Der Krauskopf schwärmt selten, das schlanke Haar nimmt jede Frisur an, zumal wenn die rechten Brenneisen daran kommen.

Unten (4) sitzt wieder eine abscheuliche Figur, mit dem Gespenst vor dem Munde; sie hält das Lichtchen vor die Oeffnung; so will es das innere Licht. (5) Ist ein Model zu einer Spaarbüchse, die man allen Armen- und Werkhäusern empfehlen kan. Denn einmal fällt das Geld so leicht hinein, als in jede andere, aber aus keiner fällt es bey dem geringsten Ruck wieder so leicht heraus. Kan auch als Mäusefalle gebraucht werden, lauter Eigenschaften, die sie von der einen Seite den Armen selbst, und von der andern ihren Vorstehern empfehlen.

D.

Die Geschichte (1) hat mehr Geistesverwirrung verursacht, als irgend eine der vorhergehenden. Das Mensch, das da auf der Erde liegt, heist Mary Toffts aus Godalmin, welches man wegen des Glaubens, den sie da fand, nachher in Godliman anagrammatisirt hat; es soll so viel heißen, als die Gerechten oder die Gläubigen. Sie gab vor, sie hätte Quadrillinge von Caninchen geboren. Sie erblicken hier das Licht der Welt im vollen Gallop. Ihre Farbe würde Hr. Hencke zu Hildesheim anzugeben wissen, wenn uns die Farbe der Unterröcke der Dame bekannt wäre. Sie kommen da hervor wie auf Subscription. Der Betrug wurde mit so vieler Kunst gespielt, daß ein gewisser *Dr. St. André*, ein Mann, der selbst am Hofe beliebt war, und noch nachher beliebt blieb, das Opfer der Geschichte wurde. Er wurde völlig betrogen. Sie heißt bey den englischen Ammen *the rabit woman* (die Caninchen-Heckerinn), und ist nunmehr in die Mythologie der Ammenstuben förmlich recipirt. Sie liegt, wie man sieht, in Convulsionen, sogar das Liqueurglas, das ihr eine Hand reicht, hat sie abgebissen. Mit St. André und dieser Dame ließe sich ein ganzer Artickel füllen. Der Erklärer hat alles in Händen, was dazu gehört diese Scene auszumahlen; allein die gegenwärtige Leinwand verträgt die Farben nicht, womit es geschehen müßte. (2) Ist bekannt. Ein Schuhputzer-Mensch, die gebogne Stecknadeln, Schuster-Zwecke und Stücke Hufeisen speyt. Aus einem Versehen der Zeit mehr als des Kupferstechers, hat sie Whitfields Journal im Korbe hinter sich. Es sollte eigentlich das Wochenblatt von Glarus seyn. – Es war so, und wird so bleiben. – In der Hand hält sie eine Bouteille, von welcher der Kork abfliegt, und sogleich erscheint der in die Bouteille gebannte Geist mit seinem Lichtchen. Man bannte ehemals die Geister in Bouteillen mit gährender Materie angefüllt, und es konnte so an Erscheinungen nicht fehlen. So spükt noch jetzt der Champagner in Gesellschaften. Priestley hat über diese Dämonologie geschrieben. Unsere ruchlosen Zeiten heißen diese Geister Luftsäure, und erlauben ihnen aber doch noch einige Verwandschaft mit dem, der in der Luft herrscht.

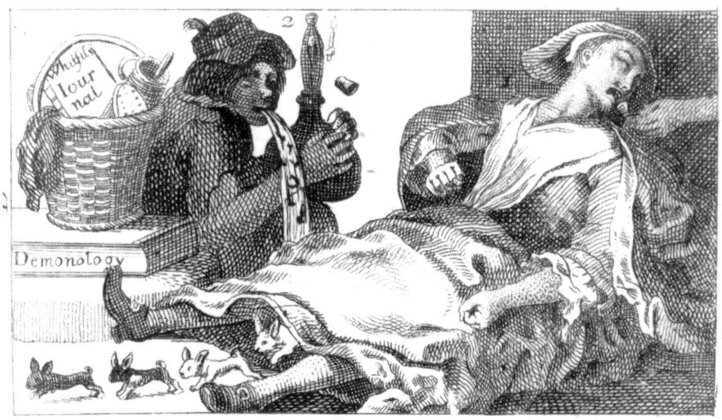

E

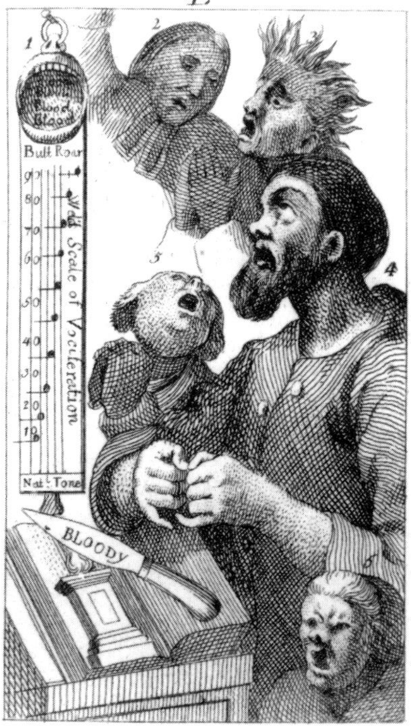

E.

Ein fürchterliches Blatt. (1) das Sonometer des Predigereindrucks hängt an dem offnen Rachen und der Nase eines etwas weit in dieser Gegend gespaltenen Menschen, der Ring ist drollicht durch das eine Nasenloch gezogen, im Rachen steht, Blut! Blut! Blut! Blut! Entsetzlich! Der höchste Punkt ist *the bulls roar*, der Brüllpunkt. Im Original hängt das Instrument hinter der Kanzel; an der Seite herunter stehen die Worte: *Whitfields Stimmleiter.* (2) Ist ein umherziehender methodistischer Prädicant, vielleicht ein Schuster, der einem andern (3) noch nicht eingeweihten Schuster, die Hölle im eigentlichen Verstand heiß macht. Die Haare des letztern sind vor Schrecken starr und wie papillotirt. Der erstere weißt dabey auf einen Kronleuchter hinauf, der das Schrecklichste auf dem ganzen Blatte, aber hier nicht vorgestellt ist. Im Tabernakel hängt nemlich ein Globus, zu einem gräßlichen Gesicht formirt, mit Augen, Nase und Rachen, wovon jedes ein Clima einnimmt. (Eigentlich die Hölle.) Man muß sich der Schrecken der Decembernächte seiner Jugend ziemlich zu entwöhnen gewußt haben, um sich hier nicht selbst im Alter noch zu entsetzen. Hier ist der geschmolzene Bleypfuhl, die Schwefelsee und der Bodenlose Abgrund. Unter der Nase fließt Pech und Schwefel. Wie ein Schnurrbart stehen um den Rachen herum die Worte: Schlund der ewigen Verdammniß. Unter dem Aequator ist die *Zona horrida*; außerdem giebt es da Schwefeloceane und unbekannte Gegenden, auf deren Gehalt sich aus dem bereits bekannten schließen läßt. Ein gewisser Whitfieldianer, ein Geistlicher, Namens Romaine, soll sich die Hölle so gedacht haben. – Als wenn er da gewesen wäre! – Die beyden (5) und (6) sind verständlich; sie gehören zu den Cherubim, die, wie der Ausdruck heißt, ihr stinkendes Ich beweinen. Eine kurze Betrachtung verdient noch der Rabbine (4). Er steht da vor dem bloßen Gemälde eines Altars, worauf mit der Aufschrift: blutig, das Opfer- oder Toleranz-Messer liegt. Er ist, so viel man sehen kan, ohne Hemd, und knickt etwas zwischen den Nägeln der beyden Daumen, ich weiß nicht eigentlich, was. Indessen leuchtet doch im Ganzen die große Wahrheit der Schilderung ein; denn seitdem die Juden haben aufhören müssen, den Himmel mit Roast-Beef zu tractiren, so finden ihre Priester, leider! nur zu oft mehr Gelegenheit zu knicken, als zu schächen, und das hat Hogarth vermuthlich sagen wollen.

Außerhalb dieses Tabernakels, jenseit eines Gitterfensters, steht ein Türke, der seine Pfeife raucht, und über den Unsinn innerhalb lächelt. Ich kann nicht läugnen, daß mich diese Posse immer geschmerzt hat. Hogarth hat sicherlich hiermit seinen Unverstand verrathen, sie ist aber ihm, als einem launichten Kupferstecher sehr verzeihlich, denn, ohne durch mein Urtheil den zum Theil vortrefflichen Lehren Mahomets, die aber nicht befolgt werden, zu nahe treten zu wollen, so ist wohl das Türkische Volk, so wie es jetzt ist, das nichtswürdigste auf Gottes Erdboden.

Nun noch ein Paar zerstreute Anmerkungen: das Schuhputzermensch (2) Blatt D), hat ihr Geräthe auf eine Dämonologie gesetzt; im Original steht des Verfassers Name, König Jacobs I. noch mit dabey. Ich erwähne dieses Umstandes nur, um allem übeln Urtheil von jenem König vorzubeugen. Wer hieraus schließen wollte, Jacob I. sey ein Schwärmer gewesen, würde sehr irren. Die Zeiten brachten es mit sich. Vergleicht man seine Schrift mit diesen, so sinkt sie zu der Classe ganz kühler wohlgemeinter Werke herab, die gewisse Vorurtheile ernstlich vortragen, welche in manchen Ländern die Religion geheiligt hat.

Obgleich die hier vorgestellten Rasereyen nicht alle einerley Art sind, und in diesem Tempel von der Fackel der Aufklärung blos der Ruß und ein Paar Pechflecken anzutreffen sind, so herrscht doch ziemlich viel Toleranz in derselben. Vielleicht hat Hogarth (wenn er anders etwas dabey gedacht hat) damit sagen wollen, was mir zuweilen einfällt: Menschen, die von mir in meinen Haupt- und Lieblings-Meinungen differiren, ganz gleichgültig, oder gar so anzusehen, wie die, die mit mir eins sind, dazu gehört entweder mehr rasende Unempfindlichkeit als man dem menschlichen Geschlecht je wünschen, oder mehr Weisheit als man je von ihm hoffen kann.

AN ELECTION ENTERTAINMENT Plate I

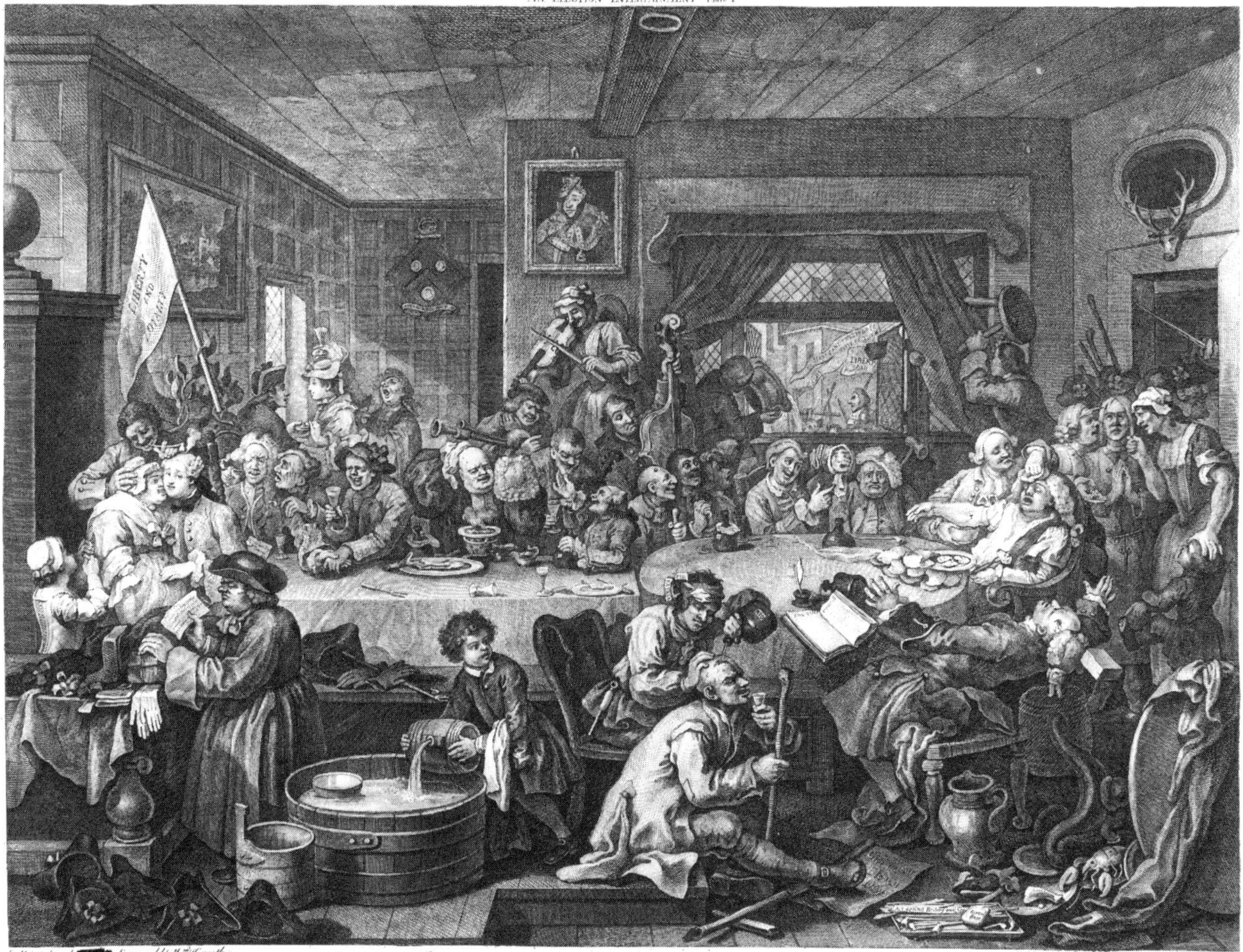

Painted and [redacted] Engraved by W.m Hogarth.

Published 24. Feb.ry 1755. as the Act directs

To the Right Honourable Henry Fox &c. &c. &c. This Plate is humbly Inscribed by his most Obedient Humble Serv.t W.m Hogarth

EIN WAHLSCHMAUS.

(*ELECTION – ENTERTAINMENT.*)

Ein vortreffliches Blatt, mit mehr als 3 Dutzenden von Gesichtern, wovon keines mit dem andern auch nur entfernte Aehnlichkeit hat, und so voll eignen Ausdrucks ist, daß man sich, wenn man das Ganze ansiehet, unter lebendigen Menschen zu befinden glaubt. Es stellt einen Schmaus vor, den ein Herr, der sich Hofnung macht zum Parlaments Mitglied gewählt zu werden, den Leuten giebt, deren Stimmen er zum Theil schon fixirt hat, oder noch hier zu fixiren gedenkt. Die meisten darunter sind gewöhnlich schon mit Geld halb gewonnen worden; hier geschieht nun, damit sie sich nicht etwa wieder besinnen, die zweyte Attake auf Kopf und Magen. Wo man nur hinsieht, entdeckt man hierzu Ammunition im Ueberfluß, Burgunder- und Champagner-Bouteillen überall, und zum Theil Physiognomien gegenüber, die offenbar elender Fusel gebildet hat. Rack in Fässern wird in öhmichte Bütten zum Punsch ausgeleert, um allenfalls, wenn ja irgend noch eine Bedenklichkeit den Rausch ausdauerte, den Zweifel mit samt dem Zweifler darin zu ersäufen. Um unsern Lesern, die noch nicht wissen, wie weit sich bey dergleichen Wahlen die Verschwendung erstreckt, einen Begriff davon zu geben, so will ich nur Ein Beyspiel anführen; aber von einer Authenticität, die der gewissenhafteste Geschichtschreiber nicht größer verlangen könnte. Ich habe nemlich einen gedruckten Auszug aus einer Rede vor mir, die der jetzige Graf Stanhope, der, noch zur Zeit, als der Lord Mahon bekannter ist, am 29 Junii dieses Jahrs (1786) im Parlament gehalten hat. Bekanntlich hat dieser vortreffliche Kopf sich schon seit einiger Zeit damit beschäftigt, die Misbräuche bey Parlements-Wahlen abzustellen. In dieser Rede sagt er: daß ihn der verstorbene Sir Charles Turner versichert habe, einer seiner Verwandten habe drey strittige Wahlen (*contested elections*) für die Grafschaft York glücklich durchgesetzt, allein die Rechnungen, die nach diesen Siegen eingereicht wurden, (nemlich für klingende, fließende und dampfende Ammunition, die dabey verschossen worden,) beliefen sich auf mehr als eine halbe Million Thaler (*upwards of one hundred thousand pounds*). Sir Charles konnte dieses am besten wissen; denn er fügte hinzu: um grade so viel sey er ärmer geworden; hat also vermuthlich die Summe ohne Hoffnung einer Wiedererstattung vorgeschossen. – Im Vorbeygehen merke ich nur an, was für ein steifes unbiegsames Ding der menschliche Wille ist, und was für Aufwand es erfordert ihn da zu lenken, wo der wohlfeile Weg der logischen Ueberzeugung nicht eingeschlagen werden kann.

F.

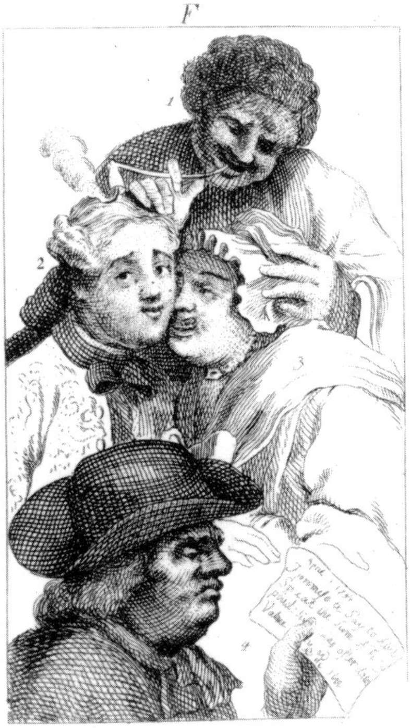

(2) Ist der Candidat, der gerne gewählt wäre. Candidaten heißen bey dieser Gelegenheit Leute, die Tausende wegwerfen, um ihrem Vaterlande für nichts zu dienen, also sehr verschieden von unsern Candidaten, die, wenn sie je etwas wegwerfen, es immer nach der Seite thun, von der es wieder zehnfach zurückkehrt. Schon dieses macht die Nation ehrwürdig. Sie erkaufen mit Tausenden die Ehre im Rath zu sitzen, das heißt: ein oft unbemerkter Tropfen in dem Strohm zu seyn, durch den dem Lande Wohlseyn zufließt. Schon die unmerkliche Theilnehmung begeistert, was mag die Direction nicht thun? Der junge Herr läßt sich hier alles auf seine eigne Kosten gefallen, und wie man sieht, sogar von dieser Schmalztonne von Weibe (3). Leider muß oft die Nation nachher sieben Jahre hindurch entgelten, was hier ein Paar Minuten erlitten wird. Sie umarmt ihren Repräsentanten und küßt ihn. – Und küßt ihn! – Es giebt Erklärer dieser schon auf unserm Blatt verdächtig erscheinenden Scene, die noch von mehrerem sprechen. – Der arme Teufel leidet manches, das wir ihm, weil es des Vaterlands wegen geschieht, hingehen lassen, aber doch auch des Calenders wegen verschweigen. Die Sache selbst ist wohl außer Zweifel. – Der Contrast zwischen beyden Gesichtern ist herrlich. Ein Meißnisches Milchtöpfchen neben einem Schmalztopf von Steingut, oder ein hetruscisches Thränenfläschchen neben einer Schleifkanne. Aber freylich! welcher Repräsentant! Ein junges Herrchen, das nicht mit Bächen von Punsch traktiren würde, wenn es weiser wäre; zum Glück finden sich anderswo bessere, und er selbst bleibt immer alsdann nichts als ein unbemerkter Tropfen in dem Strohm, durch den dem Lande Wohlseyn zufließt.

Ueber diesem Paar hat sich ein lustiger Passagier gelagert, von dem ich nicht eigentlich sagen kann weß Handwerks er ist, er hält die Pfeife auf des Candidaten Kopf, und sammelt (mehr als er selbst vielleicht weiß,) – im eigentlichen Verstand, Kohlen auf sein Haupt. Den Kerl (4) müßte man ganz sehen. Er verkauft Coquarden, Handschuhe und andere Bestechungsmittel, und ist grade jetzt in der Prüfung eines Wechsels von 300 Thalern begriffen, den ihm vermuthlich das Thränenfläschchen (2) gegeben hat. Da vieles hier auf dieses Mannes Rechnung vorgeht, so kann man sein Gesicht zuweilen wieder nachschlagen.

G.

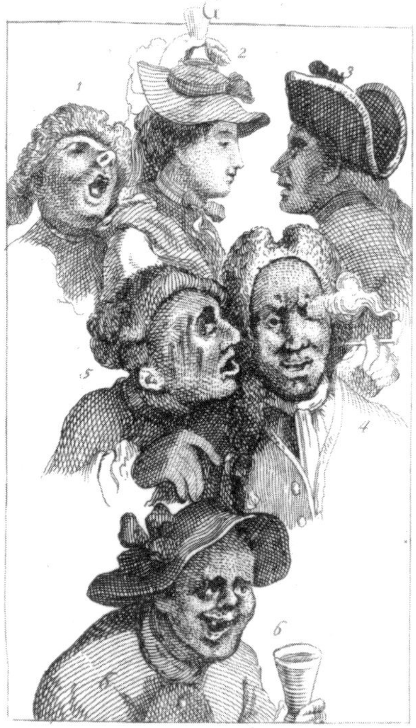

(1), (2), (3) Eine kleine verliebte Scene, zwischen einem Officier und einem Mädchen, dergleichen es überall giebt, wo es so hergeht, wie hier. (1) ist ein Notarius, der mit einem Glas Champagner den Contract besiegelt. (4) Ist ein Agent des Candidaten, im Original für sein Alter sehr galant, und heißt, wie man aus dem Brief sieht, den er in der Hand hält, Sir Commodity Taxem (*Tax them*). Ein Name, den Der übersetzen mag, der in dem Lande lebt, wo sich mit Gewöhnlichkeit der Sache die geschmeidigen Wörter dafür einfinden. Die englische Sprache hat hierin nach und nach die Biegsamkeit für den Ausdruck erhalten, die der Engländer selbst für die Sache hat. So leicht und schön im Englischen *Taxem* klingt, so leicht lassen sich auch die Engländer betaxen. Unser Wort Auflage ist einmal dreysilbig, muß außerdem mit einem *Verbo* construirt werden, das heißt, es ist so unschicklich ein wohlklingendes *Nomen proprium* daraus zu machen, als, bey uns wenigstens, die neuen Auflagen selbst ungewöhnlich sind. Der gute Sir Commodity befindet sich hier sehr incommode, während sein Herr gebrennt wird, so wird er selbst gesengt und geräuchert, und das von einem abscheulichen Kerl (5), der ihm noch überdas mit einem Rachen, aus dem der Wein bereits zurückzutreten anfängt, unter die Nase spricht. Dieses Leiden bemerkt ein Schuhflicker (6), der sich darüber ergötzt, ihm aber auch für diese Herablassung die Hand drückt; doch gehen vielleicht die Schuhflickeraugen auf die Leidensscene des Candidaten deren wir oben gedacht haben.

H.

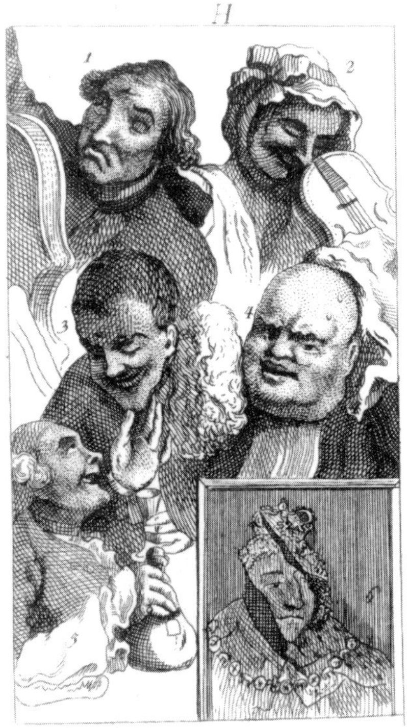

Hier strahlt, wie der volle Mond *inter minora sidera*, (4) der Herr Pastor. Er hat gegessen und getrunken, daß ihm selbst der rasirte Kopf davon raucht. Er nimmt daher die Perücke in die Hand, und wischt sich den Schädel mit dem Schnupftuch. Er ist keiner von hohem Rang, wie ich aus der Perücke zu sehen glaube, die allmählig anfängt, den Mangel selbst zu leiden, den sie verdecken soll. Da bey einem so jungen Candidaten die Gelegenheit so zu schmausen vermuthlich erst nach sieben magern Jahren (so lange steht bekanntlich ein Parlament gewöhnlich) wieder kommen möchte, so nutzt er sie äußerst, und auf eine sich auszeichnende Weise: denn er ist würklich der einzige, der in der ganzen Gesellschaft, die nur noch trinkt, noch allein ißt, und zwar hat er mit leckerhafter Apicischer Vorsicht, ein Feuerbecken vor sich, auf welchem er sich den Rest einer Rehkeule aufwärmt. Zur Rechten steht eine Bouteille

Champagner und zur Linken eine Sauciere. Im Original befindet sich gerade hinter ihm ein Schottischer Sackpfeifer, der hier nicht abgebildet ist, aber mit dem hier abgebildeten (1) und (2) das Trio voll macht. Hogarth, der trotz seines nach ihm nie wieder erreichten Genies, sich in seinen Gesinnungen wenig über den Pöbel oder wenigstens die Classe von Menschen erhob, die man in England John Bull nennt, führt diesen Sackpfeifer auf eine Weise ein, die auch den unpartheyischsten Mann zum Lächeln bringen muß. Der Südliche Britte (John Bull) glaubt nehmlich an eine Nationalkrätze des Nördlichen. Dieser Sackpfeifer also, anstatt auf den Pfeifen zu fingern, läßt diese fortschnarren, und fingert indessen auf andern Stellen, wo Natur und innigeres Gefühl einen andern Ton angeben; accompagnirt also der Violine (2) und dem Baß (1) mit seiner nationalen Krätzegeige. Fürwahr, Mangel an liberaler Erziehung und selbst Nationalhaß würden verehrungswürdig werden, wenn solche Einfälle immer die einzigen Folgen davon wären. Die Scene von (3) und (5) ist nicht minder schön. Hier erkennen sich ein Paar für einander geschaffene; der sitzende betastet das Unterkinn des stehenden, und bewundert dessen Länge, indem er die Länge seines eigenen entweder nicht merkt, oder, welches mir wahrscheinlicher, gutherzig einerkennt, und sich freut einen Bruder gefunden zu haben. (6) ist das Porträt eines Königes an der Wand des Zimmers, dem die lustige Gesellschaft Krone und Kopf abgehauen hat. Hogarth bedient sich dieser Bildersprache, um anzudeuten, daß die hier versammelten nicht von der Hofparthey sind, obgleich der Stutzeranzug des Candidaten sowohl als das bordirte Kleid seines geräucherten Agenten mit eben dieser Sprache deutlich sagen, daß sie in ihrer Wahl nicht sehr genau sind, und würklich, gegen Geld und gute Worte, einen Hofmann wählen, der Ihnen denn auch, eben weil er ein Hofmann ist, solche Bilderstürmereyen gerne verstattet.

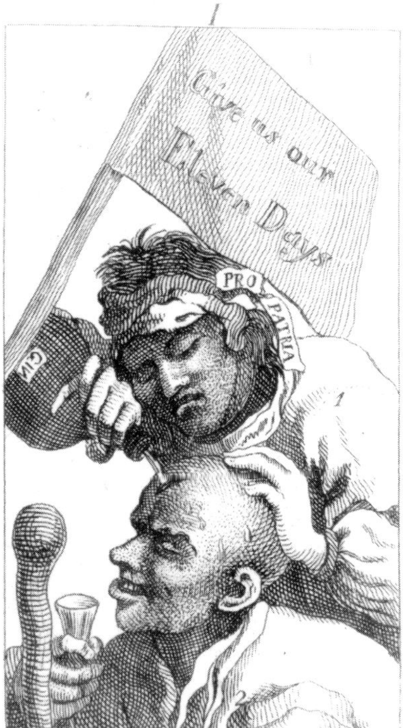

I.

Dieses Blatt enthält eine sehr verständliche Scene. Diese beyden Helden sind vermuthlich bey einem kleinen Spaziergang auf der Straße einigen gleich galanten Herrn ihrer Oppositions-Parthey begegnet, und von welcher Art die Debatten bey dieser Zusammenkunft waren, sieht man hier aus dem Kopf (!), der *pro patria* bereits verbunden ist, und aus dem von (2), der es so eben werden soll. Der Kerl (1) ist ein Fleischer, wie man aus dem Stahl sieht, den er am Gürtel hängen hat. Würklich ist dieser Einfall Hogarths, einen Mezger zum Leibchirurgus dieser edlen Gesellschaft zu machen, sehr drollig; einen Chirurgus mit der weißen

Schürze vor und dem Wetzstahl an der Seite wird sich nicht leicht jemand ohne Lächeln denken können. Auch würde dieser Kerl, falls der Kopf brandig werden sollte, nach einigen kaltblütigen Strichen des Messers am Wetzstahl, ihn mit eben der Ruhe abschneiden, als er hier den Genever (*Gin*) hineingießt. Auch ist es artig den kranken Kopf hier zwischen zwey Brantweine kommen zu sehen; der untere wird schwerlich höher hinauf kommen, als der niedlich geöffnete Mund, während der andere vermuthlich absichtlich so gezeichnet ist, als flösse er in den Kopf hinein. Oben steht eine Fahne mit den Worten: *give us our eleven days* (gebt uns unsere eilf Tage heraus). Als nemlich im Jahr 1752 der neue Styl in England eingeführt wurde, und also auf einmal eilf Tage aus dem Calender herausgeworfen werden mußten, so sahe ein Theil des Pöbels dieses für baaren Verlust an, und da konnte es denn freylich bey solchen Gelegenheiten nicht fehlen, daß sich nicht einige der Sache annahmen. Die Vertheidiger des alten Styls rottirten sich also unter dieser Fahne zusammen, die nicht allein die Bittschrift sehr deutlich geschrieben selbst enthält, sondern auch an einer Stange angebunden ist, die Masse genug hat, sie im Fall der Noth kräftig zu unterstützen. Meiner Meinung nach ist auch die Wunde, die hier unter den Händen des Schlächters ist, mit dieser Stange geschlagen, denn der untere Kerl, den ich für einen Anhänger des *styli novi* halte, sitzt und hat das Bein über die Fahne als Trophäe geschlagen, die er mit seinem Blut erkauft hat. Auf seinem Gesicht sitzt würklich das Lächeln des Siegs. In seiner Hand hält er einen Spazierpfahl, womit derselbe vermuthlich erfochten worden ist. Es ist angenehm, die beyden Prügel zu sehen, womit die epineuse Frage über alten und neuen Styl unter diesen Gelehrten hier endlich entschieden worden ist.

K

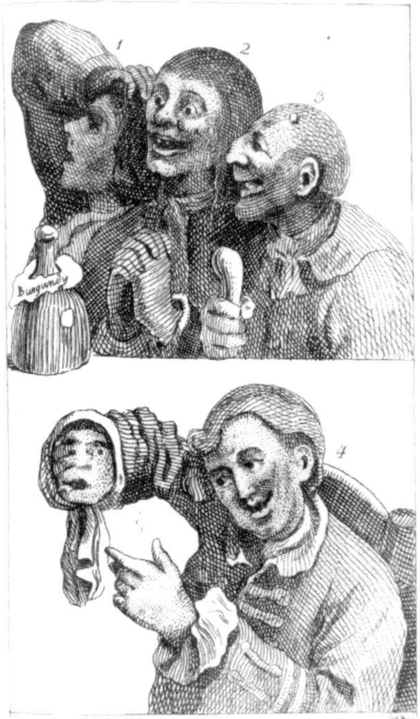

K.

(1), (2), (3) sind drey Glieder der Gesellschaft, die hinlänglich für sich selbst sprechen; sie lachen, bey einer Bouteille Burgunder vor sich, über eine Farce, die Nr. 4, der hier unter ihnen steht, auf den sie aber im Original hinsehen, der Gesellschaft zum besten giebt. Der letztere ist das Porträt eines Irrländischen Procurators Namens Parnel, der wegen seines muntern Geistes und unerschöpflichen Laune damals sehr beliebt und berühmt war. Das Spiel, das er spielt, werden unsere Leser zum Theil gesehen haben. Er schlägt nemlich um seine Faust ein weißes Schnupftuch oder Serviette so herum, das ein Menschengesicht herauskömmt, welches, um der Einbildungskraft der Zuschauer zu Hülfe zu kommen, vermittelst einer Korkkohle mit Augen, Augenbraunen, Nase u.s.w. versehen wird. Die Hauptsache aber dabey ist der Mund, der dadurch hervorgebracht wird, daß die Serviette zwischen das untere Paar Finger eingeklemmt wird, wodurch er denn durch Auf- und Zuthun der Finger Beweglichkeit erhält und zu sprechen scheint. Was er sprechen soll, spricht hier Hr. Parnel, und weil der Mund, wie man auch hier sieht, selten sehr grade ausfällt, so kann ein solches Spiel, wenn der Directeur angemessenen Witz hat, würklich einige Zeit ergötzen, zumal Menschen, die aussehn wie (1), (2), (3). Trusler sagt: Parnel singe so eben ein bekanntes Lied dabey: *An old woman dress'd in grey etc.* (Ein altes Weib in Grau gekleidt ect.). Trusler konnte so etwas von Hogarth selbst, oder dessen Wittwe wissen.

L.

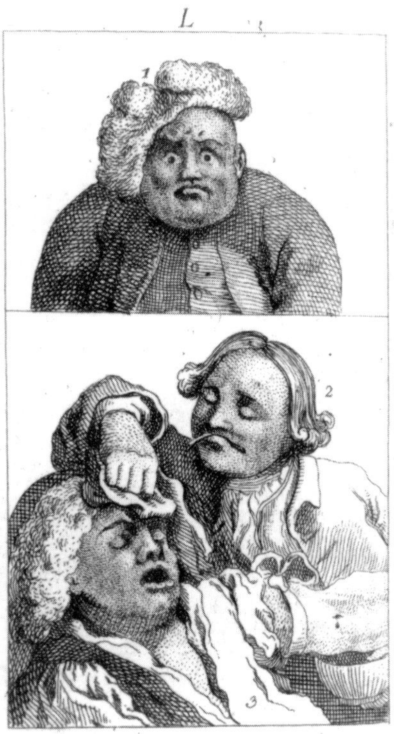

Parnels Satire soll auf unsere Nr. 1. hier abgesehen seyn. Es ist ein seltner Kerl. Hinter sich hat er eine Krücke stehen. Nach einigen soll er an unnennbaren Orten leiden, und doch ist er hierher gekommen, welches ihm Ehre macht. Ich wundere mich nicht, wenn man über diesen Menschen in der Erklärung etwas uneins ist. Wenn man einmal so aussieht, so liegt man gewöhnlich jenseits aller Physiognomik. Was ich noch in dem Gesicht erkennen kann, ist: mehr Wein als ihm dienlich war, strafender Schmerz, der sich einstellt, Wunsch nach Haus, und Furcht vor der Gegenparthey, die an dem Fenster rebellisch vorbeyzieht, an welchem er sitzt, von der wir noch etwas sagen werden. (2) und (3) ist eine Sterbe-Scene; ein Alderman frißt sich zu Tode an Austern, deren er noch eine auf der Gabel hält, indem ihn der Tod übereilt. (2) Ist der Chirurgus (ein galanterer Schlächter als der vorhergehende). Er hat eine Ader geöffnet, die nicht mehr fließen will, hält die Lanzette im Munde, und wischt dem Sterbenden den Todesschweiß mit einer Ruhe ab, als wären es Dintenfleckchen. Praxis ist ihm also nicht abzusprechen.

M.

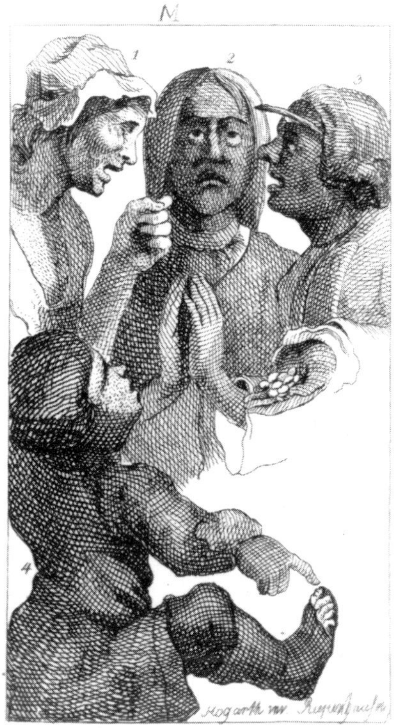

Eine Bestechungsscene: Ein methodistischer Schneider, der auch eine Stimme zu vergeben hat (2), wird hier von einem Agenten des Candidaten (3) stark in Versuchung geführt. Er scheint rechtschaffen, und es entsteht daher ein Argumentenstreit in seinem Kopf, daher der starrende Blick. Der Agent bietet ihm eine Handvoll Gold dar; sein kleiner Junge (4) zeigt ihm, daß er keine Schuhe und schon erbärmliche Strümpfe habe. Zwischen diesen Bewegungsgründen und seinem eignen Gewissen hängt nun sein Wille, wie Buridans Esel zwischen den Heubüscheln. Seine Frau (1), die dieses zu bemerken scheint, versucht also das Uebergewicht durch ein sanftes Rütteln des Kopfs zu erhalten, und zwar bey den Haaren, welches auch würklich selten trügen soll, denn man hat häufig gefunden, daß wenn der innere Kopf nicht mehr zu lenken steht, der Endzweck leicht erreicht wird, wenn man den äußern mit gehöriger Stärke anfaßt.

Dieses wäre die kurze, aber hoffentlich hinlängliche Erklärung dessen, was Hr. Riepenhaußen aus dem Original für uns diesesmal dargestellt hat, und zwar, wie unsere Leser finden werden, mit mehr Kraft, als jemals. Er scheint sich hier nächst dem Hogarthischen Ausdruck auch dessen Manier mehr eigen gemacht zu haben, als in den vorhergehenden Blättern: und wenn unsers Künstlers Fleiß so fortwächst, wie bisher: so gedenken wir, da noch einige der vorzüglichsten Blätter Hogarths zurück sind, das beste künftig leisten zu können. Ich will nicht verrathen, was diese Blätter seyn werden. Allein sie übertreffen (selbst die herumschweifenden Comödianten kaum ausgenommen), an Laune, alles was wir bisher gesehen haben. Zum Beschluß der Erklärung dieser Blätter füge ich nun noch einiges bey, was unser Künstler wegen Mangel an Raum nicht hat darstellen können.

Merkwürdig ist, daß Hogarth die gelehrte Mezgerscene mit dem Alderman an das rechte Ende des Tisches, und die verdächtige zwischen dem Candidaten und der Wirthin an die Linke gebracht hat. – Tod und – Leben! Auf der Straße unter dem Fenster zieht die Gegenparthie vorbey, und schmeißt mit Backsteinen herein, wovon einer einem Stimmen-Sammler oder -Schätzer grade an den Kopf fliegt, der daher nicht weit von dem Fleischer rückwärts mit blutigem Kopf niedersinkt, und sich in seinem Fall einem Seekrebs nähert, der obgleich vermuthlich schon gesotten, ähnliche Schritte wenigstens zu thun scheint. Die vorbeyziehende Gegenparthey trägt auf einer Bahre einen ausgestopften Juden mit einem Zettul auf der Brust: *no Jews*: (Keine Juden). Diese Scene correspondirt mit der: gebt uns unsere eilf Tage heraus. Es passirten nemlich damals einige unpopuläre, den Juden günstige Bills, die vielen und wichtigen Aufstand, mit Recht machten. Die vorbeyziehenden werden gegen Ihre Backsteine mit Nachttopf und Schemeln wieder empfangen, so daß alles in erwünschtem Gleichgewicht am Ende bleibt. – Im Ganzen bedenke man welche Gesellschaft! Lebenskraft an der einen, und Tod an der andern Seite des Tisches. Schlagfluß und blutige Köpfe mit ihren Chirurgis; Violine, Baß und Sackpfeiffer mit dem stillen Accompagnement der Krätze, Fenstereinschmeißen und Todschlag; Weinen über zerrissene Schuhe, vor der Statue, von Buridans Esel; unbändiges Lachen über das Spiel eines Irrländischen Procurators; Rack der sich rauschend in Bütten zu Punschseen ergießt. Denkt man sich hier blos das deutlich, was blos für das Ohr gehört, so mögte das Auge erblinden, so wie über dem aufmerksamen Anschauen, wäre man gegenwärtig, das Ohr seinen Dienst versagen würde.

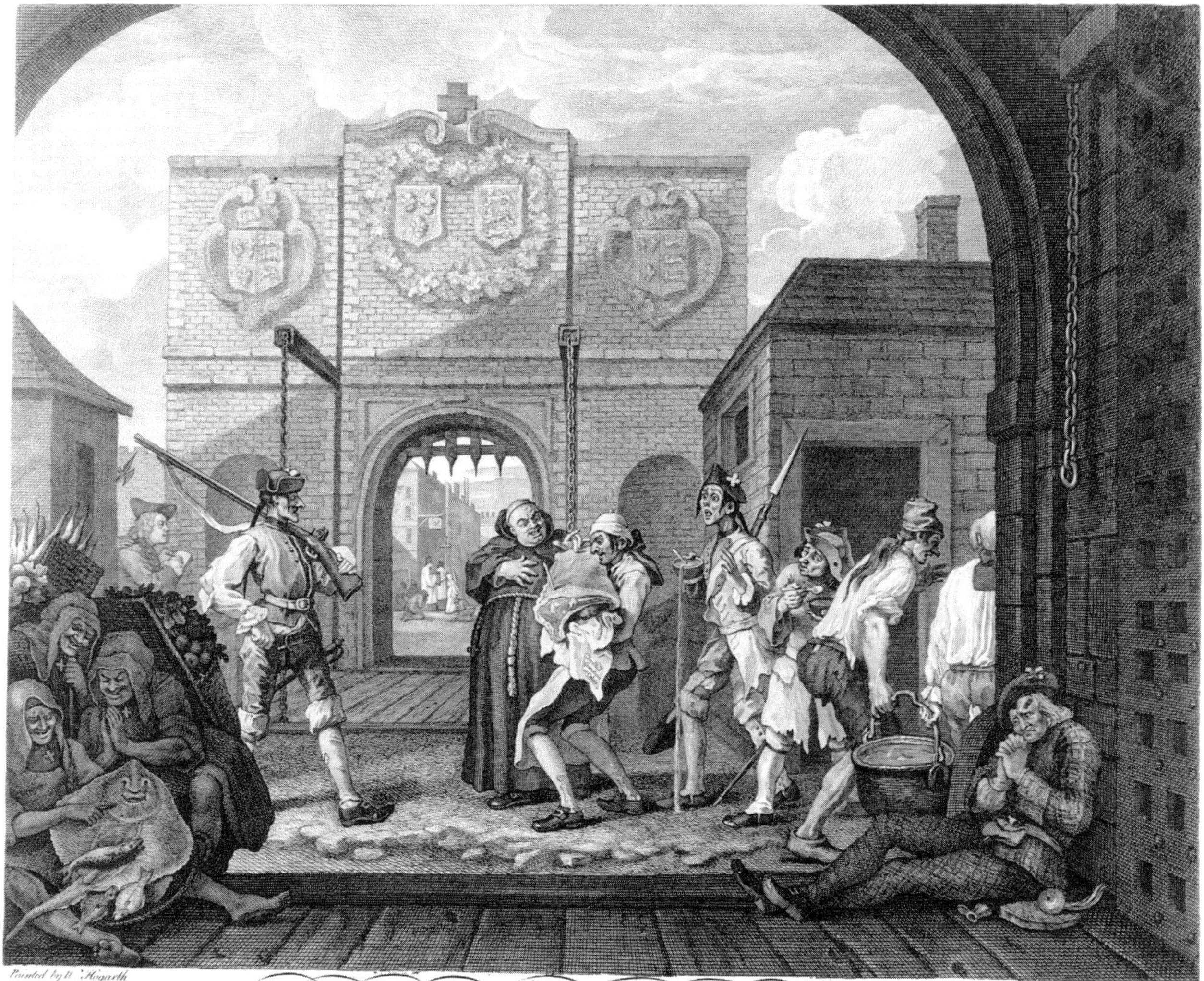

Painted by W. Hogarth

Engrav'd by C. Mosley & W. Hogarth

O THE ROAST BEEF OF OLD ENGLAND, &c.

Publish'd according to Act of Parliament, March 6th 1748.

DAS THOR VON CALAIS
ODER
DER ENGLISCHE RINDERBRATEN.
EIN BLATT VON HOGARTH.

(Hieher gehören die Kupferstiche A. B. C.)

Dieses ist das berüchtigte Blatt, wozu Hogarth die Ideen an dem Thore von Calais selbst sammelte, und, wie wir bereits in einem der vorhergehenden Jahrgänge des Calenders (1785 2te Auflage) angemerkt haben, schier über der Ideen-Jagd aufgeknüpft worden wäre. Man hielt ihn für einen Spion, der die Vestungswerke copiirte. Wäre der Aachner Frieden nicht eben geschlossen, sagte ihm der Commandant von Calais ganz treuherzig heraus, so ließe ich Sie am Walle aufhängen. Diese Art von Behandlung, verbunden mit dem innersten Bewußtseyn seiner Unschuld, einer gänzlichen Unbekanntschaft mit den Wegen dieser Justitz, und sein dabey ohnehin tödtlicher Haß gegen alles was französisch ist, hat ihn nachher zu Excessen in seinen Schilderungen der Franzosen verleitet, wodurch gegenwärtiges Stück, obgleich John Bulls Lieblings-Blat, zur Caricatur ward, die die strenge Vernunft nicht billigen, aber auch nicht ohne herzliches Lächeln betrachten kan. Allein dem Engländer geht es auf dem Pariser Theater nicht besser. Man bewundert sich wechselsweise heimlich und belächelt sich öffentlich. Der beste Theil beyder Nationen sieht diesem Spiel nicht ohne Vergnügen zu, und der Commerztractat leidet darunter nicht.

Zur linken des Thors hat sich Hogarth, mit der Schreibtafel in der Hand, zeichnend vorgestellt, so wie wir ihn in obenerwähntem Jahrgang dieses Taschenbuchs haben zeichnen lassen. Ein Sergeant von der Wache arretirt ihn. Von diesem Manne sieht man blos die Spitze des Spontons, und die rechte Hand auf Hogarth's Schulter. Also blos seine Vollmacht und seine Kraft, und mehr braucht man auch von einem Sergeanten bey dieser Scene nicht zu sehen. Dieses erinnert mich an einen Einfall Hogarth's, den er seinen Freunden einmal als ein Räthsel vortrug: nemlich einen Sergeanten, der zum Thor hinaus gienge, mit seinem Windhund hinter sich drein, mit 3 Strichen zu zeichnen. Die Auflösung besteht in folgenden 3 Strichen: *a b, c d* und *e f.*

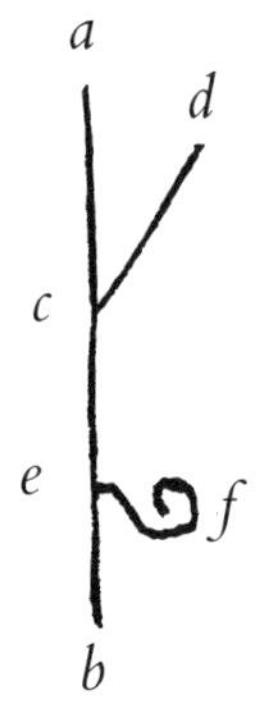

a b ist das Thor im Profil, *c d* die Pique des Sergeanten auf der Schulter und *e f* der Schwanz des Windhundes, der, so wie sein Herr, schon durch das Thor durch ist. – Wer noch im mindesten an der Wichtigkeit der Insignien bey Processionen zweifelt, der sehe diese Procession an.

Nun, nach dieser Einleitung, zur Erklärung des Blattes selbst: Nach Hogarth's Vorstellung, (die sich, zumal was den sogenannten natürlichen Feind, [*the natural ennemy*], die Franzosen betrifft, nie über die Vorstellung der Classe von Menschen erhob, die man in England John Bull nennt), ist Frankreich das Land, worin es nichts zu essen giebt, als gebratene Frösche, Wassersuppen und Sallat. Ob man gleich von englischen Rinderbraten hier und da, als dem höchsten Gute, geträumet hat, so ist das doch für die meisten blose Musik der Sphären. – Auf einmal wird ein solcher Braten zu Calais gelandet, und zwar einer der edelsten. Dieses, und das wollüstige Staunen, das er überall, nebst dem Unheil das er, zumal unter den Wassersuppen anrichtet, ist der Inhalt dieses Blatts.

Ich sagte: einer der edelsten Braten werde hier gelandet. Edel ist hier kein Flickwort, sondern mit großem Bedacht gewählt. Ich hätte sagen sollen: ein adlicher Rinderbraten, oder ein Rinderbraten von Adel werde gelandet. – Dieses erfodert eine umständliche und bestimmte Erklärung, damit wenn künftig ein Streit mit irgend einer Familie deswegen entstehen sollte, ich wenigstens sagen könne: ich habe meine Hände in Unschuld gewaschen. An Satyre ist ohnehin bey einer so ernsthaften Sache gar nicht zu gedenken.

In England nemlich giebt es Rinderbraten, die, und zwar im strengsten Verstand, geadelt sind. Alle sind es nicht, denn sonst wäre es kein Adel, sondern nahmentlich ist es das Stück zu beyden Seiten des Rückens, worin die Nieren sitzen. Alle übrigen sind unadlich und wahre Canaille, werden aber demungeachtet, nicht selten mit vieler Herablassung von den Großen ebenfalls gespeißt. Ein König nemlich, der dieses

Stück (*Loin*) sehr liebte, schwenkte einmal in einem Anfall von gesundem Appetit und muthwilliger Laune, sein Schwert über einen solchen Braten, und schlug ihn förmlich zum Ritter, und seit der Zeit heißt er nicht mehr *Loin of beef*, sondern *Sir Loin of beef*. – Daß ein bloßes Stück von einem Ochsen einen solchen Rang erhält, ist allerdings seltsam; von gantzen hingegen finden wir Beyspiele überall*.

B.**

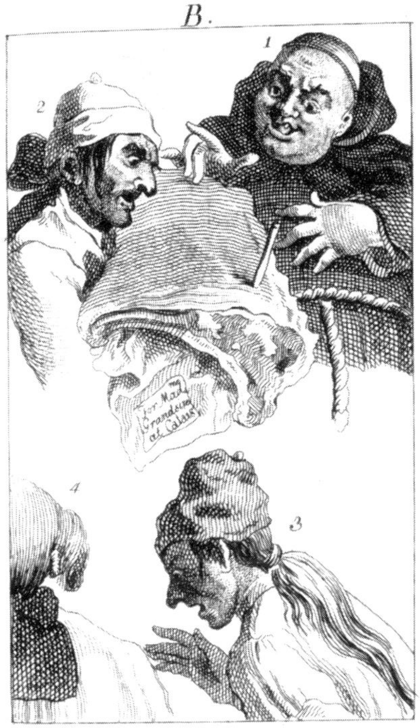

In der Mitte des Blatts, also gerade an der Stelle, wozu ihm sein hoher Rang ein unbezweifeltes Recht giebt, erscheint der eben gelandete Sir Loin, und zwar ist er, wie mehrere von diesem Stand und dieser Organisation, die nach Frankreich reisen, an eine Dame addressirt, nemlich an *Madame Grandsire* zu Calais, die ihm vermuthlich seine Roheit benehmen, und für seine fernere Bildung die nöthige Sorge tragen wird. Der Koch der Madame Grandsire (2) ist auch würklich bereits beschäfftigt, den Fremdling durch das Stadtthor nach Hause zu tragen, wenn er je so weit kömmt. Denn der gute Mann, der kaum den zehnten Theil von dem Fleisch das auf seinen Armen ruht, am Leibe hat, scheint unter der Last zu brechen. Anstrengung und Furcht blicken aus seinen Augen, Schweiß scheint von seinen Haaren zu triefen, und, wo ich nicht irre, etwas Schnupftabackslauge von der Nase. Bey einem Haarbeutel, wovon hier kaum das oberste Drittheil abgebildet ist, trägt er eine Nachtmütze, und dabey seidene Strümpfe, über den Knieen gewickelt, mit großen Zwickeln. Die ganze Stellung des armen Teufels zeigt durchaus was ein englischer Braten vermag, wenn er mit Wassersuppen, Sallat und gebratnen Fröschen, oder ein englischer Ritter, wenn er mit einem *Monsieur* in Collision kömmt.

Ein Franciscaner (1), der gerade daher kömmt, untersucht mit Apicischem Genuß seiner eignen Vorstellung, den Adel des neugelandeten, (also Ahnenprobe,) und zwar (unnachahmlich schön) nicht mit dem Zeigefinger, denn dieser wird bey seinen mannigfaltigen Diensten zu früh stumpf für Verrichtungen die das feinste Gefühl erfodern, sondern mit dem dritten und vierten Finger. Meiner Meynung nach hätte es der vierte allein seyn müssen, denn dieser, zumal an der linken Hand, (und

* Von dem religiösen Respekt, den sich der Kuhschwanz in Indien verschafft hat, ist hier so wenig die Rede, als von dem Philanthropischen des Farrenschwanzes in Europa.

** Weil auf diesem Blatt die Haupthandlung vorgeht, so nehme ich es zuerst vor. L.

dieser bedient sich auch im Original der Mönch), hat würklich etwas unbeschreibliches, das jedermann aber sogleich bemerken wird, der sich die Mühe nehmen will an den vierten Finger seiner linken Hand zu denken, vorausgesetzt, daß man nicht links ist, und der Finger selbst nicht zu stark von einem Trauring gedrückt wird. Dieses unbeschreibliche ist es auch vermuthlich, was grade diesem Finger die auf die tiefste Mystic sich gründende Ehre zugezogen hat, seinen übrigen 9 Brüdern zum Trotz, den Trauring zu tragen. Das unnachahmliche Gesicht des Mönchs bedarf keiner Erklärung, man bekömmt selbst Appetit nach Ochsenfleisch, wenn man es ansieht. Der einzelne Zahn in dem schlappen Mund ist von großer Bedeutung, so auch die gemästete Hand, die auf den Ballon hinweist, der allein schon den ganzen Sir Loin aufnehmen könnte. Wer die magern Menschen auf diesem Blat, mit dem gemästeten Franciscaner vergleichen will, dem müssen nothwendig die vertrockneten Fliegen in dem Netz der Creutzspinne einfallen, mit dem Creutz in der Mitte, das die Fliegen vertrocknet hat.

Hier landet also ein Engländer ächter Brut bey dem Thore zu Calais, und ein Franciscaner spricht ihn um eine Beysteuer an. Ach! vergib mir, daß ich Deiner hier gedenke, armer Yorik. Welch eine Landung, verglichen mit der Deinigen an eben dem Thore, und welch ein Franciscaner neben den Deinigen gestellt, der Dich ebenfalls ansprach! Hier bespricht sich geistliches mit weltlichem Rindfleisch, das zusammen genommen sehr viel mehr auf der Fleisch-Waage wiegt, als Du und Dein armer Lorenzo und die Güter dieser Welt in deinem verewigten Mantelsack oben drein. Aber tröste dich deswegen, vortreffliches Paar: eure Herzenschmelzende und Seelenerhebende Unterredungen, werden dafür dereinst desto vollwichtiger gefunden werden, auf der Waage auf welcher dieser Centnerschwere geschorne Müßiggänger nicht mehr wiegen wird als Rinderbraten, und ein Marienbildchen so wenig als eine Coeur-Dame.

Nach dieser kurzen Apostrophe fahren wir in der Erklärung fort.

Das Gesicht unsers Lorenzo hier ist äußerst merkwürdig. Es ist nemlich ein Porträt. Und von Wem? Von niemanden geringerem als dem berühmten Kupferstecher Pine, dem wir die bekannte Ausgabe des in Kupfer gestochenen Horaz zu danken haben. Dieser Mann war Hogarth's Freund, und saß ihm mit seiner gemästeten Mönchs-Physiognomie sehr gerne und willig zu dieser Vorstellung. Kaum aber war das Blat erschienen, so erkannte jedermann Hrn. Pine, und Er erhielt für seine (man weiß nicht wie man es nennen soll) Gutherzigkeit oder Muthwillen, den Nahmen *Friar Pine* (Pater Pine): so daß er endlich Hogarthen inständigst bat, das Gesicht wieder weg zu löschen. Wie weit Hogarth dieser Bitte Folge geleistet haben mag, erhellt aus den Nachrichten nicht, aber aus Hogarth's Laune zu schließen, ist vermuthlich nicht viel in der Sache geschehen. Er liebte diese Art von Scherz, und dem braven Pine konnte es bey seinen übrigen großen, anerkannten Verdiensten nicht schaden, unter seinen Titulaturen eine ungegründete zu sehen.

(3) und (4) sind ein Paar Köche, vermuthlich von Rang, denn der eine könnte, aus seinem Haarbeutel und Anstand zu urtheilen, würklich etwas weit größeres seyn; sie tragen einen großen Wurstkessel, wahrscheinlich so eben frisch aus dem Stadtgraben gefüllt, zum Gebrauch für die Tafel. Dem einen (3) der etwas geringer zu seyn scheint als (4), (denn er hat keine Strümpfe, und hölzerne Schuhe), fehlt der Haarbeutel, dafür ragt etwas aus der Suppe hervor; wenn doch das der Haarbeutel wäre! Sie unterreden sich aller Wahrscheinlichkeit nach, über die Ankunft des fremden Ritters.

A.

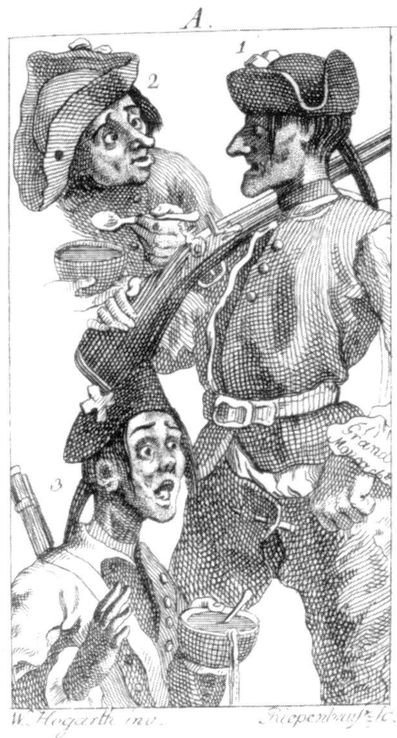

(1) ist die Schildwache am Thor. Die Physiognomie des Kerls ist die, die bey dem englischen Pöbel den Franzosen so deutlich andeutet, als überhaupt die Lilien das französische Wappen. Alles wird so vorgestellt: Graf D'Estaing, Süffrein, Orvilliers, (la Grasse etwas schöner) Fecht- Tanz- und Sprachmeister, und überdas alles betrügerische Gesindel, das über den Canal nach London kömmt, welches Dr. Johnson* so unnachahmlich schön classificirt hat:

All, that at home no more can beg or steal,
Or like a gibbet better than a wheel;
Hiss'd from the stage or hooted from the court,
Their air, their dress and politics import.
Obsequious, artful, voluble and gay,
On Britains fond credulity they prey;
No gainful trade their industry can 'scape;
They sing, they dance, clean shoes and cure a clap.
All sciences a fasting Monsieur knows,
And bid him go to hell, *to hell he goes.*

»Alles, was zu Hause nicht mehr betteln und stehlen kann, und dem ein brittischer Galgen besser behagt, als ein französisches Rad; alles, mit

* In seinem *London*, einer Nachahmung von Juvenals 3ter Satyre.

Hohngelächter dort vom Hof oder von der Bühne mit Gezisch verjagt, verhandelt uns hier seinen *Maintien*, seinen Kleiderschnitt und seine Politik. Kriechend, listig, schnellzüngig und fröhlich, mästet er sich von Britanniens zu gefälliger Leichtgläubigkeit. Ihrer Thätigkeit entwischt kein Weg zum Gewinn; sie singen und tanzen und putzen Schuhe und schreiben Recepte*. Ein hungriger *Monsieur* versteht sich auf alles: Sprecht zu ihm: geh' zum Teufel, und *Monsieur* geht Euch zum Teufel.«

So viel ist von dieser Physiognomie wahr: bey keinem Engländer trifft man sie je an. Dieses ist die Gränze. Der ganze Kerl von Kopf bis zu Fuß sieht übrigens aus, als wenn er am Galgen erst einige Wochen aus dem groben getrocknet, hieher gestellt worden wäre. Er hat keinen Rock, und blos eine Weste, die ganz herab fallen würde, wenn nicht ein Riemen die Stelle von wenigstens 10 Knöpfen versähe. Das Hemd ist äußerst elend, der vertrocknete Elbogen sieht frey durch, und doch hat es Manschetten, und zwar papierne, wenigstens ist es eine davon. Das Papier dazu hat die Nähterin so geschickt zu wählen gewußt, daß man auf derselben noch die Worte *Grand Monarque* (*Monarch* buchstabirt der unfranz. Hogarth) nebst einem großen *P* erblickt, dessen Bedeutung mir noch unbekannt ist. Es kann nicht, wie man aus unserer Zeichnung etwa schließen mögte, der Anfangsbuchstabe eines abgerissenen Worts seyn, denn im Original ist noch Raum genug dahinter leer. Die Beinkleider sind nun gar erbärmlich, und ohne die milde Hand mit der papiernen Manschette, die ihnen Hülfe leistet, wären sie verlohren; so bald also der Kerl sein Gewehr präsentirt, so müssen sie nothwendig herunter. Ueberhaupt scheinen sie gar keine Knöpfe zu haben, wenigstens fehlen die *Décence*-Knöpfe alle, und statt derselben sieht man einen spitzen hölzernen Nagel, der allem Ansehen nach ehmals in der Küche gedienet hat Frösche aufzuzäumen. Wenn diese Einrichtung im Ganzen auch nicht sonderlich ist, so zeugt sie doch von Genie und moralischem Gefühl. Von den Strümpfen sind die Füßlinge losgegangen, auch haben sie sonst an andern Stellen beträchtliche Löcher, wenn nicht, (wie jener Irländer sich einmal entschuldigte) die Löcher auf der unrechten Seite sind, und er die Strümpfe in der Eile blos verkehrt angezogen hat, welches einem ehrlichen Manne leicht begegnen kann. Der Haarzopf ist vermuthlich angeküttet, denn angebunden kann er nicht seyn. Der Kerl (2) ist ein Irländischer Kriegsgefangener, der noch nicht ausgeliefert ist. Die diesem guten Volke eigene heftige Lebhaftigkeit leuchtet aus dem Gesicht satt-

* Teutschland ist bis jezt noch viel zu roh und zu wenig gebildet, um in der guten Gesellschaft und in Schriften Unfläthereien ohne Scheu zu sagen oder ohne Eckel anzuhören; deswegen habe ich die sonst starke Stelle des Originals auf diese Weise etwas in *usum Delphini* übersetzt.

sam hervor. Im Original sieht er nach dem Braten hin, doch mehr mit einer alles umfassenden, immer thätigen Neugierde, als mit Sehnsucht. Er übt sich, wie man sieht, im Wassersuppe essen. Sonst war der brave Kerl tüchtig mit dabey, wie man an dem durchgeschossenen Hut sieht; der Anstand des ganzen Körpers hat ungemein viel drolligtes. (3) ist eine fürchterliche Figur, die hier vieles verliert, weil man sie nicht ganz sieht. Das wahre Sinnbild des Hungers und der Schwindsucht in lumpichter Uniform. Setzte man dem Kerl ein Licht in den Mund, so würde der ganze Kopf leuchten wie geöltes Papier. Er geräth beym Anblick des Bratens in ein solches convulsivisches Staunen, daß er darüber seine Schaale schief hält, und ein Theil seiner Suppe auf die Straße und von da in den Stadtgraben zurück fließt, aus dem sie genommen ward.

C.

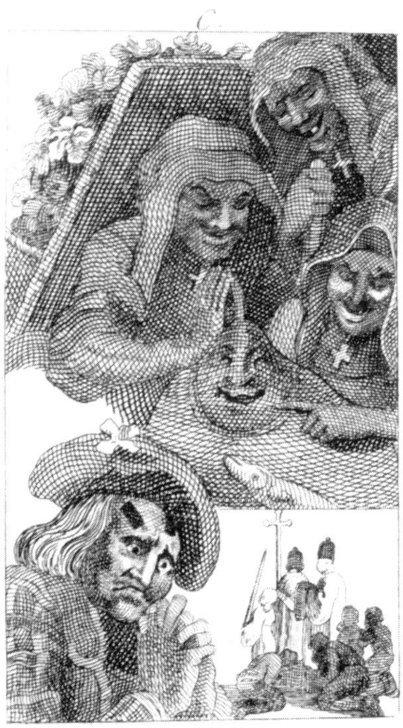

Die kleine hier mit (1) bezeichnete Gruppe besteht, aus zwey Gemüße-Weibern, einem Fischweibe und einem Fisch, und zwar ist in diesem vierblättrigen Kleeblat (wie es einer meiner Freunde einmal sehr kräftig nennte) das untere Blat der Fisch, und die drey obern sind die alten Weiber. Diese Erinnerung war, wie mich dünkt, für uns um desto nöthiger, als man hier die Personen nicht ganz sieht, und der hier vorgestellte Fisch ein Roche (vermuthlich *Raja Batis**) ist, von dem es einige Arten giebt, die eine ungemeine Aehnlichkeit mit solchen alten Weibern haben. Gutmüthige Geschöpfe müsten diese Personen allemal seyn, wenn es wahr wäre, was einige glauben, daß sie sich nemlich sogar schon im 70sten Jahre so sehr aller Ansprüche auf Reitz begeben haben, daß ihnen ihre Aehnlichkeit mit einem sehr häßlichen Seeungeheuer inniges Vergnügen macht. Doch da dieses nach meiner geringen Kenntniß des weiblichen Herzens schlechterdings unmöglich ist, so habe ich zuweilen auf andere Erklärungen gedacht, und da ist mir eingefallen, ob ihr Lächeln nicht auf die Aehnlichkeit gehen könnte, die ihnen das gemästete Thier mit dem Pater Pine zu haben scheint. Was mich in meiner Muthmaßung bestärkt, sind die aufgehabenen Hände des Weibes zur Linken, sie scheint würklich wegen ihres Beyfalls, den sie dieser Gotteslästerung schenkte, den Himmel um Absolution zu bitten: verzeih mir meine Sünden, es ist würklich wahr. Die zur Rechten hingegen, die den Einfall entwickelt, scheint mir eine witzige Hexe zu seyn, die in ihrer Jugend wohl zu Paris mag gelernet haben, daß v. Bornische Monachologie noch keine Gottes-

* Siehe Blochs ökon. Naturgesch. der Fische Deutschlands *Tab. LXXIX.*

lästerung ist. Außer den Seeproducten, den dieser Seemönch jenseit seines Bauchfells aufgeklaftert haben mag, hat er auch noch einen guten Vorrath vor sich liegen; gerade so wie die Landmönche in der Fastenzeit. Auch sollen jene nicht selten 2 Centner schwer werden, gerade so wie diese; Nur soll man unter den Seemönchen gar keine mageren finden, vermuthlich weil sie ihr ganzes Leben hindurch Fasten haben. Der Alte (2) der bey verwundetem Kopf sich seiner Verzweiflung zu überlassen scheint, und der im Original zur Rechten bey der Brücke sitzt, ist ein Bergschotte, nach einigen ebenfalls ein Kriegsgefangener, der auf eine Passage nach Dover hofft. Ein Strahl vom Rinderbraten scheint in seiner Seele Erinnerungen keimen gemacht zu haben, die sehr mächtig auf ihn würken, und die, von einer leeren Dose, einem leeren Tabacksbeutel und einem leeren Magen, für den wenigstens nichts da ist, als ein trocknes Stück Brod und eine Zwiebel, unterstützt, zu einer Lebhaftigkeit gediehen sind, die, so nah an der See und dem Wassersuppenquell, in der That fürchterlich ist. Durch das Thor sieht man weit in die Stadt hinein, und da fällt auf der Straße die Scene vor, die unter Nr. 3. abgebildet ist. Es ist eine Procession von Landmönchen, mit der geweihten Hostie und dem Creutz, um welches der Pöbel niederfällt. Ob dieses gleich keine Gegenstände für die Satyre sind, wenigstens nie seyn sollten, so hat doch Hogarth sich nicht enthalten können, hier einen Zug anzubringen, der so ganz in seiner Laune hingeworfen ist, daß ihn nicht leicht selbst ein Catholik ohne Lächeln betrachten wird; nemlich gerade über dem Creutz und der Monstranz, schwebt der heilige Geist, in Gestalt einer Taube, auf dem Schilde eines Wirthshauses dieses Nahmens. In der Darstellung durch Zeichnung verliert die Sache das scheinbar profane völlig, das sie in der Beschreibung erhält; in jener gleicht sie einem bloßen Zufall. Der Zeichner kann immer fragen: wer hat euch geboten, das dabey zu denken? Der Erklärer hingegen bekennt, daß er es gedacht habe. Allein selbst aller Schein von Ruchlosigkeit in dieser Satyre fällt auf einmal weg, wenn man bedenkt, daß sie, und von Rechtswegen, die Obrigkeit trifft, die es verstattete den Wirthshäusern Schilde anzuhängen, und auf diese Weise Nahmen zu geben, die selbst, schon bey einem berühmten Ritter-Orden auf Spöttereyen geführet haben. Es wird niemanden schwer fallen, sich hundert Handlungen zu gedenken, die auf der Straße vorgehen können und vorgehen müssen, die unter den Flügeln dieser Taube vorgenommen, sich seltsam ausnehmen würden. Nicht zu gedenken an das, was bey Spiel und Wein im innersten eines solchen heil. Geistes selbst zuweilen vorgehen mag. Nirgends ist wohl dieser Unfug weiter getrieben, als in Amsterdam, da liegen nicht allein drey Bibeln in einer Reihe, (und der Erklärer selbst hat einmal in der mittelsten logirt), worin wohl jezt ein seltsames Heil gelehrt werden mag; sondern es giebt auch da ein Gäßchen, in welchem seines allerheiligsten Rahmens ungeachtet, Excesse verübt werden, mit deren bloßem Namen er diese Blätter nicht besudeln will. An Hogarth's Stelle hätte ich aber doch diese Procession, und die unschuldigen Knieenden weggelassen, und lieber dafür ein Paar schlaue Füchse von Juden hingestellt, die einen armen Christen in der Schlinge haben.

Ueber dem Stadtthore steht ein steinernes Creutz. Eines Tages fiel das Originalgemälde von der Wand herab, und bekam dadurch gerade an dieser Stelle ein Loch, das sich nicht gut wieder mit Steinfarbe wollte bedecken lassen: Hogarth mahlte also statt dessen einen hungrigen Raben, (denn alles hungert nach seiner Vorstellung in Frankreich,) den der Braten hieher zog, wenn es anders nicht ein Besuch einer alten Bekanntschaft vom Galgen her seyn sollte, der bey einem der Herren abgelegt wird, die unten stehen. Dieser Rabe fehlt auf den Kupferstichen, wenigstens auf unserm Exemplar. Außer diesem allen hat sich Hogarths Pinsel hier und da einige subtile Zotenstriche erlaubt, die einem allerdings ein flüchtiges Lächeln abnöthigen, wenn man sie findet, hingegen im Druck erzählt, einen anstößigen, wo nicht eckelhaften Vorsprung erhalten, den sie nicht vertragen. – Unter diesem merkwürdigen Blat stehen mit großen Buchstaben die Worte: *Oh! the roast beef of old England etc.* diese Worte und die darauf folgende Zeile: *Oh, the old english roast beef!* sind der Refrain, eines sehr berühmten Volksliedes, welches öfters die Orchester von Drurylane und Coventgarden genöthigt werden dem Volk zum besten zu geben, ehe die Vorstellungen anfangen.

CANVASSING for VOTES. Plate II.

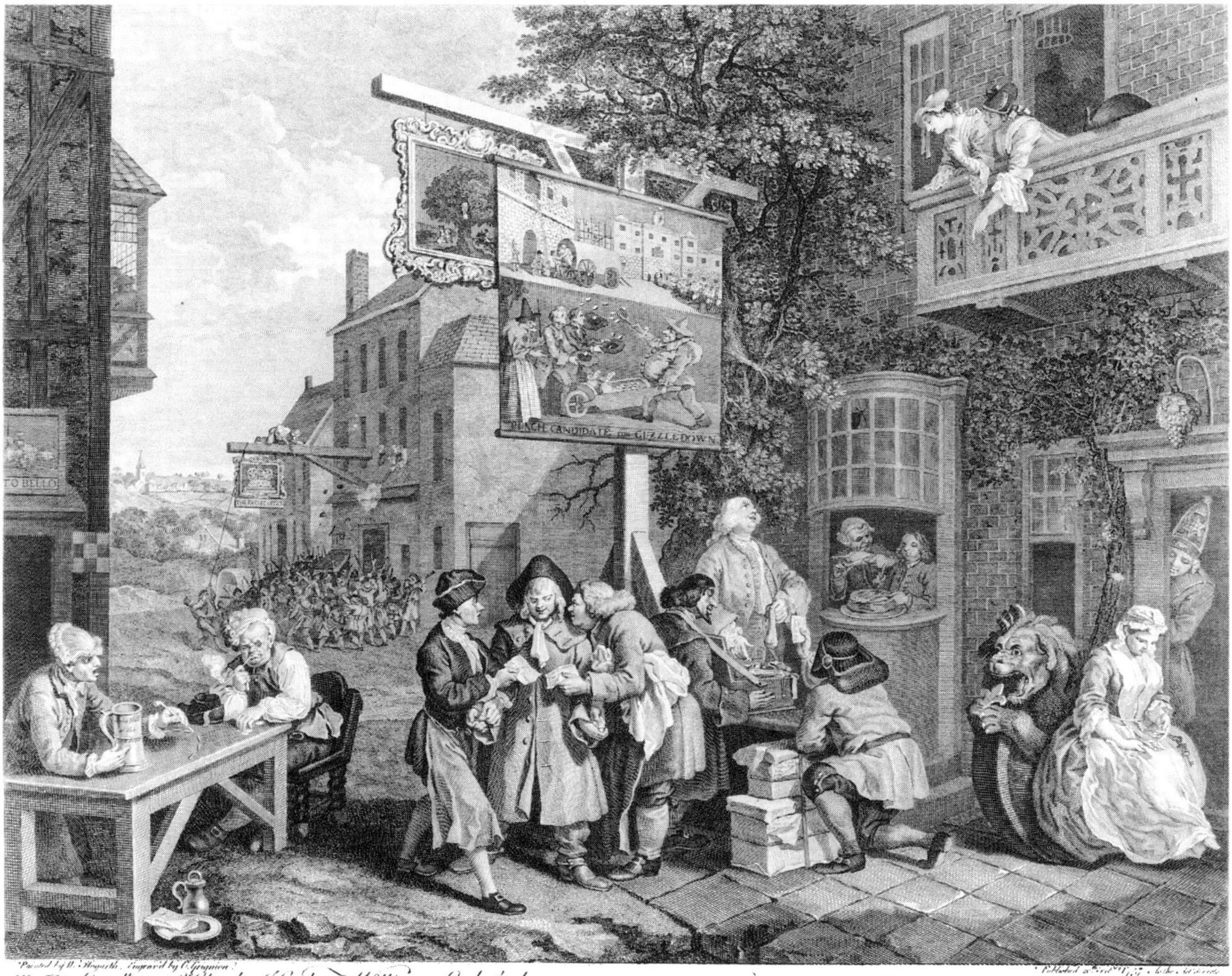

To His Excellency Sr. Charles Hanbury Williams Embassador to the Court of RUSSIA, this Plate is most humbly Inscrib'd By his most Obedient humble Servant, Willm. Hogarth

DIE PARLAMENTS-WAHL.

ZWEYTE SCENE*.

Dieses Blat enthält eine Vorstellung von dem, was der Engländer bey Parlamentswahlen *canvassing for votes* nennt. Es ist eigentlich die Stimmenjagd, oder vielleicht besser der Stimmenfang, wo außer den schönsten Lockvögeln, die das Favoritliedchen jedes Menschen kennen, und zu singen wissen, noch dazu Guineen und Banknoten auf dem Heerd erscheinen. Nichts zeugt mehr von Hogarths unerreichbarem Geist, als daß er einen Gegenstand, der blos für einen Engländer eigentliches Interesse haben kann, so zu behandeln und mit so starken aus der allgemeinen menschlichen Natur hergeholten Zügen auszuschmücken gewußt hat, daß diese Blätter etwas für alle Völker enthalten, und vermuthlich für alle Zeiten behalten werden. Gegenwärtiger Aufsatz hat hauptsächlich die Absicht, dem Deutschen Leser einige besondere Züge zu erklären, wodurch selbst jene allgemeine, wo nicht mehr Licht überhaupt, doch gewiß den Reitz der Neuheit wieder erhalten, der zur Auffrischung verblichener Grundsätze zuweilen im Leben nöthig ist. – Es werden also hier Stimmen geworben. Unser Taschenbuch enthält für diese Scene nur zwey erläuternde Kupferstiche, nemlich I und K. und diese sind auch hinreichend, das übrige wäre bey dem kleinen Format doch verstellt worden. Eine desto stärkere Erläuterung hat dafür die dritte Scene erhalten, die dem diesjährigen Taschenbuch ebenfalls einverleibet ist.

K

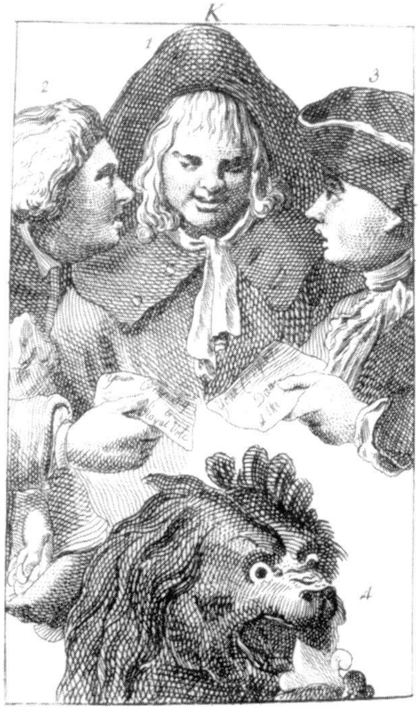

K.

Der junge, muntere Kerl (1), ist ein Pächter, der eine Stimme zu verkaufen hat, seine eigene nemlich, und scheint von Gewicht, denn er steht gestiefelt und gespornt da, und wird von den Wirthen der beyden Wirthshäuser, die auf dem Blat zu sehen sind, zugleich, und wie man sieht, mit Macht, angegangen. (2) ist der Wirth zur Königs Eiche (*the Royal oak*); der *No.* (3) aus der Crone. Beyde übergeben ihm Einladungskarten, jeder zu seinem Hause, wovon jedes der Vogelheerd einer Parthey ist. Jeder von beyden Wirthen giebt der Leichtigkeit der Einladungskarte noch geheimes Gewicht; der aus der Crone armselig, mit einer Guinee, der

* Die erste war der Wahlschmauß im Calender für 1787.

aus der Eiche hingegen mit einer Hand voll, die auf unsern Blättern, hinter dem Löwen, etwas im Dunkeln, (und dahin gehören solche Einladungen,) vorgestellt ist. Des Pächters Auge und Beyfall oscillirt also, wie jede ächte Goldwaage, auch hauptsächlich nach der Seite der Eiche, es ist das Recht des Stärkern; doch scheint er auch die Guinee aus der Crone zu nehmen, und das ist das Recht des Schlauen, oder wie wir es nennen, des Spitzbuben.

Der Löwe (4) ist ein vom Vordertheil eines englischen Kriegsschiffes abgerissener majestätischer Zierrath. Man pflegt dergleichen bey den Hausthüren der Wirthshäuser aufzustellen. Weil dergleichen Löwen hier im Trocknen keine französische Schiffe mehr verschlingen können, so fressen sie indessen französische Lilien, und eine dergleichen hat auch dieser schon halb in seinem Rachen. Sehr bedeutend bey einer Gelegenheit, wo alles frißt.

I.

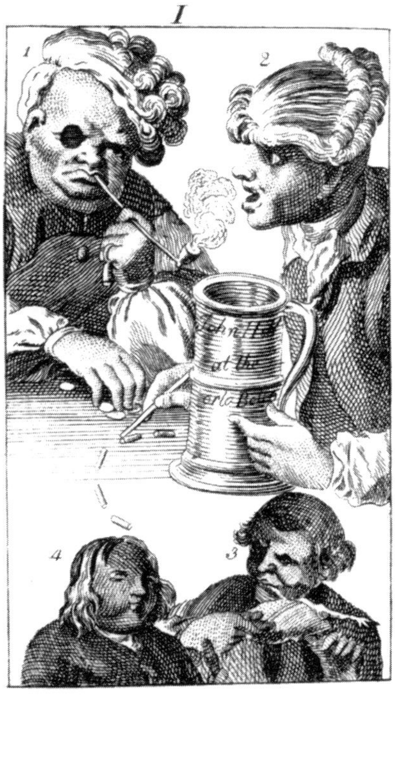

Eigentlich eine Nebenscene, aber von großer Bedeutung, und in mehr als einer Rücksicht verewigt. (1) und (2) ein einäugigter Schuster und ein Barbier sitzen vor dem Wirthshaus *Porto bello*, (dem dritten das hier vorgestellt ist,) und disputiren über die Eroberung dieser Vestung. Bekanntlich wurde sie 1739 von Admiral Vernon, der bloß sechs Schiffe hatte, glücklich erobert. Der Barbier formirt die Flotte mit Stückchen von seiner Pfeife auf dem Tisch, (das sechste ist auf unserer Darstellung hier vergessen) und vergißt darüber das Rauchen, das auch nun, nachdem die Pfeiffe sechs Schiffe von der Linie hergegeben hat, nicht wohl mehr möglich ist. Der Schuster hat Schuhe vor sich und der Barbier, sein Becken mit Serviette und Flasche auf die Erde gelegt, beyde mit einer Nachlässigkeit, die, wenn man bedenkt, was nette Füße und ein glattes Kinn und eine nette Frisur (denn in England besorgt dieselbe Hand Haar und Bart, welches sich auch besser verträgt, als Bartputzen und Starstechen,) bey einer solchen Jagd vermögen, Veränderungen in der Constitution nach sich ziehn könnte. Auf beyde wird irgendwo gewiß gewartet. Diese Scene, die an sich, wie sie hier gezeichnet steht, schon viel vortreffliches hat, ist besonders berühmt durch das neue Leben geworden, das ihr Alexander Stevens in seinen Vorlesungen über Köpfe (*Lectures upon heads*) zu geben gewußt hat. Von diesem merkwürdigen Manne findet man in des Hrn. v. Archenholz beliebtem Werk: England und Italien, (im 3ten Theil, Seite 195. der neuesten Ausgabe,) eine kurze aber vortreffliche Schilderung. Ich füge noch folgende Umstände hinzu:

Stevens war Schauspieler in Drurylane, und zwar ein sehr mittelmäßiger, denn das Talent wodurch er sich nachher so sehr auszeichnete, konnte er in dieser Stelle nicht anwenden, nemlich lebhaften Witz, unerschöpflichen Reichthum an Einfällen, die ihm von der Klapper des Wortspiels an, bis zur feinsten Spitze des epigrammatischen Stachels von allen Seiten zuströmten, und endlich seine Gabe Stimme und Gebehrden der Menschen von allem Stand und Alter nachzumachen. Mit diesen Geistesgaben ausgerüstet, und mit etwa vierzig bis funfzig Büsten aus Pappe und etwa halb so vielen Perücken aus allen vier Facultäten, und solchen die zu gar keiner gehören, auch einigen Wappen und Bildern zur Erläuterung versehen, erschien er nun für sich allein auf der Bühne und riß ganz London nach sich. Mit diesen Köpfen besprach er sich nemlich, so wie sie wiederum sich durch ihn mit ihm, oder auch durch ihn mit einander selbst; zuweilen erzählte er ihre Geschichte, oder commentirte über ihre Reden. Alexander der Große, ein Menschenschlächter – ehmals*, ward mit Sachem-Swampum-Skalpo-Tomachawk, einem ähnlichen Schlächter – kürzlich, und beyde mit einem Quacksalber, aus eben der Gilde verglichen. Er zeigte die unwiderstehliche Macht der Perücke an Beyspielen, und wie der Credit des Mannes, der sie trägt, mit jeder Unze um die ihr Gewicht zunimmt, um ganze Centner wächst. Der Kopfputz einer Hofdame wurde mit dem eines Fischweibes von Billingsgate verglichen, auch ihre Sprachen wurden neben einander gestellt, und die treffende Anmerkung gemacht, daß, so wie die Hofdame immer beschäfftigt sey Polysyllaba zu monosyllabisiren, die Fischweiber sich bestrebten Monosyllaba zu polysyllabisiren. Jene, statt *I shall not, can not, may not*, sagen *I shaant, caant, maant*; hingegen diese essen ihre toast*eses* zu ihrem Thee, und stoßen zuweilen their fist*eses* against their post*eses*. Am übelsten kamen bey ihm die Advocaten weg, und es kann nicht geleugnet werden, daß er ihre Kniffe und ihre Herum Schweif-Schwenk-Lenk-und Streck-ungen gut kannte, und ihr englisches Halblatein vortrefflich zu sprechen wußte. Er ist auch wohl gewiß einmal selbst einer gewesen, oder einmal von einer Bande derselben geplündert worden. So brachte denn auch Stevens unsre gegenwärtige Scene auf seine Bühne. In den gedruckten *Lectures on Heads*, so wie sie im ersten Bande des *Universal Museum* S. 455. stehen, wird die Flotte mit Stückchen Kork, das feste Land mit Tabacksasche, und die See mit Punsch vorgestellt. Daß sich aber Stevens auch zuweilen der Pfeifenstückchen zu Schiffen bediente, und diese alsdann in solcher Zahl ausrüstete, daß die noch übrigen Materialien nur noch dienten ihm Mund und

* Dieses sind Stevens's Ausdrücke.

Nase zu verbrennen, weiß ich von einem Augenzeugen, einem vortrefflichen jungen Engländer, der ehmals seine vertrautesten Freunde in Göttingen mit dieser Scene auf eine unnachahmliche Weise unterhielt. – Der Schuster der seine Stimme gegen einige Guineen hat erhaschen lassen, bedeckt diese mit der Hand, vermuthlich die Plünderung zu verhüten, wenn etwa die Flotte des Barbiers eine Landung nach der Seite zu vornehmen sollte, denn die Schnellfingerigkeit dieser Politiker ist in England unglaublich. Auch könnte es leicht seyn, daß dieser politische Schelm den ganzen Krieg angefangen hat, um nur eine etwas verlaufene Guinee von den übrigen abzuschneiden. (3) und (4) ist eine kleine Eß-Scene, die in dem Ausgebe-Fenster des Wirthshauses vorgeht, vor welchem der Löwe die Lilie verzehrt. Da der Löwe im Original nahe bey diesen Leuten steht, so thut das *ensemble* eine unbeschreibliche Würkung, man glaubt er spotte über den Kerl (3), den nemlich, der den gebratenen Kaupaun wie eine Queerpfeife ansezt, auch wird würklich von beyden fürs Vaterland gefressen. Die Ruhe womit Nr. 4 schon ein neues Stück von einem *buttock of beef* abschneidet, während das vorhergehende noch die Wange schwellt, die kleinen Augen und der geschlossene Mund haben etwas ungemein Appetiterweckendes. Vor eben diesem Wirthshause befindet sich ein wohlgekleideter ansehnlicher Mann, *Timothy Partytool Esq.** wie man aus der Addresse eines Briefes sieht, der ihm so eben gebracht wird. Vor ihm steht ein Jude mit einem unbeschreiblichen Spitzbubengesicht. Er verhandelt hier Kostbarkeiten, Uhren, Uhrketten, Ringe. Der ganze Zuschnitt dieses Menschen, seine Kopfhaltung, die angenommene Freundlichkeit, alles verräth den kriechenden Schelmen, der sicherlich nicht unter *100 procent* Profit verkauft, und dennoch hat der Handel seinen Gang. Was ist das? Ich bin in Wahrheit zuweilen geneigt zu glauben, daß Butler in seinem Hudibras Recht hat:

The pleasure sure must be as great
of being cheated as to cheat.

Es hat wohl beydes sein Vergnügen,
Betrogen werden wie betrügen.

Herr Partytool, vermuthlich der Agent eines der Candidaten, hält in der Linken einen Beutel mit Guineen, und spricht mit zwey Damen auf

* Das englische Wort heißt eigentlich ein Miethling irgend einer politischen Parthey, oder einer Faction. Ich habe an einem andern Ort schon angezeigt, warum ich dergleichen Namen nicht in ähnliche Deutsche übertrage.

der Gallerie, oder wohl gar mit etwas geringerem, wie mir aus den sehr kleinen Hüten wahrscheinlich wird, (vielleicht sind es bloße Pächter-Töchter,) und scheint sie zu fragen was er kaufen soll. Die Wahl fällt, dünkt mich, auf eine Uhr, und doch geben diese Mädchen keine Stimmen, sondern sie werden bestochen, auf daß sie andere bestechen, womit, ist alsdann gleichviel, mit Worten oder Werken. Man hat Beyspiele, daß bey dergleichen Gelegenheiten nicht bloß die Agenten der Candidaten, sondern die Candidaten selbst die Weiber im Dorfe herum geküßt haben, mit Guineen zwischen den Lippen, um die für christliche Eheweiber so bittere Pille, nemlich den Kuß von einem andern als ihrem Manne, durch Uebergüldung leichter hinunter gehen zu machen. Es soll außerordentlich geholfen haben. Doch dieses ist nichts neues, denn außerdem daß Krügers Lustspiel, die Candidaten, sich auf ähnliche Beobachtungen gründet, so soll es schon vor der Sündfluth nicht anders gewesen seyn: Nur erst die Herrn Weiber gewonnen, so giebt es sich mit den Frau Männern von selbst. Auch lassen sich von der andern Seite die schönen englischen Damen nicht selten mit ihren Küssen zu den Männern des Dorfs herab, um Ihrem Gemal oder auch einem Freunde Interesse zu verschaffen. Guineen haben sie nicht zwischen den Lippen, weil, wie man sagt, die Pille nicht ganz so bitter seyn soll. Dieses hat oft mehr geholfen, als Reichthum, und zumal als Verdienst, daher man auch, und wie mich dünkt mit Recht, anfangen soll, eine schöne Frau mit unter die Talente des Mannes zu rechnen.

Der Bote, der Herrn Partytool den Brief überreicht, dessen wir oben gedacht haben, hat einen großen Ballen Papier vor sich liegen. Von der Emballage ist hier und da etwas losgegangen, und da sieht man, daß es theils Addressen an das Volk sind, das man um seine Stimme bittet, theils Comödienzettul, worauf ein Lustspiel angekündigt wird, das also auf Kosten des Hrn. Partytool oder seiner Parthey, in dem Wirthshaus vorgestellt werden soll. Das Stück, woraus eine Hauptscene auf Wachstuch gemahlt vor dem Hause hängt, heißt: *Punch Candidate for Guzzledown:* Polichinelle Candidat für *Guzzledown**. Er ist vorgestellt, wie er eine Schubkarre voll Guineen vor sich herschiebt und mit einer einem Punschlöffel ähnlichen Schaufel sie unter die Leute auswirft, von welchen sie dann, wie man leicht denken kann, sehr gierig hinunter geguzzelt werden. In der obern Abtheilung des aufgehängten Gemähldes hat Hogarth mehr Satyre, wahre und falsche durch einander zusammen gedrängt, als

* Wieder ein solcher Name wie Partytool, nur daß er hier einen Ort bedeutet, für welchen Punch Candidat ist; *to guzzle down* heißt eigentlich gierig und mit besonderm Wohlbehagen eine gute Schüssel zu sich nehmen. Man vergleiche mit dieser Definition, die Fensterscene (3) und (4).

man in einem solchen Winkel vermuthen sollte. Das Gebäude linker Hand ist die Schatzkammer, und das zur Rechten die Wache der Garde zu Pferde (*the Treasury and the HorseGuards*) zwey öffentliche Gebäude in der Straße Whitehall. Vor ersterem hält ein noch nicht bespannter Frachtwagen, auf welchen Geld in Säcken (Hogarth meint zum Stimmenkauf für den Hof) geladen wird. Das Geld selbst wird oben aus dem Fenster wie Papierschnitzel in die Säcke geworfen, und in der That auch eben so leicht von den Leuten aufgeladen als Papierschnitzel. Dieser Scherz ist nicht viel werth. Sehr viel treffender ist die Satyre auf das Gebäude *the Horse-Guards*, das durch sein zusammen gedrücktes, plumpes und schwerfälliges Wesen sehr beleidigt. Man wünscht es auseinander ziehen zu können. Das Thor daran ist viel zu niedrig, und der oben aufgesezte kleine Thurm im höchsten Grade plump. Hierüber spottet Hogarth. Zum Thor hinein fährt des Königs Staatskutsche (oder soll wenigstens hinein fahren,) allein der Schlußstein des Bogens stößt dem Kutscher den Kopf ab. Der Kutscher kömmt nunmehr glücklich durch. Seinen Kopf aber sieht man noch in der Gegend des Schlußsteins schweben. Herr Ware, der Baumeister, nahm, wie man leicht denken kann, dieses sehr übel, soll aber doch mit einer Gutmüthigkeit, die einem fast wünschen macht, er sey geschont worden, blos gesagt haben: Es wäre ja hinlänglich gewesen, wenn der Kutscher sich bloß gebückt hätte. Naiv genug, aber guter Ware, Du verstundest Dich wohl so wenig auf Satyre, als auf architectonische Verhältnisse! – Noch glücklicher ist Hogarths Spott über den Thurm ausgefallen; nemlich statt dessen steht eine plumpe Biertonne mit einem ungeheuern Spundloch, um welches die Cirkel des Zifferblatts der Uhr concentrisch laufen, und auf dem obern Boden ist die Windfahne aufgespießt. –

Neben dieser Annonce sieht man das Schild des Hauses, die Königs-Eiche, nemlich König Carl II. in der bekannten Eiche, mit drey Cronen, England, Schottland und Irland um sich, und unten, einigen Reutern, die ihn suchen. Nicht ohne Lächeln hat der Erklärer dieser Blätter, öfters diese Wirthshauszierde, die in England sehr gemein ist, ansehen können. König Carls Kopf wird nemlich gemeiniglich in der Mitte des Busches einer Eiche gezeichnet, und zwar in einem solchen Verhältniß zu dem Busch selbst, daß man, ohne sich Gewalt oder den Perücken ein Leid anzuthun, ganz füglich die Eiche für die Perücke Carls des Zweyten halten kann. – Manchem unserer Leser wird es nicht unangenehm seyn hier zu erfahren, daß Halley eben diesen Schild am Himmel aufgehängt hat. Auch da giebt es unter den Sternen eine Carls-Eiche, (*Robur Carolinum*), die auf englischen Sterncharten auch sehr gut gedeiht. Indessen aber haben französische Reuter den englischen König darin entdeckt, und die

Eiche auf die Seite geschoben, wo sie aber auf dem Felsen, auf welchen sie sie verpflanzt haben, auch selbst in Frankreich fortkömmt*.

Im Hintergrunde dieses Blatts wird die Accise gestürmt, alles sehr verständlich. Allein hier hat Hogarth einen Zug angebracht, dem ich, zumal in unsern Tagen, innigste Beherzigung wünschte. Vielleicht ist eine so wichtige Wahrheit nie mit so wenigen Strichen so kräftig dargestellt worden. Der Pöbel ist beschäfftigt das Schild umzureißen, das die Accise verkündigt. Ein Kerl ist schon würklich auf den Balken geklettert, woran jenes hängt, und bemüht ein Stück davon abzusägen, bemerkt aber nicht, daß er gerade auf dem Ende sitzt, das er absägt, und das, noch dazu, mit einem Seil niedergezogen wird, und daß es ihn, so wie ihm sein Sägen gelingt, den Hals kosten wird. Kann man sich eine bessere Darstellung alles Unfugs unserer Zeiten gedenken? – Ihr sägt, Holländer, möchte ich hierbey ausrufen, aber bedenkt, daß der Balken auf dem ihr sitzt, und den ihr absägt, über dem Abgrund hängt.

Im Vorgrund, rechter Hand, sitzt an der Hausthüre die Wirthinn und zählt Geld in den Schooß; ein Grenadier, der in der Thüre Schildwache steht, sieht ihr sehr ernsthaft zu, freylich vermuthlich nicht ohne Wunsch im Besitz dieses Reichthums zu seyn; aber unmöglich kann ich glauben, was ein ruchloser Erklärer dieses Blats bey dieser Scene anmerkt: Er meint der Grenadier rechne schon auf dieses Kapital, bey der nächsten geheimen Unterredung mit dieser Wirthinn. Allein nicht zu gedenken, daß so etwas gegen alle menschliche Natur ist, so liefe es ja auch allem gerade entgegen, was wir oben von vergoldeten und unvergoldeten Pillen gesagt haben.

* de la Caille gab nemlich dem Sternbilde des Schiffes die Sterne wieder, die Halley demselben für die CarlsEiche geraubt haben soll. Aber aus Respect gegen diesen König sowohl, als den großen Astronomen, behielt er die Eiche bey, verpflanzte sie aber auf den Felsen an welchem das Schiff vor Anker liegt.

THE POLLING, Plate III.

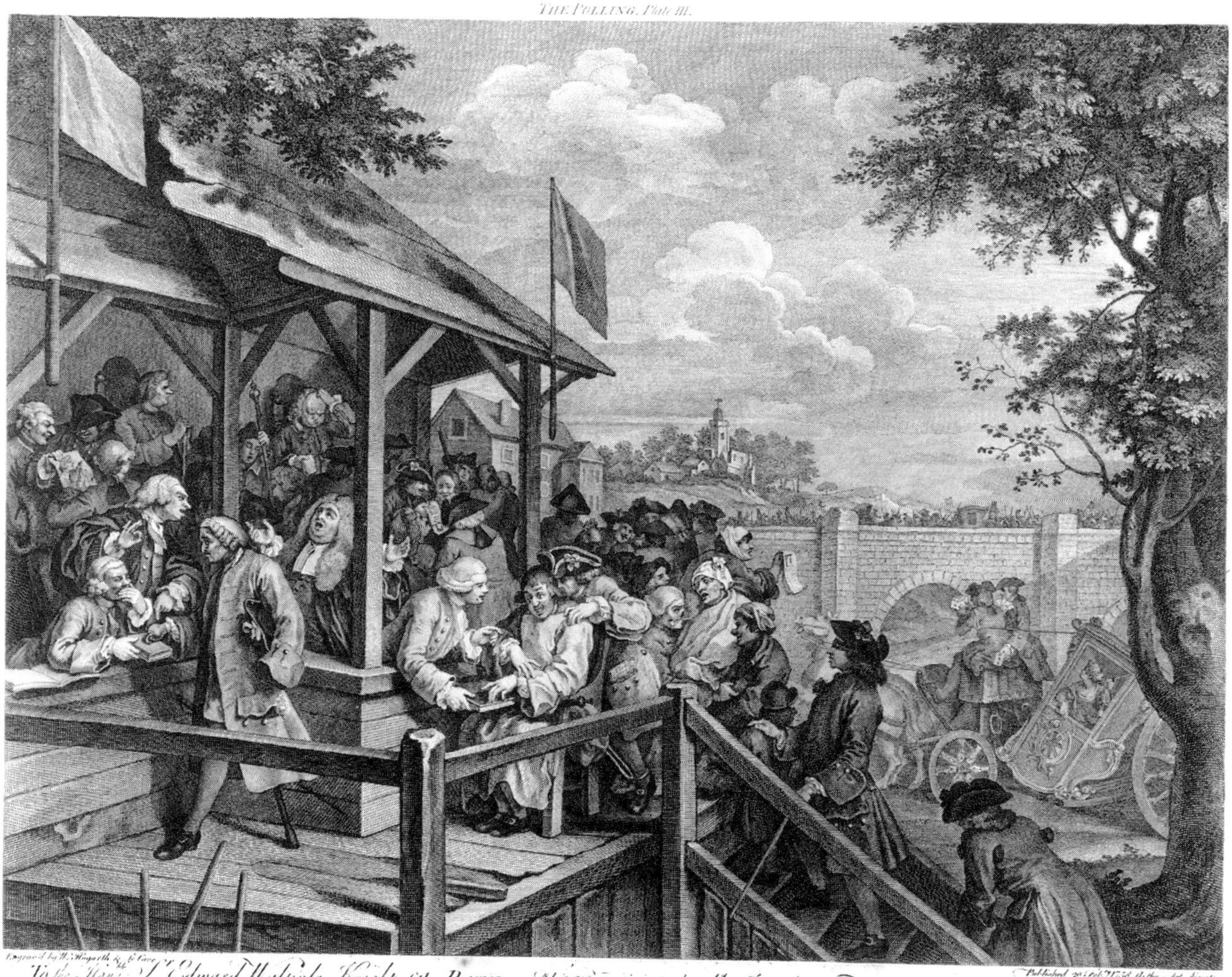

Engrav'd by W. Hogarth & Le Cave

Published 20 Feb. 1758 to the Act directs

To the Hon.ble S.r Edward Walpole Knight of the BATH. This Plate is most humbly Inscrib'd By his most Obedient humble Servant Will.m Hogarth

DIE PARLAMENTS-WAHL.

DRITTE SCENE.
DIE STIMMENSAMMLUNG (*POLLING*).

Hier kommen sie nun, Erkaufte und Unerkaufte, Blinde, Lahme, Krüppel, Wahnsinnige und Sterbende, und geben ihre Stimme, oder doch so viel davon als sie können, und überlassen auch hier noch das übrige dem der sie leitet.

Gleich im Vordergrunde sieht man die zum votiren aufgeschlagenen Gerüste. Sie werden von Gerichtsdienern gedeckt, von denen man hier nur die Knüppel sieht, womit sie bewaffnet sind, und dieses ist auch eigentlich hier genug. Das zur Linken mit der helleren Flagge, der orangefarbenen, bezeichnet die Hofparthey (*Oranje boven*), die andere dunklere, die blaue (*true blue*), die Patrioten. Sie schwören auf die Bibel, daß sie die nöthige Stimmfähigkeit haben.

E.

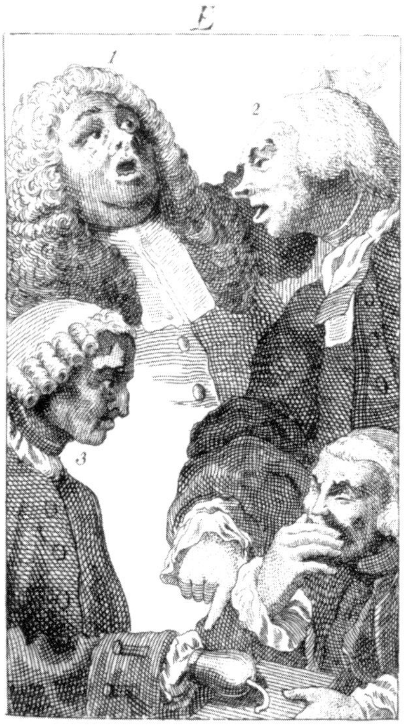

(3) ist ein auf Pension gesetzter Officier, der den größten Theil seiner Person im Dienst des Vaterlands verlohren hat. Der linke Arm fehlt ganz, so wie das rechte Bein, und die rechte Hand, oder vielmehr umgekehrt, da sich aus andern Umständen schließen läßt, daß der Kupferstecher das Gemählde nicht umgezeichnet hat. An den Stump der linken also hat er ein Stück Holz mit einem Haken bevestigt, also von den mächtigen zehn Fingern auf die bloße Klaue, und zwar nur eine einzige, reducirt, leistet der gute Mann seinen Eid, indem er diese Klaue auf die Bibel drückt. Wer geheimen Kummer und geduldiges Elend nicht in dem Gesicht dieses braven Mannes erblickt, für den hat sicherlich Hogarth nicht gezeichnet. Der blinzende Schurke von Gerichtsschreiber, der ihm den Eid abnimmt (4), findet bey seinen zehn Klauen den Vorgang lächerlich, wenn er nicht über den Zank lacht, der zwischen den beyden Advocaten (1) und (2) darüber entsteht, ob ein solcher Eid rechtmäßig sey. Denn man muß wissen, daß diese beyden Rechtsgelehrte eigentlich über die Frage streiten, mit welcher Hand man den Eid ablegen müsse, wenn man gar keine mehr hat? Ein vortrefflicher Zug von Hogarth, und welche Diäten für die Advocaten, und welche Scene für Dich, vortrefflicher Stevens! *Oh glorious uncertainty of the law*!

mögte man mit jenem englischen Sachwalter ausrufen: O! noble Ungewißheit des Gesetzes!

H.

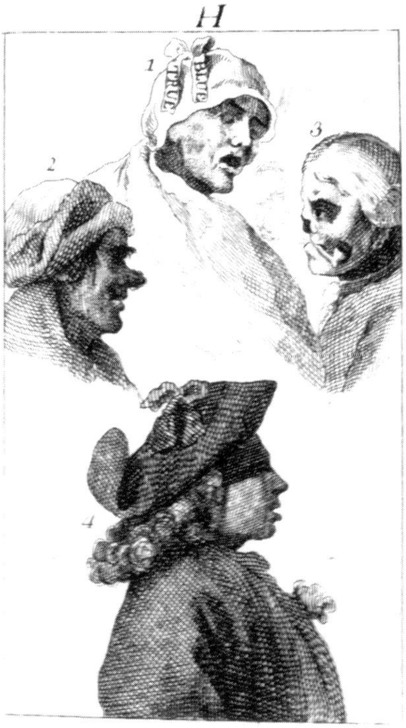

An der Patrioten-Seite des Gerüstes (*true blue*) ist mehr Mannichfaltigkeit. (1) ist ein agonisirender, mit der blauen Coquarde auf der Nachtmütze. Man sollte denken, er würde bloß hieher geschleppt, um Votum und Leben an dieser Stelle zugleich herzugeben. Um diesen Augenblick, ich weiß nicht, ob zu beschleunigen oder zurück zu halten, bläßt ihm ein hier sehr geschäfftiger Kerl (3) seinen Tabacksdampf gerade unter die Nase. Dieses abscheuliche Geschöpf, dem schon die Nase fehlt, ist demungeachtet, als hätte er noch eine zu verlieren, mit einem verworfenen Stück von einem Weibe (2) auf eine Weiße in Unterhandlung, die weder eine Beschreibung zuläßt noch bedarf. Ist seine Absicht redlich, so hat er in Wahrheit nicht übel gewählt. Denn so wie der hitzige auffahrende Mann eine sanftmüthige, nachgebende Frau, und der Verschwender eine zusammenhaltende wählen sollte: so sollte, dünkt mich, der, der keine Nase mehr hat, sich nach einer umsehen, die so reichlich damit versehen ist, daß sie ihm wo nicht etwas davon abgeben kann, doch überhaupt von einem so wichtigen Artikel Vorrath genug besitze, um Trotz des Abgangs von der einen Seite, doch mit den Nachbarn wenigstens im Ganzen gleiches Gewicht zu halten; und dieses ginge in unserm Falle vortrefflich; denn ist gleich seine Nase weniger als nichts, so ist die ihrige auch dafür so viel mehr als nichts als 3 gewöhnliche Nasen zusammen genommen, und seine Schulden mit ihrem Vermögen machen immer noch ein Capital; des jungen Anflugs und der Knospen nicht einmal zu gedenken, die die glücklichste Zukunft versprechen. Dieses unsern Lesern desto anschaulicher zu machen, hätte eigentlich die Nase (2) mit + und die (3) mit – 1 bezeichnet werden sollen, so daß also offenbar in der Haushaltung des jungen Ehepaars an Nasen immer ein Vorrath von + 2 gewesen wäre, wie bey andern ehrlichen Leuten auch. So etwas hat wohl Hogarth sicherlich gedacht, vielleicht nicht deutlich, aber gedacht gewiß. Die Liebhaber des Vulcanismus in der Physik muß es ebenfalls freuen, auch hier im Mikrokosmos ihre Welt im Großen zu finden, in Nr. 2 nemlich den noch brennenden Vulcan, und in Nr. 3 den ausgebrannten Crater. – Unmöglich kann ich diese Gruppe verlassen, ohne Deiner zu gedenken, braver Bardolph*! Siehe, möchte ich ausrufen, von

* Einer v. Falstaffs Spießgesellen, der sich durch eine feurige Nase besonders auszeichnete.

Deinem Galgen herab auf diese Nase, und sage: ist dieses nicht Dein Salamander* der im Feuer lebt, ist es nicht der Laternenträger, der im Dunkeln oft zu Deines Falstaffs großen Thaten leuchtete; das faule Holz, das in dem Winkel zu glühen schien, worin Du schliefest, und endlich das Wesen, von dem, als einst ein Floh darauf saß, Dein Gefährte Nym, wo ich nicht irre, sagte, es sey die Hölle, worin eine schwarze Seele briete?

(Nr. 4) ist ein leiblich Blinder, der zum Stimmegeben geführet wird, und, wie es scheint, eben so schlecht, als die geistlich Blinden, denn der kleine Junge, der ihn leiten soll, sieht nach einer andern Gegend, und der ihm noch übrige Stock tastet bereits an der Treppe vorbey. Die Deutung ist leicht, und der Kopf des Blinden merkwürdig. Wenn man auch nicht die Binde um die Augen sähe, so würde man sagen müssen, der Mann sey blind. Der steife Hals und Rücken, die offene Lippe, und die über den Horizont etwas erhabene Nase, wodurch alle Blinden wittern zu wollen scheinen, was sie nicht sehen können, verräth dieses, zumal letzteres, unwidersprechlich. Die Blinden am Leibe sowohl als die am Geiste, sagt Swift, tragen die Nase gemeiniglich höher als andere Menschen.

G.

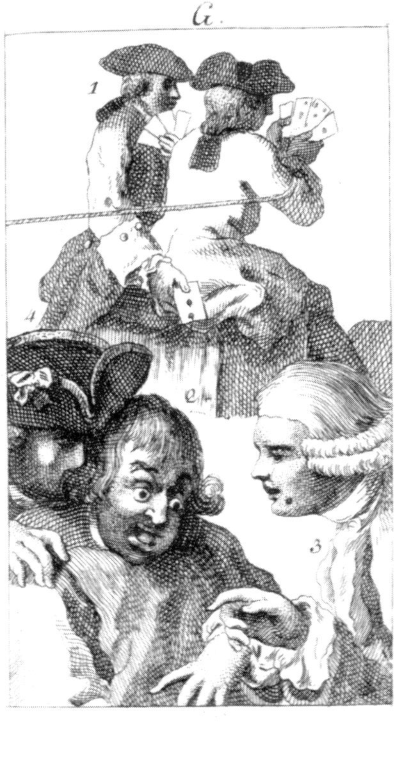

Der untere Theil dieses Blatts enthält eine Fortsetzung des vorhergehenden Auftritts. (2) ist ein Wahnsinniger, den man auch hieher bringt, um sein unwillkührliches Votum zu geben, ein abscheuliches Gesicht, aus dem man entweder nichts oder alles machen kann, was man will. Dr. Shebbeare (4), ein sehr berüchtigter Mann, macht sich dieses zu Nutze und lenket dessen Stimme. Der letztere, der hier in Beinschellen erscheint, und dem noch sein 6ster Brief an das englische Volk aus der Tasche ragt, wodurch er eigentlich fiel, und dafür 2 Jahre in Newgate sitzen und endlich am Pranger stehen mußte, wobey er etwas von seinen Ohren verlohren haben soll, flüstert ihm gehörige Richtung ein. Der Votirende hat die Insignien seines Geistes-Zustandes am Leibe; ein Schlabber- oder Sudeltuch der Kinder (*bib*), und durch seinen Tragsessel ist vornen ein Querholz gesprießt, zu verhindern, daß er nicht herab fällt; also ein Kind. (3) ist ein junger juristischer Stutzer, der ihm mit einem Schönpflästerchen im Gesicht den Eid abnimmt, so wie er fällt.

* Shakespearische Schilderungen dieses merkwürdigen Naturproducts.

Die Gruppe (1) ist merkwürdig, weil sie mit unter die wenigen Allegorien gehört, die Hogarth in seinen Werken angebracht hat. Es sind Kutscher und Bedienten der Britannia, (also ihre Minister,) die auf dem Bock in Karten spielen, unbekümmert, was aus der Dame in der Kutsche wird. In ihr Kartenspiel vertieft, fahren sie nicht allein an der Brücke vorbey, sondern die Kutsche bricht auch. Britannia zieht den Kutscher am Seile, er hört aber nicht, sondern betrügt sie, und wird außerdem noch von seinem Gefährten betrogen, der ihm in die Karte sieht. – Sehr gut ausgedrückt für die, die sich für berechtigt halten, so etwas zu glauben. Hogarthen ist dieses alles sehr leicht zu vergeben, er stellte Meinungen dar, ohne auf irgend eine derselben einen besondern Accent zu legen. Drolligt genug, daß eine Balladensängerinn den Ministern ihre Ballade, worüber der eine Galgen steht, zum Verkauf anbietet.

D.

D.

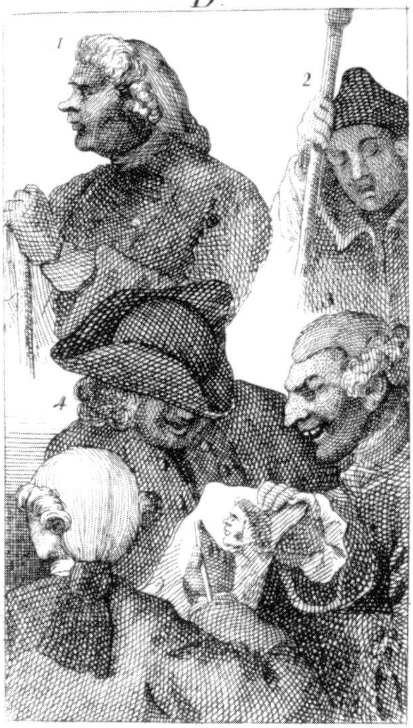

(1) Einer der Candidaten, der begünstigtere vermuthlich. Sein Hinsehen in unbedeutende Luft, und dabey auf den eichenen Prügel ruhig gestützt, verräth viele Sicherheit; er weiß er siegt, und in diesem Fall ist es leicht ein Gesicht zu machen. Indessen scheint der Blick in eine entfernte Gegend oder nach den Wolken immer der beste zu seyn. Seine rechtliche Ruhe scheint den Muthwillen der Gegenparthey etwas zu erwecken, er wird von der Gruppe (3, 4) gezeichnet, und gut getroffen. Der Schelm (3) scheint sich sehr über die Aehnlichkeit zu freuen. Welche Nase und Zähne, der Himmel behüte! Der Gerichtsdiener (2) schläft. Wachen ist auch hier überflüssig.

F.

(1) Krazt sich am Vorkopf; hier scheint es nicht gehen zu wollen. Die Perücke ist zurückgeschoben, um den Zweifeln Luft zu machen. Er hält ein Papier in der Hand, welches ihm zu verdrüßlichen Muthmaßungen Veranlassung zu geben scheint. Auch wacht der Gerichtsdiener neben ihm. Unten ließt man eine Satyre ab mit dem Galgen oben drüber, so wie die Galgenreden (*last dying speeches*) der Spitzbuben gewöhnlich verkauft werden; ob Nr. 1 zum Trost oder Nachtheil, erhellet nicht. Ueber der Brücke im Hintergrund, an welcher wir die Britannia haben vorbeyfahren sehen, geht ein Zug votirender mit Fahnen, und den bey den sanften Freuden dieser Menschenclasse unentbehrlichen Knüppeln. Der Zug geht der Richtung der Britannia entgegen. Wer weiß ob sie nicht mit Fleiß die Brücke vermieden hat. Denn wie oft hat nicht diese vortreffliche Dame mehr von ihren enthusiastischen sogenannten Freunden gelitten, als sie nur immer von Feinden erleiden konnte.

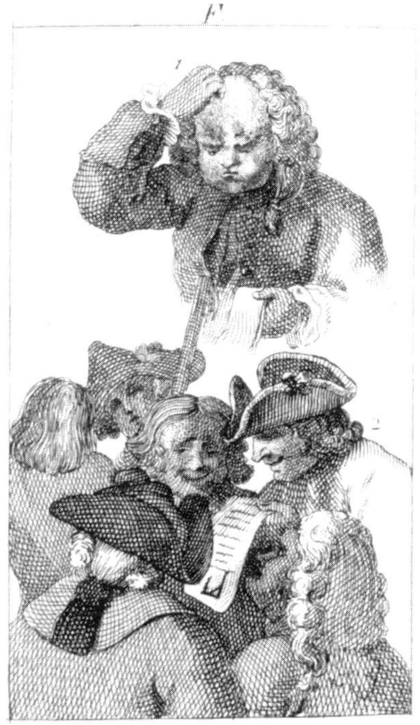

CHAIRING THE MEMBERS. Plate 4.

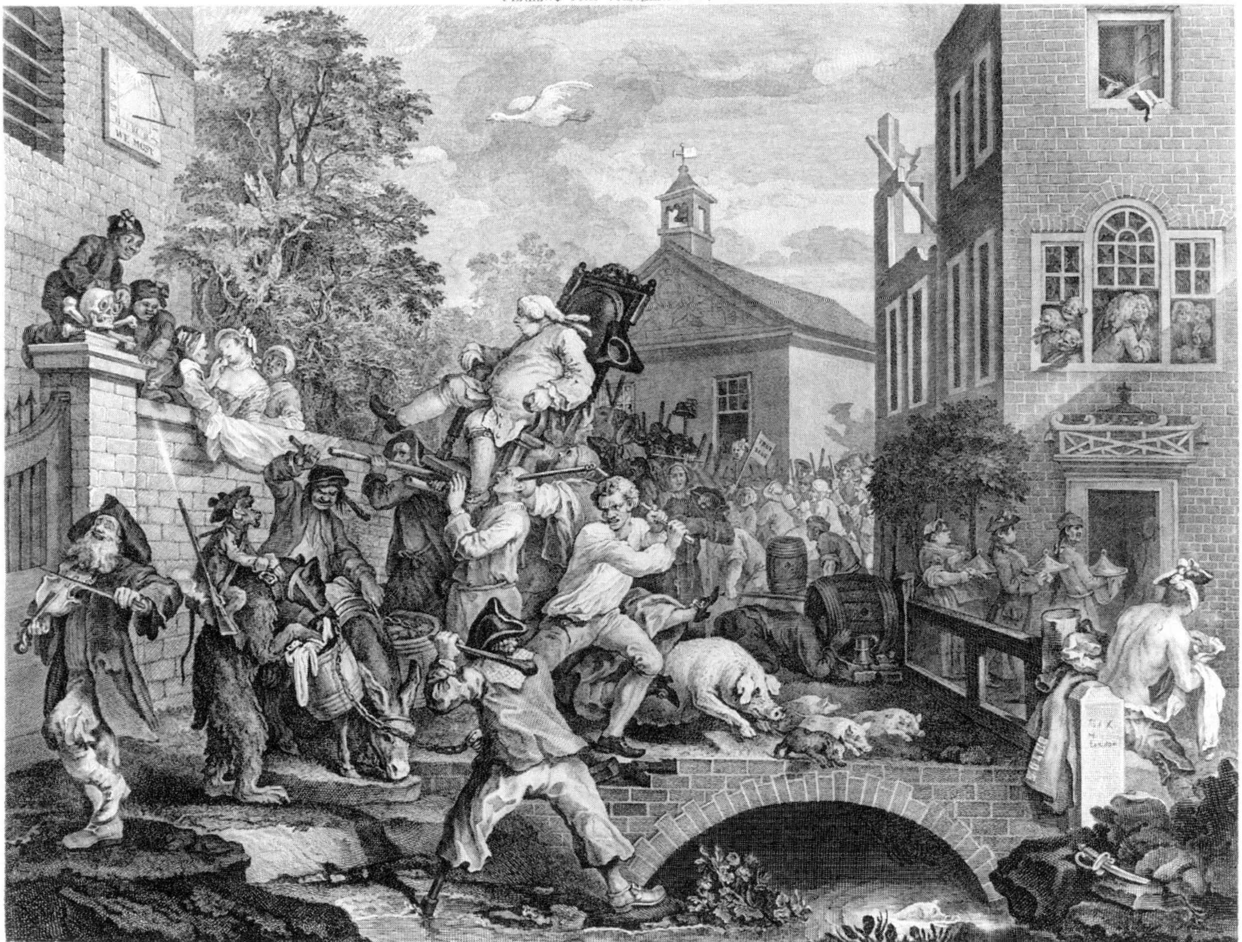

Engrav'd by W. Hogarth & F. Aveline.

Publish'd 1st Jan. 1758 as the Act directs.

To the Hon. George Hay, one of the Lords Commissioners of the ADMIRALTY, &c. &c. — This Plate is most humbly Inscribed — By his most Obedient humble Servant — Will.m Hogarth

DIE PARLAMENTS-WAHL.

VIERTE SCENE.
DER AUFZUG IM TRIUMPHSESSEL (*CHAIRING*).

Nach entschiedener Wahl werden die Neugewählten auf Armsessel geladen und auf den Schultern ihrer Parthey umher geschleppt, um der Welt zu zeigen, was für ein Meisterstück sie gezeugt haben. Dieses ist der Inhalt dieses Blattes.

L.

L

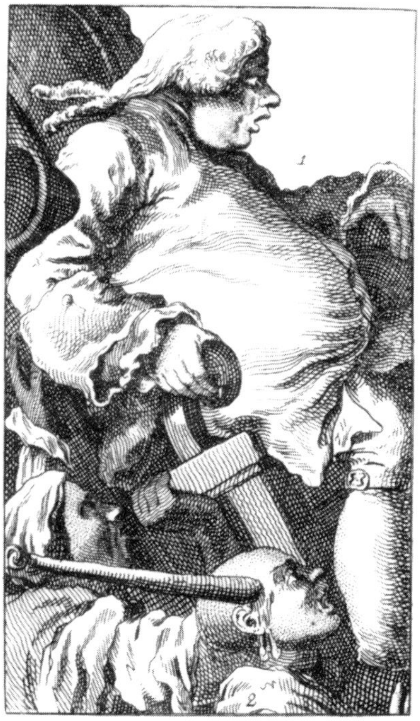

(1) Ist einer der beglückten Candidaten auf dem Tragsessel, dem hier gleich beym Eintritt in die neue Würde, ein böser Umstand zustößt, der für das künftige nicht viel verspricht. Nemlich gerade unter dem Triumphstuhl, ereignet sich ein kleiner Dispüt, der, der Sache nach, geringfügig seyn kann, aber was die streitenden Personen und die Art der Behandlung betrifft, allen Respect verdient; denn eine der streitenden Partheyen ist ein englischer Bauer mit dem Dreschflegel, und der andere ein englischer Matrose mit einem in der That fürchterlichen Prügel. Die Beweise sind also, wie man sieht, von beyden Theilen so ziemlich abgewogen, und die Entscheidung scheint nur allein von dem Vortrag abzuhängen. Hierin ist nun der Bauer unglücklich, denn, indem er ganz unschuldig, blos wider den Gegner ausholt, trifft er einen der Träger des Triumphsessels, darüber fängt der ganze Triumph an zu wanken, und zu sinken. Also der Bauer disputirt mit einem Matrosen, und indem er ihn zu widerlegen trachtet, bedient er sich einer Wendung, die einen andern trifft, an den er nicht gedacht hatte, und der nun vermuthlich mit seinem ganzen Anhang über den ehrlichen Bauer herfallen wird. Wem fallen nicht hierbey einige unserer gelehrten Streitigkeiten ein. Glücklich, wenn das Wehrinstrument nur noch den Kopf eines Wehrlosen trifft, und nicht gar irgend eine geweihte Perücke lüftet, oder ein Horn des Altars streift. – Der Triumphsessel fängt also an zu wanken, und mit ihm der Held der darauf sitzt (1), und der, wie man sieht, eine etwas erbärmliche Figur zu machen anfängt. Nach Nichols, dem man bey solchen Deutungen vorzüglich trauen kann, ist der Mann, der hier sinkt, das Porträt eines gewissen Hrn. Doddington, nachherigen Lord Melcombe. Ich weiß von dem Character dieses Mannes nichts; was aber Hogarth von

ihm gedacht haben mag, erhellet aus folgenden Umständen sehr deutlich. Aus dem Ganzen nemlich sieht man offenbar, dieser Triumph ist mit seinem Zuge einem reichlich versehenen Bauerhof zu nahe gekommen, vielleicht gar durchpassirt, und hat darin allerley Stöhrungen, zumal unter der kleinen Viehzucht angerichtet. Ein Mutterschwein mit fünf Ferkeln, wird unter andern wild, und läuft einer Frau, die hier freylich auch nichts zu thun hatte, zwischen den Beinen durch, wirft sie um, und Sie betet an, mit den Beinen in die Höhe. Die Geschichte mit dem Dreschflegel erhält gleichfalls hierdurch Licht, er (der Dreschflegel) ist das grobe Geschütz des bewaffneten Bauerhofs. Nun zurück zu Lord Melcombe; auch die Gänse werden aufgejagt, und eine davon schwebt über dem Haupt des triumphirenden Lords. Nun ist der Bauerhof gerächt. Le Brün läßt in seinen berühmten Bataillen Alexanders, über Alexanders Haupt nach dem Sieg beym Granikus einen Adler schweben. – Also dort schwebte der Adler über dem Haupt des Helden und hier die Gans. Dort war Alexander und hier Mr. Doddington, nachheriger Lord Melcombe. So dachte Hogarth vermuthlich. Die Erklärung ist leicht.

Indem Mr. Dodington sinkt, wird eine junge Dame, die auf der Kirchhofmauer den Zug ansehen will, ohnmächtig, ob aus allgemeiner Menschenliebe, aus welcher Damen oft ohnmächtig werden sollen, oder aus besonderer, wie einige Ausleger glauben, lasse ich dahin gestellt. Gleich neben ihr befindet sich eine merkwürdige Gruppe .

M

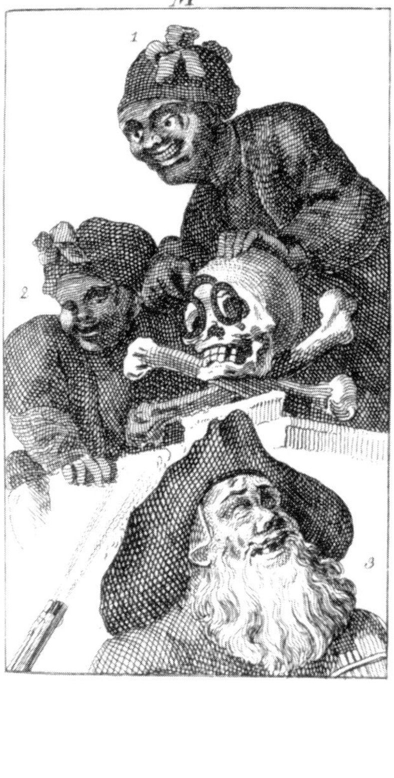

M. NR. (1). (2).

Ein Todtenkopf, dem ein Schornsteinfeger-Junge (1) eine Brille aus Honigkuchen auf die fehlende Nase stülpt, oder stülpen will, wozu sein Gefährte (2) lächelt. Das Gesicht des Jungen (1) ist unbeschreiblich fröhlich; es läßt sich ohne innigste Theilnehmung kaum ansehen. Was er mit dieser Brille vor den Augen dessen, der keine mehr hat, will, ist verschieden erklärt worden. Wenn ja irgend etwas dahinter steckt, so ist es die Beobachtung der Schlägerey zwischen Bauer und Matrosen. Siehe also, sagt der Junge, hier giebts etwas für Dich. Viel zu gelehrt, wie man leicht sieht, für den Jungen. Es steckt nichts dahinter, es ist vielmehr, wenn mich mein Gefühl nicht trügt bloßer Muthwillen des Knaben dem Todtenkopf eine Brille aufzusetzen. Jeder etwas muthwillige Mensch, der sich eine Brille aus Honigkuchen vorher gekauft hätte, und nachher bey dem Kirchhofthor zu sitzen käme, würde in einem solchen Lärm eben das thun, und sie dem Todtenkopf anprobiren. Es ist unglaublich, wie sehr in dergleichen Darstellungen die Commentatoren fehlen, die nicht einen Funken von dem Geist des Mannes haben, dessen Werke sie erklären sollen. Allein daß Hogarth mit dieser Geschichte doch mehr gemeint habe, als sich der Darstellung ansehen läßt, ist ausgemacht, und mit Urkunden belegt. Linker Hand unten geht eine Flinte los, diese zielt eigentlich auf den Schornsteinfeger. Die Geschichte ist folgende: Bey der Wahl 1754 die in Oxfordshire sehr streitig war, wurde die Postchaise eines Hauptmann T... von dem widrig gesinnten Pöbel umringt, und versucht ihn mit sammt der Chaise in die Themse zu werfen. Ein Schornsteinfegerjunge war dabey besonders thätig, und wurde von dem Hauptmann auf der Stelle erschossen. Dieser kam deswegen, wie sich versteht, in Inquisition, wurde aber völlig frey gesprochen. Dieses ist die Anspielung. Der Schornsteinfeger hat seinen Lohn dahin, aber wie kömmt nun vor Hogarths Richterstuhl Captain T... weg? Sehr erbärmlich. Allen, die England kennen, ist bekannt, mit was für einem Auge der Pöbel die Soldaten ansieht. Sie für geduldete und selbst gedungene Feinde des Vaterlandes anzusehen, ist unter dieser Classe von Menschen gewöhnlich. Hogarth, der sich mit seinen Gesinnungen, sobald sie den Staat betreffen, immer an jenes Gesindel (*the mob*) anschließt, äußert sich auch hier diesem gemäß. Unten steht nemlich ein Bärenführer, und dieser ist der disputirende Matrose, auf dessen Bär ein Affe reitet mit einer Coquarde, also Captain T... Der Bär geräth wie sein Herr mit einem andern Bauer in Streit, der einen Esel vorbeyführt, mit Körben beladen, in welchen der Bär Kaldaunen findet, und zugreift. Indem der Bauer auf den Bären losschlägt, geräth sein Reiter, der Affe, in Angst, und darüber geht ein Carabiner los, den er umhängen hat, und erschießt den Schornsteinfeger (1). Der eigentliche Punkt der Handlung ist, wie man sieht, etws spitz gegriffen, denn die Flinte ist los und der Junge lächelt noch. (3) ist ein durch Wein und Punsch desorganisirter Fiddler für den Bären und Affen, noch scheint er die Geige zu manipuliren, vermuthlich in der Hoffnung, daß sie selbst die Töne sicher angebe, wozu er ihr nur entfernte Winke giebt. Im Hintergrunde, kömmt sehr drollig, das zweyte gewählte Mitglied, nicht in Person noch zur Zeit, sondern blos dessen Schatten, der noch dazu, sehr merkwürdig, an das Rathhaus angeworfen wird. Also eine bloße Silhouette von einem Repräsentanten.

In dem Getöse in der Mitte, geht unglaublich viel vor. Eine Schneiderfrau prügelt ihren Mann nach Hause, der, vermuthlich um nicht gesehen und erkannt zu werden, aber auch wohl um die Prügel selbst nicht zu sehen, die beyden Hände vor das Gesicht hält. Man erkennt seinen Stand an der Scheere, dem Garn das ihm an beyden Seiten des Halses herabhängt, und an der Frau, die ihn heimsucht. Auch erblickt man nebst der Kappe der Freyheit auf einem derben Prügel, den Kopf des ausgefallenen Candidaten in Holz mit einer Coquarde aufgespießt, wozu die Fleischer ihre Music mit Knochen und Hackmessern (*Marrowbones and cleavers*) anstimmen. Die Patrioten (*True blue*) haben indessen gesiegt. In einem Procurator-Hause (denn oben sieht man die schreibende Hand und einen versiegelten Contrakt [*indenture*] liegen), ist die Parthey versammelt, die verlohren hat. Der Herzog von Newcastle mit dem blauen Bande, scheint am Fenster beschäfftigt, einen Betrübten mit Versprechungen zu trösten. Ein anderer Theil der Gesellschaft, 3 Köpfe, sehen gierig aus einem kleinen Fenster heraus, und freuen sich Hrn. Dodington nach dem Fleische stürzen zu sehen, nachdem er sie selbst nach dem Geist gestürzt hat. Der Herzog scheint indessen noch für mehr Trost gesorgt zu haben, unten marschirt eine Colonne von Personen ein, die Essen zuschleppen, die ein französischer Koch mit der Mütze anführt, und die von einem eingebohrnen Weibe geschlossen wird. Der Contrast ist auffallend. Der Pickling führt auf, und die *Raja Batis* (man sehe oben S. 121) schließt. So schön das weibliche Geschlecht auf jener Insul überhaupt ist, so sind doch solche weibliche Falstaffe auf derselben gewiß gemeiner als bey uns, zumal unter dem nahrhaften Theil der niedern Classen, wahre doppelte Menschen, nur einer im andern, eine lebenslange Schwangerschaft in allen Gliedern. Die Natur die dort überhaupt besonders geschäfftig ist, Menschen und Thiere vorzüglich auszuarbeiten, arbeitet nemlich bey erstern, wenn ihr Plan nach der Länge fehlschlägt, gern in die Breite. Solcher menschlichen Rochen hat sich Hogarth öfters bedient, seinen Scenen Gewicht zu geben. *Squat* nennt der Engländer diese Figuren, die in die Breite treiben. Das *at* in dem Wort ist auch für unser Ohr von Bedeutung; platt, geplatscht, gepratscht tönen, erstes überall, und letztere noch hier und da von Nasen, die in die Breite wuchern. – Gleich neben der Hausthüre sitzt, an einen Meilenstein gelehnt, ein Soldat, der in diesem Privatkrieg, wo er vermuthlich als General und Gemeiner zugleich focht, übel weggekommen zu seyn scheint. Er hat sich so eben geboxt und ist noch bis an die Hüfte nackend, sein Kopf ist verbunden, doch fehlt der Hut nicht. Sein Degen ist entzwey, vermuthlich ist er in der äußersten Noth einem Dreschflegel begegnet, nicht als Degen, das wäre *unfair*, sondern als Prügel, und blos mit Prügels Rechten. Er labt sich mit etwas Rauchtaback, den er in den Mund steckt. Ein solcher delicater Bissen heißt in der Sprache des gemeinen Volks *a Quid*. Ich schreibe das Wort ohne Fragzeichen, weil gar nichts metaphysisches darin liegt. Vermuthlich ist es nicht einmal latein, sondern die Lateiner schreiben es blos so. Der Geschmack des Pöbels an diesen *Quid's* geht so weit, daß die Beyspiele nicht selten sind, da ein Vorübergehender, der einen solchen *Quid* an dem Ecksteine eines Hauses angeklebt fand, den ein anderer, der etwa in der Nähe zu couren hatte, wo der *Quid* nicht mitkommen durfte, in der Eile aus dem Munde nahm und anschmierte, denselben mit Wohlbehagen abklaubte und in seinen eignen Mund steckte, nicht ohne Vergnügen über den Fund und geheime Schadenfreude über die Verlegenheit dessen, der ihn hier wieder vergeblich suchen würde. Wir bitten unsere Leser um Vergebung, wegen des eckelhaften *Quid's*, den wir hier hingestrichen haben; es geschieht aus der besten Absicht, und blos um ihnen verständlich zu machen, daß der arme durchgeboxte Soldat so unglücklich nicht ist, als er unser einem scheint, und daß ihn vielleicht die schmutzige Prise, die er hier nimmt, durch fröhlichen Genuß weit über das Ordensband oben im Fenster hinaussezt, dem die kostbarern und nicht so unschädlichen *Quid's* französischer Köche zugeschleppt werden. Auch würden unsere Leser und vorzüglich unsere Leserinnen, uns diese Freyheit gewiß gerne verzeihen, wenn sie wüßten, wie viel Ueberwindung es uns zuweilen gekostet hat, ihnen zu Liebe, eine andere Art von *Quid's*, minder eckelhaft aber gefährlicher, wegzuwischen, oder flüchtig anzusehen, die Hogarth oft mit unbeschreiblichem Witz in den geheimsten Winkeln anzukleben gewußt hat. Den Soldaten so vorzustellen, wie ich ihn bisher beschrieben habe, wäre für Tausende genug gewesen, aber Hogarth ist unerschöpflich. Ich werde immer mehr überzeugt, daß kein Strich bey ihm ohne Bedeutung ist, wie in den Werken der Natur. Da der Kerl einmal Taback nehmen sollte, so, sollte man denken, wäre es gleichviel gewesen, was für welchen, allein auf dem Papier, woraus er ihn pflückt, steht *Kirton's best* (*Kirtoni optimum subter solem*) und dieser Kirton war ein Tabackshändler in Fleetstreet, der sich und seine Familie durch den enthusiastisch-muthwilligen Antheil, den er bey streitigen Parlamentswahlen nahm, gänzlich ruinirt hat. Hierdurch bekömmt diese kleine Winkelscene vorstechendes Leben; der Soldat hat nemlich von Kirtons Bestem auf dem Papiere, auf dem Rücken, in den Hüften, und unter dem Schnupftuch auf dem Kopf. Meinem Gefühle nach ist dieses einer der besten Züge auf dem ganzen Blat, und dieser steht in einem Winkel, wo ihn Tausende übersehen. Es giebt in diesem Fach kein sichereres Zeichen eines großen Schriftstellers oder Künstlers als dieses. Der mittelmäßige Kopf klebt sein Bischen Goldschaum auf jeden Heller, den er ausgiebt; der schwere Mann verliert auch wohl einmal einen Louisd'or ohne es zu merken. Er behagt immer dem, der ihn findet, und ihm selbst ist er kein Verlust.

Ich beschließe die Erklärung dieser Blätter mit der Anzeige eines unglaublich abgeschmackten Einfalls, nicht von Hogarth, so etwas ist nicht zu erwarten, sondern eines den seine Satyre trifft. Ueber dem Schornsteinfegerjungen, der erschossen wird, sieht man an der Kirche eine

Sonnenuhr mit der Unterschrift: *We must* (Wir müssen). Nun freylich Müssen wir vieles in der Welt, und hauptsächlich bey Parlamentswahlen, aber dahin geht die Satyre nicht; sondern, (so wird es erklärt,) ein reicher Mann, aber erbärmlicher Tropf, der sich viel Witz zutraute und hauptsächlich an Wortspielen Vergnügen fand, soll diese Worte unter eine sehr hervorstechende Sonnenuhr an seinem Hause gesezt haben. Weil bey den Worten *we must*, dem Engländer leicht einfällt, was hier fehlt, nemlich *die all* (alle sterben), und das Zifferblatt einer Sonnenuhr oder auch die ganze Uhr *dial* (*die all*) heißt, so besteht der Einfall darin, daß die Worte *we must*, außer dem *memento mori*, das sie enthalten, zugleich sagen: Dieses ist eine Sonnenuhr, und zwar beydes in der Sprache der Räthsel. Können sich wohl unsere Leser eines elendern Gedanken erinnern, und eines der so sehr selbst die kleinste Fiber, die sich über seine Erbärmlichkeit zu einem Lächeln ziehen wollte, durch diese Erbärmlichkeit lähmt? Ich glaube kaum. Ich hatte mir einmal vorgenommen ihn durch einen ähnlichen Deutschen zu erläutern, allein mir ist schon über der Bemühung so elend geworden, daß ich auch nie wieder darauf zurück kommen werde.

Noch verdient angemerkt zu werden, daß die Original-Gemählde dieser Wahlscenen im Besitz der Frau Garrick zu Hampton sind, und daß man im Englischen ein Gedicht in Knittelversen in vier Gesängen darüber hat, worin unter vielen mittelmäßigen Stellen auch einige vorkommen, die eine nicht gemeine Anlage zu Butlerscher Laune im Verfasser verrathen. Von dem wenigen was dieses Gedicht an Erklärung enthält, habe ich Gebrauch gemacht.

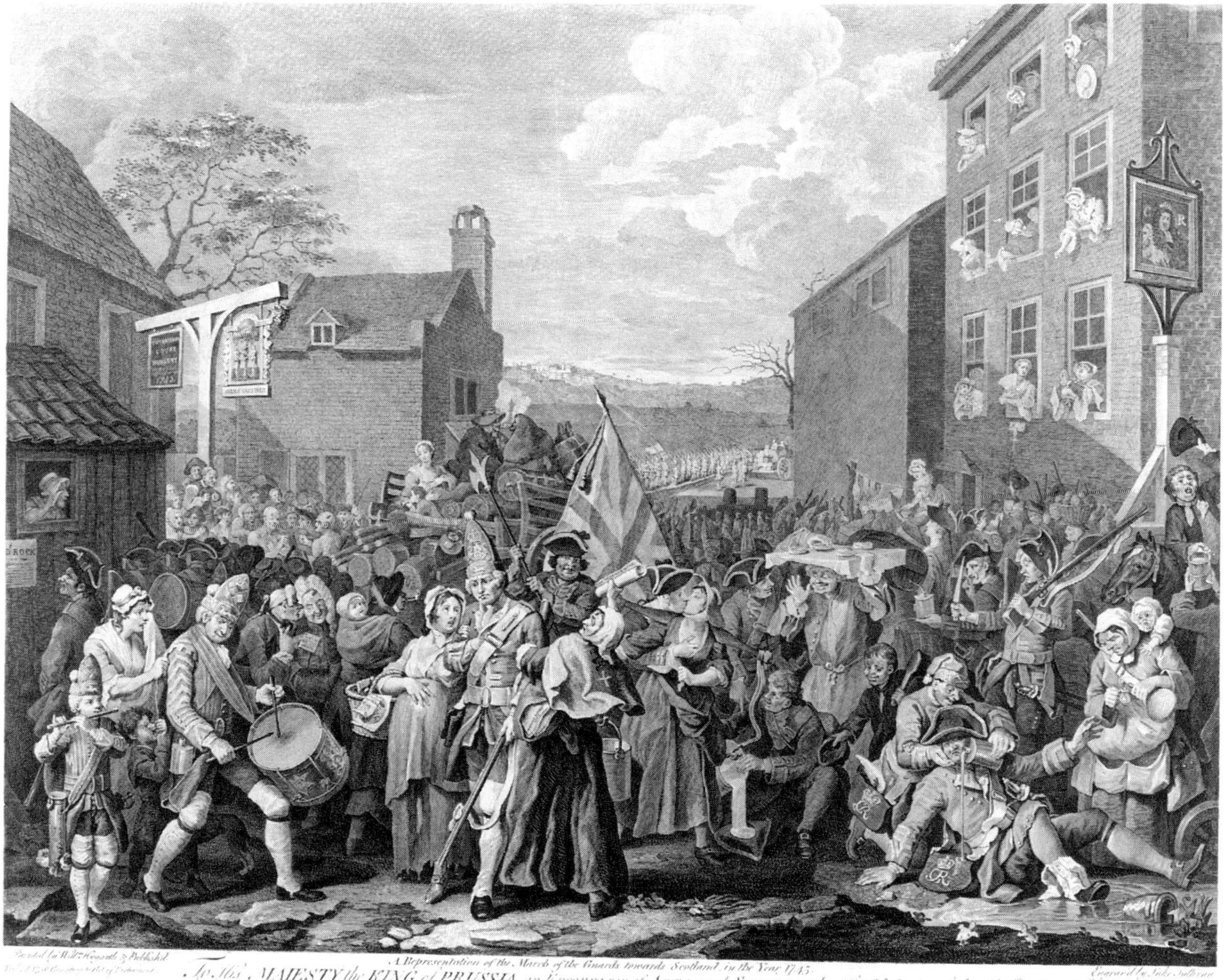
Painted by Willm Hogarth & Published
A Representation of the March of the Guards towards Scotland, in the Year 1745.
To His MAIESTY the KING of PRUSSIA, an Encourager of ARTS and SCIENCES! This Plate is most humbly Dedicated.
Engraved by Luke Sullivan

AUSMARSCH DER TRUPPEN NACH FINCHLEY*

(Preiß $\frac{1}{2}$ Guinea.)

Es ist wohl eine sehr richtige Bemerkung, daß wenn man eigentlich wissen will, wie stark zwey Dinge, die sich einander berühren, zusammen hängen, man versuchen muß sie auseinander zu ziehen. Man findet alsdann nicht selten, daß unglaubliche Kräfte nöthig sind Wesen zu trennen, die bloß nebeneinander mit leiser Berührung zu ruhen schienen. Alles sträubt und bäumt und sperrt sich gegen den Ruhestöhrer, und Kräfte äußern sich, an die man vorher nicht gedacht hätte. Umgekehrt aber zeigt es sich auch oft, daß man Dinge auseinander blasen kann, die allen Anschein von ehernem Zusammenhang hatten. Deßwegen haben die Zeichner der menschlichen Natur seit jeher, wenn sie ihre Kunst mit einem Male und mit dem geringst-möglichen Aufwand von Raum darlegen wollten, sich mit Recht immer Darstellungen plötzlicher Trennungen oder Vereinigungen (welches dieselbe Sache mit dem entgegengesetzten Zeichen ist), gewählt. So wählten sich West und Chodowiecky die Trennungen von Regulus, und von Calas, und – – Hogarth einen Ausmarsch von Truppen in den Krieg. Allerdings ist lezterer ein unerschöpfliches Feld für einen Mahler, Kenntniß menschlicher Natur zu zeigen, wenn er welche besitzt. Denn: erstlich: wo ein Paar tausend Soldaten zu einem gefährlichen Krieg ausmarschiren, da kann man sicher rechnen, daß ihnen zwey oder drey Paar tausend Herzen nachziehen, ein jedes nach seiner Art. Dieses geht ohne große Revolutionen in Stellungen und Minen u. dergl., unmöglich ab. Für das zweyte, wird in manche Wunde, die durch eine plötzliche Trennung gerissen werden muß, von manchen zu viel Wein oder Brantwein gegossen, und zwar von beyden Seiten, und diese Palliativ-Curen bringen oft die seltsamsten Wirkungen hervor. Drittens, fesselt die herrliche Janitscharen-Music tausende von Ohren, und dort! der schöne Officier tausende von Augen. Ach! ist es nicht Jammer Jammer Schade, daß ein so schönes junges Blut gegen den Antichrist marschiren und die Disteln von Schottland düngen soll!

* Ein Flecken 12 englische Meilen von London auf der nördlichen Heerstraße, welchen die aus London gegen die Rebellen im Jahr 1745 marschirenden Regimenter passiren mußten. Dieses ist der Ausmarsch, für welchen das berühmte Lied: *God save Great George the King* gemacht und componirt worden ist. Die letzten Strophen desselben, die man jetzt wegläßt, weil ihr Inhalt keine Verwendung mehr findet, beweisen dieses.

Hierüber entsteht in vielen unter diesen tausenden eine gewisse Unaufmerksamkeit auf manche Güter dieser Welt, vornehmlich Goldbörsen, Taschenuhren, Schnupftücher, ja sogar silberne Schuhschnallen; dieses macht sich dann eine andere Classe von Menschen, die, grade umgekehrt, über dem beständigen Denken an die Güter dieser Welt, Janitscharen-Musik und schöne Soldaten vergessen, zu Nutz, und entledigt jene gefühllosen Anstauner von dem, was ihnen doch nunmehr gleichgültig geworden ist. Ich meine der Beutelschneider und der Mauser haben hier freyes Spiel und reiche Aerndte, zumahl in Middlesex, das man, wo nicht das wahre Gosen, doch gewiß die eigentliche Attica der Beutelschneider und Mauser nennen könnte. Diese unwandelbare Beschäftigung der Augen erzeugt überhaupt eine Blindheit gegen alles übrige, und folglich also für manchen eine Art von Nacht, worin er seine verliebten Beutelschneidereyen ungescheut ausüben zu können glaubt. Und Viertens spielen auch hier Patriotismus, wahrer und falscher, und kriegerischer Muth, wahrer und affectirter, ihre mannichfaltigen Rollen. Von allem diesem hat Hogarth auf diesem Blatt Proben gegeben. Schade, daß sich diese Proben sogar auch auf den letzten Artikel der dritten Abtheilung erstrecken, da man doch hier weder die Janitscharen-Musik hört, noch auch bey dem in Kupfer gestochenen Grenadier lange verweilt, und überhaupt der ganze Aretinische Muthwillen nichts werth wäre, wenn man ihn *nicht* bemerkte.

A

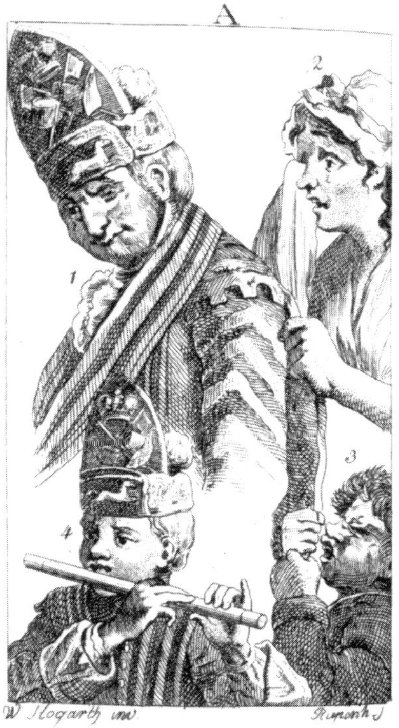

A.

Eine Abschieds-Scene. (1) Ist ein Tambour außer Reihe und Glied, der, wo nicht von seiner Frau, doch von etwas dieser Art (2), und einem jungen Leibeserben von nicht sonderlicher Schönheit (3) am Achselband zurückgehalten wird. Wie man aus des Kerls Mine sieht, so haben beyde sein Herz nicht sonderlich gefesselt, allein sie haben ihn am Achselband, und das hält. Sie scheinen, ehe er sein nicht mehr ganz junges Blut gegen den Prätendenten verspritzt, ihm die letzten Blutstropfen einer andern Art aussaugen zu wollen, und an diesen scheint ihm fast mehr gelegen zu seyn, als an denen, die dem Vaterland gehören, wenigstens gewiß mehr als an dem Fleisch und Blut von ihm (Nro. 3), und deßwegen verbeißt er die Lippen und verzieht den Mund. Im ganzen scheint der Kerl doch mit Gedult zu leiden. Etwas böses Gewissen ist wohl hiervon die Ursache, und dann vornehmlich, wie ich glaube, die Trommel, die er zu rühren anfängt, um sich nicht durch die Argumente erweichen oder aufbringen zu lassen, die aus den Oeffnungen (2) und (3) sehr reichlich hervorzuströmen und nichts weniger als Sophistereyen zu seyn scheinen. Dieser Einfall ist vortrefflich, und es ist wirklich eine Frage ob es nicht gut wäre, wenn mancher Ehemann die Trommel schlagen lernte, und dieses Instrument im Hause immer nicht weit von sich hängen hätte. Nur befürchte ich bey dem allgemeinen Gebrauch zweyerley: 1) daß mancher zumahl unaufgeklärte Ehemann, noch ehe er die Trommel umgehängt oder zurechte gestellt hätte, schon von den Stöcken Gebrauch machen möchte, und 2) daß alsdann des Trommelns in den Häusern den ganzen Tag über kein Ende werden, und manches ansehnliche Haus von dem Durchreisenden eher für eine Tambour-Academie, als für die Wohnung friedliebender Bürger gehalten werden möchte. – Daß ein kleiner allerliebster Junge von einem Pfeiffer (4), den man im Original ganz sehen muß, zu dieser Scene zu pfeifen anfängt, ist eminent Hogarthisch.

B.

B

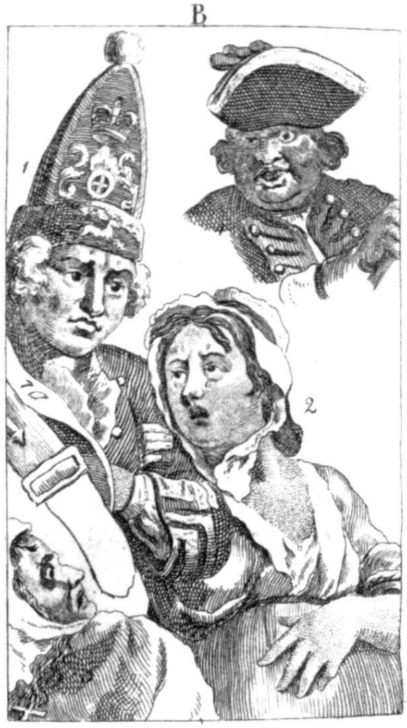

Eine ähnliche Abschieds-Scene, nur mannichfaltiger; auch scheint bey der einen Partey mehr wahre Empfindung zu herrschen, so wie von der andern die Ueberredungsmittel kräftiger sind. Der Auftritt würde sogar rührend seyn, wenn sich Hogarth hätte mäßigen können. Allein wenn er irgend einmahl eine Saite des menschlichen Herzens anschlägt, die sanftere Gefühle erwecken und allmählig den Beschauer zu melancholischem Vergnügen hinführen könnte, so ist er im Augenblick mit der Sourdine bey der Hand, um zu verhindern, daß sie nicht zu stark und nicht zu lange tönt. (Nro. 1) ist nähmlich ein schöner, reinlicher, und, wie man selbst noch durch die kummervolle Mine durchsieht, braver Grenadier und redlicher Kerl. Allein, lieber Himmel, die Grenadiere sind auch Menschen! Er hat nähmlich das Unglück gehabt, das man an der Person (Nro. 2) nur zu deutlich sieht. Sie zauset ihn nicht beym Achselband, sondern hat ihn freundlich am Arm gefaßt, an welchem sie sich sanft anlehnt, mehr ihn noch etwas zu begleiten, als zurückzuhalten. Der linke Arm ruht auf dem hohen Leib, nicht um da hinzuweisen, wenigstens nicht bloß allein deswegen (Hogarth meint es nähmlich so gut mit diesem armen Tropf, daß er ihm nicht alles Anständigkeitsgefühl raubt); Nein! sondern sie hat ein Körbchen an diesem linken Arm hängen, worin das Bild des Herzogs von Cumberland, und das Lied: *God save the King*, mit deren Verkauf sie sich jetzt kümmerlich nähret, liegt, und dieses Körbchen erfordert diese Lage des Arms zugleich mit. Durch diese Waare werden des Mädchens Patriotismus, und Religionspartey angedeutet. Die Ansprüche die sie macht, sind so gerecht, als sie deutlich sind; auch scheinen sie gerecht befunden zu werden, wiewohl ihre Augen etwas zu suchen scheinen, was sie nicht finden; allein wie ist es möglich j e t z t zu helfen! In diesen Proceß mischt sich (Nro 3) unten, wie einige glauben, das rechtmäßige Weib, wahrscheinlicher aber wohl die abandonnirte Geliebte des Grenadiers. Auf dem Mantel hat sie ein Kreuz, (auch ein sprechendes Zeichen ihrer religiosen sowohl als politischen Gesinnungen) eine wahre Kreuzspinne, und ein Teufel von einem Weibe, deren ohnehin nicht sehr reizendes Gesicht noch mehr durch die Wuth bey dem Anblick ihrer sanftmüthigen und schönen Gegnerinn verstellt wird. Ihr ganzer Anzug hat bey allem weiblichen in den einzelnen Theilen etwas Patermäßiges im Ganzen. Unter ihrem Arm trägt sie ebenfalls allerley Blätter, die Zeugen ihrer Gesinnungen, z. B. *The Jacobite Journal*, und die *London Evening post*. In der Rechten aber hält sie hoch auf, ein damahls berüchtigtes Blatt, hier zu einem Prügel zusammen gerollt, womit sie auf den Grenadier losschlägt, *the Remembrancer*, den Denkzettel.* Drollig ist es allerdings, wiewohl immer redlich, daß der Prügel die Declaration seiner Gerechtsamen und Absichten zugleich im Druck enthält und mitbringt. Eine vornehme, aber nunmehr leider veraltete Art den Krieg anzufangen! Jetzt prügelt man sich sicherer ohne Manifeste. Hogarths Einfall gewinnt noch sehr viel mehr, wenn man den ganzen Titel des Journals kennt, und sich dabey unter jenes Volk zu versetzen weiß: *The Remembrancer or a weekly stap on the face for the ministry.* Der Denkzettul oder wöchentlicher Backenstreich für das Ministerium. Kläger und Beklagte haben wir nun in Nro (1), (2) und (3) gesehen, oben in Nro. (4) erscheint nunmehr auch unvermuthet ein Richter, nähmlich ein nicht mehr ganz nüchterner Sergeant, mit einem Gesicht, das die Natur wohl für ein anderes Element als das, worin die Fußgarde lebt, bestimmt zu haben scheint. See, Salzwasser und Eiche, ist der Charakter. In seinen Händen hält er einen Remembrancer, den Spondon, ganz gegen Nro (3) aufgehoben, der also vermuthlich den Streit bald endigen wird. Daß ein sonst ehrliches Mädchen einem braven Kerl von seiner Compagnie vernünftige Vorstellungen thut, davon leuchtet die Billigkeit selbst diesem Eichenholz und Salzwasser ein, allein daß zu gleicher Zeit der Antichrist, in der Gestalt einer Jacobitisch-Jesuitischen Kreuzspinne, ihr Gift auf den braven Kerl ausläßt, das leidet die Ehre nicht.

* Ich habe dieses Wort im Deutschen mit Fleiß gewählt, weil es bey uns ohngefähr so wie das englische, außer dem Begriff von Erinnerung, auch den von einer eignen Art der Bewirkung desselben, nähmlich den von Schlägen, unter sich begreift.

C

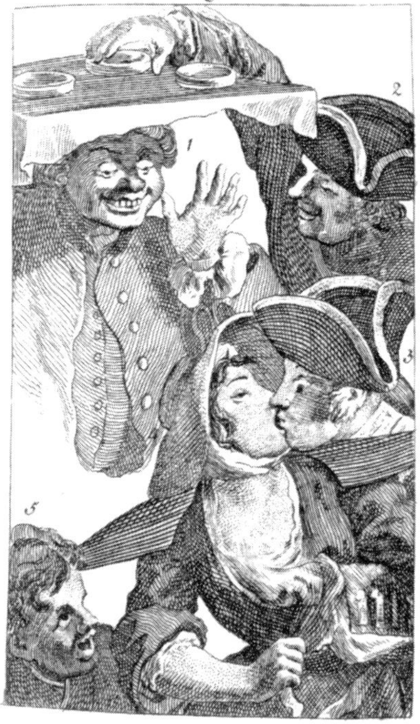

D

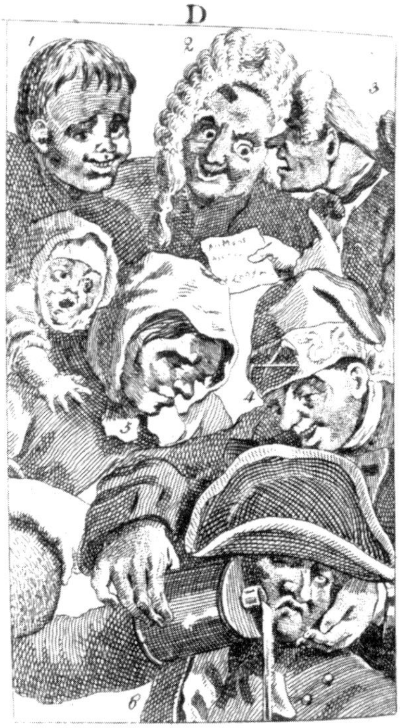

C.

Ein Soldat (3) umarmt ein Milchmädchen (4). Ob es eine neue Verbindung *en passant* ist, oder der letzte Riß kurz vor der völligen Trennung, ist schwer auszumachen. Auf ihren Schultern sieht man hier das Joch, woran sie die Eimer trägt. Diese vorübergehende Blindheit von (3) und (4) macht sich ein schlauer Kerl (5) zu Nutz, und gießt sich den Hut voll Milch. Indem dieser Milchraub vorgeht, kömmt ein Pastetenbecker (1) mit Pastetchen auf dem Kopf des Weges, und ein Unterofficier (2), der mit der einen Hand auf diese Scene hinweißt, um den Pastetenbecker aufmerksam darauf zu machen, raubt ihm mit der andern eine seiner Pastetchen. Aber der Pastetenbecker! Welch ein Kopf! Sicherlich einer der lebendigsten, die Hogarths Griffel je hervorgebracht hat, und vermuthlich ein Porträt. Es ist unmöglich diesen Mund, der weit genug geschlitzt ist, ein Pastetchen auf einmahl aufzunehmen, hier aber sich bloß auseinander zieht um Freude und Wohlbehagen auszulassen, anzusehen ohne selbst mitzulächeln. Wie das feine Obergebiß auf der untern gespannten Lippe so süß ruht! und wie entzückend sich die Mundwinkel aufwärts ziehen, als wollten sie selbst dem todtesten Stück des menschlichen Gesichts, ich meine der Gegend zwischen Aug und Ohr, Leben geben! Wer in aller Welt würde einem solchen Gesicht keine Pastetchen abkaufen! – Allein bey allem dem ist es ein loser Vogel, es ist etwas Schadenfreude mit unter dem, was die Grazien seines Gesichts hier enthüllt, er scheint mit der Hand andeuten zu wollen, daß man den Milchdieb nicht stören soll, weiß aber nicht, daß er in demselben Augenblick seinen Lohn für diese menschenfreundliche Gesinnungen empfängt. So geht es in der Welt!

D.

Der Kopf (1) gehört einem kleinen schlauen Schornsteinfeger Jungen zu, der mit ironischem Lächeln, dem Milchdiebe des vorigen Blatts seine Mütze hinhält, und um eine Mütze voll bittet. Nro (2) und (3), der erste ein Jacobite, der die Früchte seines nobeln Patriotismus mit Pflaster überklebt an der Stirne trägt, der zweyte ein Franzose, sind vermuthlich hier den Zug – ein wenig zu beobachten. Die Erklärer sagen: der Franzose bringe dem andern gute Nachrichten, nähmlich von einer Landung eines Corps Franzosen in England, und über dieser herrlichen Nachricht verschiebt sich die Perücke des getreuen Unterthanen, und läßt, prophetisch, die Ehrenzeichen sehen, welche das Jahr darauf, seine ganze Parthey bey Culloden* so reichlich einärntete. Neben dem Kopf Nro (2) hat Hogarth, wie durch ein Ohngefähr, aber gewiß vorsätzlich, den Kopf eines Kindes, welches von einer zerlumpten, häßlichen Mutter in einem Laken auf dem Rücken getragen wird, hingestellt. Das Angesicht dieses Kindes ist voll wahrer, himmlischer Unschuld, und setzt das Fratzengesicht dieses Schurken noch tiefer herab, so wie die Mutter mit dem ihrigen, welches noch überdas eine Tobackspfeife ziert, die nicht unangenehme Bildung der armen Schwangern (Blatt B. Nro. 2) neben welche es zu stehen kömmt, desto mehr erhebt. Ich hätte gewünscht, den Kopf dieses Kindes statt des Schornsteinfegers hier zu sehen; es war aber schon zu spät als ich es bemerkte. Die Köpfe (4), (5) und (6) gehören zusammen. Nro (6) ist ein Soldat, der in eine der Wunden, von denen ich oben geredet habe, viel zu viel Brantwein gegossen hat. Er sieht sich also genöthigt, nachdem er eine seiner Gamaschen bereis verloren hat, und die andre sogleich verlieren wird, sein Privat-Lager schon am Ende der Stadt, aus der er marschiren wollte, aufzuschlagen. Dieses thut er ziemlich ungeschickt, nähmlich unglückseliger Weise am Ufer eines von denen nicht recht durchsichtigen, auch nicht immer ganz flüssigen kleinen Privat-Seen, die man im Deutschen Mistpfützen zu nennen pflegt. Mit dem obern Theil seines ziemlich schweren Körpers hält er noch zur Zeit bloß das Littorale besetzt, dahingegen die Beine, zumahl das rechte, bereits gegen die Frösche zu kreuzen angefangen haben. In dieser Noth versucht es einer seiner Cameraden (4) ihm Wasser einzugießen. Die Arzney aber kömmt leider! wie viele Arzneyen, nicht hin, wo sie hinkommen soll, sondern hier, neben dem Magen vorbey, in die Patrontasche, jedoch ohne die Schuld des Arztes. Der Patient nähmlich verwirft mit Unwillen, was ihm der Arzt vorschreibt, und greift vielmehr nach einem Hausmittel, welches ihm eine nicht mehr ganz junge Dame (Nro 5) verordnet und einschenkt – nach einem Glas Brantwein. Daß man den Folgen eines Rausches, wovon der beste Theil bereits verschlafen ist, mit einem zweyten vorbeugen kann, ist eine alte Regel; allein ich wüßte nicht, daß das Verfahren dieses Frauenzimmers in unserm gegenwärtigen Fall, irgend etwas für sich hätte, es müßte denn die bekannte Erfahrung seyn, daß, wenn der Blitz eingeschlagen und gezündet hat, nichts die Flamme so geschwind löscht, als wenn er zum zweytenmahl ins Haus schlägt. Das Kind auf dem Rücken der Mutter, greift gierig nach dem Arzneymittel, welches die Mutter dem Patienten zumißt, und aus dem Jammerbild, welches

* Ein Ort in der Grafschaft Murray in Schottland, wo eben diese Truppen, die hier ausmarschiren, unter Anführung des Herzogs von Cumberland, am 27 April 1746 die gesammten Rebellen auf *das Haupt* schlugen und gänzlich ruinirten.

dessen Gesicht, zumahl im Original, darstellt, sieht man daß es leider! nur zu sehr mit dieser Universalmedicin bekannt ist. – Unten an dem dießseitigen Ufer des Sees stehn ein Paar junge Hühnchen auf den Zehen mit ausgebreiteten Flügeln. Man hat Hogarth getadelt, und nicht begreifen können, warum er diese friedliche, furchtsame Geschöpfchen hier, in diesem Tumult, so ganz ohne Noth aufgestellt habe. Hierbey muß ich einmahl für allemahl erinnern: Ein geschickter Zeichner mag zwar freylich an Hogarth hier und da genug zu tadeln finden, und das mit Recht, allein man hüte sich ja vor allem Tadel von der Art des so eben erwähnten; man behält gewiß am Ende Unrecht. Getadelt habe ich ihn auch dieser Hühnchen wegen nie, aber unerklärbar war mir denn doch auch ihre Erscheinung hier, und ich fing wirklich einmahl an sie für junge Entchen zu halten, die etwa der Soldat (6), als er sein Lager zum Theil in ihrem Element nahm, auf den Strand gejagt hätte. Auch glaube ich noch, daß diese Erklärung den Künstler nicht schändet, zumahl wenn das kleine Vieh auf der Flucht, allenfalls mit dem Kropf an der Erde, wäre dargestellt worden. Ich hatte mich aber denn doch, wie ich nachher gelernt habe, sehr geirrt. Es sind wirklich Hühnchen, die deßwegen hier, leider! bloß aus Aengstlichkeit beherzt, dem Tumult trotzen, weil der Arzt Nro (4) ihnen ihre Mutter entführt hat, deren einer Fuß und Flügel auch wirklich aus der Patrontasche desselben hervorstehen. Dieses hatten Hogarth's Tadler und ich in dem Tumult übersehen. Vermuthlich würde der Schalk auch die Töchter mitgenommen haben, wenn sie größer gewesen wären, oder man sich auf einem Marsch mit der Education solcher Krabben abgeben könnte, mit denen noch in der Welt Gottes nichts anzufangen ist.

E

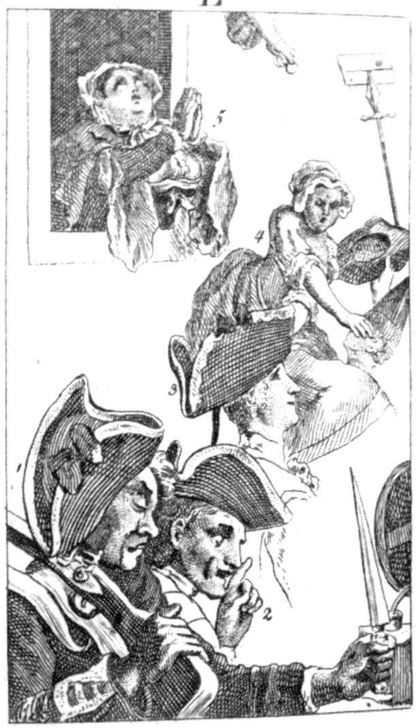

E.

(1) Ist ein treuer, nur (Schade!) heute für das Vaterland etwas betrunkener Soldat. Er schreitet mit lahmer Gravität einher, und schneidet mit seinem Bayonet die Luft die ihm im Wege ist entzwey. Nro (2) legt den zunächststehenden Stillschweigen auf, weil er ein Faß mit Genever, das vor ihm hergetragen und hier vom Gedränge etwas aufgehalten wird, angebohrt hat, und daraus in seine Wasserflasche zapft. Der einem Gewächs ähnliche Vorsprung auf seinem Backen, ist nichts weiter als der Griff des Nagelbohrers, den er durch die Zähne gesteckt hat um die Rechte* frey zu behalten, nicht um die Oeffnung zur gehörigen Zeit zu

* Unsere Copien sind nicht umgezeichnet, daher alles, was im Original Rechts ist, hier Links erscheint.

verstopfen, denn man sieht auch keine Spur von einem Pflock, sondern sich im Fall der Noth zu wehren. Ohne Pfropf in der Hand und noch dazu so tief angebohrt! Hydraulisch richtig freylich, aber sonst durchaus abscheulich. Hogarth kannte diese Classe seiner Landesleute, wie es scheint, durchaus. Diese Scene hängt sehr gut mit einer andern zusammen, die Lessing aus dem siebenjährigen Kriege, ich habe vergessen wo, erzählt. Bey einem Durchmarsch der alliirten Truppen durch Feindes Land, zur Kirschenzeit, plünderten die deutschen Truppen die Kirschenbäume zunächst am Wege, ließen aber doch den Baum stehen; der Britte aber hieb, um keine Zeit zu verlieren, den Baum ab, und plünderte ihn, bequemer, neben sich auf dem Wagen. Nro (3) Ein militärischer Stutzer mit Einbildungskraft, etwas zu hoch gespannt, und einem Zopf etwas zu hoch gebunden. In der Gegend, wo jetzt der Zug sich befindet, wird (sehr zur Unzeit) Wäsche getrocknet; ein Mädchen, das man zur Hüterinn darüber gesetzt hat, wird daher von einem Grenadier etwas stark unterhalten, bloß um einem andern Grenadier Zeit zu verschaffen, eben diese Wäsche für sich hinter Finchley (12 engl. Meilen von dieser Stelle) zu eignem Gebrauch in Ordnung zu bringen. –

Die betende und himmelschreyende Figur, oben linker Hand, ist eigentlich, wie auch schon der ganze Apparat beweist, die Aebtissinn eines Jungfernklosters, deren Bewohnerinnen man Nonnen nennt, etwa so wie *lucus a non lucendo* den Nahmen haben soll. Sie scheint eigentlich den Abmarsch so vieler Gerechten zu bejammern, die ihr Kloster bisher reichlich dotirt haben. Das *Billet doux* auf dem Spondon wird von einer der Nonnen mit Verachtung angesehen, und die Hand einer andern wirft einem unten stehenden Krüppel einen Schilling zu, zum Zeichen, daß noch nicht alles Gefühl von Anständigkeit und Milde von diesen Weltpriesterinnen Cytherens gewichen ist, oder richtiger, zum Zeichen, daß auch das Laster um Eingang zu finden, nicht selten die Larve der Tugend vorhalten muß.

F

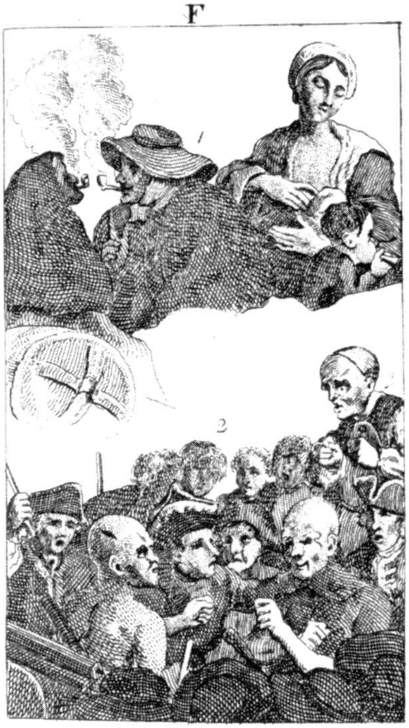

F.

Nro (1) Ist eine Wagen-Scene. Auf dem Wagen liegt unglaublich viel, wovon die, die darauf sitzen nichts wissen. Auf unserm Blatt sieht man hauptsächlich zwey häßliche alte Weiber, mit sich allmählig nähernden Tabackspfeifen, deren Rauch auch wirklich oben freundschaftlich zusammenfliest, contrastirt mit dem was Hogarth Schönheit nennt. Die an sich geringfügige Gruppe ist von allgemeiner Natur und ohne Erklärung verständlich. Unten auf dem festen Lande (2), geht hingegen manches vor, was eines geringen Aufwandes von Worten für manche Leser werth seyn möchte. Die beyden nackten Kerle mit rasirten Köpfen, sind offenbar *en rapport* gebracht, und bereit mit geballten thierischen Magneten in der Gegend der Herzgrube oder des Kopfs einander Crisen zu bewirken, die nicht selten den ewigen Schlaf nach sich ziehen. Der Engländer heißt dieses sich boxen. Ich weiß nicht ob je die Philosophie diese Art zu argumentiren eines Blicks gewürdigt hat. Sie verdient es gewiß. Menschen, die dem Staat nicht mit dem Kopf sondern mit Leibeskraft dienen sollen, können unmöglich anders *pro gradu* disputiren und Magister werden, als durch solche öffentliche Siege über einen kräftigen Opponenten. Lasten tragen wäre auch etwas, allein wo erkennte man da den Muth in Gefahr und edle Verachtung des Todes, die der Staat doch auch bey seinen menschlichen Maschinen nicht selten nöthig hat. Es ist unglaublich, was für Credit wiederholte Sieger hierin einem Manne bey dem Volk geben. Broughton, Futrel, Tring, Ryan, Johnson, (nicht der Verfasser des Wörterbuchs), Humphreys und Mendoza, letzterer ein Jude, sind verewigte Nahmen, die mit Respect genannt werden, und wovon ihn einige noch jetzt öffentlich gebieten. Vor kurzem hat diese Kunst sehr Eingang gefunden, und Mendoza hat eine Schule errichtet, die selbst von Vornehmen besucht wird, auch Humphreys hat seine Academie, beyde weichen in verschiedenen Dingen von einander ab, etwa so wie Oxford von Cambridge auch. Artig ist die sehr richtige Bemerkung die man gemacht hat, daß die Mode sich zu boxen, gemeiniglich, wo nicht selbst immer in die Rhetorischen Zeiten fällt, doch gewiß jenen bald folgt, oder umgekehrt, die Boxer-Academien von den Rhetor-Academien verdrängt werden; zum sichern Beweis, wie nah diese Künste einander in der Natur liegen. Wir haben auch wirklich im Sommer 1788 eine neue Bestätigung dieser Wahrheit gesehen: Humphreys und Mendoza disputirten mit Sheridan und Burke zu gleicher Zeit und gleich stark, allein das Gros der Nation schien mehr für die Faust als die Zunge gestimmt, jetzt aber soll wie Hr. v. Archenholz in seinem Brittischen Merkur (August 1788) bemerkt, es sich wieder zur Zunge zu neigen anfangen. – Um die Boxende herum steht ein dichter Kreis von Zuschauern und von Richtern, den gerechtesten, die sich denken lassen, weil es keine Verordneten sind, sondern Naturgefühl sie selbst wählt, und zugleich mit ihnen hunderte von andern, die die Contre-Rolle halten. Ich habe oben gesagt, daß ich nicht wüßte ob die Philosophie je einen Blick auf einen Kreis englischer Boxer geworfen habe. Hier fügt sich alles so ganz ohne menschliche Verordnung, und so ganz ohne alle Rücksicht auf irgend eine Convenienz und so gerade aus der Natur, daß sicherlich etwas festes und wahres darin ist. Es entsteht alles zu schnell um dem Rafinement, und nach Ort und Zeit zu ungewiß, um der Bestechung Raum zu geben. Wenn es wahr ist, daß die Seele ihren Körper baut, so baut sich hier der kämpfende Mensch durch Affinität aus andern Menschen einen solchen Kreis von Nebengeschöpfen um sich her, die seinem Recht und seinen Vollkommenheiten günstig seyn werden, weil sie sind, was er ist, und weil ihnen in der nächsten Stunde begegnen kann, was ihm jetzt begegnet. Diese transitorischen Rückfälle eines gesitteten Volks, in den Stand der Natur, sobald es Noth thut, verdienen mehr Aufmerksamkeit, als ich hier einschärfen kann, und darf. – Einer unter unsern Zuschauern zur Linken hebt den Stock auf, und es scheint fast, als wolle er auf einen der Streitenden zuschlagen, das will er aber nicht, und wollte er es im Ernst, so wäre die Folge: die Crise des ewigen Schlafs, welche die ungeschworne aber gerechte Menge in ihm erwecken würde. Es scheint vielmehr einer von den jungen Herren zu seyn, die, so lange sie einen Stock in der Hand haben, nicht wirksam seyn zu können glauben, ohne ihn wenigstens aufzuheben; er will bloß Muth einsprechen. Rechter Hand, etwas erhaben über die übrigen, steht, in einer Pechkappe, ein berühmter – Schuhflicker, gewöhnlich *Jockey James* genannt. Er lebt und webt in den beyden streitenden, und weiset jeden bey einem Fehltritt in seinem eignen (des Schuhflickers) Selbst zu recht, so wie die geübtesten Kegler der Kugel oft noch mit dem Bein nachhelfen, nachdem sie schon lange aus der Hand ist, oder wie man einer stumpfen Papierscheere mit sympathetischer Bewegung der Kinnlade sichern Schnitt und Schärfe mittheilen zu können glaubt. Prästabilirte Harmonie, ohne Einfluß, wie es sich auch gehört. Dieses Blatt, eines der größten dem Format nach, und an Figuren reichste die Hogarth je verfertigt hat, ist dem Könige von Preussen Friederich II gewidmet, dessen militärischer Ruhm schon damahls (1745) in London so mächtig wiederhallte, daß dieses eigensinnige unbiegsame, alles ausser England verachtende Geschöpf voll Bewundrung lauschte, und diesen Tribut seines Beyfalls, den größten den er geben konnte, dem großen König zollte. Ausser dem, was wir bisher erzählt haben, ist dieses Blatt noch mit einer Menge von Nebengeschichtchen ausstaffirt, die zu entwickeln es hier an Raum fehlen würde, wenn es auch der Ort verstattete, welches leider! der Fall nicht ist. Zum Beschluß merke ich nur noch an, daß die zwey Oerter, die man in der Ferne auf zwey Hügeln liegen sieht, die schönen Dörfer *Highgate* und *Hampstead* sind. Neben dem letzten liegt das verewigte *Caënwood*, worin jetzt einer der größten Männer die England, und vielleicht einer der größten die die neuern Zeiten hervorgebracht haben, Lord Mansfield, sein *Otium cum dignitate* genießt.

Den so eben erklärten Kupferstich gab Hogarth, wie mehrere seiner übrigen, auf Subcription heraus. Man subscribirte $7\frac{1}{2}$ Schilling. Wer noch auf 3 Schillinge darüber unterzeichnete, also die halbe Guinea vollmachte, bekam ein Looß zu einer Lotterie, worin der einzige Preis das Original-Gemählde selbst war. Von 2000 solcher Looße wurden 1843 abgesetzt, die übrigen 157 schenkte Hogarth dem Findelhaus, welches auch das Gemählde gewann. Der verstorbene Herzog von Ancaster bot demselben 300 Pfund Sterling dafür, ob er es erhalten hat, wird nicht gesagt. Hogarth hat also für das Gemählde und 1843 Abdrücke gegen 6000 Thaler gezogen, und es ist wohl gewiß, daß nicht alle Subscribenten zugleich Looße werden genommen haben. Was mag nicht nach der Hand verkauft worden seyn, da der Abdruck eine halbe Guinea kostete; da die Werke dieses Mannes von jedem Fremden gesucht werden, und ich z. B. allein der Wittwe zwey vollständige Exemplare der Werke, eines für einen Freund in Deutschland, und eines für mich abgekauft habe. Wenn man dieses bedenkt, so wird man nicht zu viel setzen, wenn man annimmt, der einzige Ausmarsch nach Finchley habe unserm Künstler 8000 Thaler eingetragen. Das wäre fast für einen Proviant Commissär dabey zu viel. Ausser den allgemeineren Commentatoren *Trusler, Roucquet*, und dem Verfasser der *Explanation of several of Mr. Hogarth's prints. London 1785. 8vo*, hat dieses Blatt noch einige besondere erhalten, eine stehet in einer Monatschrift: *The Student, Vol II. p. 162,* die Herr Nichols in seinem Werk hat abdrucken lassen, aus dieser habe ich vieles gebraucht. Eine andere in *the old Woman's Magazine*, dem Magazin für alte Weiber* (wie sie wohl dahin kommen mag?) habe ich nie gesehen. Ich habe oben vergessen zu erinnern, daß der kleine Pfeiffer (A, 4) und der kleine Schornsteinfeger (D, 1), ersterer von dem Herzog von Cumberland, damahls neuerlich in die Garde gebracht, seiner Schönheit, so wie der zweyte seines besondern schelmischen Blicks wegen (das will in London beydes was sagen) berühmt, unserm Künstler wirklich gesessen, und für diese Gedult eine halbe Crone jeder bekommen haben.

* Ein solches Magazin fehlt uns Deutschen noch, jedoch leider! bloß dem Titel nach.

H

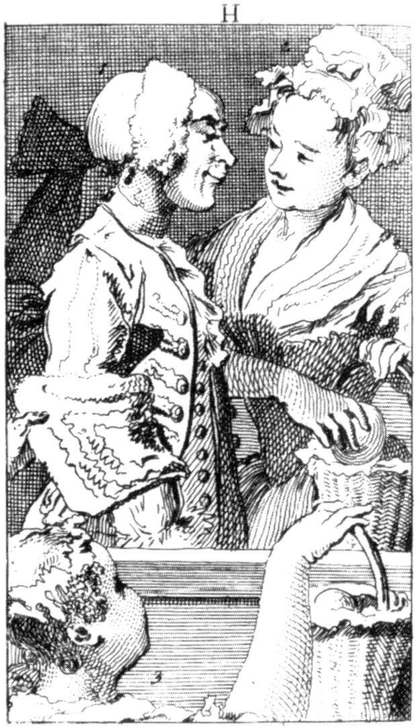

I

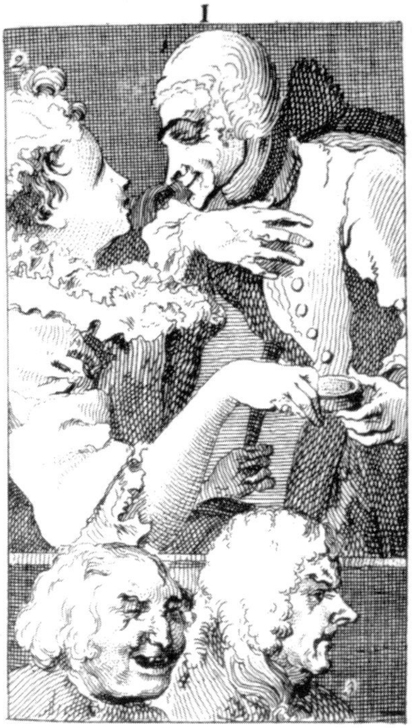

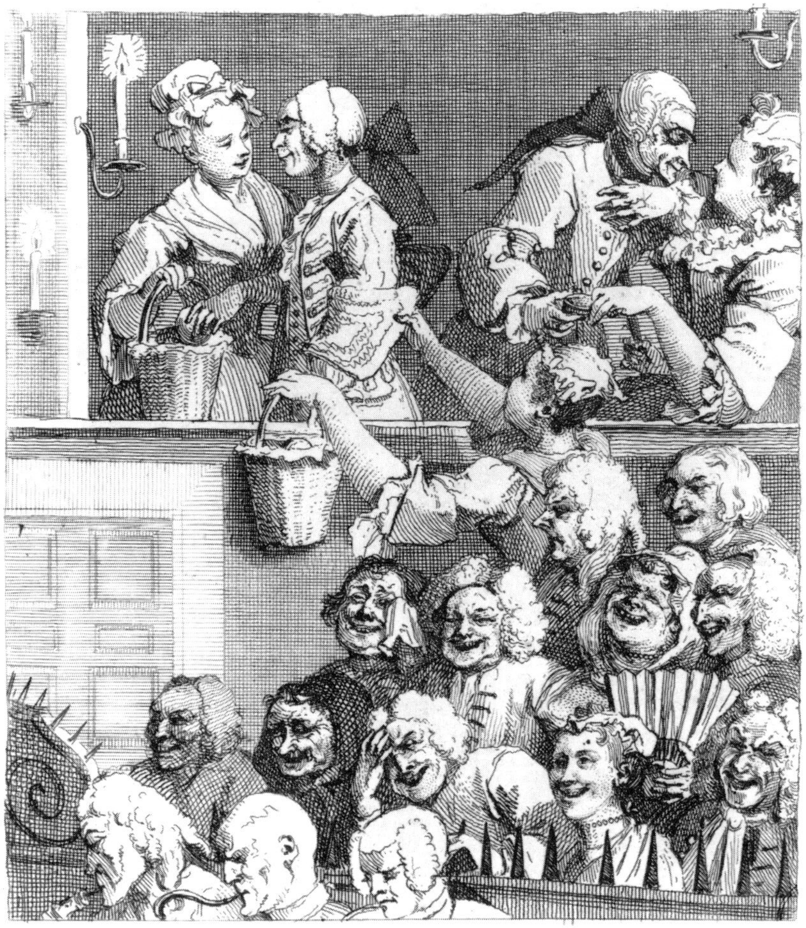

THE LAUGHING AUDIENCE.

DAS LACHENDE PARTERRE.

Die Blätter H, I, K, L, enthalten, nur hier getheilt, Hogarths ganze Darstellung. Es ist im Original kein Kopf, der nicht auch hier wäre, und zwar von unserm Herrn Riepenhaußen ganz in Hogarths eigner freyen Manier copiert. Dem Erklärer dieser Blätter sind sehr viele Copien dieser Auftritte zu Gesichte gekommen, aber nicht eine einzige darunter, die diesen Riepenhaußischen auch nur an Werth nahe kämen. Uebrigens haben diese Blätter keine Erklärung nöthig, und die einzige Absicht des Künstlers scheint hauptsächlich gewesen zu seyn, alles selbst zu finden. Ich würde also hier sogleich abbrechen, wenn nicht die Zerstückelung, eine kleine Anweisung zum Wiederergänzen erforderte. K und L und der untere Theil von I stellen die vordern Bänke des Parterres eines Schauspielhauses vor. Auf K sieht man unten einen Theil des Orchesters, blasende Köpfe, worunter der Nro 7 das Lachen kaum verbeissen kann, das alle die übrigen überwältigt, das Accompagnement 5 und 6 ausgenommen. Es geht also auf dem Theater gewiß etwas lustiges vor, weil es der *Miss* (L,4) so gut als der *Mrs* (K) gefällt, und den beweglichen Alten (L,5) so gut verzerrt, als auf den gesetzten unbiegsamen (I,3) wirkt. Wer wollte hier nicht mitlachen? Daß indessen während des Lachens musicirt wird, beweist, daß es entweder eine Operette oder eine Pantomime sey, wahrscheinlich das letztere, und so könnte die Scene in *Saddlers Wells* seyn. H und I, enthalten Auftritte von Transcanalischen *Messieurs* mit Apfelsinen-Mädchen, und sogenannten Stadt-Damen (*Women of the town*).

K

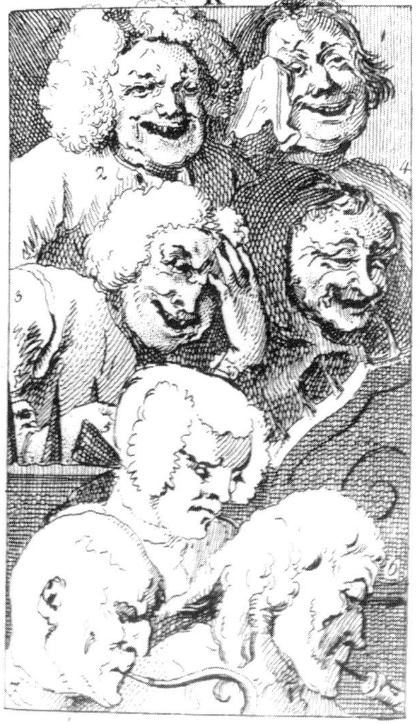

L

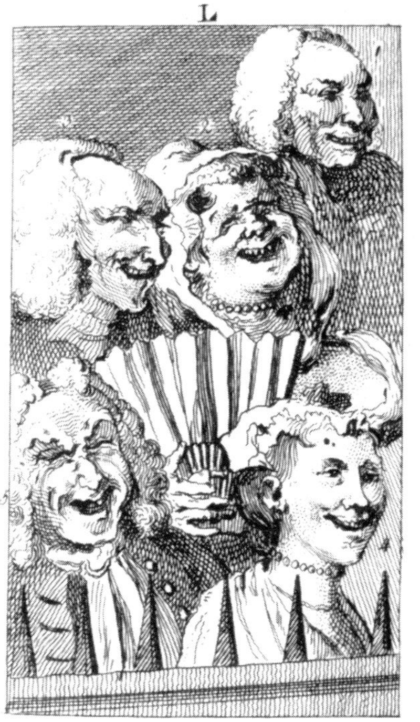

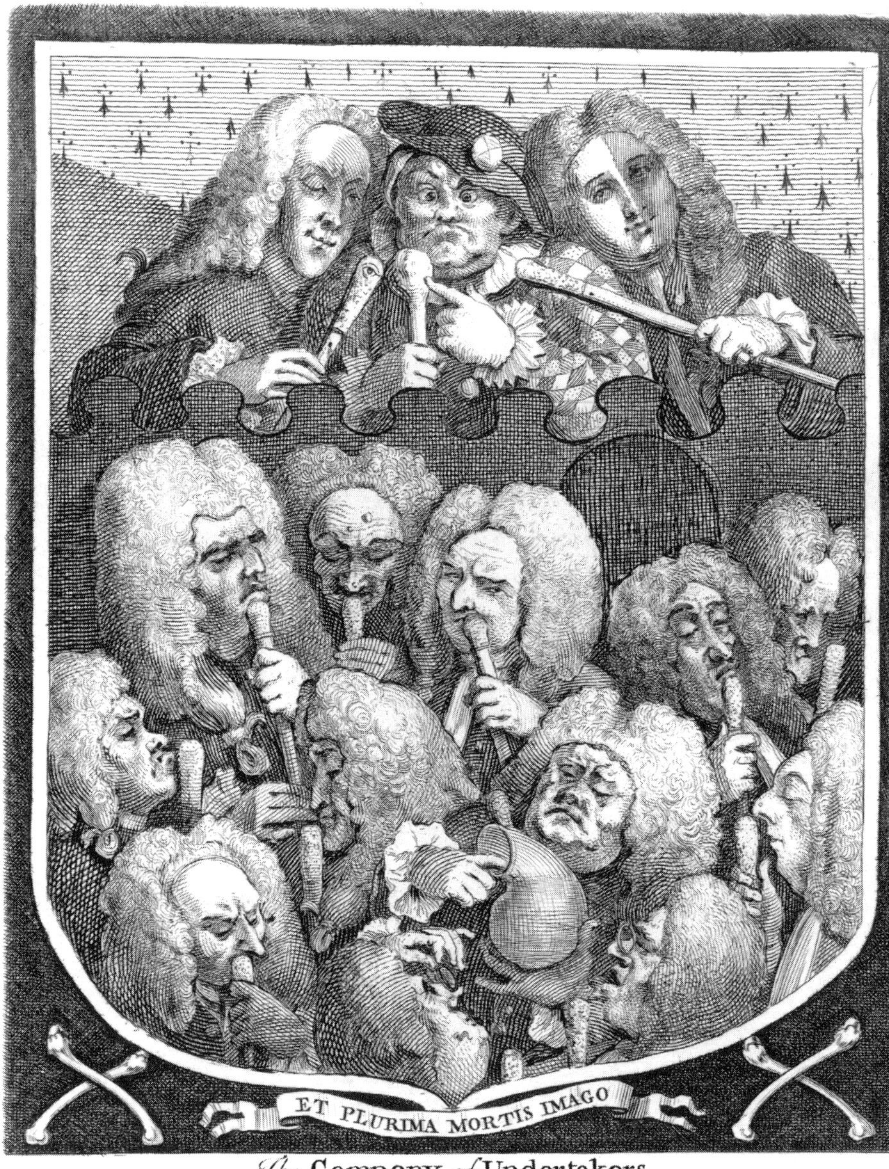

The Company *of* Undertakers

Beareth Sable, an Urinal *proper, between 12* Quack-Heads *of the Second & 12* Cane Heads *Or,* Consul-tant. *On a* Chief ** Nebulæ, Ermine, One Compleat* Doctor *issuant, checkie Sustaining in his Right Hand a Baton of the Second. On his Dexter & Sinister sides two* Demi-Doctors, *issuant of the second, & two* Cane Heads *issuant of the third; The first having One Eye conchant, towards the Dexter Side of the Escocheon; the Second* Faced *per pale proper & Gules, Guardent.* —
With this Motto — Et Plurima Mortis Imago.

* A Chief betokeneth a Senatour or Honourable Personage, borrowed from the Greeks, & is a Word signifying a Head; & as the Head is the Chief Part in a Man, so the Chief in the Escocheon should be a Reward of such only, whose High Merites have procured them Chief Place, Esteem, or Love amongst Men. Guillim

** The bearing of Clouds in Armes (saith Upton) doth import some Excellencie.

Publish'd by W. Hogarth March the 3d 1736

Price Six pence

DAS COLLEGIUM MEDICUM.

(CONSULTATION OF PHYSICIANS.)

Diesen Titel führt gegenwärtiges Blatt beym Nichols, sonst hat es beym Hogarth selbst die Umschrift: *The company of undertakers* die Leichenbesorger-Gilde, eigentlich Begräbniß-Besorger. Ich habe das erste Wort vorsätzlich gewählt, weil Leiche im Deutschen einmahl so viel als Begräbniß ist, und da sagt das meinige so viel als *undertaker* im Englischen; fürs zweyte sagt aber Leiche im Deutschen auch so viel als Leichnam, und da hieße jenes zugleich so viel als die Leichnambesorger-Gilde, das ist die Gilde, die dafür sorgt, daß ein Leichnam zu rechter Zeit da ist, und das wären die *Undertakers*, die Hogarth eigentlich gemeint hat. *Undertakers* in dem ersten Sinn hat der mir etwas näher bekannt gewordene Theil Deutschlands nicht, im zweyten Verstand aber möchte es nicht leicht dem kleinsten Städtchen daran fehlen, wenn etwa an graduirten, doch gewiß nicht an ungraduirten, und wenn vielleicht an Undertäkern doch gewiß nicht Undertäkerinnen.

Hogarth hat dem ganzen Bild die Form eines sogenannten französischen Wappenschildes gegeben, so wie die Hermelinschwänzchen, die Theilung durch *einfache Wolken* und das *Motto* schon zeigen würden, daß er das Ganze wirklich für ein Wappen, und zwar der Undertäker angesehen wissen wolle, wenn auch die kurze, aber äusserst launige Beschreibung des Bildes in abscheulicher heraldisch-englischer Sprache, die dem Original beygefügt ist, dieses nicht deutlich zeigte.* – Der Schild ist französisch, durch *einfache Wolcken* in drey *Plätze* in die Queere getheilt. Der zweyte Strich wird durch *die Tinctur* und *natürliche Wolcken* (Perüquen) verdeckt. *Schildes haupt: ein etwas gelöwter Hans wurst*, mi dem Hut *shräg links* auf einem Ohr, der Hut selbst ist mit einem von Blau und Silber *shräg geviertteten Pracht-Knopf beladen*, die beyden Augen zum *Grimmen nach* der Nasen-Spitze *hervorbrechend*, die Jacke ist von roth, Gold, grün,

* Ich habe es nicht wagen wollen, diese Beschreibung zu übersetzen. Denn seitdem Gatterer unsere Heraldik deutsch und vernünftig sprechen gelehrt hat, würde Hogarth's Absicht die zum Theil war, die Sprache lächerlich zu machen, ganz verfehlt werden. Das heraldische Englisch besteht eigentlich aus $\frac{2}{3}$ von verdorbenem Französischen, das übrige ist verdorbenes Englisch mit verdorbenem Latein versetzt, und das alles in Constructionen geschmissen, die weder Französisch, noch Englisch, noch Lateinisch sind. Heraldische Ausdrücke habe ich indessen auch hier beybehalten müssen, weil doch einmahl das Bild ein Wappen seyn soll.

Blau und Silber *gerautet*, in der Linken hält er einen Schenkelknochen, wodurch, als das *dritte Bein*, dieser Löwe wiederum etwas *leopardirt* wird. Zur Rechten ein Quacksalber durch roth und Silber *senckrecht getheilt* mit dem Stockknopf *schräg links* gegen die *Mitte des Haupts* geneigt; zur Linken ein einäugiger Oculist durch eine *linke Spitze von Purpur im silbernen Felde getheilt*. Mit dem im Kopfe fehlenden Auge ist der Stockknopf *belegt*. *Herzstelle* und *Fuss* sind mit 12 Quacksalber-Häuptern *besäet*. Die rechte Seite des *Herzens* enthält deren zwey etwas *gekrüpft*, das *Herz* selbst einen, dessen Nase stark *ge(spitz)wekkt*, die *lincke Seite* des *Hertzens* zwey *ditto gekrüpft*, die Stirne des einen mit einer Prunk-Warze *besaamt*. Die Perüken haben wenig *Flug*. In der *Mitte des Fusses*, einer fast *hervorschreitend*, da die übrigen mehr *hervorbrechend* sind; seine Brust ist mit einem Uringlase *belegt* und der Zeigefinger *durch gesteckt*; die beyden untersten scheinen *zum Raube geschikt*. *Unterscheidungs-stücke:* zwey *Andreas-Kreuze* aus Schenkelknochen, und unten, vermuthlich auf einer Aderlaßbinde, der Sinnspruch: *et plurima mortis Imago*. – Jedoch nicht weiter in dieser Sprache. Die mit lateinischer Cursivschrift gedruckten Worte sind alle in unserer Heraldik wirklich recipirt, daher fällt der größte Theil des Lebens weg, welches diese Beschreibung erhalten haben würde, wenn man neue, nach den alten unverkennbar gemodelt, hätte einmischen wollen. Dieses hat Hogarth gethan, allein alsdann wäre zugleich der Spott auf die Sprache gefallen, welchen die unsrige nicht mehr verdient. Niemand wird es lächerlich finden, daß besondere Wissenschaften besondere Ausdrücke haben. Vergibt man es ja sogar der Königinn der Wissenschaften, der Philosophie, daß sie zuweilen, um deutlich zu reden, sogar undeutsch spricht. Nun noch etwas zur Erklärung dieses Blatts. Ueber die Moralität solcher Satyren gegen ganze Menschenclassen sage ich hier wenig. Jedermann weiß wie sie zu nehmen sind. Die Aerzte sind seit jeher die rechte Stechscheibe satyrischer Scharfschützen gewesen, und doch hat wohl nie ein Stand weniger durch dieses ewige Schießen verloren, als gerade dieser. Aber in Wahrheit muß man auch diesem Stand, die Gerechtigkeit widerfahren lassen, daß er Satyren gegen sich immer sehr viel besser genommen hat als mancher andere Stand, von dem man es eher hätte erwarten sollen. Selbst die mittelmäßigsten unter ihnen nehmen sie meistens gut. Vielleicht etwa weil sie sich groß dünken? Dieses sich groß dünken könnten aber, und können leider! die mittelmäßigen eines jeden Standes eben so gut, und fürwahr der Eigendünkel selbst würde einen Tempel verdienen, wenn er solche Gesinnungen einflößte. Auch sind mir Beyspiele von Aerzten, die, als Aerzte, den Arztverächter verfolgt hätten, nicht bekannt, sie sind also wenigstens selten, ob sie gleich Gelegenheit genug hätten, in den Cabineten der Großen, und zwar den

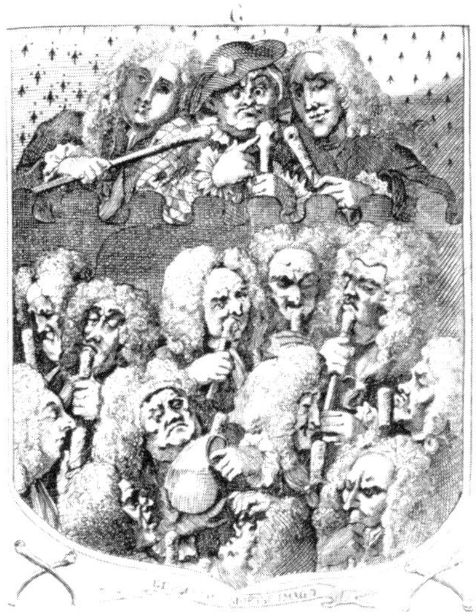

wichtigen worin der Nacht-thron steht, und die Rechnungen dieser Zeit geschlossen werden müssen, ihren Gegnern Gnadenstößchen auszutheilen, von denen sie nicht so leicht wieder aufstehen würden. Allein man verfährt gewöhnlich offen und gerade; man verachtet nicht, denn das verräht Empfindlichkeit, sondern man lächelt mit; und was über alles geht, gesteht die Mängel der Kunst willig ein. Einer unserer größten Aerzte und Wundärzte sagt:* »Es kann gar nicht geläugnet werden, daß durch diese *Ars salutaris* im Ganzen eben so viel Schaden gethan, als Nutzen gestiftet wird.« Das ist aber, ruft gleich der Seelenarzt aus, nicht der Fehler unserer Wissenschaft, sondern der Stümper darin. Auch wahr! Allein die Königinn der Wissenschaften, von der wir so eben redeten, hilft uns mit zwey undeutschen Wörtchen sehr deutlich aus dem Streit: *objectivisch* freylich nicht, sagt sie aber *subjectivisch*: allemahl, so lange weder Engel allein die Kunst je lehren, noch Engel allein je treiben werden und können. – Indessen ist Hogarth in diesem Blatt zu weit gegangen. Seine Köpfe sind größtentheils Porträte. Einige sollen sogar zum sprechen getroffen seyn. Jeder dieser armen Teufel hatte sein Gesicht bloß für sich selbst und mit sonst keinem Menschen in der Welt, seine Unkunde aber mit mehrern gemein, und einen einzigen einen solchen Giftbecher für alle austrinken zu lassen, ist immer hart; ich bekenne dieses aus Grund der Seele, ob ich gleich gar nicht von der Classe der sogenannten Weichgeschaffenen bin, die dafür halten, daß man, wie die Lotterien ziehen, so auch die Satyren durch Waisenknaben schreiben lassen müsse. –

Die drey obern Köpfe; der mit roth und Silber; der Hanswurst, und der einäugige Oculist, sind alle drey Porträte. Der erste ist *Dr. Ward*, ein Kenntnißleerer aber glücklicher Practicus, der, trotz aller Satyre gegen ihn, und bey aller seiner Unwissenheit sich in die oben erwähnten Audienzzimmer zu schleichen verstand. Es ist unbegreiflich, aber wahr. Seine Geschichte hat Nichols vortrefflich. Er war ein verunglückter Mann von nicht gemeinen natürlichen Talenten, der endlich die Arzneykunst ergriff, um sich zu helfen; die Welt freylich wenig mit seinen Erfahrungen belehrte, aber desto mehr mit seinen Recepten in Contribution setzte. Er hatte ein rothes Blutmahl über die Hälfte des Gesichts, und hieß daher *Spot Warden* (Fleck Warden). Es wäre sehr viel von ihm und seines gleichen zu sagen. Hier muß es unterbleiben. – Der Harlekin, (das werden unsere Leserinnen kaum errathen) ist eine gewisse *Madame Mapp*. Sehr berühmt in der damahligen Zeit. Sie richtete verrenkte Beine und Schultern ein, alles durch Kraft und oft sehr glücklich, und wurde daher

* S. Richters chirurg. Bibl. IX Band S. 193.

die Taille-Meisterinn genannt. – Ihre Geschichte, die ich in Händen habe, und sehr unterhaltend ist, wäre aber selbst für einen eignen Artikel dieses Taschenbuchs zu groß. – Linker Hand ist der Oculist Taylor. In einer sehr guten Beschreibung heißt er der ältere; ich kann also nicht sagen, ob es der Ritter Taylor ist, den man in Deutschland sehr gut kennt. Ich selbst habe den so berühmten Taylor in meiner Kindheit gesehn, wie er sich auf die Schulter eines Knaben, wie auf eine Krücke lehnte, in einem rothen Mantel einherspazierte und seine Taxen hob. Dieser von Hogarth abgebildete, der sehr getroffen seyn soll, war ein äußerst unwissender Mensch, und ein Windbeutel im höchsten Grad. Daß dieser ein Auge im Stockknopf führt, ist sicherlich nicht übertrieben, denn selbst der bey uns berühmte Taylor führte auf der Decke seiner Carosse statt der Prachtknöpfe Augäpfel mit Staarnadeln durchspießt. Der abgebildete war viel gereiset, und versicherte seine Freunde in London, daß, als er in Petersburg gewesen sey, er um den Prinzen Herkulaneum (Heraklius) in einer gewissen Affaire zu sprechen, bis Archangel gereist sey, welches ganz am Ende des Europäischen Asien liege. – So ist es mit den übrigen 12 Köpfen mit ihren 12 Stockknöpfen, die in England mit unter die Köpfe gezählt werden (*Cane-heads*), wodurch Hogarth's Contrastirung der Köpfe mit Stockknöpfen einen Strich von Lächerlichem mehr enthält, wovon doch indessen im Deutschen eine schwache Spur durch den Reim von Kopf und Knopf noch erhalten wird. Aber vieles ist nun freylich unverständlich geworden, und die Zeit hat manchen dieser Köpfe vom Pfahl abgenommen und begraben. Das was ich davon in Schriften gefunden habe, kann hier keinen Platz finden. Vielleicht aber erhält es unser Vaterland an einem andern Ort, wenn Hr. Riepenhaußen bey seinem Vorsatz bleibt, uns den Hogarth ganz zu geben. Denn wirklich kenne ich jetzt in Deutschland keinen Künstler, der so etwas mit so vielem Talent, und dabey so weniger Prätension ausführen würde, als dieser. Das lachende Parterre ist Hogarth völlig, auch in der Manier und Leichtigkeit; und in den Köpfen der Quacksalber ist auch nicht ein Zug verloren gegangen, obgleich die Copie so sehr verkleinert ist (ich urtheile freylich hier nach Probe-Abdrücken); diese 5 Blätter sind unstreitig das beste was Hr. R. von Hogarth geliefert hat, und lassen alles mögliche von seinem großen Unternehmen hoffen.

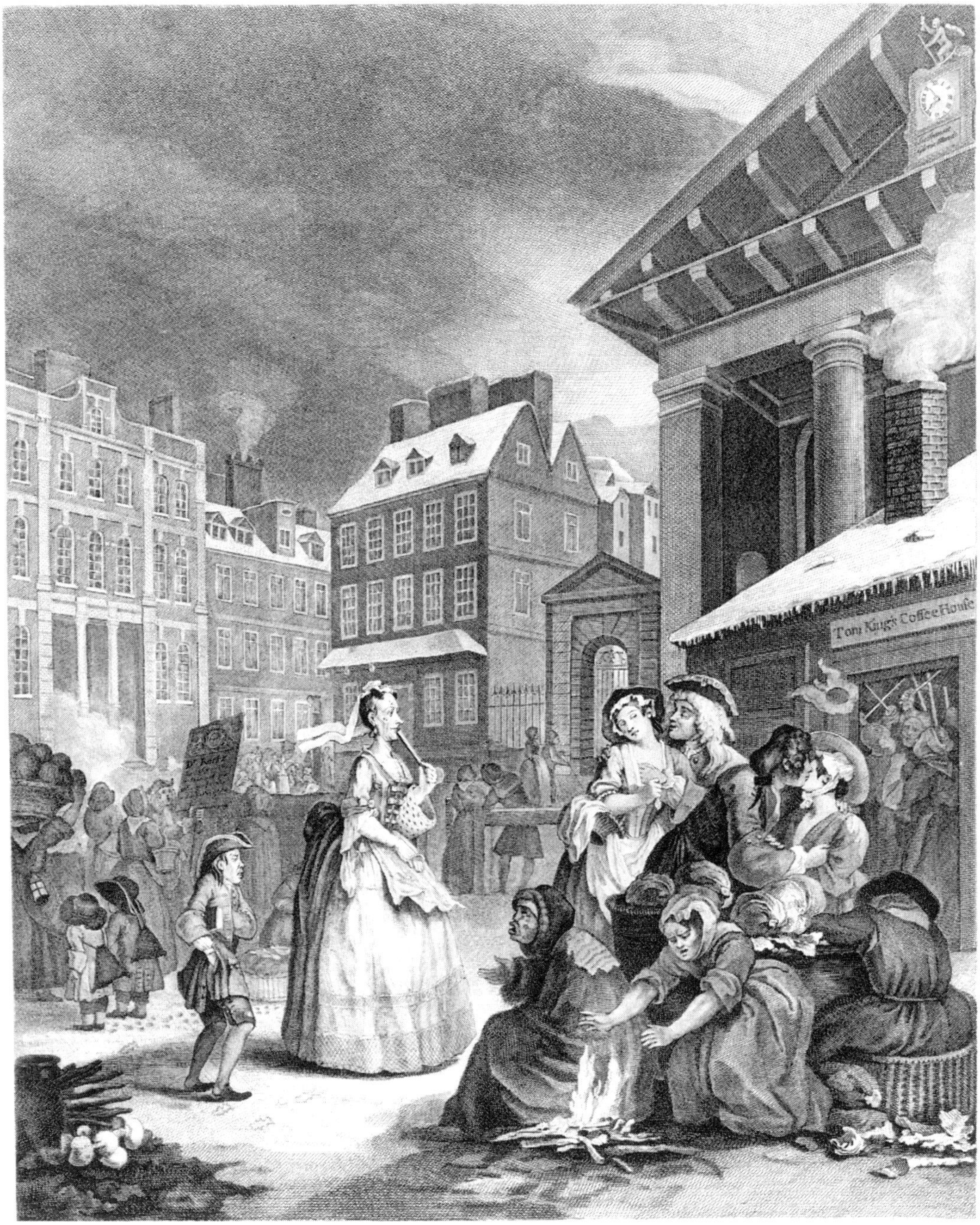

Invented Painted Engrav'd & Publish'd by Wm. Hogarth March 25 1738 according to Act of Parliament

MORNING

DIE TAGESZEITEN IN VIER BLÄTTERN.

A. Der Morgen.

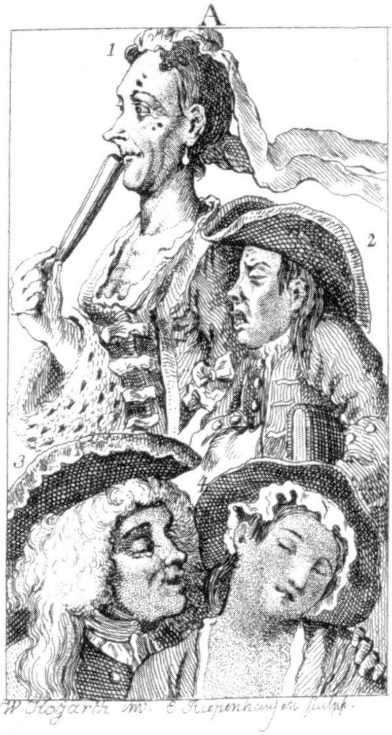

Hogarth, der wohl fühlte, was so mancher Schriftsteller und Künstler nicht fühlen will, nähmlich wozu ihn die Natur eigentlich bestimmt hatte, wählte sich zu Darstellung dieser Tageszeit, keine der großen, Seelenerhebenden Scenen eines Frühlings- oder Sommermorgens, sondern den Winter; und auch da nicht den Todesprunk des reifcandirten ländlichen Gebüsches, worin es seiner Auferstehung entgegen schlummert, oder den unter seiner flockigten Last seufzenden Fichtenwald, sondern – den Gemüse-Markt Coventgarden in London. Da ist er zu Hause. Was hätte uns auch sein Genie an einem Maymorgen darstellen können? Vermuthlich ein Paar vermaledeyte Nachtigallenfänger mit allgemein verständlichen Hofgesichtern, die die holde Sängerinnen in die Falle locken, und nicht merken, daß die Sonne über ihrem feinen Geschäfte aufgeht; oder ein Paar Schönen von zweydeutigem Ruf, die sich die Bouteillen gesammelten Maythaus an die Köpfe werfen, mit Geberden und Faltenbrechungen, die kein Maythau mehr wegwaschen wird. Was aus der Winterlandschaft geworden seyn möchte, wird der Leser schon aus demjenigen errathen können, was er hier von dem Wintermorgen auf einem Gemüsemarkt hören wird.

(1) Eine alte Dame, die, wie man mit einem Blick übersieht, in ihrem sechzigsten Jahre noch scheinen will, was sie wohl selbst in ihren achtzehnten nicht einmahl gewesen seyn kann, reizend. Die Schönpflästerchen schweben um das glühende Auge, wie Mücken um eine Lichtflamme, und mit dem Fächer (an einem Wintermorgen?) wird die Unterlippe, die für sich allein die Zahnlücke nicht mehr decken kann, mit holder Grazie unterstützt. Diesen Dienst zu leisten ist nur die Kraft von zwey Fingern nöthig, also der Schaden noch nicht groß. Aus einigen Zügen des Gesichts, in deren Analyse wir uns nicht einlassen können, zu schließen, scheint der Busen ein nicht ganz übel angelegtes Schallbret zu seyn, den kleinen Widersprüchen, die zu Erhaltung der ehlichen Glückseligkeit so nöthig sind, mehr Umfang und Resonanz zu geben, und nützliche Lehren für das Gesinde nach der Küche zu bringen, ohne deswegen zwey oder drey Treppen herabsteigen zu dürfen. Sie geht nach der Frühpredigt, und wird wenigstens von einer Bettlerinn beobachtet, daher nimmt sie sich in Frömmigkeit und Würde etwas zusammen. Letztere wird unstreitig nicht wenig durch die Wimpel erhöht die von ihrem

Kopfe wehen, und die ein junger December-Zephyr zu diesem Zweck vorzüglich zu fächeln scheint. – Dieser Kopf, so wie er da steht, ist unserm guten Hogarth theuer zu stehen gekommen. Er ist nähmlich das Porträt einer alten Jungfer, mit welcher er, wo nicht gar verwandt, doch wenigstens sehr bekannt war. Von Anfang schien sie ganz wohl mit dieser Stelle in ihres Freundes Werken zufrieden. Diese seltne Gutmüthigkeit hätte wohl verdient, daß er die Heldinn, die sie äußerte, weggestrichen hätte. Allein eine gewisse Art guter Freunde, an denen es nie fehlt, redeten dem Hogarth zu, die herrliche Figur stehen zu lassen, suchte aber zugleich der Dame das Skandal eines solchen Versehens so einleuchtend zu machen, daß der Kopf stehen blieb, dafür aber Hogarth aus dem Testament der alten Mamsell weggestrichen wurde, worin sie ihn sehr reichlich bedacht hatte. Den Lesern des Tom Jones wird es angenehm seyn hier zu erfahren, daß Fielding, wo er die Mutter seines Helden und Blifils ihrer Figur nach schildert, ausdrücklich sagt, sie habe ausgesehen wie diese altc Jungfer, und Fielding, wie man weiß, hat sie sehr gut gekannt. (2) Ist ihr Bedienter, der hier neben seiner Herrschaft geht, aber auf dem Original, respektvoll und mit krummen Knien hinter ihr her. Er hat keine Strümpfe an und die Schuhe bloß angesteckt, ein elenderes, verhungerteres und verfrorneres Geschöpf ist nicht leicht zu denken, da kann es freylich nicht an dem inneren Frieden fehlen, der hier um seine Augen und Lippen schwebt. Unter seinem Arm trägt er ein etwas starkes Gebetbuch, vermuthlich den einzigen Trost, den ihm die Dame wider alles dieses Ungemach gewährt. Rechter Hand steht hart an die St. Pauli Kirche (*St. Paul's coventgarden*), die man nicht mit der berühmten Paulskirche, welche in der City steht, verwechseln muß, angebaut, ein damahls sehr berüchtigtes liederliches Haus, Tom King's Caffeehaus genannt. Es war eigentlich eine erbärmliche Baracke, deren Schornsteine niedriger stunden, als der Architrab der Vorlaube dieser schönen Kirche. Die Liederlichkeiten die hier vorgingen, und die sich nicht selten mit Mord endigten, sind unbeschreiblich. Nach Tom King's Tode setzte die züchtige Wittwe Mrs. Mary King die teufelsche Wirthschaft zwischen den Säulen eines Gotteshauses fort, bis endlich die Gerechtigkeit erwachte. Es ist wahrscheinlich, daß Hogarth mit diesem Blatt nicht wenig dazu beygetragen hat sie zu wecken. Denn der abgehärteteste Bube mußte bey Erblickung dieses Blatts den schändlichsten Contrast fühlen, den er, von viehischer Sinnlichkeit geblendet, im Original und an der Stelle selbst nicht zu bemerken im Stande war, und der rechtschaffene Mann, der bisher nichts davon gewußt hatte, erfuhr es hierdurch. Eine Sache ins Gerede zu bringen, in den Bierschenken wie an den Tafeln der Großen, kostete unserm Künstler nur einige Züge mit dem Grabstichel.

Ich sage, es ist wahrscheinlich, daß er es war, der die Gerechtigkeit wecken half; denn diese Blätter kamen gegen Ende des Jahrs 1738 heraus, und im Junius 1739 wurde Madam King eingezogen. Das Urthel war: Sie mußte das Haus niederreissen, 1200 Thaler Strafe bezahlen, drey Monate in Newgate sitzen, und war dann die Geldstrafe noch nicht erlegt, ferner da bleiben bis zur völligen Bezahlung, überdas mußte sie Caution für gute Aufführung in den nächsten drey Jahren stellen. Dieses ist ein vortreffliches Mittel der englischen Justiz, dergleichen Menschen im Zaum zu halten, denn versündigen sie sich wieder, so ist die Caution verloren, und die Gerechtigkeit geht ferner ihren Gang, bey dem Ausgelernten so wie ehemahls bey dem Anfänger. Indessen Madam King bezahlte richtig, und baute aus dem Opfergeld, das sie bey der Paulskirche gezogen hatte, nach Abzug der 1200 Thaler, drey Landhäuser nahe bey Hampstead, nicht weit von einander, die noch auf den heutigen Tag *Moll King's Row* heißen. (3) ist einer der nächtlichen Gäste von Madam King, der beym Heraustreten aus dem Hause ein Mädchen salutirt, die Kraut feil hat. Der Contrast fehlt freylich hier auf diesen kleinen Blättern. Denn eine andächtige alte Jungfer und ein Gebetbuch sind nur ein schwacher Ersatz für den Verlust der majestätischen Säulen des erhabenen Gotteshauses, neben welchem diese Auftritte vorfallen. – Der Kirche gegenüber, linker Hand, ist wiederum Hogarth's ewiger Franzosen-Doctor D. Rock predigend und Pillen empfehlend dargestellt. Was ihm der mag gethan haben? Die Dächer sind alle beschneyt, aber von Tom Kings hangen allein Eiszapfen herab.

B

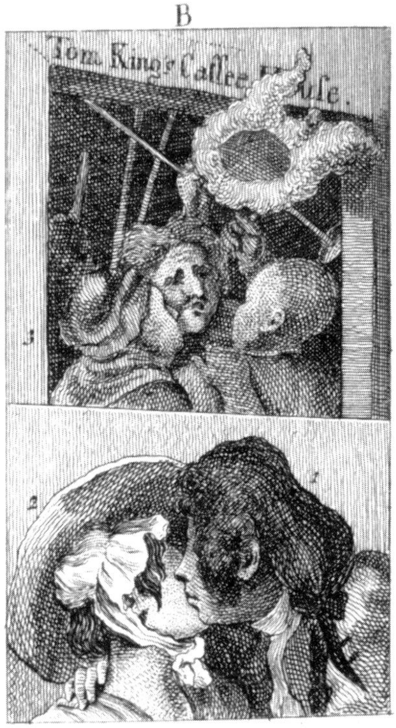

B.

Unten wieder eine Scene wie die vorhergehende auf A, aber selbst ohne den Contrast der alten Jungfer und des Gebetbuchs. Was da oben in die Höhe steigt ist eine Perücke, die ihren Herrn in der Noth verlassen hat, und einem andern zueilt. Wäre es ein Dichter-Club, so sollte man sie fast für eine Lyra halten, die sich der Sonne entgegenschwingt, oder die Morgensterne begrüßt.

C. Mittag.

Dieses Blatt stellt, wie die Ausleger sagen, die französische Kirche in *Hoglane St. Giles's* vor. Es ist im Ganzen ein recht mörderischer Ausfall unsers Künstlers auf französische Gesichter, Figuren und Trachten.

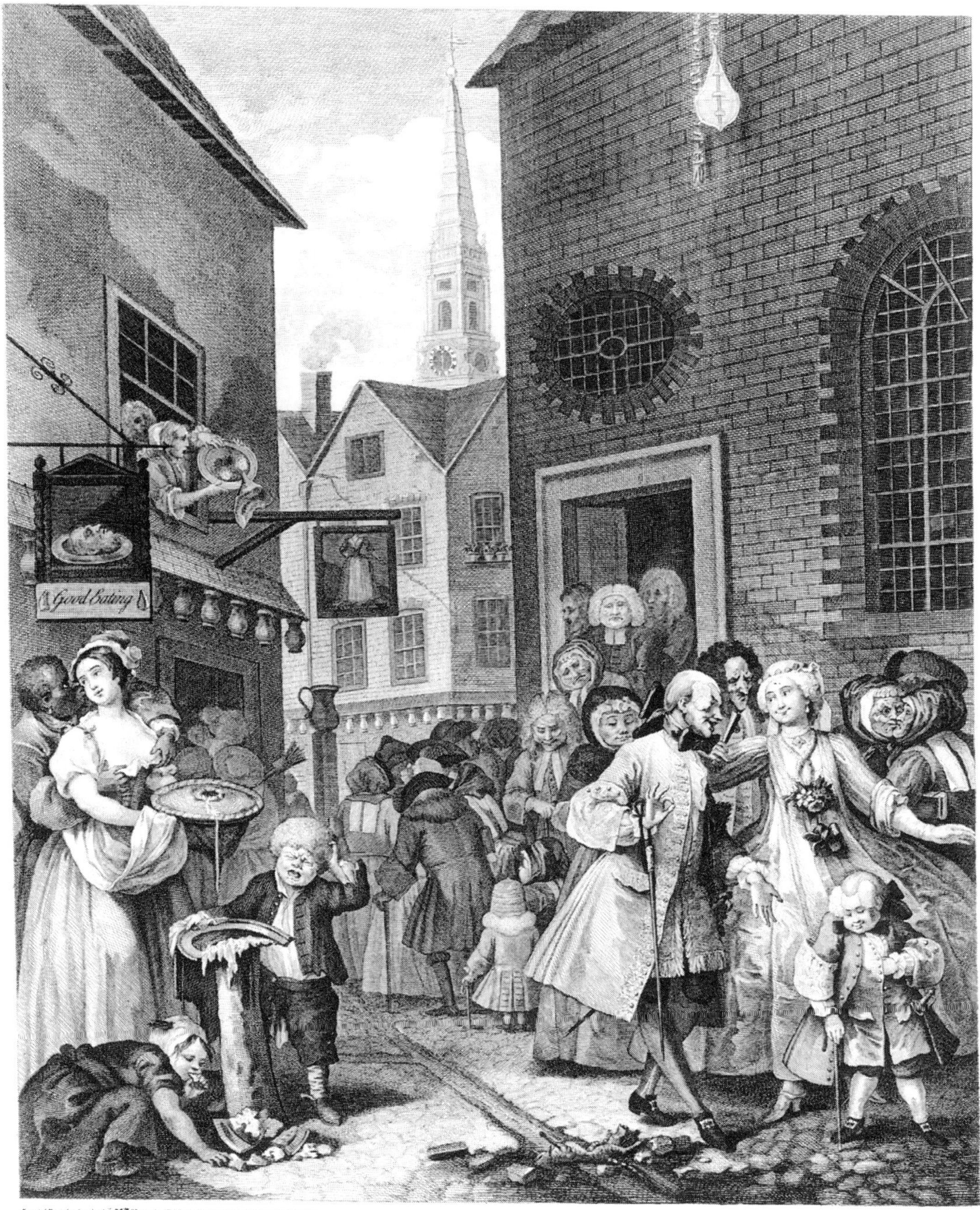

Noon

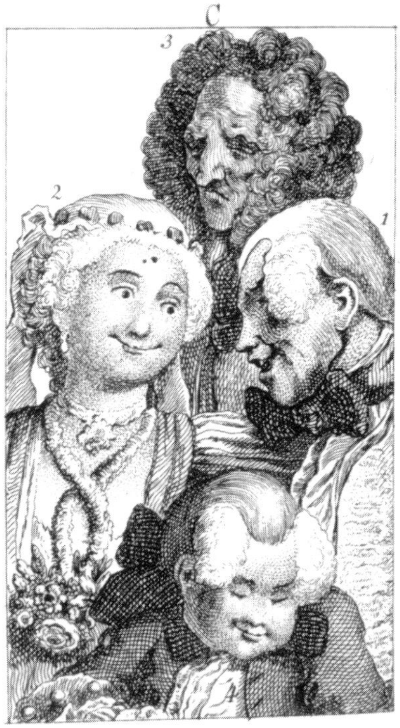

Die Kirche ist so eben aus, und C, D und ein Theil von E in unsern Blättern liefern einige Gesichter der Menschen, die so eben das Wort gehöret haben. (1) Vermuthlich ein Tanzmeister, wenigstens verdiente er es zu seyn. Er ist in reich galonirtem Kleide, und einer Weste, die mit Schabracken-Pracht fast die Knie bedeckt. Die ganze Figur hat unglaublich viel Zärtliches und Süßes. Sie steht in einem Menuet-Pas. Die linke Hand ist etwas abwärts gesenkt und am Gelenke rückwärts gebogen, voll unverkennbaren Ausdrucks von Unterwürfigkeit gegen die Dame (2). An dem Gelenke der rechten Hand hängt das modische spanische Rohr. Die Spitze des Zeigefingers ist subtil an die des Daumens angelegt, so daß beide einen Kreis bilden, etwa wie wenn man ungefaßte kleine Edelsteine gegen das Licht hält. Sehr schön und bedeutungsvoll! Er will nähmlich mit diesen Fingern die Worte, die aus dem nicht sehr reitzenden Munde etwas breit und voll herauszulaufen scheinen, noch im Fluge feiner spinnen. Dieser Gestus ist auf Kanzeln und Cathedern nicht selten, da wo man den unnützen Schlacken die der Mund auswirft, zuweilen noch im Fluge das Ansehen von ungefaßten Edelgesteinen, oder dem Wergtau, welches man abhaspelt, das von gesponnenem Golde geben will. Die Dame (2) mit dem zwar zart aber etwas lang gespaltenen Munde, scheint überhaupt durch vorsetzliche Verengerung, eines an sich sehr geräumigen Sprachwerkzeugs ihren Gedanken den Anstrich geben zu wollen, den ihr Liebhaber seinen Worten mit dem Daumen und Zeigefinger gibt. Ob sie gleich kaum zwey Schritte von der Kirchenthüre weg ist, so lehnt sie sich doch schon wieder dem Landsmanne und Liebhaber mit dem rechten Elnbogen auf die Schulter. Der Reifrock, der einen ganz eignen unbeschreiblichen Schnitt hat, scheint nicht sowohl da zu seyn, dem was wir beschrieben haben mehr Ansehen durch Ausdehnung, als vielmehr der bereits zu sichtbaren natürlichen Ausdehnung, die keiner Beschreibung bedarf, Bedeckung zu gewähren. (3) Ist ein schlauer Alter der diese Scene zu bemerken scheint, wenigstens mit dem einen Auge. Das andere scheint 60 Jahr zurück ins eigne Leben zu blicken, und so entsteht denn diese Miene, der man die Nähe an der Kirchthüre verbunden mit Zurückerinnerung ansieht. Voran geht (Nro 4) ein hochgeputzter Zwerg, mit einem fürchterlichen Haarbeutel; er könnte die Schale des Eyes vorstellen, aus dem sein Herr gekrochen ist. Er trägt Stock und Degen, und scheint in den Silberblick seines Ermels aus *drap d'argent* verliebt, der über den halben Oberarm heraufsteigt, und dieser Zug zeichnet seinen Geist, dem Körper ähnlich.

D

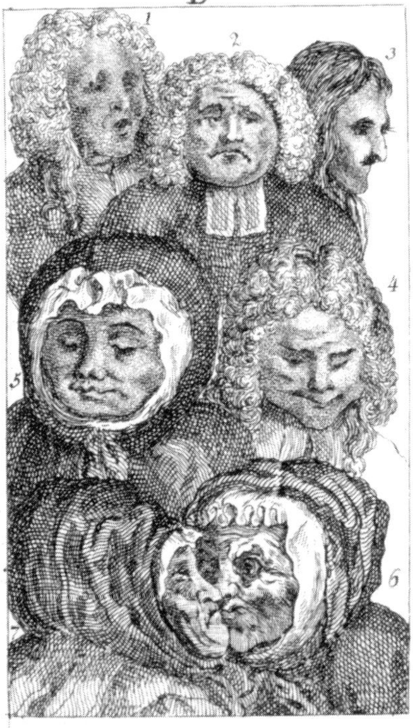

E

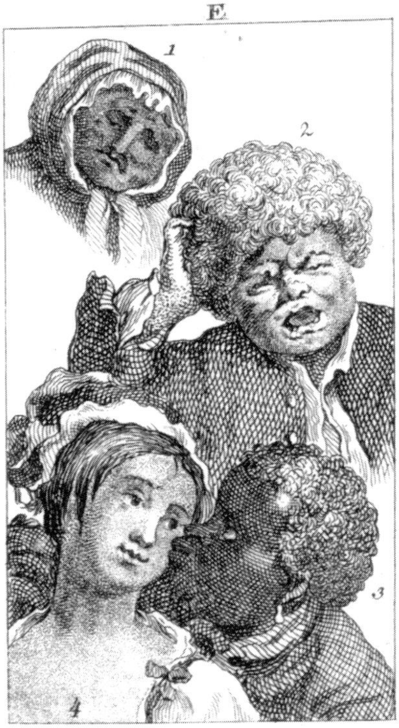

D.

Lauter Gesichter, die so eben aus der Kirche kommen, sieben an der Zahl, alle sieben Sinnbilder stiller verschlossener eiserner Dogmatik. Gegen diese disputire einmahl jemand. Es hieße die Fluth mit einem Sonnenfächer aufhalten wollen. Zumahl scheint mir wenigstens bey (2) und (5) das Glaubenssystem bereits in wahre Versteinerung übergegangen zu seyn. Es ist nicht mehr Vernunft die sie beherrscht, sondern religiöser Kunsttrieb, zu glauben, zu verfolgen, und zu verdammen. Mit (3), der, glaube ich, Tabak kaut, und mit der stillen Wuth religiöser Schwärmerey behaftet vor sich hinstarrt, möchte sich wohl nicht mit Sicherheit disputiren lassen, wenigstens nicht ohne ihm vorher die Taschen visitirt zu haben. Der geistliche Liebeskuß, den sich Nro 6 und 7 unten geben, ist über alle Beschreibung. Die Seelen beider Matronen scheinen zusammengeflossen, und die Nasen und Lippen würden ein gleiches thun wenn sic minder zähe und körperlich wären. Der Kirche gegenüber wohnt ein Speisewirth, der sich zum Wirthsschild, die sogenannte gute Frau, (eine weibliche Figur ohne Kopf) gewählt hat, allein das Haus hat noch einen andern Schild; einen Kopf ohne Rumpf, nähmlich das Haupt Johannis des Täufers mit der Unterschrift *good Eating*, gut zu essen. Unstreitig hat dieses *good Eating* auf die ganze linke Seite des Bildes Einfluß, und nicht bloß auf den Kopf worunter es steht. Denn oben wird ein ranziger Schinken und Gemüße, trotz aller Bemühung der Wirthin es zu hintertreiben, zum Fenster herunter geworfen. Unten im Vorgrund steht der Knabe E (2) der eine irdne Schüssel mit Essen zerbrochen hat, welches ein frisches Bettelmädchen mit jugendlichem Appetit von der Erde aufisset. Auch das Mädchen (4) welches von dem Mohren (3) geküsset wird, verschüttet darüber ebenfalls etwas von einem flüssigen Gerichte, so daß also des guten Essens unten in der Gosse, oben in der Luft und inwendig im Hause die Fülle ist; vielleicht gehört eine zu Tode gesteinigte Katze, die nicht weit von den Fragmenten der Schüssel liegt, auch noch mit dazu. Das alte Weib (1) gehört noch zu den versteinerten des vorigen Blattes, sie scheint auf etwas zu horchen. Eine Kopfhängerinn. Denn Kopfhänger heißt im Deutschen nicht der, der ihn vorwärts hängt, das sind oft sehr ehrliche Leute, sondern der nie ehrliche schlaue Horcher, der ihn schräg aufwärts trägt, mit immer gespanntem Ohr entweder die Engelchen singen zu hören oder seinen unbefangnen Nebenmenschen zu belauschen.

F. Der Abend.

F

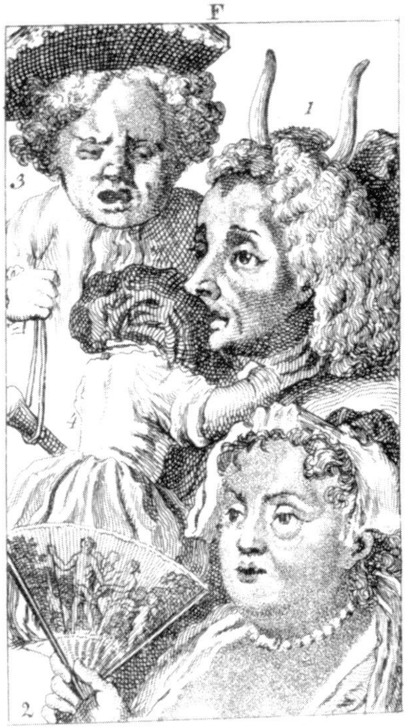

Ein schwüler Septemberabend, an einem Ort außerhalb der Stadt, bey Saddlers Wells, wo ein Sommerschauspielhaus unterhalten wird. Die Gegend ist vortreflich getroffen. Obgleich der Erklärer dieser Blätter nur etwa drey Abende an diesem Ort zugebracht hat, so glaubte er sich dennoch wie zu Hause, als er diesen Kupferstich zum erstenmahl erblickte: er scheint ihm daher auch in einer Camera obscura gezeichnet. Die Wiedererkennung einer schönen Landschaft in einem guten Gemählde hat etwas sehr reizendes. In dem Augenblick da sie sich ereignet, thut das Gemählde gleichsam einen Sprung zur Vollkommenheit, indem die Phantasie unter dem mächtigen Zufluß von Nebenideen, durch ihren Zauber alles Mangelnde ersetzt, alles Unnütze wegschafft, und dem Bilde Tiefe, Wärme und Leben mittheilt, und sich auf einmahl an dem Orte selbst zu befinden glaubt. Die Hauptgruppe womit unser Künstler dieses kleine Paradies zu beleben gesucht hat, besteht aus einer Familie, die sowohl der körperlichen als moralischen Bildung nach, eben nicht sonderlich geschickt ist, die Phantasie auf unsere erste Eltern zu leiten. (1) und (2) ist ein Pärchen aus der City mit seinen drey Kindern, wovon hier nur zwey vorgestellt sind, und zum vierten hat uns der Künstler starke Hoffnung gemacht. Voran schreitet langsam der Familienhund mit starkem Ausdruck ähnlicher guten Hoffnungen auch von seiner Seite. Die Hausehre (2) ist, wie man schon aus dem Müsterchen sieht, welches Hr. Riepenhausen hier von ihr abgeschnitten liefert, fast schon etwas über die Linie des Guten und Schönen hinaus genährt, und wir können unsere Leser versichern, daß das übrige was hier fehlt, eben dasselbe in wachsendem Verhältniß beweißt, wozu denn freylich der Ausdruck der guten Hoffnung nicht wenig beyträgt. Beym Shakespear hängt ein Frühlingsmorgen einmahl eine Perle an das Ohr jeder Schlüsselblume; bey unsrer Blume hier hat der schwüle Abend, ähnliche Perlen, wie man sieht, neben dem Ohre vorbey in die Haare gehenkt, jedoch scheint es ein bloßer Fehlgriff gewesen zu seyn, den er so eben im Begriff ist zu redressiren. In der einen Hand trägt sie des lieben Mannes Hut und Handschuhe, der dafür das Kind und sogar einen Theil seiner ihm zugewogenen Gattinn selbst schleppt, denn wirklich ruht sie mit derjenigen, worin sie den Fächer hält, im Original auf des Mannes Schulter. Auf dem Fächer sieht man den Adonis neben der Göttinn der Liebe und ihrem Amor, gerade so wie hier bey (1), (2) und (3). Der City-Amor (3) reitet auf dem Stocke des Adonis, er weint, weil ihm die ältere Schwester, die hier fehlt, aber ganz in ihrem Bruder lebt, einen honigkuchenen König zu mißgönnen scheint. Was für eine Miene für einen Knaben, der noch

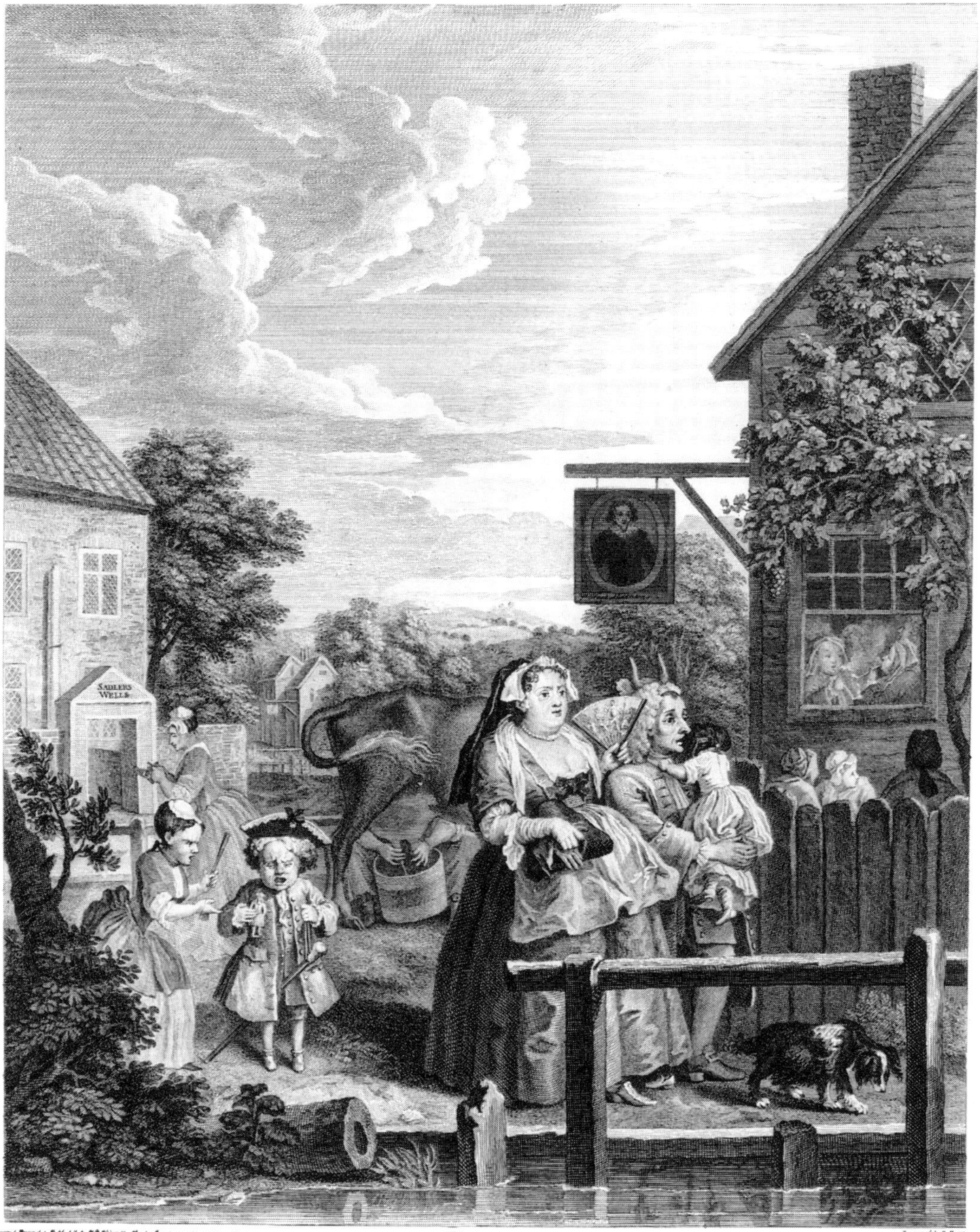

EVENING

auf dem Stocke reitet! Wenn es gewiß ist, daß früh markirte Züge im Kinde immer die Vorläuferinn der Häßlichkeit im reifen Alter sind, was mag aus Kindern werden, die die Linie jener kindlichen Leere im Gesicht schon in Mutterleibe passirt haben, und mit reifen Gesichtern geboren werden. Gerade hinter diesem Ehepaar wird eine Kuh gemelkt, die unser muthwilliger Künstler so gestellt hat, daß sie ihre Kopfzierde zugleich unserm Adonis (1) so schwesterlich mittheilt, daß man kaum weiß wer der rechtmäßige Eigenthümer ist. Diese Zeichensprache führt uns indessen sehr tief in die Geschichte dieser Familie, denn wir sehen nun auf einmahl, daß der gute Tropf (1) nicht sowohl Verfasser als vielmehr bloßer Verleger ist. Dieses mag für ihn eine angenehme Lage seyn, wenn er im Stande ist sie zu fühlen, zumahl bey heißem Wetter, und mit einem solchen Verlagsartikelchen auf dem Arm, das ihn so derb bey der Halsbinde faßt, daß ihm das Gesicht davon zu schwellen scheint. Dem kleinen Mädchen auf dem Arm ist ein Schuh ausgefallen, bloß vermuthlich um die durch den Strumpf ganz hervorstehende nackende Ferse zu zeigen: ein eben so redendes Zeichen von dem Werthe unserer Liebesgöttinn, als Hausfrau, als es die Kopfzierde der Kuh von dem als Ehegattinn gewesen ist. – Auf diesem Blatt macht das Wasser im Vorgrund, welches Woollet kaum kühler und frischer in Kupfer stechen könnte, und der gesunde und gesegnete Wuchs des Weinstocks, der an dem Wirthshause hinaufrankt, einen angenehmen Contrast mit den Perlen in dem Haar der Göttinn.

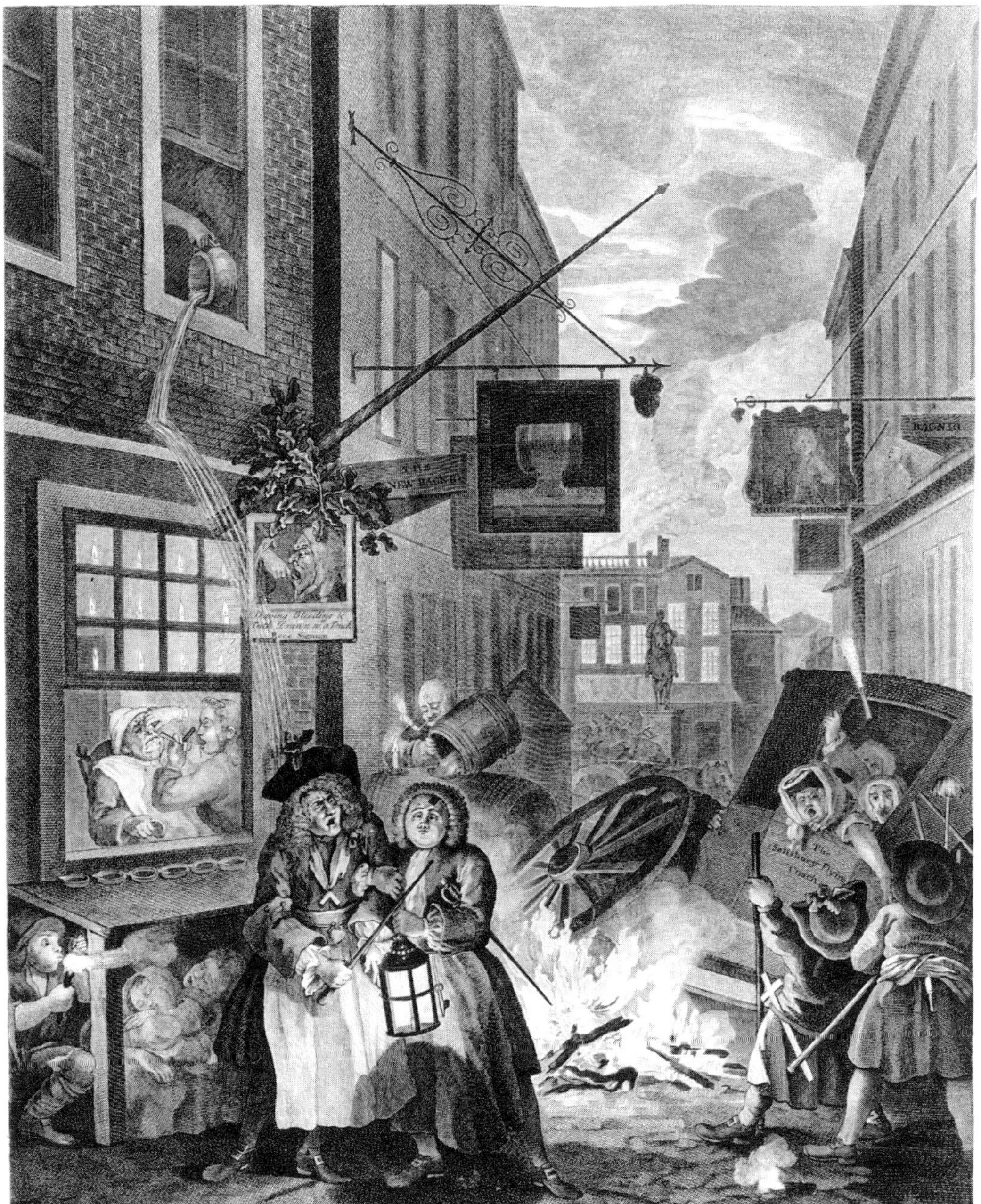

Invented Painted Engraved & Published by Wm. Hogarth March 25 1738 According to Act of Parlt.

NIGHT

Die Nacht.

Hogarth hat für gut befunden, hier eine Nacht bloß dem Stand der Sonne nach, vorzustellen, allein ihr übrigens so viel Licht zu geben, daß man sogar die kleinste Schrift auf Schilden, Postkutschen etc. lesen kann. Denn erstlich brennt im Vorgrund ein helles Freudenfeuer; zweytens ist gleich darneben eine Handlaterne, drittens werden Schwärmer geworfen, wovon drey in vollem Licht sind, und nebst der Fackel, an der sie angezündet werden, ihr Licht in tiefe Winkel senden. Viertens hat ein sogenannter *Goldfinder* wiederum sein eignes Talglicht, um sein schmutziges Geschäfte besonders zu erleuchten; fünftens sind viele Häuser illuminirt; sechstens ist es Mondschein, und endlich brennt siebentens im Hintergrunde, dem Freudenfeuer gegenüber, ein Haus ab. Dieses ist freylich zu vieles Licht für eine Londonsche Nacht, zumahl für die Gegend, wo diese Scenen vorgehen, Charingcroß mit seiner Nachbarschaft. Die Leser werden mir gerne erlauben, daß ich daher ein Paar Lichter ausblase, und wenigstens ein Feuer zum Theil lösche, und alsdann nur das sage, was ich noch sehe.

G.

G

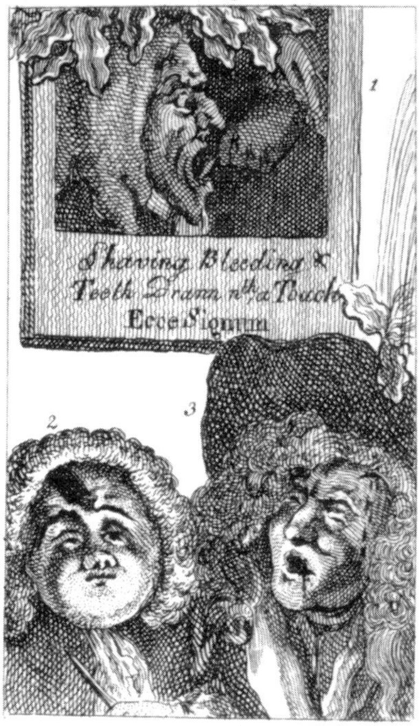

(3) ist ein betrunkner, am Kopf schwer verwundeter Freymäurer noch in vollem Anzug mit Winkelhaken und Schurzfell. Die Flammen die er ausgeworfen haben mag, ehe es so weit mit ihm kam, sind nun erloschen, hier ist bloß Lava, die noch außerdem durch einen nächtlichen Ausguß aus der obern Etage gekühlt wird. (2) ist der Aufwärter aus dem Hause, worin die Loge war gehalten worden. Er führt seinen Gönner mit gelassener abgehärteter Miene, ruhig weg. Das Licht in den Gesichtern dieses Paares kömmt von der Laterne. Man hat dieses für eine Satyre auf den ganzen Freymäurer-Orden auslegen wollen. Ob nun gleich eine so ehrwürdige Gesellschaft als der wahre Freymaurer-Orden ist, wohl wenig auf den zumahl schmutzigen Spott eines muthwilligen Menschen zu achten hätte, so erfordert es Hogarth's eigene Ehre und Credit, ihn von diesem Verdacht zu retten. Ich bin nicht in jenen Orden eingeweiht; allein nach langem Umgange mit mehrern Gliedern desselben von der einen Seite und nach sorgfältigem Studio der Werke unsers Künstlers und seines Lebens von der andern, mit dem Geiste des Ordens und Gesinnungen des Mannes bekannt genug geworden, daß ich es wohl, wo mich sonst alle Nachrichten verlassen, es wagen darf mein Gefühl dem seinigen zu substituiren. Es ist nicht ein Wort davon wahr, sondern Ho-

garth zielt, und zwar hat er sehr recht, hiermit auf die nichtswürdigen Sauf- und Beutelschneider-Gelage, die sich Logen nennen, und womit London in allen Winkeln überschwemmt ist. Ja es ist mir wahrscheinlich, daß der ganze Hieb auf ein gewisses bekanntes Haus geht, dessen zweytes Schild mit den Worten: *Bagnio* deutlich zeigt, was da gemauert wird. Man hat zwar (Nro 3) für das Porträt eines gewissen Sir Thomas de Veil ausgeben wollen, aber auch dieses ist nach dem Zeugniß des Sir John Hawkins, der ihn gekannt hat, völlig falsch. Und wäre es möglich, welches ich nicht glaube, daß sich je ein solches Schwein in den wahren Orden verlöre, wie läßt es sich nur gedenken, daß man ihn in einer solchen Nacht, in einem solchen Zustand, und zwar nun gar durch den Hausknecht frey über die Straße bringen lassen würde. Nein! Hogarth hat die Natur copirt, und da hat er einmahl einen solchen Patron führen sehen, der weder Schlafgeld noch Miethkutsche bezahlen konnte. – In dem Hause linker Hand ist eine Barbierstube mit dem Schild (1), und der Unterschrift: hier rasirt man, läßt zur Ader und zieht (sollte heissen bricht) man Zähne aus mit einem Ruck. *Ecce signum*, wie hier zu sehen.

H.

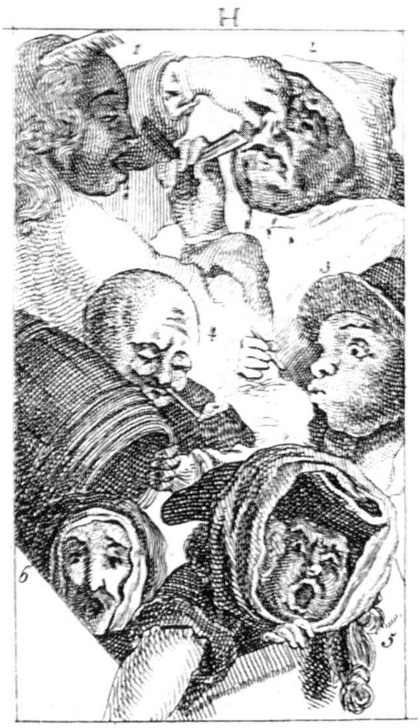

Enthält oben bey (1) und (2) eine kleine Aussicht unter dem Schilde weg in die illuminirte Barbierstube selbst. Artig ist, daß hier an dem Kopf (2), die ersten beiden Artikel, von denen der Schild redet, rasiren und aderlassen zugleich ausgeübt werden; es fehlt also nur noch das Zahnausziehen, dafür wird die Nase, die Dulderinn, desto kräftiger gezogen. Der Barbiergeselle, der hier die Execution verrichtet, hat um den Mund etwas von unserm Freymäurer G. 3, und wenn man den Winkelhaken ansieht, den das Scheermesser macht, so kann man sich kaum des Gedankens erwehren, auch dieser sey aus jener Loge so eben nach Hause gebracht worden. Nro 4. hatte ein Licht vor sich stehen, das wir ausgeblasen haben. (3) ist ein muthwilliger Schelm der einen Schwärmer anzündet, und schon einige nach einer vorbeyfahrenden Postkutsche geworfen hat, und zwar nach der *Salisbury flying coach*, die fliegende Kutsche von Salisbury. Sehr drollig ist es von unserm Künstler, diese fliegende Postkutsche gerade in einer Lage vorzustellen, worin sie leicht von jeder bloß kriechenden deutschen übertroffen werden könnte, nähmlich in dem Augenblick, da sie sich auf die Fußbank niederlegt. Auf der Seite wo sie sich legt, ist die Gosse, und auf der andern das Freudenfeuer, welches schon das eine Hinterrad ergriffen zu haben scheint. (5) und (6) sind einige Gesichter von Passagieren, die sich, zumahl (5), auf sanften Schlaf vorbereitet haben, und auf nichts weniger als das Dilemma, das hier schnelle Wahl erfordert, entweder sich in der Gosse durchweichen, oder in dem Freudenfeuer versengen zu lassen. Im Hintergrunde sieht man die Statue Carls des I, Charingcroß anzudeuten, wo sie jetzo steht.

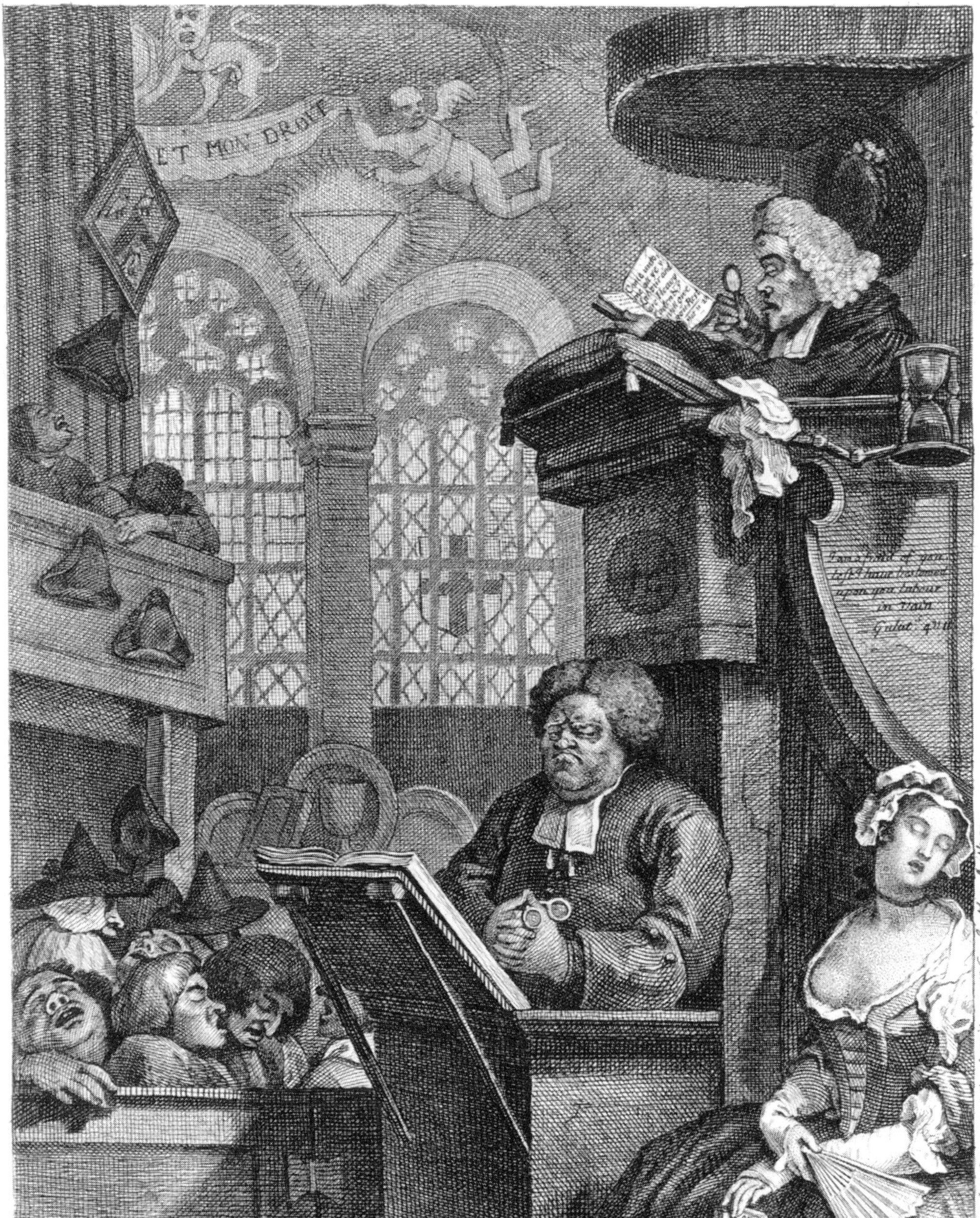

Invented Engraved & Publifhed October 26: 1736 by Wm Hogarth Purfuant to an Act of Parliament. Price One Shilling

Retouched & Improved April 21 1762 by the Author

THE SLEEPING CONGREGATION.

DIE SCHLAFENDE VERSAMMLUNG.

I.

Das Dormitorium ist eine Dorfkirche, worin ein Theil der Gemeinde durch den Prediger (1) eingewiegt, schläft. Das Wiegenlied ist eine Predigt über die Worte Matth. 11. v. 28. *Kommet her zu mir alle, die ihr mühselig und beladen seyd, ich will euch erquicken*; im Englischen steht: ich will euch Ruhe verschaffen. Dieses läßt sich der englische Bauer in der Kirche nicht zweymahl sagen, und so sehen wir ihn dann in K in der von der Kanzel versprochenen Ruhe. Das ganze Blatt K bedarf keiner Erläuterung, nur scheint Nro 4. einiger Aufmerksamkeit werth. In London sind diese Figuren gar nicht selten, und mit unter oft noch muthig genug, Auflauf um denjenigen zu erregen, der sie mit naturhistorischem Sinn beäugen will. Geist und Thätigkeit können wohl im Fett des Körpers zerschmelzen, hat er dessen wenig so halten sie bey den übrigen auf der Darre unglaublich lange aus.

Der Prediger I. (1) soll der berühmte Dr. Desaguliers seyn, der freylich zu etwas besserem geschaffen war, als mit schlafenden Bauern das Evangelium zu repetiren; Seine unsterblichen Werke halten dafür selbst noch jetzt den Philosophen wach. – Unter ihm steht der Küster (2); ein Gesicht, dem man ansieht, daß es Abdruck der Natur ist. In der ersten Ausgabe schielt er nach der Schlafenden (3) hin, die sogar bey Lesung der Copulations-Formel, die sie in der Hand aufgeschlagen hält, eingeschlafen ist, in der zweyten schlummert er selbst ein. Armer Desaguliers, der du den Gott des Himmels und der Erden so viel näher schautest als Millionen deiner Zeitgenossen, wie mußt du gepredigt haben, da selbst Mädchen der Ehesegen nicht wach erhalten konnte, und deinen Küster nicht, der sie schlafen sieht! – Die Auszierungen der Kirche haben in der Bildhauerey etwas englische Politik, verbunden mit neuseeländischer Kunst. Oben ein Engel mit einem einzigen Flügel, dafür aber mit zwey Schenkeln und zwey Knieen an demselben Bein. Der Künstler scheint besonders darauf bedacht gewesen zu seyn, zu zeigen, daß es ein Löwe sey, der Britanniens Wappenschild halte, und keine Löwinn. Unter dem Wappen steht *et mon Droit* als der Hauptartikel, mit dem *Dieu* würde es sich schon geben, dachte Hogarth.

I

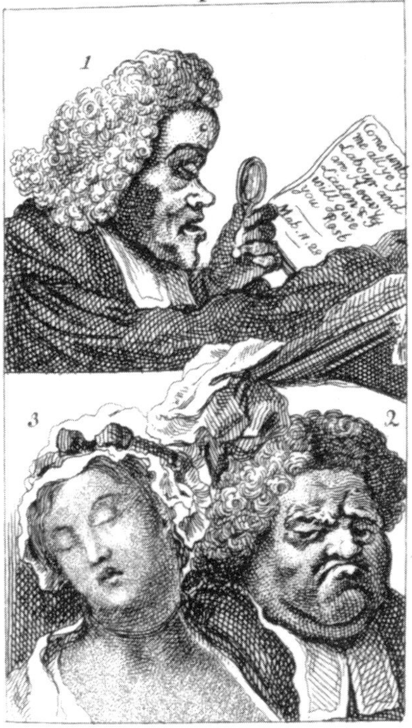

K

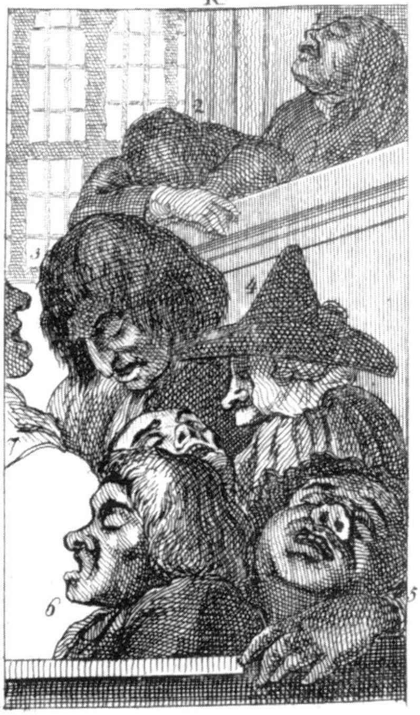

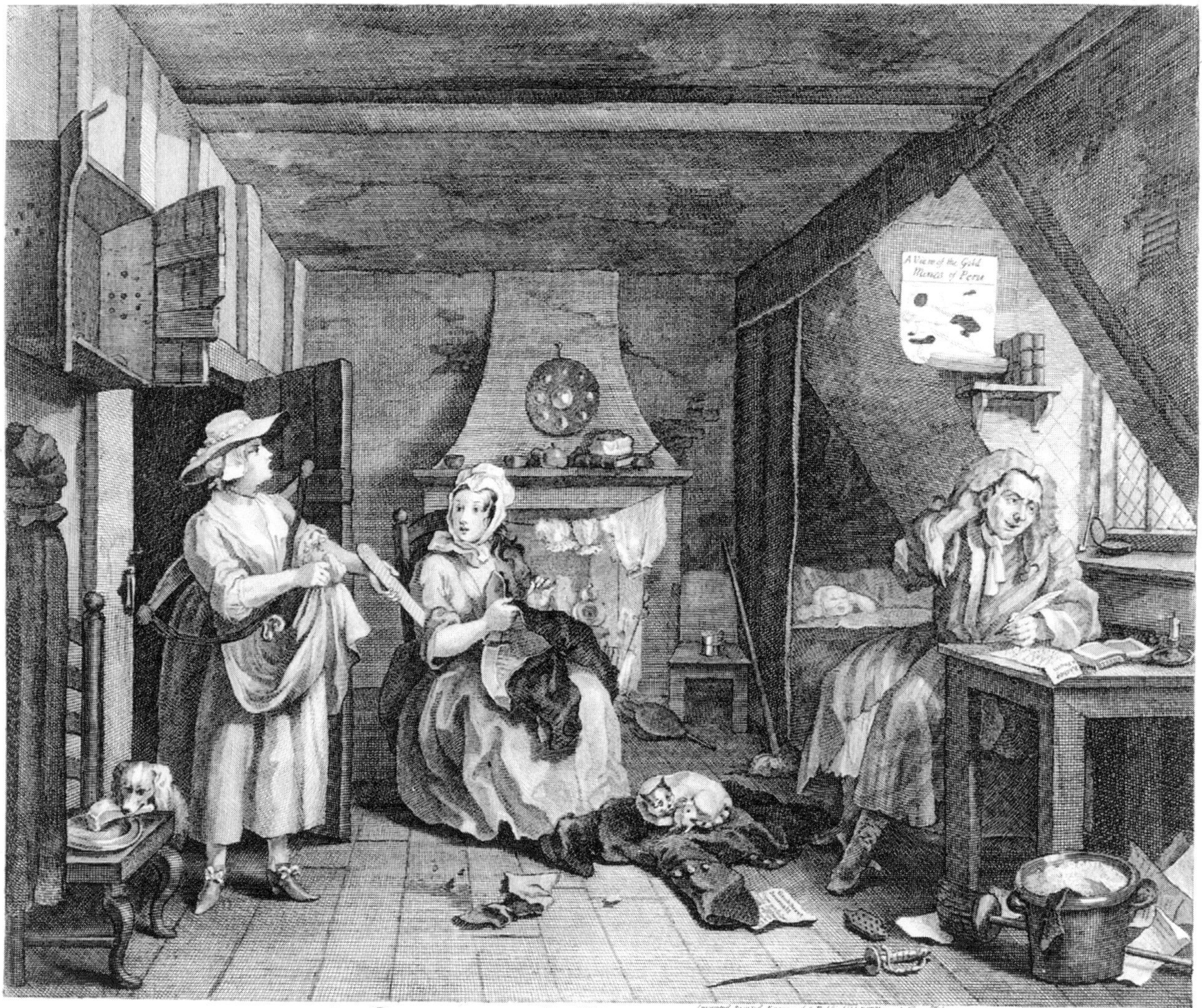

THE DISTREST POET.

THE DISTRESS'D POET.

DER DICHTER IN DER NOTH.

Sollte eigentlich heißen: *Der Reimschmidt in der Klemme*. Das ganze Stück ist meines Erachtens Hogarth's Genies völlig unwürdig, und steht, ohne des Erklärers jetzige Wahl, nur bloß deswegen verzeihlich hier, weil wir nach und nach alle Stücke vorzunehmen gedenken. Die ganze Absicht ist verfehlt. Hielte der Mann

L

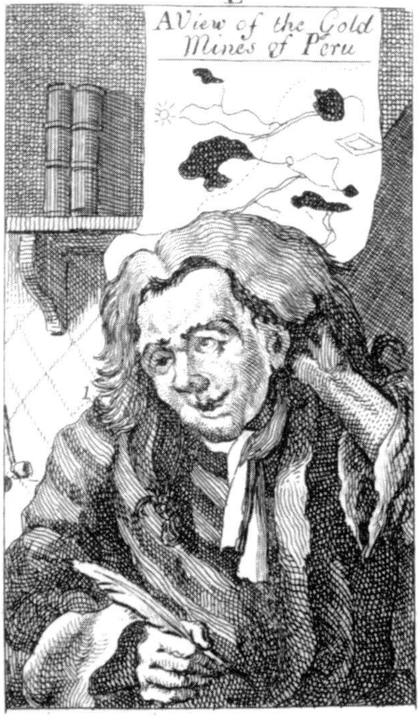

L.

(1) statt der Feder den Grabstichel in der Hand, so wäre es der Kupferstecher in der Klemme, denn was er im Nacken unter der Perücke mit der andern sucht, das sind doch fürwahr nicht bloß Reime! Was den an die Wand geklebten Prospekt auf die Goldbergwerke von Peru noch erträglich macht, ist (dürftig) der Umstand, daß der Reimer jetzt gerade über den Reichthum reimen will. *Riches a Poem:* Reichthum ein Gedicht, ist das Blatt überschrieben, das vor ihm liegt. Dieses ginge noch alles hin; allein, daß er

M.

M

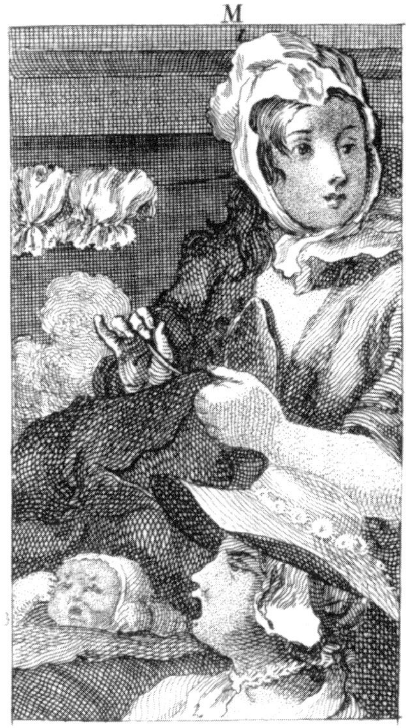

(1) ein junges, nicht häßliches und dem Anscheine nach unschuldiges Weib, die nicht etwa auch Oden recitirt, oder Reime zu einem Gedicht über Oekonomie im Nacken sucht, sondern die, rechtschaffen und brav, die Gedankenstriche in ihres Mannes Beinkleidern mit Nadel und Faden auszufüllen beschäftigt ist: daß er diese, sage ich, mit dem weinenden vielleicht hungernden Kinde oben drein hier zum Spott beybringt, ist kaum auszuhalten. Ich vergebe unserm Künstler seine kleine Zoten gerne. Wir haben ja selbst unter uns Schriftsteller, die solchen witzigen Schärfungen des Vorgefühls bey der Jugend, und Wiederauffrischungen des Nachgefühls bey den Alten beiderley Geschlechts ihren ganzen Ruhm, oder was man wenigstens jetzt so nennt, zu danken haben. Ihre Schädlichkeit hängt von Zeit und Ort ab, und ihre gänzliche Unschädlichkeit bey manchen Gelegenheiten ist erwiesen. Allein Hogarth's Verstoß auf diesem Blatt ist wider die Natur, zu jeder Zeit und in jedem Alter. Das Mensch (2) ist ein Milchmädchen die alte Milchschulden einfordert. Das übrige auf diesem ganzen Blatt ist nichts werth, weil ihm die Hauptstütze, *vernünftige Belehrung* fehlt. Das Bild fällt in die Zeiten des steigenden Ruhms des Künstlers: diese Zeiten sind gefährlich. Wohl dem, der wenn er ausglitscht, sich alsdann so wiederum zu heben weiß, wie Er.

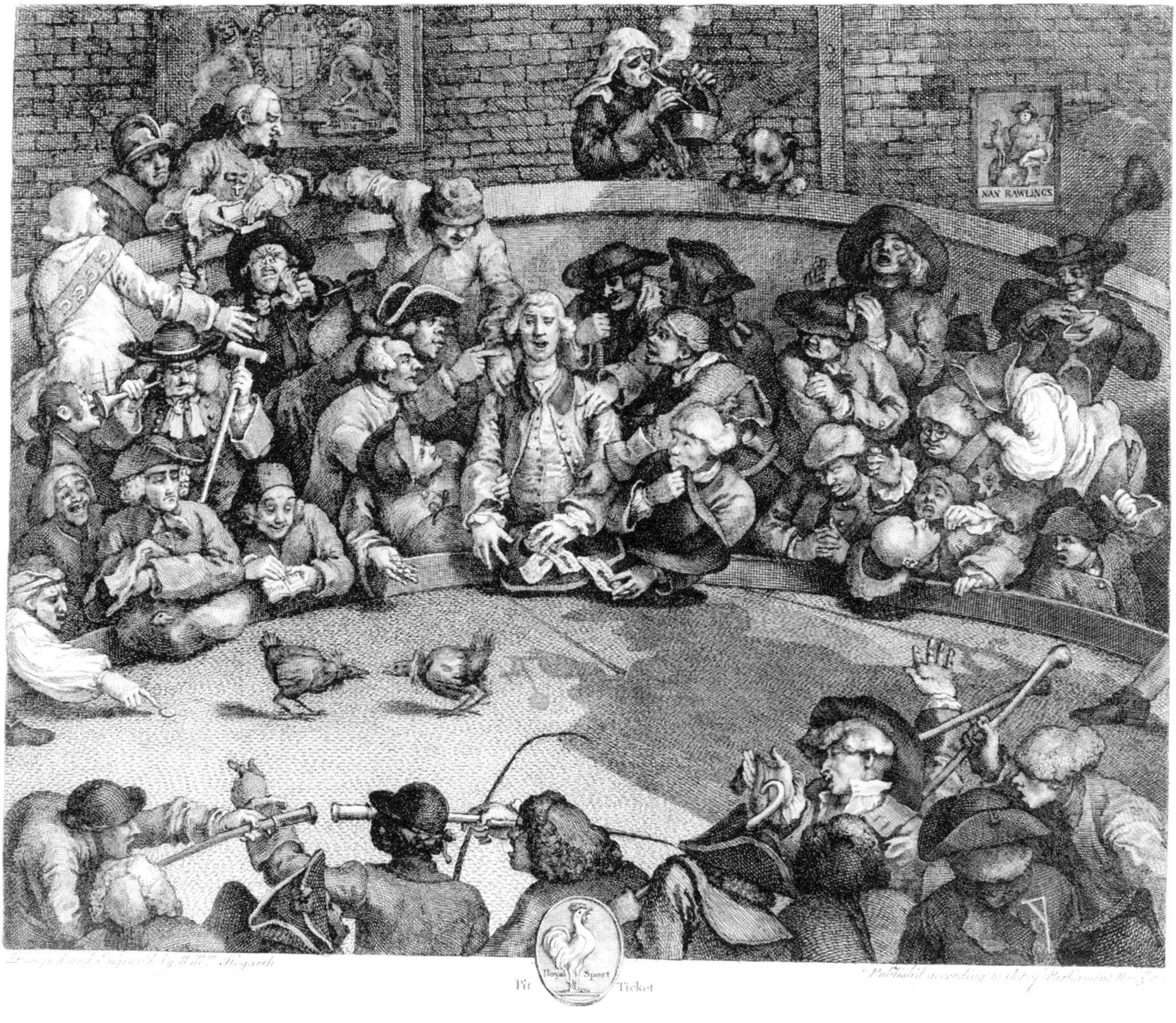

Design'd and Engrav'd by Will.m Hogarth

Pit Ticket

Publish'd according to Act of Parliament

DAS HAHNEN-GEFECHT.

Unter Hogarth's Werken wird dieses gemeiniglich unter dem Titul: *The cock pit* angeführt. *Cockpits* heissen eigentlich die Schauplätze für Hahnengefechte. Es sind gewöhnlich Gebäude oder bedeckte Buden, in deren Mitte auf einem runden, zuweilen mit Rasen, zuweilen aber auch gar nicht belegten Platze, der rings herum eine ganz niedrige Einfassung hat, und außer dem mit aufsteigenden Reihen von Bänken umgeben ist, die Hahnen ihre Zweykämpfe halten. Daß Hogarth, der schon 1720 als erfindender, und 1721 als satyrischer Kupferstecher auftrat, der nachher, um ein speculirendes Südsee- oder Lottogesicht zu sehen, oder eine neue Nase für seine Sammlung zu erhalten oft ganze Reisen that, wie der erst im Jahr 1759, also fast 40 Jahre nach seiner Erscheinung über dem dortigen Horizont, darauf hat verfallen können, ein Hahnengefecht darzustellen, das uns wenigstens so ganz für des Mannes Geist gemacht schien, ja, wie der das Pferderennen ganz hat übersehen können, ist entweder den zarten, unmerklichen Nüancen zuzuschreiben, womit die Natur den menschlichen Charactern geheime Individualität gibt, wovon die Unkenntnis nachher den Beobachter zu falschen Vorstellungen verleitet, oder auch (welches mir natürlicher scheint) dem Umstand, daß man sich nicht gerne in Dinge einläßt, worüber die Erwartung des Publikums schon gespannt ist. Die gespannte Erwartung wird gewöhnlich getäuscht, weil sie die Kräfte des Ehre liebenden Schriftstellers oder Künstlers entweder lähmt oder überspannt, und wenn dieses nicht der Fall ist, so täuscht sie sich selbst. Denn jeder, der etwas erwartet, hält leicht das Ganze für schlecht, sobald ihm bey der Erscheinung nur der kleine Zug fehlt, den er sich als nothwendig dabey gedachte. Genug, Hogarth dachte erst 1759 an die Ausführung dieses Gegenstandes, ob er gleich bereits zwölf Jahre vorher in einem schönen ihm sehr schmeichelhaften Gedicht, zur Beleuchtung desselben war aufgefordert worden*. – Hier geben wir unsern Lesern auf sechs Blättern, einige Nebendinge abgerechnet, fast das ganze Hahnengefecht des Hogarth, nur die Hahnen, die fechten, als das uninteressanteste im ganzen Stück, nicht. Dafür aber 26 Köpfe, jeder ein Spiegel, worin man sie fechten sehen kann, wenn man Augen für solche Gegenstände hat. Es finden sich hier Taugenichtse vom Adel und vom *tiers état* und Taugenichtse von gar keinem *état*, Lords mit und ohne Ordensband, Beutelschneider, Tischlergesellen, Schorn-

* *S. Gentleman's Magazine* 1747. S. 292.

steinfeger, Gentlemen, Mezger, Postillionen, Jockeys, Schuhputzer, Straßenräuber und sonst Gesindel das vom Galgen her kommt oder noch hin will u. s. w. In jedem derselben ist wenigstens eins von Quinctilians oratorischen Gliedern* in Bewegung, bey manchen sechs, acht derselben, alles spricht, mit dem Munde oder mit den Augenbraunen oder mit der Faust oder mit dem Stock in dieser Nationalversammlung; der eine kann nicht zum Wort, der andere nicht zum Prügeln kommen, jedoch sprechen die meisten zugleich, schlechterdings so sehr gegen alle Regeln, daß selbst der politische Frauenzimmer-Club in London jetzt festgesetzt haben soll, daß niemahls, und auch das nur bey wichtigen Angelegenheiten, mehr als Drey Personen zu gleicher Zeit reden sollten. – Ehe wir zu Erklärung dessen kommen was hier steht, so wollen wir einige Bemerkungen über das voraus schicken, was hier nicht steht, also erst etwas von den Hahnen. Es ist unglaublich mit welcher Sorgfalt diese Thiere erzogen werden, oft sorgfältiger, wenn man etwa ein Bißchen alte Litteratur abrechnet, als mancher junge Lord; ja verschiedene Regeln, die man bey ihrer Erziehung beobachtet, scheinen sogar wörtlich aus dem Plutarch *de puerorum educatione*, aus der Kinderstube des ersten Volks der Welt ins Hühnerhaus übergetragen worden zu seyn. Um einen unüberwindlichen Streithahn zu ziehen, fängt man mit der Wahl der Mutter an. Man hat das Sprüchwort, wenn die Mutter tüchtig sey, so fände sich der Vater selbst zu einem Achilles auf jedem Misthaufen. Die Mutter muß von einer guten derben Brut seyn, das ist, groß und stark, zumahl nach hinten zu, damit sie große Eyer legen kann, ferner entweder schwarz, braun oder gefleckt, doch ziehen einige die gelben vor. Hat sie eine Holle auf dem Kopf, desto besser, die verräth Herz, auch wenn sie Spornen hat, so ist es ein gutes Zeichen. Sie muß nicht zahm und nachgiebig seyn, kein Unrecht von andern Hennen ohne Rache über sich ergehen lassen. Diese Regel bey der Wahl der Mütter wollen wir dem Hühnerstall lassen. Die beste Zeit zum Brüten ist vom Ende Februars bis zu Ende des März. Während die Henne sitzt, muß sie nicht gestört werden, die besten Speisen nahe bey sich haben, und täglich frisches Wasser bekommen sich zu waschen und zu putzen. Die Hühnchen läßt man so lange beysammen, bis sie sich anfangen einander zu jagen und zu beissen, alsdann thut man die Hahnen, die man für den Schauplatz erziehen will, allein, schneidet ihnen die Kämme ab, und gibt jedem seinen eignen Spazierplatz, und eine gedielte Freßstelle, damit er sich den Schnabel nicht verdirbt. Nie muß er mehr als drey

* Sie sind: *Manus, oculi, supercilium, genae, nares, labia, dentes, cervix, humeri, brachia*, wozu noch *rubor, pallor und lachrymae* kommen.

Hennen um sich haben. Mehrere benehmen ihm zwar den Muth nicht, aber die Stärke. Man wählt sie nach folgender Vorschrift aus. Weder die gar großen noch die kleinen taugen was. Der Kopf muß klein seyn, die Augen hingegen groß und lebhaft, der Schnabel stark und an der Wurzel etwas gebogen, und seine Farbe der Hauptfarbe der Federn, diese sey nun gelb, röthlich oder grau, gleich seyn. Vorzüglich muß das Bein stark seyn und ebenfalls die Hauptfarbe der Federn haben. Die Sporen müssen rauh, lang und wenig gekrümmt und etwas nach innen gekehrt seyn. Ein scharlachrother Kragen um den Hals, bedeutet Fülle von Kraft und Muth, so wie auch der aufrechte freye Gang und das *os sublime* eben dieses andeuten. Ist er nun gut gewählt, so werden ihm die Mähnen vom Kopf bis an die Schultern hart an der Haut abgestumpft, so auch die Schwanzfedern und alle Federn des Hintertheils, der alsdann sehr roth erscheinen muß. Auch die Flügel werden rundlich gestümpft, doch so, daß man jede einzelne Federn schräg und spitz zulaufend schneidet, damit sie den Augen des Gegners gefährlich werden. Auf das Füttern vor dem Treffen kömmt sehr viel an. Man gibt ihnen alsdann gemeiniglich schon zehn Tage vorher mit unter geröstetes Brod, das in Ale getunkt wird. Zum Gefechte selbst wird er zuweilen mit scharfen und langen Sporen versehen, so ist alsdann der Athlete fertig. Wenn wir nicht gefürchtet hätten die Gedult der Leser zu ermüden, so hätte die Zahl dieser Regeln noch sehr vermehrt werden können. Es ist kaum zu glauben wie scharfsichtig die Gewinnsucht ist, Dinge in der Oeconomie der Thiere zu entdecken, die der erfahrenste Naturforscher übersehen haben würde. Daß indessen dieses grausame Spiel einen wohlthätigen Einfluß auf die ganze Federviehzucht dieser Nation gehabt hat, so wie die Zucht des sonst unnützen Rennpferdes auf die ganze Pferdezucht, ist uns sehr wahrscheinlich. – Von dem Gefechte selbst sage ich nichts, als was vielleicht nöthig ist die kleine hier abgebildete Gesellschaft bey dem Leser gleich vorläufig zu empfehlen, nemlich daß dieses Spiel eben der Grausamkeiten wegen, die dabey vorgehen, von dem besten Theil der Nation in allen Ständen verabscheuet wird, und daß nur das Kehricht und der Auswurf des Volks* Vergnügen daran findet. Dem siedenden Blute junger menschlicher Streithähnchen vergibt man auf Rechnung künftiger Besserung so etwas noch, allein es ist honorabler einmahl in einer Gesellschaft einen Flor und einen Taschenpuffer, die Insignien der Straßenräuberey, mit dem Schnupftuch aus der Tasche zu ziehen, als bey gewissen Jahren an diesem Schauspiel Vergnügen zu

* Ein anonymer Erklärer einiger Kupferstiche des Hogarth nennt sie: *the very tag-rag and bob-tail of the creation.*

A

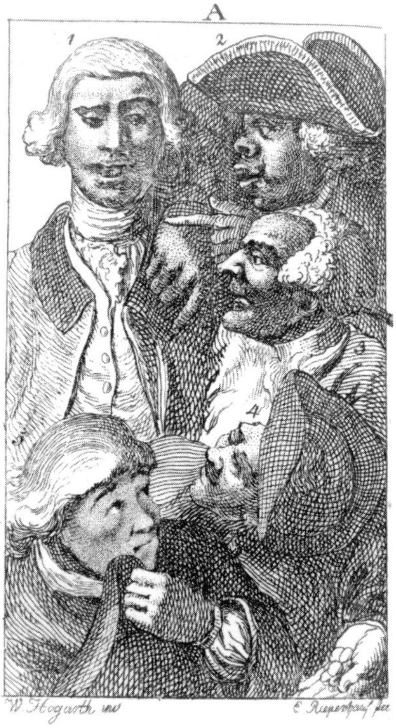

B

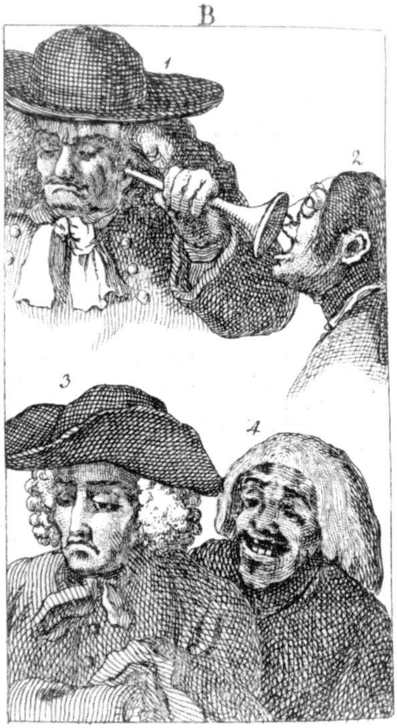

finden*. In der Erklärung nachstehender Blätter werden wir nunmehr kurz seyn können, das meiste erklärt sich nach dieser Vorrede von selbst.

A.

Die langseitige Figur (1) ist das Porträt von Lord Albemarle Bertie gemeiniglich der blinde *Lord Bertie* genannt. Sehr blind kann er nicht gewesen seyn, weil er gemeiniglich überall war, wo es etwas dieser Art zu sehen gab. Beim Marsch nach Finchley befindet er sich auch als Zuschauer bey dem Boxen im Hintergrunde. Hier ist er nun gar der Präsident der Versammlung. Vor sich hat er seinen Hut voll Banknoten liegen, nach welchen fünf Hände unter dem Gesetz des Spiels greifen, eine sechste aber, die dem Kopfe (5) zugehört, sucht ihm eine zu stehlen. Die ängstliche Schlauigkeit, womit der Dieb das Auge des blinden Lords beobachtet, ist vortrefflich ausgedrückt. Die Hand auf des Lords Schulter gehört nicht dem Mohrengesicht mit dem Bortenhut (2) zu, sondern einem Fleischer, der hier nicht abgebildet ist. (4) ist ein krötenförmig aufgedunsener Mezger dem die Hand mit dem Gelde zugehört. Alle wetten mit dem Präsidenten, der Dieb ausgenommen, der einen kürzern Weg zu den Banknoten einschlägt.

B.

(1) Ein ausdruckvoller, vortrefflicher Kopf, und unstreitig einer der besten in Hogarths Werken. So weit gespalten dieser Mund ist, so sehr scheint die Natur für ein mächtiges Schloß davor gesorgt zu haben, oder eigentlich ein Ventil das zwar Porter und Rinderbraten reichlich ein aber nur die nöthigsten Geschäftsworte in Abbreviaturen heraus läßt. Um die Augen und selbst den zahnlosen Mund scheint mir ein Geist zu schweben, durch den man wie durch Nebel noch erkennt, was für ein Vogel der Alte in seiner Jugend war. Physische Taubheit und moralische Stummheit sind durch das Ganze ausgedrückt. In der andern Hand hält er eine Krücke. Wenn man Nro (2) schreyen sieht, so fühlt man sich fast

* Tyers in s. *historical rhapsody on Mr. Pope* sagt, daß dieser nachher so sanftmüthige Mann in seiner ersten Jugend ein solches Vergnügen an diesem Gefechte gefunden, daß er auf der Schule, alles sein Bißchen Taschengeld aufgespart hätte, um sich Streithahnen zu kaufen. Daß aber seine vortreffliche Mutter die Geschicklichkeit besessen hätte ihn nach und nach ganz davon abzubringen.

geneigt seine eigne Ohren zuzuhalten. Was das ist, was er da ins Hörrohr ruft, weiß ich nicht, Geheimnisse scheinen es nicht zu seyn. (3) ist ein ebenfalls sehr verschlossener Hahnenheger (*cockfeeder*), der ganz nahe vor der blutigen Scene sitzt und mit einer Ruhe darauf hinsieht, als wäre es ein Billiard. Vor sich hat er einen Sack, aus welchem ein Hahnenkopf hervorguckt. (4) scheint ein Schornsteinfeger zu seyn; er ist zu arm um mit zu wetten, sondern bloß hier um des entzückenden Anblicks zu genießen, wenn sich ein Paar Thiere den Bauch aufreissen. Kinder, die etwas vom Teufel gehört haben, stellen sich ihn als einen Schornsteinfeger vor; bey diesem hier möchte der Teufel auch wohl manchem gesetzten Manne einfallen.

C

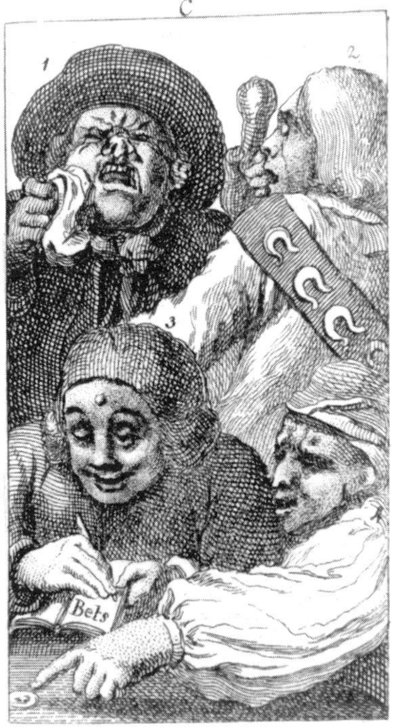

C.

Nro (1) ist in einem fürchterlichen Nießen begriffen, das ihm der Schnupftabac eines über ihm stehenden Franzosen verursacht, der auf dem folgenden Blatte abgebildet ist. Bey (2) zeigt das mit Hufeisen besetzte Bandelier, daß es ein Schweinschneider ist. Er kehrt der Scene den Rücken zu und wettet rückwärts, weil die Verrichtung, worin er gegen die Lehne der obersten Bank zu begriffen ist, nicht verstattet der saubern Gesellschaft jetzt die andere Seite zu zeigen. (3) mit St. Evremonts Kopfzierde, und der nicht ganz nüchternen Miene registrirt Wetten, und (4) wiederum ein Fleischer. Wem bekannt ist, daß in England bey Criminalgerichten die Fleischer in keine *Jury* aufgenommen werden, sieht leicht ein warum sie Hogarth hier so vorzüglich aufgenommen hat.

D

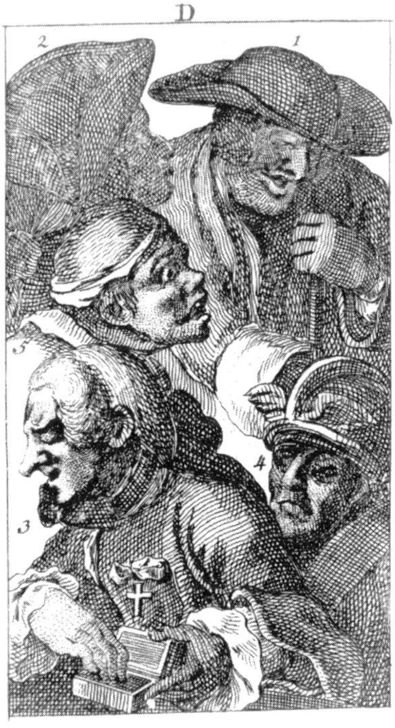

D.

(1), (2) und (5), wovon der letztere eine kleine Trompete an der Seite im Gürtel stecken hat, und wohl ein Porteur einer *Morningpost* seyn mag, sind alle noch mit dem blinden Lord *en rapport*. (3) ist der Ritter von *St. Louis* mit dem Creuz und der Dose, die den Nro 1 auf dem Blatte C. nießen macht. Er scheint sich mehr aus weibischer Affection, als wahrem Gefühl von der blutigen Scene wegzuwenden, und etwas, nicht aus innerer Ueberzeugung, sondern weil es ihn artig dünkt, von *quelles bètes* nicht zu brummen, sondern zu winseln. Indessen soll der große Haarbeutel, und die Art von Nase, die gerade da aufgeblasen scheint, wo sie nicht hohl ist, und der *noeud d'amour* unter dem Kinne, so wie der Schnupftabac den Franzosen hauptsächlich andeuten. – Was für ein

Donnerschlag mag nicht die französische Revolution, für die englischen Farcen, Pantomimen- und Balladenschreiber und Carricatursudler gewesen seyn. Spott über ein braves Volk, das sich seiner Haut wehrt, es sey Freund oder Feind, macht in England kein Glück. Es müßte denn der Streit mit einem Muth geführt werden, der hier und da den Neid erwecken könnte, daher kam es vielleicht, daß kürzlich noch (im Julius 1790) ein Advocat in King's Bench mit nicht übelm Erfolg Frankreich das Land der gebratenen Frösche und der *soupe maigre* nannte, und so mit der Milch und dem Honig (*roast beef* und *plumb-pudding*) Englands verglich. Was (4) eigentlich vorstellen soll, weiß ich nicht. Einer der Erklärer nennt ihn bloß *an odd phiz*, das wohl von mehr Köpfen dieses Blattes gilt.

E.

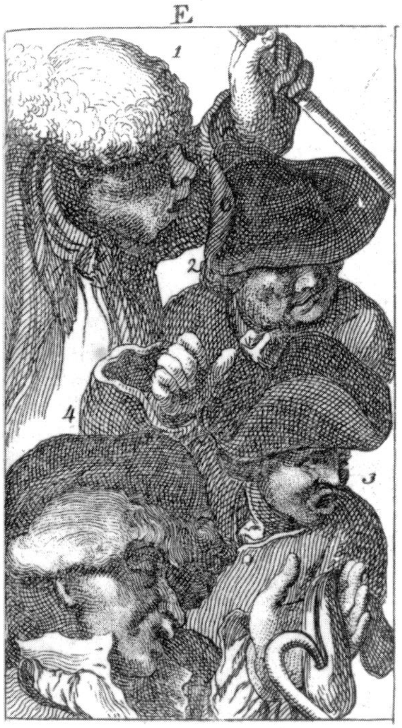

(1) Ist einer von denen, deren Prügel nicht zur Sprache kommen können. (2) Ein lumpiger Hund, der mit der Rechten entweder die Schottische Fiddel★ streicht oder vielleicht selbst im Kampfe mit blutdürstigen Thieren einer andern Classe beschäftigt ist. (3) ist im höchsten Eifer und hilft, wie man sieht, mit aufgehabner Hand dem Hahne fechten der auf seiner Seite streitet. (4) Ein Betrunkner, der seine Börse beäugt, oder wiegt. Sein schlauer Nachbar, der bemerkt, daß weder Auge noch Wage sonderlich scharf mehr sind, sucht sie mit seinem Hakenstock dem erstern ganz zu entziehen, oder ihr für die letztere mehr Gewicht zu geben, bis sie in seine eigne Tasche sinkt.

F.

(1) Ist wieder ein kleiner Caminteufel, der damahls allgemein bekannt war. Auf der Schulter hat er den Kehrbesen, und in der Linken eine Tabatiere oder Bonboniere, aus der er mit vieler Grazie eine Prise nimmt: Ein seltsames Geschäfte für einen englischen Schornsteinfeger. Vielleicht ist es doch Spott über den Marquis, aber wie kömmt der Junge zur Dose? (2) das unbefangenste Geschöpf im ganzen Hause, also vielleicht der Beschließer: (3) Sehr interessant; ein Ordensband. Der anonymische Erklärer nennt ihn schlechtweg *His Grace of B–. His Grace!* also ein Herzog. Er sitzt hart neben dem Schottischen Fiddler, und der eben genannte Erklärer hofft, *his Grace* werde seiner Familie, ein kleines Andenken aus der

★ Die Krätze

F

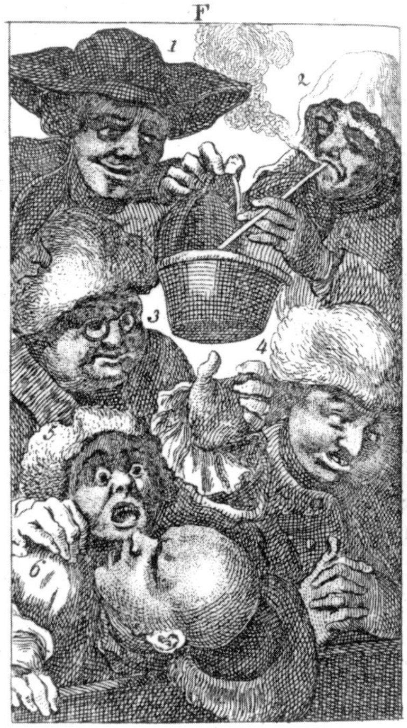

feinen Gesellschaft mitbringen. Ihre Durchlaucht scheinen mit Dero eignen Krallen den Hahnen zeigen zu wollen, wie er die seinigen halten soll. Nro (4) wirbelt die Daumen in der gespanntesten Aufmerksamkeit, und visirt Stöße für seinen Hahn ab, und späht schwache Saiten des Gegners aus. Wie leicht den Hahnen der Sieg werden müßte, wenn sie die Augen und Hände der Zuschauer mit allen dazu gehörigen Theorien nur einen Augenblick hätten, oder nur Zeit den Unterricht anzuhören. Nro (5 und 6) scheinen eben nicht einander im Herzen übel zu wollen oder im Streit zu seyn, so gefährlich es auch aussieht; es ist bloß die Gravitation des obern, welcher der untere mit seiner Perücke zufälliger Weise in den Weg gekommen ist. Gegen solche ewige Gesetze der Natur läßt sich mit Grunde nichts einwenden. Jedoch wenn man der Ursache dieser ganzen Verwirrung nachspürt, so findet man sie oben in dem Tölpel* von Tischlergesellen, von welchem man hier nur einen Theil des Gesichts gerade in der Perücke des Herzogs erblickt. Der Kerl stürzt sich nemlich mit einer Art von Hobel-Ausfall sehr ungehobelt auf die Schultern des Herzogs, wobey ihm der Maasstab aus der Hosentasche tritt; der Herzog, um nicht selbst das Gleichgewicht zu verlieren, stürzt sich nun auf Nro 5, und Nro 5 auf Nro 6, worüber denn freylich Nro 6 endlich die Perücke verliert. – Unten befindet sich noch ein nettes Clübchen von Jockeys und Spitzbuben, einer mit einem Galgen von Kreide auf dem Rock. Wäre es in England Gebrauch Galgen auf den Rücken zu brennen, so hätte Hogarth den gemahlten Galgen sparen können, denn wirklich öffnet der Rock des Kerls hinten beyde Flügel zum freyen Anblick eines eingebrannten. An jeder Seite des eigentlichen Kampfplatzes sieht man einen Fuß hervorstehen, diese gehören den beyden Hahnenfütterern, denn diese allein haben nächst den Hahnen selbst, das Recht diese heilige Stelle zu betreten. Geld kann man übrigens darauf werfen so viel man will. Noch sieht man aber hier die Silhouette eines Kerls darauf fallen, der eine Taschenuhr in der Hand hält. Hiermit hat es folgende Bewandniß. Wenn bey diesem Spiel jemand über Vermögen wettet und nicht bezahlen kann, so wird er in einen Korb gesetzt und oben an die Decke des Schauplatzes gezogen, dieses geschah nun hier, und gerade kam der Korb mit einem solchen Hahne darin unter eine Oeffnung zu hängen, durch welche die Sonne auf den Kampfplatz scheint. Den Schatten der Uhr sieht man, weil er vermuthlich mit seinen Creditoren oben an der Decke herab accordirt, und seine Uhr anbietet. Der Einfall lächerliche Auftritte, die man nicht Raum hat selbst zu zeigen, noch im

* Der englische Erklärer sagt gar: *His grace is borne down by this blackguard heavy brute, whose paw unmercifully mauls the titled ribband.*

Schatten darzustellen, ist drollig genug, und Hogarth macht davon auch an andern Orten Gebrauch. Allein, da man hier bey einer solchen Höhe nicht allein die Physiognomie des Kerls, sondern auch noch sogar den Schatten des Uhrschlüssels deutlich erkennt, so hat wohl der gute Mann hier so wenig an die Theorie des Halbschattens gedacht als an einer andern Stelle seines Werks* an die Gesetze der Hydrostatik. Im Hintergrunde hängt das Porträt eines gewissen sehr häßlichen Weibes *Nan Rawlins, vulgo Nan* Deptford, *alias* Herzoginn von Deptford genannt, die ein besondres Vergnügen an Streithahnen (aus dem Hühnergeschlecht nemlich,) gefunden, auch viele selbst gezogen haben soll. Oben von der Gallerie sieht noch ein ganz respectabler Bullenbeißer mit vieler Aufmerksamkeit, und so ganz unbefangen zu, als wenn er unter seines gleichen wäre, auch sticht wirklich sein Gesicht von einigen seiner Nachbarn nicht sehr stark ab. Noch muß ich eines völlig Blinden Erwähnung thun, der auf der obersten Bank den Verlust seiner Augen hier doppelt zu empfinden scheint, und mit aufgehabenen Händen beklagt.

* Beym Thor von Calais.

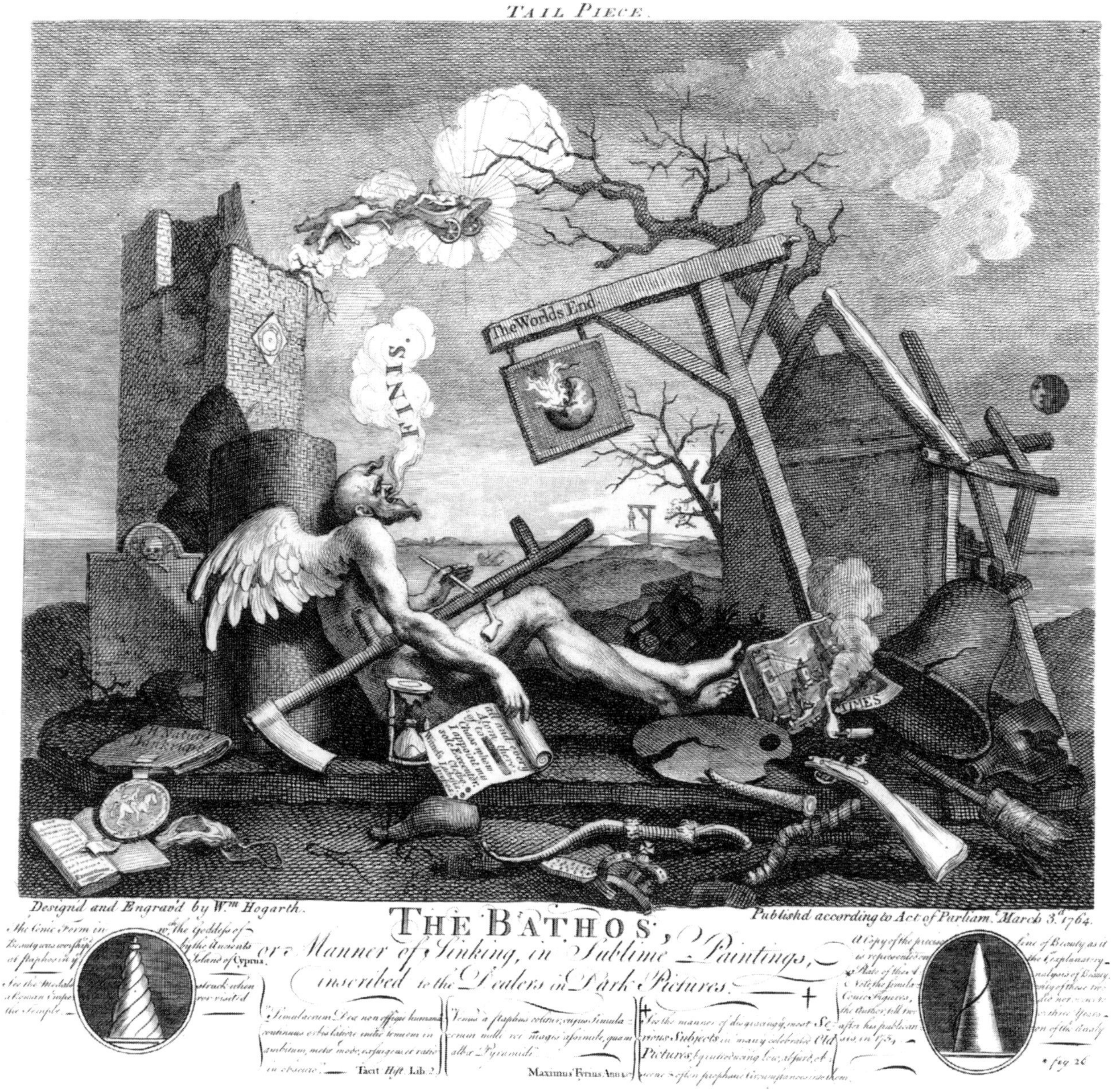
TAIL PIECE.
The Worlds End
FINIS
TIMES
Designd and Engrav'd by Wm. Hogarth.
THE BATHOS,
or Manner of Sinking, in Sublime Paintings,
inscribed to the Dealers in Dark Pictures.
Publishd according to Act of Parliam.t March 3.d 1764.
Simulacrum Deae non effigie humana continuus orbis latiore initio tenuem in ambitum, metae modo, exsurgens et ratio in obscuro. Tacit Hist. Lib. 2.
Venus a Paphiis colitur; cujus simulacrum nulli rei magis assimile, quam albae Pyramidi. Maximus Tyrius.
See the manner of disgracing the most serious Subjects in many celebrated Old Pictures; by introducing low, absurd, obscene & often prophane Circumstances into them.
fig 26

FINIS.

Unter dieser lateinischen Aufschrift wird nachstehendes Blatt von Hogarth, das wir hier verkleinert ganz liefern, in dem Verzeichniß aufgeführt, das mit der ganzen Sammlung ausgegeben wird. Es sind eigentlich die Worte, die auf dem Tabacsdampf stehen, der der Zeit aus dem Munde steigt, sonst hat es blos die nicht sehr delicate Aufschrift *Tail piece*, also im Deutschen ungefähr so viel als: das Hinterste. Einige Monate vor seinem Tode sagte Hogarth in einer lustigen Gesellschaft: Das nächste was ich jetzt vornehmen will, soll das Ende aller Dinge seyn. Wenn das der Fall ist, versetzte einer seiner Freunde, so hats auch mit Ihrem Geschäfte ein Ende, denn es ist alsdann mit dem Mahler am Ende. Allerdings, erwiederte Hogarth tief seufzend, drum je eher ich schließe je besser. Er setzte sich also hin und mahlte folgendes Blatt, worauf man noch, wiewohl nur schwache Spuren von des Mannes eigenem Geiste erblickt, hingegen mehr mittelmäßiges und manches abgeschmackte. Er scheint dieses sogar gefühlt zu haben; denn unter dem Blatte steht auf vielen Exemplaren in schönerer Schrift als unter irgend einem seiner Werke: Das Bathos oder Art und Weise in erhabnen Gemählden* zu sinken. In der Mitte liegt die Zeit schläfrig gegen ein Stück von einer Säule gelehnt; sie schlägt ihre Pfeife entzwey, hat also ausgeraucht und bläst den letzten Dampf in die Luft: unter dem linken Arm liegt die zerbrochene Sense, und neben ihr steht die ebenfalls zerbrochene Sanduhr. Aus der linken Hand fällt ihr eine Rolle, es ist ihr letzter Wille worin sie das Chaos zum Executor und Erben einsetzt; die drey Parzen haben ihn als Zeugen unterschrieben und gesiegelt. Die auf der Erde liegende Meubeln scheint das Chaos wirklich schon nach seiner Methode geordnet zu haben. Da liegt ein Comödienbuch aufgeschlagen mit den Worten *Exeunt omnes*, alle gehen ab. Ein leerer Geldbeutel, eine besiegelte gerichtliche Bankrott-Erklärung gegen die Natur; Ein Schusterleisten (Engl. *Last*), und ein Schusterriemen (Engl. *coblers End*) also *Last End*, also Letztes Ende und wahres Bathos. Eine abgenutzte Schuhbürste neben einer zerbrochenen Crone, gut geordnet, ein zerbrochener Bogen mit der zerrissenen Sehne darneben. Hogarth's zerbrochene Palette, ein Flintenkolben, ein abgenutzter Besen und eine zerbrochene Glocke und eine zerbrochene Bouteille. Bey der Glocke liegt ein von ihm erfundener

* Sollte wohl heißen bey erhabenen Gegenständen.

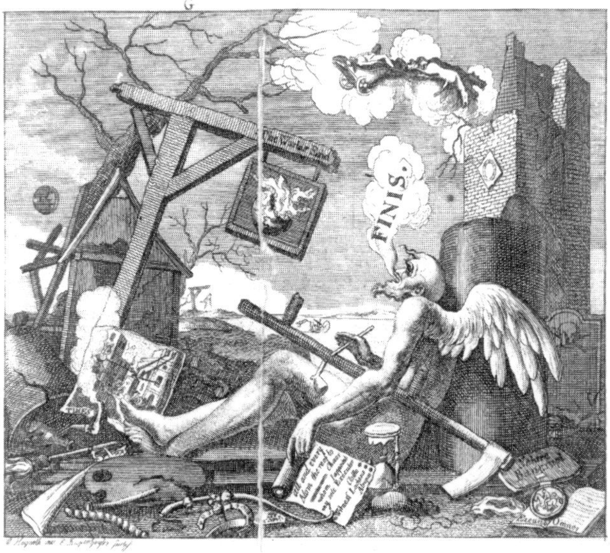

politisch allegorischer Kupferstich: *The Times,* die Zeiten, der ihm viel Sorgen gemacht hat, denn der war es hauptsächlich, der ihn Wilkes's Geißel und Churchill's Stilete blos stellte. Unter diesem Kupferstich liegt ein Stümpchen Talglicht, die auch unter uns Endchen heißen (wieder ein Ende) das die Zeiten ansteckt. Darhinter liegt noch ein Säulenkopf. Oben herum her steht oder fällt vielmehr der Schildpfosten von einem Wirthshause, mit der Welt Ende auf dem Schilde, ein Zeichen, das auf den Wirthshäusern in England noch häufiger vorkömmt, als bey uns die letzten Heller vor den Stadtthoren; verfallene Hütten, ausgegangene Bäume, verfallene Kirchthürme mit Zifferblättern, von welchen sich, weil die Zeit schläft, die Zeiger entfernt haben, Leichensteine u.s.w. Im Hintergrunde sinkt ein Schiff, oben stirbt Phöbus mit seinen Pferden, und der Mond steht verfinstert da, so nahe bey der Sonne. Freylich wenn die Sonne stirbt, so gibt es auch allenfalls eine Mondsfinsterniß im ersten Viertel. Wenn aber die Sonne todt ist, wird man fragen, wo kömmt denn das Licht her, wobey man hier noch Manuscripte und Comödien lesen kann, von dem Stümpchen Talglichte, und einem noch nicht sehr brennenden Kupferstiche schwerlich, so wenig als von der brennenden Welt auf einem Bierschilde. Man muß aber bedenken, daß auch ein sterbender Phöbus nicht ganz ohne Strahlen ist. Drollig genug ist es, zu sehen, wie bey dieser gänzlichen Apoplexie der Natur, der Galgen allein noch so gerade und frisch dasteht, als hätte er Hoffnung bey einer Wiederbringung der Dinge im 6ten Act, noch einmahl wieder in Dienst zu kommen. – Als Hogarth das Gemählde fast vollendet hatte, rief er: so so ist alles gut, ergriff mit einer Art von prophetischer Wuth (*in a sort of prophetic fury*) den Pinsel, und warf gleichsam mit einem Paar Zügen noch die zerbrochene Palette hin, *Finis*, rief er aus, mein Werk ist gethan und alles ist vorbey. Diese Anecdote ist völlig averirt. Er hat nachher nie den Pinsel wieder in die Hand genommen, und starb einen Monat darauf. Radirt hat er noch nachher, und die hiesige Bibliothek besitzt in der Sammlung von Hogarths Werken sogar das Blatt, an welchem er einer hinzu gestochenen Nachricht zufolge, noch an dem Tage seines Todes gearbeitet hat, der den 26 Oct. 1764 in seinem 66ten Jahre erfolgte. Churchill hat ihn des so eben erklärten Kupferstichs wegen in folgendem Epigramm verfolgt, das in *the Muse's Mirrour Vol. I. p. 8* befindlich ist:

*On Hogarth's print of the Bathos, or the art of sinking in painting**

All must old Hogarth's *gratitude declare,*
Since he has nam'd old Chaos *for his heir;*
And while his Works hang round that Anarch's *throne,*
The connoisseurs will take them for his own.

Für Leser die kein Englisch verstehen, mögen folgende vier männliche Reime, die man allenfalls der Erbschaft selbst beylegen kann, den Sinn des Epigramms einigermaßen darstellen:

Der alte Hogarth setzt, das heiß ich dankbar seyn,
Zum Erben seines Werks das alte Chaos ein:
An des Anarchen Thron nun künftig aufgestellt,
Wirds kommen daß man den selbst für den Autor hält.

* Unter dem Kupferstich steht eigentlich etc. *or the manner of sinking in sublime paintings.*

DIE FOLGEN DER EMSIGKEIT UND DES MÜSSIGGANGS.

(In zwölf Blättern)

Herr Walpole urtheilt von diesen Blättern: sie hätten mehr verdienstliches in der Absicht, als in der Ausführung. Dieses ist sehr wahr, man mag nun unter der Ausführung die dichterische verstehen oder die mechanische. In beyden bleiben sie hinter den meisten Werken dieses Künstlers etwas zurück. Wegen des letztern hat sich Hogarth, wie Nichols anführt, gut entschuldigt: Es sey deswegen geschehen, um sie durch einen geringern Preis, derjenigen Menschenclasse leichter in die Hände zu bringen, für welche sie hauptsächlich bestimmt sind, Handwerksleuten und Fabrikanten. Es kostet auch wirklich das Blatt nur einen Schilling (7 Ggr.), obgleich die beyden letzten eine sehr große Menge von Figuren enthalten, da sein Paulus vor dem Felix, in Rembrandts Manier, wie er es selbst nennt, eigentlich ein Pasquil auf alle drey, Paulus, Felix und Rembrandt, und sonach auf sich selbst, ein schlecht gearbeitetes Blatt von gleicher Größe, deren fünfe kostet. Was die dichterische Ausführung betrifft, so vermißt man freylich hier den Verfasser, der *herumstreichenden Comödianten* und des *Marsches nach Finchley*, allein das seltsame Genie, dieses ungewöhnlichen Mannes ist auch hier nicht zu verkennen, und diese Blätter lassen noch immer das beste, was mir von andern Künstlern in der Art vorgekommen ist, sehr weit hinter sich. Das Genie ist auch in seinen Fehlern zu erkennen, so wie der Mangel desselben auch in der stärksten Anstrengung, bald im Gesuchten bald im Uebertriebenen sichtbar bleibt. Ueberhaupt ist alles was Hogarth hier hat, gut, nur hätte man dessen mehr gewünscht. Das Korn in der Münze ist rein, nur am Schrot fehlt es hier und da.

Die Folgen des Fleißes und der Faulheit zu zeigen, hat der Künstler das Leben zweyer Cameraden gewählt, die beyde bey einem Zeugfabricanten in Spitalfields in der Lehre sind. Die Geschichte beider fängt in derselben Werkstätte am Webstuhle an. Allein die Züge dieser Geschichte fangen bald an stark zu divergiren, und endigen sich beide mit Processionen die den Helden zu Ehren angestellt werden. Der Faule zieht nach seiner künftigen Residenz, dem Galgen, und der Fleißige, als *Lord-Major*, nach der seinigen, dem Mansionhause. Mit deutschen Tuchmachergesellen ließe sich so etwas nicht so durchsetzen, wenigstens nicht mit so vieler Symmetrie. Wer in Deutschland ein Handwerk erlernt, kann wohl einmahl, wenn er darnach lebt, mit Eclat gehenkt werden. Lohn hingegen mit correspondirendem Eclat findet sein Fleiß selten. Tugend und Rechtschaffenheit haben ihn auch Gottlob nicht nöthig. Allein Darstellung bloß häuslicher Glückseligkeit, wiewohl sicherlich der größten dieser Welt, kann doch der Mann nicht wählen, der mit dem Pinsel auf diese Menschenclasse wirken will. In England aber ist es nicht selten, daß der Sohn des Tuchmachers oder Bierbrauers im Unterhause, und der Enkel oder Urenkel im Oberhause glänzt. Was für Kraft muß nicht den Körper einer Nation beleben, in welchem jede Fieber, wenigstens jede gesunde sich an solchen Vorstellungen sonnen, und jeder Nerve Spannkraft bis zur Begeisterung aus solchen Aussichten ziehen kann!

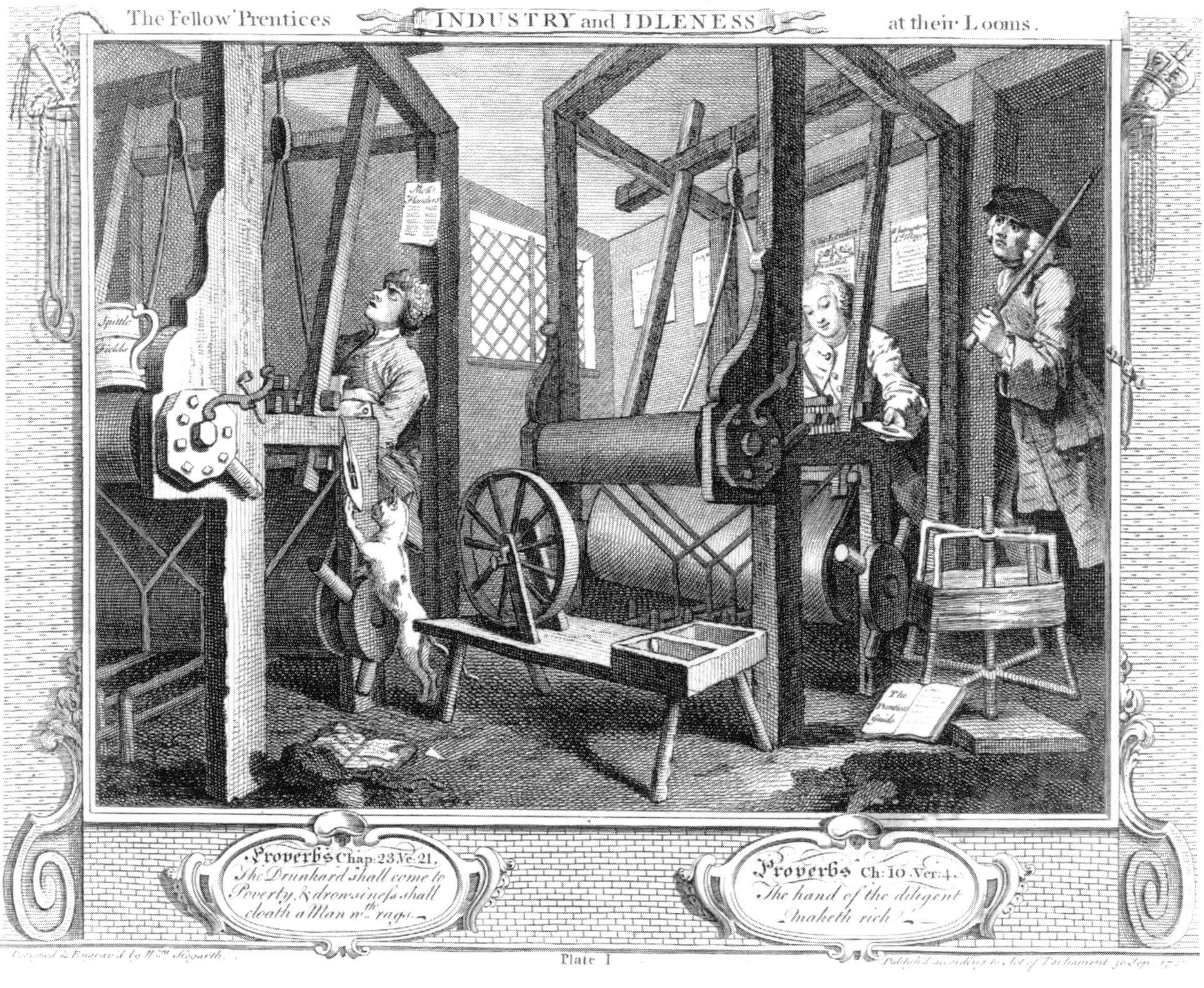
The Fellow 'Prentices
INDUSTRY and IDLENESS
at their Looms.
Spittle Fields
Moll's Flanders
The Prentices Guide
Proverbs Chap: 23 Ve: 21.
The Drunkard shall come to Poverty, & drowsiness shall cloath a Man w.th rags.
Proverbs Ch: 10 Ver: 4.
The hand of the diligent maketh rich.
Plate I

A.

A

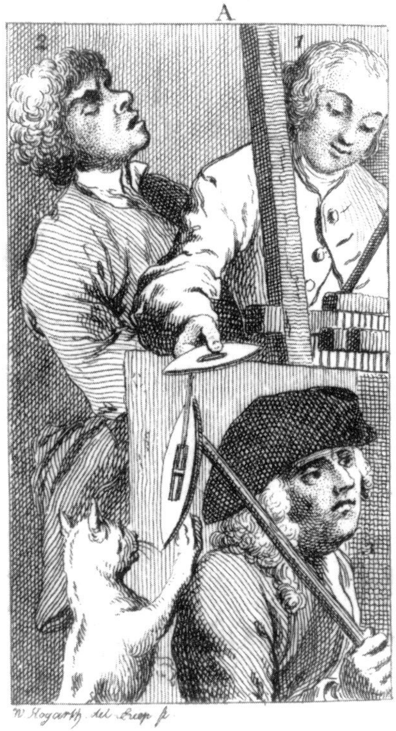

Das erste Blatt stellt die Werkstätte mit zwey Webstühlen vor. Vor dem einen ist der Fleißige (1), dem Hogarth den Nahmen *Goodchild* (Gutkind) gibt, in sorgfältiger Arbeit, und an dem zweyten schläft der andere (2), der *Thomas Idle* (Faulhans) heißt. In diesen Gesichtern wird auch der Unerfahrenste das Sonn- und Mondmäßige nicht verkennen. Obgleich der eine in thätiger Wachsamkeit ist, so ist dennoch sein Ausdruck Ruhe, und des andern wilde Unruhe, ob er gleich schläft. Es sind hier bloß die Fußtritte wilder Leidenschaft, die hier im Wachen getobt hat, was man sieht, auf den folgenden Blättern werden wir die Leidenschaften selbst sehen. Während Thomas schläft, und das Weberschiffchen herabhängt, schleicht sich die Hauskatze herbey und fängt ein Gewebe an, das Thomas ohne Zeit und Flüche schwerlich wieder aufweben wird. Er ist über starkem Bier eingeschlafen, und ganz Hogarthisch steht, wie Fortuna auf der Kugel, der leere Krug auf der Zettelwalze des Webstuhls. Das ist völlig die Spinnewebe über der Armenbüchse. Ueber seinem Kopfe hängt *Moll Flanders* eine schmutzige Ballade; hinter Goodchild, *the London prentice* (der Londonsche Lehrbursche). Dieses ist, nach Trusler, ebenfalls eine Ballade, aber von *Moll Flanders* gerade so unterschieden wie die Köpfe über denen sie hängen. (3) ist der Principal der zur Thüre herein sieht, und die Ruhe beider Gesellen beobachtet. Auf der Erde liegen bey jedem Webstuhl ein Exemplar von *the prentice's guide* (dem Taschenbuche für Lehrbursche). Das Exemplar des Idle ist schmutzig und ganz in Stücken zerlesen und zermeditirt, das von Goodchild, rein und ganz; beide wiederum wie die Gesichter. Goodchild hätte doch eine bessere Stelle für sein Taschenbüchelchen finden können, denn am Webstuhl dreht sich doch nicht alles. Wie wenn nun in dieser Lage die Katze darin zu blättern angefangen hätte? An Idle's Stuhl steckt auch ein Stümpchen Tabackspfeife; dieses ist bey dieser Classe von Menschen in England nicht von der besten Bedeutung. Zu Verzierung des Rahmens um die ersten zehn Blätter, hat Hogarth immer auf der einen Seite, Geissel, Ketten und Strang, und auf der andern Scepter, goldne Kette und Schwert, als Insignien der Galgenwürde und der Mayoralität angebracht, und zu größerer Vollständigkeit immer oben über den Hauptinhalt des Blatts angegeben. Auch sind treffende biblische Sprüche beygefügt. Hier unter Idle Sprüchw. Sal. Cap. 23 V. 21. *Die Säufer und Schlemmer verarmen etc.* und unter Goodchild Cap. 10. V. 4: *Lässige Hand machet arm, aber etc.*

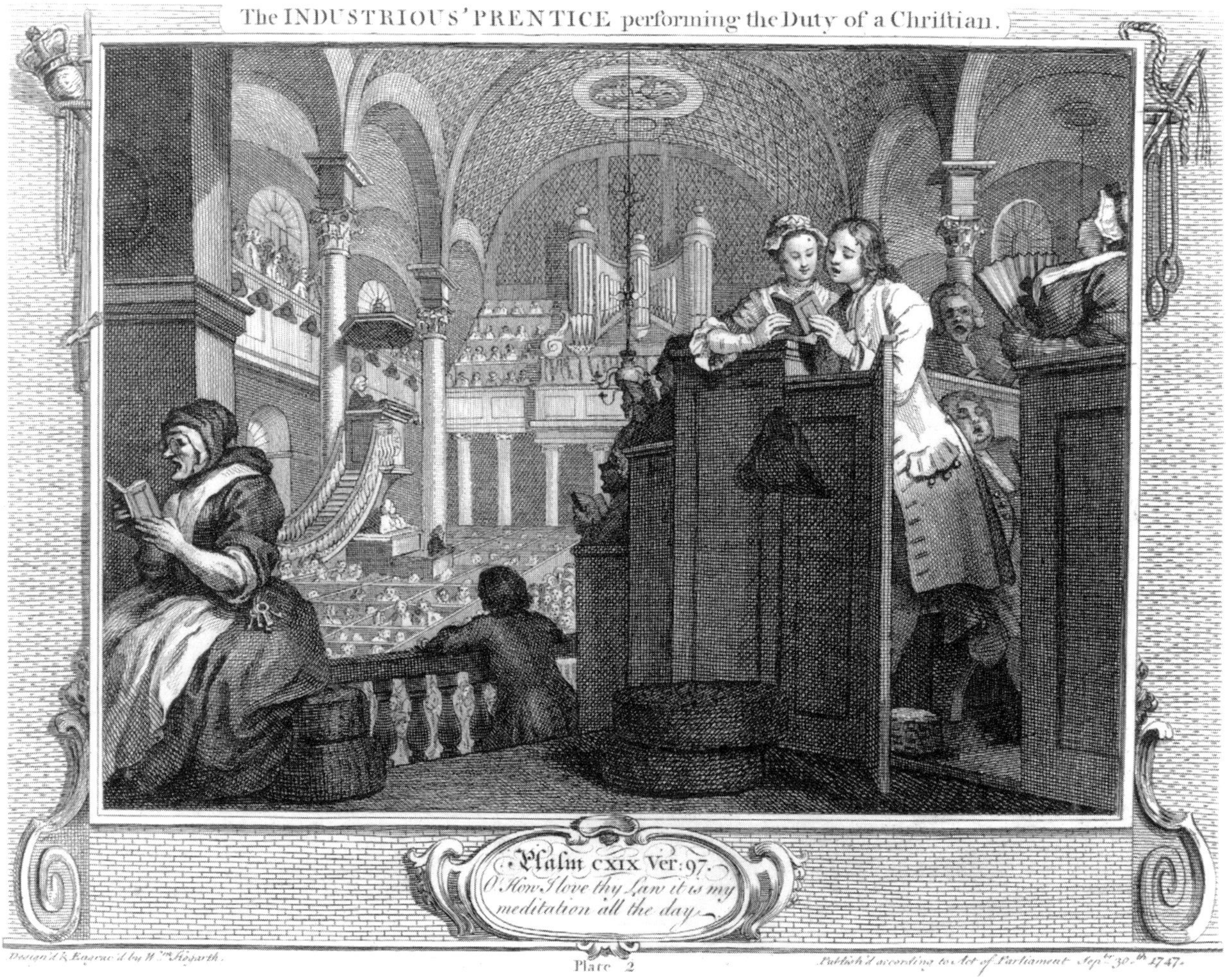
The INDUSTRIOUS 'PRENTICE performing the Duty of a Christian.
Psalm CXIX Ver: 97.
O! How I love thy Law it is my meditation all the day.
Design'd & Engrav'd by Wm. Hogarth.
Plate 2
Publish'd according to Act of Parliament Sepr. 30th. 1747.

Zweytes Blatt. B.

B

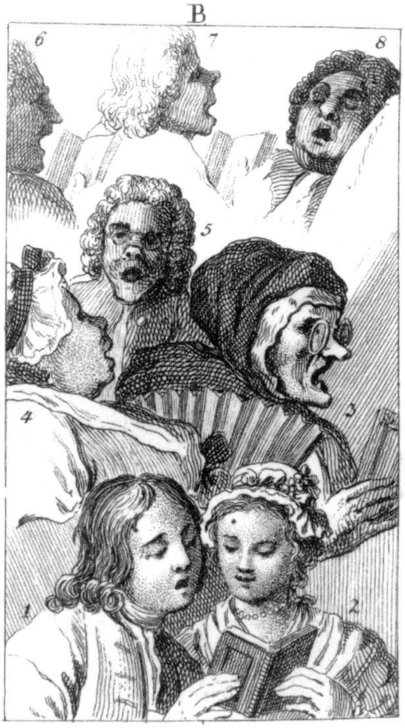

Das Innere einer Kirche, wo so eben gesungen wird. (1) ist der fromme Goodchild, der mit Miß West, der Tochter seines Principals (2), aus einem Buche singt. Die sanfte Oeffnung des Mundes, die Art wie er das Gesangbuch hält, die unverkennbare Aufmerksamkeit auf das, was er singt, und selbst die Wellenlinien seines Haares, sind so ganz im Character, daß man wohl sieht, daß Hogarth auch Sinn für edle Einfalt hatte. Im Vertrauen können wir hier unsern Lesern sagen, daß diese junge Miß West noch vor dem Ende der Geschichte Madame Goodchild wird. Welch ein Augenblick, für den Himmel jetzt ihre Ehe zu schließen! Nro 3, 4, 5, 6, 7 stoßen dafür desto kräftiger in ihre Trompeten, die indessen Nro 8 nicht aus dem Schlafe erwecken, den er für sein Heil zuträglicher fand. Daß alle diese Menschen ihre Beschäftigungen für Gottesdienst halten, daran ist wohl kein Zweifel. Gottesdienst! Gütiger Gott wie verkennt man dich! Man sollte doch wohl endlich einmahl Singen und Beten und Predigten anhören mit einem schicklicheren Wort bezeichnen. Den Götzen und ihren Priestern dient man in den Tempeln, man fröhnt ihnen; der Christ soll seinem Gott da nicht dienen, sondern dienen lernen. Außer dem seinen Nächsten lieben wie sich selbst und Recht thun, gibt es keinen Gottesdienst in der Welt. Wer das noch nicht weiß und nicht glauben will, der erzeige sich selbst den Dienst, gehe in die Kirche und lerne es dort. Dann, und nicht eher kann er auch dort Trost im Leiden finden. So wie das Kirchengehen, singen und beten von neunen unter zehn jetzt getrieben wird, (denn ein treiben ist es,) ist es nicht einmahl ein heiliger Börsenbesuch, wo man wenigstens Neuigkeiten aus dem Reiche der Sitten zu hören hoffte; diese Besuche sind den meisten nur eine Art von wöchentlichem Ablaß, den man wohl gar noch am Ende dadurch zu lösen hoffen wird, daß man vorfährt und eine Karte abgibt. Doch wollen wir noch der guten Alten (3) eine Empfehlung beylegen; es ist eine Stuhlbeschließerinn (*Pewopener*), bey welcher Singen und Beten, sich so an Stricken, Spinnen und Kochen anschließt, daß am Ende noch so etwas wie ein unsträfliches Leben herauskömmt, wozu es denn auch hohe Zeit ist. Das übrige des Blatts bedarf keiner weitern Erklärungen. Es befinden sich hier eine Menge wachender und schlafender Gesichter, fast alle nur mit vier Puncten angedeutet, doch ist in den meisten ein Character oder sonst ein bestimmter Ausdruck unverkennbar. Unterschrift: Ps. 119, V. 97. *Wie habe ich dein Gesetz so lieb, täglich rede ich davon.*

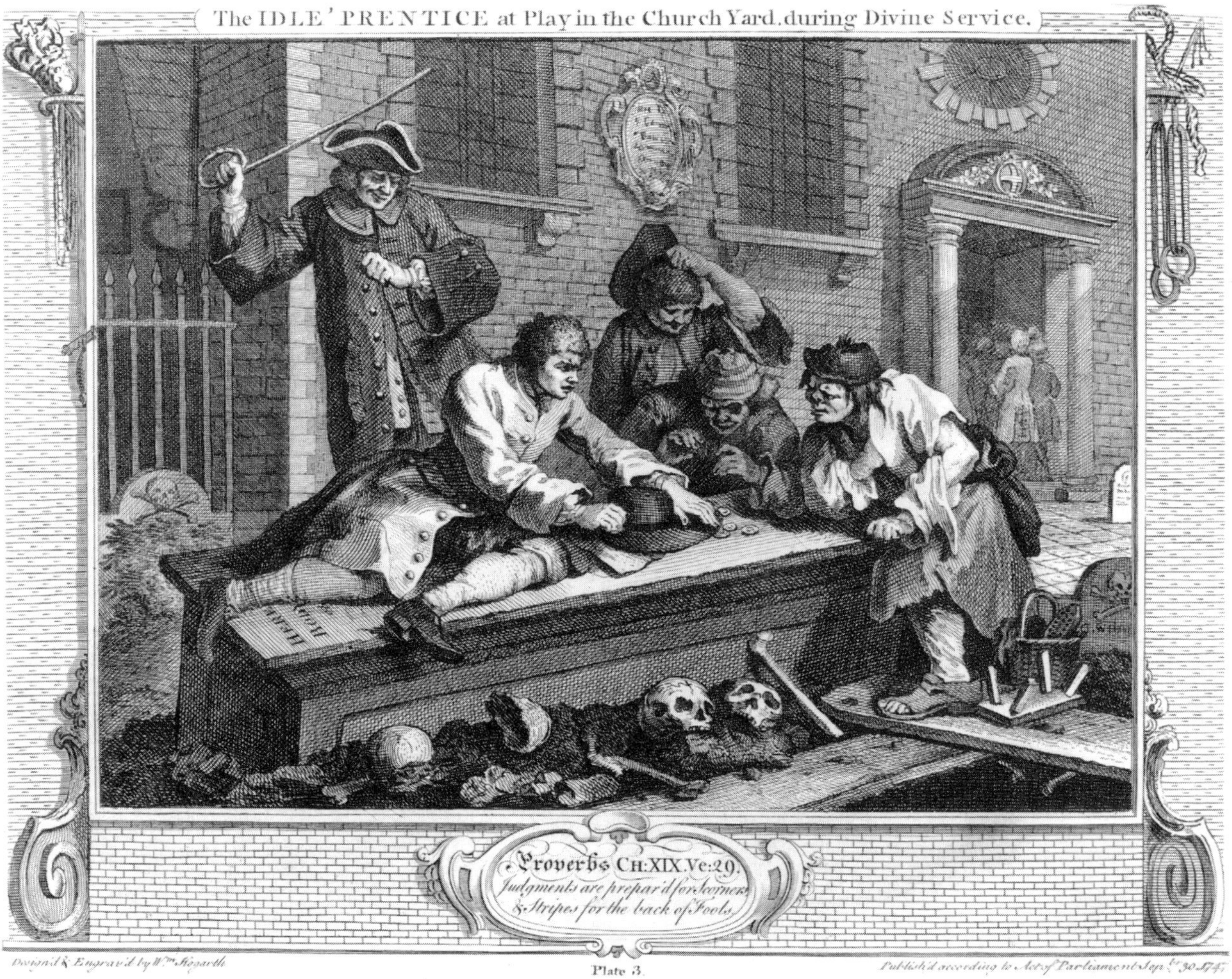
The IDLE 'PRENTICE at Play in the Church Yard, during Divine Service.
Proverbs Ch:XIX.Ve:29.
Judgments are prepar'd for Scorners & Stripes for the back of Fools.
Design'd & Engrav'd by Wm. Hogarth
Plate 3
Publish'd according to Act of Parliament Sepr. 30 1747

Drittes Blatt. C.

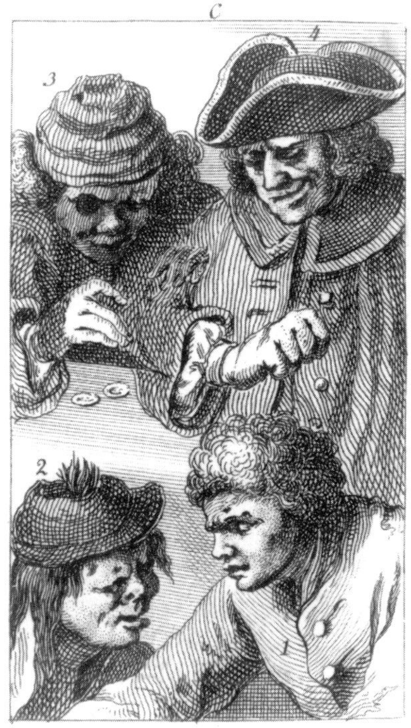

Dieses Blatt muß man ganz sehen. Es ist schauderhaft. Hier ist der Kirchhof zu der Kirche, in welche wir vorher hineingeblickt haben; der Held Idle (1) liegt auf einem Grabstein ausgestreckt und würfelt auf demselben, oder treibt sonst ein liederliches Hazardspiel mit (2) und (3), und noch zwey andern von gleichem Schlage, die hier nicht abgebildet sind; gleich neben ihm ist ein offenes Grab, und modernde Knochen und Hirnschädel liegen um ihn her. Dieses schreckt ihn nicht mehr, der Prospect des Todes muß diesem Kurzsichtigen näher gerückt werden, wenn er rühren soll, und diese Zeiten werden kommen; so schreckt er nicht mehr! Und wie ist es auch nur möglich, wenn man solche Vertraute hat wie (2)? Nro 3 mit der gestreiften Mütze und dem Pflaster auf dem Auge ist merkwürdig, wir werden bald mehr von ihm hören. (4) ist der Bettelvogt, der im Begriff ist mit dem Stock dazwischen zu schlagen. Der Stock, oder eigentlich der Farrenschwanz, fehlt, er hält ihn auf dem Original in der Rechten, die hier die Linke geworden ist. Indessen sieht man am Munde wie im Spiegel, daß er etwas hoch aushohlt. Ein wahrhaft Hogarthischer Zug ist es wieder, daß unten bey Idle's Beinen gerade die Worte der Grabschrift zu stehen kommen; *Here lies the Body* (hier liegt der Leib). Hier möchte man mit Henslern fortfahren:

Das Glück ist Schuld daran
Daß man nicht statt hier liegt, hier
hängt er, sagen kann.

Allein dieses Glück dauert nicht lange. Die Zeiten sind nahe, da man über ihn schreiben könnte:

nur Er war Schuld daran
Daß man nicht statt hier hängt, hier
liegt er, sagen kann.

Unterschrift: Sprüchw. Sal. Cap. 19 V. 29: *Den Spöttern sind Strafen bereitet und Schläge auf der Narren Rücken.*

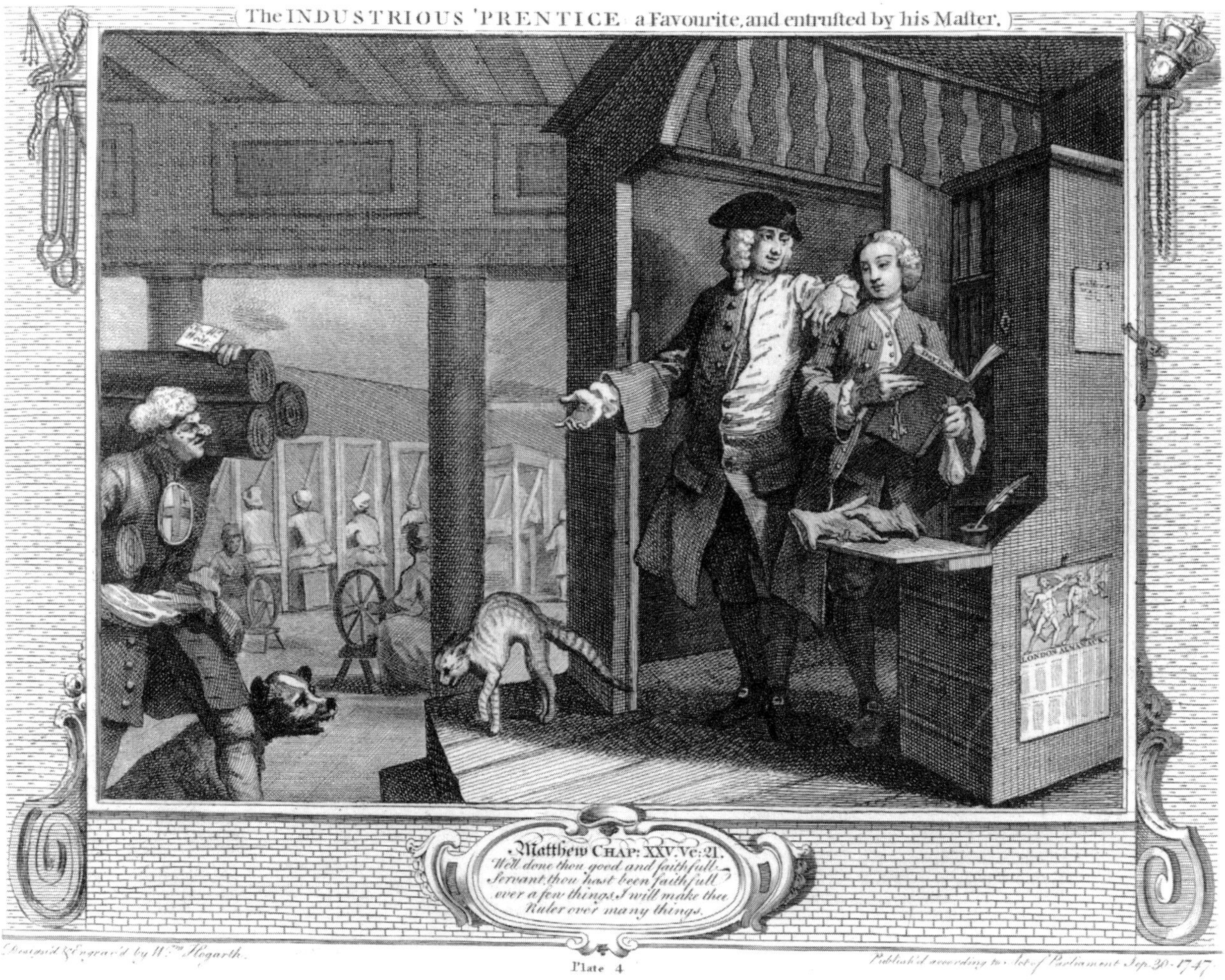
The INDUSTRIOUS 'PRENTICE a Favourite, and entrusted by his Master,
Matthew CHAP: XXV. Ve: 21.
Well done thou good and faithfull Servant, thou hast been faithfull over a few things, I will make thee Ruler over many things.
Design'd & Engrav'd by Wm Hogarth.
Publish'd according to Act of Parliament Sep. 30. 1747.

Plate 4

Viertes Blatt. D.

D

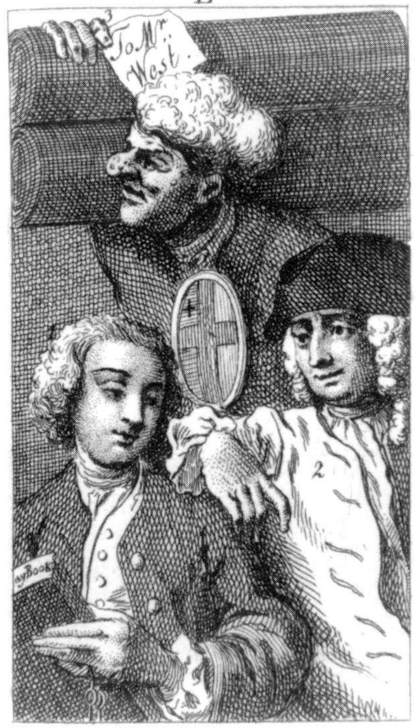

Hier erscheint Goodchild schon als der Vertraute des Hrn. West (2) seines Principals, der den über wenigem getreuen nun schon über vieles setzt. Er ruht vertraulich auf der Schulter seines Lieblings. Der dritte Kopf ist der von einem englischen Lastträger, an dem bloß Shakespear's Salamandernase merkwürdig ist, die im Dunkeln leuchtet. Im Hintergrunde sieht man viele Menschen an Webstühlen beschäftigt. Im Vorgrunde wird der Hund des Lastträgers von der Katze des Hauses, mit den gewöhnlichen Ceremonien empfangen, bloß um bey diesem leeren Blatt der Jugend von Cornhill und Cheapside ein Lächeln abzunöthigen. Auf dem Büreau liegen zwey Handschuhe so vereint, wie Hände die sich vereinen. Nicht ganz glücklich gewählt. Wäre hier bloß affectirtes Vertrauen, so wäre der Einfall hogarthisch gewesen. Sie gäben sich dann nicht die Hände, sondern bloß die Handschuhe. *They are hand and glove* (sie sind Handschuh und Hand), sagt der Engländer von Vertrauten, aber nicht: *they are glove and glove.* Auf einem an das Büreau angeklebten Almanach faßt eine personificirte Industrie die Zeit bey den Haaren mit der einen Hand, und fällt mit der andern derselben in die Sense, womit diese der Industrie die Beine abmähen will. Bedeutungsvoll genug. Unterschrift: Matth. Cap. 25. V. 21: *Du getreuer Knecht, du bist über Wenigem getreu gewesen etc.*

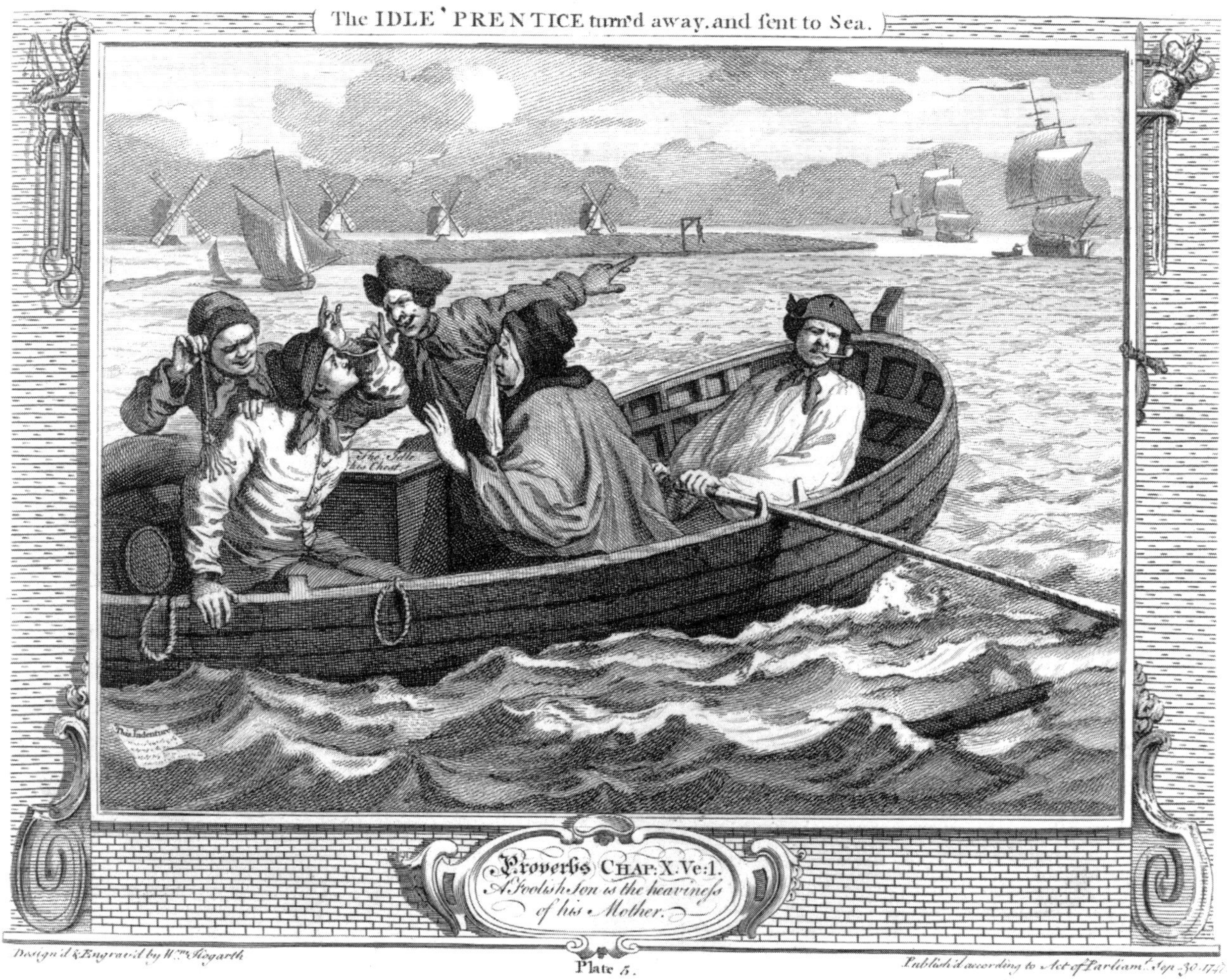
The IDLE 'PRENTICE turn'd away, and sent to Sea.
Proverbs CHAP. X. Ve: 1.
A Foolish Son is the heaviness of his Mother.
Design'd & Engrav'd by Wm. Hogarth
Plate 5.
Publish'd according to Act of Parliamt. Sep. 30. 1747

Fünftes Blatt. E.

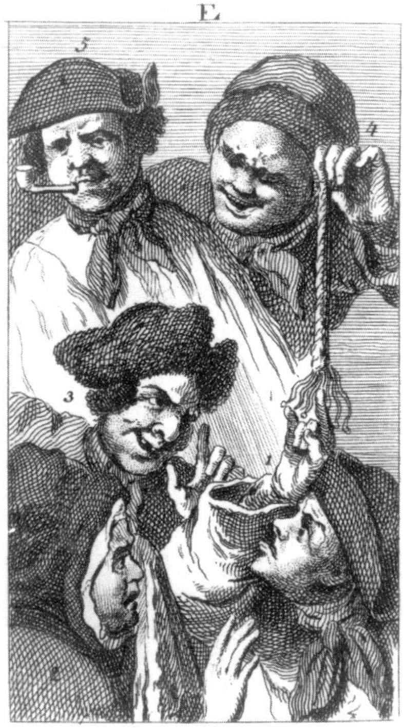

Der redliche West hat den liederlichen Idle fortgejagt, und, ihn auch dann noch vor größerem Verderben zu schützen, gesorgt, ihn von der Hauptstadt zu entfernen, und auf einem Schiffe anzubringen. Denn in England schickt man die Menschen, wie den Madeira in die See, damit sie besser werden. Hier ist er (1) im Boot auf der Themse. Die Gegend ist *Cuckold's point* (die Hahnrey-Landspitze), dieses verleitet ihn zu dem Gestus, den er mit der Hand macht. Es ist das Hörnerzeichen, das er gegen seine abgehärmte Mutter (2), die wir in dieser Kappe mit dem Thränentuche noch einige Mahl sehen werden, mit einer Bosheit aufsteckt, die schon allein des Galgens werth wäre. Die Teufelsphysiognomie von Nro (1) bedarf keiner weitern Schilderung. Es ist der Probeabdruck der verworfensten Natur auf einem Menschengesicht, dem jede Unterschrift etwas von seinem Werth bey dem Kenner benimmt. Aber mit seelestärkendem Wohlbehagen findet man den Schurken nun dem Spott von Menschen ausgesetzt, die wohl nicht viel besser sind, als er, die aber nun zu ihrem Zeitvertreib die Partey der Tugend nehmen. Es sind Bootsleute, die ihn an Bord bringen sollen. Nro 5. rudert das Boot, daher rührt die reclinirte Stellung. Nro 3. und 4. lehren dem jungen Zögling Moral. Ueber das höchste Grundgesetz der Sittlichkeit wird hier nicht gestritten; es ist vielmehr alles äußerst concret. (3) ist zu dem Ende mit beiden Zeigefingern beschäftigt. Der eine, den man hier nicht sieht, ist nach einem Galgen am Ufer ausgestreckt, an dem jemand vom Metier getrocknet wird, der andere spricht prophetische Warnung. Nro 4. schüttelt den Strick mit neun Knotenschwänzen (*Cat o' nine tails*) über ihm mit Prophezeihungen, die allenfalls in Erfüllung gehen können noch ehe die Fracht an Bord kömmt. Vor dem Helden steht seine nicht sehr große Kiste. Auf den Wellen flattert sein weggeworfener Contract. Unterschrift: Sprüchw. Sal. Cap. 10. V. 1. *Ein thörigter Sohn ist seiner Mutter Grämen.*

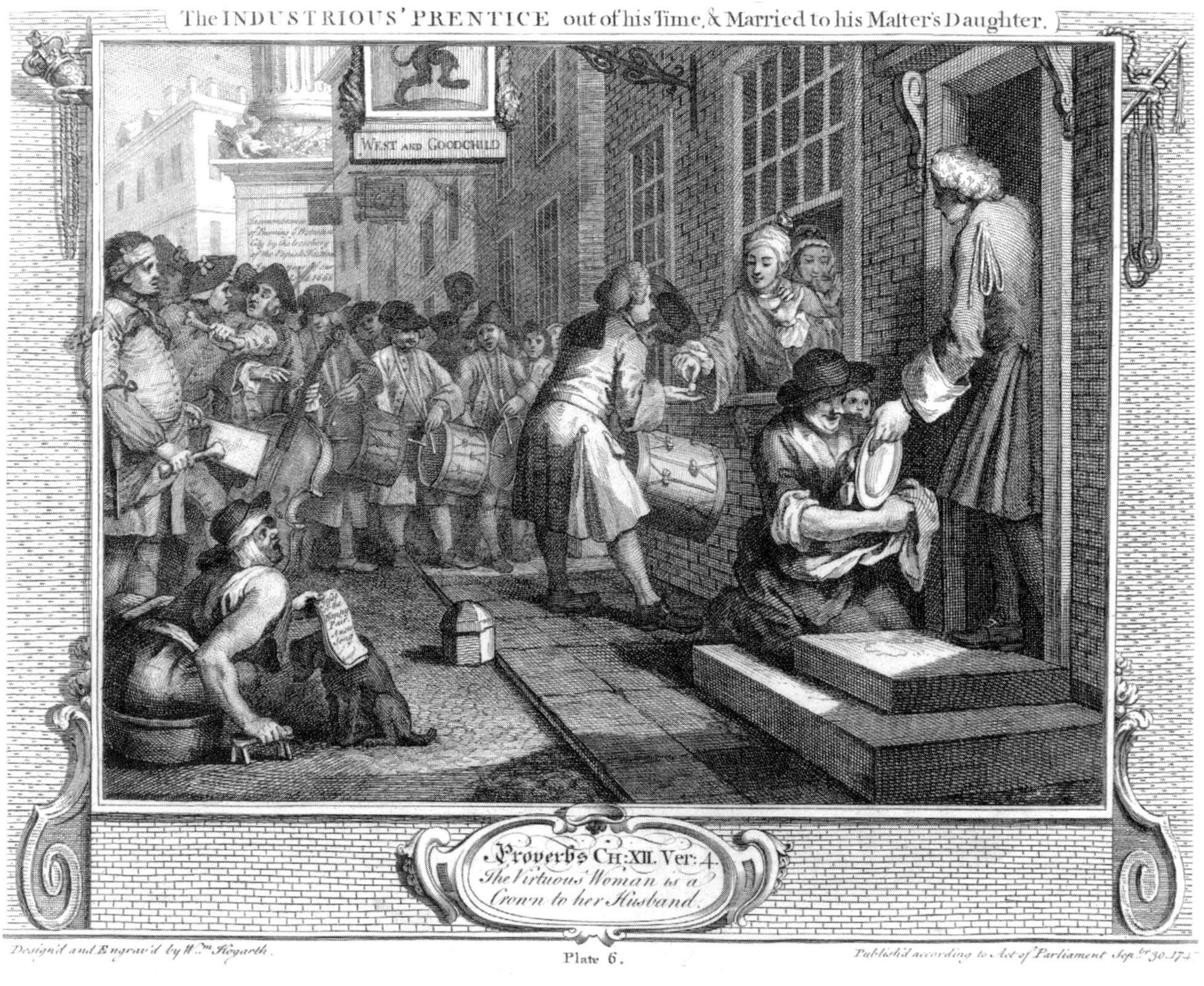
The INDUSTRIOUS 'PRENTICE out of his Time, & Married to his Master's Daughter.
WEST AND GOODCHILD
Proverbs Ch: XII. Ver: 4.
The Virtuous Woman is a Crown to her Husband.
Design'd and Engrav'd by Wm. Hogarth.
Plate 6.
Publish'd according to Act of Parliament Sepr. 30.174

Sechstes Blatt. F.

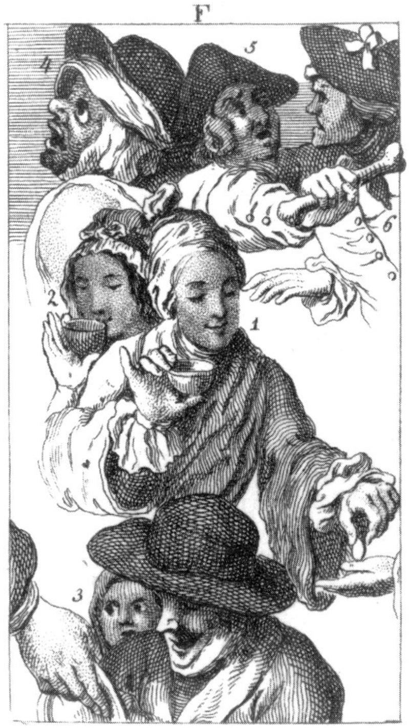

Um die Zeit, da Idle zur See geht, hat sein Camerad indessen die Tochter seines Principals geheirathet. Hier ist der Morgen nach der Hochzeit. Das neue Ehepaar, (1) und (2), steht am Fenster, jedoch Madame schamhaft etwas zurück, denn vor der Hausthüre sumset ein Gewühl zwar herzlich wohlmeinender Gratulanten, die aber unter dem Schutz der *Magna charta* bey dem Anblick einer so gar sehr neu vermählten, eine Art von Witz sprechen möchten, dergleichen man in manchen Ausgaben alter Autoren zu größerer Bequemlichkeit der Leser am Ende oft gesammelt findet. Die Gratulanten sind hauptsächlich die Stadttamboure, Stadtmusicanten, und dann ein sonst nicht sehr musicalisches Geschlecht, die Fleischer. Letztere mit ihren *marrow bones* und *cleavers* (Markknochen und Hackmessern), die sie aneinander schlagen, und eine lärmende Musik machen, die, wenn man sonst mit der Heirath gut angekommen ist, ganz angenehm klingen mag. Zu besserem Verständniß dieser Musik ist es nöthig zu wissen, daß die dortigen Ochsen andere Hackmesser erfordern. Sie sind sehr viel breiter als die unsrigen, und sehen in der Ferne kleinen Fahnen ähnlich, und klingen daher besser, so daß eine solche Musik ungefähr so harmonisch ist, als die von einem Postillionchor an einem Neujahrstage. (Nro 6) ist ein solcher Fleischer, der einem französischen Violoncellisten, den Markknochen eines Ochsen und seinen eigenen auf die Brust hält. Es ist ein kleiner Rangstreit, der leicht für den Virtuosen und besonders die Baßgeige gefährlich werden kann. Nro 4. ist ein berühmter Kerl, gewöhnlich *Philip in the Tub* (Philipp in der Tonne) genannt. Diesem Kerl fehlte bey weitem die größere Hälfte beider Beine: Er pflanzte sich daher in eine Art von Zuber, und rutschte vor die Hochzeithäuser, wo sich dieses Kniestück vieles Geld mit seinen Epithalamien verdiente. Dieses Mahl heißt die Ode *Jesse or the happy pair.* So kroch er, und vermuthlich die Oden mit ihm, nach der Versicherung aller Ausleger des Hogarth, durch ganz England, Irland und die sieben vereinigten Provinzen. Ob er wohl nach Deutschland gekommen ist? Oden wenigstens, *à la Philip in the tub* dünkt mich, habe ich irgendwo kriechen sehen. An dem Hochzeithause hängt der Schild nach damahliger Mode, mit der Unterschrift *West and Goodchild*, woraus man sieht, daß beide in Compagnie getreten sind. Auf den ersten Abdrücken, die sich sehr selten gemacht haben, stund *Goodchild and West*. Die Critik aus dem Comtoir erinnerte aber den Hogarth, daß in dergleichen Fällen der Schwiegersohn nachstehe. Im Hintergrunde erblickt man den Säulenstuhl des berühmten Monuments, mit seiner berüchtigten Inschrift. Obgleich diese Schrift an Ort und Stelle selbst schwer zu lesen ist, so liest sie

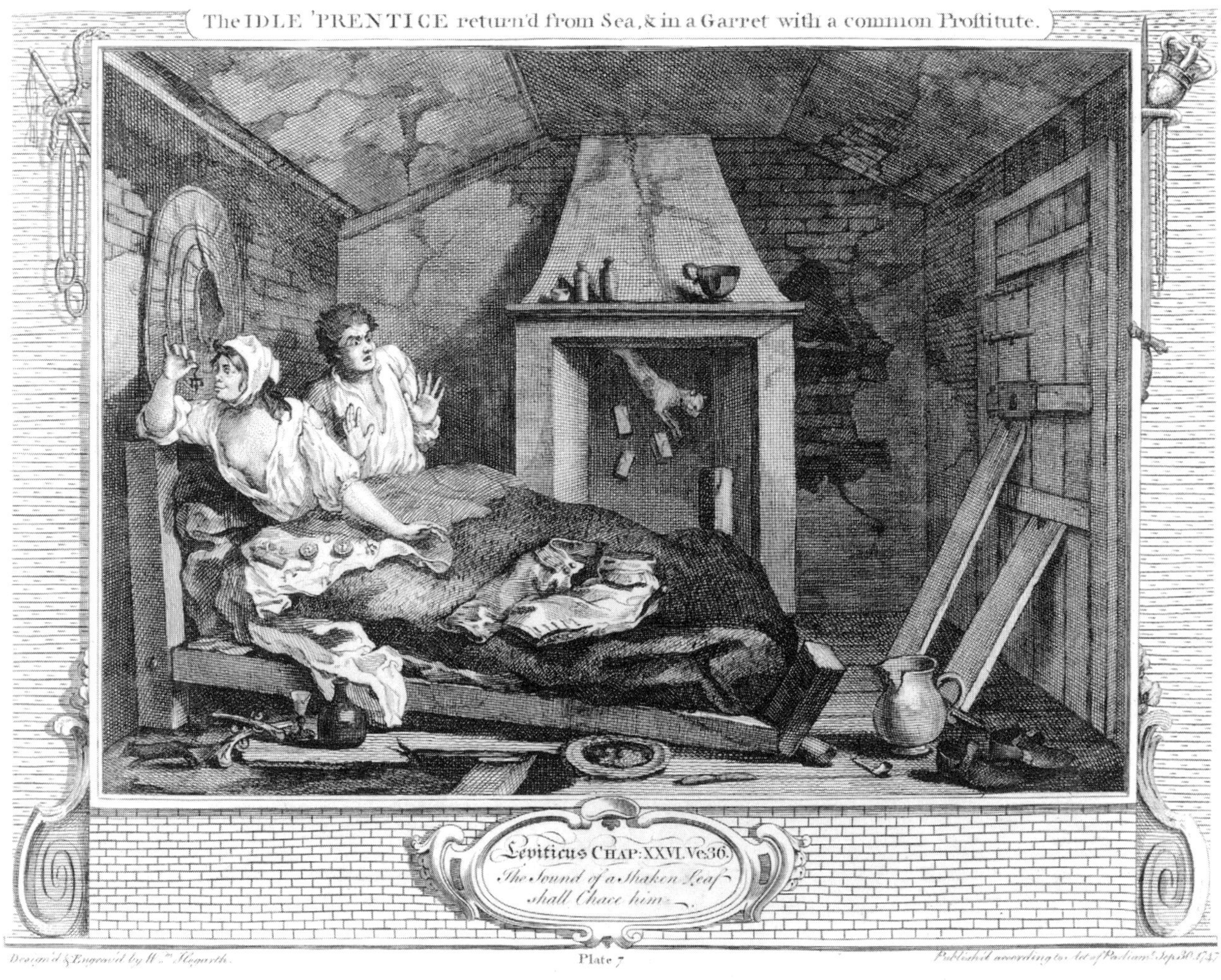
The IDLE 'PRENTICE return'd from Sea, & in a Garret with a common Prostitute.
Leviticus CHAP: XXVI. Ve. 36.
The Sound of a Shaken Leaf shall Chace him.
Design'd & Engrav'd by Wm. Hogarth.
Plate 7
Publish'd according to Act of Parliam.t Sep. 30. 1747

sich hier, der Ferne ungeachtet, sehr deutlich, denn Hogarth ist nicht gewohnt dem Antichrist zu Rom durch die Finger zu sehen, dem oder seiner Gemeinde, hier der Vorwurf gemacht wird, daß sie die gute, protestantische Stadt London A. 1666 in Brand gesteckt hätten. An der Inschrift selbst ist nicht viel verloren, den Hauptinhalt wissen wir schon, und die Worte sind für den Lapidarstyl etwas stark lignös. Wir lassen sie also weg. – Unterschrift: Sprüchw. Sal. Cap. 12. V. 4. *Ein fleißiges Weib ist eine Crone ihres Mannes.*

Siebentes Blatt. G.

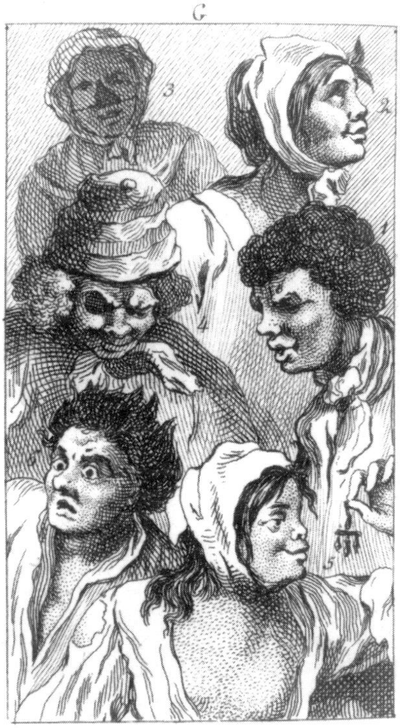

Idle ist von der See schon wieder zu Hause. Was gehenkt seyn soll ersäuft nicht. Hier liegt er (6) mit einer weiblichen Fastenschwalbe* (5) auf einer Dachstube in einem erbärmlichen Bette. Das Grausen, das sein Gesicht verstellt, rührt von dem Getöse her, das eine Katze verursacht, die den Schornstein herabgestürzt kömmt, und einige Fragmente desselben mitbringt. In seiner Miene ist der Wiederhall eines schweren Donnerschlags des Gewissens. Er hat die Nacht vorher auf der Heerstraße geraubt, und seine Geliebte hat den geraubten Schatz auf der Bettdecke verbreitet, und betrachtet am Tageslicht ein Ohrgehenke. Auf einem Paar geraubten Taschenuhren sieht man, daß es ein Viertel nach Zwölfe des Mittags ist. Das sinnreiche Paar hat, um die Thüre der Schlafkammer zu verwahren, die Bodendielen aufgebrochen und sie gegen dieselbe angestemmt. Die vier andern auf (G) befindlichen Köpfe gehören zu einem der folgenden Blätter. Unterschrift: 3 B. Mosis Cap. 26. V. 36. *Das Rauschen eines Blatts soll sie jagen etc.*

* *Hirondelles de Carême* nennt man in Frankreich eine Art wandernder Nonnen, deren Sitten nicht die besten seyn sollen.

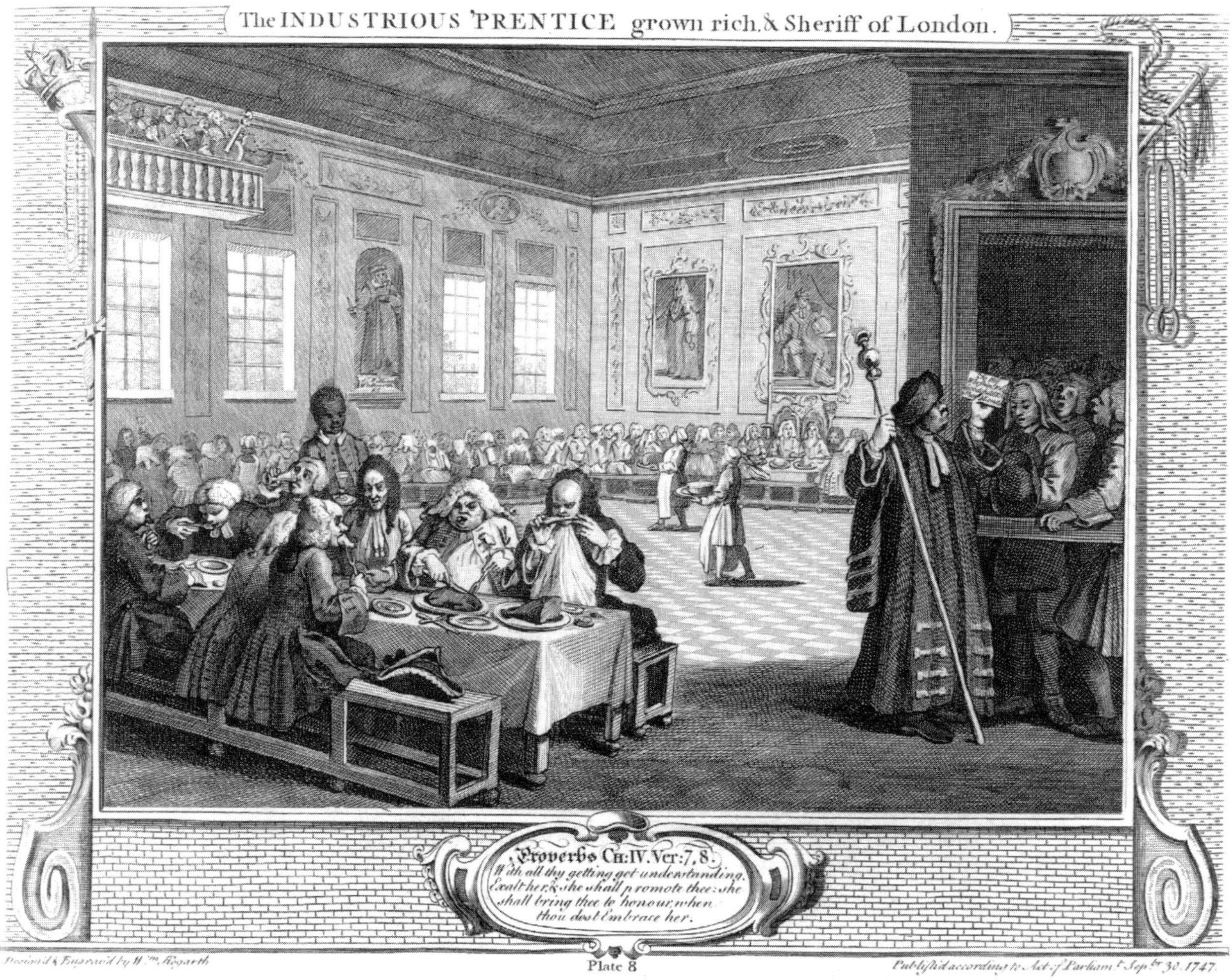
The INDUSTRIOUS 'PRENTICE grown rich, & Sheriff of London.
Proverbs Ch: IV. Ver: 7, 8.
With all thy getting get understanding,
Exalt her, & she shall promote thee: she
shall bring thee to honour, when
thou dost Embrace her.
Design'd & Engrav'd by Wm. Hogarth
Publish'd according to Act of Parliamt. Sepbr. 30. 1747.

Plate 8

Achtes Blatt. H.

Goodchild ist nun schon zum Sheriff von London erwählt worden, und hier gibt uns Hogarth das beste davon, den Schmaus nach der Wahl. Wenn Hogarth Tractamente vorstellt, so ist gemeiniglich die Beschauung selbst ein Fest. Das ist ganz sein Fach. Die Sache ist leicht zu erklären. Bey Schmäußen, zumahl bey so etiquettelosen, als die englischen, ist der Mensch gerade in der Lage, die einem solchen Zeichner nöthig ist, um ihn und sich zu zeigen. Hier wird Kraft gesäet und auch geärndtet, reichlich, weil es nichts kostet, und frey, weil der Wein hier und da die Grenzlinien verwischt, welche Thee und Coffe oder Bier und Tobak ungeändert läßt. Nro 1. der sich eine beträchtliche Kalbsribbe selbst im Munde apportirt, hat die Gans seines Nachbars (2) in seinem Auge, und in der gedankenreichen Stirne, die Prätension dazu. Das Quadrat oder vielmehr der Cubus Nro 2. sitzt eigentlich nicht bloß am zweyten Platz, sondern offenbar am zweyten und dritten zugleich, sowohl dem Raum als der Obliegenheit nach. Er ißt auch für zwey. Dieser hat sich offenbar an der Gans das Maul verbrannt. Auf der einen Seite desselben sieht man noch die Kohle vorstehen und daneben das Zugloch zur Abkühlung. Sonst hat dieses Mistbeet nicht sehr für Abkühlung gesorgt, sondern eine sehr warme Decke über Kopf und Schultern geschlagen. Die Serviette scheint er gerade vorgesteckt zu haben, nunmehr hat er sie sich aber ganz nach der Magenseite hingegessen, denn im Original ist es die linke, die geschwollen ist. Nro 3. ist, wie die Buchdrucker sagen, ein bloßes *Spatium* zwischen (2) und (5), dem Raume und der Obliegenheit nach. So kommt die Zahl der Plätze am Ende wieder heraus. Er ißt nicht viel und wird überhaupt nicht viel mehr essen. Bey dem Löffel fällt einem das: Alle 2 Stunden einen Eßlöffel voll sogleich ein. Das arme, hohlwangige Geschöpf! der Kuhstall mit seiner Luft, wäre ihm heilsamer, als die von diesem Sheriffsschmaus. Nro 7. der französische Pastor (Platelle von Barnet, wie die Ausleger sagen), ißt eifriger: alle Secunde 2 Eßlöffel voll, und der gehört hieher. Was Nro 4 und 6 zu meditiren haben, fällt in die Augen, so wie die Absicht von Nro 5. Wenn man hierbey bedenkt, oder wenn dieses zu weitläuftig seyn sollte, als bekannt annimmt, daß Studiren eigentlich eine Art von geistischem Essen ist, und dieses Bild mit jener Rücksicht im Sinn be-

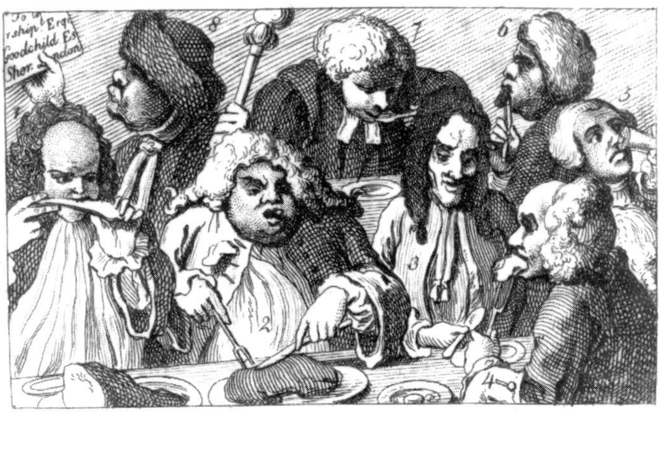

trachtet, so bekömmt es auf einmahl noch eine Seele, ein neues Leben, das den Geist unvermerkt zu allerley Betrachtungen führt. Die Wißbegierde an dieser Tafel ist nähmlich erschrecklich. Keiner schläft, auch glaube ich nicht, daß gesprochen wird, wenigstens wird immer gesprochen und meditirt zugleich, auch hört hier vermuthlich niemand für seinen Herrn das Collegium *par procuration.* Was für Vortheil hat sich nicht dereinst das Vaterland von Nro 1 und 2, und zumahl von Nro (4) zu versprechen, wenn der Satz, den er da auf der Gabel hat, einmahl glücklich hinunter und verdaut seyn wird. Eine Dogmatik oder eine Polemik so gehört, wie Nro 7, was für Friede in der Kirche wird da nicht entstehen, und der Pierische Quell nach Popens Rath so gekostet, wie Nro 5, was für Dichtergeist wird da nicht entflammen! Nur der arme, arme Nro 3, was wird aus dem werden? Er geht zum Schmaus und ißt nicht. Oder zehrt er vielleicht an sich? Die Feinde der neuern Philosophie werden sagen: seht da das Ebenbild einer Metaphysik, die sich selbst auffrißt. Das Auditorium ist übrigens sehr zahlreich. Es befinden sich auch Damen darunter, die wenigstens sehr eifrig nachschreiben, zumahl zeichnet sich eine von hinten besonders aus. Sie hat, nahe an der Bank gemessen, völlig zwo Männer-Breiten. Das Auge stößt unmittelbar auf sie, wenn es an der Perüke von Nro 2 hinsieht, vielleicht gehört das doppelte Pärchen zusammen. Sie lernen gewiß so viel wie vier andere. – Nicht weit von Nro (1) und (2) steht ein Neger, der mit Verwunderung der Geschäftigkeit beider zusieht. Wer in der Welt herumkömmt, der sieht freylich was. Nro 8 ist ein von seiner Würde enthusiasmirter – Rathspedell im Ornat. Mit wichtigerem Anstand kann man wohl unmöglich buchstabiren, als die Stütze des Staats hier an der Addresse eines Briefs buchstabirt. In unserer Copie ist freylich auch ein Schreibfehler: Es soll heißen *To the worshipful Francis* (nicht *Esqu.*) *Goodchild Esqu.* u.s.w. Im Saale umher hängen Porträte, auch steht eine Bildsäule da mit der Unterschrift: *Sr. William Walworth.* Es ist dieses der Mann der Richard den Zweyten noch rettete, als der berüchtige Wat Tyler ihn so eben durchstoßen wollte. Sr. William wird daher immer mit dem Dolch in der Hand vorgestellt. Oben wird auch auf einer Galerie musicirt. Die Gesichter der Musicanten sind hier alle leer. In Sayer's Nachstich finden sich einige drollige darunter. Es sind dieses ein paar erträgliche Noten des Uebersetzers zu einem Werk, das er selbst nicht hätte schreiben können. So eben da ich die Unterschrift hersetzen will, finde ich meine obige Vergleichung zwischen studiren und essen unvermuthet gerechtfertigt, denn wirklich paßt diese eher auf ein Auditorium, manches wenigstens, als einen Speisesaal. Sie ist aus den

Sprüchw. Salom. Cap. 4. V. 7, 8. genommen: *Der Weißheit Anfang ist, wenn man sie gerne hört, und die Klugheit lieber hat, als alle Güter. Achte sie hoch, so wird sie dich erhöhen, und wird dich zu Ehren machen, wo du sie herzest.*

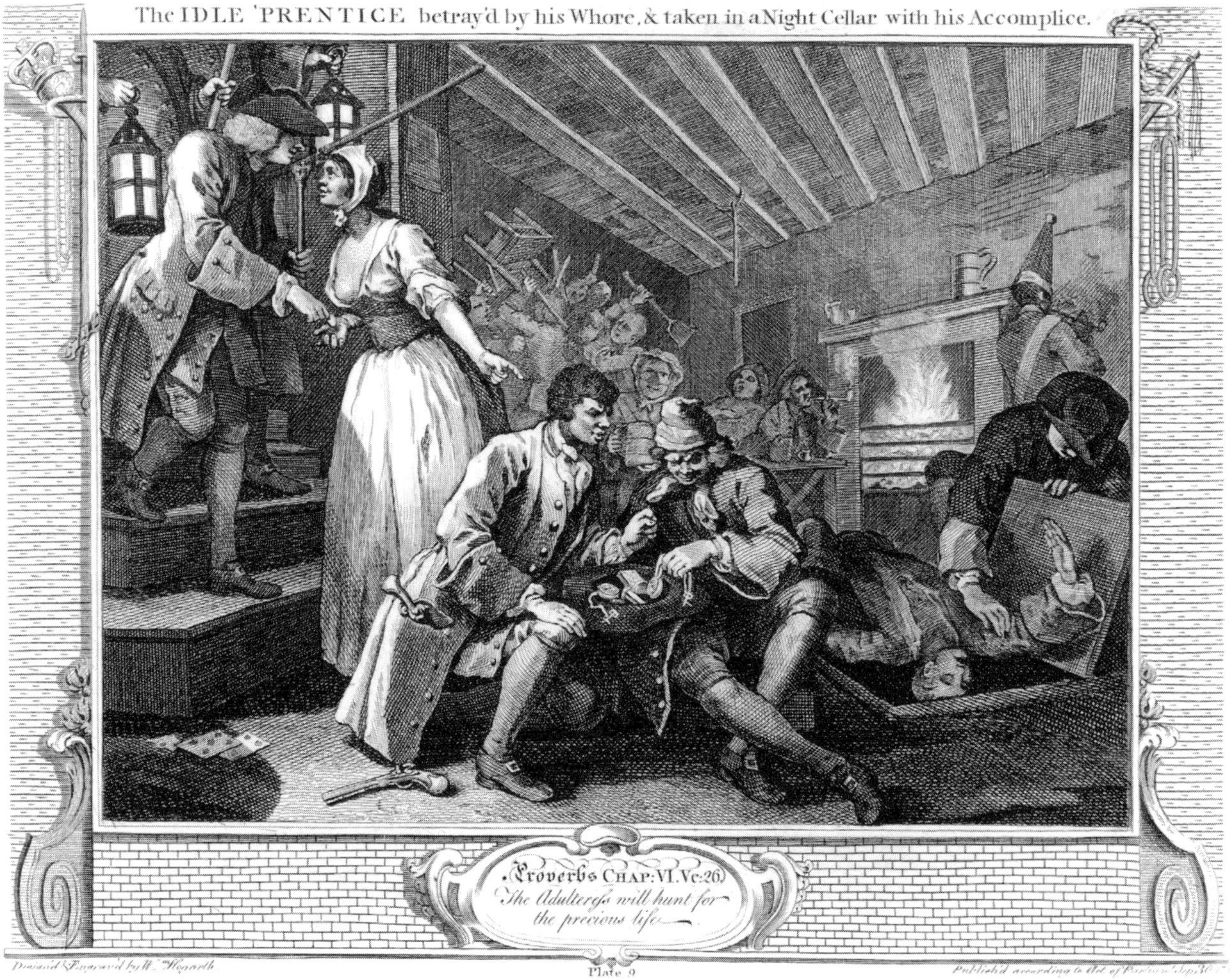
The IDLE 'PRENTICE betray'd by his Whore, & taken in a Night Cellar with his Accomplice.
Proverbs CHAP: VI. Ve: 26.
The Adulteress will hunt for the precious life.
Plate 9

Neuntes Blatt.
Hieher wieder das Blatt G.

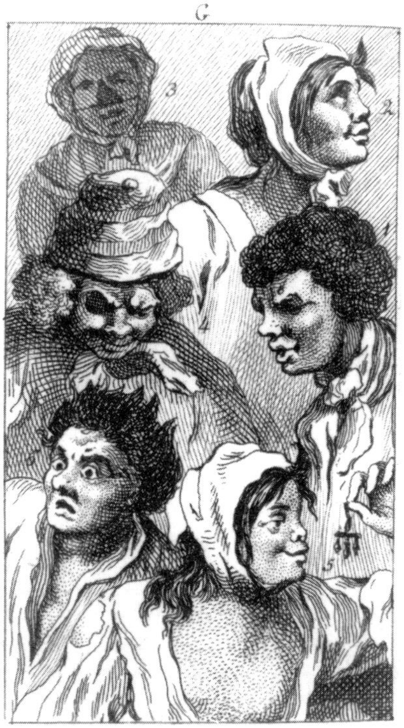

Das Zimmer hier ist ein sogenannter Londonscher Keller, wo die lichtscheue Geschäftigkeit ihre kleinen und großen Galgenstreiche auch am Tage mit einiger Sicherheit ausübt, und nahmentlich ist dieses einer der ehemahls in Blood Bowl Alley (Blut-Bowl-Gäßchen, wie man sagt Punschbowl) in Fleetstreet befindlich war. Die Begebenheit, die hier vorgestellt wird, ist wie Nichols, ein critischer Ausleger des Hogarth und ein strenger Prüfer der Wahrheit von Begebenheiten die er sich zu nutze macht, versichert. Nro 1 ist Idle und (4) sein Camerad mit dem verklebten Auge, den wir auf dem dritten Blatte bey dem Grabstein gesehen haben. Sie haben hier einen Menschen ermordet, in dessen Habseligkeiten sie sich theilen, während ein Dritter den Entleibten in ein Loch, einen Keller im Keller, mit einer Fallthüre, steckt, das vermuthlich für dergleichen Vorfälle besonders angelegt ist. Nro 2 ist die Fastenschwalbe, die wir schon vorher im Nest gesehen haben, welche ihren Liebling gegen einige Schillinge an die Gerichtsdiener verrathen hat, die hier zur Thüre herein kommen und ihn arretiren. Wer sehen will, wie tief der Mensch, das Meisterstück der Schöpfung, wie er sich nennt, und wogegen freylich die Affen, die Pudelhunde und die Elephanten wenig einzuwenden haben, fallen kann, der sehe auf dieses Blatt! Ich bin zwar nicht geneigt mit einigen Ueberfrommen unsre Welt für den Hospitalplaneten, unter den übrigen zu halten. Aber solches Elend! – Es erweckt Schaudern hier zu sehen, was man werden kann, wenn man einmahl ein Mensch ist, und oft ist weiter nichts zu dieser Promotion nöthig, als etwas schlechte Erziehung, etwas schlechte Polizey, und ein Bischen Temperament. Jeder, der sich sicher sieht, muß bey einem solchen Anblick in Lob und Dank für die rechtschaffnen Aeltern und Lehrer ausbrechen, die seinen noch lenksamen Geist auf den Pfad leiteten, der ihn zu der sichern Höhe hinführte, von welcher er auf diesen Sturm ruhig herabsehen kann. Nro 3 ist ein damals berüchtigtes Mensch, deren Nase mit der ganzen Gegend umher untergegangen ist. Man sieht kaum mehr wo Sodom und Gomorra gestanden haben. Von einem ähnlichen Geschöpfe, das wo ich nicht irre, in einem Hospital zu Berlin herumtrieb, habe ich einen Arzt reden hören: Bey diesem war die versunkene Stelle noch ungleich größer, dabey war sie muthwillig, und besäete noch immer zum Andenken der Nase die Stelle mit Schnupftoback, wo sie vor Jahren gestanden hatte. Im Hintergrunde ist eine Prügeley, mit Knüppeln, Stühlen, Feuerschaufeln und dergleichen, vermuthlich wird auch dort wieder Wild erlegt für den Keller im Keller. Mitten in diesem Mordgewühl schläft ein Kerl so sanft, wie der auf dem zweyten Blatt in der Kirche. Um aber anzudeuten, was da für ein Held schläft, und nach was für Siegen, so hängt über ihm ein Strick herab, der aus einer Wolke mit Posaunen nicht gerechter herabhängen könnte. Ein anderer neben ihm sieht so ruhig bey einer Pfeife Taback in die Flamme des Camins, als wäre das Feuer seine ganze Gesellschaft, und ein Dritter, ein Grenadier, steht an der andern Seite des Camins, und zeichnet oder dichtet Zoten an die Wand, und das in einem Loche, wo ein Ermordeter versteckt wird, wo andere vermuthlich so eben noch erschlagen werden und wo Mörder ihren Raub theilen. Der Strick wird wohl über alle kommen. Die Unterschrift ist dieses Mahl nicht zum besten gewählt, sie ist aus den Sprüchw. Salom. Cap. 6 V. 26. *Eine Hure bringet einen ums Brot, aber ein Eheweib fähet das edle Leben.* Im Englischen steht gar: *The adulteress will hunt for the precious life.* Dieser Text ist zu gelinde für die Musik die hier gespielt wird.

Zehntes Blatt. I.

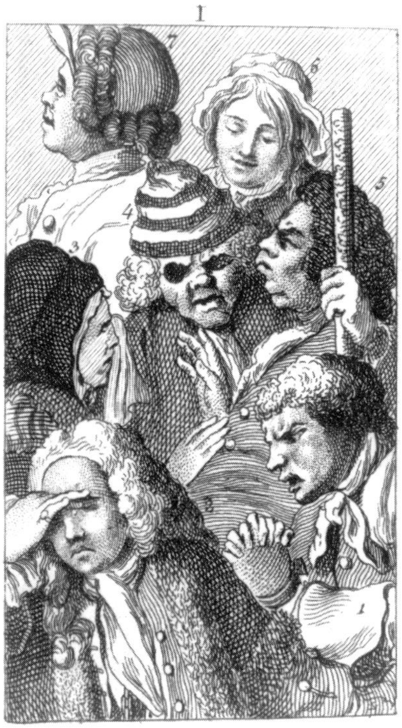

Nun ists gethan! Hier wird Idle (1) wegen des Mords in Ketten vor den Aldermann gebracht, und dieser ist – Goodchild (2). Diese schwere Scene hat Hogarth vortrefflich durchgesetzt. Es war ein harter Stand, für einen Carricatur-Zeichner. Goodchild, der hier als Richter seinen ehemaligen Cameraden erkennt, wendet mit tiefer Wehmuth sein Angesicht weg, und der rechte Arm glitscht wie erschlappt an den Schranken nieder; dieser Zug ist vortrefflich. Ueberhaupt drückt die ganze Stellung des Aldermanns ein Herz aus, das unendlich mehr adelt, als die reiche goldne Kette, die hier darüber weghängt. Nro 3 ist wieder das Thränengesicht der Mutter, die wir im Boot gesehen haben und (4) unser oft belobter Einäugiger. Er tritt hier als Zeuge gegen seinen Cameraden auf und schwört, aber, um sein Gewissen bey seinen Lügen nicht mit einem Meineid zu beflecken, mit der linken Hand auf der Bibel, welches der Mann (7), der ihm den Eid abnimmt, nicht bemerkt, weil in demselben Augenblick seine eigne Rechte hinter seinem Rücken beschäftigt ist eine kleine Bestechung in Empfang zu nehmen, die ihm das Mensch (6) zusteckt. Daß Hogarth bey (4) wirklich die linke Hand gemeint hat, und sie es nicht etwa aus unterlaßner Umzeichnung auf der Platte geworden ist, sieht man daraus, daß der Schreiber hinter dem Aldermann, der das *Mittimus* ausfüllt, die Feder in der Rechten hält. Einer von Hogarths Erklärern, der sonst allerley gute Notizen hat, aber ohne alles Mitgefühl schreibt, hält die Person (6) für die Fastenschwalbe. Das heiße ich mir den Hogarth erklären. Einmahl wäre es Unsinn, einen Mann, der den Eid bloß abnimmt, bestechen zu wollen, damit er nicht sehen soll, daß der Kerl mit der linken schwört. Ihrem Liebhaber kann es nicht helfen, denn dessen Sache geht fort sobald der Eid abgenommen ist, er sey nun wahr oder falsch. Auch freygeschworen hat er ihn nicht, denn der gute Freund wird gehenkt. Auch die Seele des Einäugigen wird nicht damit gerettet, denn wenn er ihn an den Galgen schwört, so ist es gleich viel mit welcher Hand, und ein falscher Eid wider einen Freund, falsch geschworen wird noch kein Eid für ihn. Vielleicht sind es bloß geheime Ordensgesetze die der Kerl hier befolgt, oder der Aberglaube treibt hier sein geheimes Spiel. Und die erste thätige Verrätherinn, sollte hier die unnütze Bestecherinn seyn? Und dann das Gesicht dieser Bestecherinn! Hier, und noch mehr im Original, sieht man, daß Hogarth wohl schwerlich dabey an die Fasten gedacht hat. Es ist sicherlich eine Person, die nicht mit zu diesem Proceß gehört, und die diesen Menschen für eine andere Scene, wo er mehr thun kann, zu bestechen sucht, und etwas von einem Gefühl und einem Herzen, das sich wenigstens einen Schimmer

The INDUSTRIOUS 'PRENTICE Alderman of London, the Idle one brought before him & Impeach'd by his Accomplice.

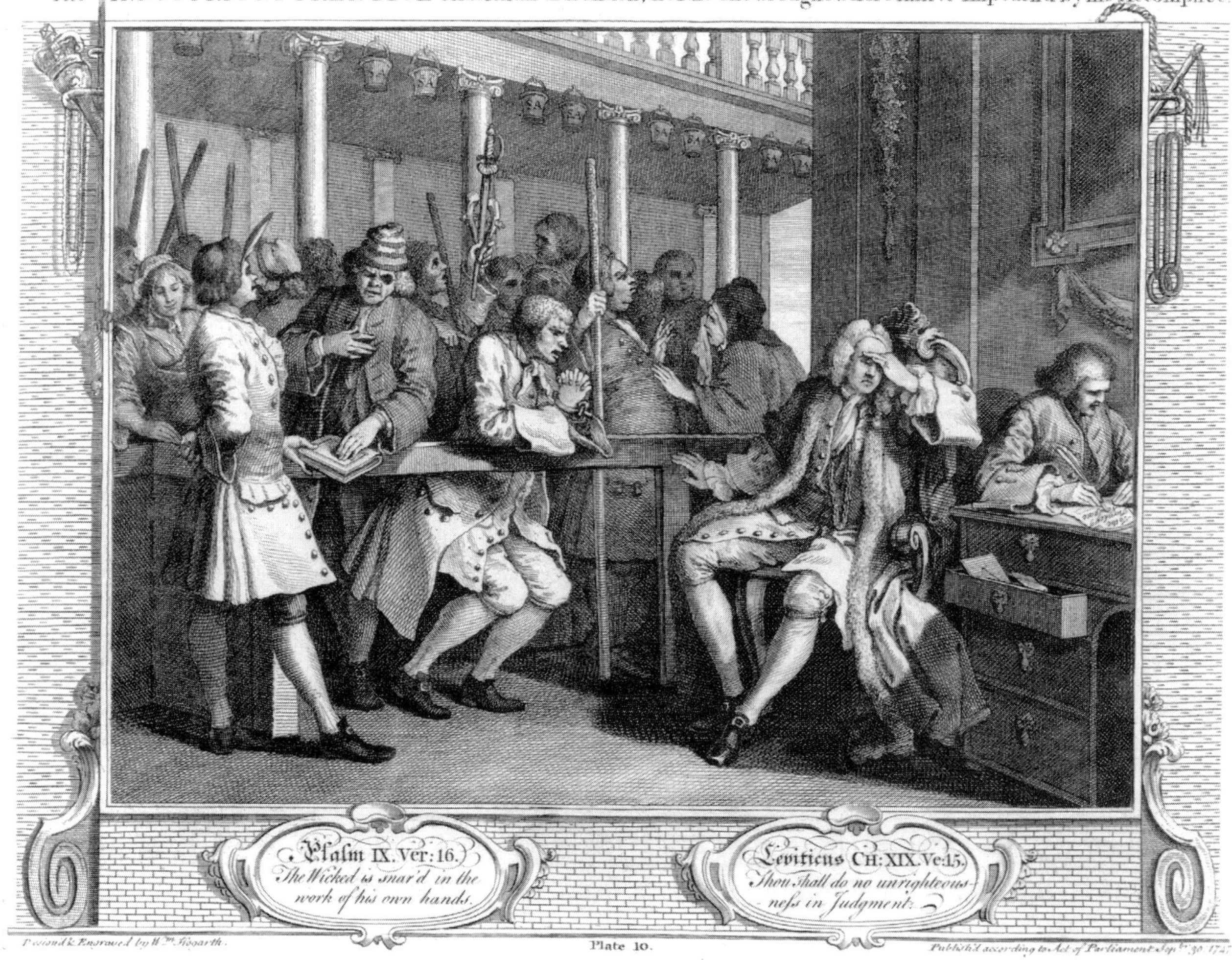

Design'd & Engraved by Wm. Hogarth. Plate 10. Publish'd according to Act of Parliament Sepr. 30. 1747

von Hoffnung ernstlich mit dem Gelde zu erkaufen sucht, läßt sich unmöglich in diesem Gesichte verkennen. Nro 5 ist ein Gerichtsdiener, der die weinende Mutter *ex officio* zur Ruhe verweiset. Ein wichtigeres *Ex officio*-Gesicht kann wohl nicht leicht ein Mann machen, der weiter kein Ansehen in der Welt hat, als was er sich nebenher selbst gibt. Degen und Pistolen des Mörders werden eingeliefert. Oben im Saale hängen Feuereimer, alle mit *S. A.* bezeichnet, vermuthlich ist es der Nahme des Kirchspiels St. Albans in Woodstreet, wo solche Sitzungen gehalten werden. Die Unterschrift ist hier wegen des Contrasts wieder doppelt. Zur Linken: Ps. 9. V. 16. *Die Heiden* (*the wicked*) *sind versunken in der Grube, die sie zugerichtet hatten*. Und zur Rechten: 3 B. Mos. *Ihr sollt nicht unrecht handeln im Gericht etc.*

The IDLE 'PRENTICE Executed at Tyburn.

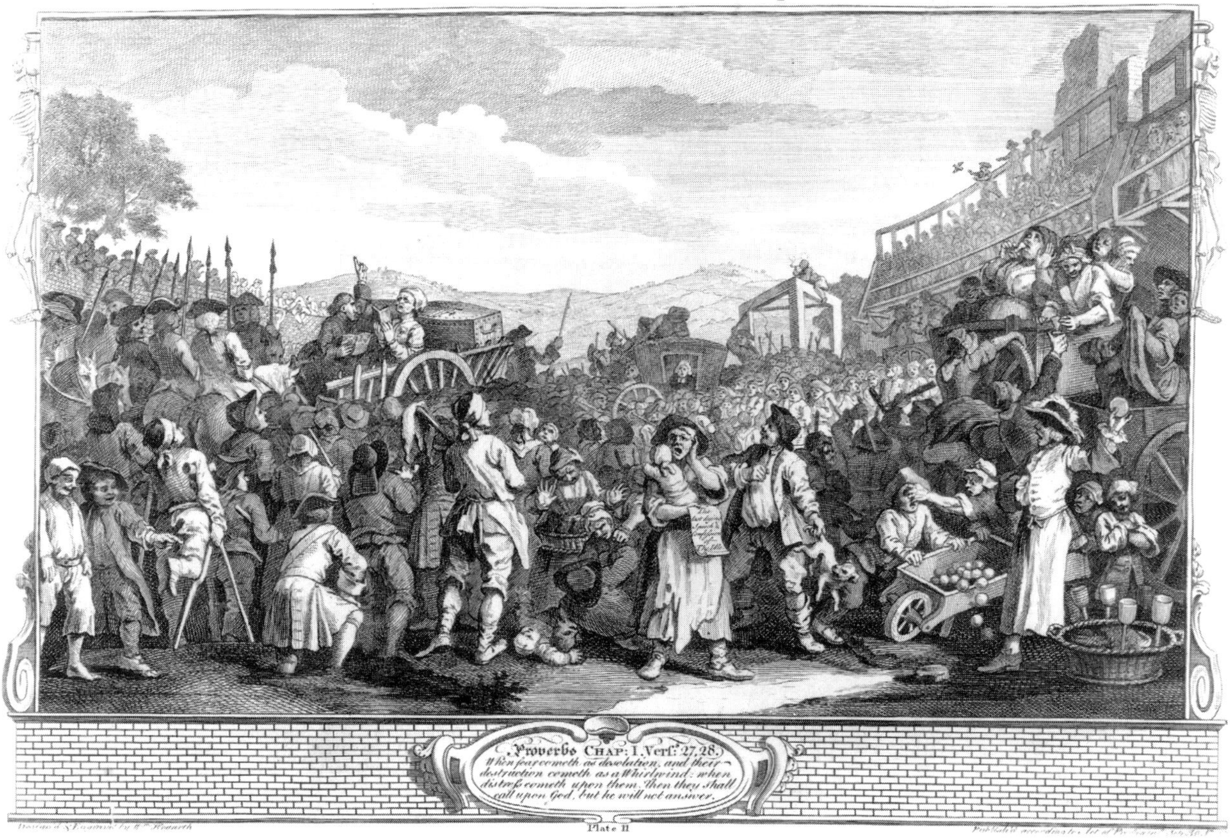

Eilftes Blatt. K.

K

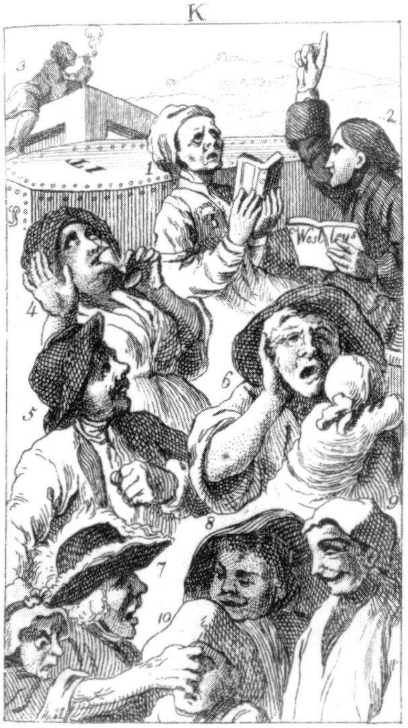

Hier ist nun endlich Idle (1) an der Schwelle des dreysäuligen Altars der Gerechtigkeit, mit ihrem Opferpriester (3) oben drauf. Idle (1) sitzt auf einem Karren mit dem Rücken gegen seinen Sarg angelehnt. Auf dem Sarge steht sein Nahme *T. I.* Thomas Idle (auch im Original steht aus Versehen *I. T.*), vor ihm sitzt oder kniet ein methodistischer Prediger, wie man aus dem Haarschnitt und einem Tractätchen von Wesley sehen kann, das er in der Hand hat, und hält den Zeigefinger hoch, wie einen Blitzableiter über ihn. Außerdem sieht man auch noch den Prediger von Newgate in der Kutsche vorausfahren, dieser wird zu ihm treten, wenn die Catastrophe noch etwas näher rückt, denn in England kann man zu keiner Ehrenstelle im Staat gelangen, wenn man nicht wenigstens die äußern Gebräuche der hohen Kirche mitmacht. Daß Hogarth seinen Helden zu einem Methodisten macht, ist ein muthwilliger Seitenhieb auf diese Secte, dergleichen sich schwerlich ein methodistischer Kupferstecher gegen eine andere Secte erlaubt haben würde, überhaupt sollen sie die Satyren lieber und besser ertragen als schreiben. Ich habe ein Mahl gehört, man könne in einem schlechten Wagen ein Gesicht machen, daß der ganze Wagen dadurch ein gutes Ansehen bekäme; Idle's Gesicht hier könnte wohl eine Staatscarosse zu einem Leichenwagen oder noch etwas schlimmerem verderben. Das Gewühl ist hier groß, von allerley Menschen, besonders der Classe, die sich um die Exspectanz zu ähnlichen Promotionen bewerben. Wir können nur einiges hier mitnehmen. Nro 4 ist eine Gintrinkende Heilige. Der Gestus ist gut gewählt und kann eben so gut Bewunderung des Brantweins, als der unbegreiflichen Führungen des Himmels bezeichnen. (5) ist ein Kerl der einen lebendigen Hund beym Schwanze hält, und im Begriff ist ihn voll gerechten Unwillens nach dem Missethäter zu schleudern. Ein braver Kerl, will er sagen, kann wohl einmahl gehenkt werden, aber morden muß man nicht. Es ist ein starker Zug von Niederträchtigkeit, den Hogarth hiermit dem Character seines Helden einwebt, daß er andeutet, er sterbe selbst unter den Verwünschungen solcher Menschen. Denn auch in der Stimme dieser Volksclasse, ist immer noch ein leises Hallen von Gottes Stimme nicht ganz zu verkennen. (6) die Frau mit dem Kinde, verkauft unter schrecklichem Schreyen *the last dying speech* von Thomas Idle; die Rede die der Mann vor seiner Hinrichtung gehalten haben soll, der noch nicht hingerichtet ist, und vermuthlich, wie man aus dem gänzlichen Mangel von oratorischer Fassung in seinem Gesichte sehen kann, auch nicht halten wird. Die Frau ist indessen um diesen kleinen Anachronismus wenig bekümmert, und ihr Publicum eben so wenig, das sie begierig kauft und liest, so wie wir die Reden der Helden bey den alten Geschichtschreibern. (7) mit dem Federhut ist das Porträt eines berüchtigten Honigkuchenbeckers, Tiddy Doll genannt, nach einem Refrain, womit sich jedes Mahl die Stanzen schlossen, worin er seine Kuchen singend anpries. Ein kleiner Junge, oder wohl gar ein kleines Mädchen, beraubt mit vieler List die Tasche dieses Sängers. (10) und (11) haben einen kleinen Dispüt über das *Meum* und *Tuum* bey einem Umsturz, den eine Schiebkarre mit Apfelsinen erlitten hat. (8) und (9) ein Paar drollige Galgenfrüchtchen, die ihre Freude über einen Stadtsoldaten äußern, dessen Unvorsichtigkeit ihn bey seinem Landdienst in eine Pfütze führt, in welcher es sich leichter schwimmen als marschiren läßt. Zur Rechten steht die Mutter des Helden mit verhülltem Gesicht im tiefstem Schmerz, auf einem Karrn, worin sie nach dortiger Sitte den Leichnam wegführen will. Ein kleiner Knabe der etwas in die Familie sieht, ist bemüht sie zu trösten. Oben auf der Gallerie läßt ein Kerl eine Taube fliegen, die dem Stockhausverwalter von Newgate Nachricht von der Ankunft des Delinquenten bringen soll. Trusler nennt dieses einen alten Gebrauch. Hier bey diesem Blatte verwandeln sich nun die emblematischen Verzierungen der Einlassungen in aufgeknüpfte Todtengerippe. Unterschrift: Sprüchw. Sal. Cap. 1. V. 27, 28. *Wenn über euch kommt, wie ein Sturm, das ihr fürchtet, und euer Unfall, als ein Wetter; wenn über euch Angst und Noth kömmt: dann werden sie mir rufen, aber ich werde nicht antworten; sie werden mich frühe suchen und nicht finden.*

Zwölftes Blatt. L und M.

Hier sind die Verzierungen der Einfassung sich ergießende Füllhörner. Goodchild ist Lord-Mayor geworden. Man sieht ihn hier im Staatswagen, bey (1) sieht man etwas davon und einen nicht sehr majestätischen Schwertträger am Schlage stehen. Goodchild hat nun durch seine Tugend ein solches Glück gemacht, daß Hogarth es für unschädlich hält, wenn er ein wenig über den Pomp dieser City-Majestät herfällt. Wenn man von diesem ganzen Blatt nur einen Character angeben soll, so ist es: Spott über die Stadtsoldaten der guten Stadt London, und man kann nicht läugnen, daß ihm dieses in einem hohen Grade gelungen ist. Freylich hat hier die Natur sehr stark vorgearbeitet. Wenn der Soldatenstand in der Welt derjenige ist, der vorzüglich vor andern auf Schönheit des Leibes, Muth, Reinlichkeit im Anzuge, und Gewandtheit in allen Bewegungen mit Recht Anspruch macht, so kann man sich freylich des Lächelns nicht enthalten, wenn man diese Hospital-Präparate aufmarschiren sieht. Es sind Invaliden, nicht in der militärischen Bedeutung des Worts, sondern im strengsten Hospitalsinn genommen. Einige tragen nicht die Flinte, sondern werden, wie Nro 1. M. von ihr getragen. Wie der arme Tropf da steht, man glaubt, er wolle den Tod fürs Vaterland hier auf der Stelle sterben. Auch Nro 3. M. wird die Flinte bald zur Krücke machen. Dafür ist (4) desto wichtiger. Er hat vermuthlich ehedem als Marquetender dienen sehen. Die Grenadiermütze scheint seine eigene Erfindung zu seyn, denn es ist sonst kein Grenadier auf dem ganzen Blatt. Nro 8 feuert in einem Anfall von Muth sein Gewehr in die Luft und wendet dabey sein Gesicht sorgfältig weg. Es bemerkt aber diese Heldenthat niemand als er selbst und ein kleines Kind (5), auch sind das gerade die beiden Personen, denen sie Schrecken einjagt. Einige, zum Beyspiel (5) und (6) L. haben bloß Muth zu trinken gesucht und haben Uebermuth getrunken. Nro 2. M. hält eine gedruckte Nachricht in der Hand, die eine vollständige Erzählung enthält, wie der Geist Th. Idle's dem Lord Mayor wirklich erschienen sey u.s.w. Was nicht gleich gelogen wird, wenn ein großer Mann stirbt! Außer dem Jubel eines braven Volks das hier um die Kutsche hängt, wie Bienen um ihre Königinn, und der hier sogar auch von allen Dächern erschallt, beehrt Hogarth den Lord-Mayor oder sein Fest mit einem Zug, von dem er nicht würde Gebrauch gemacht haben, wenn so etwas ganz ungewöhnlich gewesen wäre, nähmlich auf einem mit reichen Tapeten behangenen Balcon befindet sich der Prinz von Wallis mit seiner Gemahlinn, die Aeltern unsers jetzigen Königs, und darneben, etwas abgesondert, der Hofstaat, die das frohe Volksfest mit ansehen. Einige Köpfe die hier auf unsern Blättern

L

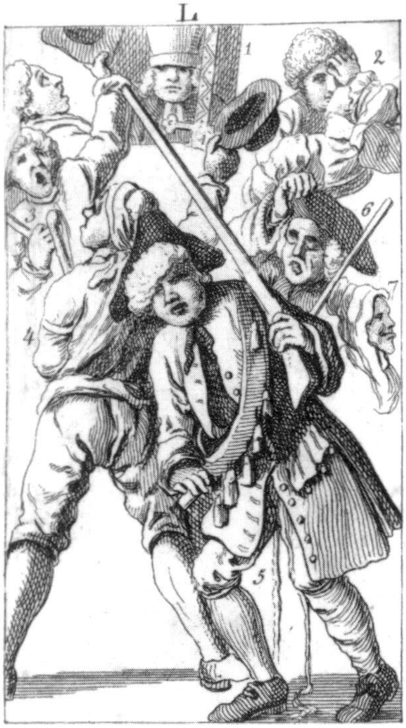

M

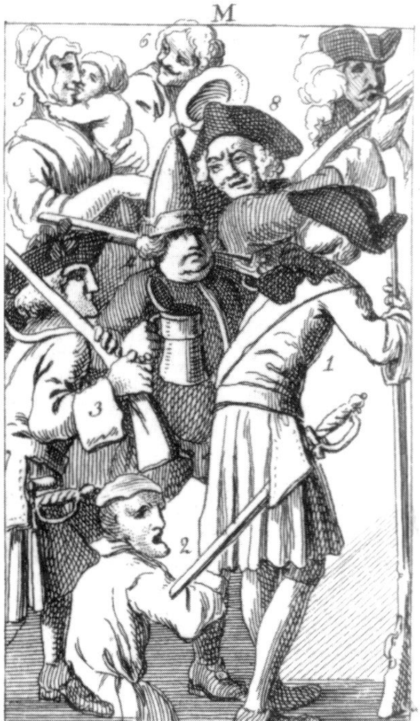

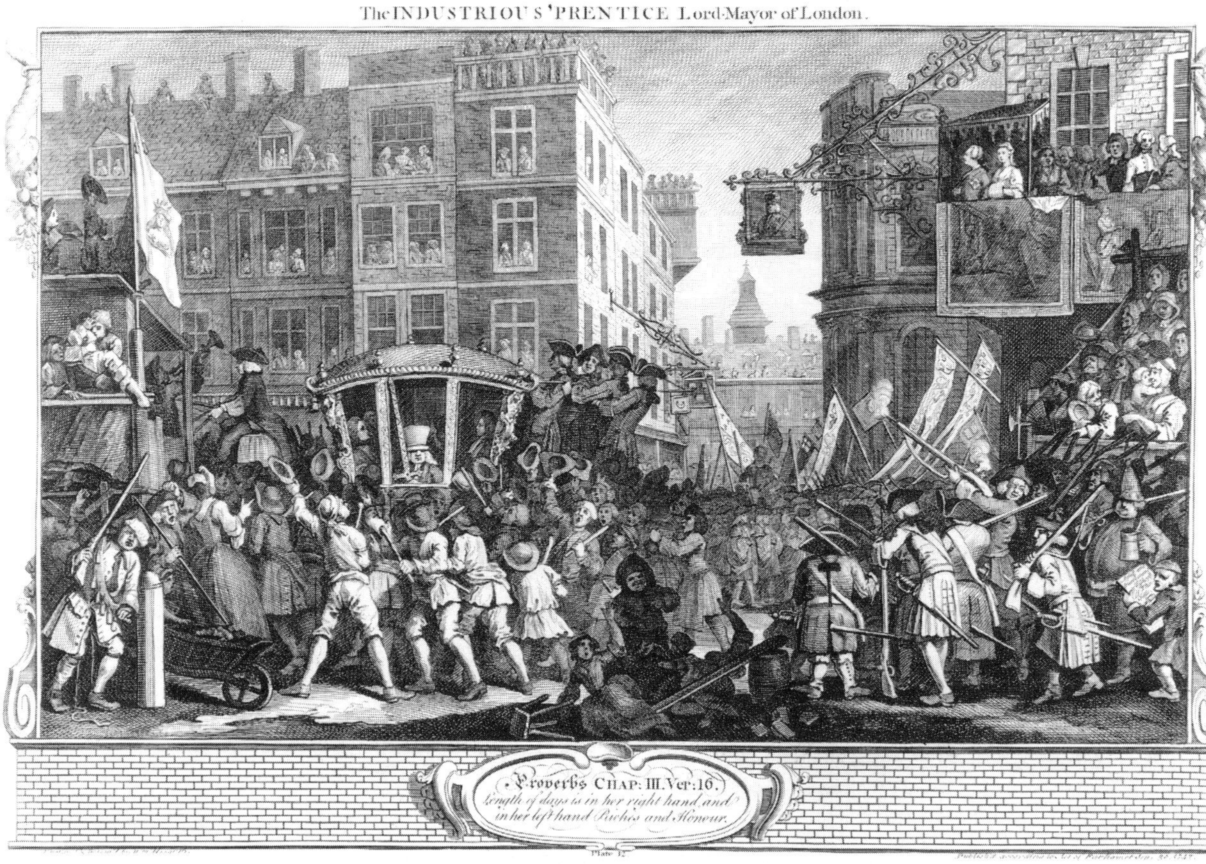
The INDUSTRIOUS 'PRENTICE Lord-Mayor of London.
Proverbs CHAP: III. Ver: 16.
Length of days is in her right hand, and in her left hand Riches and Honour.

vorgestellt sind, erklären wir nicht, weil sie sich selbst erklären. – Auf diesem und dem vorhergehenden Blatt hat Hogarth hier und da seinem Muthwillen den Zügel etwas gelassen. Es finden sich auf demselben fünf bis sechs Scenen, die ein künftiger *Editor* derselben *in usum Delphini*, wohl wird besonders stechen lassen müssen. So etwas war freylich nicht zu vermeiden, wenn das Gemählde der Natur treu seyn sollte. Unterschrift: Sprüchw. Sal. Cap. 3. V. 16. *Langes Leben ist zu ihrer rechten Hand und Reichthum und Ehre zu ihrer linken.*

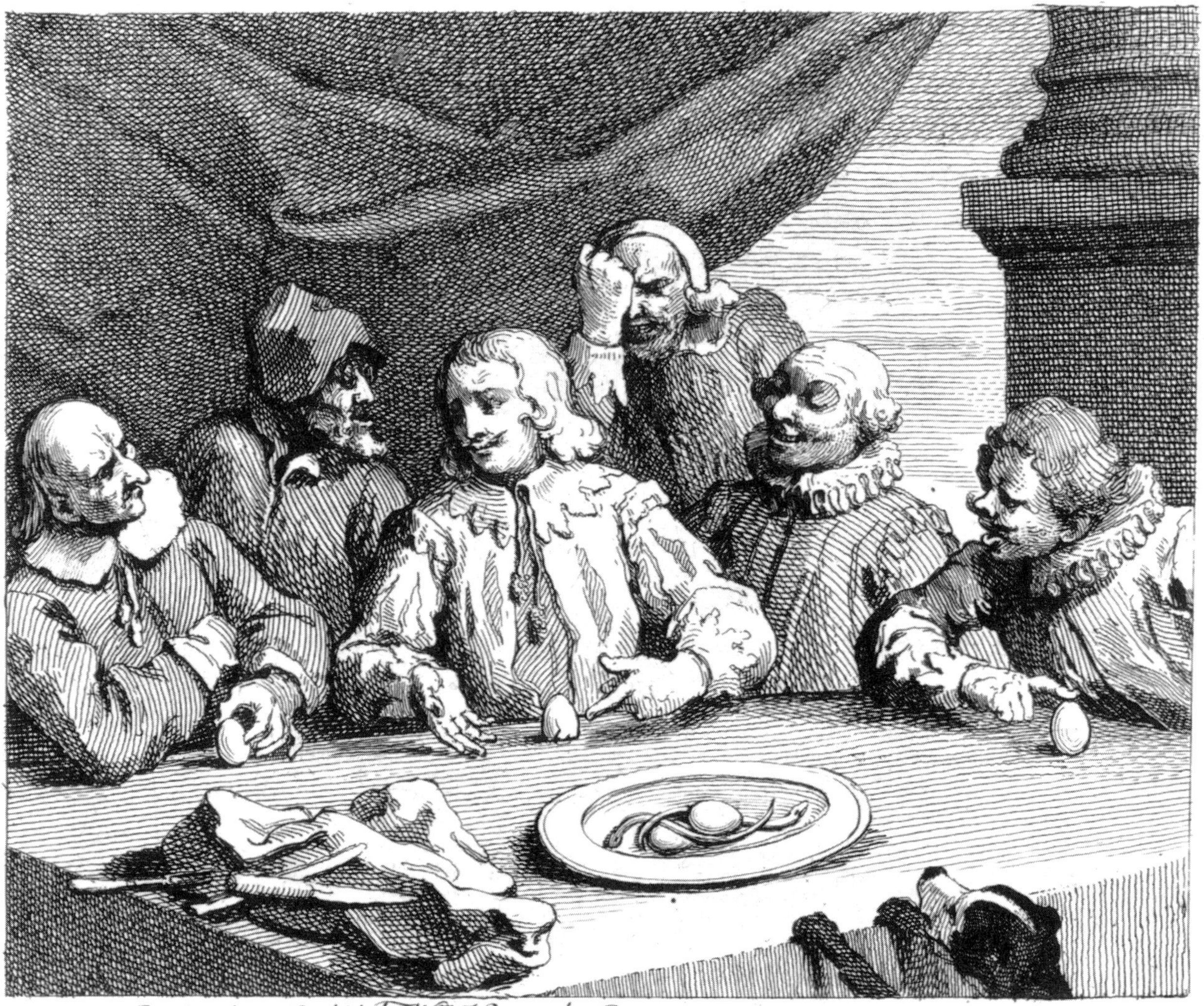

Design'd & Etch'd by W.m Hogarth Decem 1. 1753.

(*COLUMBUS BREAKING THE EGG*).

EIGENTLICH, COLUMBUS WIE ER EIN EY AUF DIE SPITZE STELLT.

Dieses kleine Blatt ist sehr gut ausgeführt, und unser Hr. Riepenhausen hat es, obgleich verkleinert, so copirt, daß schlechterdings nichts zu wünschen übrig bleibt. Der Herausgeber muß nur bedauern, daß es zum unvermeidlichen Nachtheil der Leser des Almanachs der guten Abdrücke immer nur wenige gibt. Es ist in der Copie, trotz der Verkleinerung, auch nicht ein Funken von dem Geist des Originals verloren gegangen.

Wir müssen hier nothwendig annehmen, daß unsern Lesern diese Geschichte von dem Entdecker der neuen Welt, für den er hier erkannt werden muß, geläufig ist. Es ist wenigstens für uns die sicherste Partey bey einem gefährlichen Dilemma. Diese Geschichte hier umständlich erzählen wollen, hieße, bey dem Publicum in diesen goldnen Tagen der Pädagogik und der Allbelesenheit, eine Ignoranz voraussetzen, die, wenn sie auch möglich wäre, doch kaum mehr als möglich vorausgesetzt werden kann, ohne sich einer weit größern, nähmlich der in der Geschichte der gegenwärtigen Zeit und des Lichts der Erkenntniß, das dieselbe erleuchtet und erwärmt, schuldig zu machen. Auch erinnere ich mich noch aus meiner eigenen Jugend her, daß man damahls schon mit Recht in der Geschichte auf alles was von Eyern vorkam, vorzüglich aufmerksam machte,

vom Ey der Leda an,
Bis zu dem Paar des frommen Schweppermann.

welches ich wegen der stillen süßen Hindeutung auf Osterzeit und Pfannekuchen auch wirklich bey der Jugend nicht unbillig finde. Folgendes mag also hinreichend seyn. So lange der große Columbus noch im Zimmer die Möglichkeit einer neuen Welt demonstrirte, erwies man ihm, daß so etwas gar nicht möglich seyn könne; so bald er sie gefunden hatte, sagte man, das habe man längst gewußt. Wißt ihr wohl, fragte er an einem Abend einige dieser philosophischen Köpfe auf dem Blatt A, (den Hundskopf nicht mitgerechnet, fünfe an der Zahl), wißt ihr wohl wie man ein Ey auf die Spitze stellt? Nein, war die Antwort, wir wissen es nicht und können es nicht wissen, weil es unmöglich ist. Seht, sagte er,

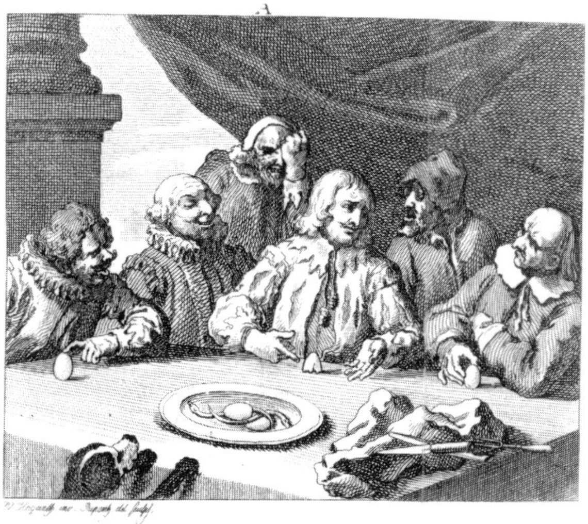

und stieß die Spitze ein, so stehts: Was antworteten sie aber denn nun? Dieses sagt das Blatt A, und ich schweige. Könnte der Hund sprechen, so möchte er vielleicht dem, der sich vor die Stirn schlägt, zurufen: wenn du, wie ich, geschwiegen hättest etc. (*Si tacuisses & c.*). Die Sprache der Hände und der ganzen Kopfhaltung bey diesem Columbus wird wohl über die ganze Welt verstanden. Ich habe schon oft gewünscht, Hogarth möchte dieselbe Gesellschaft auch für die Frage des Columbus gezeichnet haben. Wie viel Menschenkenntniß ließe sich da nicht anbringen! Wie wenn sich unsere junge Zeichner in Deutschland an die Auflösung dieses Problems machten? Gern wollten wir die beste darunter in den nächsten Almanach aufnehmen, und welches die beste sey, sollte, natürlich, nicht bloß durch unser einziges Urtheil bestimmt werden, sondern durch Kenner, deren Beyfall freylich hierbey die größte Belohnung seyn müßte. Doch versteht es sich von selbst, daß der Künstler, dessen Blatt den Beyfall erhielte, auch noch von dem Herrn Verleger dafür bezahlt würde. Vorläufig wollte ich nur dieses erinnern. Erstens müßte so viel als möglich aus der Natur und nicht aus dem Zeichenbuch geschöpft werden. Man muß wirkliche Menschen durch Fragen stutzig machen, um die Züge der Neugierde kennen zu lernen, Der Erfahrenste traut sich nicht selten zu viel zu, der Unerfahrne beständig. Hogarth folgte dieser Regel durch sein ganzes Leben, und entwarf oft unvermerkt die Hauptzüge mit Bleystift auf dem Nagel seines Daumens, und trug sie so nach Haus in sein Collectanenbuch. Eine Lottoziehung oder eine Marktschreyerbude wäre für unsern Fall keine üble Gelegenheit, vielleicht*? Zweytens: je weniger Carricatur, desto besser, aber auch desto schwerer und verdienstlicher. Drittens: müßte so viel als möglich die Aehnlichkeit der Köpfe beybehalten werden, denn es sollen dieselben Menschen seyn. Die Stellungen aller waren wohl bey der Frage verschieden von der jetzigen, und gewiß hat der Alte, rechter Hand, sich erst auf den Tisch gelehnt und den Arm untergesteckt, nachdem die Antwort bereits gegeben war. Der Hund, versteht sich, als der weiseste unter den Gefragten bliebe sich immer gleich. Nun zur Erklärung des minder verständlichen auf diesem Blatt. Diese ganze Geschichte bezieht sich eigentlich auf die beiden kleinen Aale in der Schüssel, die sich da an Eyer anzuschmiegen scheinen. Diese Aale sind nähmlich, so viel als es anging, nach der Linie gebogen, die Hogarth bald

* Künstler in den hiesigen Landen werden sie also sonst wo suchen müssen.

Wellenlinie, bald Schlangenlinie, bald Schönheitslinie nennt, auf die sich sein berühmtes Buch Analyse der Schönheit stützt, und für deren Erfinder er sich ausgab. Zuerst trug er seinen Gedanken ohne weitere Erklärung vor: Er stach sein eignes Porträt, unten mit einer Mahler-Palette, auf welcher diese Linie, etwa wie hier die Aale in der Schüssel, dargestellt ist, mit der Unterschrift: Linie der Schönheit und Grazie. Anfangs wußte man nicht was er damit wollte, als er sich hernach in seinem Werk weiter darüber erklärte, sagte man, und wohl nicht ganz mit Unrecht, das habe man längst gewußt. Dieses ist nun: *Columbus und die neue Welt.* Freylich eine Vergleichung die auf das gelindeste davon zu urtheilen, etwas sehr überspannt ist. Allein Hogarth war ein einfacher offener Mann, der nie heuchelte, und selbst dann nicht, wenn es auf mündliche Würdigung eigner Verdienste ankam. Als die berühmte Sigismunda des Corregio in einer Londonschen Auction für 1624 Thaler wegging, sagte er treuherzig, wenn mir jemand eben so viel Geld gibt, so will ich wohl noch was besseres machen. Hogarth und Corregio! Man denke an die Nacht des letztern in der Dresdner Gallerie und die des erstern, wo ein betrunkener Freymäurer nach Hause gebracht wird! Indessen Lord Grosvenor hielt ihn beym Wort; er mußte eine Sigismunda mahlen und – mußte sie behalten. Hogarth erlag in dem Wettstreit, wie wohl leicht zu vermuthen war, aber bey weitem nicht so schimpflich, als es italisirende Kunstgefühl-Heuchler, die verächtlichste Classe von Schöngeistern, Wort haben wollten. Sein Gemählde soll reelles Verdienst haben, und wurde nach dem Tode seiner Witwe von Hrn. Boydell für die Shakespear-Gallerie gekauft. Wenn Hogarth in seinem Urtheil über sich selbst fehlt, so liegt doch am Ende wohl der Fehler bloß darin, daß er es so deutlich sagte. Wer die demüthige Sprache der Vorreden mancher Autoren mit Kenntniß des Herzens zu entziffern versteht, wird solcher Selbstwürdigungen hunderte überall finden, und in den Ankündigungen der gelehrten Intelligenzblätter stehen sie oft von dem mittelmäßigsten Menschen deutlich ausgesprochen da. Im Grunde sehe ich auch nicht ein, was ein solches Verfahren tadelhaftes hat. Laßt die Menschen glauben was sie wollen, wenns nur hilft. – Ein Freund von mir, der dem Schwindel sehr unterworfen war, gestand mir, er bewundere den Schieferdecker, der an der dünnen Spitze eines 200 Fuß hohen Thurms hinan klettern und oben die Gesundheit des Landes trinken könne, so sehr, als den Mann, der die entstehende Bresche zu flicken, oder das Feuer eines vom Blitze rauchenden Pulverthurms zu dämpfen unternehme. Eines Tages, da er ein Paar Dachdecker, nicht ohne eignen Schwindel, in jenem ersten Unternehmen beobachtet hatte, ließ er sie zu sich kommen. »Ums Himmels willen, sagt mir, ihr Leute, wie ist es möglich, daß ihr solche Dinge ausrichten könnt, wie fangt ihr es an? Ich, sagte der eine, ein gesetzter guter Mann, stärke mich allemahl erst durch ein Gebet, und ich, versetzte der andere mit einem breiten Sandsteingesicht, nehme vorher immer ein Quentchen gebranntes Katzenhirn. Ich bin nicht der Meinung, daß Wahrheiten, die man tausend Mahl gesagt hat, nicht mehr gesagt werden müssen. Denn eben dieses, daß sie so oft aufgelegt worden sind, ist ein Zeichen von ihrer Güte, und ein Beweis, daß sich noch immer etwas daran verdienen läßt. Ich trage also kein Bedenken, diesen Aufsatz mit der Lehre zu schließen: Man beurtheile die Menschen nicht nach ihren Meinungen, sondern nach dem was diese Meinungen aus ihnen machen. Letzteres allein gehört vor den Richterstuhl der Welt, und ersteres vor das Tribunal des Himmels und höchstens der – Jesuiten.

Dieses Blatt gab Hogarth, wo ich nicht irre, gratis als Empfangschein an die Subscribenten auf seine Analyse der Schönheit.

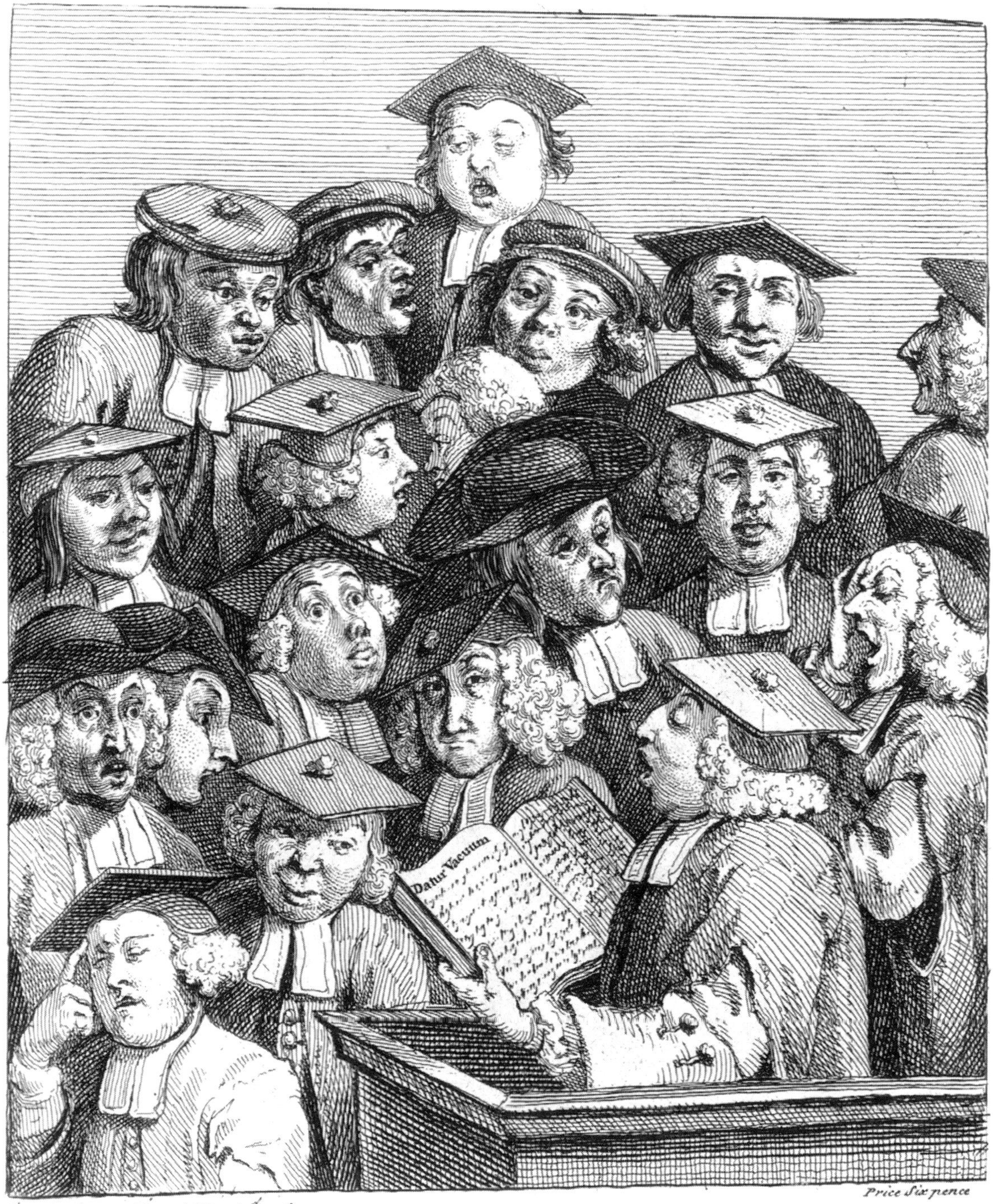

Publish'd by W Hogarth March 3d. 1736

Price Six pence

DIE VORLESUNG.

(*THE LECTURE*).

B

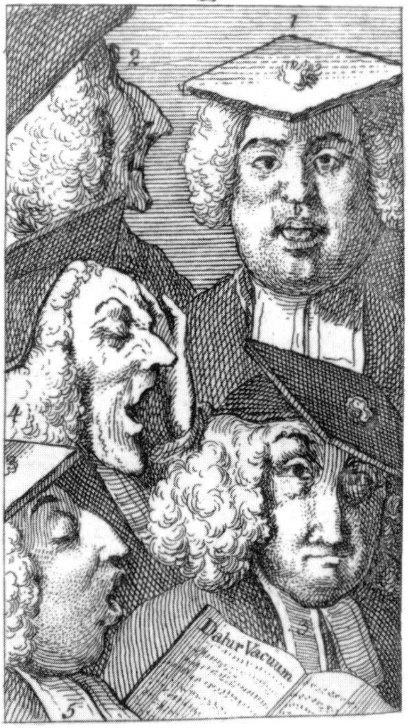

C

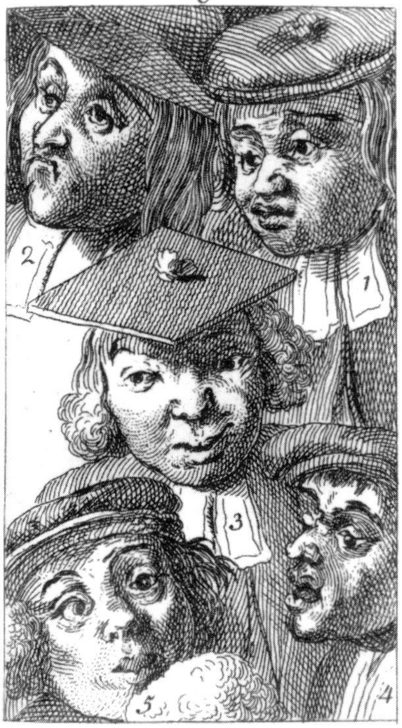

Dieses Blatt enthält des ungelehrten Hogarth Spott über einige Pedantereyen der englischen Universitäten, oder eigentlich der litterarischen Klosterbrüder zu Oxford. Denn ob die Engländer eigentliche Universitäten haben, wird von manchen bezweifelt, und von den Schottländern wenigstens schlechtweg geleugnet. Der gute Hogarth konnte wohl nicht unmittelbar beurtheilen, was dort getrieben wird, allein es müssen ihn einmahl ein Paar Physiognomien, die er dort erblickte, auf den Gedanken gebracht haben, daß an einem Ort, wo sich die Seelen solche Schuhflickergesichter bauen können und dürfen, als man hier sieht, die Wissenschaften leicht etwas mehr mit den Händen als mit dem Kopf behandelt werden möchten. So brachte er hier 19 Köpfe zusammen, nicht Musensöhne, sondern wahre Musenfresser, die nicht leicht abscheulicher gedacht werden können. Man versuche es und schreibe einmahl unter diese Gruppe: *didicisse fideliter artes etc* ohne Lächeln wenn man kann. Unsere Blätter B, C, D, E stellen sie alle 19 vor. Erklärungen sind nur kaum nöthig. Diese Gesichter tragen alle ihren Commentar mit sich hin wo Menschen sind, und seyn werden bis ans Ende der Zeit. Jedoch fielen die Urtheile einiger Freunde, denen ich sie mit der Frage vorlegte: was glauben Sie wohl was dieses vorstellt, etwas verschieden aus. Einer glaubte, es wären die Patienten in dem neuen litterarischen Bedlam*, und hielt nahmentlich den Docenten (B, 5) für *Monsieur Charles Rabiqueau* der die Sonne hinten für dunkel hielt**. Nein! sagt ein zweyter, das ist zuverlässig die zweyte National-Versammlung, oder so etwas. O, ich kenne den Abbe Fauchet, da ist er, als wenn er lebte, und wies auf (D, 2), und da! man sehe nur hin ob (C, 3) nicht Pethion ist und (C, 4) Santerre, wie ihm das *ça ira* um die geistvollen Lippen schwebt – Man sieht die Stimm' und hört sie nicht! Er meinte, die ebnen Baretchen, auf den Köpfen, zielten auf die Gleichheit der Stände, und bewies dieses vorzüglich aus (E, 1 und 2), die er ein Joch nannte. Man dürfe nur einen Nagel oben durch die Plättchen stecken meinte er, so wäre das Gespann gejocht u.s.w. Wahre Beleidigungen der Majestät der Nation! Ein Dritter hielt sie für eine alte Kirchenversammlung, eigentlich einen Schneider-Convent, der sich versammelt der Vernunft das Maß zu einer Schnür-

* S. Almanach für 1792. S. 128.

** Ebendas. S. 135.

D

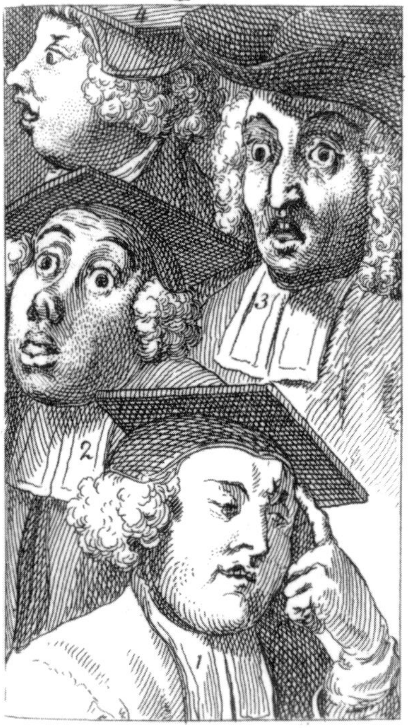

E

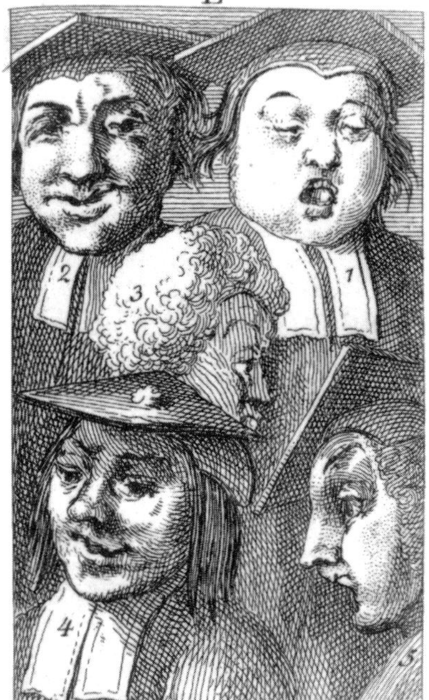

brust zu nehmen. Ein Vierter glaubte, es könnte wohl ein Clübbchen Schwedenborger oder Jacob Böhmisten seyn, wegen der schwarzen Glorie, die über den Häuptern schwebt. Diese Erklärung gefiel mir sehr, denn wirklich hat der Abbe Fauchet (D, 2)und der Kopf, oder was wenigstens so aussieht (E 5), so etwas im Blick, als suchten sie die* bittere Qualität, die mit einer Heftigkeit aus dem Centro kömmt, als wenn sie primus werden wollte. Nur suchen sie sie an sehr verschiedenen Enden. Der Schuster (E, 4) könnte wohl Jacob Böhm seyn. Allein das ist alles nichts. Es sind Oxforder *Fellows, Masters of arts, Doctors etc.* die hier eine Vorlesung über das *Datur vacuum* anhören und zu überdenken wenigstens scheinen. Auch scheinen sie sämmtlich für den Satz, vermuthlich aus empirischer Anschauung Ihres innern Selbstes. Der Mann der vorliest (B, 5) ist nach dem einstimmigen Zeugniß aller Erklärer des Hogarth ein gewisser *Mr. Fisher of Jesus-College, Oxford.* der am 18. März 1761 dort als Registrarius der Universität starb. Dieser brave Mann gab, wie man sagt, als er von Hogarth's Absicht hörte, seinen Kopf selbst dazu her, und rettete also mit seinem Kopf die Ehre der ganzen Versammlung, wenn anders durch solchen Spott je Ehre verloren werden kann; die des Spötters wohl, davon hat man betrübte Beyspiele, aber die des Verspotteten nie. Auf vielen Exemplaren dieses Kupferstichs findet man gar keine Schrift auf dem Buch, auf andern stand anfangs: *datur Vacuum* bloß mit Dinte von Hogarths Hand hinein geschrieben. Ich finde nicht, daß ein einziger seiner Commentatoren die Feinheit bemerkt hätte, die darin liegt. Daß er damit das Vacuum habe darstellen wollen, ist ein Gedanke, den man allenfalls dem Kopf (E, 1) verzeiht, aber sonst niemanden. Nein! Hogarth ließ die Stelle vermuthlich leer um die Dispüten der Zeit hinein zu schreiben. Jetzt stünde vielleicht *datur Phlogiston* oder *Oxygenium*, oder etwas von Raum und Zeit und Caussalität *pro* oder *contra* da, oder *datur neque c neque h neque ch, neque – – – neque diabolus.* Am besten wäre es wohl, man ließe das Blatt hinter Glas fassen mit einer Oeffnung da, wo das Buch ist, so wie bey Uhren die das Datum zeigen, und trüge dann auf eine bewegliche Scheibe dahinter die gelehrten Streitigkeiten des Tages ein, so könnte man allenfalls auch seinen Glauben wechseln, wenn bedenklicher Besuch auf die Stube käme. Deutschland allein könnte schon eine ganz beträchtliche Scheibe versehen, wozu wir hier gern einige Beyträge lieferten. Allein – – vom Wahrsagen kann man wohl noch hier und da in Deutschland leben, aber nicht vom Wahrheit sagen! Zum Beschluß merken wir noch an, daß im Original diese Köpfe etwas pyramidalisch geordnet sind. Die stumpfe Spitze des Ganzen wird durch den

* Jacob Böhms eigne Worte.

schönen Kopf (wenigstens ist er es auf der einen Seite) (E, 1) formirt, dieses und das gehäufte bogichte in der Gruppe und die dunkeln Zwischenräume, geben ihr in der Ferne das Ansehen einer schweren Donnerwolke, aus der diese Cherubsköpfe ominös hervorsehen, und es fehlen nur noch ein Paar herausgestreckte Posaunen, um für die Sonne der Aufklärung etwas von greifbarer Verfinsterung von diesem Gewitter zu fürchten.

In unsrer Copie haben die Köpfe der Gruppe dieses Mahl die natürliche Größe des Originals, da der geistreiche Kopf des Columbus verkleinert erscheint. Dieses erinnert uns an eine treffende Bemerkung Swifts. Die Elephanten, sagt er, werden immer kleiner gezeichnet, als sie sind, die Flöhe immer größer. Mit dem Ruf vieler Gelehrten geht es eben so.

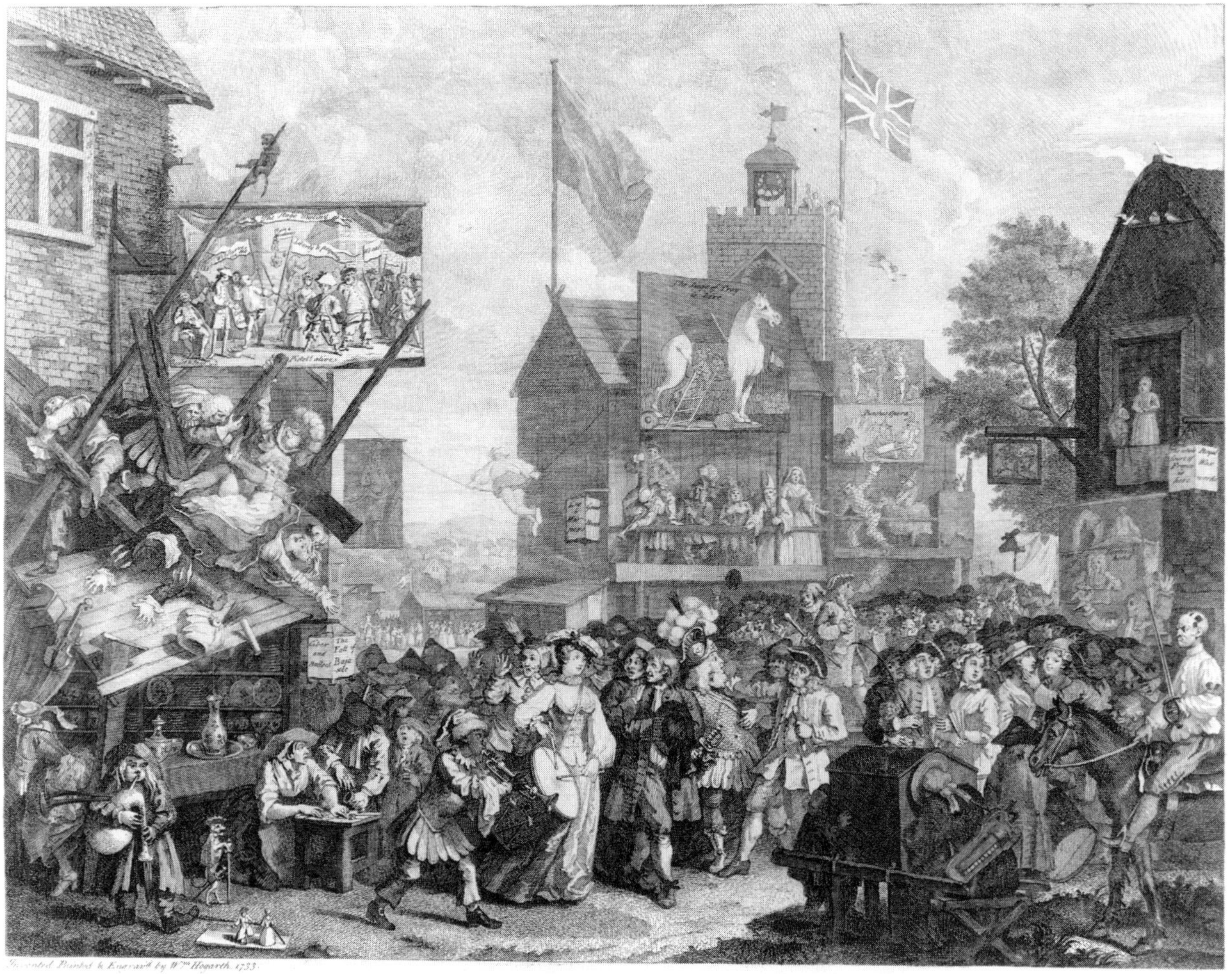

Invented Painted & Engrav'd by Wm Hogarth 1733.

SOUTHWARK-FAIR.

DER JAHRMARKT VON SOUTHWARK.

Bekanntlich ist Southwark, von der mit Häusern bedeckten englischen Provinz, die man gewöhnlich London nennt, derjenige Theil, der am rechten Ufer der Themse liegt und den südlichen Theil des Ganzen ausmacht. An diesem Orte wurde ehedem ein Jahrmarkt, eigentlich eine kleine Messe gehalten, die vierzehn Tage dauerte. Es wurde da gekauft und verkauft, getanzt, gestohlen, gespielt, betrogen und allerley Unfug getrieben, der sich von Anfang so ziemlich in den gewöhnlichen Messen und Carnevalsgrenzen der bürgerlichen Freyheit hielt. Allein hier zeigte sich bald ein eigner Umstand. Southwark wird hauptsächlich von Menschen abwechselnd bewohnt, die den größten Theil ihres rohen Lebens als Glieder der kleinen schwimmenden Staaten verleben, wo ihnen unter den Augen fürchterlicher Despoten wenig Freyheit übrig bleibt. Diese aber nimmt sie dafür gewöhnlich mit offnen Armen in Schutz sobald sie das Ufer betreten, und da sind sie denn, nach venetianischer* Sitte, vor allen Dingen erst Engländer und dann Christen. Kurz es fand sich nach weniger Zeit, daß, weil die obige Classe von Menschen überhaupt Unfug und Zerstreuung mehr suchte und wünschte, auch wohl letzterer mehr bedurfte, als der Waaren, der eigentliche Handel abstarb, hingegen der Unfug um desto frischer aufblühte. Es geht so in unzähligen menschlichen Gebräuchen. So dauert z.B. das so mancher Familie verderbliche Scheibenschießen mit seinem Unfug noch immer fort, ob man gleich schon lange nicht mehr nöthig hat die Vertheidiger der Städte aus den Gilden zu nehmen, ja wo sogar ein einziger der von seiner Kunst Gebrauch machen wollte, den Untergang des Schützencorps und der Stadt unvermeidlich bewirken würde. Der Protestant nimmt in manchen Städten die Fastnacht mit so vieler Herzlichkeit von seinen Braten Abschied, als würden sie einander in sieben Wochen nicht wieder sehen. Sie sind kaum von einander zu bringen, und gleich am folgenden Tage sieht man sie schon wieder in der größten Vertraulichkeit an demselben Tische beysammen. So geht es überall. In Southwark verdrängten die Divertissements den eigentlichen Markt, der die Veranlassung war, so sehr und mit so muthwilligem Trotz, daß endlich die Regierung für nöthig hielt, das für den Unfug zu thun, was er selbst für den Markt gethan

* *Siamo Vineziani e poi Christiani.*

hatte, nämlich das Ganze aufhob, und dadurch ein sehr fruchtbares Spitzbuben-Seminarium zerstörte. Diesen Markt oder einen Winkel desselben stellt nun Hogarth hier vor. Das Gewühl ist hier groß und dicht, und die Scenen sehr mannigfaltig. Es ist unmöglich, sich auch nur auf das vorzüglichste hier einzulassen, obgleich die Wahrheit zu gestehen, nur weniges ist, was sich zu dem hohen Grad von Laune erhebt, die man in den meisten der übrigen Blätter unsers Künstlers bewundert. Wir zeichnen daher nur einiges aus.

(F)

F.

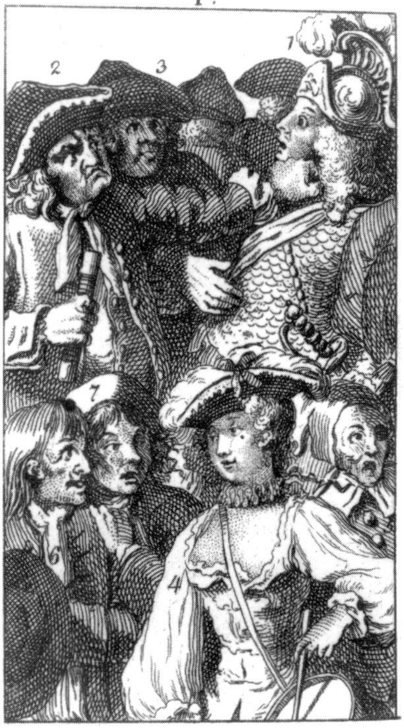

Die Figur (1) mit dem Helm und der Knotenperücke ist Alexander der Große, der hier mitten in dem Lauf seiner Siege, von einem Gerichtsdiener (2) Schulden wegen arretirt wird. Er greift zwar instinctmäßig wie ein Held nach dem Degen, allein mit höherem Instinct greift zugleich ein anderer Scharwächter zu (3), und hemmt die Rechte, die ehemahls den Erdkreis beben machte. Was hatte Alexander auch auf der Gasse zu thun? Unter seinen Macedoniern in der Bude und auf der Bühne wäre ihm so etwas nie begegnet. Daß es Alexander sey, ist die Muthmaßung des neuesten Erklärers des Hogarth, Herrn Irelands, es könnte aber eben sowohl ein Cäsar seyn, so wären (2) und (3) Brutus und Cassius, und es ist nicht zu leugnen, daß das Gesicht des erstern der Familie Ehre machen würde. (4) ist eine Theatergöttinn, die am Tage mit der Trommel herab gestiegen ist, die Sterblichen für den Abend zusammen zu trommeln. Sie ist die Hauptfigur auf dem ganzen Jahrmarkt, und man sieht, Hogarth hat sich Mühe gegeben sie schön darzustellen. Dieses Gesicht kömmt wohl zehnmal in seinen Werken vor, wo er Schönheiten darstellen will. Wer dieses nicht dabey fühlt, muß es wenigstens dabey merken. Allein fürwahr, wenn man es auch nur bloß merkt, so fängt man an es zu fühlen, daß dieses Gesicht Reitze haben muß, wenn man den beiden Bauern (6) und (7) in die Augen sieht. Diese beiden Köpfe sind die bedeutungsvollsten auf dem ganzen Blatt, und nach meinem Gefühl der erste einer der besten die Hogarth überhaupt gemacht hat, zumahl wenn man den übrigen Körper mit dazu sieht. Kann man wohl die Allgewalt eines mit Gold bordirten Federhuths auf einem weiblichen Kopf, wie sie auf einen gutmüthigen Bauer wirkt, schöner darstellen? Der gute Tropf! Andächtig hält er auf den vermuthlich gefalteten Händen seinen Huth, wie einen Schild, leider zu spät vor das arme Herz in welchem der Pfeil schon zu tief steckt! Unwillkührliches Abnehmen des Huthes beym Anblick der Schönheit ist reine Natur; vor einer mit falschem Gold verbrämten Comödiantinn, die am Tage mit einer Trommel auf dem Jahrmarkt herumzieht, verräth es so reine, gefällige Dorfnatur und Bauernsimplicität, daß man ohne inniges Vergnügen nicht hinsehen kann. Diese Scene gewinnt noch mehr, wenn man bedenkt, daß der Huth des englischen Bauern nichts von dem französischen Wünschhüthchen hat, das sich in dem Lauf menschlicher Geschäfte mehr in der Luft als auf dem Kopf aufhält. Der erstere hat sehr sehr viel specifisches Gewicht, und wo er gelüftet wird, kann man immer auf ein *praesens numen* schließen. Hinter dieser Schöne steht ein Schornsteinfeger und zur Seite ein zur Truppe gehöriger Mohrenknabe, der die Trompete zur Trommel bläset. Vermuthlich hat Hogarth durch diese beiden Teufelchen seinem Engelchen des Lichts noch etwas mehr Glanz zu geben gedacht.

(G)

G.

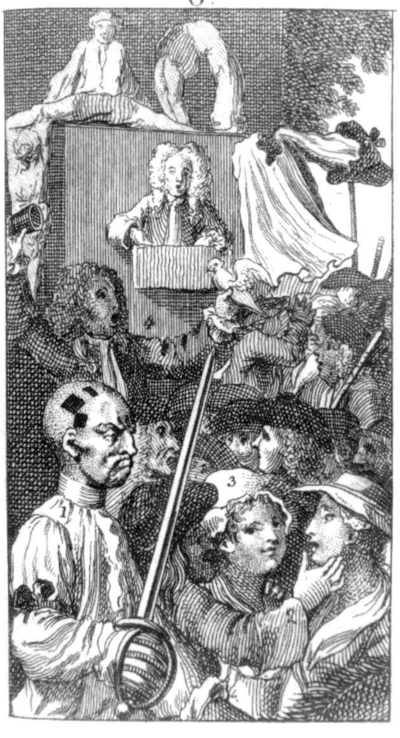

Im Vorgrunde (1) ein sogenannter *prize fighter*, ein Klopffechter auf einem steifen und blinden Pferde. Sein Schwert droht mit dem Siege, den aber sein zerschellter Kopf auch wieder verspricht, und mehr kann ein ehrlicher Klopffechter wohl nicht thun. Gleich darhinter ist wieder ein Bauer (2) unter dem Einfluß der Allgewalt der Schönheit, und zwar zwischen zwey Feuern wie ich sehe, worin er sich besser hält, als der gute F, 6 vor seinem einzigen. Vielleicht ist der gegenwärtige auch ein Southwarker Bürger. Ist er aber ein Bauer, so ist wohl so viel gewiß, dort war er *dupe* und hier ist er *fripon*, oder, wahrscheinlicher, *dupe* und *fripon* zugleich. Oben sind gewöhnliche Jahrmarktsscenen, ein Taschenspieler mit Becher und Papagey, und ein Doctor, der mit der Perücke Weisheit und Ueberzeugung verkündigt, weil, wie beym Klopfechter, der ledige Kopf das Gegentheil zu stark würde versichert haben. Was man neben dem Thron des Quacksalbers hier schweben sieht, geht auf dem Original an einem andern Ende und in der Ferne vor. Es ist ein Huth und ein Frauenshemd auf Stangen gehängt, zum Wettlauf. Nach ersterem laufen die Knaben, nach letzterem die Mädchen; im Leben selbst, wenn sie älter werden, soll in England der Fall umgekehrt seyn. Der Huth ist ein Bauernhuth, von dessen großem specifischen Gewicht, im moralischen Sinn, wir oben geredet haben. Hier sitzt er französisch und leicht, es ist aber auch nur eine Stange, worauf er sitzt. Diese Bemerkung ist, so geringfügig sie auch einem flüchtigen Beobachter scheinen möchte, wichtig. Sie dient, den leichten Flug des Hemdes zu rechtfertigen, der sonst dem guten Künstler für Satyre ausgelegt werden könnte. Allein an so etwas ist gar nicht zu denken. Es erwartet nähmlich erst, specifischen Ernst und Würde, wenn es von der Stange kömmt, so gut wie der Huth, von dem Körper, den es bekleiden soll.

(H)

H .

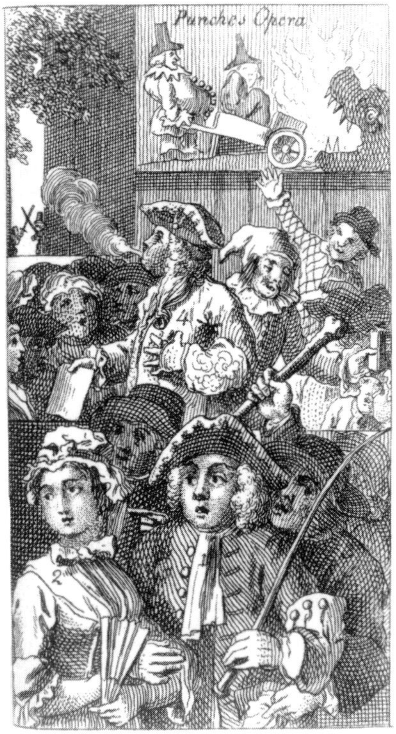

Hier ist wieder bey (1) und (2) Allgewalt der Schönheit auf dem Jahrmarkt. Dieses Mahl ist es kein Bauer. Für einen Ausländer ist es, zumahl wegen der Fortrückung der Mode in ihrem Kreis, schwer zu sagen was es für ein Geschöpf sey. Ireland nennt ihn *a younger branch of the family of the Simples* also ein *Mr. de la Pillule*, der wie oben Alexander anderer Geschäfte wegen noch zur Zeit auf der Erde steht. Ein schlauer Fuchs (3) zieht mit dem Zeigefinger die Aufmerksamkeit des Paares auf einen entfernten Gegenstand und hält sich indessen selbst in der Nähe an das Schnupftuch des Doctors. Nro (4) schon wieder ein Quacksalber. Ueberhaupt erscheinen hier Schauspiel, Quacksalberey und Liebe in mystischer Triple-Allianz durchaus. Diese fürchterliche Verbindung weckte wohl vorzüglich die Obrigkeit endlich zum Widerstand. Dieses *Memento mori*, speyt, Feuer und Versicherungen zu den Arzneyen, die hinter ihm sein Sancho und Anecdoten-Spediteur austheilt. Oben ein Aushängeschild zu einem Marionettenspiel: *Punche's Opera.* Auf dem Original hängen zwey solche Schilde übereinander. Neben diesen Schilden sieht man im Original die Bude einer Truppe, und an derselben fast in Lebensgröße das Trojanische Pferd aufgehängt, mit der Aufschrift: Hier ist die Belagerung von Troja. Auf einem Balcon unter dem Pferde sieht man einige große Männer jener Zeit im völligen Anzug. Der Ehrwürdige Chryses mit der Bischofsmütze auf dem Haupt und eine Sonne, als das Sinnbild der Gottheit, der er dient, vor der Brust. Er spricht. Ireland muthmaßt drollig genug, er repetire seine Rolle und fordre seine Chryseïs wieder – von den Jahrmarktsleuten. Diese, eine feiste Dirne, mit entblößter Büste, sitzt indessen gelassen hinter ihm neben einem Agamemnon, von dessen Helm ein hoher Federbusch winkt, während eine warme Perücke den Helden gegen Zahnweh schützt.

(I)

Wieder ein Aushängeschild, also ein Bild auf einem Bilde. Diese kleine Episode war etwa im vierten Decennium dieses Jahrhunderts, als Hogarth das Blatt heraus gab, sehr verständlich und allgemein interessant,

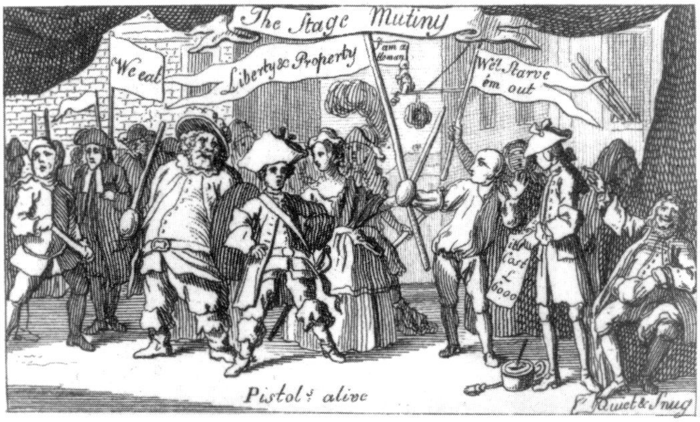

für London wenigstens. Für uns steht diese Satyre, selbst nach der besten Erklärung, immer da wie das Gerüste zu einem Feuerwerk, am Morgen nach der Abbrennung. Als *Memento mori* für die Autoren personeller Satyre behält indessen ein solches Gerippe immer einigen Werth, und in dieser Rücksicht wollen wir etwas bey ihm verweilen. Im Jahr 1733, da eben Booth und Colley Cibber die Directoren vom Theater in Drurylane waren, kaufte ein gewisser Hr. Highmore die Hälfte von Booth's Antheil. Dieser Highmore, den man hier rechter Hand etwas stark gestelzt mit dem Papier in der Hand sieht, war ein Mann von Stand und Vermögen; würfelte sich aber in White's Caffeehaus einige Staffeln herunter, und so kam er an dieses Spiel. Man hat auch ein Gedicht: *Dettingen*, von ihm. Er war aber in seiner poetischen Expedition nach diesem berühmten Ort nicht so glücklich als seine Landsleute mit ihrer militärischen; er wurde von Recensenten erschlagen und begraben. Bey der Theaterdirection, die anfangs ein gewisser Mahler Ellis für ihn versah, zeigte Hr. Highmore bald, daß er ein eben so unwissender Director, als unglücklicher Spieler und Dichter war. Es entstanden Unordnungen, denn er war bey aller seiner Unwissenheit dennoch sehr thätig, Booth verkaufte sein übriges Viertheil an einen Hrn. Giffard, und Colley Cibber wurde endlich auch seine Hälfte los, und zwar nahm sie ihm Hr. Highmore auch noch ab. Diese drey Viertheil von Antheil kosteten ihm 6000 Pfund, über 36000 Thaler. Das steht auf dem Zettel, den er in der Hand hält, ist aber in unsrer Copie vergessen. Die sitzende Alte hinter ihm ist Colley Cibber, er hat den Geldbeutel auf dem Schooß, und ist froh, daß er das Seinige in Sicherheit hat, denn das Theater verlor stark, daher die Worte *quiet and snug*, welches fast unser: warm und weich ist. Der Topf mit Farbe vor dem Highmore, gehört dem Mahler Ellis, der im bloßen Hemd und mit nackendem Kopf dabey steht. Er trieb nähmlich neben der Mahlerey, vermuthlich zu Stärkung der Faust, auch das Boxen. Hieraus, aus dem Topf und der Feinheit der Pinsel zu schließen, war er ein Mahler wie Highmore ein Dichter. Wie es unter solchen *pictoribus atque poetis* um die Theater-Direction stehen mußte, läßt sich leicht errathen. Die Uneinigkeiten nahmen zu und stiegen zur Meuterey (*mutiny*), daher die Aufschrift: *Stage mutiny*. Jetzt sagte man vielleicht: Theater-Umwälzung oder gar Theater-Staats-Umwälzung. Die Schauspieler, unter Anführung des jungen Cibber (Theophilus), trennten sich nähmlich, mietheten das kleine Theater auf dem Heumarkt, und fingen ihre eigne Haushaltung wirklich an. Cibber ist hier unter dem Character des windigen Pistols vorgestellt, mit dem er viel Aehnlichkeit gehabt haben soll. Hinter ihm stehen die Schauspieler, die ihm gefolgt waren. Es sind größten Theils bekannte Charactere, unter denen sich ein Mr. Harper, ein eminenter Falstaff, auszeichnet. Doch genug von dieser unbedeutenden Theater-Staats-Umwälzung. Nun werden die Devisen auf den Fahnen alle verständlich seyn. *Liberty and property* bedarf keine Erläuterung im allgemeinen. Beym besondern Gebrauch dieser Interjection in England, möchte man wohl zuweilen eine wünschen. *We'll starve 'em out:* Aushungern wollen wir sie. Das dachte nähmlich Highmore an seinen Gegnern auszuführen, allein leider! wurde Er ausgehungert. Das Fähnchen der Gegenpartey sagt also sehr wahr: *we eat*, Gottlob! Wir essen noch. Ganz hinten sitzt ein Affe auf der Schildstange eines Wirthshauses mit der Ueberschrift: *I am a Gentleman.* Es ist Anspielung auf die Figur und den Stand des armen Highmore. Highmore war auch ein Gentleman, und hatte vermuthlich damahls diese gewöhnlichen Worte des gekränkten Stolzes in England gegen seine Schauspieler oft im Munde. Doch genug, wo nicht schon zu viel, über dieses Blättchen. Wir wenden uns jetzt von der Episode wieder zum Stück selbst.

K.

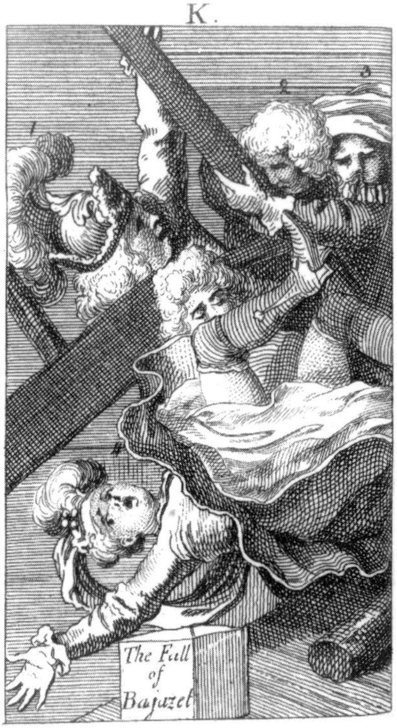

(K)

Hier ist auch eine Theater-Umwälzung im eigentlichen Sinn des Worts, nähmlich was von dieser Straßenbühne oben war, und eigentlich seyn muß, ist hier auf dem Wege unten hin zu kommen, gerade so wie es ihr hier von der Prinzessinn (4) vorgemacht wird. Einen unglücklichern Fall kann wohl nicht leicht eine Prinzessinn thun, und doch fängt er erst an. Vielleicht wird es aber auch, dem Kreislauf der Dinge und der Natur der Umwälzungen gemäß, wieder besser. Ganz Hogarthisch ist es, zu diesem Umsturz ein Stück mit einem Fall, wie den des Bajazet zu wählen. Hier fällt Bajazet (1) wirklich, und das Stück ist vollendet. Es wäre eine Rechtsfrage, ob die Schauspieler gezwungen werden könnten das Geld wieder heraus zu geben, wenn auch Bajazet schon im ersten Act so stürzte. Was der Handlung an Dauer abgeht, wird ja zehnfach an Wahrheit gewonnen. Am besten kommen bey diesem Ruin weg, Bajazets Affe und sein Hanswurst, nach dem gewöhnlichen Loos des Verdienstes in der Welt. Letzterer gewinnt noch früh genug ein Stückchen festen Landes an der Mauer, und ersterer, als wäre dieser Bruch ein Schiffbruch, ersteigt die Spitze einer hohen Stange, die sich zu stemmen und fest zu stehen scheint. Der Zug ist wahre Affennatur. Freylich die menschliche kennen zu lernen, so wie sie Hogarth kannte, ist kaum möglich, ohne die vom Affen zugleich mit zu studiren, des Lichts wegen das sich diese Kenntnisse wechselsweise leihen. Bey diesem Umsturz kömmt eine Salzbüchse und ein Welgerholz (*rolling pin*) zum Vorschein, womit man bey manchen Gelegenheiten in England eine Art von Janitscharenmusic macht. Bajazets ganzes Orchester! Man sieht hieraus, daß dem Fall des Reichs, der der schönen Künste voranging. Wie innig mit seiner Natur verwebt des Menschen Neugierde ist, sieht man hier aus einigen Gesichtern, sie beobachten noch mitten im Ruin des Ganzen. Unter dem sinkenden Gerüste befindet sich eine Bude mit Porcellan, deren Eigenthümerinn nur mit genauer Noth sich selbst rettet. Wer wird aber auch sein Bißchen Porcellan unter einen solchen Thron stellen?

(L)

(4) ist der Mohrenknabe, der die Trommel auf (F) begleitet. (2) Ein einfaches Geschöpf von einem Bauern, den die Würfelkennerinn (1) zu einem gefährlichen Spiel einladet. Sie bedeckt mit der Hand die reiche Bank, auf daß sie von dem armen Schelme desto besser gesehen werde. Sein Sohn (3) der die Würfel historisch kennt, ohne noch für sie zu fühlen, warnt seinen Vater nach der Regel, und ohne eigne Ueberlegung richtig und recht. Das übrige auf diesem Blättchen ist verständlich. Auf dem Original befinden sich noch einige muthwillige Ausfälle auf das damahlige Frankreich und seinen Hof. Der Erklärer dieser Blätter kann sich aber unmöglich überwinden auch nur ein Wort davon zu sagen, so sehr auch die gewiß unschuldige Absicht dieses Aufsatzes so etwas entschuldigen würde. Frankreich ist jetzt kein Gegenstand für die Satyre mehr!

L.

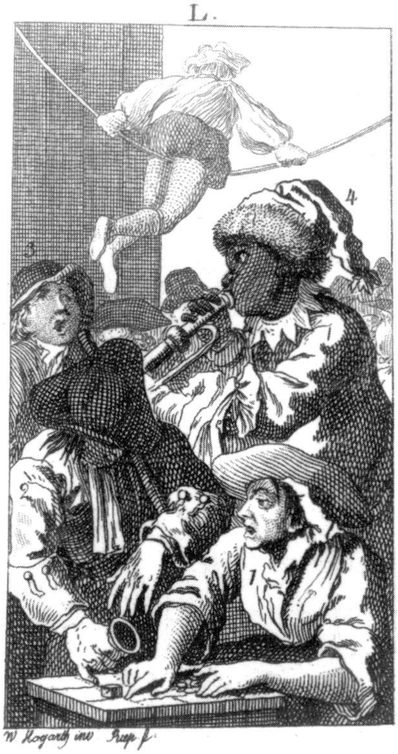

W Hogarth inv Riep f.

FRANKREICH UND ENGLAND.

So sind im Original die beiden Kupferstiche überschrieben, die wir in einer höchst getreuen Copie hier unsern Lesern vorlegen. Und zwar steht, von Hogarths eigener Hand numerirt, über dem Ersten, Frankreich, und über dem Zweyten, England. Wo muthwillige Satyre die Ceremonien-Meisterinn macht, da ist freylich nicht selten Unten da, wo sonst in der Welt Oben ist. Allein hier ist es dann doch nicht der spottende Nationalstolz des Britten der dem Franzosen einen verächtlichen Vortritt läßt, sondern es ist bloß natürliche Folge der Begebenheiten. Die Franzosen wollen in England einfallen, und wie es da vorläufig auf ihrer Seeküste hergeht, stellt der erste Kupferstich vor. Die Engländer hören von der Wunder-Unternehmung, und wie es dabey in Ihrem Lande aussieht, das zeigt der zweyte. Die erste und eigentliche Bestimmung dieser Blätter waren die Begebenheiten von 1756, wo eine gewisse Volksclasse in England nicht so wohl fürchtete als vermuthete, die Franzosen würden einen Einfall in England versuchen. Bey dieser Gelegenheit hielt Hogarth für nützlich, diesen Landsleuten eine kleine Erläuterung über die beiden Fragen zu geben: Was sind die Franzosen? Und was sind Wir? Welche Classe von Landsleuten er eigentlich hier anredet, verräth sogleich der Ton, in welchem er es thut. Es ist nämlich diejenige Classe, die man gewöhnlich die niedrigste nennt, aus welcher aber gleichwohl diejenigen genommen werden müssen, die im Kriege die wichtigsten sind. Dieses ist nicht so paradox als es klingt. Niedrig und wichtig sind Begriffe, die sich ohne nähere Bestimmung in der Welt nicht widersprechen. Es kann etwas sehr niedrig und sehr wichtig zugleich seyn, so wie etwas sehr erhaben und dabey sehr unwichtig. Zu letzterm werden sich unsere Leser die Beyspiele leicht selbst aussuchen können, zu ersterm geben selbst die Blätter, die wir hier erklären; eine Erläuterung ab. Sie sind im niedrigsten Styl, und sind sehr wichtig. Daß Canada erobert wurde, wissen wir alle, aber der Himmel allein weiß genau wie viel solche Blätter dazu beytrugen. Solche Predigten an ein gesundes, stolzes und braves Volk, überspringen alle mittleren Instanzen, und gehen unmittelbar vom Auge in die Faust über. O ich hätte Hogarths Fenster an dem Morgen beobachten mögen, da sich diese Blätter zuerst hinter demselben zeigten! Wie Menschen von allerley Stand um sie her schwärmten und hingen, gleich Bienen und Hummeln um ein Paar Blumen, die ein Frühlingsmorgen ausstellt; wie hier einer und da einer Segens-Partickelchen gegen die Freunde jenseits des Canals ausstößt, die der ganze Schwarm mit

Beyfall nachsumset. Wie hier ein Fäustchen klein und zart gegen das Fenster geballt wird, und dort eine Klaue, deren sich kein Brittischer Stier zu schämen hätte; wie vollbäckige, glühende Jungen, mit gierigem Blick süßen Patriotismus für ihr Zellchen einsaugen, im großen Bienenstock des glücklichen Landes. Jeder sieht, oder horcht bis das Sehen an ihn kömmt, Stunden lang mit herabgefallenem Unterkinn, oder predigt über den halb verstandenen Text dem Vorübergehenden, der noch gar nichts weiß, und in weniger als einem Monath sind alle Zellchen voll, in jedem Auge glüht's und in jedem Busen pocht's. Man bedenke dieses, und frage sich, ob diese Art Krieg durch Kupferstiche zu führen unwichtig ist. O, ich werde nie ein ähnliches Beyspiel vergessen, das unsere Stadt im Sommer (1793) hiervon gab. Schon in der frühsten Morgenstunde wurde der Prospect von Mainz an den Fenstern des Bilderhändlers belagert, und mit Schaudern in den Rachen der Guillotine geblickt, die das Haupt des Unvergeßlichen verschlang, der so hülflos gefallen ist als er schuldlos fiel. Ich habe dabey demonstrirende Fäustchen gesehen, von einem Caliber, das meiner Schilderung nicht mehr bedarf, seitdem Französische Rücken das Gewicht derselben von neuem vor den Augen von Europa bey Famars gefühlt haben. Doch nun zur Sache.

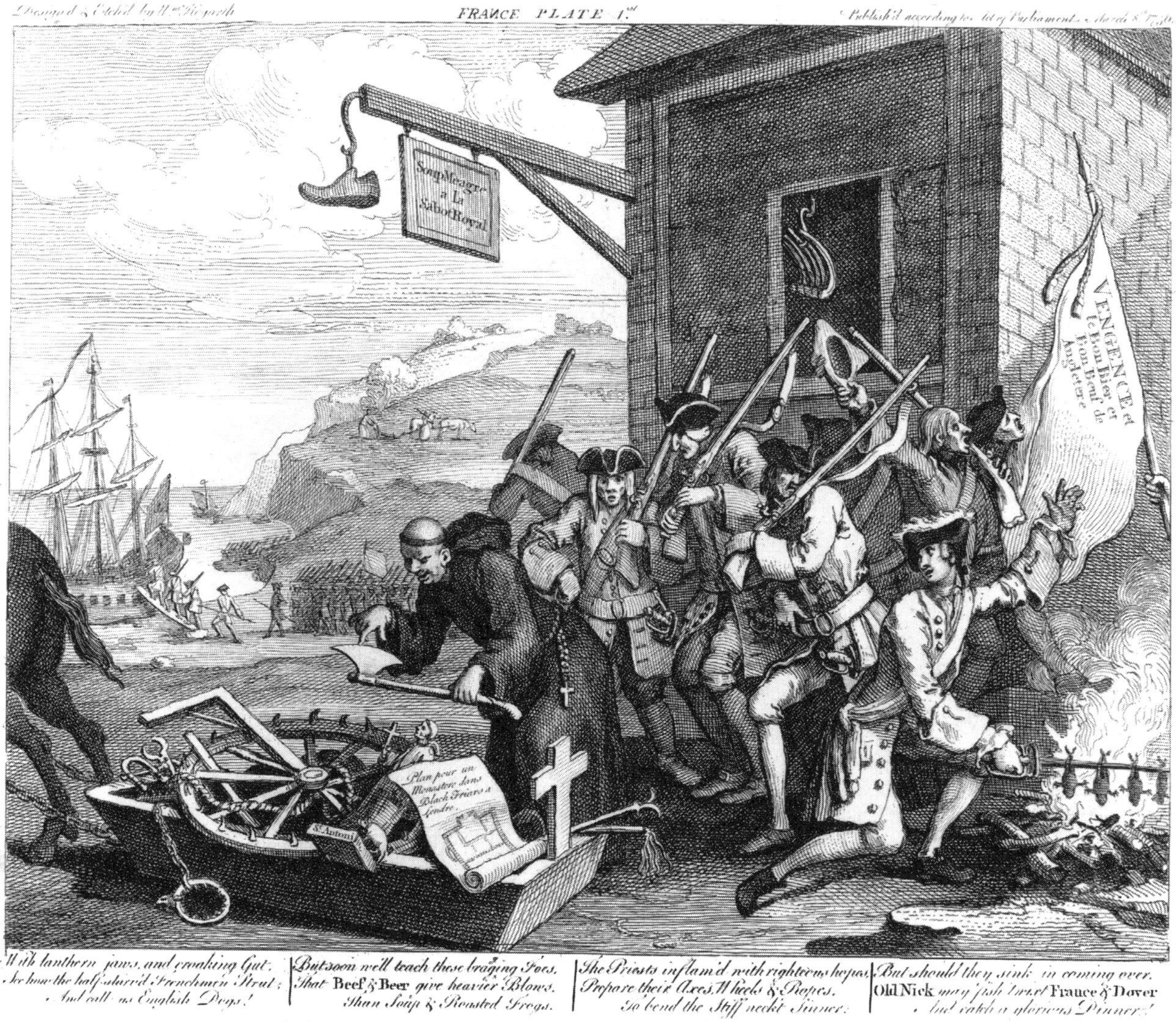
FRANCE PLATE 1st
Soup Meagre a la Sabot Royal
VENGENCE et le bon Biere et bon Beuf de Angleterre
Plan pour un Monastere dans Black Friars a Londre
St. Antoni
With lanthern jaws, and croaking Gut:
See how the half-starv'd Frenchmen Strut;
And call us English Dogs!
But soon we'll teach these bragging Foes,
That Beef & Beer give heavier Blows,
Than Soup & Roasted Frogs.
The Priests inflam'd with righteous hopes,
Prepare their Axes, Wheels & Ropes,
To bend the Stiff neckt Sinner:
But should they sink in coming over,
Old Nick may fish 'twixt France & Dover
And catch a glorious Dinner!

(A) Frankreich.

Indem Hogarth hier die bloße Zubereitung zu einem Einfall der Franzosen in England darstellt, landet sein fürchterlicher Satyr in Frankreich selbst, und sengt und brennt und haut um sich, ohne zu sehen was oder wen er trifft. Es ist Feindes Land, und noch dazu des Erbfeindes, von lebendigen Mumien bewohnt, die immer *dirty* sagen wenn sie *thirty* sagen sollen, wahre Bestien, die nichts verstehen als Französisch, und nichts essen als Wassersuppen, Schnecken und Frösche, viel schlechter als Schottland, denn da wachsen doch noch Disteln. So ungefähr denkt John Bull von Frankreich und Will Hogarth ist immer John Bull, so wie er nur Französischen Boden betritt. Was für eine Gruppe von Kriegern hier! Wenn man dem trauen darf, was uns die Zeitungsschreiber jetzt von Französ. Freywilligen versichern, so möchte man bey diesem Blatt fast ausrufen: Ist Hogarth auch unter den Propheten! Ueberall mehr Lumpen als Rock, und mehr Rock als Substanz. Es läßt als schiffte man sie ein, um Krankheiten nach England zu verpflanzen, oder sie zu versenken um die Hayfische zu vergiften. Kan man ein schöneres kaltes Fieber sehen, als den langen Alten in der Mitte? Man hört die Knie klappern und sieht die blauen Nägel. Und der Kleine neben ihm! Nehmt ihm den Hut, rasirt ihm die Mähne, und steckt ihm eine von den Rippen, die oben im Fenster hängen, quer durch den Mund, was für ein Cabinetsstück von *Memento mori*. Leser, die nicht wissen, was die Engländer *Lantern Jaws* nennen können sich diesen Kopf in ihr Wörterbuch zeichnen lassen. Daß der Officier, der hier vor dem Feuer kniet, keine Galvanischen Versuche mit seinen Fröschen machen, sondern sie im Ernst speisen will, fällt in die Augen. Die wandelnde Schwindsucht hinter ihm, scheint ihm seine drey Braten zu beneiden. Er tröstet sie mit der Inschrift auf der Fahne: warte, in England ist *le Bon Bier et Bon Beuf de Angletere*. Was für ein John Bull Hogarth hier ist, er gönnt den Franzosen nicht einmahl das Französische. Gern möchte er sagen: das Lumpenpack versteht nicht einmahl Französisch. Das ist es aber doch nicht, sondern die Wahrheit ist: Hogarth schrieb seine Muttersprache selbst nicht einmahl orthographisch, und achtete es vermuthlich gar für schimpflich, Französisch zu verstehen; und ganz Frankreich nicht so viel werth, um sich seinetwegen ein Zettelchen corrigiren zu lassen. Doch will ich nicht ganz läugnen, daß etwas Vorsatz darin seyn mag, des Pöbels wegen, dem so was gefällt, und der wohl von *le* und *bon* gehört haben mag, aber nicht von *la* und *bonne*, und dann ist mir ein Fall vorgekommen, da ein sonst vortrefflich junger Mensch sich an einem Volk auf eine solche Art zu rächen suchte, als ich eben von Hogarth vermuthete. Ein junger Engländer wurde in Holland

A

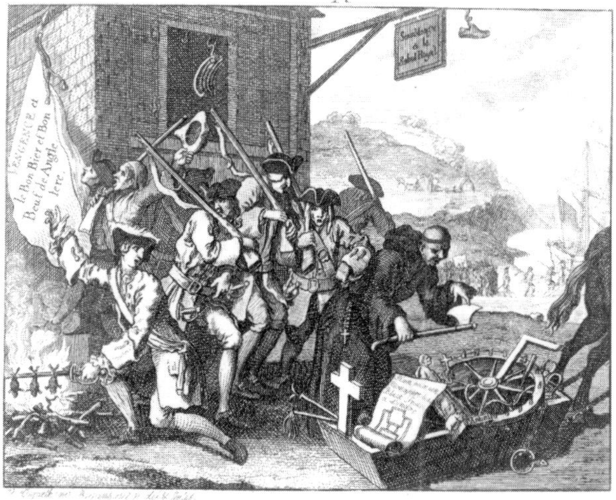

vom gemeinen Volk betrogen, und oben drein von einigen, denen er seine Noth klagte, ausgelacht. Dieses brachte ihn so gegen diese Nation auf, daß er noch lange nachher in meinem Beyseyn behauptete, (nicht aus Ueberzeugung, sondern aus Rache) die Holländer hätten eigentlich gar keine Regeln in ihrer Sprache, sondern jeder könne sprechen wie er wolle. Die Idee von einer solchen Sprache hat wirklich etwas, das so sehr an Freyheit und Gleichheit und Menschenrecht erinnert, daß es mich nicht wundern sollte zu hören, daß Anacharsis Cloots, wenn er dieses lieset, sie dem National-Convent empfohlen habe. Der Mönch, der Alleinfette (ich habe Borns *Monachologie* nicht bey der Hand, die Species naturhistorisch anzugeben, der Trivialnahme ist, wo ich nicht irre, Barfüßer oder Franziscaner) läßt sein Bekehrungs-Geschirr, Galgen, Rad, Beil, Daumenschrauben, Geissel, Zange, Strick, den heil. Antonius mit dem Schwein und einige andere Fetische seines Ordens an Bord bringen. Ein Propaganda-Bestek das nicht vollständiger seyn kann. Er führt den Finger leise über die Schneide des Beils, zu sehen, ob sie *ad majorem Dei gloriam* noch scharf genug sey. Hinten auf dem Schlitten sieht man einen Plan zu einem Kloster in *Black Friars*, einem Quartier von London, das noch seinen Nahmen von dem schwarzen Geschmeiß hat, das ehemahls dort genistet hatte. In unserer Copie ist bey dem Galgen der auf dem Schlitten liegt, das Strebe-Band vergessen, daher er das Ansehen von einem Winkelhaken bekommen hat. Dieses muß nothwendig erinnert werden, damit man nicht glaubt, Hogarth habe hier an Freymaurerey gedacht. Hunger und Windbeuteley ist durch das Rippen-Präparat im Fenster, und durch die gemahlten Quaderstücke ausgedrückt. Das Wirthshaus heißt *à la Sabot Royal*, zum Königlichen Holschen. Hier steht denn doch *à la,* weil das durch die Moden *à la etc.* bekannter ist als *au.* Auch wird *soup meagre* Wassersuppe angekündigt. Weil das Avertissement mit stehen bleibenden Buchstaben geschrieben ist, so gilt es auch ausser den Fasten und Freytagen, und weil das elendeste nur allein genannt ist, so sagt das wohl so viel als: hier gibt es nichts anders. Im Hintergrund wird auf dem hohen Kreiden-Ufer, ein erbärmlicher Boden von Weibern gepflügt. Auch das Stück Rindvieh, das vorgespannt ist, soll eine Kuh seyn. Armselige Truppen werden mit dem Sponton wie Vieh an Bord getrieben; wirklich stößt ein Unterofficier mit dem Spieß auf einen armen Teufel zu, weil er nicht geschwinder geht als er kann. Vieles wahr! Hier geht aber dann Hogarths Muthwillen in Grausamkeit über, und man kann sich kaum enthalten ihm zuzurufen: Ist es dein Verdienst, gefühlloser Spötter, daß du, statt unter jenen Ludwigen zu leben, unter unsern *Georgen* lebtest?

(B) England.

Hier sind doch wieder Häuser mit Fenstern, und Menschen mit Mienen die ans Leben erinnern. Auf dem Schilde des Wirthshauses steht der damahlige Herzog von Cumberland, der Abgott des Volks, und voran glüht die vergoldete Traube. Neben der Thür, der Fastensuppe des festen Landes gegen über, die Bierflasche, die des Korkzwangs müde ihn sprengt, und sich in das Glas ergießt zum Genuß, und vor dem Haus unter dem freyen und glücklichen Himmel dieser Genuß selbst. Die Hauptfigur ist ein launigter Grenadier, der das Porträt Ludwigs XV. im Wachtstubenstyl an der Mauer des Hauses entwirft. Häßlich, häßlich, fast so häßlich als das moralische Bild, das die Wahrheit von eben diesem Menschen entworfen, und in das Archiv der Zeit niedergelegt hat. Die Worte, die das Fratzengesicht da hervorschmaucht, sind: *You take a my fine ships; You be de Pirate; You be de teef (thief); me send my grand armies, and hang You all.* Aehnlich Deutsch: Ihr wek nehm meinen schönen Schiffen; Ihr seyn die Seeräub; die spitzen Bub'; ik schicken will meinen groß Armeen und huffhenck' euk ahll. Die beiden Drohungen zu unterstützen, legt er die eine Hand an den Degen, (im Original die Linke) und in der andern schwingt er den berühmten Winkelhaken mit dem Strebe-Band. Der Witz ist roh und ist bey solchen Menschen und solchen Gegelenheiten immer so gewesen. Manches unter dem Casernengekritzel zu Pompeji, das man jetzt in Kupfer sticht, mag nicht viel erhabener seyn. Allein attisch in hohem Grad ist denn doch noch der Witz dieses Englischen Grenadiers, verglichen mit dem, womit man im siebenjährigen Krieg in den catholischen Provinzen von Deutschland, und nahmentlich einigen am Rhein, nach der Schlacht bey Collin den König von Preußen behandelte, und das mit dem lauten Beyfall, nicht etwa von ein Paar Soldaten und Bauermädchen wie hier, sondern von Menschen, die dort schon vornehm hießen, und die Woche höchstens ein Paarmahl nüchtern wurden, Leuten von Stand. So lange als die Orang-Utange noch nicht zu schreiben anfangen, wird die Welt nicht leicht etwas zu lesen

B.

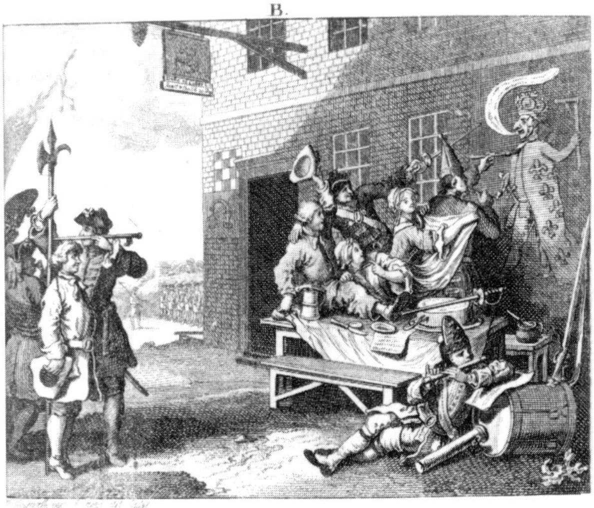

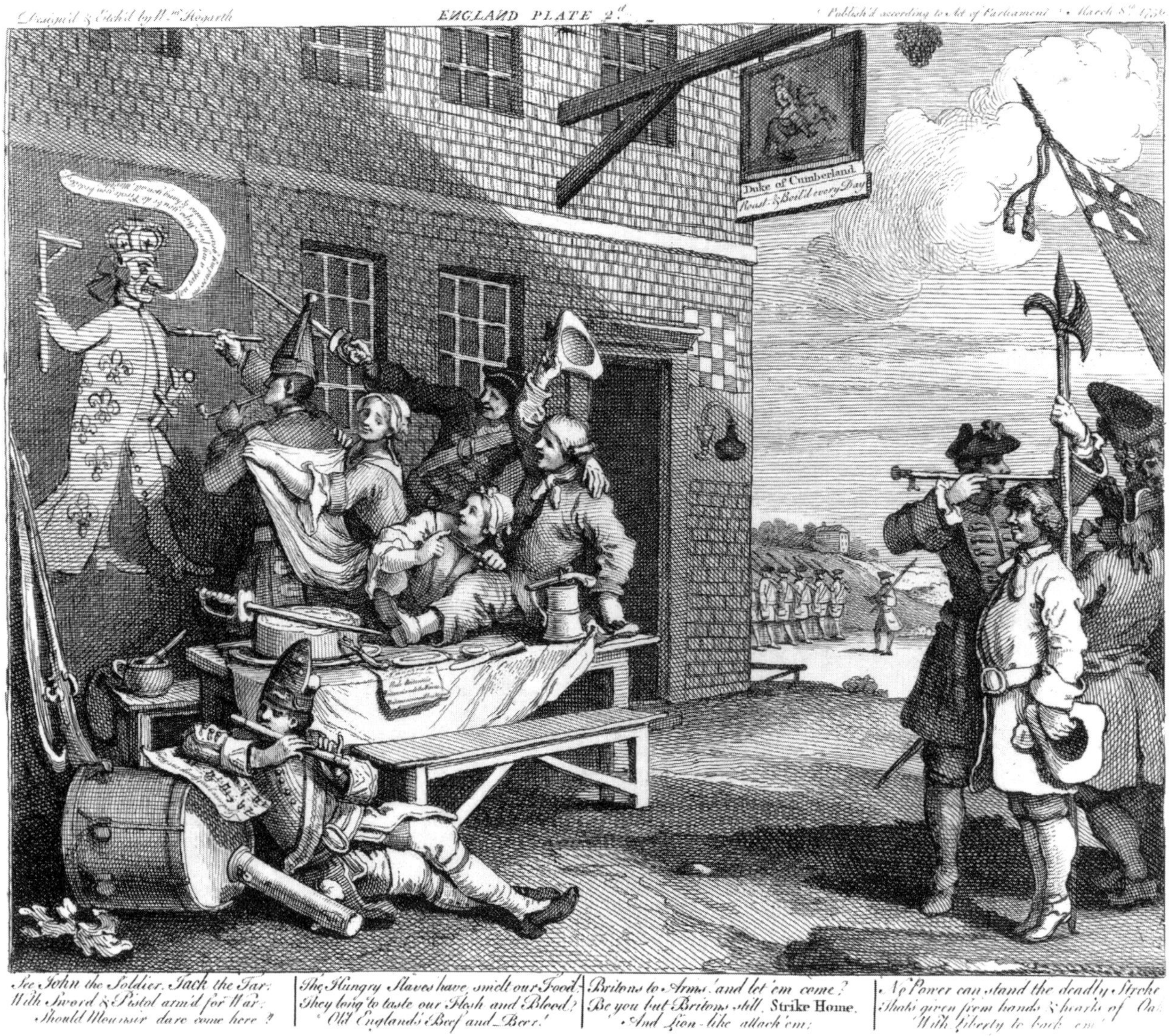
Design'd & Etch'd by Wm. Hogarth
ENGLAND PLATE 2d.
Publish'd according to Act of Parliament March 8th 1756
Duke of Cumberland
Roast & Boil'd every Day
See John the Soldier, Jack the Tar,
With Sword & Pistol arm'd for War,
Should Mounsir dare come here?
The Hungry Slaves have smelt our Food,
They long to taste our Flesh and Blood,
Old England's Beef and Beer!
Britons to Arms! and let 'em come,
Be you but Britons still, Strike Home,
And Lion-like attack 'em;
No Power can stand the deadly Stroke
That's given from hands & hearts of Oak,
With Liberty to back 'em.

und zu sehen bekommen was jenen Producten gleich käme. – Während der militärische Künstler mit dem Pinsel beschäftigt ist, nimmt ihm ein munteres Landmädchen mit ihrer Schürze das Maß von den Schultern, und eine andere die sich in Gedanken einem jungen Matrosen zwischen die Beine geworfen hat, probirt die Spitze einer Gabel, die sie auf den Matrosen stützt. Alle Ausleger glauben, dieses ziele auf die Spitze der Satyre, die da an der Wand im Werden begriffen ist. Das mag seyn, ich habe keine große Ursache irgend einen andern Muthwillen zu vermuthen. Genug es sey was es wolle, wie unschuldig ist nicht diese Probe, der Spitze eines Instruments das immer nur schuldlos verletzt, gegen die von dem Beile des Henkers, die der Alleinfette auf dem andern Blatt anstellte. Man erinnert sich des *Bon Bier* und des *bon beuf* vom vorigen Blatt, gegen welches der Marsch dort vorzüglich gerichtet zu seyn schien, und diese Gesellschaft, als wenn sie den Entschluß der Hungerleider vernommen hätte, hat daher gerade diese beiden Artikel besonders stark verschanzt. Ueber dem Porter-Krug des Matrosen liegt eine Pistole, und über dem Rindfleisch der Degen des Soldaten. Sehr gut. Nun können sie kommen, wenn sie wollen. Auf der linken Seite bietet sich ein junger Bauer, der das volle Maß nicht hat, zum Recruten an, und arbeitet mit Zehen, Schultern und Brust, um noch ein Paar Zolle zu gewinnen, und die Werbofficier und Beamte scheinen der Güte des Korns wegen einen kleinen Defect im Schrot übersehen zu wollen. Hier ist also ein Fall, wo es nicht verächtlich ist, größer scheinen zu wollen, als man ist, aber freylich nur deßwegen weil man alsdann sicherlich von einer andern Seite größer ist als man scheint. Der kleine Pfeifer übt sich, und was er vor sich liegen hat und spielt, ist: *God save the King*. Im Hintergrunde werden Recruten exercirt. So undeutlich auch alles dargestellt ist, so sieht man denn doch, daß es rechtschaffen und menschenfreundlich dabey hergeht.

God save the King!

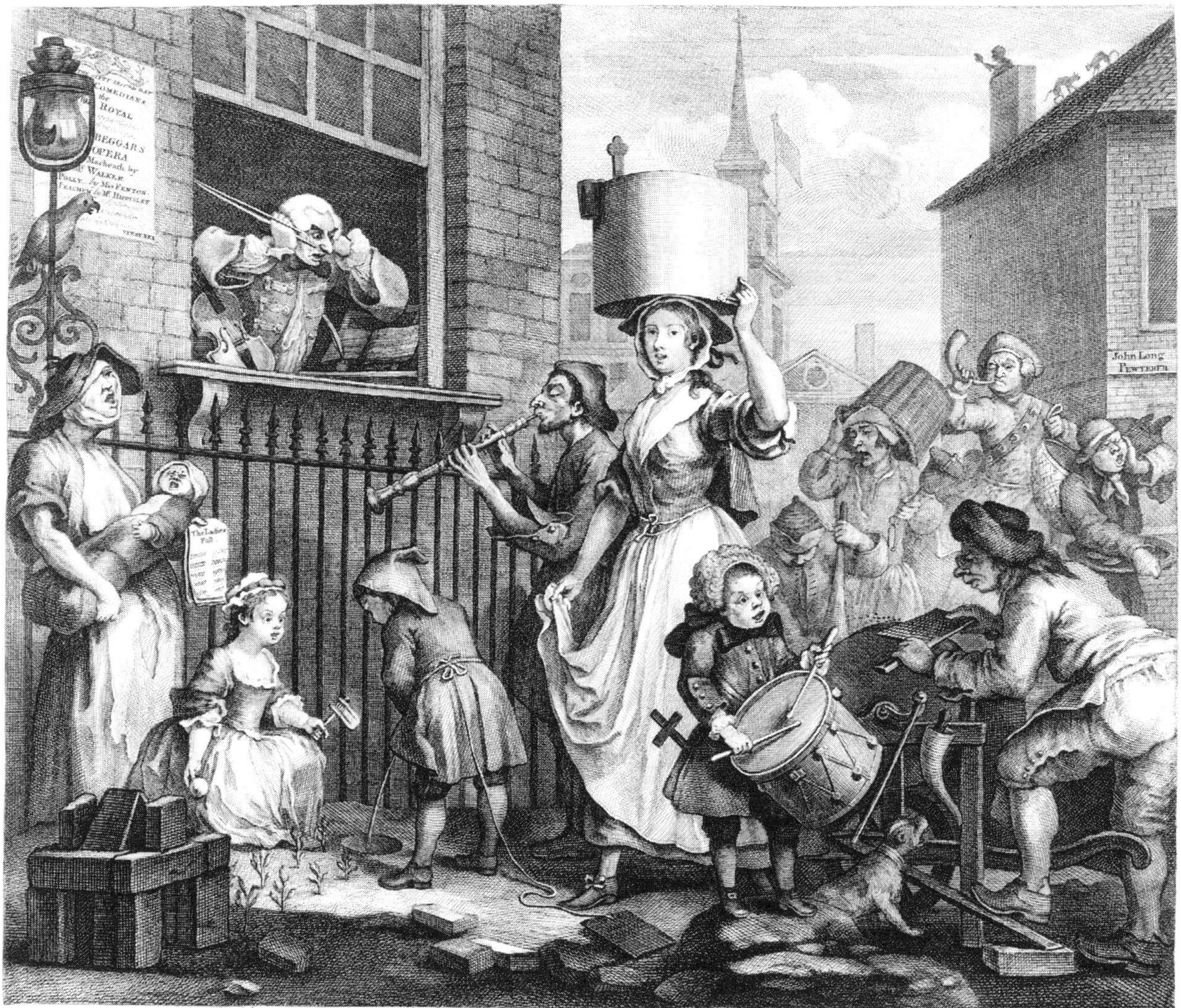

THE ENRAGED MUSICIAN.

DER AUFGEBRACHTE MUSIKER
(*THE PROVOKED MUSICIAN*);

Auch, wie auf unserm Exemplar,

DER MUSIKER IN WUTH
(*THE ENRAGED MUSICIAN*).

Von diesem Blatt pflegt man zu sagen: man würde taub, besser, man höre sein eigenes Wort nicht, wenn man es ansähe. Und wirklich ist etwas wahres daran. Freylich geben unsere Blättchen C, D, E nur einen sehr schwachen Begriff von Hogarths Idee. Sie enthalten ein Paar einzelne Stimmen von einer Musik, die nur aus der Partitur beurtheilt werden kann. Es sind ein Paar Dachziegel des Hauses zur Probe mitgebracht, um jemanden Lust zum Ganzen zu machen.

(C)

C

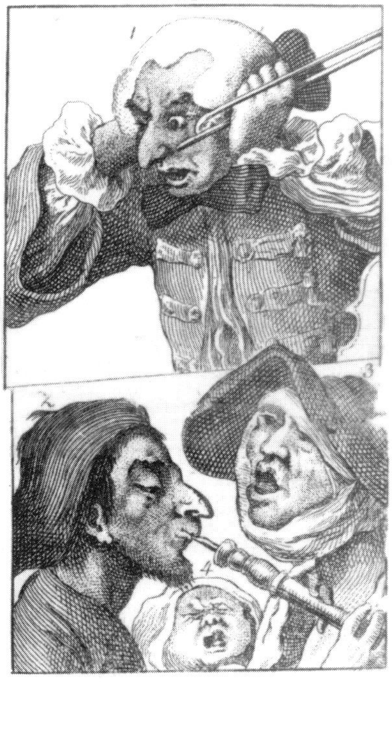

(1) Ist der Violinspieler und Componist, vor dessenWohnung und um welche herum, mehr durch Zufall als Absicht der Spielenden ein Orcan von Dissonanzen mit unmelodischer Wuth losbricht, der Held des Stücks. Es soll ein gewisser Hr. Festin seyn, nicht Festino, ob mir gleich das Ganze gegen die Italiänische Oper gerichtet zu seyn scheint. Auch hat der Held etwas Italiänisches in der Miene. Wir wollen nun kurz sehen was ihn in Wuth bringt, und warum er hier seine Fäuste auf seine eigene Ohren applicirt, die er, aus seiner Miene zu urtheilen, wohl lieber nebst dem Fiddelbogen um die Ohren der Sänger vor seinem Hause spielen ließe. Also hier sind die Nahmen der Spieler im Orchester. Zur Linken auf einer eisernen Laternenstange ein Papagay, der einige der schneidendsten Partikeln seiner Muttersprache zu prononciren scheint; gleich unter ihm die reitzende Balladensängerinn (3) mit dem gemietheten Kinde (4), an dessen Füßen sie unvermerkt das Accompagnement kneipt, und dieser gegenüber der Bock (2) der eine Hautbois zu mäckern scheint.

D

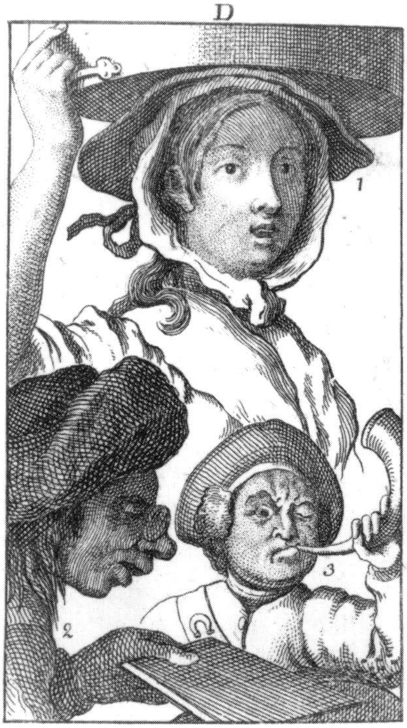

(D)

Hierauf (1) das Milchmädchen, die Hogarth hier als eine Schönheit in hoher ländlicher Reinlichkeit beybringt. Das sind auch diese Geschöpfe gewöhnlich; sie selbst und die reinliche Milch, die sie tragen, leihen sich wechselsweise Reitze und werben mystisch für einander. Hier aber steht das gute Mädchen bloß wegen des häßlichen Tons, womit sie ihre Milch verkündigt. Mir klang es wie Mijulk, Herr Ireland ein neuerer Erklärer des Hogarth, der es besser wissen kann, schreibt den Ausruf *Belouw*. Der Kerl mit dem halben Mond (3) ist ein Sauschnitter, also ein Kenner von Musik: (2) Ein Scheerenschleifer, der aber hier ein breites tönendes Hackmesser verbessert. Neben ihm sitzt ein Hund, dem diese Musik so wenig behagt als Herrn Festin, und der sich durch sein eigenes Geheul zu betäuben sucht.

E.

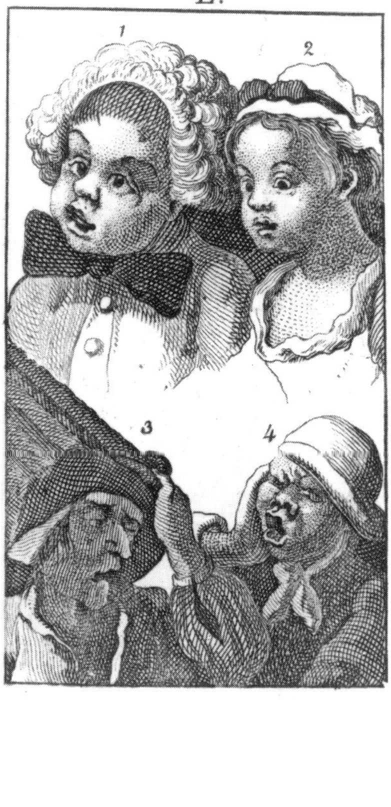

(E)

(1) Ist der Kopf eines kleinen Französischen Tambours, der Raritäten austrommelt. (2) Ein kleines Mädchen, die eine Rassel dreht, und dem Spiel eines Knaben zusieht, der sich an seinem Gürtel einen großen Schieferstein gebunden hat, den er über das Pflaster schleift. Alles Musik. (3) Ist der Kehrichtsammler, der immer *Dust ho! Dust ho! Dust* ruft. (4) Ein Kerl der eine Art Plattfische (*Flounders*) mit gedehnter letzten Sylbe wie *Floundaaars* schreyt. Hinter diesem ein Pflasterer. Im Nachbar Hause wohnt ein Klempner, wohl zu merken, ein Londonscher, wo immer zehn Hämmer gegen einen in Deutschland ihr einwiegendes Spiel treiben. Auf dieses Klempners Hause geben zwey Katzen einen Wettgesang, wobey ein Schornsteinfegerjunge aus dem Schornstein accompagnirt. Nun sollte man glauben, habe Hogarth alle Quellen von Disharmonie von Himmel und Erde erschöpft, da er vom Steinpflaster bis zur Schornstein-Ecke gekommen ist. Allein er steigt noch höher, das ist auf den Kirchthurm selbst. Hier werden die Glocken zur Feyer geläutet, und daß diese geläutet werden, sieht man an der ausgesteckten Flagge, die sogleich eingezogen wird, wenn das Geläute vorüber ist. Englisches Geläute aber ist für ein an Melodie gewöhntes Ohr, tödtende Monotonie. Bey unserm Glockenläuten schenkt einem doch der Zufall zuweilen noch einen guten Accord, und es ist oft nicht unangenehm zu hören, wie sich ein Minuten langer Wirrwarr endlich in einen Accord auflöset; allein bey dem Englischen Geläute ist das gar nicht möglich, denn dieselben Töne folgen sich immer in derselben Ordnung, völlig als

wenn man die fünf Vocalen Stunden lang hinter einander in schulgerechter Ordnung herschreyen hörte. Da es auch gemeiniglich fünf Glocken sind, so ist die Vergleichung desto passender. Mitten auf der Straße haben die Kinder ein Häuschen von Backsteinen gebaut. Die Ausleger quälen sich gewaltig mit diesem Häuschen. Es soll nach einigen sogar eine Vögelfalle seyn. Das ist doch abscheulich. Einmahl sieht das Ding nicht im mindesten aus wie eine Vögelfalle. Und dann Vögel auf den Straßen in London, und zumahl *St. Martin's lane*, das hier vorgestellt ist, so fangen zu wollen, das kann doch wirklich nur einem Scholiasten einfallen. Gassenjungen und Sperlinge würden sich zu diesem Fang nicht leicht finden. Nein! Es ist ein Häuschen, das die Kinder da zum Spiel bauen, und das da alle Augenblicke umgeworfen wird von Vorbeygehenden und Fahrenden, unter dem Gezänk und Schimpfen der jungen Bauleute, die es indessen, wenn es zu lange steht, selbst umwerfen, alles zu größerer Vollstimmigkeit der Musik, die hier dem Herrn Festin gebracht wird. An der Ecke des Hauses aus welchem Festin sieht, ist ein Comödienzettel angeklebt. Es ist die Bettler-Oper die angekündigt wird, und zwar heute zum 62ten Mahle. Dieser Trait ist zweyschneidig. Einmahl: Seht, *Signori Italiani*, hier ist Euch eine Oper von Alt-Englischem Gewächs, und auch Beyfall, und doch sind unsere Alexander; unsere Cäsare ganze Kerls, alle auf den Baß geschnitten, und nicht solche Pfennigs-Flageolettchen wie die Eurigen. Und dann kann es auch heissen: Ihr Herrn denen obliegt zu sorgen: daß der Stadt kein Schade geschieht, wir sehen wohl ein, daß es schwer hält Ruhe und Stille auf volkreichen Straßen zu erhalten. Kinder müssen seyn, und also auch Kinderlärm, so gut wie Hunde und Hundelärm; wir gönnen gern dem Lumpensammler das Vergnügen, uns, wie der Virtuose (2) auf C, halbe Stunden lang unter unserm Fenster zu stehen und uns mit seiner Pfeife auf andere Gedanken zu bringen. Der Lumpensammler erinnert uns an die Hinfälligkeit unsrer Kleiderpracht, das ist, des schönsten Drittels unsers ganzen Wesens, steht ausserdem mit uns (Schriftstellern) auf derselben Leiter, wiewohl auf der untersten Staffel derselben, ich meine der Stufenleiter des großen Litteratur-Alls. Er sammelt und wir zerstreuen, – und dudeln sogar zuweilen auseinander was er zusammengedudelt hat. Alles dieses ist noch verzeihlich, will Hogarth sagen, aber die Bettler-Oper 62 Mahl hinter einander aufführen zu lassen! Nehmt euch in Acht, Ihr Herren, das ist eine Spitzbuben-Schule, und das habt Ihr vor Gott zu verantworten. So viel von *Dieser* Bettler-Oper.

DIE BIERGASSE UND DAS BRANNTWEIN-(GENEVER-)GÄSSCHEN.

(*BEER STREET AND GIN-LANE.*)

Wenn einem moralischen Schriftsteller verstattet ist, was sich unsere politischen Zeitungsschreiber jetzt so oft erlauben, nämlich mit Brüchen ohne bestimmten Nenner zu rechnen*: so wollte ich hunderte Theile meines ganzen Vermögens darum geben, wenn ich das Trinken in manchen Gegenden in Deutschland auf einen bessern Fuß bringen könnte. Einmahl taugt der gegenwärtige Getränke-Fuß wirklich in Deutschland nichts. Und dann, Wie wird getrunken? Ich möchte fast antworten: gerade so wie gelesen wird, ohne allen Plan und Absicht alles durcheinander. Wirklich nimmt auch nicht selten das viele Lesen gerade ein solches Ende, wie das viele Trinken. Der Held im Lesen schüttet am Ende seiner Tage, dem Publicum, das von seiner gesammelten Kraft nun eigene Thaten erlangte, seine Compilationen, so wie sie sind, vor die Füße, wie der Trinker, die seinigen der Gesellschaft, die von ihm gesellige Freude erwartete. Noch einmahl: Lesen ist Trinken, also sehr nöthig zur Geisteserhaltung, aber nehmt Euch in acht die ihr das Buch nicht aus der Hand legt, daß es euch nicht ergeht wie denen, welchen das Glas nicht aus der Hand kömmt. Denkt an die sieben Magister zu Hohenheim**, oder noch besser, an die Menge stumpfer Pedanten und Excerpten-Lieferanten, für die es kein Hohenheim in der Welt gibt; völlig den Trinkern ähnlich, die sich mit Wein zu Epopöen zu begeistern suchen, die eine Zeit lang elend singen, bald darauf aber gemeiniglich besser husten, und nachdem sie lange halbnüchterne Verse und lahme Pedes ausgeworfen haben, ihr Leben endlich damit beschließen, daß sie ihre Pulmones hinten drein werfen. Nach dieser kurzen Einleitung, die, dünkt mich, hier nicht ganz am unrechten Orte steht, zur Sache.

Hogarths Absicht bey diesen Blättern ist vortrefflich. Nämlich an der einen Seite dem Englischen Porter, diesem flüssigen Brod, dem wahren Nahrungssaft der Nation, wenigstens der mittlern und untern Classe, ein

* In der Mitte des Septembers 1794 wurde in allen Zeitungen von der Mosel gemeldet, daß die armen Trierer zwey Theile ihres ganzen Vermögens an die Franzosen hätten abgeben müssen. Einige Personen, denen dieses sehr zu Herzen ging, hat man endlich damit getröstet, daß man nicht wissen könne, was das eigentlich für Theile gewesen wären.

** S. Göttinger Taschen Calender für 1795, Seite 181.

Ehrendenkmal zu errichten, und von der andern den Branntwein an den Galgen zu schlagen. Die Verbreitung solcher Blätter verdient selbst die Rücksicht der Polizeyen; die Knaben sollten sie nachzeichnen, und die Nonnen ihren Gästen mit Verbrämung verkaufen. Es sind freilich keine Heiligen, aber dafür etwas sehr viel Besseres, Lehren jener Heiligen, wenn sie anders wahre Heiligen gewesen sind.

BEER STREET.

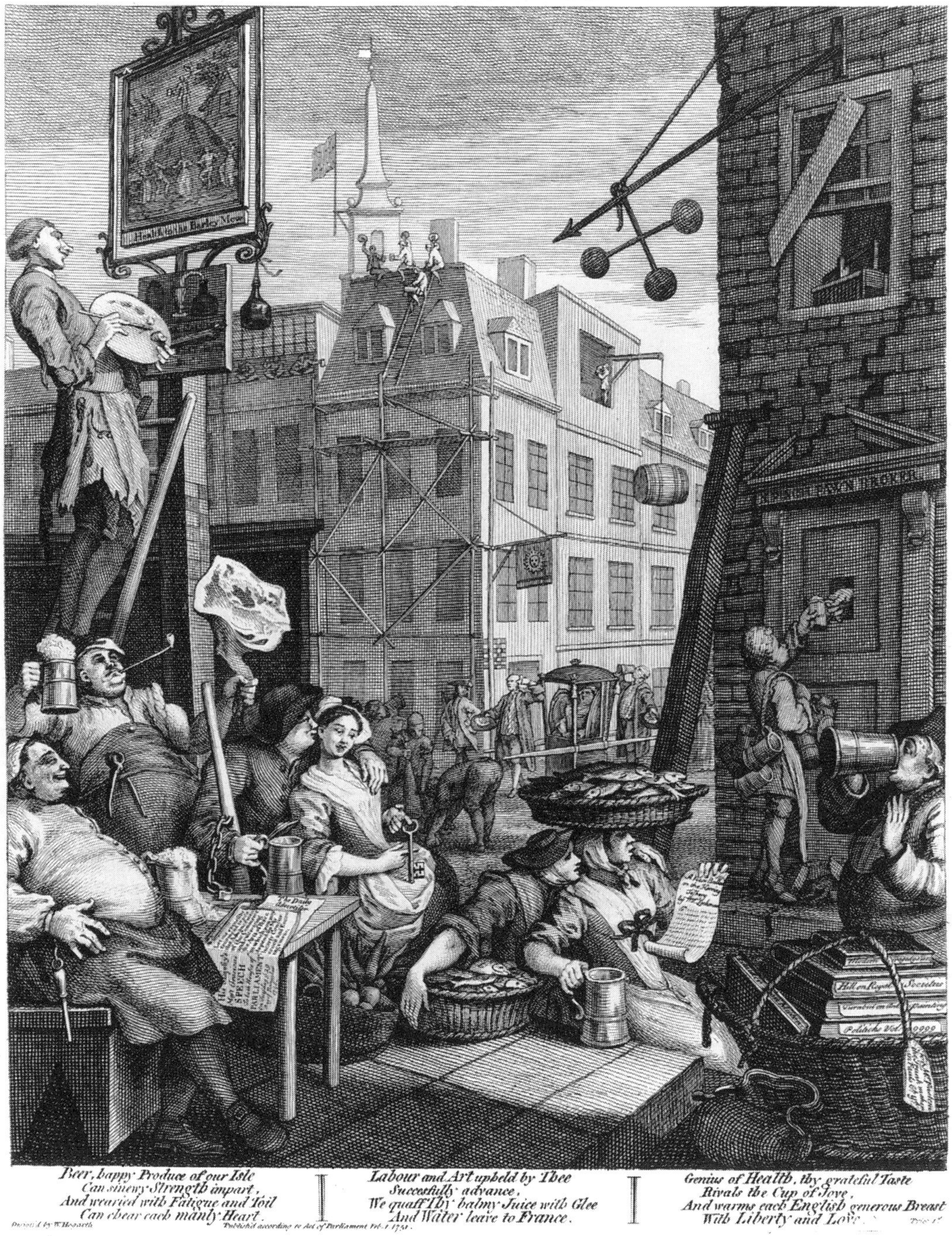

Beer, happy Produce of our Isle
Can sinewy Strength impart,
And wearied with Fatigue and Toil
Can chear each manly Heart.

Labour and Art upheld by Thee
Successfully advance,
We quaff Thy balmy Juice with Glee
And Water leave to France.

Genius of Health, thy grateful Taste
Rivals the Cup of Jove,
And warms each English generous Breast
With Liberty and Love.

Design'd by W. Hogarth — Publish'd according to Act of Parliament Feb. 1 1751. — Price 1s.

Die biergasse.

Hier ist alles Munterkeit, Kraft und Wohlbehagen. Die Blätter F, G und H enthalten einige Scenen daraus. Zur Rechten sieht man im Vorgrunde ein baufälliges Haus mit drey an einem Kreuz verbundenen Kugeln, Statt des Aushängeschildes. Die Stange, an welcher sie ausgesteckt sind, ist im Sinken begriffen; das Haus selbst ist gestützt. Vor der Hausthüre liegen Steine, die der Besitzer, der Schulden wegen nicht ausgehen darf, entweder nicht bemerkt, oder, weil er aus gleichem Grund, es nicht wagt, Besuche anzunehmen, selbst, auf irgend eine Weise, davor geworfen hat. In der Thüre befindet sich ein kleines Loch, wodurch eine armselige Hand etwas Porter einholt. Dieses Haus ist die Wohnung eines Mannes, Nahmens Kneip (*Pinch*), der auf Pfänder leiht, also etwas, was man in der gelehrten Sprache ein *Museum Lombardicum* nennen könnte. Dergleichen Häuser pflegten drey blaue Kugeln zu führen. Die Menschen nämlich, die regelmäßig, auf einen gewissen Fuß in London auf Pfänder liehen, kamen zuerst aus der Lombardey, und führten dieses Zeichen ein; es war das Wappen der Companie. Von dem witzigen Volk wurden die Kugeln drollig gedeutet: »Man könne Zwey gegen Eins verwetten, daß die versetzten Sachen nie wieder herauskommen würden.« Noch hat man in London eine ganze Lombardstraße, die von jener Gesellschaft den Nahmen führt, aber keine Gasse von Leihhäusern ist; indessen wenn alle die *Musea Lombardica*, die London enthält (*Pawn brokers shops*) beysammen [wären]: so möchte leicht ein *Museum Lombardo-Britannicum* daraus werden, das gar wohl an Leibnitzens Weissagung erinnern könnte, daß die Bibliotheken und *Musea* zu Städten anwachsen würden. Also Herr Kneip ist bankerot. Hogarth will sagen, wo man nur Porter trinkt zur Kraft und immer thätigen Fröhlichkeit, da verdirbt der Lombarde.

F.

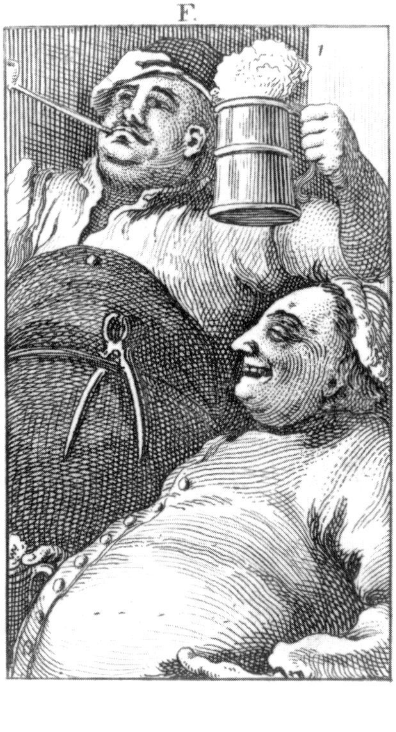

F.

(1) Ist ein Grobschmid, der hier in der Linken den schäumenden Krug hält, und in der Rechten eine Hammelskeule, die man leider! hier nicht sieht, und folglich nicht den Grund von Gleichgewicht, ohne welches keine Seligkeit möglich ist. Eine Hammelskeule in der einen, und einen schäumenden Krug mit Porter in der andern Hand, was kann da dem Britten noch fehlen? Daher spielt auch die Zunge der Wage, die Pfeife so ziemlich ein, nur etwas gegen die Keulenseite zu gerade, wo im Original der Magen liegt. Unten sitzt der Fleischer mit dem Kruge, im Original an der Magenseite, und die Rechte an den Bauch gelehnt, mit unver-

kennbaren frohen Aussichten vor dem Auge. Vor sich haben sie eine Rede des Königs und den *daily advertiser*, also Politik, womit diese gesunden und fröhlichen Menschen zufrieden sind, die also vermuthlich die Sicherheit des Porter-Quells garantirt.

G.

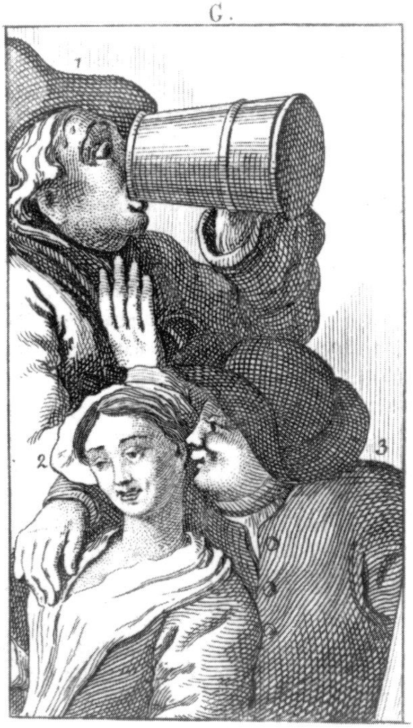

(2) und (3), eine zärtliche Scene zwischen einem honetten Hausmädchen, die sorgfältig den Hausschlüssel mitgenommen hat, und ihn in den Händen hält, und ihrem ehrlichen Liebhaber, einen Bierschröter (oder -Kärner) (*drayman*), der die Rechte um den Hals der Geliebten geschlagen, und in der Linken ebenfalls einen Porterkrug hält. Also hier drey Waagen, Porter gegen Güter dieser Welt abzuwägen, Hammelkeule, Bauch und ein Liebchen, das hier fast für die Ehre des Bierschröters und seine Zärtlichkeit etwas zu nahe bey der Hammelskeule sitzt, und einen auf den Gedanken bringt, Hogarth habe auf allen drey Waagen bloß Fleisch gewogen. (Nro 1) der hier mit Mund, Augen und Händen trinkt, ist ein schwitzender Lastträger, der hier beschäftigt ist, die Leiber natürlichen Todes gestorbener oder auch mit dem Schwert oder dem Strange hingerichteter Geistesgeburten, oder was man im Deutschen mit einem Wort Maculatur nennt, zur Ruhestätte zu bringen. Er selbst ruht hier aus, um zu trinken, und hat die Leichname in einem Korbe, in einer Art von Sarge neben sich stehen. Ich verbinde diese Scene zugleich mit

H.

und zwar mit Nro 2. einem Mahler, der im Begriff ist ein großes Kunstwerk zu vollenden, nämlich eine Bouteille auf ein Bierschild zu mahlen. Ich habe diese beiden Scenen bereits im Taschencalender für 1784 S. 5 in einer Art von allgemeiner Einleitung zu diesen Erklärungen kurz beschrieben. Allein ob ich gleich so eben erst [im Göttinger Taschen Calender für 1795,] S. 197 gesagt habe, daß die Calender ein Recht auf die Nachwelt hätten, so getraue ich doch bey der jetzigen großen Büchermortalität nicht auf den armen Schelmen zu assigniren, sondern zahle dem gefälligen Leser lieber den ohnehin unbeträchtlichen Posten noch einmahl baar. »Hogarth, sagte ich dort, erreicht seinen Hauptzweck selten ohne Mittel, die nicht zu mehreren dienen, oder selbst wieder Zwecke sind. Wer sollte z. B. denken, daß er in dem Stück: die Biergasse, das eigentlich bloß zur Ehre des Englischen Bieres verfertigt ist, zugleich

H.

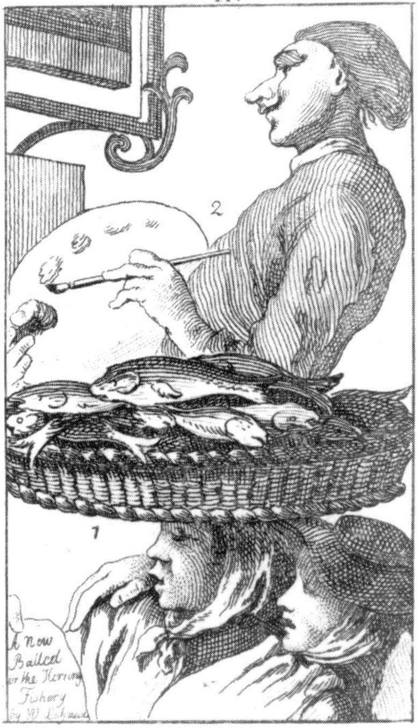

dem berühmten D. Hill und einem sehr bekannten Porträtmahler der damahligen Zeit, Stephan Liotard, die empfindlichsten Hiebe versetzen könne. Ein schwitzender Taglöhner ruht mit einem großen Pack Bücher, den er wegbringen soll, aus, und trinkt einen Krug Porter mit einer Inbrunst, die sich ohne die größte Theilnehmung kaum ansehen läßt. Unter den Büchern zeichnen sich aus: D. Hill's Critik über die Königl. Societät, *Lauder on Milton*, und einige *Politica* u.s.w., und dieser Pack ist an einen Koffermacher, wohnhaft am Kirchhofe von St. Pauls, addressirt. Bekanntlich werden die Koffer in England inwendig häufig mit Maculatur beklebt. Und dieses ist die Satyre. Dem Koffermacher hat er noch überdas den drolligen Nahmen von *Mr. Pastem* gegeben (*paste them* Verleim' sie. Kleister drauf etc.). Aber viel schöner, und wirklich unnachahmlich schön, ist die Satyre auf den Mahler Liotard (unser H. Nro 2). Liotard nämlich konnte, wie es mehreren Mahlern geht, schlechterdings gar nichts mahlen, was er nicht *in Natura* vor sich hatte. Hogarth stellt also einen Weißbinder vor, der auf einer Leiter steht, um ein Bierschild zu mahlen. Das Stück soll eine Bouteille werden; um nun diese richtig zu treffen, hat sich der Mann eine wirkliche Bouteille *in Natura* an die eisernen Verzierungen des Schildes aufgeknüpft, nach welcher er beym Farbenmischen, mit solcher Sorgfalt und seitwärts geneigtem, zielendem Kopf hinäugelt, und hinvisirt, als wenn es das Porträt einer Königinn werden sollte.« – Nro. 1 ist eine Gruppe von Fischermädchen, eine vom Austern- die andere vom Härings-Departement, die hier eine Ballade zum Lobe der Häringsfischerey für den Straßengesang excerciren. Auch hier ist Balancement mit Porter. Alles Wohlleben! Nur allein der arme Mahler balancirt sich selbst auf der Leiter, und schielt nach einer leeren Bouteille. Soll das vielleicht ein *Ars laudatur et alget* seyn? Wenigstens ist niemand in der Welt geneigter sich für zurückgesetzt zu halten, als die *pictores atque poetae*, und Hogarth konnte wohl diese Schwachheit gehabt haben, so wenig er auch zurückgesetzt wurde. Der ehrliche Dr. Johnson bekennt, daß er und sein Freund Savage in ihren besten Jahren die Menschen in zwey Classen getheilt hätten; 1) in Reiche ohne Verdienst, und 2) in verdiente Männer ohne Geld. Wer in der zweyten Classe obenan stund, verschweigen sie aus Bescheidenheit, denn sie waren beide Poeten. Hier wäre freilich bloß der Weißbinder zurückgesetzt, aber: Auch Er ist ein Mahler. Die zum Theil in hohem Grade launigen Ausfälle auf allerley Stände, womit der Künstler den Hintergrund dieses Blattes ausstaffirt hat, übergehen wir hier, wo der Raum fehlt, um so lieber, als der Herr Verleger bereits in einem eignen Werk den Anfang gemacht hat, sie reichlich an einem andern Orte zu liefern.

GIN LANE.

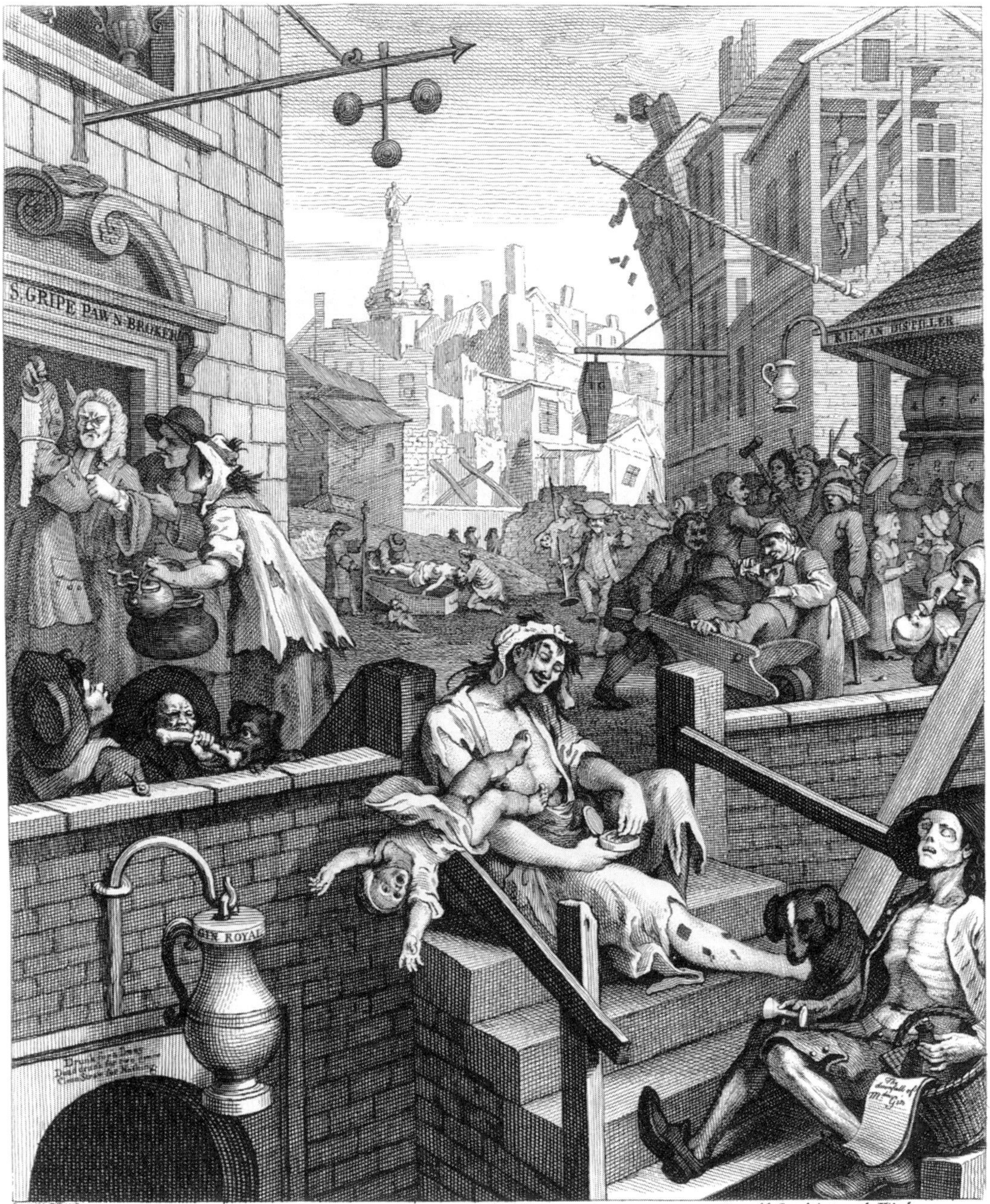

Gin cursed Fiend, with Fury fraught,
Makes human Race a Prey;
It enters by a deadly Draught,
And steals our Life away.

Virtue and Truth, driv'n to Despair,
It's Rage compells to fly,
But cherishes, with hellish Care,
Theft, Murder, Perjury.

Damn'd Cup! that on the Vitals preys,
That liquid Fire contains
Which Madness to the Heart conveys,
And rolls it thro' the Veins.

Das Branntweingässchen.
I. und K.

Hier der Branntwein am Galgen, und das von Rechtswegen! Die Scenen sind fürchterlich, fast ekelhaft. Man sieht sie nicht bloß, man riecht sie. (Nro 1 I.) Ein betrunkenes Weib, blaß, mit rothen Extremitäten, wie die Krebsschere, der man den Schuh abgezogen hat. Man sieht die Röthe, so wie man die selbstgefällige Erschlaffung im Munde sieht. Sie läßt ihr Kind, von dem man hier bloß die Beine erblickt, eine tiefe steinerne Treppe hinabstürzen, und nimmt dabey eine Prise Schnupftaback. So etwas heißt jetzt in manchen ausländischen Zeitungen Heldenmuth. In der Tiefe, in welche das Kind stürzt, liegt ein kleines Quartier für Troglodytische Trinker, die sich schon bey lebendigem Leibe begraben. Der Aushängeschild ist merkwürdig: besoffen für einen Groschen, tout besoffen (*dead drunk*) für zwey Groschen; reines Stroh gratis. So etwas reitzt. (Nro 2) hat seine zwey Groschen bezahlt und das reine Stroh geschenkt, er ist am Fuß der Treppe gestorben! Ueber der unterirdischen Branntweinschenke steht, wie der Fels, den Fuß in Ungewittern, das Lombard in voller Glorie. Die Stange mit den drey Kugeln steht frisch und gerade aus. Das Haus ist ganz von Quadern gebaut und über der Thüre mit mächtigen Architectur-Schnirkeln. Der hier florirende Herr desselben heißt *Grips* (Faß'an). Wir sehen ihn hier in K (Nro 1) mit der Brille, wo er den Rock und die Säge armer Handwerksleute zusammen gebunden, wirklich anfaßt, und mit Nro 2) accordirt, um das reine Stroh. Unten (3) und (4) und der Hund, der mit seinem Mitgast durch den gemeinschaftlichen Knochen verbunden, keine Nummer hat stehen hier als Emblem des Jammers und der Dürftigkeit, so wie die Schnecke als Zeuginn für die Trockenheit und Reinigkeit des Strohs. In I (Nro 3 und 4) ist ein kleines Philantropin, wo die Kinder gehörig angehalten werden, dereinst Mütter wie Nro 1. und Väter wie Nro 2. zu werden. Die Erklärung aller Auszierungen dieses Blatts versparen wir auf einen andern Ort; aber unmöglich können wir die Bitte an alle Polizeyen Deutschlands bis dahin versparen; ums Himmels willen die Bierstraßen zu vermehren, und die Branntweingäßchen endlich auszurotten, vielleicht durch einen nöthigen Vergleich zwischen beiden, und zweckmäßige Mischung der Begeisterung der letztern mit der Nahrhaftigkeit der erstern, die man so glücklich im Porter getroffen hat. Sollte so etwas unter uns unmöglich seyn? Belehrung hierüber von Kennern wird man mit Dank annehmen, bis zu der Zeit, da die Sache weiter zur Sprache kommen wird.

I.

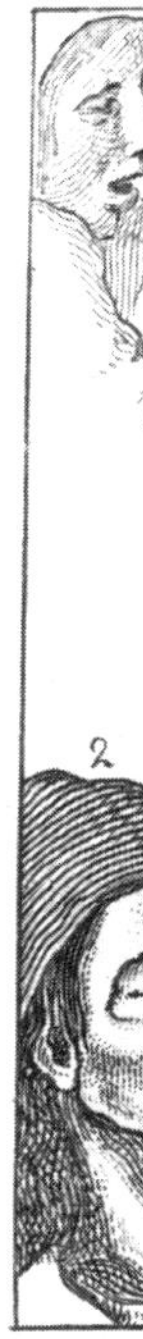

K.

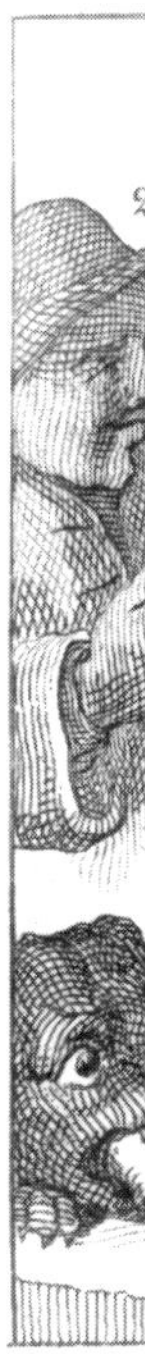

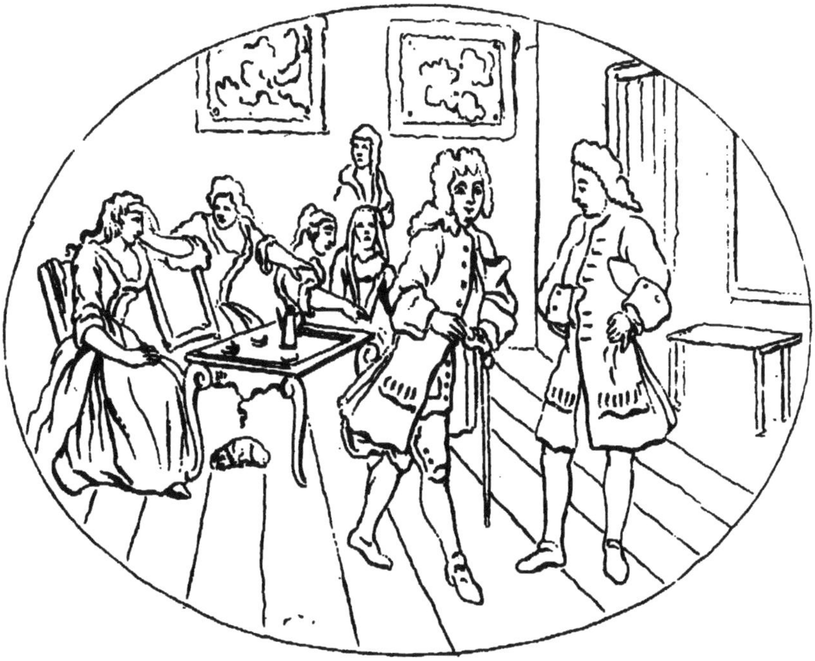

EIN BLÄTTCHEN VON HOGARTH.

Weder der Raum noch die Zeit haben es uns diesesmahl verstattet, unserer sonstigen Gewohnheit gemäß, eine Folge von Hogarthischen Köpfen zu liefern. Wir geben also hier nur ein einziges kleines Blatt von ihm, das mehr für die Geschichte der Werke dieses Künstlers und dessen an Apotheose grenzende Verehrung in England merkwürdig ist, als wegen seines inneren Werths. Es stellt die Scene aus Pope's Lockenraub vor (Canto IV. v. 121), wo Sir Plume den von Belinden erhaltenen Auftrag, die Locke von dem Räuber zurückzufordern, ausrichtet. Der Künstler hat den Augenblick gewählt, da Sir Plume dem Baron *vis à vis*, erst die Dose eröffnet und dann den – *casum*.

He first the snuff-box open'd, then the case.

Man sagt, Hogarth habe diese Vorstellung auf den Deckel einer goldnen Dose gestochen, die man einem Herrn überreichte, der in dem Gedichte eine Rolle hat, und von diesem Deckel hat man nachher Abdrücke gemacht. Von diesen Abdrücken existiren wahrscheinlich nur drey. Der, wovon Herr Samuel Ireland*, der Verfasser der *Graphic illustrations of Hogarth*, seine Copie genommen hat, welche Hr. Riepenhaußen hier mit möglichster Treue liefert, ist in dem Besitz des Lord Orford (ehemahligen Sir Horace Walpole's). Ein zweyter Original-Abdruck wurde im Jahr 1786 in der Auction eines Herrn Gulstone für drey und dreyßig Pfund Sterling verkauft, das sind etwa *numero rotundo* zweyhundert Reichsthaler. Wahrscheinlich war Hogarth damahls nicht viel über siebenzehn Jahre alt. Sollte der Verstoß gegen die Einheit des Orts, da hier Belinde in demselben Zimmer sitzt, wo die Locke zurückgefordert wird, vorsätzlich seyn, so wäre dieses und die Figuren der Damen, die alle etwas von dem Milchmensch haben, doch schon eine Spur von der Laune, die sich nachher im Paulus vor dem Felix zeigte. Aus dem Text des Hrn. Ireland erhellt, daß dieses nur der bloße Umriß des Stücks ist, und daß es auf der Dose selbst mit Schraffirung und Schatten und Licht ausgeführt war. In einer andern Auction wurden drey und dreyßig kleine unbedeutende Blätter mit 270 Pf. Sterling (1620 Rthlr.) bezahlt, da noch im Jahr 1775 die vollständige Sammlung seiner Hauptwerke, gebunden, von dessen

* Er muß nicht mit seinem Vetter, dem Verfasser vom *Hogarth illustrated* verwechselt werden, der John heißt.

Witwe für 13 Guineen (83 Rthlr.) verkauft wurde. Selbst diese Thorheit einzelner Glieder eines reichen Volks, macht dem Ganzen immer Ehre, und wirkt in der Summe zur Erweckung des Genies mit. Die Verehrung der Heiligen ist überhaupt sehr mannichfaltiger Art. Der eine verehrt sie als Richtschnur seines eigenen Lebens, der andere

»Halb Opfer-Ochs, halb Priester«,

schlachtet sich in Demuth vor ihrem silbernen Bilde, mit der Augspurger Probe im Nacken, und ein Dritter küßt ein Paar Spühllumpen, die die Tradition für Fragmente ihrer Hemden ausgiebt. Wenn nur der Ruhm eines Mannes im Munde der Weisen lebt, das Mitschreyen der Steine verdirbt niemahls was.

EDITORISCHES NACHWORT

Zu seinen Lebzeiten war Lichtenberg als wissenschaftlicher Autor, als Satiriker und als Kommentator der Kupferstiche von Hogarth bekannt, gefürchtet, populär. Nach seinem Tode erst entdeckte man eine geheime Buchführung, die Sudelbücher, man entdeckte den Briefschreiber, und wenn von Hogarth die Rede war, dann bezog sie sich auf die »Ausführlichen Erklärungen der Hogarthischen Kupferstiche«, die Lichtenberg von 1794 an bis zu seinem Tode 1799 in fünf Lieferungen veröffentlicht hat. Das betraf die Texte »Herumstreichende Komödiantinnen«, »Die Punschgesellschaft«, »Die Vier Tags-Zeiten«, »Der Weg der Buhlerin«, »Der Weg der Liederlichen« und »Die Heirat nach der Mode«. Eine ausführliche Erklärung »Fleiß und Faulheit« blieb wegen Ablebens unvollendet. In Vergessenheit geriet zu Unrecht, daß Lichtenberg von 1783 an bis 1795 in dem von ihm herausgegebenen »Göttinger Taschen Calender« Jahr für Jahr Kupferstiche von Hogarth erläutert hat. Zählt man das Ganze zusammen, kommt man auf die Erläuterung von 28 Einzelblättern und Bilderzyklen. Angesichts des kleinen Formats des Taschenkalenders mußte sich Lichtenberg auf die Wiedergabe von Ausschnitten aus den Vorlagen Hogarths beschränken. Er stützte sich dabei auf die Mitwirkung des Göttinger Kupferstechers Ernst Ludwig Riepenhausen (1763–1840), dessen Umstiche von Lichtenberg sehr gelobt wurden – und sie verdienen sein Lob. Insgesamt handelt es sich um rund hundert Kupferstiche. Die Besonderheit: Riepenhausen hat sich in der Regel nach Anweisung Lichtenbergs auf Köpfe konzentriert. Auf diese Weise ist, von Lichtenberg gewiß beabsichtigt, ein Art Gegendarstellung zu den »Physiognomischen Fragmenten« von Lavater herausgekommen. Gerade durch dieses Panoptikum groß herausgestellter Köpfe wird Hogarths nichtidealistische Darstellungsweise besonders eindrucksvoll vor Augen geführt.

Lichtenbergs Kalendererklärungen zu Hogarth sind lediglich in den nach seinem Tod erschienenen »Vermischten Schriften« mitgeteilt worden, allerdings redaktionell überarbeitet und ohne die Wiedergabe der Riepenhausen-Stiche. Schon Friedrich Lauchert empfahl 1893, Lichtenbergs Kalender-Erklärungen zu Hogarth zugleich mit der Ausführlichen Erklärung abzudrucken. Der Vergleich zwischen beiden fällt häufig zu Gunsten der Kalender-Erklärungen aus, denen Lichtenberg selbst wegen ihrer Spontaneität den Vorzug vor den Ausführlichen Erklärungen gibt, die, 1794 erstmals vorgelegt, ein allerdings finanziell lohnenderes Unternehmen waren.

Die vorliegende Edition versammelt sämtliche Kalendererklärungen Lichtenbergs zu Hogarth in der Fassung der Erstdrucke und präsentiert erstmals komplett die Stiche von Riepenhausen. Um den Leser und Betrachter ins Bild zu setzen, wird diese Edition darüber hinaus durch die Vorlagen von Hogarth (57 Blätter) ergänzt. Von Interesse sind auch die »Zusätze«, die in den »Vermischten Schriften« nach Lichtenbergs Tod von ungenannten Verfassern zu Lichtenbergs Kalender-Erklärungen geschrieben worden sind und hier ebenfalls zum ersten Mal wiederabgedruckt werden.

»Was für ein Werk ließe sich nicht über Shakespear, Hogarth und Garrick schreiben. Es ist etwas Ähnliches in ihrem Genie, anschauende Kenntnis des Menschen in allen Ständen, anderen durch Worte, den Grabstichel, und Gebärden verständlich gemacht.« Diese Eintragung datiert vom 8. Mai 1776. Lichtenberg bringt sie sinngemäß in die »Briefe aus England« ein. Was die Notiz so wichtig macht, ist, daß sie beweist, daß Lichtenberg aus gleichem Anstoß und gleicher Überzeugung hier über Garrick reportierte und da Hogarth kommentierte. Und die Erkenntnis ihrer vergleichbaren künstlerischen Potenz erfolgte sozusagen gleichzeitig: in London 1774 bis 1775. Zuvor ist von Hogarth in den Briefen gar nicht und in den Sudelbüchern sehr summarisch einmal von seiner Popularität (KA 277), von Hogarths Schlangenlinie (B 131), von seinen »unverbesserlichen Köpfen« (C 107) die Rede. In London jedoch schafft sich Lichtenberg die Werke von Hogarth »ganz vollständig« an, und er empfiehlt in einem Brief vom 23. Dezember 1776 dem ›deutschen Hogarth‹ Chodowiecki, als er Lavaters Physiognomik konterkarieren will, »nach Hogarths Art das Leben von Liederlichen sowohl als Tugendhaften beiderlei Geschlechts vorzustellen«. Diese unausgesprochene Auseinandersetzung mit dem Physiognomen Lavater schwingt in Lichtenbergs ›Besserdeuterei‹ am Beispiel des »Gesichtsmalers« Hogarth von vornherein mit.

Im Jahre 1785 faßt Lichtenberg den Plan zu einer ausführlichen Erklärung der Hogarthischen Kupferstiche, die in der damals von ihm beabsichtigten Ausgabe seiner »Vermischten Schriften« erscheinen sollte. So wenigstens äußert er sich am 23. März 1785 an Johann Arnold Ebert, auch an Johann Gottwert Müller am 31. März 1785 und ausgiebig am 8. April 1787 an Johann Joachim Eschenburg: »Vielleicht erhalten Sie noch vor Michaelis etwas umständlicheres von mir über diese Wercke, wobey ich Ew. Wohlgeboren und Herrn Hawkin's Bemerckungen mit Danck nutzen werde. Die Schrifft wird sehr frey werden. Haben ja doch Ehrwürdige Männer über den Juvenal commentiert.« Lichtenberg verwirklichte diesen Plan einstweilen jedoch so wenig wie die Ausgabe seiner »Vermischten Schriften«. Statt dessen erschienen weiterhin Jahr für Jahr im »Göttinger Taschen Calender« mehr oder minder kurzgefaßte Erklärungen Hogarthischer Kupferstiche.

Wie stolz Lichtenberg auf sie gewesen ist, geht noch aus der Vorrede zur Ersten Lieferung der »Ausführlichen Erklärung der Hogarthischen Kupferstiche« 1794 hervor, wo er sich rühmt, der erste gewesen zu sein, »der sich auf diesem Wege versucht hat«. Er habe »keine Vorgänger, weder in Deutschland noch in England, noch in sonst irgend einem Lande. Denn was Herr Ireland [einer der wichtigsten Kommentatoren Hogarths] auf demselben gewagt hat, ist sieben Jahre neuer, als meine ersten Versuche hierin, und wenn ich je etwas Gutes hierin geleistet habe, so war das Beste schon getan, und hauptsächlich der Ton schon angegeben, ehe ich sein Werk überhaupt gesehen habe.«

Auf Lichtenbergs Ton komme ich noch zurück. Jetzt geht es zunächst nur um Äußerlichkeiten, wie Hogarth auf das Format eines deutschen Taschenkalenders zurechtzustutzen und für das deutsche Lesepublikum Worte für Inhalte und Gegenstände zu finden.

Zum Problem des Äußerlichen: Da waren die räumlich ausgedehnten Kupferstiche Hogarths, die Lichtenberg in Göttingen vorlagen, und da war das beschränkte Format des Göttinger Taschenkalenders. Als Lichtenberg seine Erklärungen im Kalender für 1784 aufnahm, startete er das Unternehmen Hogarth ohne Bildbeigaben, eigentlich unbegreiflich, wenn man nicht annehmen will, Lichtenberg habe erst einmal erkunden wollen, wie groß die Wißbegier des Publikums sei. Die war so groß, daß ab dem Kalender für 1785 sämtliche Erklärungen mit den Umzeichnungen von Riepenhausen erschienen. Das war ein verzwicktes Unternehmen. Hogarths Kupferstiche und Radierungen hatten gehöriges Format, der Taschenkalender besaß sein bemessenes Format; Riepenhausen hatte, in Absprache mit Lichtenberg, nur eingeschränkte Möglichkeiten, aus der Vielzahl von Figuren eines Blattes von Hogarth auszuwählen und die getreulich abzukupfern! Aber Lichtenberg hatte noch eine Anstrengung mehr. Hogarths Einzelstücke und seine Bilderzyklen waren ja prall von Leben, Lebensgeistern, Gewoge, Getümmel. Sich darauf mit Worten einzulassen, war kühn genug, vor allem, wenn nicht der komplette Hogarth zu zeigen möglich war. Lichtenberg stand also vor der Aufgabe, der Leserin und dem Leser den Zusammenhang eines ›Bildromans‹ von Hogarth mitzuteilen, damit er auf die Bedeutung der von Riepenhausen umgezeichneten Köpfe eingehen konnte. Und das macht den Reiz der Kalender-Erklärungen aus: Lichtenberg bringt es fertig, die gestaltungsreichen und handlungsträchtigen Kupfer von Hogarth mit Worten zu vergegenwärtigen und mit Hilfe Riepenhausens an ausgesuchten Köpfen dingfest zu machen. Wenn man dieses Unternehmen einmal für sich betrachtet – und das sollte man tun –, ist daraus ein Pandämonium entstanden, das bei Hogarth noch nur in den Nischen kauert und lauert.

Interessant ist aber auch, daß es Lichtenberg, so wenig Raum ihm in dem Göttinger Taschenkalender zur Verfügung stand, doch fertig brachte, immer wieder seine Interpretation der besonderen Kunstfertigkeit Hogarths einfließen zu lassen und seine Kritik an den englischen Interpreten zu äußern. Um mit ihnen zu beginnen: Hübsch zu bemerken, daß Lichtenberg hier wie ein Wissenschaftler verfährt. Da gibt es Interpreten, auf die Lichtenberg notwendigerweise zurückgreift, sie auch korrekt erwähnt, zitiert, aber in der Regel kritisch – und das zu Recht: Sie überinterpretieren Hogarth und entfernen sich, seiner Ansicht nach, dadurch von dem, was Hogarth ja im Bild zeigt. Das ist wohl bis zum heutigen Tage das Dilemma in den Geisteswissenschaften, zu fragen, was wollte uns der Dichter damit sagen, der Bildende Künstler uns einbilden? Der Dichter, der Bildende Künstler sagt nur, stellt nur das dar, was zu lesen, was zu besehen ist. Und Lichtenberg war tatsächlich der erste, der darauf hinweist, daß bei Hogarth kein Strich ohne Bedeutung ist und dieser Künstler seiner Vorstellung von dem Genie entspricht, das so viel Phantasie besitzt, daß es Einfälle »hinwerfen« kann, achtlos, ob sie der Leser, der Betrachter wahrnimmt, während andere Talente eine einzige Idee für bare Münze feilhalten.

Aber Lichtenberg rühmt an Hogarth nur, was er selbst in seinen Erklärungen an ›hingeworfenen‹ Sentenzen einstreut. Hinzu kommen persönliche Remineszenzen, ob es nun das Logis im Hotel zu den Drei Bibeln in Amsterdam, die Observation der Londoner Irrenanstalt Bedlam, den Besuch in Saddlers Wells, die Beobachtung von Dachdeckern in Göttingen, das Schweineschlachten am Karfreitag, Kegeln und Beinstellung, den Bilderhändler und dessen neuste Ausstellungsstücke zur Mainzer Republik betrifft.

Bemerkenswert sind im übrigen Lichtenbergs Anspielungen auf Hogarths »Zotenstriche«. Man weiß nun nicht, ob Lichtenberg seine Leserinnen und Leser, die ja die Kupferstiche von Hogarths nicht zur Hand und vor Augen hatten, nicht auf den Geschmack bringen, die Auflage des Kalenders somit steigern wollte. Der Herausgeber gesteht, daß er anno 1999 nicht finden kann, was Lichtenberg vor gut zweihundert Jahren ad usum delphini nur andeutete und damit erst zweideutig machte.

Lichtenberg, läßt sich sagen, brachte dem deutschen Bürgertum mit den Kupferstichen von Hogarth und seinen Erklärungen eine gesellschaftliche Verfassung nahe, die in der schon seinerzeit 800000 Einwohner zählenden Metropole London realistisch, für deutsche Verhältnisse unvorstellbar war, so daß Goethe bei Betrachtung von Lichtenbergs Hogarth-Erklärungen 1795 monierte, »wie hätte der Deutsche, in dessen einfachem, reinem Zustande sehr selten solche exzentrischen Fratzen vorkommen, hieran sich wahrhaft vergnügen können?« Lichtenberg, der Goethes Räsonnement nicht kennt, hält, zwar bezogen auf die »Vorlesung« (S. 227), aber gut zu verallgemeinern, dagegen: »Diese Gesichter tragen alle ihren Commentar mit sich.«

P.S. Diese Ausgabe wäre nicht verwirklicht worden, wären da nicht in Darmstadt Petra Blank, in Trautheim Ute Promies, in München Kristian Wachinger gewesen, denen ich hiermit aufatmend danke. W. P.

Zitierung von Lichtenbergs Schriften

GTC	Göttinger Taschen Calender. Göttingen 1777–1799
VS	Georg Christoph Lichtenberg's vermischte Schriften. Neue, vermehrte, von dessen Söhnen veranstaltete Original-Ausgabe. Vierzehn Bände. Göttingen 1844–1853
Bw	Georg Christoph Lichtenberg: Biefwechsel. Herausgegeben von Ulrich Joost und Albrecht Schöne. München 1983 ff.
SB	Georg Christoph Lichtenberg: Schriften und Briefe. Herausgegeben von Wolfgang Promies. München 1967–1992
I	Sudelbücher I: A, B, C, D, E, F, J, K, L
II	Sudelbücher II: A, D, G, H, J, K, L Materialhefte (Mat I, Mat II) Miszellen-Heft (MH) Tagebücher (TB) Reise-Anmerkungen (RA) Reise-Tagebuch (RT) Staatskalender (SK) Undatierbare und verstreute Bemerkungen (UB)
K I+II	Kommentar zu Band I und Band II
III	Aufsätze, Entwürfe, Gedichte, Ausführliche Erklärung der Hogarthischen Kupferstiche
K III	Kommentar zu Band III
IV	Briefe einschließlich Kommentar)

Verweise auf Sudelbucheinträge (Buchstabenkürzel und Nummer) beziehen sich auf SB I und SB II.

Abgekürzt zitierte Literatur

Adelung	Johann Christoph Adelung: Versuch eines vollständigen grammatisch-kritischen Wörterbuches der Hochdeutschen Mundart, mit beständiger Vergleichung der übrigen Mundarten, besonders aber der Oberdeutschen. Fünf Bände. Leipzig 1774–1786
Archenholz	Johann Wilhelm von Archenholz: England und Italien. Leipzig 1785
Arndt	Karl Arndt: William Hogarth. Der Kupferstich als moralische Schaubühne. Stuttgart 1987
Büchmann	Geflügelte Worte, gesammelt und erläutert von Georg Büchmann. Berlin ^{32}1972
DWb	Jakob und Wilhelm Grimm: Deutsches Wörterbuch. Sechzehn Bände. Leipzig 1854–1971. Nachdruck München 1984
Gatterer	Johann Christoph Gatterer (s. zu. S. 161): Abriß der Heraldik, Göttingen und Gotha 1773
Ireland	John Ireland: Hogarth Illustrated. Zwei Bände. London 1791
Lauchert	Friedrich Lauchert: G. Chr. Lichtenberg's schriftstellerische Thätigkeit in chronologischer Übersicht dargestellt. Mit Nachträgen zu Lichtenbergs vermischten Schriften und textkritischen Berichtigungen. Göttingen 1893.
Nichols	John Nichols (s. zu S. 8): Biographical Anecdotes of William Hogarth. London ^{2}1782
Rouquet	André Rouquet: Lettres de Mr.^{xx} à un de ses amis à Paris, pour lui expliquer les estampes de Mr. Hogarth«, Paris 1746
Trusler	John Trusler (s. zu S. 29): Hogarth moralized [...]. London 1768
Unbekannt	An Explanation of several of Mr. Hogarth's Prints. London 1785
Walpole	Horace Walpole: Anecdotes of Painting in England. Strawberry Hill 1771

ANMERKUNGEN

UEBER DIE HOGARTHISCHEN KUPFERSTICHE

Erstveröffentlichung und Satzvorlage: Ueber die Hogarthischen Kupferstiche. In: Göttinger Taschen Calender für 1784, S. 3–9. Eine Handschrift dieser Einleitung ist nicht überliefert. Der Text, vermutlich Juli/August 1783 niedergeschrieben, erschien Herbst 1783. Der Text wurde nicht wieder gedruckt, da er sich durch die Vorrede zu der Ausführlichen Erklärung 1794 erübrigte.

7 *Hogarth ... in seiner Art gewiß so einzig, als Raphael in der seinigen*: Auch andernorts vergleicht Lichtenberg den englischen Künstler mit den Vertretern der italienischen Manier, z. B. Correggio, an denen sich aber Hogarth selbst messen wollte. – *Man hat zwar von Hogarth's Namen ... Gebrauch gemacht*: Infrage kommt höchstens Daniel Chodowiecki. – *Raphaëls*: Raffaello Santi (1483–1520), ital. Maler, Inbegriff des jungen begnadeten Genies. Lichtenberg selbst nannte den Maler und Illustrator Johann Heinrich Ramberg (1763–1840) den »kleine[n] Raphael« wie etwa an Schernhagen am 20. September 1778 (Bw I, Nr. 533, S. 898). – *Miltons*: John Milton (1608–1674), engl. Dichter; sein Hauptwerk »The Paradise lost« (1667) galt als Muster des religiös-christlichen Epos und als Vorbild für den ›deutschen Milton‹ Klopstock und seinen »Messias«. – *Horazens*: Quintus Horatius Flaccus (65–8 v. Chr.), größter röm. Dichter neben Vergil, Lichtenbergs meist zitierter antiker Autor. Als deutscher Horaz galt vorübergehend Karl Wilhelm Ramler (1725–1798), Dichter, Übersetzer, Schauspieldirektor; galt seinerzeit auf Grund der formalen Glätte und Korrektheit seiner Oden als Vorbild. – *Anakreons*: Anakreon (um 520 v. Chr.), griech. Lyriker, Verfasser von Trink- und Liebesgedichten, von großem Einfluß auf Lyriker des 18. Jh.s (Anakreontiker) wie z. B. Gleim. – *Fontänes*: Gemeint ist Jean de La Fontaine (1621–1695), franz. Dichter, der seinen weltliterarischen Ruhm mit den »Fables« in 12 Büchern (1668–1694) begründete. Als ›deutscher Fontäne‹ fungierte vermutlich Gellert, vielleicht auch Gottlieb Konrad Pfeffel. – *Wenn ihn*: Von mir verb. aus: *Wenn ihm* der Satzvorlage. – *Beobachtungs-Geist*: Zu dieser Wortprägung s. zu C 91 und das Wortregister in SB K I+II. – *Theophrastische ... Charaktere*: Theophrastos (371–287 v. Chr.), griech. Philosoph und Naturforscher, der bedeutendste Schüler des Aristoteles. Seine kleine Schrift (Charaktere« hatte bis hin zu La Bruyère und ins 18. Jh. hinein durch ihre geistreichen Charakterzeichnungen große Bedeutung. – *Bruyer'sche Charaktere*: Jean de La Bruyère (1645–1696), franz. Schriftsteller; sein Hauptwerk: »Les Caractères de Théophraste, traduits du grec, avec les caractères ou les mœurs de ce siècle« (1688). Lichtenberg erwähnt beide Autoren Mat II, 31. 33; s. die Anm. dazu. Vgl. auch SB III, S. 501. – *Hogarths Werke ... nichts bei ihnen ohne Absicht*: Den Hintersinn von Hogarths Illustrationen hebt Lichtenberg auch S. 143 hervor. – *Wer sollte denken ... Königinn werden sollte*: Diese Passage ist, mit geringfügigen Abweichungen, in der Erklärung zu »Die Biergasse« zitiert: s. S. 266 f. – *die Biergasse*: Zu diesem Blatt s. S. 262–268 und die Anmerkung dazu. – *berühmten Dr Hill*: John Hill, M.D. (1716?–1775), engl. Apotheker, Botaniker, satir. Schriftsteller und Pamphletist. – *Liotard*: Ein Stephan ist nicht nachweisbar, wohl aber Jean Etienne Liotard (1702–1789), berühmter Pastell- und Emailmaler aus Genf, 1753 vorübergehend in London, dort offenbar nicht erfolgreich. – *Porter*: Dunkles, obergäriges bitteres Bier, das Getränk der engl. Arbeiterklasse. L. erwähnt es auch III, S. 676, 896, 994; E 68 (Charakter der Engländer) und setzt diesem Nationalgetränk gleich Hogarth ein Denkmal. – *Hill's Critick über die Königl. Societät*: In mehreren satirischen Pamphleten griff er die »Royal Society of Sciences« an und machte die »Philosophical Transactions« lächerlich; s. etwa »A Review of the Works of the Royal Society«, London 1757. – *Lauder on Milton*: William Lauder (gest. 1771), engl. Altphilologe, berühmt wegen seines Vorwurfs, Milton sei ein Plagiator vor allem lat. Autoren: »Milton's Use and Imitation of the Moderns in his ›Paradise Lost‹«, London 1750.

8 *St. Paul's Kirchhof*: St. Paul's Church Yard, an dessen Südseite St. Paul's Caffee-Haus gelegen war. – *Makulatur*: Wie sehr sich L. mit diesem Abfall von bedrucktem Papier beschäftigt: s. Wortregister in SB K I+II. – *Weisbinder*: Svw. Anstreicher, Tüncher, namentlich im Mitteldeutschen bis ins 19. Jh. gebräuchliches Wort. DWb 14 (1955) I,1, Sp. 1201

bringt auch einen Beleg von Lichtenberg. Der Vater von Margarethe Kellner übte diesen Beruf aus. – *Bierschild*: Dieses ›Werbeplakat‹ des 18. Jh.s beschäftigt Lichtenberg auch andernorts; vgl. E 394 und Anm.; III, S. 679. – *Bouteille*: Franz. ›Flasche‹; vgl. das Wortregister in SB K I+II. – *hinäugelt und hinvisirt*: Wohl Wortbildungen Lichtenbergs. – *von mehreren ... aufgefordert*: Etwa von Christian Gottlob Heyne; s. Lichtenbergs Brief an ihn vom 6. Mai 1782 (Bw II, Nr. 910, S. 320) und den vom 14. Mai 1782 (Bw II, Nr. 911, S. 321–322). – ★*Kupferstiche zu Aubry de la Motraye's Reisen*: La Mottraye, Aubry de (ca. 1674–1743), franz. Reisender, floh nach England wegen der Verfolgungen gegen die Protestanten, rund 20 Jahre auf Reisen. Seine »Voyage en diverses provinces de la Prusse, de la Russie, de la Pologne« erschien 1732 und ins Engl. übersetzt im gleichen Jahr mit Illustrationen von Hogarth, ferner »Travels through Europe, Asia, and Part of Africa« London 1723, 1732^{2}, zu denen im gleichen Jahr Hogarth 13 »folio prints« (Nichols S. 9. 112) anfertigte. – ★*in Folio*: Deutsches Buchformat, bei dem der Druckbogen in zwei Blatt unterteilt wurde und die Höhe zwischen 35 cm und 45 cm lag. – ★*Beaver's military punishments of the ancients*: John Beaver, engl. Übersetzer und Geschichtsschreiber, lebte gegen 1724: »The Roman military punishments«, London 1725. Hogarth fertigte 1725 fünfzehn »head-pieces« an (Nichols S. 114). – ★*die zum klein Hudibras*: Hogarth hat die satirische Dichtung »Hudibras« (1663–1678) von Samuel Butler (1612–1680) zweimal illustriert: Zum einen in kleinem Format für eine Londoner Ausgabe von 1726, zum andern in größerem Format als eine 12 Blätter umfassende selbständige Bildfolge (Arndt S. 40). – *seine Wittwe*: Jane, geb. Thornhill (1709–1789), Tochter des engl. Hofmalers Thornhill, die Hogarth 1729 heiratete. – *Guineen*: Die Guinea, 1663 unter König Karl II. geschaffene englische Goldmünze, deren Wert 1717 auf 20 Shilling festgelegt wurde. Interessant, daß Lichtenberg den Preis immer angibt. – *die Analysis of Beauty*: Kunsttheoretische Schrift Hogarths, London 1753, mit zwei Kupferstichen, auf denen Hogarth die Schönheit der von ihm propagierten Wellenlinie (Schlangenlinie) nachzuweisen sucht. Als Subskriptionsschein für sein Buch benutzte Hogarth den Kupferstich »Columbus breaking the egg« (s. S. 236) als ironische Antwort auf seine Kritiker. – *Schillinge*: Shilling, ursprünglich Rechnungsmünze in England und Schottland zu 12 Pence, als Münze in Silber erstmals unter König Eduard VI. ausgeprägt. – *Walpole's Anecdotes of painting*: Horace Walpole, Earl of Orford (1717–1797), engl. Kunstsammler und Schriftsteller, der der »Gothic novel«, dem Schauerroman, mit »The castle of Otranto« (1764) und »The mysterious mother« (1768) den Weg wies und mit dem Umbau seines Landhauses Strawberry Hill bei Twickenham in einem dem Mittelalter nachgeahmten »Gothic style« die Mittelalter-Mode beeinflußte. Walpole veröffentlichte in Strawberry Hill 1771 in 4 Bdn. »Anecdotes of Painting in England«; Hogarth war Band 4, Kap. 4, S. 67–69 gewidmet; für Lichtenberg ein Standardwerk bei der Arbeit an der »Ausführlichen Erklärung der Hogarthischen Kupferstiche«, s. SB III, S. 666. – *Werk des ... Nichols*: John Nichols (1745–1826), engl. Buchdrucker und Schriftsteller in London, Verleger und u. a. Drucker der »Philosophical Transactions«; seit 1792 Herausgeber des »Gentleman's Magazine«. Seine »Biographical Anecdotes of William Hogarth; and a Catalogue of his Works chronologically arranged; with occasional Remarks«; London 1781; die zweite und verbesserte Auflage erschien 1782. Lichtenberg sagt in einem Brief an Johann Friedrich Blumenbach vom 12. November 1786 (Bw III, Nr. 1488, S. 292) über ihn: »Er giebt gute critische Nachrichten von Hogarths Werken, aber in dessen Geist u Laune dringt er selten ein.« – *Die Titul-Vignette zu diesem Buch*: Wegen der Rarität wird sie hier abgebildet.

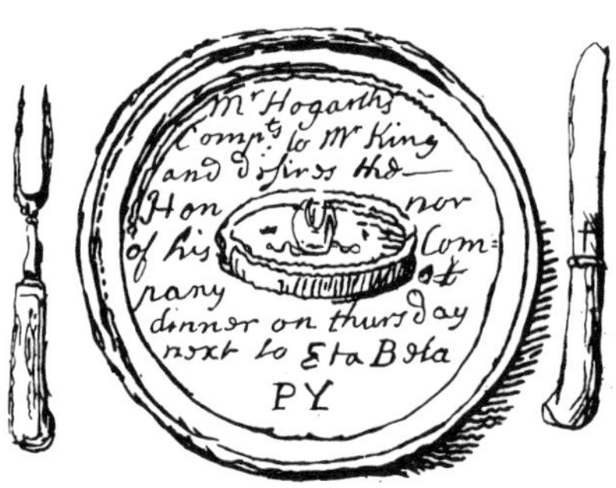

– Mr *King*: Die Lebensdaten dieses Freundes von Hogarth nicht ermittelt. – *die Laune des außerordentlichen Mannes*: Laune: Ein wichtiger Begriff in der Ästhetik des 18. Jh.s. »Laune« als Übersetzung von »humour« wurde schon von Lessing vorgeschlagen, dann aber wieder zurückgenommen; DWb 6, Sp. 347. Vgl. auch B 65, 232; D 69, 167, 599; E 71, 417; J 263; L 666.

9 *dem Kopf*: Von mir verb. aus: *den Kopf* der Satzvorlage. – *Mariage à la mode und die herumstreichenden Comödianten*: Diese Kalender-Erklärungen sind in den Kalendern für 1786 und für 1784 veröffentlicht (s. S. 10–30 dieser Ausgabe).

DAS LEBEN EINER LIEDERLICHEN

Erstveröffentlichung und Satzvorlage: Das Leben einer Liederlichen. Der Abdruck dieses Textes entspricht der Fassung im »Göttinger Taschen Calender« für 1784, S. 9–28. Eine Handschrift ist nicht erhalten. Der Text, vermutlich Juli/August 1783 niedergeschrieben, wurde Herbst 1783 veröffentlicht. Sowohl »Das Leben einer Liederlichen« als auch »Herumstreifende Comödianten die sich in einer Scheune ankleiden«, ist von Lichtenberg ohne Bebilderung mitgeteilt worden. Interessant, daß Lichtenberg zufolge der Verleger Johann Christian Dieterich willens war, die beiden Bild-Inhalte »künftig einmal im Calender« von Kupferstichen begleitet »wieder aufzulegen, um die Suite zu completiren«. Lichtenberg hat diese Erklärung als Zweite Lieferung 1795 ausführlich erklärt (s. SB III, S. 732–818). In den Anmerkungen wird gegebenenfalls auf diese Ausgabe verwiesen.

11 *Liederlichen*: Im Englischen steht »The Harlot's Progress« (Der Hure Lauf), in der Ausführlichen Erklärung ändert Lichtenberg in »Der Weg der Buhlerin«. – *Guinee*: S. zu S. 8. – *Yorkschen Postwagen*: Warum Hogarth das Mädchen aus Yorkshire kommen läßt, erläutert Lichtenberg in der Ausführlichen Erklärung (SB III, S. 738). Trusler, S. 2, schreibt kurz und gut: »This particular county, is alluded to, as being far distant from the metropolis, and, as such, supposed to be least acquainted with its intrigues.« – *so schlecht als die deutschen*: Zu Lichtenbergs Kritik an den deutschen Postkutschen – eine Zeitlang plante er eine Satire darüber – vgl. S. 178, ferner SB III,

S. 526 und Anm. – *Regulus*: Marcus Atilius R., römischer Feldherr, landete im Ersten Punischen Krieg in Afrika, 255 v. Chr. von Xantippos geschlagen und gefangengenommen soll er der Sage nach 250 v. Chr. in einem mit eisernen Nägeln ausgeschlagenen Faß einen Berg hinabgerollt worden sein. – *Carthago*: Von mir verbessert aus: *Carthogo* der Satzvorlage. – *mit Fieldings und Butlers Ausdrücken*: Fielding gibt dem armen Landpfarrer Adams eine (von seinem ›clerk‹ geliehene) Schindmähre, die genau so geläufig niederkniet wie ihr Eigentümer (Joseph Andrews II, 5). In Butlers »Hudibras« reitet der Held ein Pferd, das nicht (wie nach manchen Berichten das Pferd Caesars) niederkniet, um seinen Herrn aufsitzen zu lassen, sondern um ihn abzuwerfen (Canto I). – *Bucephalus*: Bukephalos, griech. ›Stierkopf‹, das Lieblingspferd Alexanders des Großen. – *Obristen Charters*: Francis Charters lebte von 1669–1731. Über ihn Lichtenberg ausführlich in SB III, S. 740–744. – *Arbuthnot ... Grabschrift*: Lichtenberg notierte das »Epitaph of Colonel Charters« bereits B 399; er lernte es durch Popes Anmerkung zu seinen »Moral Essay« III, S. 20, kennen. John Arbuthnot (1667–1735), engl. Mediziner und satirischer Schriftsteller, Verfasser der gegen Marlborough gerichteten Satire »The history of John Bull« (1712), dessen Held zum Inbegriff des britischen Nationalcharakters wurde.

12 *unersättlicher*: Von mir verb. aus: *unersetzlicher* der Satzvorlage; in der Ausführlichen Erklärung übrigens von Lichtenberg selbst verbessert (s. SB III, S. 781). – *mother Needham*: Lebensdaten unbekannt. – *Pope ... in seiner Dunciade*: Gemeint ist »Dunciad« I. v. 323. Die »Dunciad«, Pope's berühmte Verssatire (1728, verändert und erweitert 1742). – *Betschwester*: Zu diesem Ausdruck s. zu E 448 und zu SB III, S. 452, 36. Hurenwirtin und Betschwester kuppelt Lichtenberg auch J 544. 545. – *Pranger*: Schandpfahl, an dem Delinquenten nach gerichtl. Urteil durch den Gerichtsfron oder Henker zur Schau gestellt und der öffentl. Beschämung preisgegeben wurden.

13 *Hackabout ... in sehr gelindem deutsch*: In der Ausführlichen Erklärung schreibt Lichtenberg (SB III, S. 746): »Mamsell Maria Jedermanns ist noch die gelindeste Übersetzung«. – *To my lofing brother...*: Dazu s. Lichtenbergs »Einige Verbesserungen und Zusätze«, GTC 1784, S. 102: »Aus allzu großem Vertrauen auf sein Gedächtniß hat der Verfasser des ersten Artikels in der Beschreibung von Hogarth *Harlo's* [sic] *progress* und zwar beym ersten Blatt *to my lofing brother* etc. gesetzt, es heißt aber *to my lofing cosen* und zwar in *Tems street*. in [sic] der franz. Uebersetzung des Calenders ist es geändert.« Ich habe Lichtenbergs Versehen nicht geändert, weil mir dies als ein zu großer Eingriff in den Text erschienen wäre. Vgl. aber die Ausführliche Erklärung des »Weg der Buhlerin« (SB III, S. 747). – *Principia der neusten deutschen Orthographie*: Zu Lichtenbergs Kritik an Rechtschreib-Reformbestrebungen (etwa Klopstocks und Voss') s. zu E 374.

15 *reicher Jude*: In der Ausführlichen Erklärung (SB III, S. 748) wird Lichtenberg deutlicher: »ein reicher Sünder aus dem alten Testamente«, ein Jude »aus dem Portugiesischen Tempel«, wohl Anspielung auf die Marranen: Juden, die, aus Spanien bzw. Portugal vertrieben, in England unter Cromwell 1655 Niederlassungsrecht erhalten hatten. – *Kopfzeug*: Damenhut; s. Lichtenbergs Kalenderartikel »Über die Kopfzeuge« (GTC 1780, S. 115–127). Im Lichtenberg-Jahrbuch 1996, S. 7-19 erfolgte ein Abdruck des Artikels, kommentiert von Irene Hölzel. – *ein kleiner Mohr*: Diese Figur gehört wie der Schornsteinfegerjunge zu Hogarths häufigem Personal; vgl. S. 81. 245. 249. – *Quin*: James Quin (1693–1766), beliebter engl. Schauspieler, vor allem in komischen Rollen; stand im Schatten Garricks. Seinen Ausspruch zitiert Lichtenberg auch SB III, S. 755. – *Garrick im Othello*: Garricks »Othello«-Repräsentation fand 1746 in Coventgarden statt. – *seine Figur mehr zu den niedlichen ... gehörte*: Darüber läßt sich Lichtenberg in den »Briefen aus England« (SB III, S. 331) aus. – *Pompey*: »Pompejus, ein Name, den man in England zuweilen Mohren gibt, so wie bei uns Hühnerhunden den von Mylord« (Lichtenbergs Fußnote SB III, S. 755). – *Jonas vor Ninive ... die Kürbisse Schatten machen*: Anspielung auf Jona 4, 7–8: »Aber der Herr verschaffte einen Wurm des Morgens, da die Morgenröte anbrach; der stach den Kürbis, daß er verdorrete. Als aber die Sonne aufgegangen war, verschaffte Gott einen dürren Ostwind; und die Sonne stach Jona auf den Kopf, daß er matt ward. Da wünschte er seiner Seele den Tod, und sprach: »Ich wollte lieber tot sein, denn leben.« – *David ... vor der Bundeslade*: Gemeint ist 2. Samuelis 6, 16: »Und da die Lade des Herrn in die Stadt Davids kam, kuckte Michal, die Tochter Sauls, durch das Fenster, und sahe den König David springen und tanzen vor dem Herrn, und verachtete ihn in ihrem Herzen.« Für ihren Hochmut wurde sie von Gott mit Unfruchtbarkeit gestraft. – *Bundeslade*: Wanderheiligtum der israel. Stämme, eine Art Schrein, der zur Aufbewahrung von Gesetzestafeln diente. Lichtenberg erwähnt sie auch L 268. – *in der Bibel steht: und der Herr schlug ihn*: Gemeint ist 2. Samuelis 6, 6: »Und da sie kamen zur Tenne Nachons, griff Usa zu und hielt die Lade Gottes, denn die Rinder traten beiseit aus.« 2. Samuelis 5, 7: »Da ergrimmte des Herrn Zorn über Usa, und Gott schlug ihn daselbst um seines Frevels willen, daß er daselbst starb bei der Lade Gottes.« – *Woolston*: Thomas Woolston (1669–1731), engl. Philosoph, neben Tolland führender Vertreter des engl. Deismus, verteidigte die christliche Religion in »The old Apology for the Truth of the Christian Religion against the Jews and Gentiles«, erschienen Cambridge 1705.

17 *Dalton*: James Dalton wurde 1730 hingerichtet. – *ein schmieriges Mensch*: Das heute nur noch in Dialekten gebräuchliche Neutrum, im 18. Jh. gang und gäbe, bezeichnete pejorativ die Frau von niedrigem Stande, die Straßendirne. – *Partridge ... im Fündling*: Anspielung auf die »muntere, drollige« Figur aus Fieldings »Tom Jones«, die Lichtenberg auch andernorts gern erwähnt; s. zu SB III, S. 329. – *Milchmaas*: Maß für das Ab- und Zumessen der Milch. – *Gibson's Pastoral-Briefen*: Edmund Gibson (1669–1748), engl. Geistlicher, Bischof von London, verfaßte eine Fülle geistlicher Erbauungsliteratur, 1745 etwa den »Pastoral Letter for Reformation of Life«. – *Bilder ... eines Straßenräubers*: Laut Bildunterschrift Mackheath! – *Sacheverel*: Henry Sacheverell (1674?–1724), berüchtigter engl. politischer Prediger insbes. gegen Dissenters und Whigs, kam 1710 wegen neuer Angriffe gegen die Regierung vor Gericht, was in London große Unruhen auslöste. – *das hier nicht erklärt werden kann*: Anspielung auf den Staupbesen an der Wand, die »pädagogische Faschine« (SB III, S. 763); über Lichtenbergs Neigung, Hogarths Eindeutigkeiten zu bemänteln, s. S. 73. 106. 134; s. auch SB III, S. 763. 797. – *Gonson*: Sir John Gonson; Lebensdaten nicht ermittelt.

19 *wie Fielding versichert*: »Diese Gattin war nicht von sehr liebreizender Erscheinung. Ob sie wirklich meinem Freund Hogarth saß,

lasse ich dahingestellt sein, aber sie glich aufs Haar jener jungen Frau, die auf dem dritten Blatt vom »Weg der Buhlerin« ihrer Herrin den Tee einschenkt.« Zit. nach Fielding, »Tom Jones« 2. Buch, 3. Kap., S. 68 (zit. nach Hanser-Ausgabe Bd. I). Lichtenberg notiert den Hinweis F 85. – *in den Stock gespannt ... im Stockhause*: Von mhd. ›ausgehöhlter Klotz, an den oder in den ein Gefangener geschlossen wird‹; Stockhaus entsprechend: Kerker. – *das Mensch*: S. zu S. 17. – *gepratschten Nase*: Laut DWb 7, Sp. 2077: *pratschig* in der Bedeutung von plump, breit(-geschlagen). S. auch S. 142; zu Lichtenbergs Nasologie vgl. S. 89. 134. 191. 209.– *Kreite*: Eigentlich Erde aus Kreta; diese Schreibweise im Niederdeutschen üblich, im norddt. Hochdeutsch noch im 18. Jh. verbreitet; s. DWb 5, Sp. 2139. – *Stil, in welchem ehemals Michel Angelo die größte Häßlichkeit ausdrückte*: Vgl. KA 202, wo auch das Strichmännchen wiedergegeben ist. Lichtenbergs Quelle konnte nicht ermittelt werden. Michelangelo Buonarotti (1475–1564), ital. Bildhauer, Maler, Baumeister und Dichter; der bedeutendste Künstler seines Jahrhunderts. Vgl. auch Lichtenbergs Kritik an Chodowiecki in einem Brief an Johann Christian Dieterich vom 6. Mai 1778 (Bw I, Nr. 478, S. 825–826). –*Fielding begleitete ... dieses Amt*: Diese Spracheigentümlichkeit begegnet auch SB III, S. 761. 762 Fußnote. – *Sir John Fielding*: Halbbruder Henry Fieldings, engl. Jurist, berühmt als Friedensrichter in Bow-Street, London, gest. 1780. – *verdächtigen Corpulenz*: Umschreibung für Schwangerschaft.

21 *Hektik*: Griech. ›Schwindsucht‹. – *Fargatsch zu Hamburg*: Lebensdaten unbekannt. – *Moliere's Zeiten*: Anspielung auf »Le malade imaginaire« von Molière (1673 uraufgeführt). – *Privilegio saignandi ... orbem*: Vorrecht, zur Ader zu lassen ... zu töten überall in der Welt. – *Gennis*: Lebensdaten unbekannt. – *das*: Von mir verb. aus: *daß* der Satzvorlage. – *Rocks Avertissement*: Gemeint ist der berüchtigte »Franzosen-Doktor« Rock, der die Franzosenkrankheit auf seine Art zu kurieren vorgab. Lebensdaten unbekannt. – *Avertissement*: Franz. Anzeige, Einladung. – *auch hier wieder*: Etwa in den »Vier Tags-Zeiten. Der Morgen« (SB III, S. 709). – *holländischem Spuckpöttchen*: Über die für Holland im 18. Jh. offenbar charakteristischen Spucknäpfe (Quispedorje) in Verbindung mit der Sitte des Pfeifenrauchens s. Gumbert, Lichtenberg und Holland. Utrecht 1973, S. 42–45. Vgl. J 172. – *Hogarth ... in den neusten Ausgaben eine Obscönität wegzuwischen gesucht*: Auf die in Hogarths Stichen versteckt angebrachten »Zotenstriche« kommt Lichtenberg auch S. 35. 123. 185 zu sprechen. Zu erkennen sind an der Decke jedenfalls die Initialen M. H. für Mary Hackabout.

23 *Nonnen ihres Ordens*: Umschreibung für Huren; s. auch S. 154. 263. – *Rouquet*: André Rouquet (1701–1758), franz. Miniaturbildnismaler und Kunstschriftsteller, lebte ca. 30 Jahre in London, genannt »Le Raphael de l'émail«, veröffentlichte »Lettres de Mr.[xx] à un de ses amis à Paris, pour lui expliquer les estampes de Mr. Hogarth«, Paris 1746. – *Bellisle*: Charles Louis Auguste Fouquet (1684–1761), seit 1748 Herzog von Belle-Isle, franz. Marschall und Befehlshaber der franz. Armee im Österreichischen Erbfolgekrieg, befand sich 1744 bis 1745 in engl. Kriegsgefangenschaft. – *c'est ... sujet*: das ist eine Posse, bei der die Verblichene mehr Anlaß als Gegenstand ist. Rouquet, S. 10. – *Gray in seiner vortreflichen Elegie*: Gemeint ist die »Elegy written on a country churchyard«, erschienen London 1750. – *undertaker*: »The company of undertakers«, die »Leichenbesorger-Gilde« (s. S. 161) überschrieb Hogarth ein Blatt, das Lichtenberg, Nichols folgend, »Consultation of Physicians – Das Collegium Medicum« betitelte (S. 161–164). – *Couple-Beggar*: »Gesindel-Kopulator« deutscht Lichtenberg in der Ausführlichen Erklärung (SB III, S. 813) ein. – *His ... sight*: Seine linke Hand verschüttet den Wein, seine rechte – ich schäme mich zu ergänzen – ist außer Sicht. Bemerkenswert, daß Lichtenberg in der Ausführlichen Erklärung (SB III, S. 813) wesentlich weniger drastisch schreibt. Der Verfasser des Gedichts wurde nicht ermittelt. – *Mary Adams*: Wegen Diebstahls 1737 gehenkt, weitere Lebensdaten unbekannt.

24 *ein anderer Tadel*: Während Lichtenberg an dieser Stelle kritisiert, daß bei dem Leichenbegräbnis einer Hure Trauerringe und Handschuhe ausgeteilt worden sein sollen, verbessert er sich in der Ausführlichen Erklärung (SB III, S. 810 Fußnote). – *Brummkräusel*: In der Ausführlichen Erklärung schreibt Lichtenberg »Spitzkräusel«. Zu dieser Schreibweise s. zu D 698. – *allerley Muthwillen ausgedruckt*: Lichtenberg spielt auf das Trauer-Wappen an der Wand an (vgl. S. 36), das seiner Ausführlichen Erklärung (SB III, S. 816) zufolge eine »Art von Hahn für Fässer« dreifach darstellt, aber zugleich auf das französische Wappen anspielt, das eigentlich Lilien aufweist. Die sexuelle Assoziation von Hahn und Faß zur Franzosenkrankheit (Syphilis) ist unübersehbar. Von Hogarths »Muthwillen« schreibt Lichtenberg auch S. 49. 176. 250. – *auf das Theater brachte*: Wann und durch wen das geschah, wurde nicht in Erfahrung gebracht.

HERUMSTREIFENDE COMÖDIANTEN, DIE SICH IN EINER SCHEUNE ANKLEIDEN

Erstveröffentlichung und Satzvorlage: Herumstreifende Comödianten, die sich in einer Scheune ankleiden. Der Abdruck dieses Textes entspricht der Fassung im »Göttinger Taschen Calender« für 1784, S. 28–37. Eine Handschrift ist nicht überliefert. Der Text, vermutlich Juli/August 1783 niedergeschrieben, ist im Herbst 1783 veröffentlicht worden. Lichtenberg hat dieses Blatt als Erste Lieferung 1794 (SB III, S. 669–688) ausführlich erklärt. In den Anmerkungen wird gegebenenfalls auf diese Ausgabe verwiesen. Kupferstich und Radierung von Hogarth erschienen 1738. Lichtenberg hat auch diese Kalendererklärung ohne begleitende Abbildung gelassen. Welchen Rang Lichtenberg dieser Arbeit Hogarths zuerkannte, geht aus S. 9 und 111 hervor.

27 *Guinee*: S. zu S. 8. – *Grabstichel*: Ein dem Meißel ähnliches Werkzeug aus harten Schneidstoffen mit verschieden geformter Schneide zum Gravieren. Vgl. G 201. – *Laune*: Mit diesem Begriff aus der Ästhetik des 18. Jh.s charakterisiert Lichtenberg Hogarths gestalterische Eigenart; darüber s. SB K III, S. 321–322; im übrigen S. 22. 26. 47. 103. 115. 232. 278. – *Lombre-Karte*: L'hombre: ein von den Spaniern im 15. Jh. erfundenes Kartenspiel, im 18. Jh. auch in Deutschland populär; höchster Trumpf – Spadille – ist das Pik-As. – *drolligtsten*: Seit dem 18. Jh. kommt das Wort oft mit Suffix -icht, -igt vor; interessant der Bedeutungswandel zum 19. Jh. hin; dieses verharmlosende Lieblingswort des Biedermeier wird von Lichtenberg eher im Sinne von »grotesk-komisch« gebraucht und vielfach auf Hogarth und dessen Stil angewandt; s. SB K III, S. 321; s. auch S. 27. – *Dorisches Portal ... Triglyphe*: Griech. ›Dreikerb‹, rechteckige Steinplatte mit zwei vollen und zwei

äußeren halben Rillen, die zusammen mit den Metopen den Fries des dorischen Tempels bildet. – *vollendeten*: Von mir verb. aus: *vollendenten* der Satzvorlage. – *wogedonnernden Meeres*: Zitat aus »Ilias« 2, 209, in der Übersetzung des Grafen zu Stolberg (Ges. Werke II, 52; 1820), bei dem es heißt: »rauschend wie das Wasser des wogendonnernden Meeres«. – *Aeolus*: Griech. Aiolos, der Beherrscher der Winde, der Sage nach auf der unzugänglichen Insel Äolia zu Hause. – *Syrene mit Fischschwanz*: Nach der griech. Mythologie mit betörendem Gesang begabte göttliche Wesen, Mischwesen aus Vogel- und Mädchenleibern, seit dem Mittelalter mit Fischleibern abgebildet. Horaz in seiner »Ars poetica« lehnt derartige Mischwesen ab. – *Schnürleib*: Das Korsett des 18. Jh.s. – *Aurora mit dem Morgenstern*: Bei den lat. Dichtern die Göttin der Morgenröte, griech. Eos. – *Seeläuse*: Eine Art kleiner Seekrebse; von Lichtenberg entsprechend des meerischen Milieus der Sirenen gebraucht. – *knickt*: Zu diesem einschlägigen Verb vgl. S. 102. – *Vogel Jupiters*: Der Adler.

28 *Parlementsakte gegen ... Comödianten*: Die Verordnung gegen Wanderschauspieler wurde 1737 erlassen. Sie verbot das Theaterspiel außerhalb Londons. - *Breypfännchen*: In DWb 2, Sp. 355, wird nur ein Beleg von Goethe angeführt. Breipfanne svw. Bräupfanne, Braupfanne. – *Der Teufel ist los im Himmel*: John Mottley (1692–1750), engl. Dramatiker, dessen Comic opera »The Devil to pay« 1731 in Drury Lane uraufgeführt wurde; die engl. Vorlage wurde unter dem Titel »Der Teufel ist los« mit dem Libretto von Weiße und der Vertonung von Hiller einer der größten Publikumserfolge des deutschen Theaters im 18. Jh., s. auch SB K III, S. 331, zu 670, 33 f. – *armen Tröpfe*: Ähnliche Wendungen begegnen auch andernorts; s. Wortregister in SB K I+II. – *mystisch*: Dieses Adjektiv (s. auch S. 246. 260) sowie das Substantiv *Mystic* (S. 118) gebraucht Lichtenberg nicht in einem religiösen Sinn, sondern umgangssprachlich abwertend. S. auch das Wortregister in SB K I+II. – *Phöbus*: Griech. ›der Lichte, Reine‹, Beiname des griech. Gottes Apollon, gern dargestellt mit der Leier in der Linken, an welche die Zügel der vier Flügelrosse gebunden sind, auf einem Wagen. Seine Attribute sind Bogen, Leier, Lorbeer. – *drolligter*: S. zu S. 27. – *Catheti*: Katheten; die beiden kürzeren, den rechten Winkel bildenden Seiten eines rechtwinkligen Dreiecks. – *ein Malter*: Deutsches Volumenmaß für trockene Schüttgüter, vor allem Getreide. In Hessen-Darmstadt betrug 1 Malter = 128 l. – *Pantheons*: Im alten Rom ein ›Allgott-Tempel‹, Sammelplatz oder Tempel aller Götter; hier ironisch gemeint. – *Diana*: Altital. Göttin der Wälder, identifiziert mit der griech. Artemis: Zwillingsschwester Apollons, Göttin der Jagd und des Mondes, Beschützerin der Jungfräulichkeit, dargestellt als die Doppeltgegürtete. – *biscincta Diana*: Die Schauspielerin also das ganze Gegenteil der jungfräulichen Göttin.

29 *Parlementsakte*: Von mir verb. aus: *Parlemensakte* der Satzvorlage. – *junger Anflug*: Forstwirtschaftlich, botanisch: junges aus dem Samen wild angewachsenes Nadelholz (Adelung I, 1808, Sp. 295). – *Juno*: Griech. Hera: die höchste Göttin der antiken Mythologie, Gemahlin Jupiters. – *Göttinn der Nacht*: Von mir verb aus: *Göttinn der Macht* der Satzvorlage. – *die Don's ... die Mounsieurs etwas abkriegen*: Also die Spanier und die Franzosen. – *Mars*: Röm. Gott des Krieges, in Angleichung an den griech. Gott Ares als gerüsteter Krieger (mit Helm) dargestellt. – *Minerva*: Altitalische Göttin, Beschützerin des Handwerks, später mit Athene gleichgesetzt, der jungfräulichen Beschützerin der Künste und des Friedens, von Phidias mit dem Helm auf dem Haupt dargestellt, der oben mit der Sphinx, an den Seiten mit Greifen geschmückt ist. – *Diogenes*: D. von Sinope (geb. ca. 412 v. Chr.), berühmter kynischer Philosoph, von Platon der ›rasende Sokrates‹ genannt. Unter den vielen Anekdoten, die von ihm von alters her überliefert werden, ist auch die, nach der Diogenes am hellichten Tag mit einer brennenden Laterne auf dem Markt mitten unter die Leute gegangen sei und auf die Frage, was er suche, geantwortet habe: »ich suche Menschen« Er starb zu Korinth 323 v. Chr. – *Kopfzeugen*: S. zu S. 15. – *Senatus ... Romanus*: Senat und Volk von Rom; abgekürzt S. P. Q. R. Berühmte Formel auf Feldzeichen, Gebäuden usw., die ausdrückte, daß der röm. Staat auf dem Zusammenwirken von Senat und Volk beruhte. – *Oedipus*: Nach der Sage ein griech. Königssohn, dem geweissagt wurde, er werde seinen Vater erschlagen, seine Mutter Iokaste heiraten und mit ihr Kinder zeugen. – *Trusler ... Hogarth moralized*: »Hogarth moralize d. Being A Complete Edition of Hogarth's Works. Containing near Fourscore Copper-Plates, most elegantly engraved. With An Explanation, Pointing out the many Beauties that may have hitherto escaped Notice; And A Comment on their Moral Tendency. Calculated to improve the Minds of Youth, and, convey Instruction, under the Mask of Entertainment.« London 1768, mit 78 Tafeln. John Trusler (1735–1820), engl. Geistlicher, Mediziner, Buchdrucker und vielseitiger Schriftsteller. Eine deutsche Übersetzung seines Hogarth-Kommentars erschien Hamburg und Leipzig 1769 unter dem Titel »Die Werke des Herrn William Hogarth in Kupferstichen Moralisch und Satyrisch erläutert.« Merkwürdigerweise findet sich der Trusler, den Lichtenberg in seinen Kalendererklärungen, aber auch in den Ausführlichen Erklärungen zu Hogarth vielfach erwähnt, nicht in der Göttinger Staats- und Universitätsbibliothek, nicht in der »Bibliotheca Lichtenbergiana«, lediglich in München. – *Bludschänderische*: So in der Satzvorlage. – *Trusler ... angespielt habe*: In seiner Interpretation von »The Company of Strollers« schreibt Trusler S. 186 seiner oben angeführten Monographie: »Mr. Hogarth, by giving them the names of Oedipus and Jocasta, would intimate, that so lost are these people to every sense of virtue, that they hold all things in common, and, give a general loose to unbridled appetite.« – *drolligt*: Zu diesem Begriff s. zu. S. 27. – *Jocasta*: Von mir verb. aus: *Jocosta* der Satzvorlage.

30 *Laune*: Zu diesem Begriff s. zu S. 27. – *Scholiasten*: Abgeleitet von griech. scholia; Scholien die von den alten Grammatikern herrührenden erklärenden Anmerkungen zu griech. und lat. Schriftstellern; Scholiasten: ihre Ausleger. – *einem Stück*: Von mir verb aus: *einen* der Satzvorlage. – *Tröpfe*: S. zu S. 28. – *Wood*: Lebensdaten unbekannt, Das Originalgemälde von 1738 verbrannte 1874. – *Guineen*: S. zu S. 8. – *Künftig ... mehr, wenn es verlangt werden sollte*: Bekanntlich wurde Kalenderjahrgang für Kalenderjahrgang Hogarth immer mehr verlangt.

HOGARTHS LEBEN DES LIEDERLICHEN

Erstveröffentlichung und Satzvorlage: Hogarths Leben des Liederlichen mit Zeichnungen der vorzüglichsten Köpfe erläutert. In: Göttinger Taschen Calender für 1785, S. 119–168, mit 8 Blättern. Mit dieser Kalender-Erklärung und diesem Jahrgang beginnt die Zusammenarbeit mit Riepenhausen, dem

Nachstecher Hogarths, die erst mit dem Tode Lichtenbergs endet. Der Text, von dem eine Handschrift nicht überliefert ist, vermutlich Juli/August 1784 niedergeschrieben, ist im Herbst 1784 veröffentlicht worden. Die von Ullrich Joost in dem von ihm zusammen mit Gerd Unverfehrt herausgegebenen Katalog »Hogarth und die Nachwelt. Von Lichtenberg bis Hrdlicka« Göttingen 1988, mitgeteilten »Entwürfe zum Rake« (ebenda S. 106–107; Signatur des Originals im Nachlaß: SUB Göttingen, Ms. Lichtenberg IV, 48) beziehen sich offensichtlich auf Vorarbeiten zur Ausführlichen Erklärung des »Rake«. Auf Grund des Publikumserfolgs entschied sich Johann Christian Dieterich, der Verleger unter anderem des »Göttinger Taschen Calenders«, für eine zweite Auflage noch im gleichen Jahr, und Lichtenberg nutzte die Neuauflage zu einer Überarbeitung des gesamten Kalenderjahrgangs. Insbesondere ergänzte er das »Leben des Liederlichen« durch zwei weitere Blätter und zusätzliche Erklärungen (GTC 1785^2, S. 168–179). Abraham Gotthelf Kästner teilt Lichtenberg nicht ohne Stolz (Bw II, Nr. 1324, S. 964) am 22. Dezember 1784 mit: »Ew. Wohlgebohren werden kaum glauben, daß der hiesige Taschen Calender wieder aufgelegt werden muß. Es ist alles verkaufft und die Bestellungen laufen in die hunderte. Die neue Auflage ist schon abgedruckt; ich werde sie Ew. Wohlgeboren zusenden so bald ein gebundenes Exemplar da ist. Ich habe sie mit 2 Platten zum Hogarth und der nöthigen Beschreibung vermehrt, auch einige Fehler corrigirt, alles auf Verlangen«. In den »Göttingischen Anzeigen von gelehrten Sachen«, 25. Stück. Den 14. Februar 1785, S. 241–242, erfolgte – vermutlich aus der Feder Kästners – dieser Hinweis: »Der Taschencalender für 1785 hat so viel Beyfall gefunden, daß eine neue Auflage nöthig gewesen ist. Denen acht Blättern mit Köpfen aus Hogarths Leben eines Lüderlichen sind noch zwey beygefügt; sie enthalten noch mehr Vorstellungen aus eben dieser Geschichte, und Hogarths eigene Abbildung, ohngefähr in der Stellung, wie er das Thor von Calais abzeichnete, eine Unvorsichtigkeit, bey der ihn nur der Aachner Friede vom Hängen rettete. Man hat in den künftigen Calendern mehr Darstellungen nach Hogarth zu hoffen.« Ähnlich äußert sich Lichtenberg gegenüber Samuel Thomas Sömmerring (Bw III, Nr. 1339, S. 13) am 7. Januar 1785: »Dietrichs Taschen Calender hat einen solchen Abgang gehabt, daß er ihn noch einmal gantz neu aufgelegt hat. Ich habe ihn etwas vermehrt.« Als Dritte Lieferung der »Ausführlichen Erklärungen der Hogarthischen Kupferstiche« erschien »Der Weg des Liederlichen« Göttingen 1796 (SB III, S. 820–910). Kupferstiche und Radierungen dieser Folge von Hogarth erschienen 1735. Sie basieren auf Gemälden, die 1733/34 entstanden sind. Hogarths Vorläufer: italienische Graphik, die im 17. Jahrhundert populär war, auch Zyklen wie die von Callot, die das biblische Gleichnis vom Verlorenen Sohn ausmalten; als literarische Anregung kommt die Erzählung »The Accomplish'd Rake« von Mary Davis (1727) in Betracht.

31 *Der Beyfall, womit man ... die Erklärung ... im vorjährigen Calender beehrt*: In der »Allgemeinen deutschen Bibliothek« Bd. 58 (1784), 1. Stück, S. 113, schreibt J. J. Eschenburg »von dem bekannten Herausgeber dieses Taschenbuchs ist demselben ein mit seiner gewöhnlichen Laune geschriebener Aufsatz über die Hogarthischen Kupferstiche eingerückt, dessen Fortsetzung jedem Kunst- und Menschenkenner überaus erwünscht seyn wird. Auch ohne die Abbildungen zur Hand zu haben, sind hier die gesammelten Züge und Eigenheiten des Hogarthischen Genies verständlich.« – *Riepenhausen ... dieses jungen Künstlers*: Ernst Ludwig Riepenhausen (1762–1740), Göttinger Universitätskupferstecher, der unter anderem die Nachstiche zu Lichtenbergs Hogarth-Erklärung schuf. Er wohnte Paulinerstr. 20 in einem früher Dieterich gehörenden Haus, das auf dem Hof des ehemals Schlözerschen Grundstücks stand und damit an den Hof des Dieterichschen Hauses an der Prinzenstraße grenzte. Über ihn siehe Otto Deneke, in: Göttinger Nebenstunden Nr. 14, 1936, S. 65–85.

33 *bon vivant*: Franz. ›Lebemann‹. – *grader absteigender Linie*: Begriff aus der Genealogie: linea recta descendens – in der Geschlechtsfolge die Kinder und Kindeskinder. – *von Oxford gekommen*: Das heißt, vom Ort seiner ›Studien‹, der eigentlich eine der berühmtesten engl. Universitäten beherbergt, gegründet im 13. Jh. – *Specimen*: Probe, Versuch, Beweis. – *die Zeichnung der Schönheit ... nicht die Sache des Zergliederers derselben*: Anspielung auf Hogarths kunsttheoretische Schrift »The analysis of beauty« (1753); zu Lichtenbergs Anmerkungen, Hogarths Darstellungen vor allem weiblicher Schönheit betreffend, vgl. S. 154. 244. 260 und SB K III zu S. 824. – *Gilpin ... glaubte*: »The only one, which displays the true vis comica of Hogarth, is the appraiser fingering the gold. You enter at once into his character.« Zit. nach »Essay upon Prints«, London 1768^2, die deutsche Übersetzung erschien als »Abhandlung von Kupferstichen, worin die allgemeinen Grundsätze der Regeln der Malerey abgehandelt werden« Frankfurt und Leipzig 1768, übersetzt von Johann Jacob Volkmann. William Gilpin (1724–1804), engl. Geistlicher, Reiseschriftsteller und Zeichner, Verfasser theolog. und biograph. Schriften.

34 *vernünftige*: Von mir verb. aus: *vernüuftige* der Satzvorlage. – *Schneider ... aussehen wie die Schuster*: Diese Berufe nennt Lichtenberg in F 780 in einem anderen Zusammenhang miteinander. Als Sprichwort nicht nachgewiesen. – *Hogarthische Laune*: Darüber s. zu S. 27. – *Pergamenen*: Pergamen (Pergament), das ist Papier von der Stadt Pergamus in Asien, wo man es als Ersatz der Papyrusblätter verfertigte; auf eigentümliche Weise zubereitetes Esels-, Schaf- oder Kalbsleder; eine auf solches Leder niedergeschriebene Schrift oder Urkunde. – *Inventariis*: Vermögens- oder Hinterlassenschafts-Verzeichnisse. – *Reversen*: Juristisch: schriftliche Gegenversicherungen, Verwahrungsscheine. – *Hausbuch*: Nach pietistischer Übung das täglich zu führende Buch über das moralische Soll und Haben; hier: das Buch über ökonomische Einnahmen und Verluste. Lichtenberg gebraucht das Wort auch K S. 838; SK 569. – *Ditto*: Auch: detto, ital. ›desgleichen‹. – *kein großer Schriftsteller wirft ein Wort weg*: Vgl. S. 122 und Anm.

35 *Kein Engländer ... glaubt ...*: Zu diesem Vorurteil s. »Das Thor von Calais« (S. 114–123) und »Frankreich und England« (S. 250–257). – *soup meagre*: Franz. ›Wassersuppe‹. Für den Durchschnittsengländer der Inbegriff der französischen Küche; vgl. S. 192. 254. – *bösen Schilling*: Böse im Sinne von: schlecht, unecht, nicht mehr im Umlauf, seit dem Mittelalter in bezug auf Geld gebräuchlich; s. DWb 2, Sp. 251–252. – *Lucubration*: Nachtarbeit. – *an einem andern Ort*: Demnach plant Lichtenberg schon 1784 eine ausführliche Erklärung und – in Buchform – unverblümter als im Kalender. – *Cornische*: Franz. corniche: der oberste Teil am Gesimse der Säulen oder an einem Gebälk, der Gesimskranz. – *Profitchen*: Lichtenberg gebraucht diesen Ausdruck auch K 163. 164. 165.

36 *In den Trauerzimmern ... Wappenschilde aufzuhängen*: Zu diesem Brauch vgl. S. 24.

37 *Lever*: Franz. ›das Aufstehen‹; die Morgenaufwartung bei Fürsten und vornehmen Herren. – *Klopfechter*: Berufsmäßige Fechter, die wandernd wie Handwerksburschen ihre Kunst lehrten und sich für Geld sehen ließen. Im 17. und 18. Jh. unter betrügerischen Landstreichern geführt. – *Bravo*: Ital. ein Haudegen; bes. ein gedungener Meuchelmörder. – *Antichambre*: Franz. ›Vorzimmer‹ (eines großes Herrn). – *Wohnsitz der Courage*: Gemeint ist: das Herz. – *Rouquet tadelt ...*: Gemeint ist »Essay on Prints«, London 1768, S. 17. 3. – *Rouquet*: S. zu S. 23. – *Bully*: Engl. brutaler Kerl, Maulheld. – *Eisenfresser*: Svw. Prahlhans; Belege in DWb 3, Sp. 369–370; schon bei Luther belegt. – *Essex*: John Essex (Lebensdaten unbekannt), seinerzeit berühmter engl. Tanzlehrer in London. – *pas frisé*: Franz. wörtlich: krauser Schritt; bogenförmige Tanzfigur. S. in SB K I+II zu C 224. – *können*: Von mir verbessert aus: *kann* der Satzvorlage. – *Du Bois*: Lebensdaten unbekannt.

39 *Rapier*: Fechtdegen. – *Figg*: James Figg (Geburtsdatum unbekannt), gest. 1734, war ein so berühmter engl. Faustkämpfer, daß ihn sogar das »Dictionary of English Biography«, Vol. XVIII, S. 437–438, aufführt. Ein gesondertes Bild liefert Lichtenberg SB III, S. 849. – *Gegeneinanderstellung der Nationen*: England–Frankreich. Zu der ins Bild gebrachten ›Erbfeindschaft‹ vgl. S. 250–257. – *Bridgeman*: Charles (gest. 1738), engl. Kunstgärtner unter Georg I. und Georg II., gegen 1720 Aufseher der königl. Gärten. – *Vielleicht erscheint er künftig*: Auf dem Neunten Blatt (I) der »Zusätze« zu dem »Leben eines Liederlichen«, GTC 1785, 2. Auflage, S. 61 unserer Ausgabe, hat Lichtenberg seine Ankündigung wahrgemacht. – *Händel*: Georg Friedrich H. (1685–1759), aus Halle, berühmter Komponist, Opern- und Oratorienschöpfer, seit 1712 in England; in Westminster Abbey beigesetzt. – *Hawkins*: John Hawkins (1719–1789), Sir, Schriftsteller und Freund Johnsons, Verfasser von »The Life of Samuel Johnson«, London 1787; dessen Werke er nach Johnsons Tod herausgab. Vgl. über ihn zu F 1057 und SB K III, zu S. 846. – *a priori*: Argumentum a priori: ein Beweis, der sich nicht auf Erfahrungen, sondern nur auf theoretische Überlegungen gründet.

40 *Trusler in seinem Hogarth moralized*: In der Fußnote zu S. 22 erwähnt Trusler »Handel«. – *seinem*: Von mir verb. aus: *seinen* der Satzvorlage. – *Hogarth's Wittwe ... verkauft*: Tatsächlich erschien Truslers Monographie »With the Approbation of Jane Hogarth, Widow of the late Mr. Hogarth« und »Sold by ... Mrs. Hogarth, at her House in Leicester-Fields.« – *Farinelli*: Eigentlich Carlo Broschi (1705–1782), ital. Sänger aus Neapel, 1734–1736 in London; Umfang, Atemkraft, Biegsamkeit seiner Stimme sollen ohne Beispiel gewesen sein. Fieldings Spott im »Pasquin« und in den »Denkwürdigkeiten« machte Farinelli in London unmöglich, und er reiste ab. – *Orpheus ... wie er die Thiere anzieht*: Orpheus, nach dem griech. Mythos Sohn des Apoll und der Muse Kalliope, thrakischer Sänger und Spieler der Lyra, der die wilden Tiere, Steine und Bäume zu bezaubern vermochte. Seit dem 6. Jh. v. Chr. erscheint Orpheus in bildlichen Darstellungen als Sänger unter den Tieren. – *Epsom*: In Epsom, in der Grafschaft Surrey südwestlich Londons, fanden und finden traditionell Pferderennen statt. Lichtenberg kommt auf seinen Besuch in Epsom – Oktober 1774 – noch in den Hogarth-Erklärungen (SB III, S. 842) zu sprechen; s. auch RT 5. – *Streithahnen*: Der Hahnenkampf, eine bes. in England beliebte Volksbelustigung, die 1849 gesetzlich verboten wurde. Eine Erklärung von Hogarths Blatt »Das Hahnengefecht« (The Cockpit) gibt Lichtenberg im »Göttinger Taschen Calender« für 1791, S. 193–206 (s. S. 186–194). – *Urtheil des Paris*: Anspielung auf die griech. Sage von dem Streit der Göttinnnen Hera, Athena und Aphrodite um den Preis der Schönheit, bei dem Paris als Schiedsrichter erkoren wurde, der sich für Aphrodite entschied und dafür Helena erhielt. Das »Urteil des Paris« wurde seit dem 7. Jh. v. Chr. häufig in der Bildenden Kunst dargestellt. – *Antichambre*: S. zu S. 37.

41 *lüderlichen Hause*: Vgl. S. 12. – *Nero*: Röm. Kaiser 54–68 n. Chr. (geb. 37 n. Chr.), Inbegriff des vom ›Cäsarenwahnsinn‹ besessenen Despoten, der öffentlich als Sänger, Schauspieler und Wagenlenker auftrat, Rom niederbrannte, Christen grausam verfolgte und durch Selbstmord endete. – *die Bilder des Thierkreißes*: Widder, Stier, Zwillinge, Krebs, Löwe, Jungfrau, Waage, Skorpion, Schütze, Steinbock, Wassermann, Fische. S. auch SB III, S. 411. – *Montgolfierschen Maschine*: Josèphe Michel Montgolfier (1740–1810), franz. Papierfabrikant in Annonay, konstruierte mit seinem Bruder Jacques Etienne (1749–1799) den ersten Warmluftballon, der im November 1782 in Annonay gestartet wurde. – *Augustus*: Ursprünglich Caius Octavius (63 v. Chr. bis 14 n. Chr.), Adoptivsohn seines Großonkels Caesar; der erste römische Kaiser. – *Titus*: Titus Flavius Vespasianus (39–81), röm. Kaiser seit 79, Sohn des Vespasian, der ihm die Fortführung des Jüdischen Krieges übertrug, nachdem im Herbst 70 die Zerstörung von Jerusalem erfolgt war. – *Otho*: Marcus Salvius Otho (32–69 n. Chr.), röm. Kaiser 15. 1–16. 4. 69, endete durch Selbstmord. - *Den Löchern ... an der Wand*: Diese Passage zitiert Lichtenberg in der Ausführlichen Erklärung von »Der Weg des Liederlichen« (SB III, S. 852) und erwähnt in Zusammenhang mit seiner Interpretation den »Beifall eines Kenners«: Johann Joachim Eschenburg (Bw III, Nr. 1378, S. 89) vom 13. Juni 1785. – *der drollige Künstler*: Zu dieser Charakteristik s. zu S. 27. – *Vespasianus*: Titus Flavius V. (9–79 n. Chr.), seit 69 röm. Kaiser, erhielt 67 den Oberbefehl im Krieg gegen die Juden. Im Jahr 70 n. Chr. zerstörte er Jerusalem. – *Muschen*: Wohl abgeleitet von franz. ›mouche‹: Schönheitspflästerchen. – *die Najade Cloacina*: Cloacina, lat. ›die Reinigende‹; Beiname der Venus bei den Römern. S. auch S. 93 und SB K III zu SB III, S. 695. – *ein ... berühmtes Mensch*: Zu diesem Neutrum s. zu S. 17. – *Macrini's Kinder*: Magrini, berühmter Akrobat des 18. Jh.s, trat 1777 in Göttingen auf (s. Bw I, Nr. 433, S. 777). – *Trusler sagt ...*: Auf S. 25 schreibt Trusler: »In the front, is a woman, stripping herself, in order to exhibit some indecent postures; a filthy talent she was celebrated for; that large dish, the man is bringing in, being designed as an apparatus of one of her positions.« In einer Fußnote vermerkt Trusler: »Aratine, a woman, who exhibited such postures, publickly, for a maintenance«. – *Leatherhead*: »One Leatherhead, a noted porter, who belonged, many years, to the *Rose* tavern, remarkable for his universal knowledge of the women of the town.« (Trusler Fußnote S. 25) Die »Rose« war Trusler S. 24 zufolge zu seiner Zeit ein Haus in Drury Lane, bekannt »for the reception of abandoned women, and, such persons, as took more delight in lewd and licentious enjoyment, than, in the more rational entertainment of mutual conversation.« Vgl. SB III, S. 858: Leather coat. »Women of the town«: Umschreibung für Straßendirnen, auf die Lichtenberg auch S. 159 anspielt.

43 *the black Joke*: Engl. ›der schwarze Spaß‹; Text und Autor nicht nachgewiesen. – *abblärrt*: abplerren: widerlich herschreien (DWb 1, Sp. 83. – *David mit der Krone*: S. zu S. 15. – *drollig*: Zu diesem Ausdruck s. zu S. 27. – *welches ... läßt*: Seit dem 17. Jh. gebräuchliche Redewendung im Sinne von: es hat den Anschein, sieht aus; begegnet nur in der dritten Person. In Lichtenbergs Briefen und Schriften begegnet diese Wendung häufig; s. auch S. 253. – *Chapeaus*: Chapeaux: franz. wörtlich ›Hüte‹; im 18. Jh. Umschreibung für den modebewußten Kavalier. – *Planiglobia*: Kartographische Wiedergabe der Erdoberfläche in zwei Kreisflächen (Erdhalbkugelkarten). – *Totvs mvndvs*: Lat. ›die ganze Welt‹. – *Einer von Hogarth's Commentatoren*: Ireland I, S. 39: »A third, enraged at being neglected, holds a lighted candle to a map of the globe; determined to set the world on fire, though she perish in the conflagration.« Auch Trusler äußert S. 25: »behind them, is another, in excess of anger, at being neglected, wantonly, putting a candle to a map of the world, swearing she will fire the globe, and, expire in its flames«. – *das Feuer, welches zuerst in Amerika ausbrach*: Gemeint ist die Syphilis, deren geschichtlich nicht verbürgten Import durch die Spanier Lichtenberg bereits KA 233 vermerkt. – *5ten Welttheil*: Australien, vormals Neuholland genannt, wurde als Erdteil erst 1770 von James Cook entdeckt. – *Quecksilber*: Das ›probate‹ Mittel gegen Geschlechtskrankheiten im 18. Jh.; vgl. S. 68. 134. 221. – *Hoadly*: Benjamin Hoadley (1676–1761), Lord Bishop von Winchester, engl. liberaler Theologe. Nach Hogarths Gemälde von 1743 fertigte B. Baron Radierung und Kupferstich an. John Hoadly (1711–1776), dessen jüngster Sohn, Lyriker und Dramatiker, Geistlicher, befreundet mit Garrick und Hogarth. – *Endzweck*: Zu diesem Begriff s. SB K I+II, S. 1165. – *Pajazzo*: Bajazzo, ital. pagliaccio: ›Possenreißer, Clown‹. Vgl. G 216. – *Mensch, dem*: Von mir verb. aus: *den* der Satzvorlage. – *Luftspringer*: Akrobat; Lichtenberg gebraucht das Wort positiv auch F 645; G 121.

44 *eine Probe*: Hoadlys Gedicht ist komplett von Trusler, S. 25–26 Fußnote, abgedruckt.

45 *en Gala*: Franz. ›in Hochglanz‹. – *ersten März, als dem Geburtstag der Königin Carolina*: Wilhelmina Caroline (1. 3. 1683–1737), Tochter des Markgrafen Johann Friedrich von Brandenburg, heiratete 1705 Georg Augustus, den Prinzen von Hannover, den späteren Georg II. von England (seit 1727). – *St. James*: St. James's Palace: seit 1691 die Residenz der engl. Könige in London Ecke Pall Mall und St. James's Street. – *Wälschmannes*: Walliser. – *St. Davids Tag*: 1. März, Namenstag des Schutzheiligen von Wales, weshalb Walliser an diesem Tag einen »Leak« (Lauch) im Knopfloch tragen. – *Denkmal eines erfochtenen Siegs*: Am 1. März 640, so Lichtenberg in einer Fußnote (SB III, S. 860), »erfochten, wie die Sage geht, die Welschen unter Anführung ihres Königs Cadwallo, einen großen Sieg über die Sachsen, und weil sich gerade da ein Feld mit *Lauch* befand: so steckten die Sieger Blätter davon auf ihre Hüte.« – *Stuzer*: Stutzer svw. ›Elegant, Geck‹, seit 1613 schriftlich nachgewiesen. Lichtenbergs häufiger Gebrauch dieses Wortes bezeugt das Wortregister in SB K I+II; im übrigen s. S. 100. – *Specimen*: S. zu S. 33. – *Portchaise*: Sänfte; dt. Wortbildung aus franz. porter, ›tragen‹ und chaise, ›Stuhl‹. Mode und Wort kamen zu Beginn des 18. Jh.s an dt. Höfen und in vornehmen Kreisen auf und verbreiteten sich rasch. S. auch J 1018. – *White's Caffeehauß*: Eigentlich »White's Chocolate-House«; den seinerzeit beliebten Treffpunkt der vornehmen Welt und Halbwelt in London erwähnt Fielding in »Amelia« Drittes Buch, Zehntes Kapitel; Achtes Buch, Neuntes Kapitel (SB IV, S. 154. 417).

47 *Hazardspielenden*: ›Glücksspielenden‹. – *Pfennigszeitung*: »Pfennigs-Moniteur« schreibt Lichtenberg in SB III, S. 868. – *Black's Caffeehauß*: Lichtenberg läßt sich darüber ausführlich in SB III, S. 866–868, aus. – *Gilpin ... nichts gemerkt*: Über ihn und seine Hogarth-Erklärung s. zu S. 33. – *Betrüger, der betrogen wird*: Diese Redewendung begegnet in der deutschen Literatur zuerst in Grimmelshausens »Springinsfeld«, dann in Lessings »Nathan der Weise« (III,7). Zur Genealogie dieser Redewendung, die in die Antike zurückreicht, s. Büchmann 1972[32], S. 170; s. auch unten S. 123 und SB III, S. 886. – *Galgenphysiognomie*: Ähnliche Wortbildungen finden sich S. 79. 118. 211. – *bey Parlementswahlen eine Stimme*: Zu dem engl. Wahlmodus im 18. Jh. s. zu S. 104. – *Herzogin von Devonshire*: Georgina (1757–1806), Tochter von John Earl Spencer, seit Juni 1774 verheiratet mit William, 5th Duke of Devonshire, eine der extravagantesten Damen der Londoner Gesellschaft. Über sie Lichtenbergs Brief an Dieterich vom 28. Januar 1775 (Bw I, Nr. 272, S. 504). Interessant, daß Lichtenberg in der Ausführlichen Erklärung 1796 diese Anspielung unterläßt. In Devonshire hat es bis 1790 niemals einen Wahlkampf gegeben.

49 *Hogarthischer Muthwillen*: Zu dieser Charakterisierung s. zu S. 24. - *in Hoc Signo*: In diesem Zeichen (ergänze: sollst du siegen); nach der Überlieferung erschien Kaiser Konstantin im Jahre 312 n. Chr. vor der entscheidenden Schlacht gegen Maxentius an der Milvischen Brücke von Rom ein Kreuz über der Sonne und auf griechisch die Worte »damit siege«. Bekanntlich hat Konstantin gesiegt. – *Glorie*: Heiligenschein; s. auch S. 98. – *Hogarths Mops ... in einem satyrischen Kupferstich wider ... Churchill*: Gemeint ist »The Bruiser. Der Boxer oder Charles Churchill als Bär«.

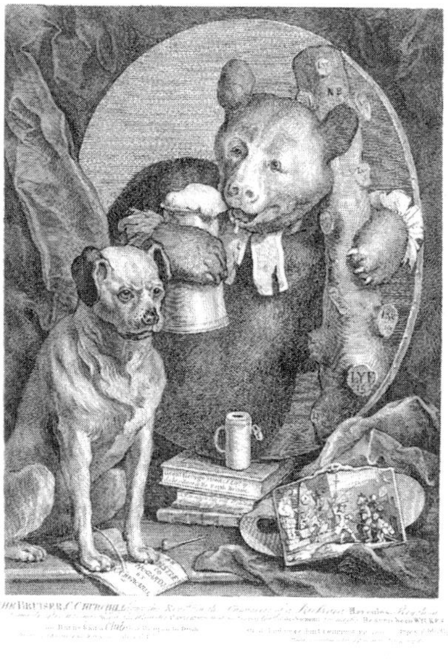

Radierung und Kupferstich erschienen 1763. Churchill (1731–1764), ein entlassener Geistlicher, Journalist und Satiriker in London, hatte als Freund und Mitarbeiter von Wilkes in die Streitigkeiten um die »Zeiten« von Hogarth eingegriffen und ein Schmähgedicht auf diesen veröffentlicht. Trump, der geliebte Hund des Künstlers, unter dessen Pfoten Churchills Schmähgedicht liegt, gibt anstelle seines Herrn der für Churchill empfundenen Verachtung Ausdruck. Interessant ist dieses Blatt auch deshalb, weil Hogarth sich in einem Bild im Bild selbst darstellt: als Führer des Bären Churchill und des Affen Wilkes. – *Von dem Pastor sagt Gilpin*: »The clergyman's face we are well acquainted with, and also his wig; tho we cannot pretend to say, where we have seen either.« (Gilpin, a. a. O., S. 222). – *jene Kirche*: Gemeint ist die anglikanische, die engl. Staatskirche. – *das sechste Gebot*: Du sollst nicht ehebrechen (nach dem lutherischen Katechismus); Du sollst nicht töten, nach dem anglikanischen Katechismus. – *Armenbüchse, über welche eine Creutzspinne ihr Gewebe gezogen*: Die Spinnen-Metapher begegnet auch S. 88. 118. – *IHS*: In hoc signo.

50 *Stein-Stil*: Lapidar-Stil: Zu lat. lapis ›Stein‹: knappe, bündige Ausdrucksweise. S. auch S. 215: lignös.

52 *Die Pistole ... ein Strick dabey*: »Die Maske in der Tasche des Räubers hatte ich gantz übersehen«, schreibt Lichtenberg an Eschenburg am 13. Juni 1785 (Bw 1378, S. 89): »Ich bin zuweilen geneigt gewesen zu glauben der Strick sey nichts weiter als eine Borte am Ueberrock, denn für einen Strick ist mir das Ding zu flach, oder ist der Schelm gar ein Schneider, doch dafür ist er zu schwerfällig.« - *Pipa*: Familie von Froschlurchen, die größte Art, die Wabenkröte (Pipa pipa), legt sich die Eier auf den Rücken, wo sie das Männchen besamt und verteilt. – *der weise wann der Himmel einstürzt*: Anspielung auf den Horaz entliehenen Gedanken Albrecht von Hallers in seiner Ode »Die Tugend«, wo es heißt: »fällt der Himmel, er kann Weise decken, aber nicht erschrecken.« Auch J 367 und im GTC 1797, S. 128 Anm. in »Ein Paar vulcanische Producte für den Menschenbeobachter« wird diese Stelle zitiert und in »Über Gewitterfurcht und Blitzableitung« (SB III, S. 131) darauf angespielt. – *Lord Cogg*: SB III, S. 885 Fußnote, erläutert Lichtenberg: »Von to cog. fuchsschwänzen, schmeicheln, betriegen usw. Daher a Cogger.« – *Pleureusen*: Trauerbesatz an der Kleidung; Lichtenberg gebraucht den Ausdruck auch SB III, S. 190. 885 und L 519.

53 *Fleet*: Das Londoner Schuldgefängnis, an der Fleet Market genannten Straße zwischen Holborn Road und Fleet Street gelegen; »wenn die Schuld zwey Pf. St. beträgt, hat der Gläubiger das Recht seinen Schuldner in Verhaft nehmen zu lassen« (Archenholz, S. 264). – *sympathetisch*: Gleichempfindend; gleichbewegt. – *Mary la bonne*: S. oben S. 49. – *Rich*: John R. (ca. 1682–1761), engl. Theatermanager, seinerzeit geschäftsführender Direktor des Theaters in Lincoln's Inn Fields, an dem die »Beggar's Opera« uraufgeführt wurde. – *Porter*: Darüber s. zu S. 7. – *Stockhauses*: Darüber s. zu S. 19. – *Die Taille ... à la Montgolfier*: Umschreibung für Schwangerschaft; »gonfler« (aufblasen) in der franz. Umgangssprache übrigens für: schwängern.

55 *Projecktmacher*: Pläneschmied. S. auch D 23; K 140. - *Projeckt die Nationalschulden zu bezahlen*: Hogarths Pointe, einen Schuldner (privat) über die engl. Nationalschulden räsonnieren zu lassen, führt Lichtenberg erst in der Ausführlichen Erklärung aus (SB III, S. 898). – *Dädalus*: Nach dem griech. Mythos Daidalos, ›der Kunstreiche‹, von Minos im kretischen Labyrinth gefangengehalten, fertigte er für sich und seinen Sohn Ikarus Flügel und entfloh nach Sizilien. Ahnherr der Handwerker und ›mythischer‹ Erfinder des menschlichen Fliegens. – *Blanchard*: Jean-Pierre B. (1738–1809), franz. Ballonfahrer, unternahm am 4. März 1784 die erste Auffahrt im Ballon und überquerte 1785 als erster den Ärmelkanal von Dover nach Calais. – *sub ... tuarum*: Unter dem Schatten deiner Flügel. Das Zitat war nicht nachweisbar. – *Mikrokosmus*: Die Welt im kleinen. – *Ex-Britanniana*: Die Anspielung ist unklar; in der Ausführlichen Erklärung (SB III, S. 90) schreibt Lichtenberg in diesem Zusammenhang: »Ein Wunder ist es, daß Hogarth bei dieser Bibliothek die Gelegenheit ungenützt gelassen hat, einigen damaligen Werken seiner Landsleute den doppelten Liebesdienst zu erzeigen, sie als Gefangene im Fleet und als die geheimen Vertrauten des Alchymisten und Universaldoktors zu behandeln.«

57 *Bedlam, das Londonsche Tollhauß*: Gemeint sind die Räume des Bethlehem Royal Hospital: Anstalt für Geisteskranke im Londoner Stadtteil Moorfield. L. erwähnt Bedlam auch andernorts; s. zu SB K III, S. 292. – *Tollhauß*: »Ein gebäude, darin gemeiniglich tolle und rasende arme aufgenommen werden, die entweder nicht so viel vermögen haben, dasz sie auf eine andere art verpfleget werden können, oder auch keine so nahe anverwandten haben, die sich ihrer annehmen können, dergleichen sonderlich in groszen städten zum gemeinen dienst gestiftet zu seyn pflegen« (DWb 11, Sp. 640). – *Der Erklärer dieser Blätter ... in Bedlam*: Laut SB III, S. 910, besuchte Lichtenberg im Oktober 1775 Bedlam; vgl. auch S. 239 dieser Ausgabe. – *Hogarth ... Laune*: Zu dieser Wendung s. zu S. 27. – *Stein der Weisen*: Lapis philosophorum, nach Auffassung der Alchemisten eine Substanz, die unedle Metalle in Gold oder Silber verwandeln und, verdünnt, verjüngend und heilend wirken kann. – *Perpetuum mobile*: Lat. ›das dauernd Bewegliche‹, eine Maschine, die ohne Energiezufuhr von außen dauernd Energie erzeugt; die ältesten bekannten Darstellungen eines Perpetuum mobile finden sich im 13. Jh. Wie ›aktuell‹ dieses physikalische Problem noch im 18. Jh. ist, geht aus dem Wortregister in SB K I+II hervor. – *Universal Medicin*: Von Alchemisten gesuchtes, von Quacksalbern angepriesenes Allheilmittel. – *Titulsucht*: »Titelprunk« prangert Lichtenberg H 1 an. – *Jacob Böhmismus*: Daß Lichtenberg die Anhänger des Theosophen Jacob Böhme ins »Tollhaus« verweist, beweist wohl vollends, daß er dessen »Mystik« nicht positiv bewertet hat, wie früher gern behauptet. – *Apokalypsie*: Gemeint sind Anhänger der »Offenbarung des Johannes« und den darin verheißenen Weltuntergangsszenarien. Auch Newton war ein gläubiger Leser der »Apokalypse«. – *Religions-Unirung*: Wohl Anspielung auf die Unitarier: protestantische Richtung, die mit der übrigen dogmatischen Tradition der kath. Kirche auch die von ihr vertretene Trinität verwarf; 1774 von Lindsay in London proklamiert. – *Longitudinarier*: Abgeleitet von lat. longitudo: Meeres-›Länge‹: Sammelbezeichnung für all jene physikalischen Narren, die der finanziell hochdotierten Aufforderung des engl. Parlaments 1714 folgten, die Meereslänge zu bestimmen, und in der Regel unsinnige Lösungen vorschlugen – bis auf Harrison. Vgl. L 307. 645. Über das gesamte Thema s. jetzt Dava Sobel, Längengrad. Die wahre Geschichte eines einsamen Genies, welches das größte wissenschaftliche Problem seiner Zeit löste. Berlin Verlag 1997.

58 *Hieb hat*: Zu dieser Wendung s. zu D 539. – *Whiston*: William W. (1667–1752), engl. Theologe und Mathematiker, veröffentlichte 1714 – belächelte und von Swift satirisierte – Vorschläge zu einer Methode zur Bestimmung der geographischen Länge; s. zu B 43. Über ihn s. Dava Sobel, Längengrad, Berlin 1996, S. 63 ff. – *Newtons*: Über ihn s. zu A 79; Lichtenberg erwähnt ihn hier wohl in Zusammenhang mit Whiston, der, Gegner Newtons, dessen Nachfolger in Cambridge war. – *brodlose Künste*: Das DWb bringt als Beleg für diese Wendung ein Zitat aus Wieland bei (»Geschichte des Danischmend« II, 76). – *arme Teufel*: Einer von Lichtenbergs Lieblings-

ausdrücken; s. S. 87. 106. 117. 163. 254 und das Wortregister in SB KI+II. – *leidender Werther*: Statt der Anspielung auf Goethes Roman von 1774 schreibt Lichtenberg in der Ausführlichen Erklärung 1794 »Melancholische Liebe« (SB III, S. 906). – *Leichtsinn*: Von mir verb. aus: *Lichts*inn der Satzvorlage. – *versteinert*: Zu diesem von Lichtenberg häufig und metaphorisch gebrauchten Wort s. S. 172 und das Wortregister in SB KI+II. – *drollig*: Zu diesem Begriff s. zu S. 27. – *Horas*: Lat. ›Stunden‹. Die in Klöstern für bestimmte Stunden vorgeschriebenen Gebete oder Gesänge. – *Insignien*: Von mir verb. aus: *Insiguien*. Von ›geistlichen Insignien‹ schreibt Lichtenberg auch S. 116. – *St. Clemens, St. Athanasius und St. Laurentius*: St. Clemens, christl. Heiliger und Märtyrer; als Klemenz I. Bischof von Rom (88–97). St. Athanasius: (295–373), heilig gesprochener kath. Kirchenvater, Bischof von Alexandrien, lehrte die Wesensgleichheit Jesu mit Gott. St. Laurentius: Erzdiakon und Märtyrer in Rom; soll 258 auf einem eisernen Rost geröstet worden sein. – *Hogarths ... Muthwillen*: Zu dieser Charakteristik s. zu S. 24.

59 *Whistons Bombe*: »Die Bomben hier zielen eigentlich auf Whiston, der Versuche dieser Art zur Findung der Meeres-Länge vorgeschlagen hatte« (SB III, S. 908 Fußnote). – *Halfpenny*: Engl. Kupfermünze von geringem Wert. –*Britannia ... 1763*: Genauer läßt sich Lichtenberg in einem Brief an Eschenburg vom 8. Mai 1796 aus (Bw IV, Nr. 2629, S. 581–582); s. auch SB III, S. 909. – *der glückliche Friede*: Gemeint ist der Frieden von Hubertusburg bzw. Paris 1763, der den siebenjährigen Krieg beendete und England in den Besitz Kanadas brachte. – *Witz ... der jetzt in Holland strömt*: Die –politische – Anspielung unklar: sollte die Auseinandersetzung zwischen den »Patrioten« und Wilhelm V. gemeint sein, die 1786 zu dessen Absetzung führte? – *Bicetre*: Im Südwesten von Paris gelegenes Hospital, von Ludwig XIII. 1634 als Asyl für invalide Offiziere und Soldaten errichtet, im 18. Jh. bereits Synonym für Irrenanstalt und Zuchthaus, wo Tausende unter menschenunwürdigen Bedingungen eingesperrt wurden. – *Laune*: Zu diesem Begriff s. zu S. 27. – *Muthwillen*: Zu diesem Begriff s. zu S. 24. – *Fallhut*: Hütchen, den Kopf des Kindes beim Fallen zu schützen (DWb 3, Sp. 1287). – *Wittwe Hogarth*: Über sie s. zu S. 8. – *Leicester-Fields*: Ehem. Leicester Square, Hogarths Stadthaus bis zu seinem Tode, »Golden Head« genannt. Es existiert nicht mehr. – *Guineen*: S. zu S. 8. – *Louisd'or*: Französ. Goldmünze, 1640 von Louis XIII. eingeführt und bis in die Zeit der Französ. Revolution geprägt; der Louisd'or wurde auch zur Hauptgoldmünze in den deutschen Kleinstaaten. –*Rthr.*: Reichstaler. – *ggl.*: Abkürzung für: Gute Groschen. – *Zusätze zu vorstehendem Aufsatz*: Wie bereits oben S. 208 mitgeteilt, erweiterte Lichtenberg in der Zweiten Auflage des »Göttinger Taschen Calender« für 1785 seine Erklärung des »Leben des Liederlichen« um zwei Platten und dazu gehörigen Text unter der Überschrift: »Zweyte verbesserte, mit zwei zu Hogarths Leben des Liederlichen gehörigen Kupferplatten und deren Beschreibung vermehrte Auflage. Zusätze zu vorstehendem Aufsatz.« Nur zu wenigen Kalenderjahrgängen äußert sich Lichtenberg gegenüber Briefpartnern so ausgiebig. Johann Arnold Ebert teilt er am 21. Februar 1785 (Bw III, Nr. 1359, S. 53) mit: »Obgleich dieses Jahr Mehr Calender als jemals abgegangen sind, so ist doch die zweyte Ausgabe nicht gantz allein diesem Beyfall zuzuschreiben, sondern aus einem seltsamen Versehen des Facktors der Druckerey wurde die erste Auflage etwas schwächer als sonst gemacht. Die Zusätze zu der neuen Auflage sind gering und daher nicht besonders gedruckt worden. Künfftig wird es wohl schwerlich mehr zu einer 2ten Auflage kommen, wenigstens nicht mehr zu Zusätzen, wenn sich auch jenes ereignen solte.« Über die Suche nach der zweiten Auflage und den glücklichen Fund informiert Petra Blank, Darmstadt, im Lichtenberg-Jahrbuch 1997 [1998] unter der Überschrift »Hogarth, Lichtenberg, Bochum und Paul Ernst. Fundsache oder *Der Weg des Liederlichen*, zweite Auflage« (ebd. S. 53–66). Der Text, von mir übernommen, entspricht der Fassung des Erstdrucks in der Zweiten Auflage des »Göttinger Taschen Calenders« für 1785, S. 169–179. Petra Blank hat in ihrer Edition die Abweichungen zwischen dem Text der Zweiten Auflage gegenüber dem der Ersten in ihrem Jahrbuch-Beitrag verzeichnet. Ich danke Petra Blank für die Genehmigung, von ihren Anmerkungen, wo nötig, Gebrauch zu machen. – *der Herr Verleger*: Johann Christian Dieterich.

60 *In der ... Sammlung seiner Werke ... sein Kopf dreymal*: Hogarth hat sich selbst in dem Kupfer dargestellt, der im Kalender für 1785 wiedergegeben worden ist. Lichtenberg spielt auch auf das Selbstbildnis von Hogarth, in dem er sich als harmloser Zeichner wiedergibt (s. »Das Thor von Calais«), und auf sein Selbstbildnis unter dem satirischen Kupferstich von Charles Churchill (s. zu S. 49) an. – *Lomberkarte*: S. zu S. 27. – *Salomon du Nord*: Gemeint ist Friedrich II. von Preußen (1712–1786), König seit 1740. Besser bekannt als »Fridericus Rex« oder »Alter Fritz« Namensgebung Voltaires in seiner Ode »Au roi de Prusse, sur son avènement au trône« 1740. Vermutlich aufgrund der frankophilen Neigung Friedrichs greift L. darauf in dem wohl aus dem Sommer 1774 stammenden Brief an Georg Wilhelm von dem Bussche zurück; vgl. Bw I, Nr. 260, S. 468. – *Wilkes*: John W. (1727–1797), engl. Politiker und Publizist, 1774 Lordmayor von London, wo L. ihn persönlich gesehen hat, seit 1762 mit Charles Churchill Herausgeber der oppositionellen politischen Zeitschrift »The north Briton« (BL, Nr. 1167). Die Parole seiner Anhänger lautete: Wilkes and liberty. L. zitiert die Parole B 60 und in einem Brief an Christian Gottlob Heyne aus London vom 17. April 1770 (Bw I, Nr. 13, S. 23); auf Wilkes kommt er in den Briefen mehrfach zu sprechen. In den GGA 1765, S. 1243, ist eine »Geschichte des berühmten Engländers Johann Wilkes« besprochen. – *künftig einmal im Calender ganz*: Nicht verwirklicht. – *Auf diesem Blatt*: S. oben S. 49 zu »The bruiser«. – *Leitseil*: Seil zum Leiten, für einen Jagdhund oder ein Gespann; auch bildlich gebraucht. –*Thores von Calais*: S. oben S. 115. – *Art den Hut zu setzen*: Ausführlich kommt Lichtenberg auf die »Art den Hut zu setzen« in dem Kalender-Artikel »Ein neuer Damen-Anzug, vermuthlich in Indien« zu sprechen, erstmals veröffentlicht in GTC 1796, S. 146–159; mit Kommentar wiederabgedruckt im Lichtenberg-Jahrbuch 1995, S. 7–12; hier insbesondere S. 7–8. Vgl. D 625. – *seiner Laune*: Dazu s. zu S. 27. – *denn*: Von mir verb. aus: *dann* der Satzvorlage; vermutlich Druckfehler. – *Zu Beförderung der Menschenliebe und Menschenkenntniß*: So der Untertitel der »Physiognomischen Fragmente« von Johann Caspar Lavater, den L. auch ironisch verwendet. Vgl. SB KIII, S. 257. 544. 553. – *Chodowiecky*: Daniel Chodowiecki (1726–1801), berühmter Illustrator seiner Zeit in Deutschland. Über Lichtenbergs Zusammenarbeit mit Chodowiecki und dessen Illustrationen zu dem »Göttinger Taschen Calender«, dem »Orbis Pictus« und

zum »Göttingischen Magazin« vgl. Rudolph Focke: Chodowiecki und Lichtenberg. Leipzig 1907. – *in loco*: Lat. vor Ort, an Ort und Stelle.

61 *der Aachner Friede*: Der Aachener Friede vom 18. Oktober 1748 beendete den acht Jahre währenden Österreichischen Erbfolgekrieg, der 1740 nach dem Tode Kaiser Karls VI. mit dem Einfall der Preußen in Schlesien ausgebrochen war und an dem neben Österreich und Preußen auch Bayern, Großbritannien, Sardinien, Oberitalien, die niederländischen Generalstaaten und Frankreich beteiligt waren. Nach der Vertragsunterzeichnung allerdings herrschte zwischen England und Frankreich, den beiden Hauptwidersachern gegen Ende des Krieges, nur eine Art Waffenstillstand. – *halbe deutsche Meile*: Etwa 3500 m. – *Kräusel*: Kreisel (Kinderspielzeug). Kräusel ist die ursprüngliche Form des Wortes; s. auch »Brummkräusel« (S. 24). – *trillten*: Ursprünglich: drillen, drehen, reiben; neben diesen Bedeutungen aber auch: narren, schabernacken (vgl. DWb 11, 1, 520 und D 668). – *Laune*: Über diesen Begriff s. zu S. 27. – *die Franzosen in seinen Werken ... getrillt*: Der Umfang der Anspielungen auf französische Lebensart und die Abbildung ›typisch‹ französischer Charaktere, die Lichtenberg getreulich vermerkt, ohne Partei zu nehmen, sprengt den Rahmen eines Kommentars. Verwiesen sei auf S. 115. 120. – *Bridgeman ... dessen Kopf oben ... versprochen*: Vgl. S. 39. – *beschmunzelt*: Von Lichtenberg geändert aus: *zuschmunzelt* (S. 40) der Erstauflage. – *Endzweck*: Von mir verbessert aus: *Entzweck* der Satzvorlage. – *Mäcens*: Gaius Maecenas, gest. 8 v. Chr., röm. Ritter; nach ihm nennt man einen freigiebigen Gönner der Künste Mäzen. S. D I 207, E I 400. – *vorlispelt:* lispelnd vorsagen. DWb 12.II (1951), Sp. 1298 bringt Belege von Campe und Herder. – *Händel*: Über ihn s. zu S. 39.

62 *Prätension*: Von franz. ›prétention‹: Anspruch, Anmaßung. Von »stolzen Prätensionen« schreibt Lichtenberg in J 1194. S. auch S. 164. – *Bedlam*: S. zu S. 55. – *Tollhaus*: Vgl. S. 57. – *hat*: Von mir verbessert aus: *hatt* der Satzvorlage; Vermutlich Druckfehler. – *ästhätischen*: Ästhäthisch: Außergewöhnliche Schreibweise, aber nicht ungewöhnlich in L's. Briefwechsel. S. etwa Bw III, Nr. 1567, S. 470, 11. Zeile v. unten. – *Zuckerpapier*: Blaues Packpapier (es gibt mehrere Arten, Stärken und Qualitäten), in welches die Zuckerhüte eingeschlagen wurden. Vgl. Adelung IV, 1745, und DWb 16, 309. – *Mitfreude*: Analogbildung zu Mitleid. Dieses Substantiv belegt DWb 6, 1344, u. a. aus Kant, Wieland und Lichtenberg (F 1214). S. auch Mat. I 162, wo diese Wendung durch »Mitscham« ergänzt wird. – *P. Simplicius H••*: Gemeint ist Simplicianus Hahn, ein Augustinermönch in Köln. Dieser hielt am 29. Februar 1784 in der Augustiner Kirche eine flammende Predigt gegen den Protestantismus. »Was ist die Mutter und die Quelle der wirklichen Religions Verachtung, des Unglaubens, der Freidenkerei und Freigeisterei? Antwort: der Protestantismus. Was ist die Mutter und die Quelle der jetzigen allgemeinen Unglücksfälle? Antwort: der Protestantismus«. Die Predigt des »Priesters Gottes« (so nannte sich Hahn in der Predigt mehrmals) fand jedoch keinen großen Anklang bei der Hörerschaft; »der Herr Pater hätt' es drum ein bißchen gar zu arg gemacht [...]« war die einhellige Meinung der Zuhörer. Vgl. Schlözers »StatsAnzeigen«, 1784, Heft 24, S. 490–495, unterschrieben: L. August Ludwig von Schlözer (1735–1809), seit 1769 Prof. in Göttingen, gewann als Staatswissenschaftler und politischer Schriftsteller großen Einfluß, besonders durch die Zeitschrift »Briefwechsel meist historischen und politischen Inhalts« (10 Bde. Göttingen 1776–1782) und deren Fortsetzung »StatsAnzeigen« (18 Bde., 1782–1793 verboten). – *Lord Firebrand*: Gemeint ist Lord George Gordon (1751–1793). Vom 2. bis 8. Juni 1780 verursachte er in London den »no popery riot« gegen den katholikenfreundlichen Savile's Act von 1778. Als durch die Akte von 1778 den Katholiken größere Freiheiten in England zugestanden wurden, gründete er eine protestantische Association. 1780 wurde eine Bittschrift zur Aufhebung der Akte entworfen, und mit ihr zog Gordon – alias Lord Firebrand – an der Spitze eines erhitzten Volkshaufens vor das Parlamentsgebäude. Da sein Appell erfolglos blieb, brannten er und seine Gefolgschaft innerhalb weniger Tage mehrere katholische Kirchen, von Katholiken bewohnte Häuser, öffentliche Gebäude, Gefängnisse und Banken nieder. In der Nacht vom 6. auf den 7. Juni brannte London an 36 Stellen. Der Aufstand wurde am 8. Juni mit Gewalt unterdrückt und Gordon verhaftet. Ein Jahr später wurde er freigelassen, exkommuniziert und lebte bis zu seiner Flucht nach Holland (1788) in Frankreich. Am 1. Dezember 1793 starb er in Birmingham. – *membra*: Glieder, Mitglieder. – *schwarzen Caffeehaus*: Vgl. S. 47. – *Stiefelwixer Instrumente*: Gemeint ist das Schuhputzutensil. In dieser Kombination im DWb nicht aufgeführt. *Stiefelwichse* mit Verweis auf E.T.A. Hoffmann, Liliencron und Grabbe sowie *Stiefelwichser* mit einem Verweis auf Jean Paul finden sich DWb 10, II.II. Sp. 2798. – *Strahlen des eingebrannten Ordenssterns*: Die Brandmarkung eines Sträflings? – **die Schelde verschließen*: Lichtenberg bezieht sich auf die Schließung der Schelde (1648–1792) durch die Holländer. Joseph II. hat die militärische Schwäche der Niederlande ausgenutzt und den Barriere-Traktat aufgehoben; verlangte außerdem die Abtretung von Maastricht. Zum Krieg kam es durch den Vertrag von Paris, September 1785, nicht. Erst im November desselben Jahres erfolgte eine Einigung, nach der die Niederländer das Schließungsrecht des Flusses behielten, jedoch ein Grenzfort an der Schelde abtraten und 5 Millionen Gulden Reparationen bezahlten. Vgl. Bw III, Nr. 1372, Fußnote 82.

63 *Portechaise*: S. zu S. 45. – *Vespasianus*: Über ihn s. zu S. 41. – *die Kriege mit den Juden*: Zu Lichtenbergs ambivalentem Verhältnis zu den Juden s. Frank Schäfer, Lichtenberg und das Judentum. Unveröffentlichte Dissertation, Braunschweig 1998. S. auch das Wortregister in SB K I+II). – *der Herr Verleger ... gesonnen*: Die Kalender-Erklärungen aus dem GTC für 1784 »Das Leben einer Liederlichen« und »Herumstreifende Comödianten, die sich in einer Scheune ankleiden« sind entgegen dieser Ankündigung nicht wieder aufgelegt worden, sondern als Ausführliche Erklärungen 1794 und 1796 erschienen (SB III, S. 669–688; 732–818). – *Heyrath nach der Mode*: Erschienen im »Göttinger Taschen Calender« für 1786, S. 118–152, s. oben S. 65–89. – *eines andern drolligten Stücks*: Der Formulierung nach war sich Lichtenberg zu diesem Zeitpunkt noch nicht schlüssig, welches »drolligte Stück« er wählen würde; tatsächlich war es dann »Hogarths Mitternachts-Club« (s. u. S. 65–89). – *drolligt*: S. zu S. 27. – *Reductionen für den mittleren Meridian von Deutschland*: Der mittlere Meridian ist geographisch die mittlere Längenkreisberechnung, Lichtenberg meint aber ironisch die Rücksichtnahme auf die durchschnittliche Moralvorstellung der deutschen Leserinnen und Leser seiner Zeit.

HOGARTHS HEIRATH NACH DER MODE

Erstveröffentlichung und Satzvorlage: Hogarths Heirath nach der Mode, mit 33 der interessantesten Köpfe von Hr. Riepenhausen erläutert. In: Göttinger Taschen Calender für 1786, S. 118–152, mit sechs Blättern. Der Text, von dem eine Handschrift nicht überliefert ist, ist vermutlich Juli/August 1785 niedergeschrieben und im Herbst 1785 veröffentlicht worden. Als Vierte Lieferung der Ausführlichen Erklärung der Hogarthischen Kupferstiche erschien »Die Heirath nach der Mode« Göttingen 1798 (s. SB III, S. 911–989). Kupferstich und Radierung von Hogarth erschienen 1745 (Arndt 23).

65 *bœuf à la mode*: Rindfleisch nach der Mode. Vgl. Lichtenbergs Kalender-Erklärung »Das Thor von Calais oder der englische Rinderbraten«. – *Lord W.*: Nicht ermittelt.

67 *Alderman*: Angelsächsisch: »Ältester«; sie bilden den Stadtrat von London, an dessen Spitze der Lordmayor steht, der aus den Aldermen auf ein Jahr gewählt wird. Ihre Funktionen: Polizeiliche Oberaufsicht über den Distrikt, den sie repräsentieren, und das Amt des Friedensrichters. – *Wilhelm dem Eroberer*: William I. the Conquerer (1027?–1087), Sohn Herzog Roberts von der Normandie; besiegte 1066 bei Hastings Harold II., ließ sich daraufhin zum engl. König krönen. – *der podagrische ... Fuß*: Podagra, griech. ›Fußschlinge, Fußgicht‹; eine Erkrankung, die schon im 18. Jh. als ›Wohlstandskrankheit‹ erkannt wurde.

68 *Marchand de Droit*: Franz. wörtlich: Rechtshändler (s. S. 79). – *wer in sich selbst verliebt ist ...*: Notiert in H 31. – *Pflaster unter dem Ohr*: Wohl medizinisch verordnetes Mittel gegen die Syphilis. Vgl. Bd. III, S. 918. 926. – *Debauche*: Franz. ›Ausschweifung, Laster‹. – *Tanzmeister Essex ... voriges Jahre beleuchtet*: In »Hogarths Leben des Liederlichen«, GTC 1785, S. 131–132 (S. 37 unserer Ausgabe). – *C'est ... nous*: In Nolant de Fatouville's 1684 uraufgeführter Farce: »Arlequin, empereur dans la lune« gibt Harlekin eine Beschreibung der Mondbewohner. Bei jedem Zuge dieser Beschreibung bemerken die Zuhörer: C'est tout comme ici. Daraus entstand das bekannte »Tout comme chez nous« – Ganz wie bei uns. – *chez*: Von mir verb. aus *chès* der Satzvorlage. – *Procurator*: Svw. Bevollmächtigter, Sachwalter. – *Legislator*: Lat. ›Erblasser‹. – *auseinander*: Von mir verb. aus: *auseinanddr* des Erstdrucks. – *cannelirte ... Blöcke*: Canneliren nach franz. canneler: mit Hohlkehlen versehen, auskehlen. – *Souterrains*: Franz. Plural: ›Erdgeschoß‹, auch Kellergeschoß. – *Kutschen-Remise*: Neben anderen Bedeutungen im 18. Jh. auch: Wagenhaus, Wagenschuppen.

69 *Sotisen*: Franz., satirische Possenspiele der alten franz. Bühne; sottise: Narrheit, Dummheit. – *Müßiggänger*: Von mhd. ›mueziegenger‹, s. DWb 6, Sp. 2780. Lichtenberg gebraucht das Wort auch F 500 und oben S. 118. – *sehen ... ohne sie hören zu wollen*: Optik und Akustik bringt Lichtenberg auch S. 112 ins Bild. – *Donnerkeil Jupiters*: Jupiter in der römischen, Zeus nach der griechischen Mythologie: der Göttervater, dessen Symbol u. a. der Blitz ist: das Instrument des zürnenden Gottes und das Werkzeug seiner weltbeherrschenden Kraft. – *Ellen*: Eines der ältesten Naturmaße überhaupt, abgeleitet von der Länge des Unterarms. Die unterschiedlichen Bemessungen waren beträchtlich: Hannover 58,42 cm; Regensburg 81,10 cm. – *Cherubim*: Im AT himmlische Wesen, auf denen Jahwe reitet (Psalm 18,11) und die seinen Thron tragen (Hesekiel 1,5 ff.). Der Cherub gehört zu den in den altorientalischen Religionen häufigen Mischgestalten aus Tier und Mensch. Den Deckel der Bundeslade in Salomons Tempel zieren und schützen zwei Cherubim; im NT umstehen vier Cherubim den Thron Gottes in der Gestalt eines Löwen, eines Stieres, eines Menschen und eines Adlers (Offenbarung 4,6 ff.), später als die Sinnbilder der vier Evangelisten gedeutet. Die meisten Kirchenväter sehen in den Cherubim Engel. – *Unten geht eine Canone ... los*: Auf diesen Fehler kommt L. noch S. 83 zu sprechen. – *Mittelding zwischen Löwen und Affen*: Von »Tiger« schreibt Lichtenberg in der Ausführlichen Erklärung (SB III, S. 924). Die Wendung geht auf Albrecht von Haller zurück, der in seinem Lehrgedicht »Über den Ursprung des Übels« (1732–1733) den Menschen als »Mittelding von Engeln und von Vieh« apostrophierte. – *drollig genug*: Zu diesem Ausdruck s. zu. S. 27. – *Traum Daniels*: Anspielung auf AT, Prophet Daniel, 7. Kapitel: Daniels Traumgesicht von den vier Weltreichen und dem ewigen Reiche des Menschensohnes. – *Bilderbibel*: Bibeldrucke, die sich im 15. Jh. aus der Biblia pauperum (lat. ›Armenbibel‹) entwickelten: eine Reihenfolge biblischer Szenen und Geschichten, welche die Hauptbegebenheiten des NT in Bildern mit den dazu gehörigen Vorbildern aus dem AT mit kurzen Erklärungen vorführt. Berühmt war im 18. Jh. die Bilderbibel von Christoph Weigel (1654–1725), Kupferstecher, Kunsthändler und Verleger, dessen Bilderbibel 1707 in Nürnberg erschien. S. auch SB III, S. 835. 1010. – *Medusenkopf*: Medusa, in der griech. Mythologie eine der drei Gorgonen, der Perseus abgewandten Gesichts das Haupt abschlug, da ihr Anblick versteinerte. – *Wappencrone (Coronet)*: Adelskrone, eine fünfzackige Krone, die unterste Stufe der Rangkronen; sie kommt für den nicht titulierten Adel in Frage.

70 *Neptun*: Altital. Gott des fließenden Wassers, mit Poseidon gleichgesetzt. – *See-Stück*: Marinestück, ein Bild, dessen Gegenstand das Meer, seine Küsten, Strand- und Hafenansichten sind; Blütezeit der Marinemalerei war das 17. Jh. in den Niederlanden.

71 *Wilhelm dem Eroberer*: Über ihn s. zu S. 67. – *Egyptischen Saal*: Die ›Chinoiserie‹ als Modeerscheinung des 18. Jh.s ist bekannt; der Einfluß Ägyptens auf die englische Wohnkultur bliebe zu untersuchen: Was versteht Lichtenberg unter »ägyptisch«? – *Assemblee*: Franz. ›Zusammenkunft, zahlreiche, vornehme Gesellschaft‹; s. zu B 81. – *Hoyle's Buch über das Whist*: Gemeint ist »A Short Treatise on the Game of Whist ...«, erschienen London 1743, von Edmond Hoyle (1672–1769). Eine Übersetzung erschien 1768 unter dem Titel »Anweisung zum Whistspiel« in Gotha bzw. Göttingen bei Dieterich. – *Debauche*: S. zu S. 68. – *Cremoneserinnen*: Die ital. Stadt Cremona wurde im 17. und 18. Jh. durch den Bau der berühmten Amati- und Stradivari-Geigen ein Begriff. – *Pflaster unterm Ohr*: S. zu S. 68. – *Kopfzeug*: S. zu S. 15. – *Bologneser*: Zur Gattung der Seiden- und Wachtelhunde gehörig, vormals beliebter Stubenhund; s. Hofmannsthal. – *beschniffelt*: beschnuppern, schnüffeln; DWb 1, Sp. 1589 (1854) bringt Belege von Lessing und Wieland. – Erzbischof *von Canterbury*: Der Diener ist Ireland I, S. 218–219, zufolge Edward Swallow (Lebensdaten unbekannt); in der von Ireland mitgeteilten Anekdote wird Thomas Harring (1693–1757) genannt, der aber erst 1747 als Nachfolger von Potter Erzbischof von Canterbury wurde. – *Lambeth*: Seit 1965 innerer Statteil (Borough) von London, südlich der Themse gegenüber Westminster. Lambeth Palace ist seit dem 13. Jh. die Londoner Residenz der Erzbischöfe von Canterbury. – *Me-*

thodist: Die Methodisten, eine von den Brüdern John und Charles Wesley und von George Whitefield 1729 begründete, aus der anglikanischen Kirche hervorgegangene Erweckungsbewegung; ihr Name ist eigentlich ein Spottname, den diese Gläubigen wegen ihres streng geregelten Lebens erhielten. Lichtenberg stand ihnen kritisch distanziert beziehungsweise ironisch ablehnend gegenüber. Vgl. SB III, S. 193. 415. 452. 713. 930. 1057.

73 *ein Buch über die Wiedergeburt*: Zumindest in Deutschland war eines der Grundbücher des Pietismus die »Historie Der Wiedergebohrnen« von Johann Henrich Reitz, erschienen 1698–1745 in 7 Bdn. – *Haubenstock*: Aus Holz geformter Schädel, auf den das ›Kopfzeug‹ der Frau, die Perücke des Mannes gestülpt wurde. Interessant an dieser Stelle, wie Lichtenberg seine Abneigung gegenüber dem unkritischen Antikenkult seiner Zeit auch hier zum Ausdruck bringt. Vgl. S. 235. – *Faustina*: Annia Galeria F., gestorben 140/141, Frau des röm. Kaisers Antoninus Pius, der sie bei seinem Regierungsantritt (138) zur Augusta erhob; wegen ihres ausschweifenden Lebenswandels sprichwörtlich. – *Amor ... auf dem Dudelsack übt*: Auch hier ein Beispiel ästhetischer Geschmacklosigkeit und kunsthistorischer Ignoranz. – *Laubwerk*: Blattornament in der Baukunst und im Kunsthandwerk, seit dem 13. Jh. (Gotik) in Frankreich, England, Deutschland vor allem in Kathedralen nachweisbar. – *Neptun*: Über ihn s. zu S. 70. Auch hier die groteske Bildkomposition, die schon Horaz in seiner »Ars poetica« gegeißelt hatte. – *unzüchtiges Bild*: Bemerkenswert, daß Lichtenberg in seiner Ausführlichen Erklärung diese Fußnote erübrigt. Den neben den Gemälden der drei Heiligen sichtbaren Fuß auf einem vierten Gemälde im Nebenzimmer als »unzüchtig« zu bezeichnen, spricht für die Delikatesse Lichtenbergs ebenso wie für die doppelte Moral seiner Zeitgenossen, die Hogarth feinsinnig ins Bild brachte. Auffällig ist, wie häufig Lichtenberg in seinen Erklärungen auf Hogarths ›unzüchtige‹ Nebenbeis anspielt, ohne doch jemals deutlicher zu werden. Vgl. 17. 106. 134 und Nachwort S. 274. – **Telliamed ... De Maillet*: nicht ermittelt. – **Absalom ... an der Eiche hieng*: Absalom, Sohn Davids, gegen den er einen Aufstand entfesselte; im Walde Ephraim geschlagen, blieb er auf der Flucht seiner langen Haare wegen in den Zweigen einer Terebinthe hängen und wurde getötet (2. Samuel 13–19). – **Vogel Greif*: Fabeltier der Antike und des Mittelalters mit dem Leib eines Löwen, Adlerkopf, Flügeln und Krallen. In der Alexandersage trägt er Alexander gen Himmel. Im Mittelalter Symbol Christi, Volkssagen und Märchen kennen ihn: Hüter des Goldes und Besitzer zauberkräftiger Schwanzfedern. – **Kuntur*: Condor, von peruanisch Cuntur, der größte Greifgeier (Vogel Greif) im westl. Südamerika.

75 *Walpole ... George Vertue*: George Vertue (1684–1756), bedeutender engl. Kupferstecher und Antiquar; aus seinen Materialsammlungen zu einer Geschichte der Künste in England kompilierte Horace Walpole seine »Anecdotes of Painting...«, die 1762, 1763 und 1777 in fünf Bänden erschienen und in Bd. 4 (Strawberry Hill 1777), Kap. IV., S. 68–83, über Hogarth berichten. Horace W. (1717–1797), Earl of Orford, engl. Kunstsammler und Schriftsteller, der die »Gothic Novel« begründete und in der Nähe von Twickenham die Villa Strawberry Hillon in mittelalterlichem »Gothic style« umbauen ließ. – *sagt in s. Anecdotes...*: Gemeint ist a. a. O., Vol. IV, S. 72. – *Die Erklärungen, die ich davon gelesen*: Lichtenberg folgt hier Nichols S. 218: »no two persons, perhaps, having hitherto agreed in their explanation of Plate the third.« – *antivenerischen Quacksalbers*: Kurpfuscher, gegen Geschlechtskrankheiten dokternd. – *Mr. de la Pillule*: Franz. ›Herr der Pille‹. Lichtenberg erwähnt ihn auch »Southwark Fair« (S. 246). – *spanisches Rohr*: Die schlanken Stämme und Triebe der Palmengattung Calamus, gewonnen in allen Wäldern des Indischen Archipels; zu den vielfältigen Gebrauchsgegenständen zählte im 18. Jh. auch der Spazierstock aus dem sog. *männlichen* Rohr, das dunkler ist als das sog. weibliche Rohr und enger stehende Knoten hat, die aber durch Schaben und Schleifen entfernt wurden. Vgl. KA 112 und Anm.

76 *Interesse*: Im 18. Jh. von unterschiedlicher Bedeutung, zum Teil svw. Zinsen, hier eher im Sinne von Geldgier. Vgl. B 395 und Wortregister in SB K I+II. – *Das war ich ... was du bist*: Vielleicht Abwandlung von Horaz, Oden IV, 1, 3: »Non sum qualis eram« – Ich bin nicht mehr, der ich war; s. auch Ovid, Tristia III, 11, 25: »Non sum qui fueram« – Ich bin nicht der, der ich einmal gewesen bin. – *Buchstaben F. C.*: Über diese Initialien sinniert Lichtenberg auch in einem Brief an Eschenburg vom 13. Juni 1785 (Bw III, Nr. 1378, S. 90). – *Fanny Cock*: Tochter des berühmten Londoner Auktionators, mit dem Hogarth »some casual disagreement« hatte; s. Nichols S. 221 Fußnote). – *liederlich*: Zu diesem Wort s. zu S. 11. – *Mr. de la Pillule*: Über ihn s. zu S. 75. – *Halbbruder des Todes*: Wohl Abwandlung des Vergleichs: »Somnus est imago mortis« – Der Schlaf ist das Bild des Todes nach Cicero, Tusculanae Disputationes I. 38. – *Weltweisen*: Im 18. Jh. beliebte Eindeutschung von: Philosoph. – *Naturalisten*: Anhänger der natürlichen Religion, der die Offenbarung verwirft; s. auch C 338 und SB III, S. 605, 864. – *Memento mori*: ›Sei dir immer bewußt, daß du (einmal) sterben wirst.‹ Die Quelle des Wortes, ein Grundgedanke der delphischen Theologie, liegt völlig im dunkeln. – *venerisch*: Nach lat. venereus: Venus oder die Liebe betreffend, abgeleitet: mit der Lustseuche behaftet. – *cariös*: Von lat. cariosus: angefressen, angefault (Knochen). – *Misgeburten*: Das Phänomen der Teratome beschäftigt die Medizin des 18. Jh.s; s. noch Jean Pauls »Dr. Katzenbergers Badereise« (1809); von Lichtenbergs Interesse zeugen A 116; K 287; RA 173; SB III, S. 295. – *Caroli M. Uringlas*: Gemeint ist Karl der Große; Hogarth verspottet den pseudowissenschaftlichen Antiquarismus. – *Mambrins Helm*: Anspielung auf »Don Quijote«, 1. Buch, 21. Kap., in welchem Don Quijote das von ihm für den Goldhelm des Zauberers Mambrin gehaltene Bartbecken eines Barbiers erbeutet. Über Cervantes und seinen Roman s. zu C 11. – *Molochsköpfe*: Hier wohl nicht die griech. Umschreibung des hebräischen ›Molek‹ gemeint, einer Gottheit, der Menschenopfer gebracht wurden, sondern der nach dem semitischen Gott Moloch genannte Dornteufel, eine stachelige, wüstenbewohnende Agame Australicus. Womöglich bezieht sich Lichtenbergs Plural auf den Kopf auf dem Schrank in der Mitte des Bildes und den Schädel auf dem Schrank rechts. – *Petrefacta*: Versteinerungen. Lichtenberg gebraucht diesen Begriff bildlich häufig in den Sudelbüchern; Wortregister in SB K I+II. – **Der Ausleger*: Lichtenberg selbst. – **Hunter*: William Hunter (1718–1783), berühmter engl. Anatom und neben anderem medizinischer Schriftsteller. Die Fußnote liefert den einzigen Hinweis darauf, daß Lichtenberg Hunters »Anatomisches Cabinet« (später: Hunterian Museum) besucht hat – vermutlich bei seiner 2. Englandreise. In der Ausführlichen Erklärung übrigens nicht er-

wähnt. – **die unzüchtigsten Darstellungen*: Darüber s. zu S. 73.

77 *ihre Promotion zu danken haben*: Gemeint ist, vom Leben zum Tod befördert zu sein. – *3 Grazien*: Eigentlich im röm. Altertum göttliche Gestalten der Dichtung und der Bildenden Kunst, Sinnbilder jugendlicher Anmut und Lebensfreude. – *Dreifuß ... der Pythia ... der peinlichen Justiz*: Diesen Vergleich zwischen dem Dreifuß des delphischen Orakels und dem ›dreischläfrigen‹ Galgen notiert Lichtenberg H 92; s. auch SB III, S. 940. 995. 1057. Den Apollotempel zu Delphi schmückte ein goldener Dreifuß, das Weihgeschenk der Griechen nach den Perserkriegen. – *Memento mori*: S. zu S. 76. – *Haspel*: Hier wohl nicht der Begriff aus der Spinnerei, sondern die Fördereinrichtung – Winde – gemeint. – *Folianten*: Bücher in dem deutschen Buchformat: Folio, bei dem der Druckbogen in zwei Blatt unterteilt wurde und die Höhe zwischen 35 und 45 cm lag. – *Explication ... Paris*: Erklärung von zwei hervorragenden Maschinen, die eine zum Einrenken der Schultern, die andere als Korkenzieher zu dienen, von Mr. de la Pillule. Gesehen und approbiert von der Königlichen Akademie der Wissenschaften zu Paris. – *viel Lärmens ... um Nichts*: Titel der Komödie »Much ado about nothing« von Shakespeare.

79 *Avertissement*: S. zu S. 21. – *spanische Wand*: Franz. ›Paravent‹, ›Windschirm‹, mit Stoff bespannter Rahmen oder auch ganz aus Holz gefertigt; seit etwa 1600 gebräuchlich. – *Hunger-Physiognomie*: Hogarths Vorurteil gegenüber den Franzosen kommt auch in »Das Thor von Calais oder der englische Rinderbraten« und in »Frankreich und England« ins Bild. – *Grafen von d'Estaing*: Charles-Henri d'Estaing (1729–1792), franz. Admiral im amerikan. Unabhängigkeitskrieg, nach anfänglichen Erfolgen gegen die engl. Flotte erlitt er 1779 eine vernichtende Niederlage. – *in einem andern Stück des Hogarth*: Gemeint ist »Frankreich und England«, GTC 1794, S. 203–204; in unserer Ausgabe S. 250. – *Thor von Calais*: Lichtenberg spielt auf den Kupferstich »Das Thor von Calais oder der englische Rinderbraten« an, den er im »Göttinger Taschen Calender« für 1788 erklärte. Auf die französische Schildwache kommt er ebenda S. 116–119 zu sprechen. (S. 119–121 unserer Ausgabe). – *Hüneraufzäumen*: terminus technicus der Kochkunst; S. 120 spricht Lichtenberg von einem hölzernen Nagel, »Frösche aufzuzäumen«. – *Castrat*: Durch Verschneidung Entmannter, anfangs aus religiösen Gründen, im 16.–19. Jh. in der Gesangskunst wegen des faszinierenden Stimmklangs gesucht. Lichtenberg äußert sich stets abschätzig, nicht zuletzt in Zusammenhang mit der von ihm verabscheuten italienischen Oper. – *Eckel*: Im 18. Jh. noch übliche Schreibweise für Ekel. – *Solitaire*: Ein einzeln gefaßter Diamant. – *Erdenklos*: Entlehnt aus 1. Moses 2, 7. S. auch E 162. F 694. – *Meisterstück*: Diese Umschreibung für: Mensch gebraucht Lichtenberg auch B 185; J 1491. Im übrigen s. unten S. 91 und zu SB K III, S. 286. – *schnitzeln*: In kleine Stückchen oder Späne zerschneiden. DWb 9, Sp. 1361. – *Farinelli*: Über ihn s. zu S. 40. – *Kislar-Aga*: Kistlar Aga: türk. Titel, oberster Haremswächter. – *italiänischen Oper zu London*: Jahrzehnte lang beherrschte der italienische Stil in Libretti, Komposition und gesanglicher Darbietung die Oper, nicht nur in London. Die »Beggar's Opera« war ein bewußter Stilbruch und die erfolgreiche Travestie dieser Art Oper, die Lichtenberg von Herzen verabscheute; vgl. S. 259. – *von dem wir im Calender vorigen Jahres geredet*: Gemeint ist »Hogarths Leben des Liederlichen« GTC 1785, S. 135–136; in unserer Ausgabe S. 40. – *Brydone sagt*: In der englischen Fassung (die deutsche Übersetzung stand mir nicht zur Verfügung) von »A Tour through Sicily and Malta. In a series of Letters.« Vol. II, S. 256–257, London 1773. Der Satz in den Klammern ist von Lichtenberg eingefügt!

80 *Andere ...*: Etwa Nichols S. 223. – *Carestini*: Giovanni C. (1705 bis ca. 1760 in St. Petersburg), berühmter ital. Sänger. – *Chapeaux*: S. zu S. 43. – *Flötetraversisten*: Abgeleitet von franz. ›flûte traversière‹, in England ›deutsche Flöte‹ genannt, Querflöte, die seit dem 17. Jh. gegenüber der Blockflöte an technischer Perfektion und individueller Virtuosität gewann. – *Weidemann*: Karl Friedrich W., gest. 1782, dt. Flötist und Komponist, ging gegen 1726 nach England. – *Cadence*: Kadenz, die harmonische auf Dur-Moll-Tonalität beruhende Grund-Stimmenfortschreitung von der Dominante zum Grundakkord (Tonika). – *Geck*: Zu diesem von Lichtenberg häufig gebrauchten Substantiv s. das Wortregister SB K I+II. – *Pflästerchen unter ... Mäulchen*: Gemeint ist wohl das modische Schönpflästerchen, auch bon-ton-Pflaster; vgl. SB III, S. 679, und die Anm. dazu. – *Junker Western*: Anspielung auf Squire Western, den primitiven Vater der von Tom Jones verehrten Sophia in Fieldings Roman »Tom Jones«. – *Nichols*: Von mir verb. aus: *Nicholls* der Satzvorlage. – *Mitchel, den ehemaligen preußischen Gesandten*: S. Nichols S. 223. In der Ausführlichen Erklärung (SB III, S. 952) schreibt Lichtenberg: »Über diese Figur ist viel kommentiert worden. Man hat sogar einen Preußischen Gesandten Michel (nicht Mitchel, wie ich im hiesigen Taschenbuch für 1786 gesagt habe) daraus gemacht.« Abraham Ludwig Michell (1712–1782), gebürtiger Schweizer, seit 1741 bei der preußischen Gesandtschaft in London als Sekretär tätig; in den Jahren 1750–1764 preußischer Geschäftsträger ebenda. – *im Critical Review ... getadelt*: Im Rahmen einer Besprechung von Nichols' »Biographical Anecdotes of William Hogarth« in »The Critical Review, or, Annals of Literature. By a Society of Gentlemen« Vol. 52, London 1781, S. 203–205, ist kein Tadel an Nichols geübt! – *Darwider ist*: Von mir verb. aus: *Darwider ist;* der Satzvorlage. – *Pflaster nicht unter dem Ohr*: Also einmal nicht das Placebo gegen Syphilis, sondern ›Schönheitspflästerchen‹; im übrigen s. zu S. 68.

81 *Coquarde*: Abzeichen am Hut, im 18. Jh. noch in Form einer Schleife getragen; vgl. zu E 121 und zu SB III, S. 694. – *Papilloten*: Lockenwickler aus Papier; s. auch S. 102, F 1108 und SB III, S. 953. 973. – *gehörnte Thier*: Umschreibung für Hahnrei; s. auch SB III, S. 481. 953. – *Mohrenknabe*: Zu dieser Figur bei Hogarth s. zu S. 15. 245. 249. – *Schnurrpfeiffereien*: Närrische Dinge, abgeleitet vom Beruf des Schnurrpfeifers, im Mittelalter wandernde Musikanten, die auf einer aus einem Pflanzstengel hergestellten Pfeife mit schnurrendem Tone spielten. DWb 9, Sp. 1422. – *AuctionsCatalogus*: Vgl. dazu Lichtenbergs Artikel »Verzeichnis einer Sammlung von Gerätschaften« (SB III, 451 ff.), der im Herbst 1797 veröffentlicht wurde. – *Rendevouz*: So in der Satzvorlage geschrieben. – *Beaumonde*: Feine Welt. – *gehörnten Actäon*: Aktäon, griech. Sagengestalt, die Diana im Bade belauscht; er wird von ihr zur Strafe in einen Hirsch verwandelt und von seinen Hunden zerrissen; s. auch SB III, S. 674. 682. 684. 956. Die Sage von Aktäon berichtet Ovid in den »Verwandlungen« 1. Teil, XVI, S. 154–163 (übers. von Johann Heinrich Voß, Berlin 1798). – *Fayence*: Bei diesem Tongut handelt es sich auf dieser Abbildung wohl um feine Fayence (englisches Steingut) aus wei-

ßem feuerfesten Ton mit Feuerstein und durchsichtiger bleihaltiger Glasur. Von einem »Waschbecken aus Majolika« schreibt Lichtenberg in der Ausführlichen Erklärung (SB III, S. 958). – *Leda*: In der griech. Mythologie Gemahlin des Spartanerkönigs Tyndareus, genoß die Gunst des Zeus, der sich ihr in Gestalt eines Schwans näherte, worauf Leda zwei Eier gebar, aus deren einem Helena und aus dem andern Kastor und Pollux hervorgingen. Leda mit dem Schwan war schon im Altertum vielfach ein Gegenstand der Kunstdarstellung. – *Jupiter ... Bastard-Art von Adler und Gans*: Diesen drastischen Vergleich gebraucht Lichtenberg auch unten S. 140. – *Giulio Romano*: Eigentlich Giulio Pippi (1499–1546), ital. Maler und Baumeister, bedeutendster Schüler Raffaels, von dessen Spätstil er beeinflußt war.

82 *Loth mit seinen Töchtern*: Nach 1. Moses 11–14; 19 entrinnt er dem Untergang von Sodom mit seinen beiden Töchtern, die ihn trunken machen, um sich von ihm beschlafen und schwängern zu lassen. Ein häufiges Motiv der Bildenden Kunst. – *Jupiter mit der Jo*: In der griech. Mythologie ist Jo die Tochter des Flußgottes und Königs von Argos Inachos, Priesterin der Hera, Geliebte des Zeus. Von ihm in eine Kuh verwandelt, flieht sie vor der Rache Heras nach Ägypten, gebiert dort, rückverwandelt, den Epapkos; als Isis verehrt. Darstellungen finden sich bereits auf attischen Vasen, Wandgemälden der röm. Antike und in der neueren europäischen Kunst. Das von Hogarth wiedergegebene Gemälde ist nicht, wie Lichtenberg in der Ausführlichen Erklärung (SB III, S. 962) schreibt, von Michelangelo, sondern von Correggio (1494–1534); das Gemälde, das sich heute in Wien befindet, gehört zu sechs mythologischen Bildern, die er gegen 1530 wohl für den Hof der Gonzaga in Mantua schuf. – *Jupiter und Ganymed*: Ganymedes, in der griech. Mythologie Sohn des trojanischen Königs Tros und der Nymphe Kallirrhoë, war der schönste der sterblichen Jünglinge, daher ihn Zeus, Ovid zufolge, in einen Adler verwandelt, ihn in den Olymp entführte, wo er, in ewiger Jugend blühend, das Amt eines Mundschenks der Götter inne hatte. Der Raub des schönen Knaben war ein von der Kunst der Antike und des Klassizismus häufig behandelter Gegenstand. Daß Hogarth dieses homoerotische Motiv ausgerechnet hinter dem Kastraten Farinelli plaziert, ist Lichtenbergs Auge nicht entgangen; aber es ist aufschlußreich, daß er diese offenbare Zweideutigkeit in der Ausführlichen Erklärung fast völlig zurücknimmt. – *Hemling*: Hämling, abgeleitet von Hammel: Verschnittener Widder, schon um 1400 Umschreibung für ›Eunuch‹, noch im 18. Jh. literarisch gebräuchliches Schimpfwort. Vgl. F 30; L 153. – *Lädy*: So in der Satzvorlage. – *Maultrommel*: Auch Brummeisen genanntes Instrument aus Stahl in Form eines Hufeisens mit dicht zusammengezogenen Enden, zwischen denen eine dünne stählerne Zunge befestigt ist. Beim Spielen nimmt man das Instrument zwischen die Zähne und haucht gegen die mit dem Finger in Schwingungen versetzte Zunge, wodurch eigentümliche Töne entstehen. Zu Lichtenbergs Einschätzung dieses Instruments s. zu J 74 und SB K III, S. 700 (zu. S. 422). – *gewissen Städtchen in Niedersachsen*: Wohl Göttingen. – *am Charfreytage 1785 geschehen*: Karfreitag (»Stillfreytag«) war 1785 am 25. März! – *Rout*: Engl. ›Rotte‹; vormals auch ›Große Gesellschaft‹. In einer Fußnote zur Ausführlichen Erklärung (III, S. 961) gibt Lichtenberg eine Erläuterung von Drum und Rout. – *Graf Basset*: Infrage käme höchstens Louis Basset de la Marelle (ca. 1730–1794 guillotiniert), Präsident am Grand Conseil 1774, schrieb 1762 »La différence du patriotisme national chez les Français et chez les Anglais«. – *Fleises*: So in der Satzvorlage.

83 *Bagnio*: Ital. ›Badehaus‹; im übertragenen und im England des 18. Jh.s gebräuchlichen Sinne: Bordell. Lichtenberg gebraucht das Wort in dieser Bedeutung häufig; s. zu J 635 und SB K III, S. 78 (zu S. 195). – *Krieg über diese Helena ... Menelaus ... Paris*: Anspielung auf den Anlaß zum Trojanischen Krieg: Helena, die Gemahlin des Menelaus, wird von dem trojanischen Prinzen Paris entführt und – verführt. – *Schaarwächter*: Wächter, die zusammen mit mehreren anderen nachts patrouillieren. Vgl. F 988. GH 57, SB III, S. 245, 344, 549, 606, 814. – *Roast-Beef und Plumpudding*: Diese Kombination als Kennzeichen des engl. Nationalgeschmacks begegnet schon B 60. Im übrigen vgl. »Das Thor von Calais oder der englische Rinderbraten« (s. oben S. 115–123). – *Fehler ... mit der Canonenkugel auf dem ersten Blatt*: Vgl. S. 69. – *könnte*: Von mir verb. aus: *konnte* der Satzvorlage. – *Schwerdfegers*: Mhd. ›swertfeger‹: der das Schwert blank macht; dann: Waffenschmied.

85 *das Urtheil Salomons*: Gemeint ist die vielleicht ursprünglich indische Erzählung 1. Könige 3,16 ff; s. auch SB III, S. 1019. – *Das eine Mensch*: Zu diesem Neutrum s. zu S. 17. In der Ausführlichen Erklärung nennt Lichtenberg das »berüchtigte drurylanische Straßen-Mensch« bei Namen: Moll Flanders. – *Knie-Stück*: Gemälde, Portrait, das einen bis zum Knie darstellt. DWb 5, Sp. 1433. – *drollichtes Ansehen*: drolligt s. S. 27. In der Ausführlichen Erklärung kommt Lichtenberg auf diese »genialische« Bildidee ausführlicher zu sprechen; s. SB III, S. 972, und SB K III, 423. – *Lukas mit dem Ochsen*: Gemeint ist der Evangelist Lukas, Begleiter des Paulus, Arzt, gilt seit der alten Kirche als Verfasser des Lukasevangeliums und der Apostelgeschichte. Sein Symbol ist ein Stier (kein Ochse, wie Lichtenberg schreibt), weshalb er Schutzpatron der Metzger ist. Er ist aber auch Schutzpatron der Maler und Künstler überhaupt, weil der zuerst um 530 nachweisbaren Legende zufolge Lukas Maler gewesen war. Auf diesen Zusammenhang wird Lichtenberg erst 1797 von Thomas Christian Tychsen hingewiesen (s. SB K III, 423 zu S. 973). – *Nichols sagt...*: »In plate V. of this set, the back ground, which is laboured with uncommondelicacy (a circumstance that will be remarked by few except artists), was the work of Mr. Ravenet's wife.« (Nichols S. 224). – *von Madame Ravenet, der Frau des Kupferstechers, gestochen*: Simon François Ravenet (geb. 1706 in Paris, gest. 1774 in London), namhafter Reproduktionsstecher, der u. a. für den Verleger Boydell arbeitete. Name und Lebensdaten seiner Frau nicht ermittelt. – *Leute von Profession*: Zu dieser Wendung s. Anm. zu F 348. – *Trusler ... commentirt*: S. 67 schreibt Trusler: »Had he shewn himself at their entrance into this house, it might have answered his purpose, equally, and, in all propability, this bloody scene would have been prevented«.

87 *Aldermann*: S. zu S. 67. – *dankverdienerischer armer Teufel*: Die von Lichtenberg geprägte Wortbildung »dankverdienerisch« verwendet er auch D 539; E 355; SB III, S. 294, 413 und GTC 1778, S. 25. – *armer Teufel*: Zu dieser von Lichtenberg häufig gebrauchten Redensart s. Wortregister in SB K I+II. – *Rede ... unter dem Galgen gehalten*: Last dying speech – Letzte Ansprache eines Sterbenden. Lichtenberg erwähnt diese Sitte auch SB III, S. 977. 980. 1058. – *Laudanum*: Früher nannte

man so jedes Beruhigungs- und Einschläferungsmittel (bes. Opium). In der Ausführlichen Erklärung (SB III, S. 977) widmet Lichtenberg diesem Medikament zur Aufklärung seiner Leserinnen und Leser eine umfangreiche Fußnote! – *secunda Züchtigung*: Eine ähnliche Wortbildung begegnet H 120; SB III, S. 786. 978; Bw I, Nr. 47, S. 66. – *Avisbrief*: Frachtbrief, Meldebrief. – *Handel und Wandel*: Seit dem 15. Jh. In dieser Verbindung nachweisbar, wobei: Wandel die Bedeutung von: Verkehr, Austausch hat. S. auch L 593. – *Sümmchen, wie es die Leute verkleinernd nennen*: Diese Wendung begegnet auch H 37. – *Callus*: Hornhaut, dicke Haut. – *wie sich Swift ausdrückt*: Die Stelle konnte nicht ausfindig gemacht werden. – *das Zeichen unter dem Ohr*: Genauer: Pflaster unter dem Ohr (s. zu S. 68): das Allheilmittel gegen die Syphilis. – *rachitisch*: Mit der englischen Krankheit behaftet.

88 *Klystiersprütze*: Klystier: ein Darmspritzmittel oder eine Einspritzung in den After. – *Julap*: Auch Julepp, aus pers. gulab, ›Rosenwasser‹, Getränk aus Spirituosen, Eis, Fruchtscheiben unter Beifügung frischer Pfefferminzblätter; 1634 von J. Milton erwähnt. – *Figur ... drollig*: Zum Gebrauch dieses Adjektivs s. zu S. 27. – *die Füße parallel*: Ähnliche ›parallele‹ Wendungen begegnen auch E 216. 355; J 350; SB III, S. 699 und in einer später veränderten Stelle der Antiphysiognomik (Lauchert, S. 27). – *Knotenperuque*: Auch Karrèperücke, deren Hinterhaare in Knoten geschürzt wurde. – *spanisches Rohr*: S. zu S. 75. – *Mittagsmahl ... mal de midi*: Dieses Wortspiel notiert Lichtenberg H 163; mal de midi: Franz. wörtlich: Mittagsübel. – *Frugalität*: Abgeleitet von lat. frux: Frucht und frugalis: Frucht oder Nutzen bringend, in anderer Bedeutung gebräuchlich: Mäßigkeit, einfache Lebensweise; Kärglichkeit. – *Vers des Churchill*: Der Zweizeiler entstammt Churchills »The prophecy of famine« V. 328, wo es statt: *feed* heißt: *prey'd*. Lichtenberg zitiert den Zweizeiler schon F 123. Über Churchill s. zu S. 49. Zu der Spinnen-Metapher vgl. S. 49. 118.

89 *Alderman*: S. zu S. 67. – *altfränkische ... Wand-Uhr*: Altfränkisch im Sinne von: altmodisch geht bis ins späte MA zurück, wo es aber auch noch wie ursprünglich ›tüchtig, bieder‹ bedeuten kann. S. auch J 1115. – *RentenBuch*: Im 18. Und 19. Jh. hat Rente noch die Bedeutung von ›regelmäßigen Einkünften aus Abgaben von Pächtern oder Schuldnern‹. In der Ausführlichen Erklärung (SB III, 985) schreibt Lichtenberg von dem »Konto-Buch (Ledger)«. – *in Teniers Geschmack*: David Teniers (1610–1690), der Jüngere; flämischer Genremaler. Interessant, daß Lichtenberg offenbar der niederländisch-realistischen Darstellungsweise so wenig abgewinnen konnte wie der klassizistischen Kunstmanier seiner Zeit. – *die Dintenbouteille*: Von mir verb. aus: *dir*. – *Stück, im niederländischen Geschmack*: Vgl. »in Rembrants Manier« S. 200. – *Bardolphs Nase beim Shakespear*: Anspielung auf »Heinrich IV.«, 1. Teil, III, 3. *Nase*: Von mir verb. aus: *Rase* der Satzvorlage. – *bey Erklärung des 8ten Monatskupfers geredet*: Im »Göttinger Taschen Calender« für 1786 hat Lichtenberg die von Chodowiecki gestochenen Monatskupfer zu Shakespeares »Heinrich IV.«, T. I, 12 Bl., erklärt. Die Erklärungen sind innerhalb des Kalendariums dem Kupferstich gegenüber eingebunden. Zu dem achten Monatskupfer (Augustus/Erndtemonat) schreibt Lichtenberg bezüglich Bardolphs: »Der Kerl, der neben ihm [Falstaff] steht, ist Bardolph ein Mitgeselle, über dessen weingrüne, glühende Kupfernase er seinen Witz ergießt, selbst in der Hitze des Zancks, freylich falschen und wahren durcheinander. Er sagt, er habe diese Nase zuweilen des Nachts für einen Irrwisch gehalten, nennt sie einen wahrhaften Salamander, und räth der Wirthin gar, wenn sie Geld haben wollte Bardolphs Nase in die Münze zu schicken.« – *Carbunkeln*: Von lat. carbuncullus: kleine Kohle; ein brandiges Geschwür, eine Pestbeule. – *Prospekt*: Anblick, Aussicht, Darstellung von Örtern, Gegenden, Gebäuden.

HOGARTHS MITTERNACHTS-CLUB

Erstveröffentlichung und Satzvorlage: Hogarths Mitternachts-Club, gemeiniglich die Punsch-Gesellschaft genannt, mit den Köpfen aller eilf Mitglieder von Hr. Riepenhausen erläutert. Der Abdruck dieses Textes entspricht der Fassung im »Göttinger Taschen Calender« für 1786, S. 152–157, mit 2 Tafeln. Der Text, Herbst 1786 erschienen, wurde vermutlich Juli/August 1786 niedergeschrieben. Eine Handschrift ist nicht überliefert. Eine Ausführliche Erklärung erschien 1794 (SB III, S. 689–700). Kupferstich und Gemälde entstanden 1733.
Hinweise auf die Arbeit an dieser Hogarth-Erklärung sind nicht bekannt; immerhin gibt es aber diese Sudelbuch-Notiz, die ich als G 201 eingeordnet habe:
»Jedes Zeitalter hat eine Menge Eigenheiten, die die Nachwelt mit Vergnügen aufgezeichnet sehen würde, und die viel zu klein für den Geschichtsschreiber sind, die immer wechselnden Torheiten der Zeit etc. Für diese ist Hogarths Grabstichel das beste Medium sie aufzubewahren. Wer in aller Welt kann einen Parlamentswahlschmaus, oder eine Midnight conversation so schildern, wie er getan hat, und wie lehrreich kann nicht eine solche Schilderung gemacht werden!«

91 *eilf*: Im 18. Jh. noch gebräuchlich für elf. – *Nachstiche ... erschienen*: Wohl Anspielung auf Chodowiecki, der Hogarths Darstellung für einen Stich zum Vorbild genommen hat. – *die bekannten herumziehenden Wachsfiguren*: Darüber konnte nichts in Erfahrung gebracht werden. – *Meisterstück der Schöpfung*: Zu dieser Umschreibung s. zu S. 79. – *ein Paar Staffeln ... herabzusteigen*: Ähnliche Bilder begegnen E 104; Mat II, 15. – *4 Facultäten*: Theologie, Jurisprudenz, Medizin, Philosophie. – *Poetaster, Criticaster*: Interessant die geänderte Wortwahl an dieser Stelle in der Ausführlichen Erklärung (SB III, 689, 36 f.): »Pasquillant, Aufruhrprediger, Poetaster oder Spitzbube.« Aufschlußreich für den Versuch Lichtenbergs, Hogarth zeitpolitisch aufzubereiten. – *Poetaster*: Diese Wortprägung für: Dichterling begegnet laut Dwb 7, 1970 bereits bei Fischart. Lichtenbergs Beleg ist nicht notiert. Er gebraucht den Ausdruck auch SB III. 689, 36 f. 848, 12. – *Criticaster*: Im Sinne von: kleinlicher, unbedeutender Kritiker, bei Lessing 1767 erstmals belegt. – *Schwabacher*: Schwabacher Schrift, eine behäbige, breitlaufende deutsche Schrift, die, aus der Gotischen Schrift entwickelt, in Frühdrucken um 1480 zum ersten Mal vorkommt. Bemerkenswert, daß Lichtenberg in der Ausführlichen Erklärung SB III, S. 691, schreibt: »wie derbes, schwarzes Hebräisch«. – *Perlschrift*: Die zweite Größe der Buchdruckerschriften, von der kleinsten (Diamant) angefangen. – *Schriftgelehrter*: Rabbi, jüdischer Bibelausleger, Theologe und Jurist. Zur Zeit des NT als Stand organisiert. Sie stellten die bis heute maßgebliche Gesetzesauslegung, den Talmud, zusammen und organisierten sich nach der Zerstörung Jerusalems 70 n. Chr. im Sinne des Pharisäertums. – *Pharisäer*: Jüdische religiös-politische Partei zur Zeit Jesu, die eine strenge

Befolgung des mosaischen Gesetzes vertrat. Im NT wird ihnen äußerliche Gesetzlichkeit und Heuchelei vorgeworfen. – *Cassock*: Der Leibrock der Geistlichen in England.

92 *KnotenPerücke*: S. zu S. 88. – *Anlage*: Von mir verb. aus: *Anlange* der Satzvorlage. – *Portrait eines Pastors namens Ford*: Angeblich Cornelius Ford, genannt Parson Ford (1694–1731), Reverend, Cousin Johnsons. Vgl. J 199. 812. Aufschlußreich, daß Lichtenberg in der Ausführlichen Erklärung 1794 Hogarths Porträt eines betrunkenen Geistlichen wesentlich vorsichtiger und gelinder umschreibt. Über Hogarths Darstellung von Theologen äußert sich Lichtenberg grundsätzlich SB III, 812, 12 ff. – *Henley*: John Henley (1692–1736), ein zu seiner Zeit gefeierter engl. Prediger und Erbauungsschriftsteller, bekannt als »Orator Henley«; hatte 1726 in London eine Rednerschule errichtet, in der er an den Werktagen Vorträge über Weltweisheit und an den Sonntagen über Grundbegriffe des Christentums hielt. Fielding griff ihn 1732 in der Groteske »The Pleasures of the Town« und in »Joseph Andrews« (1742) an, Pope satirisierte ihn in seiner »Dunciad« (1728). – *Lord Northington*: Robert Henley Lord Northington (1708–1772), engl. Politiker und Jurist. – *die dritte Facultät*: Die Medizin. – *Haarbeutel. Vielleicht ... ein Franzoß*: Schwarzseidenes Säckchen für den gepuderten Zopf der männlichen Frisur oder des Hinterhaars einer Beutelperücke im 18. Jh. (s. DWb 4, 2. Sp 24). Nicht nur von Hogarth als typisch französische Mode aufgefaßt: Lichtenberg macht sich vielerorts über diese Modeerscheinung lustig: s. S. 117 und etwa E 209. F 58. Mat I, 83. – *HofAtheisten*: Zu den von Lichtenberg durchwegs negativ verstandenen Wortbildungen mit *Hof-* vgl. E 335. 339; J 557; SB K II, 208; UB II, 9.

93 *viel drolligtes*: Zu dieser Vokabel als Kennzeichen von Hogarths ›Laune‹ s. zu S. 27. – *the Craftsman*: Titel der seinerzeit erfolgreichsten politischen Zeitung in England, die seit 1726 erschien, ein Sprachrohr der Opposition gegen Walpole. Herausgeber war Nicholas Amhurst (1697–1742), Lyriker und polit. Schriftsteller, der wegen eines im »Craftsman« 1737 veröffentlichten Pamphlets gegen Colley Cibber zu einer Haftstrafe verurteilt wurde. – *the London Journal*: Gemeint ist vermutlich die »London Gazette«, die zweimal wöchentlich seit dem 5. Februar 1666 erschien; das offizielle Organ der Regierung. – *3 vierthel Fuß*: Den Fuß zu 30 cm gerechnet: 22,5 cm. – *Cloacina*: Über »die Najade Cloacina« s. zu S. 41. – *Freeman's best*: S. auch C 98; in der engl. Kulturgeschichte gibt es mehrere namhafte Träger des Namens Freeman, von denen aber wohl niemand für eine Anspielung in Frage kommt. – *Freemani ... solem*: Freemans Bestes unter der Sonne. Zu diesem Werbespruch vgl. »Kirton's Best« S. 143. – *mit einer Klappe zwey und mehr Fliegen schlägt*: Zu diesem alten Sprichwort s. Wander, Deutsches Sprichwörter-Lexikon Bd. I, Sp. 1069, Leipzig 1867. – *Parentation*: Lat., franz. ›Trauerrede, Leichenrede‹. – *Prärogativ*: Aus lat. praerogativa: Vorzugsrecht, Privileg. – *zeigt*: Gemeint ist: zeugt; zu dieser Schreibweise vgl. S. SB III, S. 848. – *Requiem*: Seelenmesse zu Ehren eines Verstorbenen.

LEICHTGLÄUBIGKEIT, ABERGLAUBEN UND FANATISMUS

Erstveröffentlichung und Satzvorlage: Der Abdruck dieses Textes entspricht der Fassung im »Göttinger Taschen Calender« für 1787, S. 212–232, mit 5 Blättern von Riepenhausen nach Hogarth. Er ist vermutlich Juli/August 1786 niedergeschrieben worden und im Herbst des gleichen Jahres erschienen. Eine Handschrift ist nicht überliefert.

Das Blatt »Credulity, Superstition and Fanatism. A Medley« von William Hogarth erschien als Radierung und Kupferstich London 1762.

Interessant, wie unterschiedlich Lichtenberg die Qualität der Reproduktionen von Riepenhausen einschätzte. Zu den von diesem Göttinger Graphiker für den Taschenkalender für 1787 angefertigten Kupfern nach Hogarth, außer »Leichtgläubigkeit, Aberglauben und Fanatismus« noch »Ein Wahlschmaus (Election-Entertainment)«, schrieb er (GTC 1787, S. 243): »was Hr. Riepenhaußen aus dem Original für uns diesesmal dargestellt hat, und zwar, wie unsere Leser finden werden, mit mehr Kraft als jemals. Er scheint sich hier nächst dem Hogarthischen Ausdruck auch dessen Manier mehr eigen gemacht zu haben, als in den vorhergehenden Blättern usw«.

Blumenbach gegenüber nimmt er in seinem Brief vom 12. November 1786 (Bw III, Nr. 1488, S. 292) kein Blatt vor den Mund: »Ew. Wohlgeboren haben doch gute Abdrücke erhalten, in meinem Exemplar sind die Hogarth. Köpfe so abgeschliffen, daß wenn ich sie gegen das Lob halte, das ich Riepenhaußen gegeben habe, ich mich des Lachens kaum erhalten kan. Was werden die Leute dencken, die solche Exemplare erhalten, und weder den Hogarth noch das Verfahren der abdruckenden Taglöhner kennen«. Abgeschliffen sind die Hogarthischen Köpfe übrigens deswegen, weil sich von *einer* Kupferplatte höchstens 800 bis 1000 saubere Abzüge drucken lassen, der »Göttinger Taschen Calender« aber eine Auflagenhöhe von bis zu 4000 Exemplaren hatte.

Selten hat Lichtenberg in seinen Kalendererklärungen zu Hogarth für *ein* Blatt so viel zu sagen gehabt und auch offensichtlich sagen wollen. Das lag wohl an der geistigen Luft der achtziger Jahre des verfließenden »siècle de lumières«. Lichtenberg braucht gar nicht zu aktualisieren, was Hogarth Jahrzehnte zuvor gestochen hatte. Der Stich schmerzte das Jahrhundert hindurch! Wie sehr zeitgenössische ›Irrationalismen‹ gerade die achtziger Jahre (auch) jenes Jahrhunderts bewegten und aufklärerische Schriftsteller wie Lichtenberg zur Feder greifen ließen, beweist nicht nur diese Hogarth-Erklärung. Sie steht nicht für sich, sondern ist in Zusammenhang mit Lichtenbergs »Antwort auf das Sendschreiben eines Ungenannten [Johann Albert Heinrich Reimarus] über die Schwärmerey unserer Zeiten« im »Göttingischen Magazin der Wissenschaften und Litteratur« 1782, erschienen 1783, zu sehen (SB III, 414–426). Lichtenberg weiß sich bei seiner Kritik mit den Herausgebern der »Berlinischen Monatsschrift« einig, die er bezeichnenderweise mehrmals in seiner Hogarth-Erklärung zitiert – als das publizistische Bollwerk der deutschen Aufklärung.

Ein den Verfasser besonders freuendes Urteil erhielt Lichtenberg offenbar von Johann Friedrich Blumenbach, dem er am 12. November 1786 mit folgenden Worten dankte (Bw III, Nr. 1488, S. 291): »Wenn Ihr Urtheil über meine Calenderabhandlung gantz von Hertzen kömmt, so habe ich in der That ein größeres Honorarium dafür gezogen als ich erwarten konte. Denn nie habe ich mit üblerem Muth gearbeitet, wie ich Ihnen glaube ich auch damals geklagt habe, als ich Sie um Ihre so vortrefflich ausgefallenen Beyträge ansprach. Wenn alle Leser so von meinen Aufsätzen dencken, wie Sie, und so wie ich von den Ihrigen so wird Dietrich bald verspüren was er für einen Zug gethan hat dieses Jahr«. Beifällig über Lichtenbergs Hogarth-

Erklärung im »Göttinger Taschen Calender« für 1787, in dem, wie gesagt, noch »Ein Wahlschmaus« (ebd. S. 232–244) erschien, äußerte sich offenbar Dieterich gegenüber Johann Joachim Eschenburg, wie aus Lichtenbergs Brief an diesen vom 8. April 1787 (Bw III, Nr. 1517, S. 434–344) hervorgeht, in dem er übrigens »etwas umständlicheres« über diese Werke ankündigt. Vom Plan einer Ausführlichen Erklärung zeugt höchstens die Notiz in L 703. Der Erstdruck wurde diplomatisch getreu im Lichtenberg-Jahrbuch 1991, S. 7–28, veröffentlicht, ergänzt durch Anmerkungen und Nachwort des Herausgebers dieser Edition.

95 *Joh. IV. Cap. V. I.*: »Glaubet nicht einem jeglichen Geist, sondern prüfet die Geister, ob sie von Gott sind; denn es sind viele falsche Propheten ausgegangen in die Welt.« – *Walpole sagt*: Lichtenberg spielt auf Walpole, S. 72, an: »as for useful and deep satire, that on the Methodists is the most sublime.« – *Berliner Monatsschrift*: Die »Berlinische Monatsschrift«, hg. von Johann Erich Biester und Friedrich Gedike, erschien 1783–1796: das bedeutendste Forum der dt. Aufklärung vor allem in ihrem Kampf gegen die diversen ›Irrationalismen‹ der Zeit; Lichtenberg, ihr aufmerksamer Leser, veröffentlichte im »Göttingischen Magazin der Wissenschaften und Litteratur« 3 (1782), 6. Stück, 953–956, »Bemerkungen über ein Paar Stellen in der Berliner Monatsschrift für den December 1783«. – *Augen ... nicht mehr sehen, und ... Ohren nicht mehr hören*: Diese Wendung geht auf Psalm 115, 5.6 zurück: »Augen haben und nicht sehen, Ohren haben und nicht hören.« – *die Methodisten*: S. zu S. 71. – *Whitfield*: George Whitefield, engl. Erweckungsprediger (1714–1770), wirkte zunächst in enger Verbindung mit John Wesley führend in der methodistischen Erweckungsarbeit in England, Schottland, Irland und besonders in Nordamerika, später mehr calvinistisch ausgerichtet. Auf ihn geht die für den Methodismus charakteristische Praxis der Predigt auf offenem Feld zurück. – *Westley*: John Wesley (1703–1791) aus Epworth in England; neben Whitefield Begründer des »Methodismus«, ambulanter Erweckungsprediger mit großem organisatorischen Talent. – *Tabernakel*: Das Sakramentshäuschen in katholischen Kirchen, wo die Monstranz aufbewahrt wird.

96 *Tollhauses*: S. zu S. 57. – *bürgerlichen Todes*: pro civiliter mortuo: Nach dem röm. Recht Verlust der Rechtsfähigkeit. Vgl. an Johann Christian Kestner am 30. März 1766 (Bw I, Nr. 4, S. 5) und SB III, S. 884. 901. – *Ewiges Branteweintrinken*: Dieses engl. National-Laster bringt Hogarth in »Beerstreet and Gin-Lane« ins Bild; Lichtenberg erläutert die Vorlagen im »Göttinger Taschen Calender« für 1795 (s. S. 262–269). – *Tabackrauchen*: Über Lichtenbergs schwankendes Urteil zum Rauchen vgl. das Wortregister in SB K I+II. – *Cartoffelbäuche*: Wohl Wortschöpfung Lichtenbergs. Zu seiner durchwegs ironischen Wortbildung mit »Kartoffel« s. das Wortregister in SB K I+II. – *zwölfstündiges Federbad*: Die Anspielung ist unklar: Langschläfertum als Zeichen der Verwahrlosung? Oder ist James Graham's 1780 präsentiertes himmlisches Bett gemeint? S. SB III, S. 88. 125. 192. – *In Berlin ... das Volk abergläubischer*: Das heißt also am Sitz der – protestantischen – Berliner Aufklärer; auch hierin bezieht sich Lichtenberg wohl auf die »Berlinische Monatsschrift«, die von 1783 an über mehrere Jahrgänge Artikel »Ueber Berlin, von einem Fremden« veröffentlichte. – *Rosenfeldt*: Anspielung auf den Artikel »Der vorgebliche neue Messias in Berlin« erschienen in der »Berlinischen Monatsschrift« 1783, Januar-Stück, 42–79, von J. E. Biester. Johann Paul Phillipp Rosenfeldt (geb. 1731) zog demnach seit 1762 in Preußen herum, gab sich als Prophet aus und gewann unter der Landbevölkerung zahlreiche Anhänger; 1781 wurde ihm in Berlin der Prozeß gemacht und er zu öffentlichem Staupenschlag und Zuchthaus in Spandau verurteilt. Todesjahr unbekannt. Vgl. SB III, 419. – *der Mond-Doctor*: Der Monddoktor Weisleder praktizierte 1780–1781 in Berlin. Brüche, aber auch andere Krankheiten heilte er durch Mondschein und Gebete. Diese Wunderkuren wurden der Astralmedizin zugerechnet. Auch seine Ehefrau praktizierte diese Heilung, da durch die Heirat mit Weisleder die »Heilungskraft« auf sie übergegangen war. Während ihr Mann die männlichen Patienten versorgte, kümmerte sie sich um die weiblichen. Am 6. April 1781 wurde dem Doktor und Stadtphysikus Pyl von dem Oberkollegium Medicum aufgetragen, zu untersuchen, welcher Art die Kuren des Monddoktors seien, wie es um die Heilungserfolge bestellt sei, ob er Medizin ausgebe und ob er für seine Behandlung Geld nehme. Von Beruf soll der Reichsländer Weisleder Strumpfwirker gewesen sein. Seine Kuren verrichteten er und seine Frau in einem Garten, indem sie die krankhaften Stellen entblößen und gegen den zunehmenden Mond halten ließen. Mit der einen Hand wurde der Schaden berührt, während die andere Hand dem Mond zugewendet wurde. Dabei wurden von dem Heiler unverständliche Worte gemurmelt und anschließend ein Gebet gesprochen. Selten gab er eine Salbe oder ein Öl. Geld nahm er von seinen Patienten nicht, doch hatte er nichts dagegen, wenn diese nach der Behandlung seiner Frau etwas zusteckten. Von seinen Patienten verlangte Weisleder lediglich ein tiefes Gottvertrauen, da dieses allein die Heilung möglich machen könne, er sie hingegen nur unterstützen könne. Lichtenberg bezieht sich auf Biesters Aufsatz »Der Monddoktor in Berlin« in der »Berlinischen Monatsschrift« April 1783, 353–367, und den mit H. [Marcus Herz?] unterzeichneten Artikel »Die Wallfahrt zum Monddoktor in Berlin« (ebd. S. 365–385). – *heiligen Schnitzwerks*: Zu dieser Wendung vgl. SB III, S. 162 und 616. – *Weißbinderarbeit*: Dazu s. zu S. 8. – *im April 1750 ... den Untergang weissagte*: Diese Begebenheit notiert Lichtenberg schon RT 9 (LE 1,57: T II17). – *ein bekanntes Histörchen*: Nicht ermittelt.

97 *Gaßner*: Johann Joseph Gaßner (1727–1779), kath. Geistlicher aus Österreich, der in Ellwangen durch Wunderkuren und Dämonenaustreibungen Aufsehen erregte, auf Druck der weltlichen und geistlichen Obrigkeiten aber seine Tätigkeit einstellen mußte. Vgl. F 322 und SB III, S. 263, 979. – *Expressen*: Expresser, besoldeter Bote, Lohnbote. – *franco*: Postfrei, kostenlos. – *Ein keiner Cherub*: Dieser Druckfehler im »Göttinger Taschen Calender« der in den »Vermischten Schriften« 14, 1853, 156, zu *kleiner* verbessert worden ist, wurde beibehalten, da er Lichtenberg Gelegenheit zu einem hübschen Kommentar gegenüber Blumenbach am 12. November 1786 (Bw III, Nr. 1488, S. 291–292) gab: »Über den Druckfehler habe ich laut gelacht. ein *keiner* Cherub, es läßt wie ein privativum ein acherub. Das *kein* hat überhaupt aber noch allerley associirte Würckungen auf mein Zwergfell. Im Orbis pictus von den Cammermädchen [SB III, 402] werden sie vielleicht gelesen haben, daß diese Geschöpfe *Keine* statt *Knie* schreiben, ein *Kein*stück anstatt *Kniestück*. Hierzu muß ich Ihnen die wahre Geschichte erzählen. Vielleicht erinnern Sie sich noch Dietrichs schöner Köchin aus Arnstadt. Sie

war würcklich zu ihrer Zeit eines der schönsten Mädchen in Göttingen, mit dieser hatte ich einen *kleinen* schreibe *Kleinen*, (nicht *keinen*) erlaubten Umgang, so daß wir, bis kurtz vor ihrer Verheyrathung zu Erfurt, mit einander correspondirten; Gleich nach ihrer Ankunfft zu Arnstadt schrieb sie mir eine umständliche Nachricht von ihrer Reise; Sie war zwischen hier und Heiligenstadt, wie gewöhnlich umgeworfen worden und sagte sie hätte bis an ihre *Keine* im Morast gestanden. In meiner Antwort machte ich ihr ihren Schreibfehler deutlich und sagte sie solte dem Himmel dancken, daß es nicht bis an ihre *Eine* gegangen wäre. Sie nannte mich dafür einen losen Vogel, indessen aber erhielt mein Schützenhof = Witz doch Beyfall u es wurde in unsern Briefen, die ich noch einmal mit den Lettres der Babet und der Ninon heraus zu geben gedencke, so offt mit Keinen und Einen gespielt (A et non A) daß ich würklich noch jetzt immer das Wort *kein*, so bald der Accent darauf gelegt wird, den ersten Augenblick für eine Zote halte«. – *Bonhommie*: Franz. ›Gutmütigkeit, Einfalt, Biederkeit‹. – *schwarzen Familienkatze*: Nach dem Volksglauben häufig Dämonen, Hexen, der Teufel selbst; Begleiterinnen der Hexen auf ihrer Luftfahrt zum Blocksberg; s. Handwörterbuch des deutschen Aberglaubens 4, Sp. 1117. – *Tonsur*: Das den katholischen Kleriker vom Laien unterscheidende Standeszeichen, das im teilweise abgeschorenen Haupthaar besteht. Der Gebrauch des Wortes ist im Deutschen seit dem 17. Jh. nachweisbar. – *Nicolais Reisen*: Christoph Friedrich Nicholai (1733–1811), bedeutender Buchhändler in Berlin und Schriftsteller, Herausgeber der »Allgemeinen deutschen Bibliothek« (1765–1806); wichtigster und einflußreichster Repräsentant der Berliner Aufklärung; Freund u.a. Lessings, Mendelssohns, Mösers; 1781 in Göttingen. »Sebaldus Nothanker« (1773); »Leben, Bemerkungen und Meinungen Johann Bunkels« (1778); »Beschreibungen einer Reise durch Deutschland und die Schweiz im Jahre 1781. Nebst Bemerkungen über die Gelehrsamkeit, Industrie, Religion und Sitten«, Stettin und Berlin 1784–1796. Lichtenberg besaß die Bde. 3, 4, 11 und 12 (BL, Nr. 1092). Die zeitgeschichtliche Brisanz dieser Beschreibung einer Reise durch die deutschsprachigen Länder bestand unter anderem in der mit den Augen des Berliner Aufklärers bemerkten und erfaßten Rückständigkeit der *katholischen* Regionen südlich des Mains und der intensiven Glaubenspropaganda der kath. Geistlichkeit. – *Berl. Monatsschrift*: In dieser Zeitschrift erschienen wiederholt Aufsätze über und gegen »Kryptokatholizismus« und »Proselytenmacherei«; im Januarheft 1785, 59–80, etwa ein anonymer »Beitrag zur Geschichte itziger geheimer Proselytenmacherei«. Im übrigen s. zu S. 95. – *Harlekin*: Von Moscherosch 1642 eingeführte Bezeichnung für franz. Harlequin, die Lustige Person der italienischen Commedia dell'arte, den Arlecchino, im Gegensatz zu dem grobschlächtigen deutschen Hanswurst. – *geistliches Schnitzwerk*: s. zu S. 96. – *Frau Veal*: Lebensdaten nicht ermittelt. Defoe hat 1706 über sie geschrieben. – *Drelincourt über den Tod*: »Les Consolations de l'âme fidèle contre les frayeurs de la mort, avec les dispositions et préparations pour bien mourir« erschienen Charenton 1651, von Charles I. Drelincourt (1595–1669), franz. protestantischer Geistlicher am »Temple de charenton« und fruchtbarer theolog. Schriftsteller. Eine engl. Übersetzung erschien unter dem Titel »The Christian's defence against the fears of death ... by ... Char. Drelincourt. translated into English by Marius D'Assigny« London 1741 in 15. Auflage. – *Cäsars Geist*: Plutarch berichtet in seinen »Lebensbeschreibungen«, Sechster Band, über Gajus Julius Cäsar nach dessen Ermordung durch Brutus: »Allein mehr als sonst etwas verriet das dem Brutus erschienene Gespenst, daß Cäsars Ermordung den Göttern mißfällig wäre. Damit verhielt sichs so. Als Brutus im Begriff war, seine Armee von Abydos nach Europa überzusetzen, ruhte er die Nacht vorher in seinem Zelte, nach seiner Gewohnheit, ohne zu schlafen, und dachte über die Zukunft nach; wie man denn sagt, daß dieser Mann unter allen Feldherrn dem Schlafe am wenigsten ergeben gewesen sei und die Eigenschaft gehabt habe, sich am längsten wach zu erhalten. Hier glaubte er nun, an der Tür ein Geräusch zu vernehmen, und da er bei dem schwachen Scheine der dem Verlöschen nahen Lampe hinsah, erblickte er die fürchterliche Gestalt eines Mannes von ungeheurer Größe und schrecklichem Aussehen. Anfangs entsetzte er sich, wie er aber sah, daß der Mann weder etwas tat noch sagte, sondern stillschweigend neben dem Bette stand, fragte er ihn, wer er wäre? Das Gespenst antwortete ihm: Ich bin dein böser Genius, Brutus, bei Philippi wirst du mich wieder sehen! Darauf versetzte Brutus unerschrocken: Gut ich werde dich sehen, und damit verschwand ihm die Erscheinung aus den Augen. In der Folge stellte er sich bei Philippi dem Antonius und Cäsar entgegen, trieb in der ersten Schlacht auf seiner Seite die Feinde in die Flucht und verfolgte sie so hitzig, daß er sogar Cäsars Lager eroberte. Als er im Begriff stand, die zweite Schlacht zu liefern, erschien ihm nachts das nämliche Gespenst wieder, ohne ihn anzureden, Brutus aber erriet daraus sein Verhängnis und stürzte sich blindlings in die Gefahr. Doch fiel er nicht im Kampfe selbst, sondern nach der Niederlage der Seinigen floh er auf eine steile Höhe, stemmte die Brust gegen das Schwert und starb so, indem noch ein Freund, wie man sagt, dem Stoße Nachdruck gab« (Nach der Ausgabe von Hanns Floerke in der Übersetzung von Kaltwasser, München und Leipzig 1913, S. 92–93). – *Villars*: George I. Villiers, Duke of Buckingham, geboren 1592, Großsiegelbewahrer, engl. Gesandter in Paris und Günstling der Königin Anna von Frankreich, am 23. August 1628 von John Felton in Portsmouth erstochen. Er war der Vater von George II. Villiers (1627–1687), Duke of Buckingham, Peer von England, Satiriker und Lustspieldichter. – *Felton*: John Felton (1595?–1628), engl. Offizier aus Suffolk, ermordete, angeregt durch die Lektüre von »The Golden Epistles« 1628 den Herzog von Buckingham; noch im gleichen Jahr gehängt, in Volksballaden als nationaler Wohltäter beschrieben.

98 *Cherubim*: Über sie s. zu. S. 69. – *das stinkende Ich*: Dieses »Kunstwort« ist im DWb nicht belegt, lediglich Luthers »stinckender Adam« und »stinckender Madensack« (DWb Bd. 10, II.I, Sp. 3155). – *die Glorie*: Svw. Glorien-, Heiligenschein. – *diable de poche*: Franz. ›Taschenteufel‹; ähnliche Wortbildungen Lichtenbergs sind im Wortregister zu den Sudelbüchern nachgewiesen (SB K I+II). – *Zähen*: Im 18. Jh. noch gebräuchliche Schreibweise für: Zehen. – *Trusler ... für ein Herz hält*: Unter der Überschrift »The Medley« interpretiert Trusler S. 112–118, Hogarths »Credulity, Superstition and Fanatism. A Medley«. S. 113 heißt es: »By the thermometer, on the right, fixed in the heart of man, our author would teach us, that *lukewarmness* in religion, is the foundation of all this excess.« – *Westleys Predigten*: John Wesley veröffentlichte zwischen 1726–1790 sage und schreibe 141 »Sermons«. – *Glanvils Tractat von*

Hexen: Joseph Glanvill (1636–1680), engl. Geistlicher und vielseitiger Schriftsteller; vom Glauben an übernatürliche Kräfte überzeugt, veröffentlichte er London 1666 »Philosophical considerations touching Witches and Witch craft«, denen er 1768 in 4. Auflage »An account of the famed disturbance by the drummer at the house of Mr. Mompesson« anfügte. – *Pillori*: Engl. pillory: Schandpfahl, Pranger. – *Cherubim in ihre Trompetchen stoßen*: S. zu S. 69. – *wie Trusler ... bemerkt*: Tusler, S. 116: »By painting a glory round the word LOVE, as round that of LUST, in the thermometer, he would have it understood, that they mean one, and, the same thing, and, that this thing is the ultimate end of all the enthusiast's desire; farther confirmed by the male and female votaries, beneath the pulpit.«

99 *Savoyarden-Hygrometer*: Savoyarden: Ursprünglich Bewohner der Hochalpenregion Savoyens, dann umgangssprachliche Umschreibung für Straßenhändler und Straßenmusikanten. Hygrometer: ›Feuchtigkeitsmesser‹. »Das in der Luft aufgelöste Wasser bringt in mancherley Körpern, die man dieser Luft aussetzt, allerley Veränderungen hervor. Es dehnt z. Ex. Papier, Pergament, Holz, Elfenbein u.d.gl. aus [...] Hierauf gründet sich die Einrichtung der Hygrometer« (Erxleben [6]1794, S. 219). – *beyden obern Facultäten*: Theologie und Jurisprudenz. – *vorleuchtet*: Zur Verwendung dieses Verbs im übertragenen Sinne s. DWb 12, II, Sp. 1288–1289. – *Dinge ohne Untersuchung zu glauben*: Zu diesem wissenschaftlichen Vorwurf Lichtenbergs, positiv gewendet, vgl. KA 290. 291. – *wieder die Cherubim*: S. zu S. 69. – *das bekannte Lustspiel Addisons*: Joseph Addison (1672–1719), engl. Essayist, Dichter und Dramatiker. Zusammen mit Richard Steele gab er die für das 18. Jh. vorbildlichen moralischen Monatsschriften »The Tatler« und »The Spectator« heraus. Bei dem »bekannten Lustspiel« Addisons handelt es sich um seine Komödie »The Drummer or The Haunted-House«, die in Drury Lane am 10. März 1716 uraufgeführt wurde. – *Windbeutel*: Lichtenberg gebraucht den Ausdruck für einen gehaltlosen Menschen; s. auch E 238. 267; F 741. – *Ratzenfänger zu Hameln*: Gestalt einer seit Ende des 14. Jh.s in Hameln erzählten Sage. Danach soll am 26. Juni 1284 ein Spielmann 130 Kinder fortgeführt haben. Mitte des 15. Jh.s wurde von dem Spielmann gesagt, er sei Rattenfänger gewesen und die Entführung der Kinder ein Racheakt, weil man ihm die Entlohnung verweigerte. Die Sage wurde im 17. und 18. Jh. über ganz Europa verbreitet und hat auch in der Dichtung Spuren hinterlassen. Der Auszug der 130 Hamelner Kinder wurde erst 300 Jahre nach dem Ereignis mit dem Motiv der Rattenverbannung verbunden. – *Mompesson*: Keine Lebensdaten ermittelt. – *wiederhallte*: Kein Druckfehler, sondern Lichtenbergs übliche Schreibweise; vgl. E 104 (SB I, 363).

100 *Spückereyen*: Spuk. – *kleinen ... heidnischen Gottheit*: Amor, Cupido. – *zuerst auf Hogarths Shakespearisch-triebmäßige Beobachtung aufmerksam gemacht*: Vgl. SB K III, S. 321. – *Stutzer*: Zu Lichtenbergs Definition des ›körperlichen‹ und ›geistlichen‹ Stutzers (so viel wie: Geck) s. zu S. 45.

101 *Das Mensch*: Zu dieser Schreibweise s. zu. S. 17. – *Mary Töffts*: Mary Toffts oder Tofts (1701?–1736), aus Goldaming in Surrey, war eine so zeitgenössische Berühmtheit, daß das »Dictionary of National Biography« 14 (1917), S. 915–916, ihr einen Artikel widmete. – *anagrammatisirt*: Unter Anagramm (grch.) versteht man die Umstellung der Buchstaben eines Wortes, um Wortspiele, Pseudonyme und andere Kombinationen zu bilden. Das Anagramm war besonders im 16. und 17. Jh. bei Pseudonymen und Buchtiteln beliebt. – *Hencke*: Johann Christian (Christoph?) Hencke (1739–1805), Organist in Hildesheim, veröffentlichte in Braunschweig 1786 die Schrift »Völlig entdecktes Geheimnis der Natur sowohl in der Erzeugung des Menschen als auch in der willkürlichen Wahl des Geschlechts der Kinder«. Die Schrift »des Organisten in Zelle« wird übrigens auch in der »Allgemeinen deutschen Bibliothek« 65, 632, unter ›Nachrichten‹ angekündigt. In den »Göttingischen gelehrten Anzeigen« 1786, 21. Juni, erschien eine Rezension Blumenbachs, aus der zur Erklärung von Lichtenbergs Anspielung folgende Sätze zitiert werden: »Da ihm auch aus der Bibel die Geschichte von Jakobs bunten Stäben usw. eingefallen, so habe er verschiedene blaue Mäntel auseinandergebreitet, da, wo trächtige weiße Kaninchenweibchen den Ausgang aus ihrer Höhle gehabt, und habe sie darauf mit Gewalt über diese Mäntel herübergejagt, da denn, wie Herr Hencke sagt, nach einiger Zeit zwei von denen Weibchen, welche sich damals im Anfang der Trächtigkeit befunden, dunkelblaue Jungen gebracht.« (S. 980); »Wenn nämlich ein Knabe soll erzeugt werden, heißt es, so muß der Mann mit dem rechten Knie zuerst überschreiten usw. wie man aber ein Mädchen erzeugen müsse, darf wohl kaum sagen, da ein Vernünftiger es schon aus dem Vorhergehen schließen kann. Er muß ja natürlich mit dem linken Knie zuerst überschreiten usw.« (S. 981). Vgl. Bw III, Nr. 1395, S. 118; Nr. 1453, S. 230; Nr. 1484, S. 287. – *St. André*: Nathanael St. André (1680–1776), aus der Schweiz stammender Anatomist und Geburtshelfer in London; Modearzt, bis er 1726 in die Betrugsaffäre von Mary Tofts verwickelt wurde. Am 12. November 1786 (Bw III, Nr. 1488, S. 292) äußert Lichtenberg gegenüber Blumenbach: »Wenn Sie St. Andre's Geschichte lesen wollen, so will ich Ihnen Nichol's Buch über den Hogarth schicken. [...] Es giebt gute critische Nachrichten von Hogarths Werken, aber in dessen Geist u Laune dringt er selten ein«. Lichtenberg bezieht sich auf John Nichols' »Biographical Anecdotes of William Hogarth«, London 1781, die er übrigens in der Vorrede zur Ausführlichen Erklärung (SB III, S. 666) sehr lobt. – *Mythologien der Ammenstuben*: Im Sinne von »Ammenmärchen«. – *Convulsionen*: (med.) Schüttelkrampf bei Erkrankung des Nervensystems. Über Lichtenbergs Wortverwendung s. zu S. 121. – *diese Scene auszumahlen*: Nicht von Lichtenberg selbst, sondern von unbekannter Hand wurde in »G. C. Lichtenberg's Erklärung der Hogarthischen Kupferstiche«, Eilfte Lieferung, Göttingen 1809, S. 142–150 (hier: S. 296) beziehungsweise VS 14, 1853, S. 165–167, diese Szene etwas ›ausgemalt‹. – *Schuster-Zwecke*: Kleiner Nagel mit rundlichem Kopf oder hölzerner Stift, besonders in der Schuhmacherei gebraucht (s. DWb 16, Sp. 964). – *Whitfields Journal*: »Journal of a Voyage from London to Savannah«, London 1739. – *Wochenblatt von Glarus*: Glarus, Hauptflecken im gleichnamigen Kanton südlich von Graubünden, wo Zwingli 1506–1516 als Pfarrer gewirkt hat. Am 18. Juni 1782 fand hier die letzte Hexenverbrennung auf schweizerischem Boden statt. Lichtenberg spielt wohl auf den in der »Berlinischen Monatsschrift« Mai 1783, 476–487, erschienenen Korrespondentenbericht »Nachricht von dem neuesten Hexenprocess in Glarus. Chur, d. 3ten April 1783« an. – *Geister in Bouteillen*: Der Flaschengeist, ein weitverbreitetes Erzählungsmotiv orientalischen Ursprungs, dessen Quelle das Märchen vom Fischer und Geist in »Tausend und eine

Nacht« ist; s. Handwörterbuch des deutschen Aberglaubens 2, Sp. 1573–1577. – *Priestley ... über diese Dämonologie geschrieben*: Joseph Priestley (1733–1804), engl. Geistlicher, Naturforscher und Philosoph, der 1774 den Sauerstoff entdeckte. Lichtenberg spielt wohl darauf und auf die Tatsache an, daß Priestley auch andere Luftarten, wie man im 18. Jh. die Gase nannte, entdeckte. – *Dämonologie*: Geisterlehre. – *Luftsäure*: So nannte Bergmann das mephitische Gas oder (nach Black und Priestley) die fixe Luft: Kohlenoxyd. – *der in der Luft herrscht*: S. an Franz Ferdinand Wolff am 12. August 1784 (Bw II, Nr. 1288, S. 889): »Da der Teufel wie ich von sichern Leuten weiß, bey seinem Abschied jedesmal imflammable Lufft zurückläßt, so wird die Sache dadurch fast ausser allem Zweifel gesezt, in der Bibel heißt der Teufel der Geist der in der Lufft herrscht, hier ist, wie man an der Cansteinschen Bibel sehn kan, offenbar etwas ausgelassen, vermuthlich das Wort inflammabel«. Ähnlich schreibt Lichtenberg auch an Johann Christian Dieterich am 29. [?] November 1783 (Bw II, Nr. 1208, S. 778). Anspielung auf Epheser 2,2: »In welchem ihr weiland gewandelt habt, nach dem Lauf dieser Welt, und nach dem Fürsten, der in der Luft herrschet, nämlich nach dem Geist, der zu dieser Zeit sein Werk hat in den Kindern des Unglaubens«.

102 *Sonometer*: Laut-, Tonmesser. Darüber s. Lichtenberg (GTC 1784, 86–87): »Sonometer (von Sonus, Klang, Schall) Klangmesser besser Tonmesser, denn eigentlich wird nicht der Klang oder Schall, sondern der Ton damit gemessen d.i. nicht sowohl die Stärke des Klangs, als dessen Höhe und Tiefe. So benennen die Franzosen, mit einem Bastard-Wort, das, was wir gemeiniglich Monochord zu nennen pflegen; von ... einzig und ... Sayte. Ein Instrument mit einer Sayte und beweglichen Steg, um die Verhältnisse zwischen Ton und Länge der Sayte zu finden, bey übrigens gleicher Spannung und Dicke der Sayte. Gemeiniglich giebt man dem Instrument zwey Sayten, damit man immer den Grundton zugleich angeben kann. Den vollkommensten Sonometern giebt man sogar vier Sayten, wovon die beyden äußersten unveränderlich sind, und die Ocktave anzeigen, die mittleren können verändert werden. Bey einigen hängen die Sayten über Röllchen, damit man sie durch bekannte Gewichte spannen kann. Der Franzose getraute nicht zu sagen Echométre«. S. auch Gehler, Physikalisches Wörterbuch 4, S. 382. – *drollicht*: Siehe zu S. 27. – *Prädicant*: Nach lat./franz., Prediger, Hilfsprediger. – *papillotirt*: Franz.-dt. Verbbildung nach *papillotte*: Haarwickel von Papier, Lockenwickler; s. auch S. 81. – *Clima*: Eigentlich die Neigung, besonders der Erde gegen die Pole zu, dann die nach dem Grad dieser Neigung sich richtende Wärme oder Witterung. Zu Lichtenbergs Wortgebrauch vgl. A 43; B 276, C 83. – *Zona horrida*: Lat. »Zone des Schreckens«; scherzhafte Abwandlung Lichtenbergs von *Zona torrida*: Die heiße Zone, der heiße Erdgürtel zwischen den beiden Wendekreisen. S. auch SB III, S. 750. 908. – *Romaine*: William Romaine (1714–1795), wegen seiner leidenschaftlichen Predigten seinerzeit in London berühmter Calvinist und wohl Verfasser der Schriften »Deserts of the new purgatory« und »A new and correct globe of hell«. – *Cherubim*: S. zu S. 69. – *stinkendes Ich*: S. zu S. 98. – *der Rabbine*: Rabbi, in babyl.- jüd. Tradition Rab [hebr. ›mein Herr‹], Titel jüd. Gesetzesgelehrter (Rabbiner), seit dem Mittelalter deren Berufsbezeichnung, zuständig für Fragen der religiösen und rituellen Praxis des Rechts. – *knickt etwas zwischen den Nägeln*: Gemeint sind Läuse. Wie unbehaglich Lichtenberg bei dieser Passage war, geht aus einem Brief an Gottfried August Bürger vom (ca.) 10. August 1786 (Bw III, Nr. 1469, S. 254) hervor: »Aus Mangel hinlänglicher Bekanntschaft mit der hiesigen Clerisey nehme ich mir, mein weltlicher Freund, die Freiheit, Ihnen eine Gewissensfrage vor zu legen, die eigentlich für oder von jene gehörte. – Der Teufel nämlich, an den ich seit vergangenem Freitag wieder im Ernste glaube, hat mich bei einer Stelle im Kalender inspirirt, und da wäre mein unmaßgebliches Verlangen, zu wissen, ob dieses Evangelium gedruckt werden kann. Weil es aber billig ist, auch jeden Richter zu bestechen, so wage ich es, Ihnen meine Meinung vorläufig in die Hand zu drücken, daß ich nämlich glaube, die Sache gehe wirklich an. – Hogarth stellt einen Rabbinen vor, mit dem Schlachtmesser vor sich, der aber Läuse knickt. Hierbei sagt der Teufel Folgendes: Seitdem die Juden aufgehört haben; den Himmel mit roast beef zu traktiren, so finden ihre Priester, leider! häufiger Gelegenheit, zu knicken, als zu schächen. Geht das an? Der Teufel gab mir eigentlich ein, zu sagen: ... Opfer zu knicken, als zu schächen. Das Wort Opfer hat aber mein Schul=Gewissen weggestrichen. In Erwartung einer *geneigten* Antwort bin ich ganz der Ihrige«. In seinem Brief an Blumenbach vom 12. November 1786 (Bw III, Nr. 1488, S. 292) äußert Lichtenberg: »Hat sie nicht das Läuse=Opfer bey dem Rabbinen etwas choquirt. Ich wünschte jene Stelle weg, wenigstens jezt da ich in die Kirche läuten höre«. Joost (Anm. 17 zu Bw III, Nr. 1488) merkt dazu nur an, daß der 12. November 1786 ein Sonntag war. Man muß aber annehmen, daß Lichtenbergs Passage in Göttingen religiösen Rumor verursacht hatte oder etwas in der Art von ihm befürchtet worden war. S. auch S. 27. – *die Juden haben aufhören müssen, ... mit Roast-Beef zu tractiren*: Anspielung auf die Brandopfer und das Verbot, Schweinefleisch zu essen. Lichtenbergs Vorbehalt gegenüber den Juden geht auch aus S. 123 hervor. – *schächen*: Schreibfehler Lichtenbergs, der auch in dem Brief an Gottfried August Bürger vom ca. 10. August 1786 (Bw II, Nr. 1469, S. 254) begegnet, für *schächten*: jüdisch rituell schlachten.

103 *launichten Kupferstecher*: Mit dem gleichen Beiwort charakterisiert Lichtenberg Hogarth auch in den Ausführlichen Erklärungen; s. SB K III, S. 321–322. Zur Wortbedeutung von »Laune« in der Ästhetik und Literatur des 18. Jh.s s. oben zu S. 8. und das Wortregister zu den Sudelbüchern (SB K I+II). – *vortrefflichen Lehren Mahomets*: Diese Einschätzung kontrastiert mit Lichtenbergs negativem Urteil in F 650 und RA 43. *Mahomet*: Mohammed, arab. ›der Gepriesene‹, (ca. 570–632), der Stifter des Islam. – *das Türkische Volk ... das nichtswürdigste auf Gottes Erdboden*: Lichtenbergs Vorurteil war wohl beeinflußt von den Auseinandersetzungen zwischen Rußland und der Türkei, die 1788 zum Krieg Rußlands und Österreichs gegen die Türken führten, in dem die Türkei besiegt wurde; Frieden von Sistova 1791, von Jassay 1792. Vgl. J 265. – *das Schuhputzermensch*: S. zu S. 17. – *Dämonologie*: S. zu S. 102. – *Jacob I.*: Jacob (James) I. (1566–1625), 1567 König von Schottland, 1603 König von England, der zahlreiche Streitigkeiten mit dem Parlament hatte. In seinen London 1619 herausgegebenen »Opera« verfocht er unter anderem den Glauben an Zauberei und Gespenster. – *Fackel der Aufklärung*: Das ähnliche Bild von der »Fackel der Wahrheit« gebraucht Lichtenberg in F 741, G 13, Materialheft I, Nr. 153, im »Vorschlag zu einem Orbis pictus« (SB III, 385), »Wider Physiognostik« (SB III, 555) und in einem Brief an

Hollenberg von Ende November 1779? (Bw I, Nr. 642, S. 1029). S. auch »Licht der Wahrheit« (F 404).

Die Anmerkungen folgen bisweilen dem von mir im Lichtenberg-Jahrbuch 1991, S. 20–28, mitgeteilten Kommentar. Von unbekannter Hand erschienen in »G. C. Lichtenberg's Erklärung der Hogarthischen Kupferstiche«, Eilfte Lieferung, Göttingen 1809, S. 142–150, folgende

Zusätze

Der Zweck, den *Hogarth* bei dem ersten Entwurf dieses Blattes hatte, war, die seltsamen Vorstellungen von Heiligen und Märterern, die man selbst auf den Mahlereien der ersten Italiänischen Künstler findet zu verspotten*. Allein er verwarf die Platte, und führte den vor uns liegenden Kupferstich aus, wodurch er die Methodisten und vorzüglich den Chirurgus *St. André* lächerlich machte, der sich durch die Caninchenheckerinn täuschen ließ. Da die biographischen Nachrichten von diesem Mann nicht ohne Widerspruch und Verwirrung sind, und Lichtenberg die Geschichte der Caninchenheckerin nur mit wenigen Worten berührt hat, so wird es dem Leser vielleicht nicht unangenehm seyn, diese Begebenheit hier genauer zu erfahren.

Nathaniel St. André, von Geburt ein Schweitzer, hatte mit dem berüchtigten Chevalier *Taylor* viel ähnliches. Er kam in seiner frühen Jugend mit einer jüdischen Familie nach London, und mußte sich, weil er arm war, sein Brod als Bedienter erwerben. Indessen hatte er viel Anlage zur Musik und Tanz, und brachte es darin zu einer gewissen Vollkommenheit. Er ging hierauf bei einem Chirurgus in die Lehre, machte einige glükliche Operationen, und wurde dadurch nach kurzer Zeit so berühmt, daß man ihn und den Franzosendoktor *Rock* für die ersten Wundärzte in London hielt. Er wurde sogar an den Hof gezogen und von Georg I. sehr begünstigt. Allein ein Weib brachte ihn um seinen ganzen Credit, und machte ihn zum Gespött von ganz London. Die Sache ging folgendermaßen zu. Ein Chirurgus von Guildfort, Namens Howard, kündigte an, daß eine gewisse *Mary Toffts* Caninchen geboren hätte und noch mit mehrern schwanger sei. Dies Gerücht verbreitete sich so schnell und fand so viel Glauben, daß, wie ein wahrhafter Schriftsteller versichert, fast Niemand in London ein Kaninchen essen wollte, aus Furcht ein Product der *Mary Toffts* zu erhalten. Lord Onslow lies das Weib untersuchen, wurde getäuscht und stattete dem berühmten Arzt John Sloane einen Bericht darüber ab, der in dem brittischen Museum aufbewahrt wird. Der leichtgläubige Whiston schrieb sogar ein Buch über wunderbare Empfängnisse, und glaubte, daß durch jenes Weib eine Prophezeyung im Buche Esra in Erfüllung gegangen sei. Nun kam die Sache auch dem Herrn St. André zu Ohren, der das Weib in ein Wirthshaus in Leicesterfields bringen lies, um es daselbst mit einigen Wundärzten zu untersuchen. Allein er wurde durch die Gaukeleyen der schlauen Betrügerin hintergangen, und zwar auf eine Art, die wir hier nicht erzählen können. Da jedoch Einige seine Beobachtungen in Zweifel zogen, so gab die Königinn Carolina dem berühmten *Cheselden* den Auftrag, die Sache streng zu untersuchen, und dieser große Arzt entdeckte augenblicklich den Betrug. Hierdurch verlor St. André sein ganzes Ansehen; die Kaninchen erschienen wieder auf der Tafel, aber zugleich eine zahllose Menge von Schmähschriften, unter andern von Swift und Arbuthnot, worin St. André beißend mitgenommen wurde. Man verspottete ihn, wo er sich blicken lies; stellte die ganze Geschichte in Holzschnitte dar, und brachte sie sogar auf die Bühne zu Lincoln's Innfields, wo Harlekin behauptete in ein Weib verwandelt zu seyn und Kaninchen gebahr. Dillingham ein reicher Apotheker, der mit St. André gewettet hatte, daß die ganze Sache eine Betrügerei sei, lies für die gewonnenen zwanzig Guineen ein prächtiges Wappen stechen, das drei Kaninchen im Felde führt. Viele berühmte Aerzte traten ebenfalls zusammen, eröffneten eine ansehnliche Subscription und bathen Hogarth diese merkwürdige Begebenheit durch den Grabstichel zu verewigen. Dies geschah auch durch ein Blatt, das die Unterschrift hat: *Cunicularii or the wise man of Godliman in consultation*, und im Jahr 1726 erschien**. Man sieht auf demselben den Herrn St. André mit einer Geige unter dem Arm und die *Wundärzte Richard, Manningham, Sainthill und Howard*, die wahrscheinlich mit der Betrügerin in Einverständniß waren.

St. André suchte sich zwar durch eine Flugschrift öffentlich zu entschuldigen, aber sein Ruhm war unwiederbringlich verloren. Er zog sich daher aufs Land zurück, nachdem es ihm gelungen war eine reiche Frau, Betty Molyneux, die ein Vermögen von 30000 Pfund hatte, zu heyrathen. Er starb 96 Jahr alt, im Jahr 1776, nachdem er fast alle seine Freunde und Feinde überlebt hatte.

Die Kaninchenheckerin, die sich in der Folge noch vieler groben Verbrechen schuldig machte, wurde im Jahr 1740 gefänglich eingezogen und starb im Jahr 1760. Man hat ein treffendes Bildniß von ihr, das Laguerre gemahlt und Faber in Kupfer gestochen. S. *The Gazette or Daily London advertiser.* Ian. 21. 1764.

* S. Ireland, T. III. S. 233.

** S. Ireland, T. III. S. 334.

EIN WAHLSCHMAUS (ELECTION-ENTERTAINMENT)

Erstveröffentlichung und Satzvorlage: Ein Wahlschmaus. (Election-Entertainment.) Der Abdruck dieses Textes entspricht der Fassung im »Göttinger Taschen Calender« für 1787, S. 232–244, mit 7 Blättern. Der Text, Herbst 1786 erschienen, wurde vermutlich Juli/August 1786 niedergeschrieben. Auf S. 105 erwähnt Lichtenberg eine Rede, die am 29. Juni 1786 von Lord Mahon vor dem englischen Parlament gehalten wurde – ein Datum, das die Niederschrift frühestens für Mitte Juli 1786 denkbar macht. Eine Handschrift ist nicht überliefert. Mit geringen Abweichungen vom Erstdruck und »Zusätzen« von unbekannter Hand erschien der Text in »G. C. Lichtenbergs Erklärung der Hogarthischen Kupferstiche«, Neunte Lieferung, Göttingen 1806, S. 3–35. Hinweise auf die Arbeit an dieser Hogarth-Erklärung sind nicht bekannt; immerhin gibt es aber diese Sudelbuch-Notiz, die ich als G 201 eingeordnet habe:

»Jedes Zeitalter hat eine Menge Eigenheiten, die die Nachwelt mit Vergnügen aufgezeichnet sehen würde, und die viel zu klein für den Geschichtsschreiber sind, die immer wechselnden Torheiten der Zeit etc. Für diese ist Hogarths Grabstichel das beste Medium sie aufzubewahren. Wer in aller Welt kann einen Parlamentswahlschmaus, oder eine Midnight conversation so schildern, wie er getan hat, und wie lehrreich kann nicht eine solche Schilderung gemacht werden!«

Aus welchem Grund Lichtenberg die Zweite

Szene der vierblättrigen »Election« nicht anschließend, sondern erst im GTC für 1788 nach »Das Thor von Calais« brachte, will nicht ganz einleuchten.

105 *Ammunition*: Svw. Munition: Vorrat, Nachschub. – *Fusel*: Rotwelsch, 1724 erstmals schriftlich nachweisbar: schlechter Branntwein. – *Rack*: Engl. für: Arrak, Branntwein aus Reis, Zucker oder dem Saft der Kokosnüsse. – *öhmichte Bütten*: Öhmig, abgeleitet v. Ohm, dem Flüssigkeitsmaß für Wein, DWb 7, Sp. 1201. – *Bütten*: Zuber, DWb 2, Sp. 579. – *Auszug aus einer Rede vor mir*: Nicht ermittelt. – *Graf Stanhope ... Lord Mahon*: Charles Stanhope (1753–1816), seit 1763 Lord Mahon; bedeutender engl. Politiker und Wissenschaftler. – *am 29 Junii dieses Jahrs (1786)*: Für die Datierung dieser Kalender-Erklärung von Belang. – *Charles Turner*: Lebensdaten nicht ermittelt. – *unbiegsames Ding der menschliche Wille*: Zu ›unbiegsam‹ vgl. S. 156. 159; von ›Unbiegsamkeit‹ schreibt Lichtenberg F 1066; L 377.

106 *sieben Jahre hindurch*: Seinerzeit die Wahlperiode für das engl. Parlament. – *Es giebt Erklärer...*: Nichols S. 278: »the hand of the beldam kissing the young candidate, is removed from under her apron, and now dangles by her side...« – *arme Teufel*: S. zu S. 58. – *des Calenders wegen verschweigen*: Zu Lichtenbergs Tabuisierung der von Hogarth ins Bild gebrachten ›Obszönitäten‹ s. zu S. 73. – *Meißnisches Milchtöpfchen*: Zu diesem Bild und Vergleich s. zu D 634. – *hetruscisches Thränenfläschen*: Zu diesem Bild und Vergleich s. zu D 634. – *Schleifkanne*: Eine hölzerne Kanne, oben mit einer Schleife oder hölzernem Öhr versehen. DWb 9, Sp. 604. – *Kohlen auf sein Haupt*: Nach Sprüche Salomonis 25,22: wer seinem Feinde Gutes tut, wird »Kohlen auf sein Haupt häufen«, das heißt ihn schamrot machen. S. auch Römer 12,20. – *Coquarden*: S. zu S. 81.

107 *Commodity*: Von mir verb. aus: *Commodlty* der Satzvorlage. – *Tax them*: Besteure sie. – *Biegsamkeit*: Zu diesem Begriff in Lichtenbergs geistiger »Haushaltung« s. zu D 626. – *Auflage*: Hier im Sinne von: Steuerabgabe. – *Nomen proprium*: Lat. ›Eigenname‹. – *incommode*: Franz., ›unbequem, unbehaglich‹. – *gebrennt*: Im 18. Jh. üblich für ›gebrannt‹. – *inter minora sidera*: Abgewandelt nach Horaz, Oden I, 12. 46: velut inter ignes Luna minores: wie der Mond aus kleineren Lichtern. Lichtenberg zitiert die Zeile auch J 838 und SB III, S. 673. – *sieben mageren Jahren*: Anspielung auf 1. Mose 41, den Traum des Pharao, den Joseph so deutet, daß in Ägypten auf sieben reiche Jahre sieben Jahre des Hungers folgen werden. – *so lange steht bekanntlich ein Parlament*: S. zu S. 106. – *Apicischer Vorsicht*: Apicius, Marcus Gavius, röm. Feinschmecker zur Zeit des Augustus und Tiberius, wohl fälschlich als Verfasser des Kochbuchs »de re coquinaria libri« genannt. S. auch S. 117.

108 *Sauciere*: Franz. ›Soßenschale‹. – *John Bull*: Über diese Figur s. zu S. 11: Arbuthnot ... Grabschrift. – *fingert ... auf andern Stellen*: S. zu F 204. – *Krätzegeige*: Vgl. S. 192: Schottische Fiddel. – *Hogarth bedient sich dieser Bildersprache*: S. das Nachwort S. 273. – *Stutzeranzug*: Zu Stutzer s. zu S. 100. – *das bordirte Kleid*: bordiert: nach franz. border, ›einfassen, säumen, verbrämen‹; im 18. Jh. Kennzeichen eines Prachtgewandes. – *gegen Geld und gute Worte*: Wander I, Sp. 1523. 1525 führt die Wendung als Sprichwort auf, ohne die Herkunft mitzuteilen. – *pro patria*: Für's Vaterland; wohl Anspielung auf die Zeile aus Horaz, Oden III, 2, 13: Dulce et decorum est pro patria mori. Zunächst hatte Hogarth »For our Country« geschrieben (s. Nichols S. 280–281). – *drollig*: Zu diesem Begriff s. zu S. 27.

109 *Genever (Gin)*: Über die verheerende Wirkung des Branntweins läßt sich Hogarth in dem Blatt »Gin-Lane« aus (s. oben S. 269; vgl. auch S. 153–154). – *eilf*: Zu dieser Schreibweise s. zu S. 91. – *1752 der neue Styl in England eingeführt*: Gemeint ist die Einführung des Gregorianischen anstelle des Julianischen Kalenders: Die Reform von Papst Gregor XIII., 1582 angeordnet, brachte es mit sich, daß auf den 4. sogleich der 15. 10. 1582 folgte. – *styli novi*: Lat. ›neuen Stils‹. – *epineuse Frage*: epinös: kitzlig, dornig; s. zu K 270. – *Farce*: Franz. ›Possenspiel‹. – *Irrländischen*: In der Satzvorlage so geschrieben. – *Procurators*: S. zu S. 68. – *Parnel*: Sir John Parnell (gest. 1782) Richter am königl. Gerichtshof in Irland; Bruder des Dichters Thomas P. (1679–1718). Trusler, S. 43 Fußnote, nennt ihn »remarkable for his drollery, and, uncommon humour«. – *Augenbraunen*: Im 18. Jh. übliche Schreibweise; vgl. B 157. 158; F 810.

110 *Trusler sagt...*: Gemeint ist Trusler, S. 43, wo: *cloathed* statt: *dress'd* steht. Nichols seinerseits, S. 266. – *woman*: Von mir verb. aus: *womon* der Satzvorlage. – *dessen Wittwe*: Über sie s. zu S. 8. - *unsere Nr.*: Von mir verb. aus: *unser Nr.* der Satzvorlage. – *Nach einigen ... in der Erklärung etwas uneins*: »afflicted with the gravel« – an Harngrieß leidend, schreibt etwa Trusler, S. 43. – *jenseits aller Physiognomik*: Im Sinne von: übersteigt alle Versuche, das Gesicht deuten zu wollen. – *Aldermann*: S. zu S. 67.

111 *methodistischer Schneider*: Zu dieser Glaubenslehre s. zu. S. 72. – *Bewegungsgründen*: Beweggründe; zu Lichtenbergs Schreibweise s. zu D 370. – *Buridans Esel*: Johannes Buridan (geb. vor 1300, gest. nach 1358), scholast. Philosoph, Rektor der Universität in Paris. Buridans Esel: eine B. zugeschriebene Metapher: Ein Esel verharrt unbeweglich zwischen zwei gleichen Heubündeln, weil er sich nicht entscheiden kann, und verhungert. – *Endzweck*: S. zu. S. 43. – *die herumschweifenden Comödianten*: S. oben S. 27–30. – *Laune*: Zu diesem Begriff s. zu S. 8. – *Alderman*: S. zu S. 67. – *ausgestopften Juden ... no Jews*: Nichols S. 266: »Notwithstanding our artist's assertion the handsome candidate is pronounced to be the late Thomas Potter, esq. and the effigy, seen through the window, with the words »No Jews« about its neck, to be meant for the late Duke of Newcastle.« Merkwürdig, daß Lichtenberg von diesem Hinweis keinen Gebrauch macht! Gemeint sind Pelham-Holles, Thomas, Duke of Newcastle-Upon-Tyne and of Newcastle-under-Lyne (1693–1768), engl. Politiker, oder Henry Fiennes Clinton (1720–1794), 2[d] Duke of Newcastle-under-Lyne, ohne polit. Interesse, aber Geldgeber der Whig-Partei. Thomas Potter (1718–1759), dessen Vater John Erzbischof von Canterbury war, Politiker, M. P., bekannt durch eine Rede gegen den Herzog von Newcastle, der 1747 Einfluß auf Wahlen genommen haben soll. Man sagt Potter nach, sehr hübsch und sehr witzig gewesen zu sein.

112 *den Juden günstige Bills*: Bills: Gesetze. 1753 hatte die Regierung des Thomas Pelham Duke of Newcastle (1754–1762) dem Parlament einen Gesetzesentwurf ›Über die den Personen, welche sich zur jüdischen Religion bekennen, zu erteilende Erlaubnis, sich mit Zustimmung des Parlaments naturalisieren zu lassen‹ vorgelegt. Diese sog. *Naturalization Bill* wurde vom Oberhaus und vom Unterhaus ohne Schwierigkeiten angenommen. Alle Juden, die sich länger als 3 Jahre in England aufgehalten hatten, sollten vom Parlament auf Antrag eingebürgert werden können. Kaum war das Gesetz im Mai 1753 verkündet, kam es in London und in anderen großen Städten

des Landes zu Tumulten. So mußte die Regierung schließlich, nur ein halbes Jahr nach der Verkündung des Gesetzes, dem Druck der öffentlichen Meinung weichen und die Naturalization Bill zurücknehmen. S. Friedrich Battenberg, Das Europäische Zeitalter der Juden. Von 1650 bis 1945. Darmstadt 1990, Bd. 2, S. 51–52. - *Schlagfluß*: Apoplexie; seit Christian Weise 1673 belegt. – *Buridans Esel*: S. zu S. 111. – *Irrländischen Procurators*: Vgl. S. 68. – *Rack*: S. zu S. 105. – *was blos für das Ohr gehört, so mögte das Auge erblinden* . . .: S. zu S. 69.

Von unbekannter Hand erschienen in »G. C. Lichtenberg's Erklärung der Hogarthischen Kupferstiche«, Neunte Lieferung, Göttingen 1806, S. 35–46, folgende

Zusätze

Die vier Parlamentwahlen, welche zu Hogarth's besten Arbeiten gehören, erschienen nicht auf ein Mahl. Das erste Blatt kam am 24sten Februar 1755. heraus; das zweyte am 20. Februar 1757., das dritte am 20. Februar 1758, und das vierte am 1sten Januar 1758. Ob sie sich aber auf die damahligen Parlamentswahlen beziehen, ist unbekannt*.

Was den Wahlschmaus betrifft, so ist es nicht unwahrscheinlich, daß Hogarth die Anordnung und einzelne Figuaren, z. B. den Pastor, von einem ältern Kupferstich entlehnt hat, der in dem Journal von Grubstreet beschrieben wird. Unstreitig gibt auch eine Parlamentswahl und die Menge damit verbundener Feyerlichkeiten das größte Sittengemählde der Britten und den reichsten Stoff für einen Künstler; denn sie setzt nicht allein alle Volksklassen, sondern ein jedes Individuum in Bewegung, ohne Ausnahme von Stand, Alter oder Geschlecht, vornehm und gering, reich und arm, jung und alt, von dem Monarchen bis zum Fischweibe, und von dem Greise, der an seinem Stabe schleicht, bis zum muthwilligen Schulknaben, in großen und kleinen Städten, in Flecken und Dörfern; eine Theilnehmung, die man in uneingeschränkten Monarchien belächelt, und wovon man nur allein in England sich gehörige Begriffe machen kann.

Höchst interessant sind die Scenen, die dabey vorfallen. Bittschriften der Candidaten erscheinen in den Zeitungen, werden den Wahlmännern in die Häuser gesandt, und auf den Straßen ausgetheilt. Jedermann rühmt darin seine Liebe zur Wahrheit, seine Uneigennützigkeit, Rechtschaffenheit, und spricht von seiner Ehre, von seiner Dankbarkeit, und von seinem Eifer für das gemeine Beste. Vornehme Herren, selbst Damen, durchwandern die Straßen und Gassen zu Fuß, um von Haus zu Haus Stimmen zu sammeln, wobey sie weder Bitten, noch Höflichkeiten, noch Versprechungen sparen. Es werden große Dieners [sic] gegeben, deßgleichen Tavernen, Inns und Bierhäuser nicht bloß für die Wahlmänner, sondern, da hier keine Zeit zum Scrutiniren ist, für jedermann geöffnet, der umsonst essen und trinken will. Auf den großen Landstraßen sieht man jetzt ein alle Vorstellung übersteigendes Gewühl von Wagen und Reitern; denn die von ihrem Geburtsort entfernten Bürger werden oft zu Hunderten auf Kosten der Wahlcanditaten von ihren Wohnörtern nach den Wahlplätzen geschafft. So fahren ganze Reihen von Wagen in Procession unter dem Jubelgeschrey der Reisenden und dem Hinstürzen der Pferde, die man zu dieser Zeit in Menge auf allen Landstraßen todt findet**.–

Hogarth hat eine der lustigsten Scenen, welche der Wahl vorhergehen, zur Darstellung gewählt, nehmlich den Schmaus, den einer der Candidaten auf seine Unkosten gibt. Der Name dieses Mannes ist Thomas Potter, von dessen nähern Lebensumständen wir nichts wissen.

Nach Nichols und Ireland soll der Herr Pastor das Porträt eines gewissen Doctor Cosserat seyn. Daß er ein wenig Gourmand ist, und zwar bey einer Gelegenheit, die regulariter nur alle sieben Jahre wieder kömmt, kann man leicht entschuldigen. Er treibt, wie Lichtenberg an einem andern Orte sagt, sein Wesen nicht im Winkel, sondern er schmauset, so zu sagen, mitten in dem Schoße seiner Familie, die zugleich mit ihm schmauset, und doch kostet es dabey seiner Familie nicht einen Pfennig.

Der Namen des Aldermannes, der sich an Austern zu Tode ißt, haben die Erklärer des Hogarth nicht aufbewahrt, wahrscheinlich weil sich dergleichen Fälle sehr oft ereignen und nichts ungewöhnliches sind. So fraß sich bey der Parlamentswahl in London, im Jahr 1790, ein Bürger auf Kosten des Candidaten zu Tode. Die herbeygerufenen Magistratspersonen fanden sich in einer großen Verlegenheit. Einer von den Geschworenen jedoch, der wahrscheinlich selbst kein Feind der Völlerey war, machte endlich die weise Bemerkung, daß der Verstorbene durch den Hunger angegriffen worden, ein Feind, der, wie er sagte, durch Mauern bräche und nicht zu besiegen wäre. Der Ausspruch wurde auch wirklich durch die Worte bezeichnet: Gestorben *se defendendo* (sich vertheidigend)***.

Ob die übrigen Personen, außer Sir John Parnel, der sich auf sein Verlangen von Hogarth abbilden ließ, um dadurch den Ansatz des Blattes in Irland, wo er sehr berühmt war, zu befördern, ebenfalls Porträte sind, wissen wir nicht. Der Kerl im Vordergrunde, der seinem Cameraden Brantewein in die Wunde gießt, wird für einen Oxforder, Namens Tegue Carter, und das Weib mit der Geige für eine gewisse Fiddling Nan gehalten, welche die Jahrmärkte auf den Dörfern bey Oxford besuchte, und damahls allgemein bekannt war.

Die Figur, welche mit der Inschrift *no Jews* von der Gegenparthey vor dem Fenster vorbeygetragen wird, soll eine Aehnlichkeit mit dem Herzog von Newcastle haben, der sich durch mancherley Vorschläge, vorzüglich durch seine Naturalisationsbill verhaßt gemacht hat. Auf den Fahnen lieset man die bedeutsamen Worte: *Liberty and property; and no excise. Mary and multiply, in spite of the devil.*

Als Zierath des Zimmers erblickt man das zerstörte Porträt von König Wilhelm, eine Landschaft, welche, wie Nichols vermuthet, den Flecken darstellt, worin der Schmaus gefeyert wird, weil die Kirche, welche man auf dem folgenden Blatte sieht, mit der hier abgebildeten Aehnlichkeit hat, und ein Hirschgeweihe über den Eingang.

Für die Besitzer der Hogarthischen Original=Kupferstiche müssen wir noch Folgendes bemerken. Hogarth beging die Unvorsichtigkeit, die ganze Platte zu stechen, ohne während der Arbeit einen Probeabdruck zu ma-

* S. *Nichol's* biographical Anecdotes of Hogarth. S. 265.

** Wir verweisen hier auf Archenholz Annalen der Brittischen Geschichte. Th. V. S. 20. Man wird es uns nicht verargen; das [sic] wir einiges aus der Schilderung dieses vortrefflichen Schriftstellers fast wörtlich mitgetheilt haben, da sie so unverdächtig ist.

*** S. Archenholz Brittische Annalen. Th. V. S. 356.

chen, um den Effect zu sehen. Die Folge davon war, daß viele Mängel zum Vorschein kamen, die nur mit Mühe von einem seiner Freunde verbessert wurden. Dessen ungeachtet sind die ersten Abdrücke sehr schön, aber auch sehr selten. Die spätern erscheinen etwas matt weil die Platte zu oft retouchirt wurde.

DAS THOR VON CALAIS ODER DER ENGLISCHE RINDERBRATEN. EIN BLATT VON HOGARTH

Erstveröffentlichung und Satzvorlage: Der Abdruck dieses Textes entspricht der Fassung im »Göttinger Taschen Calender« für 1788, S. 105–127, erschienen Herbst 1787 mit drei Blättern von Riepenhausen nach Hogarth. Eine Handschrift ist nicht überliefert. Der Text ist vermutlich Juli/August 1787 niedergeschrieben worden. Lichtenbergs Brief an Johann Friedrich Blumenbach vom 31. Januar 1785 (Bw III, Nr. 1385, S. 103) läßt allerdings den Schluß zu, daß er sich erst Ende Juli, Anfang August intensiv mit Kalender und Hogarth-Erklärung befaßt. Diese Hogarth-Erklärung ist in der Achten Lieferung von »G. C. Lichtenberg's Erklärung der Hogarthischen Kupferstiche«, Göttingen 1805, S. 52–83 (VS XI (1852), S. 241–253) mit geringen Abweichungen und »Zusätzen« (ebenda S. 84–92) wiederabgedruckt. Eine diplomatische Transkription des Erstdrucks mit Nachwort und Anmerkungen ist im Lichtenberg-Jahrbuch 1997 [1998], S. 7–28, erschienen. – Literatur: Bernd Krysmanski: »O the Roast Beef of Old England«. Hogarth in BSEfreier Zeit vor dem Tor von Calais. In: Lichtenberg-Jahrbuch 1997 [1998], S. 25–52. – Das Gemälde »The Gate of Calais, or the Roast Beef of old England & C.«, von Hogarth entstand 1749, im gleichen Jahr erschienen Kupferstich und Radierung von Hogarth und Mosley.

115 *Calais*: 1339 beanspruchte König Eduard von England nach dem Aussterben der Kapetinger statt des Hauses Valois den französischen Thron und eröffnete dadurch den »Hundertjährigen Krieg« gegen Frankreich. 1435 wurden die Engländer aus Frankreich vertrieben, nur Calais blieb bis 1558 in englischem Besitz. – *(1785 2te Auflage) angemerkt*: Darüber s. oben S. 60. – *Ideen-Jagd*: Diese Zusammensetzung, im DWb nicht vermerkt und wohl Wortschöpfung Lichtenbergs, wird von ihm auch in einem Brief an Gottlieb Hufeland am 2. Juli 1792 (Bw III, Nr. 2111, S. 1132) gebraucht. – *Aachner Frieden*: Da der Aachener Frieden (engl. »peace of Aix-la Chapelle«) erst am 18. Oktober unterzeichnet wurde, Hogarth Calais jedoch schon am 31. August 1748 verlassen hatte, meint Lichtenberg offenbar den vorläufigen Friedensschluß vom 30. April. Auch Nichols schreibt fälschlicherweise, daß Hogarth »bald nach dem *Aachner* Frieden« nach Frankreich gereist ist. Vgl. John Nichols: Beiträge zu Wilhelm Hogarth's Lebensbeschreibungen, Leipzig 1783, S. 29. – *sein ... Haß gegen alles was französisch ist*: Hogarths Antipathie gegen das Französische drückt sich in vielen seiner Kupferstiche aus, etwa in »Frankreich und England« (s. oben S. 253–254) und in der Darstellung von Einzelpersonen wie dem Tanzmeister in »Marriage à la mode« oder »Leben des Liederlichen«. – *John Bulls Lieblings-Blat*: Über diese britische Nationalfigur s. zu S. 11: Arbuthnot. – *Caricatur*: Karikatur (ital. caricare ›überladen‹), Spott- oder Zerrbild, das menschliche Eigenschaften oder Handlungen verzerrend darstellt und dem Gespött preisgibt. Führende Meister der Karikatur im 18. Jh. waren neben Hogarth (den Lichtenberg nicht für einen Karikaturisten hielt), Gillray, Rowlandson, Bunbury und Goya. – *Commerztractat*: In der Ökonomiesprache des 18. Jh.s stehender Begriff für Handelsvertrag. – *in obenerwähntem Jahrgang dieses Taschenbuchs*: S. oben S. 60. – *Spontons*: Sponton: franz. halbe Pike, Spieß der Unteroffiziere, im 17. und 18. Jh. getragen. – *Einfall Hogarth's*: Von dem hier angesprochenen »Räthsel« berichtet erstmals John Nichols in den »Additions and Corrections« zur zweiten Ausgabe seiner »Biographical Anecdotes of William Hogarth«, London 1782, S. 431: »Hogarth boasted that he could draw a Serjeant with his pike, going into an alehouse, and his Dog following him, with only three strokes; –which he executed thus: [Es folgt eine einfache Strichzeichnung mit folgender Legende:]

A. The perspective line if the door.

B. The end of the Serjeant's pike, who is gone in.

C. The end of the Dog's tail, who is following him.

There are similar whims of the Caracci.«

Unter »Allerlei Kunststücke« führt Lichtenberg in KA 231 (1) auf: »Einen Hund der zum Tor hinaus lauft mit 3 Strichen zu zeichnen. Von Herrn v. Münchhausen.«

116 *Pique*: Piquet, Pike: langer Spieß, Infanterielanze. – *Wichtigkeit der Insignien bey Processionen*: Lichtenbergs Abneigung gegen – in der Regel katholische – Umzüge drückt sich in dem Kalenderartikel »Das war mir einmal eine Wurst. Ein Beitrag zur Theorie der Prozessionen« (GTC 1798, S. 121–131) aus. S. auch L 7. 196. Zu geistlichen *Insignien* vgl. S. 58. – *natürlichen Feind ... die Franzosen*: Von Lichtenberg im Sinne von Erbfeind oder Erzfeind verwendet. DWb 3, Sp. 719 führt unter Erbfeind als Beleg an, »weil Sie nicht nach Paris, nach diesem christlichen Gomorrha und zum Erbfeind von uns und England gehen wollen.« (Lichtenberg an Georg Heinrich Hollenberg am 25. April 1782; Bw II, Nr. 906, S. 312). Erbfeind als religiöser Begriff auf den Teufel bezogen, wird spätestens seit dem 18. Jh. mehr und mehr als politische Bezeichnung einer eingewurzelten Gegnerschaft benutzt, zuerst zwischen England und Frankreich und später zwischen Deutschland und Frankreich. – *John Bull*: Über ihn s. zu S. 11: Arbuthnot. – *Frankreich das Land ... Wassersuppen*: Wassersuppe, eine mit Wasser gekochte Suppe, als Gegensatz zu Milch-, Bier-, Wein- usw., besonders aber zu Fleischbrühsuppe. Gern als Beispiel für geringe Kost gewählt, für eine einfach zu bereitende Speise, für eine billige Speise: eine Kost der Darbenden. DWb 13, Sp. 2530 belegt aus Lichtenbergs Brief an Georg Forster (Bw III, Nr. 1567, S. 470): »er [Bürger] war seit jeher ein Feind der geschmelzten Wassersuppen-Philosophie, die hier fast allgemein gespeißt zu werden anfieng.« Das Wort Wassersuppe erwähnt Lichtenberg auch J 182. – *höchsten Gute*: Eindeutschung von ›summum bonum‹. – *Musik der Sphären*: Begriff, der auf die Lehre der Pythagoreer zurückgeht, nach der die Gestirne bei ihrer Bewegung Töne hervorbringen. Von »Klang der Sphären« schreibt Lichtenberg in B 322. Im vorliegenden Kalender-Artikel natürlich ironisch kontrastiert zu der entrückten Vorstellung eines gegenwärtigen, aber unerreichbaren Rinderbratens. – *Flickwort*: Überflüssig gesetztes Wort. DWb gibt Belege u. a. von Kant, Bürger, Goethe. Variationen finden sich bei Lichtenberg, so C 21; D 668; E 161; Mat II, 35; s. auch SB III, S. 370. 391. 422 und SB K III, S. 181. – *erfodert*: Noch im 18. Jh. übliche Schreibweise; s. DWb 3, Sp. 802; vgl. C 92. – *meine Hände in Unschuld*

gewaschen: In 5 Mose 21,1–9 wird angeordnet, daß, wenn man einen von unbekannter Hand Erschlagenen finde, die Ältesten der nächsten Stadt einer jungen Kuh das Genick brechen und ihre Hände über ihr waschen sollten mit den Worten: »Unsere Hände haben dies Blut nicht vergossen...«. Hierauf beruhen auch die Formulierungen in Psalm 26,6 und 73,13. Die bekanntere Stelle steht in Matthäus 27,24: »Als aber Pilatus sah, dass es nichts nützte, sondern dass vielmehr ein heftiger Tumult entstand, nahm er Wasser, wusch sich vor dem Volk die Hände und sagte: Ich bin unschuldig am Blute dieses Gerechten; sehet ihr zu!« – *Alle sind*: Von mir verb. aus: *ssind* der Satzvorlage. – *Canaille*: Nach DWb 2, Sp. 1860: »hundevolk, mhd. gehünde, dann aber auch schelte für einzelne, wie hund.« Lichtenberg notiert dieses Schimpfwort in D 667. – *Herablassung von den Großen*: DWb 4, 2, Sp. 1009, definiert *herablassen* so: »am häufigsten seit der zweiten hälfte des vorigen jahrhunderts in reflexiver fügung, von einem höheren standpunkte in geistiger oder socialer hinsicht zu einem niedern abwärts steigen und zwar nur für eimal und einen bestimmten zweck.« Lichtenberg versteht das Wort in diesem Sinne; vgl. F 614. – *Ein König ... schlug ihn ... förmlich zum Ritter*: Mit dem König ist Karl II. (geb. 1630, König 1660–1685) von England gemeint. Vgl. zu dieser Anekdote und zu den Hintergründen der englischen Vorliebe für Rindfleisch auch die Ausführungen von Krysmanski, Lichtenberg-Jahrbuch 1997 [1998], S. 31–32.

117 *Loin*: Engl. ›Lenden-, Nierenstück‹. – *Madame Grandsire*: Mme Grandsire betrieb gemeinsam mit ihrem Ehemann das englische Hotel »Lion d'Argent« in Calais. Dort logierten bevorzugt englische Touristen, die offenbar mit englischer Küche bewirtet wurden. Die »Zusätze« geben genaueren Aufschluß (s. S. 303). – *Haarbeutel*: Darüber s. zu S. 92. – *Zwickeln*: Ein Zwickel ist ein dreieckiger (keilförmiger) Einsatz in Kleidungsstücken. – *armen Teufels*: S. zu S. 58. – *Collision*: Zu dem Gebrauch dieses Wortes s. F 942. 950. 952; K 261; L 682. – *Franciscaner*: Mitglieder des Ordens der »Minderen Brüder«, die zur Gruppe der Bettelorden zählen. Auf diesen Vertreter des von Lichtenberg gering geschätzten geistlichen Betriebs kommt er noch S. 254 zurück. – *mit Apicischem Genuß*: Über Apicius s. zu S. 107. – *erfodern*: Zu dieser Schreibweise s. zu S. 116. – *Kuhschwanz in Indien*: Auf die religiöse Verehrung der Kühe in Indien spielt auch J 261 an. – *Philanthropischen des Farrenschwanzes in Europa*: Mit dem Attribut »philanthropisch« bezieht sich Lichtenberg auf die pädagogische Bewegung des Philanthropismus, die sich 1774 mit der Gründung des Philanthropins durch Basedow in Dessau institutionalisiert: Lichtenberg, der der philanthropischen Erziehungspraxis ablehnend-ironisierend gegenüberstand, umschreibt mit dem ›Schwanz von Farren‹ – seit dem Althochdeutschen überliefertes Wort für: junger Stier – wohl die Erziehung von Jünglingen, die aus ihnen eben nicht ›junge Stiere‹ machte. Nicht von ungefähr, auch als sexuelle Anspielung lesbar, Lichtenbergs »Fragment von Schwänzen« (scil. Burschenschwänzen), veröffentlicht 1783 (SB III, 533–538).

118 *Mystic*: Lichtenbergs Gebrauch dieses Substantivs und seiner Adjektive – s. zu S. 28; vgl. B 380; D 258; E 152. 226 – beweist, daß er dieses Wort ›säkularisiert‹ im Sinne von: schwärmerisch, irrational versteht. – *vertrockneten Fliegen in dem Netz der Creutzspinne*: Zu diesem Bild vgl. S. 49, 88. – *ächter Brut*: Im 18. Jh. noch übliche Schreibweise, siehe auch DWb 3, Sp. 20. – *Beysteuer*: Collecta, Beitrag: um milde Beisteuer bitten. DWb 1, Sp. 1398. – *armer Yorik. Welch eine Landung*: Lichtenberg verwendet den Namen Yorik und Lorenzo in Anlehnung an den empfindsamen Roman »A Sentimental Journey through France and Italy. By Mr. Yorik« erschienen London 1768, von Lawrence Sterne. Auch die bezeichnete Stelle findet sich in Sternes Roman: Sternes Yorick fährt mit dem Paketboot von Dover nach Calais, wo er in einem Gasthaus von einem Franziskanermönch um ein Almosen gebeten wird. Sternes Mönch hat eine »dünne, karge Gestalt«, er ist »sanft, blaß, scharfsinnig« und insgesamt eine »liebenswürdige Gestalt«. Sternes Verwendung des Namens »Yorick« ist wiederum ein selbst-ironisches Spiel mit dem Namen des Hofnarren, den er aus der Totengräberszene von Shakespeares »Hamlet« auf sich selbst, den »königlichen Spaßmacher« Sterne, übertragen hat. Vgl. B 45, 86. 203; C 43. 45. 46. 47. 46; G 2. – *Herzenschmelzende...*: Offenbar Wortprägung Lichtenbergs. – *Seelenerhebende*: Zu dieser Wortbildung vgl. S. 167. Erstmals erwähnt in Bodes Übersetzung von Fieldings »Tom Jones«. DWb 10, I, Sp. 8. – *vollwichtiger*: Vollwichtig: ganzes Gewicht habend (s. DWb 12, Sp. 724). – *Müßiggänger*: S. zu S. 69. – *Marienbildchen*: Vgl. L 426. 480. – *Cœur-Dame*: Herzdame, eine durch rotes Herz gekennzeichnete französische Spielkarte, hier der bewußt weltlich-sinnliche Gegensatz zu der christlichen Madonna. – *Apostrophe*: Griech. das Abwenden. In attischen Gerichtsreden die Wendung des Redners von den Richtern weg zum Prozeßgegner hin. Als rhetorische Gedankenfigur die direkte Anrede meist abwesender Personen (lebender oder toter, auch Götter) oder lebloser Dinge in einer Weise, die ihnen das Leben und Empfindung zuschreibt. Oft in Form des Aufrufs oder als Anrufung der Götter und Musen (Illias, Odyssee); auch die Selbstanrede des Dichters. Zweck der Apostrophe ist die Herstellung eines persönlichen Verhältnisses zu den Gegenständen, Verlebendigung und damit Erzielung eindringlicher Wirkung. – *berühmten Kupferstecher Pine*: John Pine (1690–1756), Kupferstecher in London. John Nichols schrieb über ihn S. 235–236: »Mr. Pine the engraver sat for the portrait of the Friar, a circumstance of which he afterwards repented, for, thereby obtaining the nickname of *Friar Pine*, and being much persecuted and laughed at, he strove to prevail on Hogarth to give his Ghostly father another face. Indeed, when he sat to our artist, he did not know to what purpose his similitude would afterwards be applied«. Pine könnte auch als Vorbild für den alten Kapuziner in Tobias Smolletts Roman »The Adventures of Peregrine Pickle« (1751) gedient haben: In Kapitel 67 wird dieser Kapuziner vom Maler Pallet (eine Anspielung auf Hogarth) in der Antwerpener Kathedrale skizziert, was die Gemeinde in Rage versetzt. Vgl. ausführlich Ronald Paulson: Smollet and Hogarth: The Identity of Pallet, in: Studies in English Literature 1500–1900, 4 (1964), S. 351–359. – *die bekannte Ausgabe des in Kupfer gestochenen Horaz*: 1733 erschien der erste Band der vollständigen Ausgabe der Werke von Horaz, der zweite folgte 1737. Diese Kupferstichfolge begründet Pines Ruhm bei den Zeitgenossen und der engl. Nachwelt. – *Mönchs-Physiognomie*: Zu Lichtenbergs Wortschöpfungen mit -*Gesicht* s. das Wortregister in SB K I+II.

119 *Pöbel*: Entlehnt aus altfranz. poble in der Bedeutung ›Dienerschaft, gemeine Leute‹, das auf lat. populus ›Volk‹ zurückgeht. Die Bedeutungsverschlechterung beginnt im Mittelhochdeutschen, setzt sich aber erst in neuhochdeutscher Zeit durch. – *Lilien das französische Wappen*: Die Lilie, eines der wich-

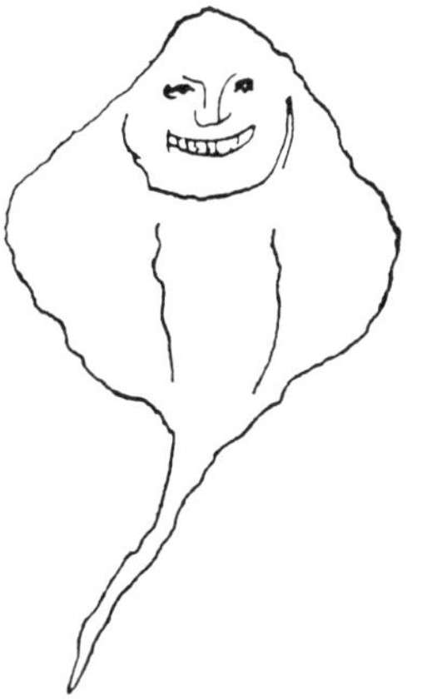

Lichtenbergs Handzeichnung

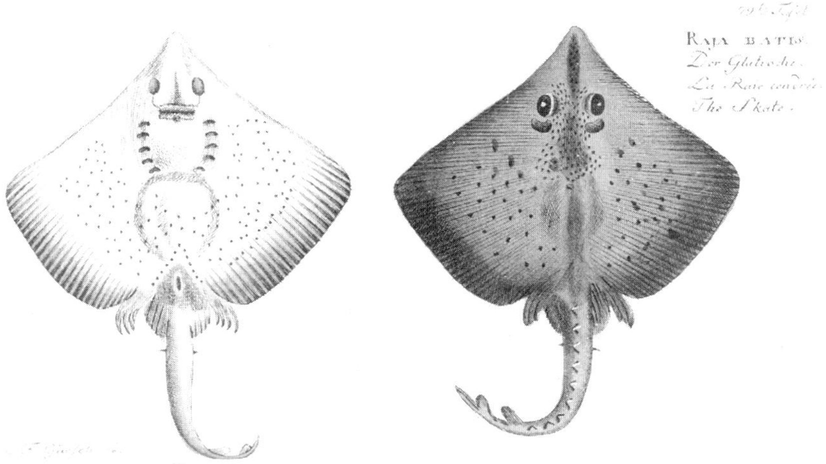

Bloch, Tafel LXXIX (79)

tigsten Wappenbilder, erscheint bei den Königen von Frankreich in deren Wappen seit dem späten 12. Jh. in unbestimmter, seit König Karl V. in der auf die Dreieinigkeit bezogenen Dreizahl. – *Graf D'Estaing*: S. zu S. 79. – *Süffrein*: Suffren de Saint-Tropez, Pierre-André (1726–1788), berühmter franz. Seefahrer; Zunächst unter dem Kommando d'Estaings, 1782 Flottenchef; erhielt nach dem Friedensschluß einen triumphalen Empfang. – *Orvilliers*: Louis Guillouet, Comte d' (1708–1794), franz. Admiral, kämpfte unentschieden 1778 gegen Admiral Keppel, demissionierte und zog sich 1783 zurück. S. Lichtenberg an Schernhagen am 3. September 1778 (Bw I, Nr. 526, S. 890. – *Le Grasse*: François-Joseph-Pau, Marquis de Grasse-Tilly (1722–1788), Generalleutnant der franz. Seestreitkräfte, kämpfte gegen die engl. Flotte mit wechselndem Erfolg, 1782 gefangengenommen und in London im Triumph vorgeführt, aber noch im gleichen Jahr Rückkehr nach Frankreich. – *Fecht-Tanz- und Sprachmeister*: Zu diesen im 18. Jh. in London offenbar häufig von Franzosen für wohlhabendes Bürgertum und Adel ausgeübten ›Dienstleistungsberufen‹, die deshalb von Hogarth (und Lichtenberg) nicht höher eingeschätzt wurden, vgl. das »Leben des Liederlichen« S. 37. – *Dr. Johnson*: Samuel Johnson (1709–1784), berühmter Schriftsteller der engl. Aufklärung, von Lichtenberg hoch geschätzt und häufig zitiert. Das satirische Gedicht »London, a Poem« erschien 1739. – *französisches Rad*: Seit dem Mittelalter gebräuchliches Hinrichtungswerkzeug in Form eines Rades, auf das der Delinquent mit zerschmetterten Gliedern gebunden wurde. Interessant, daß Lichtenberg in seiner Übersetzung die Provenienz des – britischen – Galgens und des – französischen – Rades hervorhebt, wo Johnson lediglich *gibbet* und *wheel* schreibt. – *Juvenals ... Satyre*: Juvenal, lat. Iuvenalis, Decimus Iunius, röm. Redner und Satirendichter (etwa 60–140 n. Chr.). Durch seine 16 in Hexametern abgefaßten und in fünf Büchern eingeteilten Gedichte wurde der heutige Begriff der Satire maßgeblich bestimmt.

120 *Maintien*: Franz. ›(Körper-)Haltung‹. Johnson schreibt: air: Miene, Aussehen. – *Manschetten ... papierne*: Manschette, im 17. Jh. entlehnt aus gleichbedeutend franz. manchette, ›Abschluß des Ärmels‹ (manche); da Manschetten ein modisches Accessoire waren, sind *papierne* Manschetten wohl ein ironischer Hinweis auf Geltungsbedürfnis und tatsächliche Verfassung der beschriebenen Person. – *Grand Monarque ... der unfranz. Hogarth*: Zu Hogarth und seiner Aversion gegen das Französische s. zu S. 115. – *großen P*: Sollte »Pillory« (Pranger) gemeint sein? Lichtenberg selbst umschreibt andernorts den ›dreischläfrigen‹ deutschen Galgen mit dem griech. Großbuchstaben Π (Pi). – *Décence-Knöpfe*: Wortbildung Lichtenbergs; décence: Franz. ›Anstand, Schicklichkeit‹. Gemeint sind die vorderen Hosenknöpfe; vgl. in Büchners »Leonce und Lena« die Ankleideszene des Königs Peter. – *Füßlinge*: Seit dem 15. Jh. nachgewiesener Teil des Strumpfes, der den Fuß bedeckt. – *wie jener Irländer*: Laut Trusler, S. 105, soll es sich bei dem kleinen Mann um einen kriegsgefangenen »Irishman« handeln. – *angeküttet*: Kütten, mit Kitt binden (s. DWb 5, Sp. 2902). Anspielung darauf, daß der abgeschnittene Zopf am Kragen der Uniform befestigt wurde? – *die sonst starke Stelle des Originals*: Johnson's »They ... cure a clap« lautet wörtlich übersetzt: sie kurieren den Tripper. – *in usum Delphini*: Für den Gebrauch des Dauphins (des franz. Kronprinzen); Ausgaben der alten Klassiker, in denen auf Geheiß des von Ludwig XIV. 1668 zum Gouverneur des Dauphins ernannten Herzogs von Montausier die anstößigen Stellen aus dem Text eliminiert waren; danach im übertragenen Sinne gebräuchlich. Lichtenberg gebraucht die Wendung auch K 215; s. auch SB III, S. 664. 1060.

121 *viel drolligtes*: Zu diesem Begriff s. zu S. 27. – *Sinnbild des Hungers und der Schwindsucht*: Eine ähnliche Zusammenstellung begegnet B 199. K 247. – *geöltes Papier*: Das sogenannte »geölte Papier«, das in Japan eine Jahrtausend alte Tradition hat, wurde in Europa erstmals 1772 beim Bau von Sänften, Kutschen, Vitrinen, Bücherschränken, Wandschirmen etc. verwendet. – *convulsivisches Staunen*: Eine ähnlich ungewöhnliche Wort- und Gedankenverbindung begegnet F 802. – *einer meiner Freunde*: Umschreibt Lichtenberg sich selbst oder spielt er auf Blumenbach an? – *ein Roche (vermuthlich Raja Batis)*: Lichtenberg kommt auf ihn noch S. 142 zurück. In einem

Brief an Johann Friedrich Blumenbach vom 31. Juli 1785 (Bw III, Nr. 1385, S. 103.) fragt Lichtenberg, die S. 301 wiedergegebene Zeichnung anfertigend, nach der »Carricatur« von einem Fisch auf Hogarths Blatt. – *die aufgehabenen Hände*: Nach DWb 1, Sp. 653, ist *aufgehaben* die »echte gestalt des partizip praeteritum von aufheben, die sich, wie in erhaben, neben dem vorgedrungenen aufgehoben/erhoben lange geborgen hat.« – *Bornische Monachologie*: »Joannis Physiophili Specimen Monachologiae Methodo Linnaeana Tabulis Tribus Aeneis Illustratum, cum Adnexis Thesibus e Pansophia P.P.P. FAST—«. Der fiktive Erscheinungsort ist »Augustae Vindelicorum [Augsburg] Sumtibus P. Aloysii Merz, 1783«. – Ignaz Edler von Born (1742–1791), Bergrat in Wien, Schriftsteller, ein Hauptvertreter der josephinischen Aufklärung, der mit seiner Satire das Mönchs(un-)wesen ebenso witzig wie scharf geißelte. Interessant, daß von Born als Erscheinungsort das erzkatholische Augsburg wählt, die Satire »sumtibus« (auf Kosten) des seinerzeit wegen seiner Kontroverspredigten berühmt-berüchtigten Augsburger Dompredigers Aloysius Merz (1727–1792) erscheinen läßt. Pater Merz ist auch Lichtenberg ein Begriff (s. an Franz Ferdinand Wolff; Bw III, Nr. 1103, S. 642) vom 7. Juli 1783. S. auch .254. – **Blochs ökon. Naturgesch. der Fische Deutschlands*: Markus Elieser Bloch (1723– 1799), Arzt und berühmter Ichthyolog. Sein Hauptwerk: »Allgemeine Naturgeschichte der Fische«, Berlin 1782–1795, 12 Bde. mit 7432 farbigen Kupfern, war lange Zeit das einzige umfassende Werk über jene Tierklasse.

122 *Seemönch*: Auch Mönchsrobbe genannt. Ihren Namen verdankt diese ursprünglichste und auch geologisch älteste Hundsrobbe ihrer Körperfärbung, die an eine Mönchskutte erinnert. – *aufgeklaftert*: Klafter (Holz): altes deutsches Längenmaß, ursprünglich die Entfernung zwischen den Fingerspitzen eines Mannes, dessen Arme seitlich horizontal ausgestreckt sind, gerechnet zu 6 Fuß, ca. 180 cm. – klaftern: Holz in Klafter legen, forstmännisch, nd. klachtern, auch aufklaftern (DWb 5, Sp. 905). – *Bergschotte*: Highlander, i. e. Bewohner des schottischen Berglands nördlich des zentralschott. Flachlands, Synonym für den armen, auch rückständigen Schotten. – *Dover*: Stadt und Seehafen an der Straße von Dover, Grafschaft Kent in England, gehörte seit dem 11. Jh. zu den »Cinque Ports«, einer Konföderation von Kanalhäfen im Südosten Englands, die Schiffe und Besatzung zum Dienst für den König bereitstellten. – *als*: Von mir verb. aus: *alß* der Satzvorlage; vermutlich Druckfehler. – *Procession*: S. zu S. 116. – *Landmönchen*: Invektive Lichtenbergs gegen die dicken Mönche (in der Fastenzeit) im Vergleich zu den dicken Fischweibern mit ihrem flachen Seemönch. – *Ob dieses gleich keine Gegenstände für die Satyre sind* ...: Zu Lichtenbergs Auffassung von der Satire vgl. S. 162. 163. 250. – *in seiner Laune*: Zu dieser Charakterisierung Hogarths s. zu S. 8. – *hingeworfen*: Lichtenbergs immer wieder betonte Auffassung, daß es den wahren Künstler, ob Maler oder Dichter, kennzeichne, daß er in seinen Werken den Eindruck erweckte, ein von ihm angebrachter Zug sei nebenbei angebracht, während er wohlkalkuliert sei. Vgl. oben S. 34 und SB III K, S. 322. – *Wirthshäusern Schilde anzuhängen*: Wie sehr Lichtenberg diese sogenannten Stechschilder faszinierten, geht aus S. 130. 172. 198. hervor. S. auch D 248; E 394; F 966. 1011; s. auch SB III, S. 679. 714. 718. 1048. – *einem berühmten Ritter-Orden*: Wohl der 1390 gegründete »Orden von der Taube und des Verstandes in Castilien«. Stifter des Ordens war Johann I., König von Castilien. Auf einem Medaillon befand sich eine golden-weiß emaillierte Taube mit rotem Schnabel. Geehrt wurden Hofbedienstete für eheliche Keuschheit, die Verteidigung des katholischen Glaubens und der Gerechtigkeit. – *in Amsterdam ... drey Bibeln in einer Reihe*: Nach Auskunft von Prof. Dr. Peter Gumbert, Leiden, existieren in der Warmoesstraat (die es noch gibt) Häuser, die allerdings nicht nebeneinander liegen: *die Eerste Liesveltsche Bijbel* liegt fast am Südende der Straße, die *Middelste Liesveltsche Bijbel* etwa halbwegs und die *Derde Liesveltsche Bijbel* fast am Nordende. Die »Middelste« führt diesen Namen erst seit 1668, beherbergte im Gegensatz zu den anderen Bibel-Adressen in der Tat ein bekanntes Hotel, in dem angeblich 1870 Karl Marx gewohnt haben soll. Der ganze Trakt wurde für den Bau der Börse abgerissen. Jacob van Liesvelt verlegte die erste vollständige niederländische Übersetzung der Bibel, die in reformatorischen Kreisen sehr beliebt war. Der Druck kostete Liesvelt 1545 das Leben. Was die Hurengasse betrifft, wird die *Kerkstraat* als bekannte Hurengegend häufig genannt, die aber nicht eigentlich ein Gäßchen war; in Frage käme des Namens wegen auch der Heiligeweg, der aber nicht einschlägig bekannt ist. – *der Erklärer selbst hat einmal ... logiert*: In Lichtenbergs Tagebüchern und Briefen ist nichts davon notiert; auch Hans Ludwig Gumbert in »Lichtenberg und Holland«, Utrecht 1973, vermerkt nichts. In Frage kommt nur die Erste Reise nach England, die Lichtenberg am 25. März 1770 antrat; die Rückfahrt Mitte Mai erfolgte offensichtlich über Amsterdam.

123 *An Hogarth's Stelle ... lieber dafür ein Paar schlaue Füchse von Juden hingestellt*: Zu Lichtenbergs Antisemitismus s. zu. S. 103. 111. 128. – *Steinfarbe*: Gemeint ist die natürliche Farbe des Steins, für den Maler gemischt aus gelbem Ocker, Umbra und Bleiweiß. Vgl. DWb 10/2.2, Sp. 2075. – *Dieser Rabe fehlt ... auf unserem Exemplar*: Bei einer Reinigung des Gemäldes 1966 konnte keine Beschädigung festgestellt werden. – *Hogarths Pinsel ... subtile Zotenstriche erlaubt*: Worauf Lichtenberg hier anspielt, fiel nicht ins Auge; Zu Hogarths Neigung zu Schlüpfrigkeiten s. zu S. 21. – *berühmten Volksliedes*: Kein Volkslied, aber ein populär gewordener Refrain aus »The Grubstreet Opera« III, 3, uraufgeführt London 1731, von Henry Fielding. – *Drurylane*: Ehemals berüchtigter Straßenzug in London, in dem sich das 1683 eröffnete Drury Lane Theatre befindet. – *Coventgarden*: Gemeint ist das Covent Garden Theatre; der Name geht auf den früher hier gelegenen Klostergarten von Westminster, den »Covent Garden« zurück. Das erste Theatergebäude wurde 1732 von John Rich erbaut; Händel war diesem Theater viele Jahre verbunden. Der Covent Garden, der Londoner Blumen- und Gemüsemarkt, war seinerzeit ein beliebtes und – verrufenes Vergnügungsviertel der Stadt.

Die Anmerkungen hat der Herausgeber zum Teil von einer studentischen Arbeitsgruppe übernommen, die im Rahmen eines von mir geleiteten Forschunglernseminars diese Erklärung Lichtenbergs zu Hogarths »Thor von Calais« im Sommersemester 1997 bearbeitete. Das gesamte Arbeitsergebnis liegt im Lichtenberg-Jahrbuch 1997 [1998], S. 7–28, vor; ich danke den Teilnehmerinnen Petra Blank, Alexandra Lüde, Astrid Messerschmidt, Mareike Reinema, Sabine Rössler, Ulrike von Uffel für ihre mir wichtigen Hinweise.

Von unbekannter Hand erschienen in »G. C. Lichtenberg's Erklärung der Hogarthischen

Kupferstiche«, Achte Lieferung, Göttingen 1805, S. 84–92, »nach den Schriften der englischen Erklärer« folgende

Zusätze

Die Veranlassung zu diesem Gemählde, das sich gegenwärtig in der Sammlung des Lords Charlemont befindet, gab eine Reise, welche Hogarth mit einigen Freunden im Jahr 1747 nach Calais unternahm. England war sein örtliches Ideal; was sich von englischer Sitte, Sprache und Kleidung mehr oder minder entfernte, ward nach jenem Maßstabe gemessen und gemeiniglich verdammt. Daß ein anderes Land, wenn es gerecht berurtheilt werden soll, seinen eignen Standpunct erfordert, und auch eigenthümliche Vorzüge haben könne, daran dachte er nicht. Welches Bild mußte er sich nun von Frankreich machen, das in jeder Rücksicht als schneidender Contrast von England erschien?

Als er zu Calais den französischen Boden betrat, fiel ihm gleich das verfallene, durch keinen Drang einer lebendigen und bunten Volksmenge erschütterte Thor auf; er entwarf also eine Skizze davon, wurde aber von einem Sergeanten ergriffen, als Spion in Verhaft und zu dem Commandanten gebracht. Hogarth sagte seinen Namen, und gab im Bewußtseyn seiner Unschuld sein Taschenbuch her, und da man keine Copie der Festungswerke fand, so ließ ihn der Commandant, nach einer bedeutenden Warnung gehen. Er wurde jedoch von zwey Soldaten bis zu seinem Wirthshaus, und von da aufs Schiff geführt, und nicht eher in Freyheit gesetzt, als bis er ungefähr drey Englische Meilen weit in der See die französische Küste fast aus den Augen verloren hatte (S. *Nichols*, biographical anecd. S. 42. *Ireland*, T. I. S. 288.)

Diese Behandlung vermehrte seinen frühzeitigen tiefen Groll gegen Alles was französisch war, und brachte das vor uns liegende Blatt hervor, welches durch den Inhalt und den großen und nahen Antheil, den das eigene Selbst von Hogarth daran hatte, gleich nach seiner Erscheinung im Jahr 1749, allgemeinen Beyfall fand.

Lichtenberg hat den Grund, warum der Rinderbraten an Mad. Grandsire adressirt ist, übergangen. Grandsire war ein Landsmann von Hogarth, der zu Calais wohnte, und, nachdem dieser arretirt war, nicht allein für ihn haftete, sondern ihn auch so lange bey sich beherbergte, bis er sich nach England einschiffen konnte. Aus Dankbarkeit mag er ihm also vielleicht jenes Stück Rindfleisch geschickt haben. Hogarth's Begleiter Heyman und der Bildhauer Cheere gingen frey durch, allein er sah es nicht gern, wenn sie ihn an dieß Abenteuer erinnerten.

Beym Anblick des Mönchs wird man an die guten goldnen Zeiten erinnert, wo die Geistlichkeit noch für uns dachte, aß, trank und schlief. Wie gern führte sie mancher Pater Pine in Triumph zurück, und welche schöne Aussichten verkündigen nicht auch ihre Rückkehr. Der Lauf der Begebenheiten hat dem Genius der Zeit eine Richtung gegeben, die für die Geistlichkeit in Frankreich sehr erfreulich zu werden anfängt. Der Ausdruck des Auges ist vortrefflich; das selbstgefällige Lächeln zwischen den fetten, schlaffen Wangen verräth eine süße Erinnerung an zahllose verzehrte Rinderbraten, und selbst der einzige Zahn ist voll tiefer Bedeutung. Auch sieht man an dem Gesicht, das [sic] wirklich die Thierphysiognomie in die Menschengestalt, ohne die Forderungen der Kunst zu beleidigen, übergehen kann, und daß sich selbst die Menschenform durch eine Vereinigung mit der Thierphysiognomie veredeln läßt. Das Ochsenartige des Mönchs wird wenigstens Niemand verkennen. Daß unsere Landmönche nicht so fett werden, dafür haben die Regierungen gesorgt, welche ihnen oft nur 30 Rthl. Besoldung und einen Kartoffeln Zehnten jährlich zukommen lassen.

In den Figuren der Soldaten am Thor, hat Hogarth eine traurige Skizze der französischen Soldaten jener Zeit gegeben. Die lange hagere Schildwache ist schrecklich, gierig späht sie nach dem Rinderbraten. Wie Herr Ireland bemerkt, scheint sie sogar in Ketten zu hängen. Aermer als der Kerl ist, kann man auch nicht werden; nicht einmal an sich selbst, denn er selbst hat sich nicht mehr zu verlieren. Eben so widrig ist der Anblick seiner Gefährten.

Es ist merkwürdig, daß die ausgetrocknete Schildwache sehr oft als Zierath über die Ankündigungen gebraucht wurde, womit man in England viele Recruten einlud. Gemeiniglich pflegte man ihr einen gut genährten und montirten Englischen Krieger gegenüber zu stellen, um den Contrast noch handgreiflicher zu machen. So hat also Hogarth's Genie auch in patriotischer Hinsicht genützt.

Die Soldatenröcke sind zwar, wie sich einer unser geistreichsten Schriftsteller ausdrückt, die buntfarbigen Tuchstückchen, womit die Claviersaiten durchflochten werden, und die dem Pöbel das unzeitige Tönen verbiethen; allein die Franzosen waren unter ihren Ludwigen so zahm geworden, daß selbst viele Regimenter keiner Uniform bedurften. Auch wußten die Kriegsminister sehr gut, daß das wesentliche eines Kriegsheers ohne äußerliche Gleichförmigkeit bestehen könne, und verschonten daher die Kassen mit dergleichen unnützen Ausgaben. Wenn man übrigens die magern Soldaten ansieht, so sollte man fast meinen, daß die damaligen königlichen Rathgeber diejenigen Maximen bereits ausgeübt hätten, welche *Foulon* beym Anfang der Revolution als etwas Neues vorschlug. Bekanntlich hatte er sich vorgenommen, so bald er Minister wäre, die Franzosen Heu fressen zu lehren. In der Menagerie konnte man freylich so etwas alle Tage sehen. Allein er hatte keine Zeit diese ökonomische Staatsmaxime in Ausübung zu bringen. Die Einwohner einer Hauptstadt, die er ›wie eine Wiese wollte mähen lassen‹, mäheten die Bastille der Erde gleich und ihm selbst den Kopf herunter.

Am Thor erblickt man noch die Lilien und einige vornehme Wapenthiere, an deren Druck und Krallen die Franzosen sich mit der Zeit ziemlich gewöhnt haben.

Noch verdient bemerkt zu werden, daß der Originalkupferstich im Jahr 1749 herausgekommen und mit Hülfe von C. Mosley verfertigt ist. Man hat ihn [in] Balladen und selbst lateinisch besungen. Allein das Lateinische Gedicht welches von einem Schulmeister Nahmens Townley herrührt, und von den Knaben zur Uebung declamirt wurde, ist nicht viel werth.

DIE PARLAMENTSWAHL. ZWEYTE SCENE

Erstveröffentlichung und Satzvorlage: Die Parlaments-Wahl. Zweyte Scene. Der Abdruck dieses Textes entspricht der Fassung im »Göttinger Taschen Calender« für 1788, S. 128–145, mit 2 Blättern nach Hogarth von Riepenhausen. Eine Handschrift ist nicht überliefert. Der Text, im Herbst 1787 erschienen, ist vermutlich Juli/August 1787 niedergeschrieben worden. Diese Hogarth-Erklärung ist in der Neunten Lieferung von »G. C. Lichtenberg's Erklärung der Hogarthischen Kupferstiche«, Göttingen 1806, S. 49–81, (VS 13 (1853) S. 19–29), mit geringen Abweichungen und Zusätzen (ebenda S. 81–86) wieder abgedruckt.

»Canvassing for Votes« erschien als Kupferstich und Radierung London 1757 (Arndt 39b).

125 *canvassing*: Von mir verb. aus: *convassing* der Satzvorlage. Canvassing: Stimmenwerbung (für Wahlen). – *Lockvögeln*: Hier im Sinne von ›Animierdamen‹. DWb 6, Sp. 1115, definiert das Substantiv: vogel der zum heranlocken anderer dient. – *Favoritliedchen*: Zu Lichtenbergs Wortbildungen mit *Favorit-* s. das Wortregister in SB K I+II. – *Nichts zeugt mehr von Hogarths unerreichbarem Geist ...*: Vgl. S. 275. – *diesjährigen Taschenbuch ebenfalls einverleibet*: Siehe S. 133–137. –*zur Königs Eiche*: Der spätere englische König Karl II. hatte sich nach einer Schlacht gegen Cromwell in einer Eiche verborgen gehalten. Vgl. S. 130. – *Guinee*: S. zu S. 8. – *Wahlschmauß ... 1787*: Siehe S. 105–112.

126 *oscillirt*: Nach lat. oscillare, ›schwanken‹. – *französische Lilien*: Darüber s. zu S. 119. – *Porto bello*: Puertobello, Stadt im Staat Panama, 1584 angelegt, 1596 in den Kriegen Englands gegen Spanien mehrmals erobert und geplündert. 1739 wurde die Festung von den Engländern geschleift. – *Vernon*: Edward V. (1684–1757), engl. Admiral, nahm Porto Bello 1739 mit nur sechs Schiffen, wurde zeitweilig eine Art Volksheld in England. (s. Ireland II, S. 368). – *Stevens ... Lectures upon heads*: George Alexander Stevens (1710–1784), schlechter engl. Schauspieler, der berühmt durch seine »Lecture upon heads« wurde, die er erstmals 1764 hielt; die erste authentische Edition erschien London 1785. – *Archenholz ... England und Italien*: Unter dem Abschnitt »Vergnügungen« schreibt Archenholz S. 195–196: »Ein im vorigen Jahre gestorbener Engländer, Namens Stevens, erfand ein Schauspiel von einer sonderbaren Art. Er nannte es: Lectures upon heads, und trat damit alle Winter im Theater am Haymarket auf. Es waren eigentlich satyrisch-komische Vorstellungen über alle Stände und Volksklassen der brittischen Nation, mit tiefer Welt- und Menschenkenntniß, mit Witz, Laune und großer Kunst gehalten. Um seinen Vortrag sinnlich zu machen, bediente er sich einer Menge Büsten von Pappendeckel, deren Bildung und Kopfputz die verschiedenen Stände, Gewerbe und Charaktere der Menschen bezeichneten, die er durch Nachäffung in Sprache, Ton und Geberden darstellte. Hofleute, Aerzte, Advokaten, Prediger, Krämer, Landleute, Militärpersonen, Gelehrte, Künstler, Hofdamen und Fischweiber, alle kamen nach der Reihe vor. Man hörte sehr wenig Triviales, aber viel Belehrendes in dieser Menschenschule, die auch, wenn gleich nicht in Betracht der Kenntnisse, die zur Philosophie des Lebens gehören, als warum sich die wenigsten Menschen bekümmern, sondern wegen der ergötzenden Mimik häufig besucht wurde. Er beschloß seine Vorlesungen gewöhnlich mit einer Satyre auf sich selbst, um bey dem so reichlich ausgetheilten Spotte, nicht allein leer auszugehen. Stevens ging auch nach Amerika, ehe der Krieg in diesem Welttheile ausbrach, blieb einige Jahre daselbst, und kehrte sehr belohnt nach Europa zurück.« Lichtenberg hat »England und Italien«, 2 Bde. Leipzig 1785, in den »Göttingischen Anzeigen von gelehrten Sachen« 80. Stück, S. 793–806, 20. Mai 1786 rezensiert (s. SB III, S. 189–198).

127 *Drurylane*: S. zu S. 123. – *vier Facultäten*: S. zu S. 91. – *Alexander der Große*: (356–323 v. Chr.), König von Makedonien und berühmter Feldherr; von Lichtenberg stets geringschätzig beurteilt. – *Sachem-Swampum-Skalpo-Tomachawk*: Die Anspielung ist nicht deutlich; offenbar handelt es sich um einen Indianer, verballhornt von Stevens durch die Wortwahl und zugleich gekennzeichnet durch Skalp und Tomahawk. – *Gilde*: Svw. Zunft; s. zu B 297. – *Unze*: Von lat. Unica, der zwölfte Teil eines Ganzen; Arzneigewicht von zwei Lot, ein Zwölftes eines Medizinal-, ein Sechzehntel eines gewöhnlichen Pfundes. – *Hofdame wurde*: Von mir verb. aus: *würde* der Satzvorlage. – *Fischweibes von Billingsgate*: Billingsgate, Fischmarkt in London; berühmt-berüchtigt wegen der Redegewandtheit seiner Fischverkäuferinnen; vgl. neben B 64; Bw III, Nr. 1561, S. 460, vor allem SB III, S. 752 Fußnote. – *Polysyllaba zu monosyllabisiren*: Vielsilbige (Wörter) zu einsilbigen machen. Über die »Billingsgate-language« reflektiert Lichtenberg schon D 148. – *toasteses*: Korrekt: toasts: geröstetes Brot. – *their ... posteses*: ihre Fäuste (korrekt: fists) gegen ihre Pfosten (korrekt: posts). – *Lectures upon Heads*: Darüber s. zu S. 126.

128 *jungen Engländer ... in Göttingen*: Wer unter Lichtenbergs »Zöglingen« kommt in Frage? – *Schnellfingerigkeit*: Offenbar von Lichtenberg gebildetes Substantiv nach: schnellfingerig, das Campe, allerdings noch nicht in der kriminellen Bedeutung gebraucht; s. DWb 9, Sp. 1304. – *buttock*: Engl. ›Hinterteil‹. – *Partytool*: Engl. wörtl. ›Parteiwerkzeug‹. – *ein Jude mit einem unbeschreiblichen Spitzbubengesicht*: Zu Lichtenbergs Antisemitismus s. zu S. 103; zu Lichtenbergs Wortbildungen mit *-gesicht* s. S. 167. – *Butler in seinem Hudibras*: Der von Lichtenberg zitierte Zweizeiler ist »Hudibras«, Second Part, Canto III, Z. 1–2, entnommen. Dort heißt es allerdings: »Doubtless the pleasure is as great...«. Lichtenberg zitiert den Zweizeiler auch in der Ausführlichen Erklärung von »Der Weg des Liederlichen« (SB III, S. 886). – *Miethling*: »der um lohn arbeitet«. DWb 6, Sp. 2180–2181. – *Faction*: Aus dem Franz. übernommen: im Gegensatz zur politischen Partei eine politische Meinungsgenossenschaft und -›Mache‹. – *an einem andern Ort schon angezeigt*: Vgl. S. 107; s. auch S. 129.

129 *Pille ... Übergüldung*: Zu diesem vom Humanismus bis ins Zeitalter der Aufklärung beliebten Arznei-Gleichnis s. zu D 650. – *Krügers ... Candidaten*: Johann Christian Krüger (1722–1750), Theologiestudent, Schauspieler, Übersetzer und Dramatiker. J. F. Löwen gab 1763 innerhalb der »Poetischen und theatralischen Schriften« auch das Lustspiel »Die Kandidaten, oder Die Mittel zu einem Amt zu gelangen« heraus. – *die Herrn Weiber ... Frau Männern*: Dieses Wortspiel notiert Lichtenberg in H 4. – *Interesse*: S. zu S. 76. – *eine schöne Frau ... unter die Talente des Mannes ... rechnen*: Vgl. H 82. – *Emballage*: Franz. ›Verpackung‹. – *Punch ... Polichinelle*: Über sie s. zu S. 246. – *Wieder ein solcher Name wie Partytool*: Siehe S. 128.

130 *Whitehall*: Londoner Prachtstraße, deren Namen von dem früheren königlichen Palast stammt, von dem heute nur noch das Banqueting House erhalten ist. – *Ware, der Baumeister*: Isaac Ware (gest. 1766), namhafter engl. Architekt. – *das Schild des Hauses, die Königs-Eiche*: Vgl. zu S. 125. – *Carl II. in der bekannten Eiche*: S. zu S. 125 und D 647; 666. RA 190. – *Halley ... diesen Schild am Himmel aufgehängt*: Edmund Halley (1656–1742), berühmter engl. Astronom, seit 1720 Astronomer Royal und Direktor der Sternwarte Greenwich; erforschte auf St. Helena zum erstenmal den südlichen Sternenhimmel, berechnete die Bahn von Kometen nach Newtons Methode. Zu Halleys Namensgebung s. Rudolf Wolf, Handbuch der Astronomie, ihrer Geschichte und Literatur, Zürich 1890, Bd. 1, S. 413.

131 *Accise*: Steuer; hier: Steueramt. – *Ihr sägt, Holländer:* Diese politische Anspielung ist unklar. – *ein ruchloser Erklärer*: Wohl Lichtenberg selbst; Nichols und Ireland wenigstens merken nichts an. – *oben von vergoldeten … Pillen gesagt*: Gemeint ist S. 129. – *de la Caille gab … dem Sternbilde des Schiffes die Sterne wieder*: Nicolas Louis de Lacaille (1713–1762), bedeutender franz. Astronom, beobachtete im Auftrag der Pariser Akademie am Kap der Guten Hoffnung den Südhimmel, neben Halley in der Erforschung des südlichen Sternhimmels bedeutendster Vorgänger Herschels. – *Sternbilde des Schiffes:* Argonavis, ein (als Symbol des Jahres) 12 oder 52 Ruder besitzendes Schiff; bei Ptolemäus nur »Argus« (Wolf a. a. O., S. 410).

Von unbekannter Hand erschienen in »G. C. Lichtenberg's Erklärung der Hogarthischen Kupferstiche« Neunte Lieferung, Göttingen 1806, S. 81–86, folgende

Zusätze

Dieses schön componierte Blatt spricht für sich selbst. Der Pächter, der von zwey Wirthen gelockt wird, der Schuster und Barbier, die essende Gruppe, der galante Herr Partytool, und die stürmende Menge im Hintergrunde: – dieß sind lauter Bestandtheile eines Gemähldes, die keiner Erläuterung bedürfen.

Da Bestechungen, ja sogar absichtliche Geschenke bey Parlamentswahlen durch die Gesetze verbothen sind, so nehmen der Candidat und dessen Agenten ihre Zuflucht zu allerhand Auswegen, denen kein Gesetz vorbeugen konnte, und wodurch völlig der Endzweck erreicht wird. In diesem Geschäft sehen wir hier die Wirthe und Herrn Partytool.

Es ist fast unglaublich, wie weit die Bestechungskünste bey Parlamentswahlen verfeinert sind. Man geht in eine Barbierstube, läßt sich rasieren, und gibt dem Barbier für seine Arbeit zehn Guineen. Man erbittet sich vom Apotheker einen Pflaster, den man nicht braucht, und bezahlt zwanzig Guineen dafür. Der Wahlcandidat sieht Hühner auf dem Hofe laufen, und bittet, ihm ein Paar davon gegen eine Handvoll Gold zu überlassen u.s.w. In Reading war während der Election im Jahr 1790. der Preis einer Metze Erbsen zehn Guineen, der aber sogleich nach geendigter Wahl bis auf fünf Groschen herabfiel.

In einem Flecken, der keine große Anzahl Wahlmänner hat, wußte ein lustiger Bürger so gut seine Rolle zu spielen, daß die Stimmen zu Gunsten zweyer Personen gleichgetheilt waren, da denn die seinige den Ausschlag geben sollte. Der Mann empfand seine Wichtigkeit; auch hielt er die Stimme eine Zeitlang zurück. Es wurden ihm nun für einen Strauch Stachelbeeren 500 Pfund Sterl. gebothen; er schlug es aus; endlich aber bequemte er sich, seinen Strauch für 800 Guineen herzugeben. In dem kleinen Flecken St. Mawes in Cornwall, der von sechzehn Fischern bewohnt wird, die auch zwey Repräsentanten ins Parlament schicken, ließen sich diese Fischer ihr Stimmrecht im Jahr 1790. mit 8000 Guineen bezahlen*.

Der große Ballen, den Herr Partytool vor sich liegen hat, enthält, wie bereits Lichtenberg bemerkt, Addressen an das Volk. In diesen Addressen wenden sich die Candidaten an ihre Mitbürger, entwickeln ihre Verdienste, berufen sich auf ihre guten Absichten, ihren Patriotismus u.s.w. Nächst diesen öffentlichen Bittschriften werden an alle Wählende ohne Unterschied des Standes Privatbriefe geschrieben, worin der Bittende, oft ein mit Ruhm gekrönter und mit Reichthümern beglückter Staatsmann, oder Feldherr, uneingedenk seines Ranges, in den höflichsten Ausdrücken um die Gunst eines armen Handwerksmanns fleht. In allen diesen Briefen stehen die Worte: *Favour, Honour* und *Respect.* Eine der merckwürdigsten Addressen dieser Art welche Edwin Lascelles an die Freeholders von York gerichtet hat, findet man in Ireland's Erklärungen dieses Blattes abgedruckt**.

Die Schilde mit der Carls-Eiche findet man noch gegenwärtig vor vielen Wirthshäusern in England. Unter andern hat Ireland eins zu Shropshire mit einer seltsamen Inschrift gesehen***.

Endlich müssen wir noch bemerken, daß das Blatt nicht von Hogarth, sondern von C. Grignion gestochen, aber sehr oft retouchirt worden ist.

DIE PARLAMENTS-WAHL.
DRITTE SCENE.

Erstveröffentlichung und Satzvorlage: Die Parlaments-Wahl. Dritte Scene. Die Stimmensammlung (polling). Der Abdruck dieses Textes entspricht der Fassung im »Göttinger Taschen Calender« für 1788, S. 146–156, mit 5 Blättern nach Hogarth von Riepenhausen. Eine Handschrift ist nicht überliefert. Der Text, im Herbst 1787 erschienen, ist vermutlich Juli/August 1787 niedergeschrieben worden. Diese Hogarth-Erklärung ist in der Neunten Lieferung von »G. C. Lichtenberg's Erklärung der Hogarthischen Kupferstiche«, Göttingen 1806, S. 89–107, (Bd. 13 der VS, Göttingen 1853, S. 33–38), mit geringen Abweichungen und Zusätzen von unbekannter Hand (ebenda S. 107–110) wiederabgedruckt. Kupferstich und Radierung von »The Polling« erschienen 1758.

133 *Diäten*: Korrekt: Dieten; mittellat. ›Tagelohn‹; im übertragenen Sinne Kostenerstattung statt fester Besoldung. – *welche Scene für Dich, vortrefflicher Stevens*: Zur Verwendung der Apostrophe vgl. oben S. 118; über Stevens s. zu S. 126. – *Oh glorious … the law*: Die Anspielung auf den engl. Sachwalter ist unklar.

134 *agonisirender*: agonisieren: in den letzten Zügen liegen. – *Coquarde*: S. zu S. 81. – *Geschöpf, dem schon die Nase fehlt*: Umschreibung für fortgeschrittene Syphilis. – *Unterhandlung, die weder eine Beschreibung zuläßt noch bedarf*: Welche Unterhandlung ist gemeint? Zu Lichtenbergs Dezenz vgl. S. 73. – *des jungen Anflugs*: S. zu S. 29. – *an Nasen immer ein Vorrath*: Zu Lichtenbergs ›Nasologie‹ s. zu S. 19. – *Vulcanismus*: Lichtenberg spielt auf den Streit zwischen den Geologen Hutton und Werner – Neptunisten und Vulkanisten – an. – *im Mikrokosmos ihre Welt im Großen zu finden*: Vgl. J 889. – *Bardolph*: Über diese Figur von Shakespeare s. zu S. 89. – *Siehe, möchte ich ausrufen*: Zu Lichtenbergs Apostrophe à la Sterne s. zu S. 118.

135 *Dein Salamander … schwarze Seele briete*: Für Bardolphs Salamandernase hat Lichtenberg sich aus zwei Dramen bedient: In »Henry IV.« zieht Falstaff Bardolph wegen seiner roten Nase auf (III/3, 24 ff.), in »Henry V.« sprechen Falstaffs Gefährten über sein Sterben (II/3, 41 ff.). – *Dein Gefährte Nym*: Gestalt aus »Die lustigen Weiber von Windsor« von Shakespeare. In der Zuschreibung irrte Lichtenberg. – *denn*: Von mir verb. aus: *dem* der Satzvorlage. – *sagt Swift*: Nicht nachweisbar. – *Shebbeare*: John Shebbeare (1709–1788), engl. politischer Schriftsteller, der unter dem Namen Batista Angeloni »Letters on the English nation« veröffentlichte. – *Bein-*

* S. Archenholz Annalen a. a. O.
** S. Ireland, T. II. S. 366.
*** S. Ireland, T. II. S. 369.

schellen: Adelung I, Sp. 824: »eine figürliche Benennung der Fesseln an den Füssen, welche sie von dem Schalle, den sie machen, erhalten haben.« – *sein 6ster Brief an das englische Volk*: Shebbeare hatte in seinem Sechsten Brief an das englische Volk Georg I. und die Königliche Familie verunglimpft und wurde dafür an den Pranger gestellt. – *Newgate*: Berühmt-berüchtigtes Strafgefängnis in London, das älteste noch dazu. Vgl. S. 169, B 399 und SB III, S. 708. 741. 1008. 1058. – *am Pranger stehen*: S. zu S. 12. – *bib*: Engl. Lätzchen. – *gesprießt*: Abgeleitet v. ›spreizen‹, »mit einem strebebalken versehen«. DWb 10, II, Sp. 19. – *juristischer Stutzer*: Zu diesem Ausdruck s. zu S. 100. – *Schönpflästerchen*: Franz. mouche; kleine Stoffstückchen aus schwarzem Taft, vom 17. bis ins frühe 19. Jh. auf Gesicht und Dekolleté getragen.

136 *unter die wenigen Allegorien gehört, die Hogarth in seinen Werken angebracht*: Hinweis von Ireland II, 378, und Walpole. Zu den Allegorien in Hogarths Werken zählen ferner »The battle of the pictures« (1745), »Finis« (1764), »Die Zeiten« (1763), »Time smoking a picture« (1761).

137 *Galgenreden (last dying speeches)*: Dazu s. zu S. 87.

Von unbekannter Hand erschienen in »G. C. Lichtenberg's Erklärung der Hogarthischen Kupferstiche«, Neunte Lieferung, Göttingen 1806, S. 107–110, »nach den Schriften der englischen Erklärer« folgende

Zusätze

Hogarth hat die Darstellung eines Polls gewählt, wobey es nicht tumultuarisch hergeht, da es doch sehr oft der Fall ist, daß, wenn zwey Candidaten mit einander wetteifern, das Volk die Wahlgerüste zertrümmert und verbrennt. Man erblickt also hier zwey Candidaten, von denen der eine mit großer Selbstzufriedenheit seinen Posten auf dem Wahlgerüste behauptet, während der andere seine Peruque lüftet, und die großen Kosten und Bemühungen überrechnet, die ihm der Poll verursacht hat.

Die Gruppirung der Figuren zeichnet sich nicht sehr aus; auch ist der Anblick der Elenden, die sich herbeydrängen oder herbeygeführt werden, sehr widrig.

Der Doctor Shebbeare, der die Stimme des Wahnsinnigen lenkt, ist wahrscheinlich das einzige Porträt auf diesem Blatte. Er wurde an die Pillori gestellt und ins Gefängniß geworfen, weil er in seinen ans englische Volk gerichteten Briefen Georg I. und die ganze königliche Familie aufs gröbste beleidigt hatte. Shebbeare pflege an öffentlichen Orten zu sagen, daß ihm entweder eine Pension oder die Pillori zu Theil werden müsse. Es glückte ihm beydes zu erhalten: Lord Mansfield verdammte ihn zur Pillori, und Lord Bute verschaffte ihm eine Pension. Allein er genoß sie nicht lange, weil er kurz nach ihrem Empfang starb.

Daß Wahnsinnige, Kranke, ja sogar Sterbende, um ihr Votum abzulegen, nach dem Wahlgerüste gebracht werden, ereignet sich oft. Nichols erzählt einen Fall, daß bey der streitigen Wahl zwischen Bosworth und Selwyn ein Kranker nach dem Wahlgerüste geführt wurde, der mit dem Worte *Bosworth* seinen Geist aufgab. Auch berichtet Ireland, daß der Doctor Borrowby einen hoffnungslosen Patienten überredete, mit ihm nach Coventgarden zu fahren, wo er für *Sir George Vandeput* votirte und zugleich starb.

Ein Theil des Original-Kupferstichs ist von Morrilon le Cave, einem Schüler von Picart, verfertigt, der mehrere Sachen von Hogarth, unter andern das Bildniß des Capitain Ceram im Jahr 1733. in Kupfer gestochen hat.

DIE PARLAMENTS-WAHL. VIERTE SCENE. DER AUFZUG IM TRIUMPHSESSEL (CHAIRING)

Erstveröffentlichung und Satzvorlage: Die Parlaments-Wahl. Der Aufzug im Triumphsessel (Charing). Der Abdruck dieses Textes entspricht der Fassung im »Göttinger Taschen Calender« für 1788, S. 136–171, mit 2 Blättern nach Hogarth von Riepenhausen. Eine Handschrift ist nicht überliefert. Der Text, im Herbst 1787 erschienen, ist vermutlich Juli/August 1787 niedergeschrieben worden. Diese Hogarth-Erklärung ist in der Neunten Lieferung von »G. C. Lichtenberg's Erklärung der Hogarthischen Kupferstiche«, Göttingen 1806, S. 113–141 (Bd. 13 der VS, Göttingen 1853, S. 43–52), mit geringen Abweichungen und Zusätzen von unbekannter Hand (ebenda S. 141–144) wieder abgedruckt. Kupferstich und Radierung von »Chairing the Members« erschien London 1758.

139 *Charing*: Wohl Druckfehler der Satzvorlage, korrekt: Chairing. – *Meisterstück*: Zu ergänzen: der Schöpfung: der Mensch. Zu dieser Wendung s. zu S. 79. – *Horn des Altars*: Die Wendung ist I. Könige 1, 50, 51; 2, 28 entnommen; s. auch KA 142. – *Nach Nichols*: »The member chaired is said to bear more than an accidental resemblance to Mr. Dodington, afterwards Lord Melcombe.« (Nichols S. 268) – *Doddington, nachherigen Lord Melcombe*: George Bubb Dodington (1691–1762), seit 1761 Baron Melcombe in Dorsetshire; engl. Parlamentarier, Politiker, Schriftsteller und Mäcen.

140 *Le Brün ... in seinen berühmten Bataillen Alexanders*: »A happy parody in the last of these plats may, perhaps, have escaped the notice of common observers. Le Brun, in his battle of the Granicus, has represented an eagle hovering above the laurel'd helmet of Alexander. Hogarth has painted a goose flying over the periwig'd head of the successful candidate.« (Nichols S. 268). Charles Le Brun (1619–1690), franz. Maler, »Premier peintre du Roi« 1662, Organisator des absolutist. franz. Kunstlebens; berühmt für seine Schlachtenbilder. – *Sieg beym Granikus*: 334 v. Chr. erfocht Alexander der Große seinen ersten Sieg gegen die Perser am Fluß Granikos der Landschaft Troas in Nordwestkleinasien. – *Adler ... Gans*: Zu diesem Vergleich s. oben S. 81. – *wie einige Ausleger glauben*: Anspielung auf eine Ohnmacht aus Schwangerschaft; Trusler, S. 55, schreibt: »a young lady ... who seems by her fainting to have a greater concern in the gentleman's misfortune, than we might, at first, be aware of.« – *Schornsteinfeger-Junge*: Eine Lieblingsfigur Hogarths; vgl. S. 141. 151. 187. – *verschieden erklärt*: Trusler, S. 55, versteigt sich zu dieser Apostrophe: »The action of the Chimney-sweeper on the wall, must be allowed a fine stroke of moral humour. ›Avast;‹ says he, ›my lads;‹ to the thresher and the sailor, ›avast; death, (imitating its ghastly grin) has put on its spectacles, and, watches an opportunity to lay you by the heels,‹ intimating, that, unless they, speedily, desist, the loss of life may be the dreadful consequence.«

141 *Wahl 1754 ... in Oxfordshire*: Bei Nichols S. 268, bei Ireland II, S. 381 wird davon berichtet. – *Hauptmann T...*: Lebensdaten nicht ermittelt (auch Nichols gibt nur das Initial an). – *Inquisition*: Gerichtliche Untersuchung. – *Hogarth ... äußert sich auch hier diesem gemäß*: Hogarths Nähe zum englischen ›Pöbel‹ (mob) in seinen politischen Anschau-

ungen und Vorurteilen hebt Lichtenberg auch S. 250 hervor. – *Bärenführer ... Affe reitet*: Vgl. Hogarths satirisches Blatt auf Churchill. – *Coquarde*: S. zu S. 81. – *desorganisirter Fiddler ... manipuliren*: Lichtenberg greift hier gängige Begriffe seiner Zeit aus der magnetischen Heilmethode Mesmers auf.

142 *Coquarde*: S. zu S. 81. – *Marrowbones and cleavers*: Engl. ›Markknochen und Hackmesser‹, Katzenmusik; s. auch J 74 und SB III, S. 1042. – *cleavers*: Von mir verb. aus: *cleavnus* der Satzvorlage. – *Procurator-Hause*: Siehe zu S. 68. – *indenture*: Engl. ›Vertrag‹. – *Herzog von Newcastle*: Siehe zu S. 111: ausgestopften Juden. – *Pickling*: Svw. Pickelhering, die lustige Person der Volkskomödie. – *die Raja Batis*: Rochen. – *man sehe oben S. 121*: So in der Satzvorlage; der Zufall will es, daß die Stelle auch in der vorliegenden Ausgabe auf S. 121 steht. – *So schön das weibliche Geschlecht auf jener Insul*: Einen Lobpreis auf das englische Frauenzimmer liefert Lichtenberg bereits in einem Brief an Dieterich vom 19. April 1770 (Bw I, Nr. 15, S. 28–29). S. auch das Tagebuch von 1770 (SB II, S. 604–605). Archenholz bestätigt in »England und Italien« I, S. 349, Leipzig 1786, diesen Eindruck: »Vor allem Schönen, was diese Insel zeigt, ist nichts so bewunderungswürdig als die Reize des schönen Geschlechts. Diese haben eine so gewaltige Wirkung, daß jeder Ausländer ... ohne Bedenken den Engländerinnen den Apfel zuerkennt. Ein schöner körperlicher Bau, ein zierlicher Wuchs, eine volle Brust, eine sehr zarte Haut im Gesicht, wo die sanftesten Züge durchschimmern, alles dieses zeichnet das englische Frauenzimmer vorzüglich aus«. – *weibliche Falstaffe*: Das Gegenstück zu der trinkfesten und feisten männlichen Figur; s. zu S. 89: bey Erklärung. – *wahre doppelte Menschen*: Das Phänomen des Doppelten beschäftigt Lichtenberg auch andernorts; s. J 714 und das Wortregister in SB K I+II. – *menschlichen Rochen ... Hogarth öfters bedient*: Etwa im »Thor von Calais«; siehe S. 121. – *Squat*: Engl. ›kurz, breit, plump‹. So charakterisiert Sterne in »Tristram Shandy« den Körperbau des Dr. Slop, den Hogarth in der Zweiten Auflage entsprechend darstellt. – *gepratscht ... Nasen*: S. zu S. 19. – *Quid*: Priem.

143 *couren*: Aufwartung machen. – *eine andere Art von Quid's ... die Hogarth ... in den geheimsten Winkeln anzukleben gewußt*: Anspielung Lichtenbergs auf Hogarths ›zotige‹ Anspielungen; s. zu S. 21. – *Kirtonis ... solem*: Kirtonis Bestes unter der Sonne. Die Lebensdaten wurden nicht ermittelt. Interessant der gleiche Werbegag wie von und bei Freeman (S. 93). – *Fleetstreet*: Schon im 18. Jh. eine der Hauptverkehrsadern Londons; jetzt das Pressehauptquartier. S. Lichtenbergs Straßenbeschreibung im Brief an Baldinger vom 10. Januar 1775 (Bw I, Nr. 269, S. 488–489). – *Zeichen eines großen ... Künstlers*: Einen Zug ›wegzuwerfen‹, gleichgültig, ob man ihn entdeckt oder nicht. Zu dieser ästhetischen Devise s. zu SB III, S. 281, 2 (SB K III, S. 121). – *Goldschaum*: So – als oberflächlichen Flitter – bezeichnet Lichtenberg seinen alljährlichen Taschenkalender; s. etwa an Kant am 30. Oktober 1791 (Bw III, Nr. 1950, S. 971). S. DWb 4,I, Sp. 830–831. – *Heller*: Leichter Pfennig der Reichsmünzstätte Hall in Schwaben, unter Kaiser Friedrich I. Barbarossa (1152–1190) eingeführt, als Scheidemünze (Wert ein halber Pfenning) bis 1871 beibehalten. – Louisdor: S. zu S. 59.

144 *Tropf*: Zu diesem Schimpfwort s. zu S. 28. – *memento mori*: S. zu S. 76. – *Frau Garrick zu Hampton*: Eva Marie Violetti (1724–1822), Tänzerin in Haymarket, Tochter eines Wieners namens Veigel, heiratete 1749 Garrick; in Hampton befand sich seit 1754 Garricks Haus. – *im Englischen ein Gedicht ... darüber*: Woher Lichtenberg die Kenntnis hat, ist nicht ermittelt. – *Knittelversen*: Im 18. Jh. Inbegriff schlecht gebauter Reimverse, der ›regellosen‹ altdt. Vierheber. – *Butlerscher Laune*: Über Lichtenbergs Wertschätzung des englischen Schriftstellers Samuel Butler und seines burlesken Stils s. zu S. 8.

Von unbekannter Hand erschienen in »G. C. Lichtenberg's Erklärung der Hogarthischen Kupferstiche«, Neunte Lieferung, Göttingen 1806, S. 141–144, »nach den Schriften englischer Erklärer« folgende

Zusätze

Da der Inhalt dieses Blattes von Lichtenberg so umständlich angegeben ist, so würde es eine verlorene und den Leser ermüdende Mühe seyn, hier nochmahls eine Beschreibung zu liefern. Wir begnügen uns daher einige Bemerkungen hinzuzufügen, welche wir von Nichols entlehnen.

Er glaubt nehmlich, daß Hogarth durch diesen Triumph und durch die Störungen, die er in dem Bauerhofe angerichtet, eine Nachricht habe lächerlich machen wollen, welche zu seiner Zeit in einem Journal (*the Citizen)* erschien. Man lieset darin folgenden Artikel: ›Am vorigen Sonntag, oder am 1. August, besetzte eine Compagnie Artilleristen einen großen Misthaufen. Als sie aber von da durch Bunhill marschirte, so lief ein großes Schwein einer Frau zwischen den Beinen durch, warf sie um, und brachte dadurch die ganze Linie in eine solche Unordnung, daß sich die Soldaten nur mit Mühe wieder sammeln konnten.‹

Auf eine ähnliche Weise wurde der Triumph des bekannten Mr. Windham im Jahr 1793. verspottet. Er wünschte nehmlich Repräsentant der freygesinnten Stadt Norwich zu werden, als er ins Ministerium trat, und war auch so glücklich über seinen Mitwerber, den berühmten Rechtsgelehrten Mingay den Sieg davon zu tragen. Man hatte diesen vorher gesehen, und deßhalb Tragknechte in Bereitschaft gehalten, die den Neuerwählten jetzt im Triumph in der Stadt herumtrugen, zur Kränkung aller biedern Einwohnern, die jene von Mr. Windham im Parlament gethane Aeußerung noch nicht vergessen hatten: ›er wolle lieber den Untergang des ganzen Handels, als die Vernichtung der Brittischen Constitution sehen.‹ Ein Apotheker des Orts, Namens Mingay, Anverwandter des Rechtsgelehrten, verbitterte daher dem Triumphator seine Freude durch die bildliche Versinnlichung jener Worte: Er ließ in den vornehmsten Straßen dieser Manufakturstadt einen zerbrochenen Weberstuhl herumtragen. Die Hofparthey glaubte durch den Schrecken am besten diesen Einfall zu rächen; sie veranstaltete, daß ein Modell der Guillotine auch umher getragen wurde*.

*S. Archenholz Annalen der Brittischen Geschichte. Th. XIII. S. 50.

AUSMARSCH DER TRUPPEN NACH FINCHLEY

Erstveröffentlichung und Satzvorlage: Ausmarsch der Truppen nach Finchley. Der Abdruck dieses Textes entspricht der Fassung im »Göttinger Taschen Calender« für 1789, S. 177–206, mit 6 Blättern nach Hogarth von Riepenhausen. Eine Handschrift ist nicht überliefert. Der Text, im Herbst 1788 erschienen, ist vermutlich Juli/August 1788 niedergeschrieben worden (s. S. 155). Diese Hogarth-Erklärung ist in der Elften Lieferung von »G. C. Lichtenberg's Erklärung der Hogarthischen Kupferstiche«, Göttingen 1809, S. 9–59 (Bd. 14 der VS, S. 115–136, Göttingen 1853), mit geringen Abweichungen und Zusätzen von unbekannter Hand (ebenda S. 59–73) wiederabgedruckt. Hogarths Gemälde (wohl schon 1746 entstanden) und Kupferstich von »A representation of the march of the guards towards Scotland in the year 1745; or, The March to Finchley« erschien London 1750.

147 *Guinea*: Siehe zu S. 8. – *West und Chodowiecky die Trennungen von Regulus und von Calas*: Benjamin West (1738–1820), seinerzeit berühmter engl. Historienmaler; sein »Abschied des Regulus« (entstand 1769) hing nach Mitteilung Lichtenbergs an Schernhagen vom 22. August 1776 (Bw I, Nr. 324, S. 628) im Zimmer des engl. Königs Georg III. im Palast der Königin. »The Final Departure of Regulus from Rome« war das erste der für Georg III. gemalten Bilder Wests, das bei der Eröffnung der Royal Academy 1769 ausgestellt wurde. Über Regulus s. zu S. 11. Daniel Chodowiecki (über ihn s. zu S. 60.) malte das Bild »Der Abschied des Jean Calas« (*1698), franz. protestantischer Kaufmann, hingerichtet 1762, weil er, nach dem Selbstmord seines Sohnes Marc-Antoine des Mordes an diesem beschuldigt, angeblich dessen Übertritt zum Katholizismus verhindern wollte. Nach Voltaires berühmt gewordenem Plädoyer in der Schrift »Sur la tolérance« kassierte der Conseil du Roi 1764 das Urteil des Toulouser Parlaments und sprach Calas von aller Schuld frei. – *Palliativ-Curen*: Die nur gegen die Symptome einer Krankheit, nicht gegen die Krankheit selbst gerichtete Heilart. S. auch B 219. – *Janitscharen-Music*: Alttürk. Militärmusik der Elitetruppe der Janitscharen, auch ›Türkische Musik‹ genannt, deren Instrumente durch die Türkenkriege nach Westeuropa gelangten. – *Antichrist*: Die Vorstellung von einer dem Messias (Christus) vorausgehenden gegnerischen Gestalt, im Spätjudentum geprägt, vom Christentum übernommen. In den religiösen Auseinandersetzungen zwischen Protestanten und Katholiken auf den Papst und die katholische Kirche gemünzt. – *Disteln von Schottland*: Die entscheidende Schlacht zwischen Engländern und Schotten fand auf Culloden Muir, einer Heide nordöstlich von Inverness in Schottland statt. S. auch S. 152 Fußnote. Die schottische Distel ist Bestandteil des britischen Wappens. – *Ein Flecken 12 englische Meilen von London*: Eine engl. Meile gleich 5000 Feet entspricht 1523,99 m. – *gegen die Rebellen im Jahr 1745*: Vgl. S. 152 Fußnote. – *das berühmte Lied*: God save Great George the King; s. zu S. 149. – *Die letzten Strophen ... jetzt wegläßt*: S. Percy Scholes, God save the King. Oxford 1942.

148 *Anstauner*: »anstaunen« prägt Lichtenberg in J 1341. – *Beutelschneider*: Seit dem 17. Jh. svw. ›Dieb; eigentlich, der den Geldbeutel vom Gürtel abschneidet‹: der Taschendieb. Siehe auch S. 187; C 178; D 56. – *Mauser*: Substantivbildung zu mausen: stehlen. – *Middlesex*: Middlesex umfaßte große Teile von London außerhalb der eigentlichen City und hatte deshalb eine höhere Verbrechensquote als die ländlichen Grafschaften um die Hauptstadt herum, laut Mary Wortley Montague »The lowest sinks of vice and misery«. – *Gosen*: Aus dem Alten Testament bekannte Landschaft im östl. Nildelta, als Aufenthalts- und Weidegebiet Jacob und seinen Söhnen zugewiesen (1. Mos. 45,10; 47,27); fruchtbares Weideland. – *Attica*: Landschaft in Mittelgriechenland mit Athen als Hauptort. – *Aretinische Muthwillen*: Pietro Aretino (1492–1556), ital. Schriftsteller, dessen »Kurtisanengespräche« (Raggionamenti), 1534–1536 erschienen, ihn jahrhundertelang in den Ruf der Obszönität brachten. Zu »Muthwillen« s. zu S. 24. – *Prätendenten*: Prätendent: ein Thronbewerber, ein Prinz, der seine Rechte auf einen ihm vorenthaltenen Thron geltend macht, in diesem Falle Jakob Eduard, Sohn Jakobs II., und dessen ältester Sohn Karl Eduard aus dem schottischen Hause der – katholischen – Stuart, die seit der Act of Settlement 1701 von der Thronfolge in Großbritannien ausgeschlossen waren, ohne jedoch ihren Anspruch aufzugeben.

149 *Sophistereyen*: Spitzfindigkeiten, Vernünfteleien. – *Sourdine*: Franz. ›die Zwinge‹, der Dämpfer bei Tonwerkzeugen. – *Herzogs von Cumberland*: William Augustus (1721–1765), 3. Sohn von George II., damals noch Prinz of Wales. 1743 nahm er an der Schlacht bei Dettingen teil, Sieger bei Culloden gegen die schottischen Rebellen. – *God save the King*: Ursprung von Text und Musik der engl. Nationalhymne ist dunkel; die größere Wahrscheinlichkeit hat Henry Carey für sich (ca. 1687–1743), Verfasser zahlreicher Volkslieder. Die Textfassung erschien erstmals 1745 in »Gentleman's Magazine«, im gleichen Jahr am Theater gesungen (Drury Lane), 1746 von Händel verwendet in seinem »Occasional Oratory« anläßlich der Jacobite Rebellion von 1745.

150 *wie einige glauben*: Etwa Ireland I, S. 297. – *abandonnirt*: im Stich gelassen. – *Jacobite Journal*: Diese Zeitung wurde 1748 von Henry Fielding herausgegeben, verziert mit einer Titelvignette von Hogarth. – *London Evening post*: Die Zeitschrift erschien 1727–1806. – *Remembrancer*: Von: remembrance: Erinnerung, Andenken abgeleitet. Eine Essay-Zeitschrift dieses Namens erschien in London, seit 1775 mit dem Untertitel: »or impartial repository of public events«.– *Denkzettel*: Ursprünglich ›Zettel, auf dem etwas notiert ist, um es nicht zu vergessen‹ (vgl. Maleachi 3,16; Matthäus 23,5), nach dem Rechtsterminus mnd. denkcedel ›schriftliche Nachricht, Vorladung‹; jetzt über die Schulsprache ›Verweis, Strafe‹ (16. Jh.). – *Drollig*: Zu diesem Begriff s. zu S. 28. – *Gerechtsamen*: Gerechtsame, gleichbedeutend Gerechtigkeit: seit dem 15. Jh. Berechtigung, rechtmäßiger Anspruch. – *Spondon*: S. zu S. 115. – *Jacobitisch-Jesuitischen Kreuzspinne*: In dieser Formulierung vereinigt Lichtenberg fast drastischer noch als Hogarth seinen Widerwillen gegenüber den Anhängern Jacobs II. aus dem katholischen Hause Stuart – den sogenannten Jacobiten – mit dem Abscheu des protestantischen Zeitgenossen gegenüber der Politik der Societas Jesus unter dem Bilde der Kreuzspinne, die auch andernorts ins Bild kommt; Vgl. S. 49.

151 *Milchmädchen*: Diesem Geschöpf, nach Hogarths Neigung, begegnen wir auch S. 185, 260. – *en passant*: Franz. ›nebenbei, im Vorbeigehen‹. – *der Pastetenbecker ... sicherlich einer der lebendigsten, die Hogarths Griffel je hervorgebracht*: Bemerkenswert, wie es Lichtenberg gelingt, selbst in der vorgegebenen Kürze der Kalender-Erklärung noch derart genaue ästhetische Urteile aus der Kenntnis des Hogarthschen Œuvres heraus abzugeben. – *Schornsteinfeger Jungen*: S. zu S. 140. – *ein Jacobite*: S. zu S. 150.

152 *bey Culloden*: S. zu S. 147. - *Fratzengesicht*: Zu Lichtenbergs Wortbildungen mit *-gesicht* s. zu S. 128. – *Ich hätte gewünscht ... es war aber schon zu spät als ich es bemerkte*: Lichtenbergs Wunsch ist dem späteren Herausgeber Befehl! Interessant ist, daß Lichtenberg den Hinweis auf dieses unschuldige Kind wohl dem unbekannten englischen Erklärer verdankt, der a. a. O., S. 63, schreibt: »The

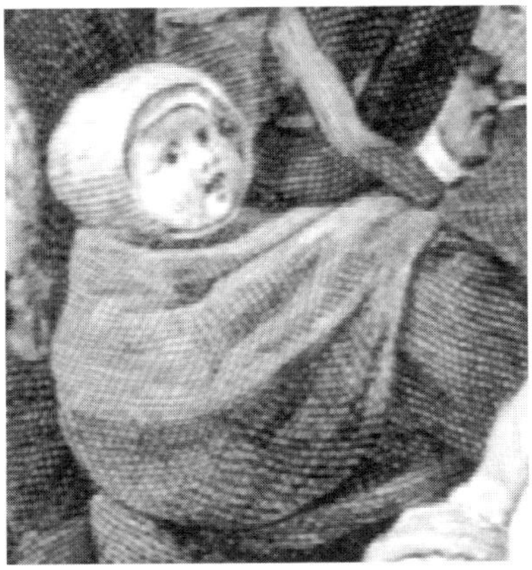

pretty contented looking child at the mother's back, from its healthy and innocent smile, is a happy contrast to the wan and ghastly creature on the other side, who eagerly stretches out its litle paw, longing to partake of its favourite, but destructive, liquor.« – *Grafschaft Murrey in Schottland*: S. zu S. 147. – *Herzogs von Cumberland*: Über ihn s. zu S. 149. – *27 April 1746*: Der Tag der Entscheidungsschlacht bei Culloden. – *Privat-Lager ... Privat-Seen*: Zu dieser Wortbildung s. zu F 165 und das Wortregister in SB K I+II. –*Littorale*: Küstenland, Gestade.

153 *Universalmedicin*: S. oben zu S. 57. –*Hogarth's Tadler und ich ... übersehen*: Zu Lichtenbergs ›Hogarth-Philologie‹ s. S. 140. – *Bayonet*: Abgeleitet von franz. bayonette, Flintenspieß, die den Flinten aufgesetzte eiserne Stoßklinge, angeblich zu Bayonne 1640 erfunden. – *Genever*: Darüber s. zu S. 109. – *Unsere Copien ... nicht umgezeichnet*: Darüber s. das Nachwort S. 273.

154 *Lessing aus dem siebenjährigen Kriege ... erzählt*: Bei Lessing nicht nachgewiesen. – *militärischer Stutzer*: Zu diesem Wort s. zu S. 45. – *12 engl. Meilen*: S. zu S. 147. – *Aebtissin eines Jungfernklosters*: Umschreibung für Hurenmutter und Bordell. Schon S. 23 umschreibt Lichtenberg Huren mit Nonnen. – *lucus a non lucendo*: lucus: lat. Wald; sprichwörtl., der Wald [ergänze: leitet sich ab] von Nicht-Hellsein – spottend gebraucht gegen Philologen, die ungereimte Etymologien nachzuweisen versuchen. – *Billet doux*: Franz. ›Liebesbriefchen‹. – *Spondon*: S. zu S. 115. – *Weltpriesterinnen Cytherens*: Cythere: Beiname der Aphrodite; ihre ›Weltpriesterinnen‹: die Liebedienerinnen.

155 *rapport*: Von mir verb. aus: *raport* der Satzvorlage. Rapport: Frz. ›Wechselbezug‹. – *thierischen Magneten*: Wie Rapport begriff des Mesmerismus. – *Crisen zu bewirken*: Begriff des tierischen Magnetismus à la Mesmer. – *sich boxen*: Über diesen engl. Nationalsport schreibt Lichtenberg aus eigener Anschauung an Johann Christian Dieterich aus Kew, den 28.9.1775 (Bw I, Nr. 284, S. 533); s. auch RA 172. – *pro gradu disputiren*: Seinerzeit stehende Redewendung für: zur Erlangung einer Gelehrtenwürde auf einer Hochschule eine Dissertation oder Thesen öffentlich verteidigen. – *menschlichen Maschinen*: Seit Lamettries »L'homme machine« (1748) ein gängiger Begriff im Gedankenhaushalt des 18. Jh.s. – *Broughton, Futrel, Tring, Ryan, Johnson (nicht der Verfasser des Wörterbuchs), Humphreys und Mendoza*: Über diese Preisboxer war leider nichts weiter in Erfahrung zu bringen. – *der Verfasser des Wörterbuchs*: Samuel Johnson; über ihn s. zu S. 119. – *Oxford ... Cambridge*: Die ältesten ›Gelehrten-Schulen‹ Englands, die miteinander von alters konkurrieren, gerade weil sie sich wenig nehmen. – *Humphreys und Mendoza disputirten mit Sheridan und Burke*: Das heißt, die beiden Boxer stritten mit den seinerzeit berühmtesten engl. politischen Rednern um die Gunst des Publikums. Richard Brinsley Sheridan (1751–1816), angloirischer Dramatiker, Theaterleiter, nach 1780 ausschließlich Politiker, Staatssekretär im Ministerium Ch. Fox; unter William Pitt d. J. ein Führer der Opposition; er war mit seinen Parlamentsreden, z. B. gegen Warren Hastings, einer der bedeutendsten politischen Redner seiner Zeit. »Speeches« (1798). Edmund Burke (1729–1797), engl. Schriftsteller mit grundlegenden Schriften zur Ästhetik, zur Politik (gegen die Französische Revolution) und bedeutender Politiker; 1786 Ankläger der ostindischen Verwaltung Warren Hastings'; Gegner William Pitts; gefürchtet wegen seiner rhetorischen Schärfe. – *im Sommer 1788*: Ein Hinweis auf die Abfassungszeit des Kalender-Artikels. – *Archenholz in seinem Brittischen Merkur (August 1788)*: In »The British Mercury, or Annals of History, Politics, Manners, Literature, Arts, etc. of the British Empire«, Vol. VI for 1788, Hamburg, August 4. 1788, No. 32, S. 181–182, schreibt Archenholz unter »Political, Historical and Satirical Reflections«: »The passion for eloquence bids fair to supersede the rage for boxing. Each aspiring youth, who but a month ago came up to you in the street in a sparring attitude, now approaches with his body inclined to the true oratorical angle. Times are strangely altered since the Students of Oxford rewarded a celebrated Professor for obligingly offering to teach them to speak English by tossing him in a blanket.« – *Naturgefühl*: natürliches Gefühl, Gefühl für die Natur und deren Schönheiten (DWb 7, Sp. 448). – *Contre-Rolle*: Kontrolle, entstanden aus franz. Contre-Rôle, von rôle: Liste, Register, also: Gegenrechnung, -prüfung. – *Convenienz*: Anstand, Schicklichkeit; was sich gehört.

156 *die Seele ihren Körper baut*: Vgl. F 818. 862. – *transitorischen*: vorübergehend. – *Rückfälle eines gesitteten Volks, in den Stand der Natur*: Zu diesem Gedanken vgl. H 13. – *Pechkappe*: Möglicherweise Anklang an einen mittelalterlichen Brauch, den Kopf eines Verbrechers, der gehenkt werden soll, mit Pech zu bestreichen (DWb 7, Sp. 1519). – *ein berühmter Schuhflicker ... Jockey James*: Lebensdaten unbekannt. – *so wie die geübtesten Kegler der Kugel oft noch mit dem Bein nachhelfen*: Diese Beobachtung führt Lichtenberg in J 627 weiter aus; notiert Mitte April 1791. – *wie man einer stumpfen Papierscheere mit sympathatetischer Bewegung der Kinnlade sichern Schnitt ... mittheilen zu können glaubt*: Diese Beobachtung ist J 624 von seinem fünfjährigen Jungen notiert (Mitte April 1791). – *sympathetischer*: S. zu S. 53. – *Prästabilirte Harmonie*: Harmonia praestabilita, Begriff von Leibniz, der in seiner »Monadologie« (1714) zwischen den endlichen Monaden eine von Gott im voraus angelegte harmonische Ordnung annahm. S. auch K 64. – *Dieses Blatt, eines der größten dem Format nach*: Kupferstich und Radierung sind 43,3 x 55,5 cm groß. – *Friederich II gewidmet*: Als »an Encourager of the Arts«, s. Nichols S. 243; Ireland I, S. 295–296. – *dessen militärischer Ruhm ... (1745)*: Nach der vertragsbrüchigen Annexion Schlesiens während der zwei Schlesischen Kriege 1740–1742 und 1744–1745. – *dieses ... unbiegsame ... Geschöpf*: Zu diesem Adjektiv s. zu S. 105. – *Dörfer Highgate und Hampstead*: Heutzutage Gartenstadt-Vororte von London. – *das verewigte Caënwood*: Der Landsitz des Earl of Mansfield in Hampstead (seit 1754) schreibt sich Kenwood. Sollte er auf einer Abbildung ›verewigt‹ sein? – *Lord Mansfield*: William Murray 1st Earl of Mansfield (1705–1793), einer der größten engl. Rechtsgelehrten seiner Zeit, 1756–1788 Lord Chief-Justice; ›Vater des Handelsrechts‹.

– *Otium cum dignitate*: Muße mit Würde. Zitat nach Ciceros Rede »Pro Sestio« 45, 98, wo »cum dignitate otium« steht. – *Schilling*: S. zu S. 8.

157 *Guinea*: S. zu S. 8. – *Herzog von Ancaster*: Peregrine Bertie, 3rd Duke of Ancaster (1714–1778), ein großer Sammler von Hogarth-Gemälden. – *Sterling*: S. zu S. 52. – *6000 Thaler gezogen*: S. zu. S. 105. – *ich ... der Wittwe zwey vollständige Exemplare ... abgekauft*: Über Jane Hogarth s. zu S. 8. An Schernhagen schreibt Lichtenberg am 25. November 1776 (Bw I, Nr. 347, S. 651): »Mit dem Courier habe ich noch 14 Stück Hogarthische Kupferstiche erhalten, die die Wittwe nicht verkaufft, ...« Bei seinem Aufenthalt in England hatte Lichtenberg 1775 die Originalstiche gekauft; eine Preisliste von 1767 befindet sich noch im Nachlaß (UB Göttingen, Licht. IV, 47 Beilage). – *eines für einen Freund in Deutschland*: Ist Schernhagen in Hannover gemeint? – *8000 Thaler*: S. zu S. 105. Interessant, daß Lichtenberg gern die Preise für Hogarth-Graphiken erwähnt. – *Trusler*: Über ihn s. zu S. 29. Seine Erklärung von »The March to Finchley« a. a. O., S. 169–173. – *Roucquet*: Über ihn s. zu S. 23. – *Explanation of ... Hogarth's prints*: Die Erklärung des anonymen Kommentators von »The March to Finchley« a. a. O., S. 61–65. – *8vo*: Oktavo: Buchformat mit einer Höhe von 18,5 bis 22,5 cm. – *Monatsschrift*: *The Student*: Laut Ireland I, S. 296, ist der Artikel von dem engl. Schriftsteller Bonnel Thornton (1724–1768) verfaßt. – *Nichols in seinem Werk hat abdrucken lassen*: In seinen »Additions« S. 444–451; Ireland I, S. 296–305. – *Eine andere in the old Woman's Magazine*: Daselbst S. 182; auch diesen Text zitiert Ireland I, S. 305–509, vollständig. – *Herzog von Cumberland*: Über ihn s. zu S. 149. – *unserm Künstler wirklich gesessen*: So überliefert es Nichols, so kritisiert es der unbekannte Erklärer S. 63. – *Ein solches Magazin fehlt ... bloß dem Titel nach*: Zu diesem Gedanken vgl. H 81. – *Crone*: Crown, engl. Goldmünze.

Von unbekannter Hand erschienen in »G. C. Lichtenberg's Erklärung der Hogarthischen Kupferstiche«, Eilfte Lieferung, Göttingen 1809, S. 59–73, folgende

Zusätze

Unglaublich ist der Beyfall, den dieses Gemählde gleich nach seiner Erscheinung erhalten hat. Es kann eine Zeit kommen, sagte Gray, wo man wegen der Unbestimmtheit der englischen Sprache den Styl in Joseph Andrew und Tom Jones veraltet und unverständlich finden wird; allein die Personen die Hogarth's Pinsel im Marsch nach Finchley verewigt hat, werden ewig verständlich bleiben, und die Nachwelt so lange ergötzen, so lange das Findelhaus, worin es aufbewahrt wird, zur Ehre unserer Nation besteht*.

Hogarth, der keine Gelegenheit versäumte, die mahlerischen Scenen zu beobachten, die eine große zusammengedrängte Menschenmasse darbietet, und der die interessantesten Physiognomien schnell mit dem Bleistift auf seine Nägel zeichnete, beobachtete persönlich den Ausmarsch der Truppen, und hat viele kleine Umstände belauscht, die seinem Bilde einen unschätzbaren Werth geben. Allein es ist zu bedauern, daß er uns keinen Commentar dazu geliefert hat, denn was die Erklärer und der Verfasser eines Briefs an den Marschall Belleisle** von dem Bilde sagen ist sehr dürftig.

Nach Herrn Nichols, soll Hogarth nur drei Porträte angebracht haben: den Pastetenbecker, den Pfeifer und den Schornsteinfeger; allein nach andern Erklärern findet man auch einen gewissen Jacob Henriques und den Lord Albemarle Bertie unter den Zuschauern, so wie auch den Schuster Jockey James. Der Lord Albemarle Bertie, den unsere Leser als Präsidenten beim Hahnengefecht kennen, steht bei der Gruppe der Boxenden und hat noch ziemlich gute Augen, dagegen auf dem Blatte mit dem Hahnengefecht, das aber auch neun Jahre später erschien, fast ganz blind vorgestellt ist. Der Schuster Jokey James erscheint als Kampfrichter bei den Boxenden, und ist in den Annalen der edlen Boxkunst eben so unsterblich geworden wie sein Sohn durch seinen Zweikampf mit dem tapfern *Tom Smallwood*.

Der Jacobite, mit dem Schurkengesicht, ist wahrscheinlich auch ein Porträt. Im Original hat er einen grauen Rock und eine gewürfelte Weste *(palid)*, wodurch Hogarth sein Vaterland Schottland andeuten wollte.

Einige halten die abandonnirte Geliebte des Grenadiers, wie sie Lichtenberg nennt, für die Mutter des schwangeren Mädchens; allein es ist sehr unwahrscheinlich, daß zwischen Mutter und Tochter eine so große Verschiedenheit religiöser und politischer Meinung geherrscht habe, daher Lichtenbergs Erklärung unstreitig die richtigste ist.

Man erblickt auf unserm Blatte hie und da einige Sachen, die sich eher mahlen als beschreiben lassen. Woher kommt es wohl, daß unsere Ohren keuscher als unsere Augen sind? Liegt vielleicht der Grund darin, daß wir gewisse Dinge auf einem Bilde sehen und uns dennoch so verstellen können, als sähen wir sie nicht? Dagegen es nicht so leicht ist, eine Zweideutigkeit anzuhören, und dabei die Miene eines Unwissenden anzunehmen? Der Gegenstand, den wir meinen ist nicht wichtig. Ein Soldat, der, wie es scheint, lieber zu einem Arzt als nach Schottland ginge, und von dem Liebesgott eine empfindlichere Wunde als diejenigen erhalten hat, von der die Dichter reden, ist in einem Privatgeschäft begriffen, das ihm Schmerzen verursacht. Bei dieser Gelegenheit liest er den Anschlagzettel eines Quacksalbers, der in solchen Fällen Linderung verspricht. Er dreht dem Zuschauer schamhaft den Rücken zu, wird aber dennoch von einem Mädchen belauscht, das sehr bescheiden die Hand vor die Augen hält. Der Quacksalber ist der Franzosendoctor *Rock*, den Hogarth auf dem Blatte das den Morgen darstellt, predigend und Pillen empfehlend, abgebildet hat. Was ihm der mag gethan haben?

Die Gruppe der Weiber, welche die Boxenden theils mit gelassener, abgehärteter Miene, theils mit innigem Wohlbehagen betrachten, ist vortreflich. Ich vermuthe, daß die beiden Kämpfer *Broughton* und *Slack* sind, die man fast in derselben Stellung unter den Skizzen von Hogarth antrifft***.

Broughton war der größte Boxer seines Zeitalters, und seine Kunst zum höchsten Grad der Vollkommenheit gebracht. Er pflegte sich gemeiniglich seinem Gegner gerade, mit ausgebreiteten Ellbogen und zusammengedrückten Fäusten zu präsentiren (*perfectly square* in der Kunstsprache), und konnte daher mit beiden Fäusten gleich geschickt fürchterliche Schläge austheilen. Der alte Herzog von Cumberland, den man in *effigie* auf einem Schilde im Vordergrund zur Rechten erblickt, war Broughton's Gönner, und verwettete wenn sein Liebling boxte un-

* S. Gray's Inn's Journal, Vol. I. Nro. 20.

** Description du tableau de Mr. Hogarth qui represente la Marche des Gardes a leur rendezvous de Finchley, dans leur route en Ecosse. 8.

*** Ireland's Graphic illustrations, T. II. p. 20.

geheure Summen. Broughton blieb lange Sieger, mußte jedoch endlich dem tapfern Slack unterliegen, und betrat nun die Bühne nie wieder. Sein Ruhm war dahin, und seine Schule ging auseinander. Herr Ireland hat verschiedene Anschlagzettel abdrucken lassen, worin Broughton seine Box-Academie zu öffnen verspricht.*

Was noch mehr unsere Meinung zu bestätigen scheint, ist dieses, daß wie Hr. Nichols** versichert, Broughton in der Nähe von Tottenham–Court–Nursery, also gerade auf dem Platz, den wir hier erblicken, ein Amphitheater zum Boxen hatte errichten lassen. Es wurde aber in der Folge, auf Befehl der Regierung, die dergleichen Spiele nicht mehr dulden wollte, nieder gerissen.

Das Haus zur rechten Seite im Vordergrund ist ganz mit Freudenmädchen angefüllt, deren Rang, durch ihr verschiednes Costume und durch die Zimmer die sie bewohnen, angedeutet wird. Sie stehen unter der Aufsicht der Mutter *Duglas****. Die Katzen auf dem Dache, sind ein passendes Emblem der Bewohnerinnen.

Was das Original-Gemählde betrifft, so soll das Colorit, nach dem Urtheil der Kenner, nicht viel taugen, und dem Auge, das an den Farbenzauber von Tenier und Zoffani in ähnlichen Vorstellungen gewöhnt ist, mißfallen. Es hat völlig das Ansehen eines kolorirten Kupferstichs.

Hogarth hatte die Absicht, das Gemählde George II. zu widmen, und schickte es nach Windsor. Der König, der zwar ein guter Krieger aber kein Kunstkenner war, hielt das Bild für eine Satyre auf seine Truppen, und schickte es mit Unwillen zurück. Nun widmete es Hogarth Friedrich dem Großen, den er seltsam genug einen *Encourager of arts* nennt. Hogarth, der mit der Feder nicht fertig werden konnte, schrieb unter die ersten Abdrücke: *Dedicated to the King of Prusia.* Diese sind äußerst selten.

Wir müssen bei dieser Gelegenheit die Käufer der Original Kupferstiche vor einem Betrug warnen, der ihnen leicht gespielt werden kann. Man hat nämlich viele Abdrücke ohne Unterschrift (*avant la lettre*) gemacht, die man theuer verkauft, aber nichts werth sind, weil die Schrift während des Abziehens mit Papier bedeckt worden ist. Betrachtet man den Stich aufmerksam, so wird man an einigen Stellen die Spuren des retouchiren leicht wahrnehmen können. Der Kupferstecher des Originals ist *Sulivan,* und war ein origineller Mensch. Während er sich mit dieser Platte beschäftigte, mußte ihn Hogarth bei Tag und Nacht einsperren, denn, war er einmahl aus dem Hause entwischt, so ließ er sich in einem Monat nicht wieder blicken und schwärmte in London umher****.

Uebrigens hat Hogarth, weil er das Gemählde dem Findelhause schenkte, den Grund zu den Exhibitionen gelegt, die in der Folge für die Mahler-Academie in London so ehren- und gewinnvoll und für das Publikum so unterhaltend geworden sind. S. Strange's *Inquiry into the Rise and Establishment of the Royal Academy of Arts in London.*

* Ebenda Tom. II. p. 123.
** S. 243.
*** S. Ireland, T. I. p. 304.
**** Ireland, T. III. Appendix. S. 353.

THE LAUGHING AUDIENCE. DAS LACHENDE PARTERRE

Erstveröffentlichung und Satzvorlage: Der Abdruck dieses Textes entspricht der Fassung im »Göttinger Taschen Calender« für 1789, S. 206–208, mit 4 Blättern von Riepenhausen nach Hogarth, erschienen Herbst 1788. Eine Handschrift ist nicht überliefert. Der Text ist vermutlich Juli/August 1788 niedergeschrieben worden. Diese Hogarth-Erklärung ist in der Siebenten Lieferung von »G. C. Lichtenberg's Erklärung der Hogarthischen Kupferstiche« Göttingen 1801, S. 79–81, mit geringen Abweichungen und »Zusätzen« (ebd. S. 81–90) wiederabgedruckt. Der Kupferstich entstand 1733 gleichzeitig mit einer gemalten Darstellung des gleichen Vorgangs.

159 *die Zerstückelung, eine kleine Anweisung zum Wiederergänzen erforderte*: Interessanter Hinweis darauf, wie Lichtenberg seine Bildbeschreibung verstand. – *Accompagnement*: Franz. die ›musikalische‹ Begleitung. – *unbiegsamen*: S. zu S. 105. – *Saddlers Wells*: Über das Varietétheater im nördlichen Londoner Vorort Islington vgl. S. 173 und Anm. – *Transcanalischen Messieurs*: Also Herren von der anderen Seite des Ärmelkanals: Franzosen. – *Apfelsinen-Mädchen*: Die sogenannten Orangenmädchen, vielfach Prostituierte, boten im Theater ihre Ware feil und gingen dabei auf Männerfang aus. – *sogenannten Stadt-Damen*: Umschreibung für: Huren. Von den »Ladies of the town« schreibt Lichtenberg an Dieterich am 1. Dezember 1775 aus London (Bw I, Nr. 299, S. 606). S. auch oben zu S. 41.

Von unbekannter Hand erschienen Göttingen 1801, S. 81–90, folgende

Zusätze

Hr. Ireland ist der Meinung, Hogarth habe sich auf wenigen Blättern so in seinem wahren Charakter gezeigt, als auf diesem. Er setzt seiner Erklärung auch das Motto vor:

»Let him laugh now, who never
laugh'd before.
And he, who always laugh'd,
laugh now the more;«

zu Deutsch etwa so:

»Heute lache, was bis heute
Nie des Lachens sich gefreut.
Was sich stets des Lachens freute,
Lach' aus vollem Halse heut.«

Aber es ist und bleibt eine schlimme Sache, auf ausdrückliches Verlangen lachen zu sollen, auch wenn das Verlangen gar nicht ungebührlich ist. Denn es geht mit dem Lachen beinahe wie mit der Liebe. Beides muß uns entweder überrumpeln, oder überschleichen. Sagt mir Jemand ernsthaft: »Verlieben Sie sich doch!« so frag' ich lachend: »In was denn?« Und auf den Zuruf: »Lachen Sie doch!« folgt die ernsthafte Frage: »Worüber denn?« Und so wie das Erste ein Riegel gegen die Liebe ist, so sichert das Zweyte gegen das Lachen. Eltern, Erzieher, und Erklärer satyrischer Kupferstiche sollten dieß bedenken.

Im Grunde ist aber auch auf diesem Hogarthischen Blatte wenig von Hogarthischer Satyre zu finden. Die ganze Composition ist meist nur ein Spaß. Es ist lächerlich, eine Menge Menschen laut lachen zu sehen. Denn so wie das *Lächeln* – das heimtückische und das sardonische abgerechnet – fast jedes Gesicht verschönert, so macht das *laute Lachen* die meisten Gesichter zu Caricaturen, als ob die Natur sich an dem vernünftigen Wesen unbilliger Weise dafür rächen wollte, daß ihm das Ungereimte unter gewissen Bedingungen Vergnügen macht während das vernünftigste Wesen in der Menschenwelt oft die größte Ursache hat, der Natur dafür zu danken, daß es in einer solchen Welt, wo die Ungereimtheit überall vortritt und überall das große Wort führt, wenigstens lachen kann. Doppelt lächerlich ist der Anblick einer lachenden Gesellschaft, wenn man nicht weiß, worüber gelacht wird, wie es uns hier mit dem Hogarthischen Parterre geht. Für uns wird eben deßwegen das Parterre zum Theater. Wir lachen über die Lacher, was sich auch in guter Gesellschaft, wenn ein allgemeines Gelächter entsteht, nicht selten ereignet. Und sollte nicht schon mehr als Ein Mal ein gescheuter Schauspieler, wenn er in seiner Rolle auf dem Theater lachen mußte, sich der guten Gelegenheit bedient haben, seinem verehrten Publicum in's Gesicht zu lachen? Wo stand denn *Hogarth*, als er diese schöne Parterre Comödie nach dem Leben zu zeichnen Gelegenheit hatte? Wenn er nicht auf dem Theater hinter den Coulissen hervor lauschte, wie konnte er denn dem lachenden Parterre und selbst den Bläsern im Orchester gerade in's Gesicht sehen? So versetzt das Bild nun auch uns auf das Theater, indem es uns als Zuschauer den Zuschauern gerade gegen über stellt. Und so wäre denn Alles, Comödie und Anti-Comödie, in seiner Ordnung.

Durch zwey Contraste wird der Effect dieses Bildes gehoben. Während das Parterre nach Herzens Lust sich satt lacht, sitzen im Vordergrunde drey Männer die nicht lachen *dürfen*, und im Hintergrunde drey, die nicht lachen *wollen*. Jene müssen bey ihrer musicalischen Arbeit den Mund zusammenziehen, den das Lachen aufreissen würde. Vielleicht haben die beiden linker Hand sich schon an dem Stück satt und müdegesehen und an der Musik satt und müde gespielt, wie es diesen guten Leuten oft begegnet. Die Drey im Hintergrunde, die nicht lachen wollen, sind erstens die beiden *Elegants*, u. zweytens der *Kunstrichter*. Für ein Kunstrichter-Gesicht erklärt wenigstens Hr. Ireland das leicht auszufindende Gesicht mit der spitzigen Nase, den halb eingefallenen und halb zusammengezogenen Lippen, und der gerunzelten Stirn. Da sehen wir, nach Hrn. Ireland, die *affectirte Affectlosigkeit* in ihrer ganzen Würde. Vielleicht gab es auch schon damals kritische *Genies*, die sich nach Grundsätzen mit rühmlichen Fleiß auf die kalte Begeisterung legten. Seiner kritischen Würde nichts zu vergeben, gönnt der strenge Richter hier den Schauspielern auch nur einen von den beiden Sinnen, die sie beschäftigen wollen. Er hört hin, aber mit weggewandtem Gesichte.

Die beiden *Elegants* wollen nicht mitlachen, weil es zum *guten Ton* gehört, nur selten um des Schauspiels willen in's Schauspiel zu gehen, und der Regel nach, wenn Andre auf das Stück merken, sich auf eine pikantere Art zu amüsiren. Hr. Ireland findet Aehnlichkeit zwischen dem einen dieser zierlichen Herren und einem halb verhungerten Windhunde. Bey der Kritik ihres Costums berührt er spöttelnd den Geschmack »unsrer achtbaren Vorfahren, die der Natur trotzten, und sich über alle Schicklichkeit hinaussetzten.« Unsre neuesten Elegants wissen freilich Natur und Kunst besser zu vereinigen. Sie drehen den natürlich geschorenen und ungepuderten Kopf auf dem künstlichen Halse von dicken Tüchern und Polstern mit eben der Leichtigkeit, wie sich auf einem Schwanenhalse ein Schwanenkopf dreht. Und wer ihnen nachsagt, daß sie sich über alle Schicklichkeit hinaussetzen, hat noch keine von den exaltirten Beinkleidern angezogen, die beyläufig bis unter die Arme reichen, was denn doch der allerneueste Pariser Geschmack verlangt.

DAS COLLEGIUM MEDICUM. (CONSULTATION OF PHYSICIANS.)

Erstveröffentlichung und Satzvorlage: Der Abdruck dieses Textes entspricht der Fassung im »Göttinger Taschen Calender« für 1789, S. 208–218, erschienen mit 1 Tafel von Riepenhausen nach Hogarth. Der Text, vermutlich Juli/August niedergeschrieben, ist im Herbst 1788 veröffentlicht worden. Eine Handschrift ist nicht überliefert. Hogarth hat Radierung und Kupferstich, die 1736 erschienen, den Titel »The Company of Undertakers« (»Die Gesellschaft der Beerdigungsunternehmer« gegeben, während Lichtenberg, Nichols folgend, wie er S. 161 selbst schreibt, »Collegium medicum« wählte. Mit geringfügigen Änderungen und »Zusätzen« von unbekannter Hand wurde dieser Text in »G. C. Lichtenberg's Erklärung der Hogarthischen Kupferstiche« Siebente Lieferung, S. 93–111, Göttingen 1801, wiederabgedruckt.

161 *Diesen Titel ... beym Nichols*: Über dieses Werk s. zu S. 8. – *Leiche im Deutschen ...*: Zu der von Lichtenberg angegebenen Bedeutung s. DWb 6, Sp. 612. – *Undertäkerinnen*: Gemeint sind wohl die ›Engelmacherinnen‹ und sogenannten ›Weisen Frauen‹. – *die Form eines ... französischen Wappenschildes*: Nach Gatterer S. 12 haben französische Wappenschilde »in der Mitte der ausgerundeten Grundlinie eine Spize«. – ⋆*Gatterer unsere Heraldik deutsch ... sprechen gelehrt*: Johann Christoph G. (1727–1799), seit 1759 ordentl. Professor der Geschichte in Göttingen, Lehrer Lichtenbergs, Begründer der Diplomatik, Statistiker und Heraldiker. Mit dem Gebiet der Heraldik befaßte er sich in drei Veröffentlichungen: dem »Handbuch der neuesten Genealogie und Heraldik« Nürnberg 1763; dem »Abriß der Heraldik«, Göttingen 1773, und der »Praktischen Heraldik«, Nürnberg 1791. – ⋆*werden*: Von mir verb. aus: *worden* der Satzvorlage. – ⋆*verdorbenem* Latein: Von mir verb. aus *verbordenem* der Satzvorlage. Übrigens führte Hogarths Vater Richard seit 1703 ein Kaffeehaus, in dem lateinische Konversation gepflegt wurde. Er machte Konkurs.

162 *Quacksalber*: S. zu S. 75. – *Oculist*: Ehemals für: Augenarzt gebräuchlich. – *Stockknopf*: Über dieses Accessoire des modischen Mannes seiner Zeit läßt sich Lichtenberg in »Urnen und Aschenkrüge von einer neuen Art« in dem »Göttinger Taschen Calender« für 1794, S. 179, aus. S. auch D 96. F 90. – *gekrüpft*: »Gekrüpft, oder schmiegend, heist ein Thier, das den Leib zusammenzieht. Dieß kan sizend und liegend geschehen. Auf die erstere Art, nämlich gekrüpft sizend, werden z. E. Eichhörner, Affen etc. auf die andere aber Kazen, Kaninchen etc. vorgestellt.« Zit. nach Gatterer S. 60. – *ge(spitz)wekkt*: Dieses »Kunstwort« ist nicht von Gatterer aufgeführt; unter »zugespitzt« schreibt Gatterer S. 62: »heist eine Figur, die an einem, oder an mehr Enden wider die Gewohnheit spizig ist.« – *Andreas-Kreuze*: Ein Kreuz mit schräg gestellten Balken (X). Der Name rührt von dem Apostel Andreas her, der der Sage nach bei seiner Hinrichtung an ein solches Kreuz genagelt worden sein soll. Das Andreaskreuz ist zugleich Abbreviatur von Christus (X, griech. Chi) und burgundisches Wappen. – *Aderlaßbinde*: Binde zum Verschließen einer Vene. – *Et plurima ... Imago*: Und überall das Bild des Todes – Vergil, Aeneis II, 369 über das unterlegene Troja. Publius Vergilius Maro (70–19 v. Chr.), bedeutendster römischer Dichter der klassischen Latinität, dessen Epos »Aeneis« und dessen »Eklogen« für die abendländische Literatur jahrhundertelang musterhaft waren. Vergil ist nach Horaz der von Lichtenberg in den Briefen, Sudelbüchern und Aufsätzen meistzitierte römische Autor. – *unserer Heraldik*: S. zu S. 161. Die von Lichtenberg hervorgehobenen »Kunstwörter« sind tatsächlich gängige Begriffe der Wappenkunde. – *Köni-*

ginn der Wissenschaften, der Philosophie: Als »Königin der Wissenschaften« bezeichnet Lichtenberg andernorts die Georgia Augusta, die Universität Göttingen. – *Satyren gegen ganze Menschenclassen*: Über Lichtenbergs Auffassung von der Satire s. zu S. 122. – *Stechscheibe*: Bei Schützenfesten eine Scheibe, auf welcher der Schütze nur einen Schuß tun darf. DWb 10, II, Sp. 1283. – *mancher andere Stand*: Gemeint ist die Theologie! – *Eigendünkel*: Zur Verwendung dieses Worts s. zu F 1018.

163 *Nacht-thron*: Zu diesem hygienischen Requisit des 18. Jh.s s. unter dem Begriff »Nachtstuhl« zu B 381. – *Gnadenstößchen*: »Gnadenstoß« verwendet Lichtenberg B 317. D 383. E 255. L 439. Mat I 76. Ursprünglich Stoß ins Genick oder aufs Herz, mit dem der Henker einen Verurteilten beim Rädern ›von oben herab‹ gleich zu Anfang tötet, um ihm die Qualen der eigentlichen Räderung zu ersparen. DWb 4, I, Sp. 587. – *Einer unserer größten Aerzte*: Von mir verb. aus: *größte* der Satzvorlage. – *Ars salutaris*: Lat. ›Heilkunst‹. – *armen Teufel*: S. zu S. 58. – *Classe der sogenannten Weichgeschaffenen*: Nach DWb 14, I, Sp. 511 ist das Adjektiv: ›weichgeschaffen‹ vom »Sturm und Drang bis zur Spätromantik ein Lieblingswort der Dichter«. Als Belege dienen u. a. Ramler, Mendelsson, Schiller, Gatter und Lavater. – *Satyren durch Waisenknaben schreiben lassen*: Ähnliche Vorschläge bezüglich der Waisenknaben macht Lichtenberg F 624. 1095. – *Oculist*: S. zu S. 162. – *Dr. Ward*: *Joshua Ward*: (1685–1761), engl. ›quack-doctor‹, berühmt wegen seiner »drop and pill«; obwohl medizinisch nicht ausgebildet, hatte er namhafte Patienten wie Henry Fielding und genoß die Gunst von George II. Er erwarb ein großes Vermögen, setzte sich aber sehr für arme Patienten ein. Seit 1734 wurde er Gegenstand von Satiren in Wort (etwa Pope) und Bild wie bei Hogarth; über ihn s. Nichols S. 197–198 Fußnote. – *Seine Geschichte hat Nichols vertrefflich*: Nichols S. 198. – *in Contribution setzte*: besteuern, brandschatzen; hier svw. schröpfen. – *Madame Mapp*: Sara Mapp († 1737), geb. Wallin, nannte sich »Crazy Sally«. – *Richters chirurg. Bibl.*: Bd. 9 erschien Göttingen 1788 bei Dieterich. Das fast wörtliche Zitat ist dem Zweyten Stück entnommen. Die »Chirurgische Bibliothek« erschien seit 1772 in 15 Bänden. S. auch SK 282.

164 *Ihre Geschichte, die ich in Händen habe*: Vermutlich Anspielung auf Nichols S. 199–207, wo er (S. 199) schreibt, »a famous masculine woman, who was called the home-setter, or shape-mistress.« – *Oculist*: S. zu S. 162. – *Taylor*: John Taylor (1703–1772), seinerzeit berühmt-berüchtigter ambulanter engl. Augenarzt und Staroperateur, genannt »Chevaliere«. – *In einer sehr guten Beschreibung*: Meint Lichtenberg die Beschreibung von Nichols? – *Ritter Taylor ... in Deutschland sehr gut kennt*: Vgl. SB III, S. 88. 943. – *in meiner Kindheit gesehn*: Folglich in Darmstadt; s. auch E 238. 267; F 241. – *Taxen*: Steuern. – *Windbeutel*: S. zu S. 99. – *Stockknopf*: S. zu S. 162. – *Herkulaneum (Heraklius)*: Der marktschreierische Okulist Taylor verwechselt den 70 n. Chr. durch den Ausbruch des Vesuvs vernichteten Ort mit dem Prinzen Heraklius. Lichtenberg folgt hier Nichols S. 198. – *Heraklius*: Gemeint ist Irakli II., 1744–1798 König im ganzen östlichen Teil von Georgien, das bis 1783 ein von Rußland unabhängiges Hoheitsgebiet darstellte; am 24. Juli 1783 wurde zu Georgiewsk die Unterwerfungsakte abgeschlossen. – *Archangel*: Gemeint ist Archangelsk. – *am Ende des Europäischen Asien*: Archangelsk liegt tatsächlich auf dem rechten Ufer und auf Inseln des Mündungsdeltas der Nördlichen Dwina vor ihrem Einfluß ins Weiße Meer. Trotz der bis zu 190 Tage dauernden Eisblockierung war Archangelsk, 1613 nach einem Kloster des Erzengels benannt, bis zur Gründung von St. Petersburg 1703 Rußlands einziger Meerhafen. – *So ist es*: Danach von mir ein zweites: *es* der Satzvorlage gestrichen. – *Cane-heads*: Engl. ›Stock-Köpfe‹. – *was ich davon in Schriften gefunden*: Wo, war nicht nachweisbar. – *Vielleicht ... an einem anderen Ort*: Wo, war von Lichtenberg nicht einlösbar. – *Riepenhaußen ... uns den Hogarth ganz zu geben*: Diese Absicht, so wissenswert sie ist, wurde nicht verwirklicht; Zu Lichtenbergs Urteil über Riepenhausen: Als Fußnote in der Siebenten Lieferung von »G. C. Lichtenbergs Erklärung der Hogarthischen Kupferstiche«, Göttingen 1801, S. 111–112, findet sich folgende ›Anmerkung des Herausgebers‹: »Dieses Urtheil über das Talent des Hrn. *Riepenhausen* bezog sich auf die Proben im Göttingischen Taschencalender vom Jahr 1789. Die Erwartungen, die der vortreffliche Künstler damahls erregte, hat er seitdem so übertroffen, daß, sein Talent jetzt noch empfehlen wollen, eine Ungerechtigkeit nicht nur gegen ihn, sondern selbst gegen das Publicum wäre. Indessen wird man der Bemerkung, die Hrn. R. betrifft, in dieser Sammlung als ein Andenken an die Zeit der Empfängniß dieses Werks gewiß ihr Plätzchen gönnen.« – *Prätension*: Siehe zu S. 62. – *Das lachende Parterre*: S. 158. – *diese 5 Blätter*: Das »Lachende Parterre« umfaßt 4 Blätter, das »Collegium medicum« 1 Blatt. – *seinem großen Unternehmen*: Bekanntlich nicht zu Stande gekommen.

Von unbekannter Hand erschienen in »G. C. Lichtenberg's Erklärung der Hogarthischen Kupferstiche«, Siebente Lieferung, S. 112–128, Göttingen 1801, folgende

Zusätze

Einer der berühmtesten Helden dieses Blatts, der große Augenarzt und Ritter *John Taylor*, hat seine eigne Lebensgeschichte geschrieben. Sie kam zu London 1761 heraus. Der Titel ist etwas lang. Er ist ein pragmatischer Auszug aus dem Buche selbst. Aber giebt es denn nicht auch unter uns mehr als einen sehr gelehrten Mann, der noch nicht gelernt hat, seinen Schriften einen Titel zu geben, den man aussprechen kann, ohne dabey so viel Athem, wie zu einer ciceronianischen Bravour-Periode zu verbrauchen? Was den Titel der Selbstbiographie *John Taylors* so entsetzlich lang macht, ist überdem nur der Titel des Mannes selbst; und den dem Publicum in möglichster Ausführlichkeit vorzutragen, konnte er eben so gute Gründe haben, wie andre Gelehrte. Was ist schöner und für das Emporkommen der Wissenschaften ermunternder, als wenn der Gelehrte selbst seinen berühmten Namen auf eine umgekehrte Pyramide von Wörtern stellt, die, so wie sich ihre Bedeutung verkleinert, in immer kleinern Zeilen nach unten zu, nichts ausdrücken als die ganze Masse der Ehren und Würden des Namens, der auf ihnen ruht; das Fußgestell seines Ruhms! Wer darin einen Beweis der lächerlichsten Eitelkeit übrigens respectabler Männer sieht, verräth nur seine geringe Bekanntschaft mit dem wahren Zustande der Litteratur. Warum nennen sich Fürsten und Herren bey feyerlichen Gelegenheiten, und auch sonst wohl, mit allen ihren Titeln, deren *Je länger je lieber* sich mit einem *etc.*, der ewigen Knospe oder Samenkapsel künftiger, noch erwarteter Titel, endigt? Weil jede dieser Qualificationen ein Document der Rechtmäßigkeit des Besitzers der specificirten Länder und Ländereyen, oder wenigstens der Ansprüche darauf, ist, und auf solche Art, ehrlich und offen, einigen in der Politik sehr gefährlichen Mißverständnissen vorbeugt. Was nun die Fürsten und Herrn in ihren irdischen Reichen sind, das sind die betitelten Gelehrten im Reiche der Wissenschaften. Die Unbetitelten haben in diesem Reiche entweder noch gar nichts zu befehlen, oder sie befehlen, selbst wider ihren Willen, nur im Namen der Betitelten. Gewöhnlich haben sie auch nichts geschrieben, als Romane, Gedichte und dergleichen unwissenschaftliche Werke. Nicht leicht wird auch ein Dichter oder Romanenschreiber so verwegen seyn, auf den Titel seiner unwissenschaftlichen Werke sich noch anders als mit seinem Namen zu nennen, wenn er nicht, um mehrerer Richtigkeit willen, auch diesen verschweigt. Selbst das einfache M. das, eine wahre Null unter den Buchstaben, seine Bedeutung ändert, je nachdem es vorn oder hinten steht – denn hinter einem Namen bedeutet es Magnus (der Große), vor einem Namen aber Magister – selbst dieses M wird nicht leicht mehr ein versificirender Magister in unsern Tagen, selbst zu Leipzig nicht, auf dem Titel seiner Gedichte seinem Namen vorzusetzen wagen.

Also der Doctor der Arzneywissenschaft, *John Taylor*, nennt sich mit Recht mit allen seinen Titeln; und darum lautet der Titel seiner [von] ihm selbst verfaßten Biographie seiner selbst, in einer getreuen Uebersetzung, wie folget:

Das Leben und die außerordentliche Geschichte des Ritters John Taylor (Von hier an denke man sich die umgekehrte Zeilenpyramide; aber die oberste Zeile wenigstens so lang, als das Papier in groß Folio breit ist), *Mitglieds der berühmtesten Academien, Universitäten und gelehrten Gesellschaften, Chevaliers an verschiedenen der ersten Höfe der Welt, berühmten Patent-Arztes in den Apartementern vieler der größesten Prinzen* (Ist es nicht vortrefflich, daß sich der Mann zum Beweise seiner Vortrefflichkeit auf seine Patente beruft? Warum sollte Patent Gelehrsamkeit weniger werth seyn, als Patent-Schnallen, Patent-Pflaster und andre Patent-Sachen, die jeder Elegant und jeder Galanterie Händler kennt?) *päbstlichen, kaiserlichen und königlichen Ophtalmiaters seiner höchstsel. Majestät, des päbstlichen Hofes, der Person seiner kaiserl. Majestät, der Könige von Polen, Dänemark, Schweden etc.* (Dieses etc. mitten im Text ist von vorzüglichem Effect. Es drückt eine wahre Plethora oder Ueberfüllung von Würden aus.), *der verschiedenen Churfüsten des heil. Reichs, des könig. Infanten, Herzogs von Parma, des Prinzen von Sachsen-Gotha, Durchlaucht, Bruder Ihro königl. Hoheit, der verwitweten Prinzessinn von Wallis, des Erbprinzen von Polen* (NB.), *des hochsel. Prinzen von Oranien der gegenwärtigen Fürsten von Bayern, Modena, Lothringen* (NB.), *Braunschweig, Anspach, Bayreuth, Lüttich, Salzburg, Middelburg* (NB.), *Hessen-Cassel, Holstein, Zerbst, Georgien etc.* (Da steht das etc. recht auf seinem Platze), *römischen Bürgers, kraft einer öffentlichen Acte im Namen des Senats und Volks, Mitglieds des Collegiums der Aerzte, Professors der Optik, Doctors der Medicin und der Chirurgie auf verschiedenen Universitäten umher,* (Man bemerke, wenn man es nicht schon bemerkt hat, erstens, daß *Sir John Taylor* seinen Berufstitel, der allen übrigen vorgehen sollte, den Hoftiteln weit nachsetzt; zweytens, daß der doppelte Doctortitel in der medicinischen Facultät, die mit der Medicin die Chirurgie von selbst unter sich begreift, keine neue Erfindung der Deutschen ist; und endlich drittens, daß *Doctor Taylor* auf mehreren Universitäten *umher* promoviert hat, oder promovirt ist, eine Maßregel, die in so fern nachgeahmt zu werden verdient, als die medicinische Doctorwürde, die man auf einer Universität erworben hat, für den Doctor, der auswärts prakticiren will, in unsern mißtrauischen Zeiten kein Präservativ gegen das beschwerliche Repetitionsexamen vor dem Sanitäts-Collegio ist. Hier endigt auch der Titel des *Doctor Taylor* nach der gewöhnlichen oder *onomastischen* Methode. Es folgt nun die Fortsetzung *paraphrastisch* im *historischen* Styl:) *der über dreißig Jahr fast ununterbrochen auf Reisen gewesen ist, wärend welcher Zeit er nicht nur in jeder Stadt dieser Königreiche, sondern in jedem Königreiche, jeder Provinz, jedem Staate und jeder Stadt von der allergeringsten Bedeutung und an jedem Hofe sich aufgehalten hat, und jedem gekrönten Haupte und souveränen Fürsten in ganz Europa ohne Ausnahme vorgestellt worden ist; enthaltend die größte Mannigfaltigkeit der unterhaltendsten und interessantesten Begebenheiten, so jemals, wie man voraussetzt, in irgend einem Lande oder irgend einer Sprache an's Licht gestellt worden.*

Punctum. Und nun sehe man durch dieses Titelmikroscop dem Manne, oder seinem Stockknopfe, noch ein Mal in's Auge. Welche Vergrößerung!

Die gestrenge Frau Doctor *Mapp* liebte kürzere Titel. Sie nennt sich selbst mit dem unübersetzlichen Namen *Crazy Sally*. Im Deutschen könnte man dafür sagen: *die tolle Kehr-dich-an-nichts*. Von zwanzig Patienten, die sich ihr anvertraueten *starben unter ihren Händen*, wie Hr. Ireland bemerkt, doch nur neunzehn. Das berüchtigte *Grub-street-Journal* wimmelte damals von Artikeln die Frau Doctor *Mapp* betreffend. In einem Blatte dieses Journals, vom 23. Sept. 1736 heißt es: »*Mrs. Mapp fährt fort, außerordentliche Curen zu thun. Sie hat sich nun auch eine Equipage angeschafft, und wartete vorigen Sonntag bey Ihren Majestäten auf.*« Ob diese Notiz Spott oder platte Großthuerey ist, mögen die Geschichtsforscher ergründen. Nach einem andern Stücke desselben Journals sol Mrs. Mapp auf dem griechischen Caffehause zu London unter Andern eine Nichte des berühmten Arztes und Naturforschers Hans Sloane, zur großen Zufriedenheit desselben, operirt haben. Sollte das nicht vielleicht auch ein Pasquill auf den guten Hans seyn? Mrs. Mapp, immer nach dem Bericht des Grubstreet-Journals, interessierte sich auch sehr für das Pferderennen. Am 16ten Sept. 1736 – das Datum wollen wir uns merken – wurde zu Epsom um eine *Schüssel* oder einen *Satz* von zehn Guineen, die Madame Mapp ausgesetzt hatte, in die Wette geritten, und ein Pferd weiblichen Geschlechts, gleichfalls Madame Mapp genannt, gewann den ersten Vorsprung. Dafür gab Madame *Mapp*, nämlich das menschliche Geschöpf weiblichen Geschlechts, dem Reuter eine Guinee, und *schwur* dabey, er hätte noch hundert dazu haben sollen, wenn er den Satz gewonnen hätte. Solch eine Männin war sie. Aber wer sähe nicht lieber den Tod in sein Zimmer treten, als dieses scheusliche Geschöpf, wenn *Hogarth* sie anders getreu porträtirt hat?

Doctor *Ward* brachte es, wenn er wirklich nichts mehr als ein unwissender, aber glücklicher, Empiriker war, für einen Mann seines Schlages weit genug. Nicht nur bey seinem Leben wiederfuhr ihm sehr viel Ehre. Auch nach seinem Tode sollte er bey den berühmtesten und verdienstvollsten Männern seines Vaterlandes, und zwar zunächst neben dem Dichter *Dryden*, in der Westmünster-Abtey ein Denkmahl erhalten; und er hat es vielleicht wirklich erhalten. Wenigstens ist dieses Denkmahl angekündigt im *London-Chronicle*, vom 27sten Februar, 1761.

DIE TAGESZEITEN IN VIER BLÄTTERN

Erstveröffentlichung und Satzvorlage: Die Tageszeiten in vier Blättern. Der Abdruck dieses Textes entspricht der Fassung im »Göttinger Taschen Calender« für 1790, S. 176–198, mit 8 Blättern von Riepenhausen nach Hogarth. Der Text, Herbst 1789 erschienen, wurde vermutlich Juli/August 1789 niedergeschrieben. Eine Handschrift ist nicht überliefert. Eine Ausführliche Erklärung erschien Göttingen 1794 (SB III, S. 703–726). Sie wurde 1850 (VS 9, S. 55–98) wieder abgedruckt. Den Stichen, die Riepenhausen zu Nachstichen dienten, liegen ca. 1736 entstandene Gemälde zugrunde, die ursprünglich für einen Pavillon des Vergnügungsparks Vauxhall bestimmt waren. Die Kupferstiche erschienen 1738. Das Thema der vier Tageszeiten wie auch das der Jahreszeiten war in der Bildenden Kunst (wie in der Musik) längst geläufig, allerdings in Personifikationen oder Landschaften ausgedrückt. Hogarth dagegen interessierten die Tageszeiten als »Stationen im Lebensrhythmus der Stadt London« (Arndt S. 31). Lichtenberg griff dieses Motiv noch einmal im Göttinger Taschenkalender auf und kommentierte es, diesmal aber ganz konventionell (GTC 1797, S. 211–218).

167 *Seelenerhebenden Scenen*: Zu dieser Wendung s. S. 118. – *Frühlings- oder Sommermorgens*: Von mir verb. aus: *Frühlings oder Sommermorgens* der Satzvorlage. – *Todesprunk des reifcandirten ländlichen Gebüsches*: In der Ausführlichen Erklärung (SB III, 703) ändert Lichtenberg in: *Leichenprunk*. Die Wortwahl, Lichtenberg gar nicht ähnlich, erinnert an den elegischen Hölty. In DWb nicht vermerkt. – *seiner Auferstehung entgegen schlummert*: Zu dieser Wendung s. zu G 191. – *Gemüse-Markt Coventgarden*: Über Coventgarden s. zu S. 123. – *Hofgesichter*: In der Ausführlichen Erklärung (SB III, S. 703) spricht Lichtenberg von »Höflings-Gesichtern«. Zu Lichtenbergs negativem Urteil über den Höfling s. auch SB III, S. 698; Zu der Wortbildung s. zu S. 118. – *Schönpflästerchen*: Schönheitspflästerchen. Franz. mouche, Pflaster aus gummiertem schwarzen Taft, im 17. und 18. Jh. von den Damen zur Hervorhebung der Zartheit ihres Teints getragen. Lichtenberg erwähnt sie auch A 47; s. ferner SB III, S. 679; 704; 838; 872; 918. – *wie Mücken um eine Lichtflamme*: Diese Wendung gebraucht Lichtenberg auch SB III, S. 704; 890. – *Schallbret*: Vermutlich ist »Schalldeckel« damit gemeint: ein Dach, das man über der Kanzel anbringt, damit der Schall sich mehr nach unten fortpflanze. DWb 8, Sp. 2029. – *Wimpel ... von ihrem Kopfe wehen*: Gemeint sind die Schleiertücher am Hut.

168 *December-Zephyr*: Eine Art Oxymoron: Zephir, in der Rokokolyrik beliebtes Requisit, ist seit der Antike der gelinde Westwind. – *Fielding ... ausdrücklich sagt*: »Ich würde versuchen, ihr Porträt zu entwerfen, wenn das nicht bereits von einem geschickteren Meister, vom großen Hogarth selbst, geschehen wäre, dem sie vor mehreren Jahren Modell saß. Kürzlich nun hat sie dieser Herr auf einem Stich vorgestellt, betitelt ›Wintermorgen‹, für den sie kein übles Sinnbild ist, und man kann sie da sehen, wie sie zur Covent Garden-Kirche schreitet (denn sie schreitet im Stich) mit einem ausgehungerten Bedienten hinter sich, der ihr Gebetbuch trägt«, schreibt Fielding in »Tom Jones« Erstes Buch, Elftes Kapitel (S. 50 der Hanser-Ausgabe) von Miß Bridget; s. auch F 85 und SB III, S. 706. – *Er hat keine Strümpfe an*: In der Ausführlichen Erklärung (SB III, S. 707) korrigiert sich Lichtenberg: »Im Taschenkalender hatte ich gesagt: er hätte keine Strümpfe an. Dieses wurde mir von einem gesetzten Engländer, einem Manne, etwas übel genommen; so etwas, sagte er, wäre in England unerhört. Der Fehler ist leicht verbessert, ich sage also: er hat vermutlich Strümpfe an.« – *St. Paul's coventgarden*: Diese Kirche, errichtet von Inigo Jones (1573–1652), brannte 1797 ab. – *berühmten Paulskirche*: St. Paul's Cathedral, größte und bedeutendste Kirche Londons, nach dem Brand von 1666 durch Christopher Wren 1672–1700 nach dem Muster der Peterskirche in Rom erheblich vergrößert und mit hohem Turm ausgestattet. S. zu SB III, S. 193. – *City*: Die Innenstadt von London. – *liederliches Haus*: Zu dieser Wendung vgl. S. 11. – *Tom King's Caffeehaus*: Seinerzeit berüchtigter Treffpunkt am Coventgarden in London, der 1739 gerichtlich geschlossen wurde. – *Baracke*: Nach Adelung I, Sp. 727 »Eigentlich schlechte Hütten für gemeine Soldaten«. – *Architrab*: So in der Satzvorlage. Architrav: Querbalken antiker Tempel. – *Grabstichel*: S. zu S. 27.

169 *Newgate*: S. zu S. 135. – *Hampstead*: S. zu S. 156. – *Row*: Engl. ›Häuserreihe‹. – *Franzosen-Doctor D. Rock*: Über ihn s. zu S. 21. – *Ausfall unsers Künstlers auf französische ... Trachten*: Zu Hogarths Antipathie gegenüber allem Französischen s. zu S. 115.

171 *Tanzmeister*: Vgl. S. 37 und Anm. – *galonirtem Kleide*: Galoniert: Mit Tressen besetzt, verbrämt. – *Schabracken-Pracht*: Schabracke, von türk. tschaprak, eine verzierte Satteldecke. – *Menuet-Pas*: Tanzschritt beim Modetanz des 18. Jh.s. – *spanische Rohr*: S. zu S. 75. – *Wergtau*: Aus Werg hergestelltes Tau zum Dichten eines Rohres. – *sichtbaren ... Ausdehnung*: Umschreibung für Schwangerschaft. – *Silberblick*: Im Hüttenwerk beim Silberschmelzen der mit Erstarrung des Silbers hervorbrechende Glanz desselben (Heyne). S. auch SB III, S. 712. 829. – *drap d'argent*: Franz. ›Silberstoff‹, Silbertuch.

172 *die Fluth mit einem Sonnenfächer aufhalten*: Diese Wendung begegnet auch C 334. D 533. E 257. 387. F 2. 860. S. auch SB III, 713, wo ›zurückwedeln‹ steht. – *Versteinerung*: Zu diesem Begriff s. zu S. 58. – *Kunsttrieb*: Zu diesem Begriff s. zu A 58. – *geistliche Liebeskuß*: Das DWb 6, Sp. 950 bringt nur einen Beleg aus Gottfried August Bürger. – *Die Seelen ... zusammengeflossen*: Zu dieser Wendung vgl. SB III, S. 713. 814. – *Wirthsschild*: Zu diesem Motiv und Gegenstand s. zu S. 122. – *Die sogenannte gute Frau*: Die Anspielung ist unklar. – *das Haupt Johannis des Täufers*: In den Evangelien als Vorläufer Jesu dargestellt, asketischer Bußprediger in der Wüste, von Herodes Antipas wegen seines Einflusses aus politischen Gründen enthauptet. Mehr legendär ist der Tanz der Salome (Markus 6,14 ff.) – *versteinerten*: Zu diesem Begriff s. zu S. 58. – *Kopfhängerinn*: Eine Definition dieses Zustands gibt Lichtenberg SB III, S. 282. 713; vgl. auch B 81 und BW I, Nr. 68, S. 122: an Dieterich am 17. Juli 1772. – *Die Engelchen singen zu hören*: Wanders »Deutsches Sprichwörter-Lexikon« 1, 821 verzeichnet: »Die Engel im Himmel singen (pfeifen) hören« als Umschreibung für: »Wenn jemand grossen körperlichen Schmerz empfindet« Wanders Beleg ist Franz Sandvoss, So spricht das Volk. Volkstümliche Redensarten. Berlin 1860, S. 253. »Die Wendung meint, daß jemand vor Schmerz so außer sich ist, daß er bereits die Chöre der Engel im Himmel zu hören vermeint« (DUDEN 11: Redewendungen und sprichwörtliche Redensarten. 1992, S. 179).

173 *Saddlers Wells*: Eine von einem gewissen Sadler 1683 im Norden Londons eingerichteten Brunnenkuranstalt, wo nachmals

Konzerte und andere Unterhaltungen stattfanden; 1765 wurde dort auch ein Theater eröffnet. – *Der Erklärer dieser Blätter ... drey Abende an diesem Ort zugebracht*: S. RA 9. 37. 134 und SB III, S. 716. 721. – *Camera obscura*: S. zu A 220. – *unsere erste Eltern*: Adam und Eva. – *City*: S. zu S. 168. – *Beym Shakespear ...*: Gemeint ist »A Midsummer Night's Dream« I, 2.14: »I must go seek some dewdrops here, And hang a pearl in every cowslip's ear«. – *gehenkt*: Lichtenbergs übliche Schreibweise für: hängen. – *redressiren*: Zurechtrücken. Lichtenberg gebraucht den Ausdruck auch Bw I, Nr. 175, S. 309, an Christiane Dieterich am 28. Juni 1773. – *Adonis neben der Göttinn der Liebe und ihrem Amor. Adonis*: Im griech. Mythos Geliebter der Aphrodite, der auf der Jagd von einem Eber getötet wurde; der bildliche Inbegriff des schönen Jünglings. – *Göttinn der Liebe*: Aphrodite, lat. Venus. Sie trat ikonographisch stets in Begleitung ihres den Pfeilköcher tragenden Sohnes, dem Gott der Liebe, auf. – *City-Amor*: Zu dieser Wortbildung vgl. SB III, S. 674; 717.

175 *eine Kuh ... ihre Kopfzierde ... mittheilt*: Auf diese Bildidee Hogarths kommt Lichtenberg in einem Brief an Eschenburg (Bw III, Nr. 1378, S. 89) vom 13. Juni 1785 zu sprechen; vgl. auch SB III, S. 717; 972; 1034. – *unser muthwilliger Künstler*: Zu dieser Charakteristik s. zu S. 24. – *Diese Zeichensprache*: Zu Lichtenbergs Kunstinterpretation s. Nachwort S. 274. – *gute Tropf*: Zu dieser Wendung s. S. 28. – *nicht sowohl Verfasser als vielmehr bloßer Verleger*: Zu diesem Wortspiel s. J 60. – *Woollet*: William Woollett (1735–1785), berühmter Kupferstecher; sein Wasser und seine Luft sind von der reinsten und saubersten Grabstichelarbeit.

177 *Goldfinder*: Engl. Euphemismus für den: Müllmann: Higthman. Lichtenberg läßt sich über diese Fehlinterpretation der Figur in einer Fußnote zu seiner Ausführlichen Erklärung (SB III, S. 722) ausführlich aus. – *Charingcroß*: Gegend zwischen dem westl. Ende von The Strand und dem nördl. Ende von Whithehall in der City von Westminster, heute eines der wichtigsten Verkehrszentren Londons. – *Freymäurer ... mit Winkelhaken und Schurzfell*: Insignien der Freimaurer; vgl. auch D 597 und die Anm. dazu. Interessant, wie engagiert Lichtenberg für den Freimaurer-Orden eintritt, dem er nach eigenem Bekunden *nicht* angehört.

178 *Beutelschneider-Gelage*: Zu: Beutelschneider s. zu S. 148. – *Hieb*: Zu diesem Ausdruck s. zu S. 29. – *zweytes Schild*: Von mir verb. aus: *zweyter Schild*, wie auch schon von Lichtenberg in seinem Druckfehlerverzeichnis zur Ausführlichen Erklärung. – *Bagnio*: Zu dieser Umschreibung s. zu S. 83. – *Veil*: Sir Thomas de Veil (gest. 1748), Friedensrichter in London und Amtsvorgänger Henry Fieldings. – *John Hawkins*: Über ihn s. zu S. 39. Lichtenberg bezieht sich bei dieser Angabe auf Nichols S. 211. – *Ecce signum*: Siehe das Zeichen. Wohl abgeleitet von: Ecce homo – Sehet, welch ein Mensch: Ausruf des Pilatus angesichts Christi (Joh. 19,5). – *Salisbury flying coach*: S. Lichtenbergs Urteil über die Geschwindigkeit der engl. Postillione in TB 1 (SB II, S. 604–605). – *drollig*: Zu diesem Begriff s. zu S. 27. – *jeder bloß kriechenden deutschen*: Über das Leidwesen mit den deutschen Postkutschen s. zu S. 11. – *Fußbank*: Im 18. Jh. eine Art Bürgersteig, um trockenen Fußes über die unbefestigten Straßen zu gelangen; vgl. RA 1 und SB III, 703.

179 *Carls des I.*: Charles I. (1600–1649), König von England, im Anschluß an den Bürgerkrieg der vierziger Jahre wegen Tyrannei und Hochverrats zum Tode verurteilt und hingerichtet. Sein Reiterstandbild von Hubert Le Sueur wurde 1675 an der Spitze von Whitehall errichtet. – *Charingcroß*: S. zu S. 177.

THE SLEEPING CONGREGATION. DIE SCHLAFENDE VERSAMMLUNG

Erstveröffentlichung und Satzvorlage: Der Abdruck dieses Textes entspricht der Fassung im »Göttinger Taschen Calender« für 1790, S. 198–200, 2 Tafeln von Riepenhausen nach Hogarth. Der Text, Herbst 1789 erschienen, ist vermutlich Juli/August 1789 niedergeschrieben worden. Eine Handschrift ist nicht überliefert.

Diese Hogarth-Erklärung ist in der Zehnten Lieferung von »G. C. Lichtenberg's Erklärung der Hogarthischen Kupferstiche« Göttingen 1808, S. 77–80 (VS, Bd. 11, 1852, S. 101–102) mit geringen Abweichungen und »Zusätzen« (ebd. S. 80–86) von unbekannter Hand wiederabgedruckt. Der Kupferstich entstand 1736, basierend auf einem Gemälde von 1728.

181 *Dormitorium*: Lat. der Schlafsaal, besonders in Klöstern. – *Im Englischen steht*: »... I will give you Rest«. – *Darre*: Trocken- oder Röstvorrichtung. – *Desaguliers*: Jean Théophile Desaguliers (1683–1744), franz. Physiker und Mathematiker in London, Mitglied der Royal Society, seit 1717 rechte Hand Newtons. Lichtenberg erwähnt ihn auch RA 125; SK 198. – *Copulations-Formel*: Copulation: kirchliche Trauung. – *neuseeländischer Kunst*: Die Neuseeländer, ein der Ethnologie des 18. Jh.s zufolge Menschen fressender Volksstamm, sind für Lichtenberg der Inbegriff der Barbarei; s. zu D 653. – *Britanniens Wappenschild*: Geviert von England – in Rot drei goldene Leoparden übereinander, auf dem goldenen Helm mit goldenen-hermelinenen Decken der königlich gekrönte Löwe, auf der britischen Königskrone stehend. Den Schild umzieht das Knieband des Hosenbandordens; Schildhalter ist u. a. der engl. Löwe; er steht mit den Badges der Teilkönigreiche Schottland und Irland sowie dem Spruchband »Dieu et mon Droit« auf einem Boden. – *et mon Droit ... dieu*: und mein Recht ... Gott; in der richtigen Reihenfolge: Gott und mein Recht.

Von unbekannter Hand erschienen in »G. C. Lichtenberg's Erklärung der Hogarthischen Kupferstiche«, Zehnte Lieferung, Göttingen 1808, S. 80–86, folgende

Zusätze

Die Bauern, die hier zusammengekommen sind, um das Wort Gottes zu hören, nehmen den Text des Evangelii: Kommt her alle zu mir, die ihr mühselig und beladen seyd, ich will euch erquicken, in dem buchstäblichen Sinn, und finden die Kirche, nach einer sechstägigen Arbeit, als ein bequemes Dormitorium.

Es wachen nur drey Personen; der Prediger, der Küster – in dem zweyten Abdruck ist auch er eingeschlafen – und ein altes Weib. Der Prediger ist wirklich der berühmte *Desaguliers*, von dem man in Lyson's Environs of London, T. III. S. 411 einige interessante Nachrichten findet. Was den Küster noch wach erhält, sind die Reize der schönen Schläferinn, und vielleicht der Becher, den man auf dem Altar erblickt, und ihm nicht gleichgültig zu seyn scheint.

Sehr witzig hat Hogarth das Mädchen bey Lesung der Copulations-Formel einschlafen lassen. Die Brittischen Mädchen kennen in ihrem Gebetbuch kein Capitel so genau, als das *on matrimony*, welches, wie man behauptet, als das am häufigsten gelesene, sich von selbst entfaltet, wenn man zur Probe das Buch auf den Rücken legt, um sich zu überzeugen, ob es einem Mädchen zugehört. Die Ueberschrift an der Kanzel, aus Pauli Brief an die Galater, Cap. IV. V. 11. ist sehr passend. »*Ich fürchte euer, daß ich nicht vielleicht umsonst habe an euch gearbeitet*«.

Indem Hogarth ein altes Weib wachend darstellt, wollte er unstreitig der Frömmigkeit seiner Landsmänninnen ein Compliment machen. Diese bewies sich vor einiger Zeit in Hull auf eine drolligte Weise. Der Erzbischof von York predigte in Hull, und zwar wie gewöhnlich von seinem hoch errichteten Thron herab. Eine alte, etwas taube Frau, die unten in der Kirche nichts von der Predigt hören konnte, bestieg die nahe dem Thron stehende leere Kanzel. Diese Erscheinung störte gar sehr die Andacht der Gemeine. Die Gesichter von jung und alt verzogen sich gewaltig. Der Erzbischof unterbrach daher die Predigt, und erinnerte sie herunter zu gehen, worauf Die Frau erwiederte: »er wäre hieher gekommen zu lehren, und sie um belehrt zu werden; da nun die Kanzel, als der einzige Platz wo sie hören könnte, leer sey, so könnte sie ihn wohl einnehmen.« Der Küster machte endlich diesem Kanzel-Dialog ein Ende, und führte die Frau herunter, wobey sie ausrief: »Der heilige Paulus würde mich nicht so behandelt haben. Aber leider sind die Bischöfe ganz andre Leute wie die Apostel!«

Auf die lächerlichen Verzierungen der Kirche hat bereits *Lichtenberg* aufmerksam gemacht. Die Verhältnisse der Fenster sind ungleich; das Symbol der Dreyeinigkeit ist falsch gestellt; und ein Familienwapen mit drey Eulen hängt an der Orgel! Auch die Kanzel mit dem Stundenglase hat eine seltsame Form. Wie Hr. Ireland versichert, findet man noch in vielen englischen Dorfkirchen große Stundengläser; auch bemerkt er, daß der bekannte Volksprediger Daniel Burgeß nie ohne ein großes Stundenglas predigen konnte. Als er einst in einer Versammlung in Russelcourt heftig gegen den Trunk geeifert, und bereits zwey Stundengläser umgekehrt hatte, fingen viele Zuhörer an zu gähnen; er ließ sich aber nicht irre machen, ermunterte sie zur Aufmerksamkeit, und bath sie, mit ihm noch das dritte Glas zu leeren. –

Das Original-Gemählde war im Besitz des verstorbenen Hrn. Edward Walpole; der gegenwärtige Eigenthümer ist unbekannt. Der Kupferstich erschien am 26. October 1736, und wurde, zufolge einer Inschrift am rechten Rande, von Hogarth im J. 1762 retouchirt. Allein man hat drey verschiedene Abdrücke. In dem ältesten fehlen die Worte *Dieu et mon droit* unter dem Wapen des Königs; der Engel, der den Wahlspruch emporhält, raucht eine Pfeife, und der Löwe hat noch keine hervorstechende Genitalien. In dem zweyten Abdruck fehlt die Pfeife im Mund des Engels; die Worte sind hinzugefügt, und die Genitalien des Löwen sehr vergrößert*. Diesen Abdruck haben wir zum Muster genommen.

*S. *Nichols* S. 195. *Ireland*, T. III. S. 340. *Explanation of Hogarth's prints* etc. S. 26.

THE DISTRESS'D POET.
DER DICHTER IN DER NOTH

Erstveröffentlichung und Satzvorlage: Der Abdruck dieses Textes entspricht der Fassung im »Göttinger Taschen Calender« für 1790, S. 201 bis 203, 2 Tafeln von Riepenhausen nach Hogarth, erschienen Herbst 1789. Eine Handschrift ist nicht überliefert. Der Text ist vermutlich Juli/August 1789 niedergeschrieben worden. Diese Hogarth-Erklärung ist in der Siebenten Lieferung von »G. C. Lichtenberg's Erklärung der Hogarthischen Kupferstiche«, Göttingen 1801, S. 51–55 (VS 11. Bd., S. 183–184, Göttingen 1852) mit geringen Abweichungen und »Zusätzen« (S. 55–76) wieder abgedruckt. Die Radierung mit Kupferstich von Hogarth ist 1736 erschienen (1740 überarbeitet).

183 *Reimschmidt*: Gebräuchlich wie Poetaster. DWb 8, Sp. 676 gibt einen Beleg von Lichtenberg. – *Klemme*: Schon früh nachgewiesenes Wort aus dem Rotwelschen für: Käfig, Gefängnis, Mangel. – *ohne des Erklärers jetzige Wahl*: Wer, wenn nicht Lichtenberg, traf dann die Auswahl der jeweiligen Hogarths? – *weil wir nach und nach alle Stücke vorzunehmen gedenken*: Interessant der hier wiederholte Vorsatz, der bekanntlich nicht realisiert wurde.

184 *Grabstichel*: Ein dem Meißel ähnliches Werkzeug aus harten Schneidstoffen mit verschieden geformter Schneide, zum Gravieren, Ziselieren u. a. Von Hogarths Grabstichel schreibt Lichtenberg G 201. – *Prospekt*: S. zu S. 89. – *Goldbergwerke von Peru*: Neben großen Silbervorkommen gab es schon im 18. Jh. die Ausbeutung von Goldvorkommen vorzugsweise im Gebiet der Quellflüsse des Rio Purus. Peruanische Goldminen hatten in verlustreich scheiternden Spekulationen um 1720 eine Rolle gespielt.

185 *seine kleine Zoten*: Zu dieser Neigung Hogarths s. zu S. 21. – *Wir haben ja selbst unter uns Schriftsteller* . . .: Vermutlich schwebt Lichtenberg auch jetzt noch Johann Georg Zimmermann vor; s. zu C 115. – *Hogarth's Verstoß auf diesem Blatt ist wider die Natur*: Worauf Lichtenberg anspielt, ist unklar. Sollte die angebliche Unordnung in dem Wohnzimmer und damit diese »Sünde« der Hausfrau gemeint sein? S. dazu »Zusätze« S. 318. – *Das Mensch*: Zu dieser – pejorativen – Schreibweise s. zu S. 17. – *ein Milchmädchen*: Zu dieser Figur s. zu S. 151. – *die Hauptstütze, vernünftige Belehrung*: Im Gegensatz zu Lichtenbergs aufklärerischer Doktrin stehen die Ausführungen in den »Zusätzen« (S. 319).

Von unbekannter Hand erschienen in »G. C. Lichtenberg's Erklärung der Hogarthischen Kupferstiche« Siebente Lieferung, Göttingen 1801, S. 44–61, folgende

Zusätze

Aber wenn wir nun ohne üble Laune dieses Blatt noch ein Mal ansehen; wird es auch dann bey dem Urtheile: »*Das Uebrige ist nichts werth,*« sein Verwenden haben?

Das Lieblose in dem Spotte, das hier nicht zu verkennen ist, ernsthaft entschuldigen, scheint noch ärger zu seyn, als, selbst lieblos spotten. Denn wenn der Witz ein Mahl im Sprudeln ist, läßt sich nicht immer berechnen, wie viel Bläschen aufsprützen sollen; aber ein Erklärer muß jedes Wort, das er schreibt verantworten können, wie ein Rechnungsführer jede Zahl. Gleichwohl liegt schon in eben dieser Wahrheit die Entschuldigung deren Hogarth freilich bedarf. Der Mann nahm es nun einmal mit der Delicatesse nicht so genau, eben darum nicht, weil er ein Satyriker von Profession war. Nur dann, wenn die kleinen Züge von Inhumanität, durch die er seine Satyre belebt, nicht einen *gerechten* Spott unterstützen, verdient er selbst die Geissel. Ist denn nun aber der Spott auf diesem Blatte so ganz ungerecht? Sollte der treffliche Lichtenberg nicht in einer gewissen weichmüthig-verdrießlichen Laune, gegen seine Gewohnheit, den Geist dieses Blattes verkannt haben?

Wenigstens urtheilt der nicht ganz consequent, wer diese Darstellung der bitteren, aber augenscheinlich nicht unverschuldeten Armuth eines Reimschmidts inhumaner findet, als die eben so bittere und, so viel man sehen kann, unverschuldete Armuth der bewaffneten Jammergestalten auf dem Blatte *Frankreich.*

Die häusliche Wirthschaft eines armen Poeten sollen wir hier anschauen. Und in die Ausführung dieser Idee sollte derselbe Künstler, der die Wirthschaft der *herumstreifenden Comödiantinnen,* eine mit jener so nahe verwandte Idee, lehrreich zu zeichnen wußte, gar keine vernünftige Belehrung zu legen verstanden haben?

Für's Erste müssen wir uns nicht durch das hübsche Gesicht der Frau Dichterinn, auch nicht durch die überaus nützliche Arbeit bestechen lassen, mit der wir sie beschäftigt sehen. Besser für den Sinn des ganzen Blatts wäre es, wenn diese junge Frau, die denn immerhin hübsch bleiben möchte, nur nicht so gutmüthig aussähe, oder wenn sie unter andern auch durch Nachlässigkeit in ihrem Anzuge bewiese, daß sie keine sonderliche Hausfrau ist. Ist sie denn das nicht? Fragt nur das ganze Blatt mit unbefangenen Augen!

Bettelarm sind diese Leute noch nicht. Weder in dem Haushabite der Frau, noch in dem Schlafrocke des Mannes bemerkt man Spuren des durch poetische und prosaische Beschreibungen hinlänglich bekannten und abgestumpften *Zahns der Zeit.* Wer sich in die Frau Dichterinn verliebt hat, wird nachdrücklich behaupten daß dieses *gute und unglückliche Weib* mit ihrer Nadel dafür sorge, daß wir hier bey allen Zeichen der häuslichen Verlegenheit doch nichts Zerrissenes gewahr werden. Er mag auch Recht haben. Ganz ohne Sinn für häusliche Thätigkeit ist die Frau Dichterinn nicht. Sie ist, wie wir sehen und aus dem Gesehenen schließen, fleißig mit der Nadel beschäftigt. Aber warum denn *nur* mit der Nadel? Ist etwa ihre häusliche Tugend *Fleiß ohne Ordnungsliebe*? Sehet euch einmal in dieser Stube um! Der Staats-Rock des Herrn Gemahls dieser fleißigen Hausfrau liegt in lyrischer Unordnung zu ihren Füßen auf dem Boden; und auf dem Rocke liegt ein Mutterkatze, die, wie es sich gehört, ihre Kätzchen stillt, während das Pfand der Liebe dieses verehelichten Menschenpaars – hinten in der Wiege muß man den Wicht suchen – so erbärmlich schreyt, daß sich ein tauber Zuschauer die Ohren zuhalten möchte, ohne daß sich weder der Vater, noch die Mutter nach dem Kinde umsehen. Wenn dieser Rock bey der Befriedigung der ersten Bedürfnisse der kleinen Katzen kein Andenken davon trägt, kann der Eigenthümer oder Inhaber von Glück sagen. Und das kann die Frau so ansehen? O ja. Sie flickt ja ihrem Manne das Stück seines Männercostums, das ihm unentbehrlich[er] als der Rock ist. Auch liegt ja, nicht weit davon, ein Schnupftuch, oder was es sonst für ein Tuch ist, auf dem Boden, und dabey noch einige Zeugschnitzelchen, Alles vielleicht zur Bequemlichkeit des Hundes der das Milchmädchen in das Zimmer begleitet hat, und sogleich beym Eintritt neben der Thür auf einem Stuhle eine Mundportion findet, die ihm nicht entgehen kann. Einen Stuhl neben der Thür machst du zum Tisch und zur Speisekammer? Hausfrau! Hausfrau! Mit der kleinen Wäsche, die in derselben Stube, wo der Mann dichten, also gewissermaßen auch denken soll, am Camin getrocknet wird, und die Luft mit Düften würzt, wollen wir es so genau nicht nehmen. Wo nicht viel zu waschen ist, muß oft gewaschen und das nasse Zeug zuweilen sogar geräuchert werden, damit es nur geschwinder trockne. Aber neben dem Camin steht wieder ein Gefäß, worin ein trinkbares Fludidum [sic!] befindlich zu seyn oder gewesen zu seyn scheint, auf einem kleinen Stuhl oder Schemel. Der Stoßdegen zu den Füßen des Eheherrn und die Kleiderbürste daneben, hätten auch füglich können aufgenommen und überhaupt hätte die Frau leicht im Zimmer Ordnung stiften können, wenn gleich im Kopfe des Mannes keine war.

O weiblicher Ordnungsgeist, wie ehrwürdig bist du dem verständigen Manne, und wie nothwendig besonders da, wo ein *schöner* Geist hauset, wenn dieser nicht wie ein *unsauberer* Geist vor den Leuten erscheinen soll! Und wo vollends, wie in der poetischen Wirthschaftsprose hier auf dem Blatte, jedes Stümpfchen und Restchen und Läppchen zu Rathe gehegt seyn will, wenn ihrer Drey von dem leben wollen, was die Feder eines Reimers erkritzelt, da ist dem armen Manne mit dem Fleiße eines Weibes ohne Ordnung nicht viel mehr geholfen, als der Welt mit seinen Reimen.

Die gute Frau! ruft nun schon wieder ein Liebhaber. Nein, ein so strenges Urtheil hat sie denn doch nicht verdient. Nein; das wollte Hogarth gewiß nicht sagen. Nein; diese unverkennbare Gutmüthigkeit –

Aber, Freund oder Liebhaber, wer streitet denn dieser Frau auch schon die Gutmüthigkeit ab? Wir wollen sie ja alle bedauern. Allem Ansehen nach hat sie ihr gegenwärtiger Mann durch poetischen Hokus-Pokus, durch elenden Singsang von Herzen und Schmerzen, und was dergleichen mehr ist, *bezaubert,* wie man es poetisch nennt, oder, prosaisch und richtiger gesprochen, *beschwatzt.* Sie ist vermuthlich in dieses Lamento gerathen, wie in die Arme des Reimers, ohne selbst eigentlich zu wissen, wie. Sie hat ihm ihre Hand gegeben, weil *er so ein guter Mann* war. Wovon er sie nähren wollte, dafür ließ sie *ihn* sorgen. Jetzt hat sie Zeit, den Segen der Poesie zu bedenken. Aber sie scheint vom Denken noch immer nicht viel zu halten. Sie sieht bey ihrem Flickwerk in eben dem Grade sorgenlos aus, wie er bey dem seinigen jammervoll. Nicht einmal das Schnauben der Milchdirne, die mit böotischer Impertinenz ihr Geld verlangt, bringt diese gute Hausfrau aus ihrer sanften Fassung. Es ist ein Glück für sie. Aber schaden könnte es auch nicht, wenn sie einmal die Nadel niederlegte, Ordnung im Zimmer stiftete, dann den Schreyhals aus der Wiege auf den Arm nähme, und mit ihm vor den Mann träte und spräche: »Vater dieses Kindes, geh in dich! Thu das Deinige, damit wir leben können, wenn ich das Meinige thue. O, gib von dieser Minute an ein Handwerk auf, das weder Brod noch Ehre bringt, wenn man es treibt, um sich davon zu nähren!«

So verstockt scheint dieser arme Mensch nicht zu seyn, daß ein vernünftig kräftiges Wort nicht bis zu seinem matten Herzen durchdringen könnte. Sein Gesicht sagt zu deutlich, wie tief er empfindet, was einer unsrer deutschen Schriftsteller einmal *die Leiden der Poesie* nannte, das will sagen, die unaussprechliche Qual, mit allem Drücken und Drehen der widerspenstigen Gehirnfibern den Reim, den man sucht, nicht finden, oder den Gedanken, den man von weitem kommen sieht, nicht in seinen poetischen Wirkungskreis, das will sagen, in den Käficht des Sylbenmaßes herbeyzaubern zu können. Aber ohne das Gefühl *dieser* Leiden möchte wohl alles Hauskreuz den stolzen Geist nicht beugen, der zu sich selbst spricht: »Ich bin doch ein Genie, die Leute mögen von meinen Werken denken, was sie wollen.« Prosaischer ist denn freilich kein Gedanke, als eben dieser. Aber dergleichen Krücken verwandelt ein solches Genie, mit dem es nicht fort will, leicht in Stelzen, und die Stelzen nennt es Flügel. Dann geht es im Doppelschritt des hohen Selbstgefühls über Stock und Stein vorwärts bis – z.B. an die Goldminen von Peru. Was sollte den Träumer, der, alles Zweifelns und Gegenredens der Vernünftigen im Publicum ungeachtet steif und fest an seine *Genialität* glaubt, verhindern, auch an die Möglichkeit zu glauben, durch ein gelungenes Gedicht über den Reichthum reicher zu werden, als Pope durch seine Uebersetzung des Homer wurde? Liegt nicht schon etwas rein Genialisches und wahrhaftig Dithyrambisches in dem bloßen Gedanken, reich werden durch ein Gedicht über den Reichthum? Was ist geistreicher, entzückender, und origineller, als aus einem poetischen Projecte das köstlichste aller prosaischen Objecte durch eine und dieselbe Idee heraus zu dichten? Wäre es nicht ein Meisterstreich, den *gemeinen Frosch,* wie neuerlich einer dieser genialischen Männer das *Publicum* genannt hat, auf eine so witzige, und so energische Art bey der quackenden Kehle zu packen?

Uebrigens kann man, wenn man *gegen,* nicht *für* Hogarth dieses Blatt erklären will, auch sagen: Der Einfall ist doch gar zu platt, eines armen Teufels dadurch zu spotten, daß man ihn ein Gedicht auf den Reichthum machen läßt und eine Zeichnung der Goldminen von Peru über seinen l – s – gen Kopf hängt. Und der obige Versuch, die Ehre des Künstlers durch eine gezwungene Anleihe weit hergeholter Gedanken zu retten, ist nicht sehr tröstlich.

Die englischen Erklärer haben ihr Augenmerk mehr auf die Sachen, die auf diesem Blatte vorkommen, als auf die Personen gerichtet. Der *Ungenannte,* wie ihn Lichtenberg nennt, möchte das Ornament mit den neun Buckeln, das über dem Camin hängt, allenfalls für einen hölzernen Behälter von *Pariser Pflastern* ansehen. Der Feuerstörer (poker) neben dem Camin scheint ihm vormahls ein Rappier gewesen zu seyn. Beides ist möglich. Aber was hilft uns diese Möglichkeit, um den Sinn des Ganzen besser zu verstehen? Hat der arme Poet nebenbey unter den schönen Künsten auch die Fechtkunst getrieben? Deutet etwa dahin auch der Degen auf der Erde? Gesetzt nun, so wäre es; was soll es? Wo liegt der Witz in dieser Verbindung? Und wozu die übrigen Ornamente des Fußbodens neben dem Poeten, abgerechnet die Papiere? Wer, wie die Commentatoren der Philosophie in Deutschland, das Undeutlichste am liebsten erklärt, findet hier Arbeit.

Ueberhaupt gewinnt Lichtenbergs Urtheil: *Das Blatt ist nichts werth, weil ihm die Belehrung fehlt,* immer mehr an Autorität, je älter und sinnreicher die aufgeklärte Welt wird. Welche Satyre wäre jetzt noch spitz oder breit genug, das Organ des gesunden Verstandes im Kopfe eines verunglückten Poeten zu treffen, der seine witzelnde Abgeschmacktheit, für das untrügliche Merkmahl des einzig richtigen Geschmacks, und seine pöbelhafte Impertinenz für Genie hält? In Deutschland vollends kann Satyre, wie diese, zu gar nichts mehr nützen. Denn in die Klemmen, die wir hier im Bilde sehen, kann ein deutscher Reimschmidt, der mit Weib und Kind vom Ertrag seiner Feder leben will, im neunzehnten Jahrhundert nicht mehr gerathen, er müßte sich denn nicht entschließen können, als ein allerneuestes d.i. *kritisches* Genie zugleich ein Theorienschmidt zu werden, eine billige Capitulation mit seinem Ehrgefühl abzuschließen, und dann die Zeitungen und Journale mit seinen Kritiken anzufüllen, oder, noch besser, in eigner hoher Person ein *kritisch-poetisches Journal* oder ein *Athenäum* zu schreiben.

DAS HAHNEN-GEFECHT

Erstveröffentlichung und Satzvorlage: Der Abdruck dieses Textes entspricht der Fassung im »Göttinger Taschen Calender« für 1791, S. 193–206, mit 6 Tafeln von Riepenhausen nach Hogarth, erschienen Herbst 1790. Eine Handschrift ist nicht überliefert. Der Text ist vermutlich Juli/August 1790 niedergeschrieben worden. Ein zeitlicher Hinweis ergibt sich aus S. 192. Diese Hogarth-Erklärung ist in der Achten Lieferung von »G. C. Lichtenberg's Erklärung der Hogarthischen Kupferstiche« Göttingen 1805, S. 7–35 (VS 11. Bd., 1852, S. 223–233) mit geringfügigen Abweichungen und »Zusätzen« von fremder Hand wieder abgedruckt. Kupferstich und Radierung von Hogarth erschienen 1759. Wie ablehnend Hogarth dieser populären Unterhaltung in England, der alle Schichten frönten (neben Pferderennen und Boxkämpfen), geht allein aus der »Ersten Station der Grausamkeit« (1751) hervor, die Tierquälerei insgesamt anprangert. Ikonographisch interessant ist die symmetrische Gruppenkomposition, die den Zusammenhang mit Leonardo da Vinci's »Abendmahl« sichtbar macht.

187 *Hogarth ... 1720 als erfindender, und 1721 als satyrischer Kupferstecher auftrat*: 1720 eröffnet Hogarth ein Geschäft als Graphikhändler und Radierer, 1721 erscheinen die ersten eigenständigen Radierungen. In »The South Sea Scheme« und in »The Lottery« erweist er sich bereits als origineller Satiriker. – *ein speculirendes Südsee- oder Lottogesicht*: Hogarths graphische Anspielung auf den Börsenkrach von 1720. »Eine Wahnsinnswelle der Spekulation, die unter dem Namen ›Südsee-Seifenblase‹ (South Sea Bubble) bekannt ist, fegte in jener Frühzeit der Aktienspekulation ungehindert über alle Schichten der Bevölkerung dahin, die Regierung geriet selbst in den Wirbel, und Staatsinteressen und Staatsschulden wurden auf die unverantwortlichste Weise in die Geschäfte der Südsee-Gesellschaft verwickelt. Die deutschen Mätressen des Königs Georg I. und der Kronprinz waren in hohem Maße an Plänen beteiligt, die uns rückblickend nur dazu geschaffen scheinen, um den Witwen und Waisen ihr Geld zu entlocken. Als dann der Krach kam, erfüllte der Aufschrei der Enttäuschten und Zugrundegerichteten das Land« (Trevelyan: Geschichte Englands). In Versen, die Hogarths Stich begleiten, heißt es, daß in jenen Tagen Anstand und Ehre als Verbrechen angesehen wurden und des Teufels Weizen blühte. Die Bubble Act machte diesem Taumel, der England und vor allem London an den Rand des Verderbens führte, ein Ende. Die Tortur der aufs Rad geflochtenen Gestalt der Ehrbarkeit ist einer Marterszene Callots entnommen, an Stelle des Galgens hat Hogarth ein Karussell gezeichnet. Der Zwerg in der Mitte, der einem großen Mann den Beutel abschneidet, soll die Züge des Dichters Alexander Pope tragen.« – Zu Lichtenbergs Wortbildungen mit *-Gesicht* s. zu S. 128. – *tiers état*: Franz. ›Dritter Stand‹. In Frankreich bis zur Revolution 1789 die nicht zu den beiden ersten Ständen (Klerus und Adel) gehörenden Bevölkerungsschichten (Bürger, Handwerker, Bauern). – *Beutelschneider*: S. zu S. 148. – *Schornsteinfeger*: Zu dieser Figur s. zu S. 140.

188 *Quinctilians oratorischen Gliedern*: Anspielung auf Quintilians »Institutiones oratoriae« 11. Buch, 3. Kapitel, ab Abschnitt 66. Marcus Fabius Quintilianus (ca. 30 bis ca. 96 n. Chr.), wirkte als Redner und Redelehrer in Rom. Mit seinen 12 Büchern der »Insti-

tutio oratoria«, im Alter verfaßt, wirkte er noch auf die Humanisten und wurde von Erasmus, Luther und noch Friedrich« II. hochgeschätzt. – *Augenbraunen*: Zu dieser Schreibweise s. zu S. 109. – *Nationalversammlung*: Am 17. Juni 1789 ging in Frankreich aus den Generalständen die erste Nationalversammlung hervor, die am 9. Juli 1789 den Namen einer Konstituierenden Nationalversammlung annahm. –*Plutarch*: Von mir verb. aus: *Putarch* der Satzvorlage. – *de puerorum educatione*: Diese Schrift »Über die Erziehung der Kinder«, die neben Quintilian in der humanist. Pädagogik Italiens bedeutend war, ist fälschlich Plutarch zugeschrieben worden. – *Man hat das Sprüchwort*: Von mir nicht nachgewiesen. – *Achilles auf jedem Misthaufen*: Worauf Lichtenberg diese ihn kennzeichnende antiheroische Einstellung in diesem Fall gründet, war nicht feststellbar. – *Brut*: Zu diesem Ausdruck s. zu S. 118. – *Holle*: Name für die Kuppe der Hühner und Enten (DWb 4, II., Sp. 1744). – *Manus ... lacrymae*: Hände, Augen, Augenbraue, Wangen, Nase, Lippen, Nacken, Oberarme, Unterarme, Röte, Blässe, Tränen.

189 *os sublime*: »Pronaque cum spectent animalia cetera terram, *os* homini *sublime* dedit...« Während die übrigen Wesen gebeugt zur Erde hin sehen, gab er dem Menschen ein aufrecht Gesicht...; Zitat aus Ovid, Metamorphosen I, 84. Lichtenberg gebraucht die Formel auch J 226. 229. 230 und SB III, S. 802. – *gestümpft*: Abgeleitet von ›stumpfen‹ im Sinne von ›runden, die scharfen Ecken nehmen‹ (s. DWb 10, IV, Sp. 467). – *Ale*: Helles engl. Bier, im Gegensatz zu dem Nationalgetränk Porter relativ teuer. S. zu D 643. – *die Zucht des sonst unnützen Rennpferdes*: Vgl. dazu oben S. 40; ferner G 32. K 11. – *Flor*: Erstmals nachgewiesen in Hans Ulrich Krafts »Reise« (1616) noch im Sinne von Blüte; im 18. Jh. beliebte poetische Vokabel, mehr und mehr verengt auf Trauer-Flor (Gewebe). Lichtenberg verwendet es offenbar als Umschreibung für: Augenbinde. – *Taschenpuffer*: Kleine Pistole; Lichtenberg gebraucht das Wort auch Bw I, Nr. 99, S. 187, und Bw III, Nr. 1819, S. 844. – *Ein anonymer Erklärer*: Gemeint ist der Verfasser von »An explanation of several of Mr. Hogarth's prints«, London 1785. – *tag-rag ... creation*: anonym, a. a. O., S. 83: Krethi und Plethi der Schöpfung.

190 *Lord Bertie*: Lebensdaten nicht ermittelt. – *Marsch nach Finchley*: Lichtenberg erwähnt Albermale Bertie in seiner Erklärung nicht; der Hinweis auf ihn findet sich in der »Explanation« des Unbekannten, a. a. O., S. 84. – *Tyers in s. historical rhapsody on Mr. Pope*: In der »Explanation« Fußnote S. 87: »We are told by Mr. Tyers, in his ›Historical Rhapsody on Mr. Pope‹, S. 138, »that Pope, whilst living with his father at Chiswick, bevor he went to Binfield, took great delight in cock-fighting [...] and laid out all his schoolboy money, and little perhaps it was, in buying *fighting cocks*! From this passion, but surely not the play of a child, his mother had the dexterity to wean him. A judgement is not to be formed of our infant poet's disposition, from his attachment to this cruel, though not uncommon pastime.« Had Hogarth been acquainted with this circumstance, he probably might have introduced Mr. Pope in this print, as he seems to have been fond of introducing him whenever an opportunity offered.« Kurioserweise erwähnt Lichtenberg den letzten Satz mit keinem Wort. – *Porter*: Darüber s. zu S. 7. – *Rinderbraten*: Darüber ausführlich »Das Thor von Calais« (S. 115–123). – *Abbreviaturen*: Abkürzungen, Kürzel. – *Physische Taubheit und moralische Stummheit*: Ähnliche Verbindungen begegnen B 125; J 710. 1252.

191 *Schornsteinfeger*: Zu dieser Figur s. zu S. 140. Bei der Aufzählung folgt Lichtenberg Trusler, S. 178, genau. – *Kinder ... Teufel ... stellen sich ihn als einen Schornsteinfeger vor*: Zu diesem Gedanken vgl. G 233. – *Bandelier*: Franz. ›Schultergehänge, Hängeriemen‹, auch Wehrgehenk. – *Schweinschneider*: Nach Adelung III, Sp. 1735, »derjenige, dessen Geschäft es ist, die Schweine zu schneiden, d. i. durch den Schnitt zu castriren«. S. auch S. 259: Sauschnitter. – *St. Evremonts Kopfzierde*: Charles Marguetel de Saint-Denys, Seigneur de Saint-Evremond (1613–1703), franz. Schriftsteller, floh 1662 nach England. In seinen Schriften – Satiren, Fabeln, Gedichten, Dialogen, Briefen und philosophischen Abhandlungen – erscheint er als Anhänger Epikurs, dessen Moralsystem er sich zu eigen gemacht hatte. Worauf Lichtenberg anspielt – die Zierde des Hahnreis – war nicht erfindlich. – *bey Criminalgerichten die Fleischer in keine Jury aufgenommen*: Weil sie von Berufs wegen töten? – *Porteur*: Franz. ›Sänftenträger‹; hier Zeitungsausträger. – *en rapport*: S. zu S. 155. – *Ritter von St. Louis*: Die Anspielung ist unklar; der Unbekannte a. a. O., S. 86, schreibt »chevalier de St. Louis.« – *quelles bêtes*: Franz., welche Bestien, ›Dummköpfe!‹ Bei dem Unbekannten, a. a. O., S. 86, heißt es: »brutes Anglois« – *nœud d'amour*: Franz. wörtlich ›Liebesknoten‹. Vielleicht synonym mit den sogenannten »postillons d'amour«: den Schleifen am Mieder der Rokokodame oder der Krawatte des modebewußten Galans.

192 *kürzlich noch (im Julius 1790)*: Einer der wenigen Hinweise Lichtenbergs auf die Entstehungszeit seines Artikels; woher er die Kenntnis der von ihm berichteten Anekdote hatte, konnte nicht ermittelt werden. – *King's Bench*: Das oberste engl. Gericht; Hogarth bringt seine Vertreter auch ins Bild: s. zu S. 198. – *Frankreich das Land der gebratenen Frösche und der soupe maigre*: Zu dieser Charakteristik s. »Das Thor von Calais oder der englische Rinderbraten«. – *soupe maigre*: S. zu S. 35. – *Milch und ... Honig*: Nach 2. Moses 3,8: »Land, darin Milch und Honig fließt.« – *roast beef und plumb-pudding*: S. zu S. 83. – *Einer der Erklärer*: Gemeint ist der Unbekannte, a. a. O., S. 86. – *an odd phiz*: Engl. ›eine seltsame Visage‹. – *die Schottische Fiddel*: Scotch fiddle, auch Welch fiddle, wohl wegen des damals niedrigen Zivilisationsniveaus in den beiden keltischen Landesteilen, s. etwa die Beschreibung des Dörfchens Tully-Veolan (nach dem Stand von 1745) in Walter Scotts »Waverley« I, 7. Umschreibung für: Krätze; vgl. S. 108: Krätzegeige. – *blutdürstigen Thieren einer andern Classe*: Gemeint sind Flöhe. – *aufgehabner Hand*: Zu dieser Schreibweise s. zu S. 121. – *Caminteufel*: Zu dem Motiv des Schornsteinfegers bei Hogarth s. zu S. 140. – *damahls allgemein bekannt*: Woher hat Lichtenberg die Kenntnis? – *Tabatiere*: Hier: Schnupftabaksdose. – *Bonboniere*: Franz. eigentlich ›Zuckerwerk-Dose‹. – *englischen Schornsteinfeger*: Über diese Figur s. oben zu S. 140. – *Der anonymische Erklärer nennt ihn ... hofft*: S. »Explanation«, a. a. O., S. 85.

193 *Saiten*: So in der Satzvorlage! – *Gravitation*: Gesetz der Schwerkraft. – *Der englische Erklärer sagt...*: S. »Explanation«, a. a. O., S. 85. – *His ... ribband*: Seine Gnaden wird von diesem ungehobelten Lump nieder gemacht, dessen Pfote gnadenlos das adlige Band malträtiert.

194 *drollig*: Zu diesem Begriff s. zu S. 27. – *an einer anderen Stelle seines Werks an die Gesetze der Hydrostatik*: Womöglich denkt Lichtenberg an die unterschiedliche Darstellung des Flüssigkeitspegels in den Suppennäpfen der zwei Soldaten und den unbeweglich ste-

henden Inhalt des Wurstkessels, den zwei Köche tragen. – *Nan Rawlins*: Rawlings schreibt Trusler S. 179; wohl eine seinerzeit bekannte Hure. – *vulgo*: Lat. »für gewöhnlich«. – *alias*: auch ... genannt. – *Bullenbeißer*: Bärenbeißer. Eine Hundeart, die nicht nur zur Bärenjagd, sondern auch zur Schweins-, Wolfs-, Ochsenhatz gebraucht wurde und daher auch Bullenbeißer genannt wird. Adelung I, Sp. 731. – *aufgehabenen Händen*: S. zu S. 121, vgl. S. 192.

Von unbekannter Hand erschienen in »G. C. Lichtenberg's Erklärung der Hogarthischen Kupferstiche«, Achte Lieferung, Göttingen 1805, S. 36–49, folgende

Zusätze

Die Anordnung dieses Blattes, die Zeichnung und Stellung der Figuren, der Ausdruck der Gesichter, der Effect des Ganzen sind meisterhaft. Hogarth hat darin in seiner Art, die Regeln der Eurythmie eben so genau beobachtet, als Leonardo da Vinci im Abendmahl und Raphael in den Lehrern der Kirche.

Angemessen dem edlen Spiel figurirt Lord Albermale Bertie in der Mitte; ihm zur Seite entspricht der Dieb mit dem Querblick, worin die Natur das Physische mit dem Moralischen in Harmonie gesetzt und also die Forderung der Physiognomen erfüllt hat, dem Fleischer, zur Rechten, der offen zu Werke geht, und die Summe zur Wette genau vorzeigt. Selbst das scheckige Mancherley zu beiden Seiten, vereinigt sich zu einem harmonischen Ganzen. Der Schornsteinfeger macht mit dem Marquis, der den Anblick der Hahnen nicht ertragen kann und die *Sauvages* verdammt, einen schönen Contrast; der Herzog vergißt die Last von Oben, um dem Zauber zu gehorchen, der seine Augen auf die Hahnen heftet; sein Nachbar wirbelt die Daumen mit schlapper Hoffnung und fühlt jeden Stoß den sein Streithahn empfängt, und der Veteran endlich, mit dem Hahn im Sacke, wartet in stolzem Vertrauen auf seinen Kennerblick, das ihm längst gewisse Ende des Spiels ab. Doch das ganze Blatt spricht für sich selbst und man könnte uns mit Recht einer Verwegenheit zeihen, daß wir die erschöpfende *Lichtenbergische* Erklärung noch mit einem Commentar begleiten wollen. Also nur einige Bemerkungen, welche uns die Englischen Erklärer darbieten.

Als theatralische Decorationen prangen im Hintergrunde das Königliche Wapen und ein Bildniß von Nan Rawlins oder der Herzoginn von Deptford. Sie hielt sich, wie Nichols bemerkt (Biographical Anecdot. of Hogarth S. 296), oft zu Newmarket, wo wahrscheinlich auch dieses Hahnengefecht gefeiert wird, vorzüglich aber zu Northampton auf, wo sie sich in Männergesellschaften die Zeit vertrieb.

Der anonymische Erklärer und Herr Ireland (T. II. S. 420) wundern sich, daß Hogarth diese schöne Gelegenheit versäumt habe, Popen, dem er seit vielen Jahren eben nicht wohlwollte und der das Hahnengefecht in seiner frühen Jugend ausschweifend liebte, hier anzubringen. Die Feindschaft gegen Pope hatte in Hogarth's Familienverhältniß ihren Grund. Pope war ein Freund von Lord Burlington, dieser ein Gönner von Kent. Kent der Nebenbuhler von James Thornhill, und Thornhill der Schwiegervater von Hogarth. Auf drey Kupfern hat er daher jenen Dichter verewigt. Auf einem kleinen, im Jahr 1732 verfertigten Blatte sieht man ihn, wie er den Eingang des Burlingtonschen Hauses anstreicht, und im Feuereifer seiner Arbeit den vorbeyrollenden Wagen des Herzogs von Chandos, den er in einem Gedicht angegriffen hatte, besudelt. Auf einem andern bestiehlt er die Taschen von Gay (s. Nichols S. 17.) oder wie Ireland richtiger vermuthet von Arbuthnot. Dieser war nämlich so nachlässig und um seinen Nachruhm so wenig bekümmert, daß er Popen viele Manuscripte lieh, welche dieser mit großer Bescheidenheit unter seinem Namen ans Licht förderte.

Am untern Rande des Kupferstichs sieht man ein Oval mit einem Streithahn, und den Worten *Royal Sport* und *Pit ticket*. Man könnte aber gegenwärtig eher in Ostindien als in England das Hahnengefecht eine Königliche Kurzweil nennen, denn auf einem, von Zoffani nach der Natur copirten Gemählde, erblickt man den Nabob Oude mit dem Gepränge seiner, in kostbare Staatskleider gehüllten, Hofleute, welche ein Hahnengefecht anschauen. Die Gewinnsucht und Atrocität des Indischen Souverains, seines Bruders und ihrer Hofleute ist darin eben so meisterhaft ausgedrückt, als in den Zügen unserer Zuschauer zu Newmarket.

Herr Ireland ergreift die Gelegenheit welche ihm dieß Blatt darbietet, einige historische Nachrichten von dem Hahnengefecht mitzutheilen, welche einem Thomas Hearne, wie er sagt, Stoff zu einer citatenreichen Abhandlung über diesen wichtigen Gegenstand geben können.

Diesem Geschäft hat sich aber bereits Pegge unterzogen, dessen Arbeit auch unter uns bekannt geworden ist.* Vielleicht werden einige historische Notizen über die Hahnengefechte unsern Lesern nicht unwillkommen seyn.

Solon soll zuerst, zu Athen, öffentliche Hahnengefechte gehalten haben; allein diese Nachricht beruht auf einer Sage des Lucian, welche auf keinen hohen Grad der Zuverlässigkeit Anspruch machen kann. Wichtiger ist die Erzählung des Aelian, oder des Verfassers der ihm beygelegten mannigfalt'gen Geschichten**, daß sie zu Athen auf Befehl des Themistokles veranstaltet sind.

Vielleicht waren die Hahnengefechte bereits früher in Sicilien bekannt, da Pindar (Olymp. XII. 19) den Ergoteles, welcher sich, vertrieben aus Creta, zu Himera hervorthat, mit einem Hahn vergleicht, dessen Ruhm der Vergessenheit Preis gegeben wäre, hätte er nur in dem engen Bezirk seines Hofes gefochten. Es ist merkwürdig, daß die Münzen von Himera einen Hahn führen, der vielleicht auf die daselbst gehaltenen Hahnenkämpfe zielt, wiewohl Eckhel (Doctrina nummor. P. I. S. 211) eine Etymologische Erklärung vorzieht.

Hähne, als Bilder der Tapferkeit und Wachsamkeit, kommen auf Gemmen und Münzen zuweilen vor. Auch sind sie ein Bild des Morgens; daher ein Griechischer Künstler einen Hahn auf der Hand des Apollo dargestellt hat; und des Muths, da der Schild des Idomeneus mit einem Hahn verziert war. (Plutarch. de Pyth. Orac. Pausan. Lib. V, 25. S. 444).

Es ist nicht unwahrscheinlich, daß die Griechen die Hähne, und vielleicht auch die Hahnenkämpfe zuerst von den Persern erhalten haben. Sie nennen den Hahn den Persischen Vogel, z. B. Aristophanes, (Aves 484, 707.) oder schlechthin, wie Cratinos (beym Athen. S. 374) den Persischen Hahn.

* S. A *memoir on Cock-fighting*, im dritten Bande der *Archaeologia*, S. 132. und *Beckmann's* Beyträge zur Geschichte der Erfindungen, Th. V. St. 3. S. 446 etc.

** Es ist zweifelhaft ob der Verfasser der mannigfaltigen Geschichten, auch der Verfasser des Buches über die Thiere sey. Der Styl scheint mir dagegen. Meinem Urtheil nach sind die mannigfaltigen Geschichten in einem reinern Attischen Styl als das märchenreiche Buch über die Natur der Thiere geschrieben.

Gleichend dem Persischen Hahn,
Wenn er mit lautem Gekräh
Euch jegliche Stunde verkündet.

Büffon glaubte, daß der Goldfasan der Stammvater der Hähne sey, allein man findet ihn noch gegenwärtig wild in Ostindien, vorzüglich in Ceylon und den Malabarischen Wäldern. Sonnerat entdeckte einen wilden Hahn zu Trinquemalay, und Degrandpre im Jahr 1789 einen andern in dem Garten des Herrn Caseneuve zu Pondichery. Es war ein prächtiges Thier, dessen sämmtliche Federn mit goldglänzenden Tropfen schimmerten *(Voyage dans l'Inde T. I. S. 86)*. Vielleicht wurden die Hahnenkämpfe in Ostindien, wo sie noch heut zu Tage unter den Malaien auf Sumatra und Ceylon sehr beliebt sind, und oft schreckliche Folgen nach sich ziehen, seit den frühesten Zeiten gehalten.

Wir überlassen es andern, welche mit antiquarischen Raritäten genauer bekannt sind, die Geschichte der Hahnenkämpfe weiter zu verfolgen, und bemerken nur, daß die Römer sie wahrscheinlich von den Griechen, so wie die Engländer von den Römern bekommen haben. Nach Pegge, ist William Fitz Stephen der erste der ihrer in England gedenkt. Er lebte unter Heinrich II, schrieb eine Geschichte von London, und starb im Jahr 1191. Nach und nach hielten sich sogar mehrere Schriftsteller für berufen, die Vorschriften zum Hahnenkampf zu sammeln und systematisch zu ordnen. Das erste Werk darüber erschien, wie Herr Ireland bemerkt, am Ende eines Buches, das den Titel *The Compleat Gamester* führt, im Jahr 1674. Die Ueberschrift lautet: *The Artes and Mysteries of Riding, Racing, Archery and Cockfighting. Printed by A. M. for R. Curtler, and to be sold by Henry Brome, at the Gun, at the West End of St. Pauls.* Der Kupferstich auf dem Titel ist höchst seltsam. Er ist in fünf Felder getheilt, von denen eins einen Platz mit kämpfenden Hahnen darstellt, welche aber eher Aenten gleichen. Die Zuschauer mit runden Hüten und ernster Miene haben mit den Quäkern viel Aehnlichkeit. Aus dem 38sten Capitel sieht man, in welcher Achtung der Hahnenkampf damals stand. »Der Hahnenkampf« sagt der Verfasser »ist ein so entzückendes und belustigendes Schauspiel, daß ich keines kenne, das ihm an die Seite gesetzt werden könnte, und da es vorzüglich bey dem niedern Adel (gentry) so sehr in Achtung steht, so muß ich von ihm umständlicher als allen übrigen Spielen reden, und einige gute Lehren geben, ob ich gleich ein Laye bin, und mich dem entscheidenden Ausspruch der Kenner gern und unbedingt unterwerfen will.« Nun folgen die versprochenen Vorschriften, welche fast sämmtlich mit denjenigen übereintreffen, welche Lichtenberg am Anfang der Erklärung dieses Blattes geliefert hat.

FINIS

Erstveröffentlichung und Satzvorlage: Der Abdruck dieses Textes entspricht der Fassung im »Göttinger Taschen Calender« für 1791, S. 206–210, mit 1 Tafel von Riepenhausen nach Hogarth. Der Text, vermutlich Juli/August 1790 niedergeschrieben, ist Herbst 1790 veröffentlicht worden. Eine Handschrift ist nicht überliefert. Mit geringen Abweichungen und »Zusätzen« von unbekannter Hand erschien der Text in »G. C. Lichtenberg's Erklärung der Hogarthischen Kupferstiche« Siebente Lieferung, Göttingen 1801, S. 131–141. Kupferstich und Radierung von Hogarth, veröffentlicht »according to Act of Parliament March 3d 1764« haben übrigens den Titel »Tail Piece, or the Bathos«, zu deutsch: Das Schlußstück oder die Plattheit; bei Trusler, S. 210: »Finis, or, The Tail-Piece«.

197 *Finis*: Lat. ›Ende‹. – *Tail piece*: Wörtlich: Schwanzstück. – *Bathos*: Eine schöne Erklärung zu diesem Hogarth gibt Trusler, S. 210: »As many of Mr. *Hogarth's* admirers were desirous of having his works bound up together, considering them as much, if not more, worthy of study, than many books, that are extant; he thought it necessary, in order, to complete the whole, and, preserve that consistency he had been ever observant of, to add some print, by way of tail-piece, in contrast to the customary frontispiece of the generality of publications. What, then, should *this* be? Something allusive to *The End.*— In the following plate, then, he gives us a collection of such things as bear, indeed, some affinity to the Latin word, FINIS, which we meet with in the last of leaf every book; but, that it may not be totally barren of design, and, humour, takes this opportunity of ridiculing the many, glaring absurdities that are often seen in old, celebrated pictures of serious cast, (owing to the ignorance of their painters, in introducing low, obscene, and, frequently, profane matter into them) by mixing, here, the mean, with the sublime, and, the trifling, with that of much importance. Analogous, therefore, to *Swift's* art of sinking in poetry, he calls it *the* BATHOS, or, *manner of sinking in sublime paintings;* and inscribes the plate to the dealers in dark pictures.« – *Chaos*: Griech. ›die Kluft, das Gähnende‹, nach den griechischen Weltentstehungsmythen der erste Zustand der Welt; bei Ovid in der geläufigen Auffassung von Chaos als eines ungeordneten Haufens von Grundelementen, aus denen die Welt entstand. – *Executor*: Vollstrecker. – *drey Parzen*: Clotho, Lachesis, Atropos: Nach der griech. Mythologie die Moiren, Töchter des Zeus und der Themis; Clotho die Spinnerin des Lebensfadens, Lachesis, die das Los zuteilt, Atropos, die den Faden zerschneidet.

198 *The Times*: Kupferstich und Radierung erschienen in 2 Blättern 1762. Auf keinem anderen Blatt hat Hogarth so entschieden Partei ergriffen wie in diesem Stich, der William Pitt den Älteren als einen Mann zeichnet, der im Interesse der englischen Kaufleute den Siebenjährigen Krieg zu verlängern sucht, während König Georg III. als Friedensfürst erscheint. Zu dem politischen Hintergrund dieser 2 allegorischen Blätter s. Arndt, S. 225–228. – *Wilkes's Geißel ... Churchill's Stilete*: Die Veröffentlichung der »Times« Blatt 1, trug Hogarth scharfe Kritik ein. Wilkes, der darin verspottet worden war, nahm in Nr. 17 der von ihm herausgegebenen Zeitschrift »The North Briton« mit verletzend scharfer Kritik Rache an seinem früheren Freund. Churchill, Freund und Mitarbeiter Wilkes, veröffentlichte seinerseits ein Schmähgedicht auf Hogarth, der mit satirischen Porträts auf Wilkes und Churchill (als Bär) antwortete. – *Stümpchen Talglicht ... Endchen heißen*: Gebräuchlicher ist: Stümmelchen (s. DWb 10, IV, Sp. 399). – *Wirthshause ... Schilde*: Zu diesem Motiv s. zu S. 122. – *Heller*: S. zu S. 143. – *Phöbus mit seinen Pferden*: Über diesen Mythos s. zu S. 28. – *Apoplexie*: Schlagfluß. – *in ... fury*: Zitat aus Shakespeare, »Othello« IV, V. 70, wo es heißt: »In *her* prophetic fury sew'd the work«. – *averirt*: von franz. avérer: bewahrheiten, beweisen. – *hiesige Bibliothek besitzt ... das Blatt*: Es handelt sich um die 1764 überarbeitete Fassung des Stichs »The Bench« (s. Abbildung S. 323), die Hogarth zuerst 1758 veröffentlichte. – *the Muse's Mirrour*: Diese Anthologie war mir nicht zugänglich.

199 *Anarchen*: Gesetzloser (Akk.).

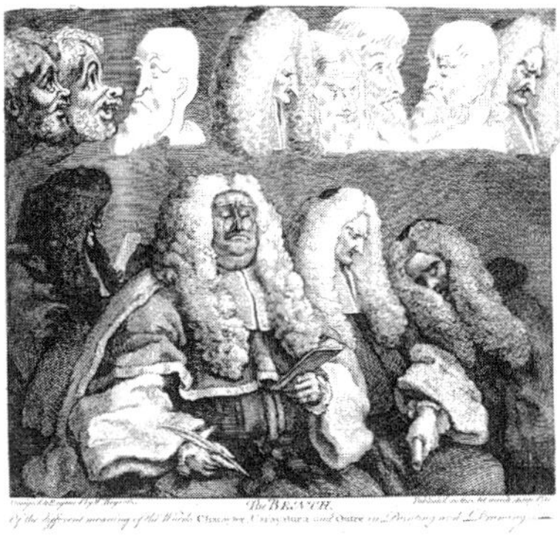

Von unbekannter Hand erschienen in »G. C. Lichtenberg's Erklärung der Hogarthischen Kupferstiche« Siebente Lieferung, Göttingen 1801, S. 116–124, folgende

Zusätze

Ein närrischeres *Memento mori,* als dieses, möchte wohl, wenigstens in der gemahlten Welt, schwerlich zu finden seyn. Wer ist von so steinerner, absolut unempfindsamer Natur, daß ihn hier nicht eine geheime Rührung mitten unter dem Lachen anwandeln sollte, auch wenn er weiß, daß Hogarth mit dieser Posse nichts weniger als rühren wollte, und daß am Ende die ganze Posse kein Meisterstück ist?

Wirklich hat Hogarth mit seiner Satyre auf diesem Blatte entweder sich selbst nicht gar zu wohl verstanden, oder er hat sich undeutlicher, als sonst irgendwo, ausgedrückt. Wir sehen hier eine burleske Mischung und Anhäufung von Dingen, die aufhören zu seyn. Was aufhört zu seyn, ist dann freilich im Sinken. Nach dieser Erklärung wäre aber das Blatt eine Satyre auf die Natur, die Alles, was sie hervorbringt, selbst wieder zu Grabe trägt, und nicht auf die Künstler, deren Erhabenheit hier zu Grabe getragen werden soll. Hogarth wollte sagen: »Auch ich kann im *erhabenen* Styl ein Stück *von erschütternder Wirkung* mahlen. Zum Beweise mahle ich euch hier ein Andenken, mein letztes Werk, ein pathetisches Bild, das gerade so erhaben und so erschütternd ist, als eure besten Bilder, meine lieben Herrn Poeten und resp. Collegen.« Daß dieß ungefähr Hogarths Gedanke war, beweiset auch eine der Inschriften, die sich, wie Hr. Ireland berichtet, in fünf Abtheilungen der Einfassung einiger Abdrücke dieses Blatts finden. Da heißt es: »Seht hier die Art, wie in vielen berühmten alten Gemählden die ernsthaftesten Gegenstände durch niedrige, ungereimte, unsittliche und oft frevelhafte Umstände entstellt werden.« Aber wer in aller Welt sähe so etwas auf diesem Blatte, wenn nicht *der todte Buchstabe spräche*: »So ist's gemeint?«

Nach dem Eindruck, den das Blatt *durch sich selbst macht*, suchen wir etwas ganz Anderes darin, als eine Satyre auf schlechte Gemählde. Es ist also, nach dem, was es seyn soll, ein verunglückter Einfall. Aber als das, was es ist – ein komisches Sterbebett der Natur und der Kunst – wird man es doch zum Andenken an den Erfinder gern behalten. Man beurtheilt es wohl am richtigsten als ein *Nachspiel.* Mit Nachspielen nimmt man es nicht so genau, am wenigsten wenn eines zum Beschlusse des traurigen Lustspiels unsers menschlichen Lebens gegeben wird. Die Kritik ist dann müde, und läßt sich zur Erholung auch einmal in den Schlaf singen.

Züge des energischen Muthwillens giebt es hier nicht viele zu suchen. Manches sagt indessen vielleicht doch noch mehr, als bisher bemerkt worden ist. Mit dem kleinen Galgen, der so baumgerade beym Einstürzen der Welt steht, und der, nicht zu vergessen, den einzigen *Menschen* trägt, den wir auf diesem Blatte sehen, correspondirt artig genug der große Repräsentant, oder der ausgetretene Pfosten, der, so wie er da mit dem Schilde als Träger der Welt, knarrend hinsinkt, von ungefähr auch die Figur eines Galgens erhalten hat. Die ganze Welt erscheint auf diese Art in effigie gehängt. Ein toller Gedanke. Aber wenn alle Wünsche erfüllt würden, also auch Jeder gehängt würde, den ein Andrer heimlich in die Höhe wünscht, wie viel bliebe von der Welt des Lebendigen übrig? Oder wenn, nach einer strengen Criminaljustiz, Jeder gehängt werden sollte, wer in irgend einem Sinne ein Dieb ist, was würde das letzte Geschäft des Henkers seyn? Eine Welt, in der es nun so hergeht, kann sich einen derben Scherz in einem Nachspiele wohl gefallen lassen, vorzüglich wenn der Scherz nicht einmal recht klar ist.

Unsre Psychologen werden bey dieser Gelegenheit gebeten, so bald als möglich in einer gründlichen Abhandlung ausführlich zu erklären, warum unter allen künstlichen Todesarten, selbst nach der Vorstellungsart der mitleidigsten Seelen, keine etwas Lächerliches hat, ausgenommen der Tod am Stricke, es sey am Galgenstricke, oder an einem andern.

Die Bankrottsurkunde der Natur und das Comödien- oder Tragödienbuch liegen auch wohl nicht umsonst bey einander, da in den meisten Comödien und Tragödien Plan, Ausführung, und überhaupt das Wesentliche, ohne Voraussetzung eines Bankrotts der Natur, nicht Statt finden könnte. Man vergleiche auch die Nachbarschaft der Schuhbürste und des Ordensbandes.

Die rührendsten Partien im ganzen Bilde sind das zerbrochene Palett des Künstlers selbst, und in der Mitte die große Hauptfigur, der sterbende Zeitgott. Seitdem das Palett da liegt, ist noch kein Satyren-Mahler gekommen, der die Welt vergessen machen könnte, was sie an *Hogarth* verlor. Und wenn wir die Zeit selbst sterben sehen; welche traurige Vorbedeutung für alle *Theorien von Raum und Zeit*, und für den *Genius der Zeit*, und für das *Archiv der Zeit*! – Doch dieses hat ja schon wirklich, wie wir hören, das Zeitliche mit dem Ewigen verwechselt, während die *ewige Liebe*, und die *ewige Treue*, und andre nicht minder ewige Dinge, z. B. die *einzige und ewige Philosophie*, unablässig das Ewige mit dem Zeitlichen verwechseln. Wer faßt diese ungeheure Verwirrung? Wo ist hier Gewinn, und wo ist Verlust? Die Begriffe des Grüblers fallen, wie die Füße eines Betrunkenen, über einander. Das *alte Chaos* scheint sich, wenigstens in den Köpfen der Menschen, schon wirklich zur Erbschaft zu melden; und unsre neueren Schriftsteller, denen bey diesen Aussichten in die Ewigkeit nicht wohl wird, hüthen sich schon, zum Beschlusse ihrer Werke das erschütternde Wort zu schreiben, mit dem hier der Zeitgott in die Ewigkeit übergeht. Aber die Vorsicht hilft nicht allein. Denn noch schmeckt dem Alten sein Pfeifchen; und wenn er Fidibus bedarf, greift er leider! immer begieriger nach den berühmten unter den *neuesten* Schriften, während er die berühmten alten, unter denen noch das treuherzige *Finis* steht, mit einem schadenfrohen Lächeln unberührt läßt.

DIE FOLGEN DER EMSIGKEIT UND DES MÜSSIGGANGS

Erstveröffentlichung und Satzvorlage: Der Abdruck dieses Textes entspricht der Fassung im »Göttinger Taschen Calender« für 1792, S. 185–211, mit zwölf Blättern von Riepenhausen nach Hogarth. Der Text, vermutlich Juli/August 1791 niedergeschrieben, wurde Herbst 1791 veröffentlicht. Eine Handschrift ist nicht überliefert. Mit geringen Abweichungen und »Zusätzen« von unbekannter Hand erschien der Text in »G. C. Lichtenberg's Erklärung der Hogarthischen Kupferstiche« Sechste Lieferung, Göttingen 1800, S. 3–168, von Johann Christian Dieterich als Siebente bis zur Zwölften Platte mitgeteilt. Der Fortsetzer Lichtenbergs wird von Dieterich nicht bei Namen genannt; desto interessanter ist Dieterichs »Vorrede des Verlegers« zur Sechsten Lieferung, S. III–XII; im übrigen s. zu S. 427 (SB K III):
»In der Vorrede zur *fünften* Lieferung der Lichtenbergischen Erklärung Hogarthischer Kupferstiche versprach ich, Sorge zu tragen, daß das Publicum die Erklärung der *sechsten* Lieferung, wozu die Platten schon damahls fertig waren, aus dem Lichtenbergischen Nachlasse erhalte. Ich habe Wort gehalten. An nichts hab' ich es fehlen lassen, was ich bey der Sache thun konnte.

Aber wie gieng es? Unter den Lichtenbergischen Papieren fanden sich nur wenige, zerstreute und zum Druck gar nicht ausgearbeitete Bemerkungen und Notizen zur Erklärung Hogarths. Ich schrieb also an einen verdienstvollen deutschen Gelehrten, von dem man mich versichert hatte, daß er der einzige sey, der die Lichtenbergische Erklärung Hogarths fortsetzen könne. Dieser vortreffliche Mann ließ sich meinen Antrag gefallen. Wir waren schon ganz einig; auch auf die Einwilligung der Lichtenbergischen Erben zur Benutzung der nachgelassenen Papiere meines sel. Freundes durfte ich rechnen; als auf einmahl einer der *Schlegel-Streiche* der im deutschen Publicum sattsam verrufenen *Gebrüder* dem schätzbaren Manne, mit dem *ich* schon so weit einig war, das übernommene Geschäft so verleidete, daß er sich unter keiner Bedingung mehr dazu verstehen wollte. Ich stelle ihm vor, daß ein *Schlegelstreich* in den Augen des geist- und geschmackvollen Publicums nichts mehr zu bedeuten hat, als ein verunglückter *Eulenspiegel-Streich*, und daß solche Bursche, deren platte Pasquille vielleicht nicht einmahl ihren Weibern gefallen, auf das Publicum gerade nur so viel Einfluß haben, als nöthig ist, damit man sich an ihrer Tollheit ergötze, bis man sich von ihrer Frechheit vor Ekel wegwendet. Das konnte der schätzbare Mann, der die Erklärung Hogarths nun nicht mehr fortsetzen wollte, nicht läugnen: aber das Geschäft blieb ihm doch verleidet.

Was sollte ich nun anfangen? Die Kupfer zur sechsten Lieferung waren seit voriger Ostermesse im Publicum; und den Text dazu hatte ich versprochen.

Ich überredete also einen Freund, der mit ganz andern Arbeiten beschäftigt war, aber aus Freundschaft für mich und aus Achtung für das Andenken unsers Lichtenberg sich endlich überreden ließ, aus den Schriften der *Englischen* Erklärer Hogarth das Nöthige zusammen zu tragen, und dieses den *kurzgefaßten* Erklärungen, die sich in den Göttingischen Taschenkalendern befinden, anzuhängen, damit die Käufer der Hogarthischen Kupferstiche aus meinem Verlage ihre Sammlung, wo nicht ganz *Lichtenbergisch,* doch wenigstens *vollständig* erklärt erhielten. Nun glaubte ich Alles auf's Beste besorgt zu haben. Aber es war als ob die Schwierigkeiten, wie die Treppen, wenn man in einem hohen Thurme hinaufsteigt, in dieser Sache gar kein Ende nehmen wollten. Das Buch, das wegen seiner Vollständigkeit unter den Englischen Erklärungen Hogarths am berühmtesten ist, der *Hogarth moralized* von Bischof *Trusler*, war nicht aufzutreiben. Es fand sich weder in der königl. Universitätsbiliothek, noch, was mir fast unbegreiflich ist, in der Bibliothek des sel. Lichtenberg; und auch meine auswärtigen Nachfragen nach diesem Buche waren vergebens. Was Lichtenberg selbst von dem Buche hielt, sagt er deutlich genug in der Vorrede zur ersten Lieferung. Er nennt es einen *verkuhdachten* Hogarth, aber ein Buch, *das sonst viele recht guten Notizen* enthalte. Die *Kuhbachianismen* hätten wir nun für dieses Mahl dem guten Bischofe gern geschenkt; aber an den recht guten Notizen war uns um so mehr gelegen, da alle übrige Englische Erklärer Hogarths sich auf die Truslerische Erklärung beziehen, und übrigens nur kurze und fragmentarische Bemerkungen liefern, die zur vollständigen Erklärung nichts weniger als hinreichen, und überdem schon zum Theil von Lichtenberg bey den kurzgefaßten Erklärungen in den Taschenkalendern benutzt waren.

Da standen wir nun wieder. Und das Resultat von allem Hin- und Her-Ueberlegen sind die der Lichtenbergischen kurzgefaßten Erklärung angehängten Zusätze, so wie sie hier mit jener Erklärung erscheinen. Der Lichtenbergische Text geht bey jedem Blatte bis an das L. und den Strich unter dem biblischen Spruche. Was dann folgt, ist, mit Benutzung der Englischen Erklärer, außer *Trusler*, nicht aber mit Benutzung der Lichtenbergischen Papiere (aus denen konnte für dieses Mahl nichts benutzt werden), von einer andern Hand.

Und von welcher Hand? Das zu *verschweigen* habe ich als die erste Bedingung versprochen, unter welcher sich der Verf. zu der Arbeit verstanden hat. Auch nicht ein Wörtchen zum Lobe des Verf. oder zur Anpreisung seiner Arbeit ist mir zu sagen verstattet. Der Hr. Verfasser geht so weit, daß er von mir ausdrücklich verlangt, ich soll dem Publicum bestellen: »Er sey zu nichts in der Welt weniger, als zu einem Erklärer Hogarths berufen. Er würde an dem, was er als seine Gedanken mit den Notizen aus den Schriften der Englischen Erklärer verwebt hat, lieber sterben, als es unter irgend andern Umständen dem Publicum gedruckt anbieten. Wenn die Kritik ihn dafür, daß er mich nicht habe in Verlegenheit lassen wollen, als einen kecken *Anonymus* zu stäupen beliebte, werde er sich auch dieß, als verdiente Strafe für einen solchen Freundschaftsdienst, sehr geduldig gefallen lassen. Vom Geiste seiner Zusätze sey gar nichts zu sagen. Die brauchbaren *Notizen* zu benutzen, und den durch die Lichtenbergische Erklärung in das Geheimniß der Kunst eingeweihten Leser aufzumuntern, mit eignen Augen weiter zu sehen, nachdem Lichtenberg gelehrt hat, welchen Standpunct man bey der Ansicht der Hogarthischen Compositionen nehmen muß, das allein sey seine Absicht und vielleicht sein kleines Verdienst bey diesem Geschäfte. Ueberzeugt, daß seine Arbeit in der unmittelbaren Zusammenstellung mit der Lichtenbergischen nur um so frostiger und matter sich ausnehme, habe er doch, da Lichtenbergs Geist auf ihm nicht ruhe, kein Bedenken getragen, in Lichtenbergs Styl fortzufahren. Man könne bey der Gelegenheit unter andern auch lernen, was zwischen *Styl* und Geist für ein Unterschied sey. Anfangs sey er freilich gesonnen gewesen, nach Art der meisten deutschen Autoren, diese Zusätze in *gar keinem* Style zu schreiben. Das habe aber auch seine Schwierigkeiten. Und dann stimme auch eine solche Styllosigkeit nicht mit seinem Wunsche überein, den Leser auf dem Lichtenbergischen *Standpuncte* zu erhalten, der bey der Beschauung Hogarthischer Kupferstiche zwar leider! nicht der einzig mögliche, aber doch der einzig richtige sey.«

So denkt der Verf. selbst von seiner Arbeit; und etwas dagegen in dieser Vorrede einwenden darf ich nun einmahl nicht, wenn ich Wort halten will. Aber eine eigne Commission ist und bleibt es, auf diese Manier Wort halten, und als Verleger so etwas von seinem Schriftsteller bestellen zu müssen. Wenn ich dem Verfasser in dieser Sache nicht mehr zutraute, als er sich selbst, wäre ich nicht der Verleger

Johann Christian Dieterich. Göttingen, im Feb. 1800.

N.S. aber wie wird es denn nun mit der *Fortsetzung*? Unter den Erklärungen Hogarths in den Göttingischen Taschenkalendern gibt es doch noch köstliche Stückchen, die wohl des Aufbehaltens in einer ordentlichen Sammlung werth wären. Und unser Herr *Riepenhausen* hat von seinem allgemein geschätzten Talent auch nichts eingebüßt. Sollen wir auf eine *siebente Lieferung* denken?«

Radierungen und Kupferstiche erschienen, von Hogarth signiert, zum 30. September 1747. Da Hogarth die Jugend und besonders die Lehrlinge aus den unteren und mittleren Schichten des Bürgertums ansprechen wollte, hatte er die Folge so konzipiert, daß sie nicht mehr als *einen* Shilling pro Blatt kostete. Die Anregung zu dieser bürgerlichen Moralität kam wahrscheinlich durch die elisabethanische Komödie »Eastward Hoe« von Chapman, Marston und Jonson, die 1744 neu gedruckt wurde. Als zweite Quelle ist natürlich George Lillos bürgerliches Trauerspiel »Der Londoner Kaufmann oder die Geschichte von George Barnwell« (1731) zu bedenken, ein Stück, das alljährlich in der Oster- und Weihnachtszeit als moralische Unterhaltung für die Londoner Lehrlinge aufgeführt wurde. Als Ausführliche Erklärung (Fünfte Lieferung) erschien diese Folge Göttingen 1799, die aber nur Lichtenbergs Erklärung der ersten sechs Blätter enthielt. Sein Tod am 24. Februar 1799 verhinderte die Fortsetzung. In den »Schriften und Briefen« (SB III, S. 991–1060) wurden daher die Erklärungen der Blätter Sieben bis Zwölf aus dem »Göttinger Taschen Calender« der Vollständigkeit halber herangezogen. Die Anmerkungen folgen in der Regel dem Kommentarband zu Bd. 3 der »Schriften und Briefe« (SB K III, S. 426–443).

200 *Emsigkeit und ... Müssiggangs*: Zu der Titeländerung für die Ausführliche Erklärung s. SB III, S. 993 (SB K III, S. 428); s. auch SB III, S. 783. – *Walpole urtheilt ... Nichols anführt*: Gemeint ist Vol. IV, S. 73. Lichtenberg zitiert die Worte womöglich nach Nichols S. 231. – *Fabrikanten*: Im 18. und noch im 19. Jh. Inbegriff der Werktätigen, nicht der Besitzenden. – *Paulus vor dem Felix*: 1751 veröffentlichte Hogarth seine Radierung »Paul before Felix« (s. S. 326) mit dem Zusatz »in the ridiculous manner of Rembrant«. Diese Radierung geht auf ein 1748 geschaffenes Gemälde zurück, das der Ausschmückung der Halle des Londoner Gerichtsgebäudes Lincoln's Inn dienen sollte. Die Darstellung bezieht sich auf Kapitel 24 der Apostelgeschichte, um die Behauptung wahren Glaubens und die Schwäche eines Richters. Hogarth wollte mit dem Gemälde beweisen, daß er, der vermeintliche Karikaturist, auch den Stil der großen Historienmalerei beherrsche. Auf zeitgenössische Kunstkritik antwortete Hogarth mit überarbeitetem Kupferstich und Radierung, aber auch – worauf Lichtenberg hier anspielt – mit einer satirischen Darstellung, einer Kunst-Karikatur, in der Rembrandt für die holländischen Maler des 17. Jh.s überhaupt steht. Horace Walpole soll angesichts der beiden Fassungen des Paulus-Themas gesagt haben, es sei in der ernsten weniger Würde als in der burlesken Witz! (s. »William Hogarth. Der Kupferstich als moralische Schaubühne«. Verlag Gerd Hatje, Stuttgart 1987, S. 186–187). Interessant, daß Lichtenbergs Urteil 1795 positiver ausfällt (s. S. 271). – *in Rembrandts Manier*: Eigentlich R. Harmensz van Rijn (1606–1696), prägender holländicher Maler und Radierer seiner Zeit. Zu Lichtenbergs Vorbehalten gegenüber der ›holländischen‹ Manier s. zu Teniers oben S. 89. – *sonach auf*: Von mir verb. aus: *so nachauf* der Satzvorlage. – *herumstreichenden Comödianten*: Zu diesem Blatt s. S. 27–30. – *Marsches nach Finchley*: Darüber s. S. 147–157. Lichtenberg erwähnt das Blatt auch S. 157. 190. – *im Gesuchten*: Zu diesem von Lichtenberg stets kritisch verwendeten Begriff in Sachen Kunst und Literatur s. zu B 20. – *Spitalfields*: Londoner Viertel zwischen Bishops-Gate und Commercial Street. S. Lichtenbergs Erläuterung SB III, S. 994. – *Processionen*: Zu diesem Begriff s. zu S. 116. – *Mansionhause*: Im Herzen der City Londons gelegenes Amtshaus des jeweiligen Lord Mayor, zwischen Queen Victoria Street und Poultry gelegen; nach dem Muster des Dogenpalasts in Venedig auch Gerichtshof, Gefängnis und Privatwohnung. S. auch SB III. S. 995.

201 *Eclat*: Franz. ›Aufsehen‹. – *Was für Kraft...*: Lichtenbergs England-Vision so etwas wie die USA real im 19. Jh. – *Fieber*: In der Satzvorlage *so* geschrieben.

203 *Fortuna auf der Kugel*: Zu diesem Emblem der Glücksgöttin lieferte wohl Dürer das bauchigste Bild. – *Zettelwalze*: Am Handwebstuhl eine oder mehrere Spulen zum Aufwickeln der Zettelfäden. – *die Spinnewebe über der Armenbüchse*: Zu diesem Bild vgl. S. 49. – *Moll Flanders*: Anspielung auf die berühmt-berüchtigte Londoner Dirne, die Daniel Defoe 1722 zur Heldin seines moralischen Romans »The fortunes and misfortunes of the famous Moll Flanders« gemacht hat. Vgl. SB III, S. 971. 1002. – *nach Trusler*: Trusler schreibt S. 74, von dem »book, called the *Prentice's Guide*, supposed to be given him for instruction« and gibt »those ballads« an, »which contain the histories of the London ›Prentice‹ Whittington, the Mayor...« – *the prentice's guide*: S. Lichtenbergs Ausführungen in SB III, S. 1000. – *Mayoralität*: Die Würde des Lord Mayor, des Oberbürgermeisters der City von London. Der Tag seines Amtsantritts, der 9. November jedes Jahres, wird seit 1219 feierlich begangen: ein eher repräsentatives als politisches Amt, allerdings gegenüber dem König mit beachtlichen Privilegien ausgestattet. – *Sprüchw. Sal. Cap. 23 V. 21*: In den »Sprüchen Salomons« an der von Lichtenberg angegebenen Stelle heißt es »denn die Säufer und Schlemmer verarmen, und ein Schäfer muß zerrissene Kleider tragen« Die Einheitsübersetzung meint: »denn Säufer und Schlemmer werden arm, Schläfrigkeit kleidet in Lumpen«. Lichtenberg zitiert die »Sprüche Salomons« auch SB III, S. 1009, 1054, 1055, 1059, 1060. Der mit Hogarth befreundete Pfarrer Arnold King soll die Bibelstellen des gesamten Zyklus ausgewählt haben. – *Cap. 10. V. 4*: In den »Sprüchen Salomons« heißt es an der von Lichtenberg angegebenen Stelle vollständig: »Lässige Hand macht arm; aber der Fleißigen Hand macht reich«. Oder mit der ›Einheitsübersetzung‹ zu sprechen: »Lässige Hand bringt Armut, fleißige Hand macht reich.«

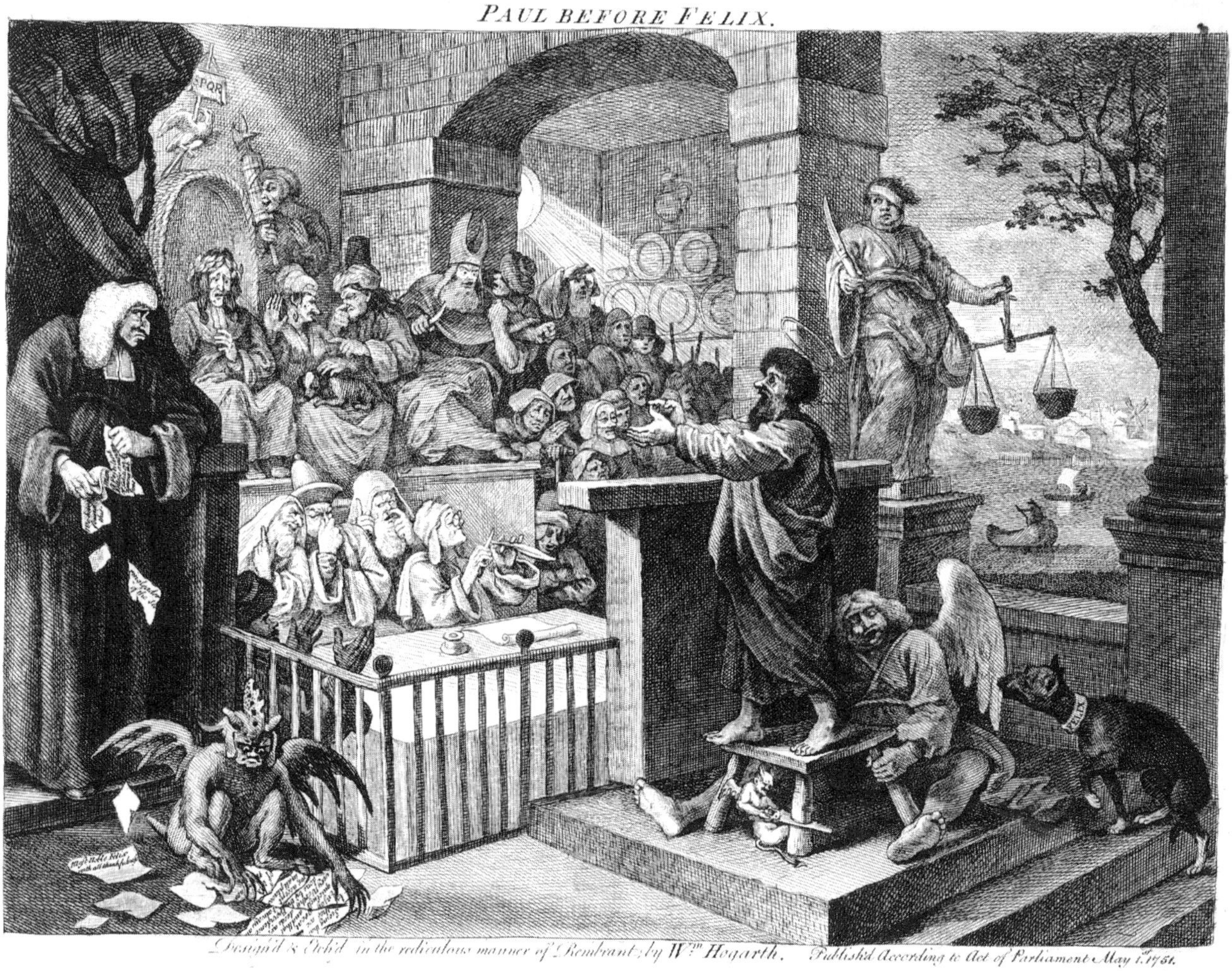
PAUL BEFORE FELIX.
Design'd & Etch'd in the ridiculous manner of Rembrant; by Wm Hogarth. Publish'd According to Act of Parliament May 1st 1751.

205 *Wellenlinien seines Haares*: Anspielung auf Hogarths Schönheitsideal, die »Schlangenlinie«, aber auch auf eine Lichtenberg wichtige Nuance in »Leichtgläubigkeit, Aberglauben und Fanatismus«, S. 100. – *edle Einfalt*: Über den von Winckelmann geprägten Begriff, den Lichtenberg häufiger verwendet, s. zu B 20. – *für den Himmel jetzt ihre Ehe zu schließen*: Zu dieser sprichwörtlichen Wendung s. zu. D 593. – *Nro 8 nicht aus dem Schlafe erwecken*: Auf ihn verweist Lichtenberg noch S. 222. – *seinen Nächsten lieben wie sich selbst*: Nach 3. Mose 19,18 und Galater 5,14. – *Recht thun*: Diese Worte wie der Satz von der Nächstenliebe sind Lichtenbergs eigenes Glaubensbekenntnis, wie aus einem Brief an Pfarrer Amelung vom 24. März 1786 (Bw III, Nr. 1426, S. 176) hervorgeht; s. auch H 156 und SB III, S. 1016. – *heiliger Börsenbesuch*: Sicherlich Anspielung auf Jesu Reinigungsaktion des Tempels in Jerusalem von Händlern; J 742 vergleicht Lichtenberg den – jüdischen – Gottesdienst mit einem »Börsen-Geschäft«. – *vorfährt und eine Karte abgibt*: Dieser Gedanke ist H 91 entnommen. – *Ps. 119, V. 97*: Lichtenbergs korrektes Zitat des Psalms nach Luthers Übersetzung.

207 *liederliches Hazardspiel*: Zu *liederlich* s. zu S. 11; *Hazardspiel*: Glücksspiel; im 18. Jh. waren das vorzugsweise L'hombre, Pharao, Whist und Tarock. Lichtenberg gebraucht den Ausdruck auch SB III, S. 442. 883. 1017. 1020; ferner G 48. H 1 und Bw IV, Nr. 2355, S. 240–241. – *Nro 3 mit ... dem Pflaster auf dem Auge*: Lichtenberg kommt auf ihn S. 221. 223 zurück. – *Bettelvogt*: Im MA städtische Aufsichtsperson über das Bettelwesen. – *Farrenschwanz*: Vgl. zu S. 117. – *Ein wahrhaft Hogarthischer Zug*: Zum Motiv des gehörnten Ehemanns vgl. »Die Tags-Zeiten« (S. 166). – *mit Henslern*: Das Epigramm erschien zuerst im »Göttinger Musenalmanach« für 1772, S. 70. Peter Wilhelm Hensler (1742–1779), immatrikulierte sich am 22. April 1760 als stud. jur. an der Georgia Augusta; Lyriker und Epigrammatiker; dessen Gedichte gaben aus dem Nachlaß 1782 Voß und sein Bruder Philipp Gabriel Hensler heraus. S. L 360 und SB III, S. 1020. – *Sprüchw. Sal. Cap. 19 V. 29*: Korrektes Zitat nach Luthers Übersetzung der Sprüche Salomons.

209 *Shakespear's Salamandernase*: Wohl Anspielung auf Bardolph, von dessen Nase Falstaff in »König Heinrich IV.«, Dritter Akt, 3. Szene, übersetzt von August Wilhelm Schlegel, sagt: »Seit zweiunddreißig Jahren nunmehr habe ich diesen Euren Salamander mit Feuer unterhalten; der Himmel lohne es mir!« Vgl. S. 135. – *Cornhill ... Cheapside*: In einer Fußnote zu SB III, S. 1031, merkt Lichtenberg an: »Namen von Londonschen Straßen, die statt aller dienen können, wo erfreuliches Handels-Gewühl durch Namen von Straßen ausgedruckt werden soll.« – *Büreau*: Lehnwort aus dem Französischen; in der ursprüngl. Bedeutung ein mit Tuch überzogener Schreibtisch, Schreibpult. – *personificirte Industrie*: Gemeint ist das Sinnbild des Fleißes, nicht der heutige Inbegriff des Fabrikwesens. – *Matth. Cap. 25. V. 21*: Von mir verb. aus: *Cap. 21. V. 25* der Satzvorlage. Der genaue Wortlaut nach Luthers Übersetzung: »Da sprach sein Herr zu ihm: Ei, du frommer und getreuer Knecht, du bist über wenigem getreu gewesen, ich will dich über viel setzen; gehe ein zu deines Herrn Freude.«

211 *liederlichen*: Zu diesem Begriff s. zu S. 11. – *wie den Madeira in die See*: In der Ausführlichen Erklärung (SB III, S. 1033) schreibt Lichtenberg: »Man hat allerdings Beispiele, daß manche durch See-Reisen besser geworden sind, wie bekanntlich der Madeira« worauf diese Meinung beruht, ist mir unbekannt. Über Fliegen in Madeira Franklin zufolge handelt Lichtenberg in GTC 1780, S. 86. – *Cuckold's point*: Eine hübsche Erklärung liefert Lichtenberg in SB III, S. 1034–1035. – *seine ... Mutter ... mit dem Thränentuche noch einige Mahl sehen werden*: Zum Beispiel S. 223. 225. 228. – *Teufelsphysiognomie*: Darüber läßt sich Lichtenberg in einer Fußnote zu SB III, S. 1035–1036 aus und zwar in Auseinandersetzung mit Lavater und dessen Interpretation, die Ireland übernimmt. – *mit seelestärkendem Wohlbehagen*: Zu diesem Adjektiv vgl. F 667; G 108. – *reclinirte Stellung*: rekliniert: zurückgelehnt, zurückgeneigt. – *Metier*: Franz. ›Beruf‹. – *Strick mit neun Knotenschwänzen*: »Katze von neun Schwänzen« schreibt Lichtenberg in SB III, S. 1036, engl. ›the cat of nine tails‹: bildliche Umschreibung einer in der Schiffszucht früher üblichen Peitsche. – *Sprüchw. Sal. Cap. 10. V. I*: Nach Luthers Übersetzung lautet der Vers: »Ein weiser Sohn ist seinen Vaters Freude; aber ein törichter Sohn ist seiner Mutter Grämen.«

213 *sumset ein Gewühl*: Zum Gebrauch dieses Verbs s. zu D 610; s. auch S. 251. Über den vielfältigen Gebrauch des Verbs s. DWb 10, IV, Sp. 1105–1106, wo auch ein Beleg aus Lichtenberg steht (Briefe 1 (1901), 205). – *Magna charta*: Eigentlich ›the great charter‹, die von Heinrich III. 1224 erlassene Freiheitsurkunde, die die Grundgesetze der engl. Verfassung enthält. – *in manchen Ausgaben alter Autoren ... am Ende oft gesammelt*: Was ist gemeint: eine Tabula gratulatoria? In die Ausführliche Erklärung *nicht* aufgenommen. – *marrow bones und cleavers*: S. zu S. 142. – *Kniestück*: Zu diesem Ausdruck s. zu S. 85. – *Epithalamien*: Griech. Hochzeitsgedichte, -lieder, von thalamos: Brautgemach, weil sie gewöhnlich vor der Tür des hochzeitlichen Gemachs gesungen wurden. – *die Ode Jesse or the happy pair*: »Jesse, oder das glückliche Paar« übersetzt Lichtenberg (SB III, S. 1046) und gibt in einer Fußnote zum besten: »Jesse zeugte den König David usw. heißt es.« – *Versicherung aller Ausleger des Hogarth*: Zu dieser Erwähnung s. die Aufzählung S. 240. – *Die sieben vereinigten Provinzen*: Die vormaligen Neuengland-Kolonien im Nordosten der Vereinigten Staaten: Connecticut, Rhode Island, New Hampshire, Maine, Vermont, New York, New Jersey, die schon im 17. Jh. eine ›Confederation‹ bildeten; s. auch SB III, S. 196; 1046. – *berühmten Monuments, mit seiner berüchtigten Inschrift*: Die größte Steinsäule der Welt, zur Erinnerung an den Brand Londons 1666 von Christopher Wren errichtet. Die Inschrift lautet in Hogarths eigenen Worten: »In remembrance of Burning ye [=the] Protestant City by the treachery of the Popish Faction In [the] year [o]f our [...] Lo[r]d 1666«. Tatsächlich sind die Inschriften auf drei Seiten lateinisch; die Beschreibung des Feuers wurde 1681 ergänzt um den Satz: »But Popish frenzy which wrought such horrors, is not yet quenched«, ein Zusatz, der 1830 entfernt wurde. Interessant, daß Lichtenberg die Inschrift *nicht* zitiert, in der Ausführlichen Erklärung nicht einmal erwähnt. Das »Monument« ist in SB K III, S. 439, abgebildet.

215 *Antichrist zu Rom*: Gemeint ist das Oberhaupt der katholischen Kirche, der Papst. – *London A. 1666 in Brand gesteckt*: Über die Ursache des verheerenden Brandes und mutmaßliche Brandstifter läßt sich Lichtenberg beziehungsweise sein ungenannter Nachfolger in dem Nachtrag zur Ausführlichen Erklärung aus (SB III, S. 1051). – *Lapidarstyl*: Zu lat. lapis: ›Stein‹; knappe, bündige Ausdrucksweise. S. auch SB III, S. 881. – *lignös*: Holzartig, holzig. – *Sprüchw. Sal. Cap. 12 V. 4*: Von mir verb. aus: *32* der Satzvorlage. Nach Lu-

thers Übersetzung lautet der Vers: »Ein tugendsam Weib ist eine Krone ihres Mannes; aber eine böse ist wie Eiter in seinem Gebein.« – *Fastenschwalbe*: Zu dieser Umschreibung für Prostituierte, aus dem Französischen für »Hirondelle de Carême« übertragen, vgl. auch S. 221. 223. – *3 B. Mosis Cap. 26. V. 36*: »Und denen, die von euch übrigbleiben, will ich ein feiges Herz machen in ihrer Feinde Land, daß sie soll ein rauschend Blatt jagen, und sollen fliehen davor, als jagte sie ein Schwert, und fallen, da sie niemand jagt.«

217 *Sheriff*: Engl. höchster Vollzugsbeamter einer Grafschaft, insbesondere für die Vollstreckung gerichtl. Anordnungen und Urteile zuständig. – *Tractamente*: Opulente Bewirtungen. – *Spatium*: Lat. Zwischenraum; in Buchdruck ein Anschlußstück von ein bis zwei typograph. Punkten Dicke zum Sperren einzelner Wörter im Satz zur Hervorhebung.

218 *der Kuhstall ... heilsamer*: Die Kuhstalltherapie, angeblich gut gegen Schwindsucht, erwähnt Lichtenberg aus J 384. 385. – *Platelle von Barnet, wie die Ausleger sagen*: Lebensdaten nicht ermittelt. – *Studiren ... Art von geistischem Essen*: Zu diesem Gedanken vgl. F 203; s. auch S. 218. – *par procuration*: Franz. ›in Stellvertretung, im Auftrage‹. – *der Pierische Quell*: In der Landschaft Pierien in Thessalien am Fuße des Olymp befand sich nach der griech. Mythologie der Sitz der Musen, dessen Quellen heilig waren. – *nach Popens Rath*: »Drink deep, or taste not the Pierian spring.« Zitat aus »An Essay on Criticism«, Z. 213. – *Die Feinde der neuern Philosophie*: »S. 199 unten ist eine Stelle, die mich in einige Verlegenheit gesezt hat. Im Mspt stund *Freunde* der neuen Philosophie, allein, als ich die Stelle im Druck laß, kam sie mir so beleidigend für einige meiner besten Bekannten vor, und das so gantz wider meine Absicht, daß ich um keine Parthey zu beleidigen und um kurtz abzukommen *Feinde* setzte, da sie denn beyde wohl mit mir eins seyn werden.« An Kant (Bw III, Nr. 1950, S. 971–972) am 30. Oktober 1791. Zu der Wendung: *neuern Philosophie* s. zu SB III, S. 200. – *Metaphysik, die sich selbst auffrißt*: Diese Wendung ist J 620 entlehnt. – *Rathspedell*: Ratsdiener (nicht im DWb belegt). – *ein Schreibfehler*: durch wen verschuldet? Riepenhausen? – *To the worshipful ...*: Euer Ehren. – *Sir William Walworth*: Lordmayor von London, gest. 1385, verteidigte am 13. Juni 1381 London Bridge gegen Wat Tyler und tötete ihn am 15. Juni 1381 in Gegenwart Richards II., der ihn für diese Tat zum Ritter schlug.

219 *Richard den Zweyten*: Richard II. (1367–1400), engl. König von 1377–1399, jüngster Sohn Eduards, des ›schwarzen Prinzen‹, wurde 1399 vom späteren Heinrich IV. und dem Parlament zur Abdankung gezwungen und als Gefangener vermutlich ermordet. S. auch zu E 142. – *Wat Tyler*: Engl. Rebell gegen Richard II., am 15. Juni 1381 von Walworth getötet. – *Sayer's Nachstich*: Von mir verb. aus: *Sayre's* der Satzvorlage. Robert Sayer, Stichverleger in London zwischen 1750–1780, in der älteren Literatur irrig als Stecher bezeichnet. Lichtenberg erwähnt ihn auch SB III, S. 346, 352, 362. – *Noten des Uebersetzers zu einem Werk*: Zu diesem Gedanken vgl. F 171; L 191; ferner SB III, S. 1022. 1048. – *meine obige Vergleichung*: Siehe S. 218 und Anm. – *Sprüchw. Salom. Cap. 4. V. 7,8*: In Luthers Übersetzung steht: *bringen* statt: *machen*.

221 *Fleetstreet*: S. zu S. 143. – *wie Nichols ... versichert*: Gemeint ist S. 232. – *auf dem dritten Blatte ... gesehen*: Vgl. S. 207. – *die Fastenschwalbe*: S. zu S. 215. – *das Meisterstück der Schöpfung*: S. zu S. 79. – *die Affen, die Pudelhunde und die Elephanten*: Zu diesem Bild und solcher Zusammenstellung vgl. E 113 und die Anm. dazu. Lichtenberg gebraucht die Wendung auch SB III, S. 278; 978. – *unsere Welt ... Hospitalplaneten*: Diese Wendung ist H 161 entnommen; vgl. aber auch J 668. – *Promotion*: Diesen Ausdruck gebraucht Lichtenberg auch S. 227; s. ferner SB III, S. 902; 1002; 1007. – *ein ... berüchtigtes Mensch*: Ihr Name wird auch von den engl. Hogarth-Kommentatoren nicht mitgeteilt; zu dem Neutrum: Mensch s. zu S. 17. – *Nase ... untergegangen*: Umschreibung für die verheerenden Verwüstungen der Syphilis; s. zu S. 134. – *Sodom und Gomorra*: Biblische Städte am Südende des Toten Meeres, die nach 1. Moses 19 von Gott (Jahve) wegen ihrer Lasterhaftigkeit zerstört wurde. – *habe ich einen Arzt reden hören*: In Frage kommen in erster Linie die Lichtenberg aus Göttingen bekannten Mediziner Girtanner, Richter, Stromeyer und Sömmerring in Mainz. Der berühmte Marcus Herz in Berlin ist Lichtenberg persönlich nicht begegnet.

222 *schläft ein Kerl ... wie der auf dem zweyten Blatt in der Kirche*: Gemeint ist »Nro 8«, den nicht einmal Trompeten »aus dem Schlafe erwecken« (S. 205). – *Wolke mit Posaunen*: Dieses Bild geht vermutlich auf die Offenbarung Johannis, Achtes Kapitel, zurück, wo von sieben Engeln mit den sieben Posaunen die Rede ist. – *das Feuer seine ganze Gesellschaft*: Zu diesem Gedanken vgl. K 107 und die Anm. dazu. – *Sprüchw. Salom. Cap. 6 V. 26*: Von mir verb. aus: Sprüchw. Salom. Cap. 4, wie Lichtenberg irrtümlich schrieb, während es auf Hogarths Blatt richtig zitiert steht. Merkwürdigerweise irrt hier Lichtenberg in mehrfacher Hinsicht oder Luther nach dem Urtext oder Lichtenberg aus dem Englischen. In Luthers Übersetzung heißt es: »Denn eine Hure bringt einen ums Brot; aber eines andern Weib fängt das edle Leben.« Die Einheitsübersetzung schreibt: »Einer Dirne zahlt man bis zu einem Laib Brot, die Frau eines andern jagt dir das kostbare Leben ab.« – *fähet*: Bei Luther steht: *fängt* das edle Leben. – *The adulteress will hunt for the precious life*: »Die Ehebrecherin wird nach dem edlen Leben jagen.«

223 *Aldermann*: Zu diesem Begriff s. zu S. 67. – *Carricatur-Zeichner*: Hogarth selbst hat dieses Urteil ausdrücklich als ein Mißverständnis bekämpft, Lichtenberg andererseits die Partei von Hogarth ergriffen. – *Thränengesicht ... im Boot gesehen*: S. oben S. 211. – *unser oft belobter Einäugiger*: vgl. S. 207. 221. – *das Mensch*: Zu diesem Neutrum s. zu S. 17. – *Daß Hogarth ... wirklich die linke Hand gemeint*: Vgl. SB III, S. 688: »Die Punsch-Gesellschaft«. – *Mittimus*: Haftbefehl. – *Einer von Hogarths Erklärern ... hält die Person für die Fastenschwalbe*: Gemeint ist der anonyme Erklärer a. a. O., S. 35; Ireland I, S. 271 Fußnote zieht es selbst in Zweifel. – *Fastenschwalbe*: Zu diesem Ausdruck s. zu S. 215.

225 *ex officio*: Lat. ›von Amts wegen‹. Lichtenberg gebraucht die Floskel auch J 684; L 41.42; MH 11; s. ferner zu SB III, S. 183. – *Ex officio-Gesicht*: Zu Lichtenbergs beliebten ›physiognomischen‹ Wortbildungen s. zu S. 225 und zu SB III, S. 371. – *Woodstreet*: Vgl. SB III, S. 736; 804. – *Ps. 9. V. 16*: An den von Lichtenberg genau zitierten Satz schließt sich in Psalm 9. V. 16 an: »ihr Fuß ist gefangen im Netz, das sie gestellet hatten.« – *the wicked*: Engl. ›die Gottlosen‹. – *Eilftes*: Zu dieser Schreibweise s. zu S. 91. – *3. B. Mos*: Gemeint ist 3. Buch Moses V. 15: »Ihr sollt nicht unrecht handeln am Gericht und sollt nicht vorziehen den Geringen, noch den Großen ehren; sondern du sollst deinen Nächsten recht richten.«

227 *dreysäuligen Altars der Gerechtigkeit*: Umschreibung Lichtenbergs für den ›dreischläfrigen‹ Galgen; vgl. S. 77. – *methodistischer*

Prediger: S. zu S. 71. – *aus dem Haarschnitt*: S. Lichtenbergs Schilderung eines religiösen Schwärmers in »Leichtgläubigkeit, Aberglauben und Fanatismus« S. 100. – *Wesley*: Über ihn s. zu S. 95. – *hält den Zeigefinder hoch, wie einen Blitzableiter*: Zu Lichtenbergs Metaphorik des Blitzableiters s. zu SB III, S. 130. – *Newgate*: Über dieses Gefängnis s. zu S. 135. – *Methodisten*: Über diese Sekte s. zu S. 71. – *Ich habe ein Mahl gehört, man könne in einem schlechten Wagen ein Gesicht machen ...*: Diese Wendung ist J 675 entlehnt. – *Exspectanz*: Neulat. ›Anwartschaft‹ (auf Beförderung oder Versorgung). – *Promotionen*: Zu diesem Begriff s. zu S. 221. – *Kerl der einen lebendigen Hund ... hält*: Dazu vgl. Lichtenbergs Gedanken L 522: »(Idleness) auf dem 11ten Blatt müßte der Kerl statt des Hundes eine Katze werfen wegen Whittington.« – *the last dying speech*: Darüber s. zu S. 87. – *oratorischer Fassung*: Der Worte nicht fähig, so zu sagen. – *Anachronismus*: Griech. Verstoß gegen die Zeit, Zeitirrtum.

228 *wie wir die Reden der Helden*: Zu dieser Wendung vgl. SB III, S. 977. – *Porträt eines ... Honigkuchenbeckers*: Woher Lichtenberg die Kenntnis hatte, nicht ermittelt. – *Tiddy Doll*: Lebensdaten unbekannt. – *Stanzen*: Ital. Strophenform, beherrschendes Versmaß in der ital. Epik, Dramatik, Lyrik seit dem 14. und 15. Jh.; im Zusammenhang der Lichtenberg-Erklärung kann diese strenge Strophenform nur ironisch gemeint sein. – *Dispüt über das Meum und Tuum*: Zu dieser Wendung s. zu SB III, S. 469. – *drollige Galgenfrüchtchen*: Zu *drollig* s. zu S. 27; zu *Galgenfrüchtchen* s. DWb 4, I, Sp. 1878: Ein Beleg aus Grimmelshausen: »der gleichsam als frucht an den galgenbaum gehört«. – *die Mutter ... mit verhülltem Gesicht*: Über sie s. zu S. 211. – *Trusler nennt dieses einen alten Gebrauch*: Trusler, S. 95, schreibt: »I must not omit taking notice of, one of which is, the letting of a pigeon, bred at the gaol, fly from the gallery, which hastes, directly, home, an old custom, to give an early notice to the keeper (...).« – *Sprüchw. Sal. Cap. I. V. 27, 28*: In Luthers Übersetzung heißt es: »wenn über euch kommt wie ein Sturm, was ihr fürchtet, und euer Unglück als ein Wetter, wenn über euch Angst und Not kommt, Dann werden sie nach mir rufen, aber ich werde nicht antworten; sie werden nicht suchen, und nicht finden.«

229 *sich ergießende Füllhörner*: Sinnbild des Reichtums; vgl. Lichtenbergs Titelbezeichnung zu KA. – *Lord-Mayor*: Darüber s. zu S. 200. – *Hospital-Präparate*: Dazu vgl. Lichtenbergs Reflexion über Kriegs-Invaliden in L 574. – *arme Tropf*: Zu dieser Wendung s. zu S. 28. – *Marquetender*: Marketender, abgeleitet von ital. mercatante: Handelsmann, Feldkrämer, Feldkoch für die Soldaten im Krieg. – *Tapeten*: Hier im Sinne von: Wandteppichen, Wandbekleidungen gebraucht. – *der Prinz von Wallis mit seiner Gemahlinn*: Frederick Louis, Prince of Wales (1707–1751), ältester Sohn George's II., heiratete 1736 Prinzessin Augusta von Sachsen-Gotha. – *unsers jetzigen Königs*: Gemeint ist Georg III.

231 *Hogarth ... seinem Muthwillen*: Zu diesem Begriff s. zu S. 24. – *auf demselben fünf bis sechs Scenen*: Aus diesen Worten spricht Lichtenbergs Delikatesse, die auch andernorts bemerkbar ist – obwohl er ja nicht einmal den ganzen Hogarth ins Bild bringt (s. Nachwort S. 274). – *in usum Delphini*: Über diese Wendung s. zu S. 120.

Von unbekannter Hand erschienen in »G. C. Lichtenberg's Erklärung der Hogarthischen Kupferstiche«, Sechste Lieferung, Göttingen 1800, S. 149–168, von der Siebenten Platte an folgende

Zusätze

Der biblische Spruch, den Hogarth mit dieser Platte commentiren wollte, paßt denn doch sichtbar nur auf den Helden, nicht auf die Heldinn zu seiner Seite. Das Gepolter, das die Katze mit den Kaminfragmenten macht, ist um ein Merkliches lauter, als das Rauschen eines Blatts. Und doch jagt es nur *ihn*, nicht *sie*, die das Ohrgehenke betrachtet, aus dem tiefen Schlaf des Gewissens auf. Man bedenke, daß der Schrecken hier durch das Ohr wirkt. Die Dirne mußte, wenn sie anders nicht taub war, von dem Lärmen doch auch etwas hören. Aber sie hört nichts. Sie *sieht* nur in diesem Augenblicke. Sie ist ganz Auge. Auch Hr. Ireland macht aufmerksam auf den Contrast in der Miene der beiden Bettgenossen. Was aber der Künstler mit diesem Contraste eigentlich sagen wollte, davon schweigt Hr. Ireland.

Man überschaue die ganze Composition von einem Ende zum andern. Sie hat nichts Komisches. Alle Satyre, die hier ausgebreitet liegt, ist *Juvenalische* Satyre. Sie hat auch gerade nur so viel ästhetisches Verdienst, als eine solche Satyre haben kann. Kein eigentlicher Muthwille versteckt hier den strengen Sittenrichter. Kein eigentlicher Scherz entschädigt uns für das Mißfallen am Verworfenen. Aber es bedarf auch hier dieser Entschädigung nicht. Hier wird das *Laster*, nicht die *Thorheit* gezeichnet. Eigentlicher Muthwille und Scherz wären hier Beleidigung alles sittlichen Gefühls gewesen. Das Blatt soll beschämen und erschrecken.

Aber die barocke Mischung in der Ausstaffirung dieses Räubernestes hat doch etwas Komisches, sollte man denken. Und ganz Unrecht hat man nicht, wenn man so denkt. Auf dem Boden ein Paar Pistolen, und dabey eine laufende Maus, die eins dieser Mordgewehre mit dem Schwanze abfeuern zu wollen scheint; die Mündung eben dieser Pistole gerichtet gegen ein Wein- oder Schnapsglas neben einer dazu gehörigen Bouteille; weiter hin zu den Füßen des *Lotterbetts* eine Schüssel und ein Messer, und nicht weit davon, als Eckstein für den Erklärer, ein Henkeltopf von sehr problematischer Bestimmung; und, wenn man von diesem Topfe auf das Bette zurück blickt, das nicht problematische Fundament der männlichen Kleidung; das alles sind freilich Dinge zum Lachen für ein gewisses Publicum, für das Hogarth *unter andern* auch arbeitete, und das er nie aus dem Gesichte verliert. Aber wer von uns, Leser, gehört zu diesem Publicum?

Alles, was hier beim ersten Anblick komisch in's Auge fällt, ist nur schreckliches Resultat einer teuflischen Wirthschaft.

Ist nicht der bedonnerte Bösewicht, mit der gräßlichsten Miene des verdammenden, also doch *regen* Gewissens, ein baarer Engel gegen das freundliche Scheusal, in dessen ganzem Gesichte die brutalste Stumpfheit allen sittlichen Regungen hohnlächelt?

Man bemerkte die *Präcision*, mit der diese Creatur den gestohlnen Schmuck in der rechten Hand hält. Zeigt sich wohl gar einige Grazie in dieser Präcision? Gefällt ihr das Ding so ganz besonders, weil es *Putz* ist? Und macht ihr *dieser* Gedanke die Betrachtung so begeisternd, daß sie darüber das Hören vergißt? Arme, weibliche Eitelkeit! Tiefer konnte dich kein Sittenmahler verwunden. Und doch fällt nur der strenge und gerechte Richter ein milderes Urtheil über das elende Geschöpf, wenn er denkt, daß am Ende *doch nur* Eitelkeit, dieselbe Eitelkeit, die diese Sünderinn taub gegen das Gepolter im Kamine macht, sie nach und nach, vielleicht ganz unvermerkt, taub gegen die Stimme des Gewissens machte. Wie viele Schwestern mag sie zählen unter den Schaaren, die des Nachts die Straßen der großen und kleinen Städte durchschwärmen und in den Hospitälern verscheiden!

Man möchte das ganze Weibsstück zudecken, wenn man einmal weiß, was sie uns zu sagen hat. Und am Ende möchte der Künstler selbst weniger zu verantworten haben, wenn er sie besser zugedeckt hätte. Es thut rechtlichen Augen immer weh, dasjenige prostituiert zu sehen, was der Mann als *Reiz* des Weibes zu denken gewohnt ist. Und vollends unter diesen Umständen!

Ein guter Künstler giebt seinen Personen gewöhnlich noch eine vorhergehende Geschichte, die er sich als das Vorspiel der vergegenwärtigten denkt und *implicite* mitzeichnet. Dieser ästhetische Rückblick in die Vergangenheit zeigt sich offenbar in der ganzen Stellung, die Hogarth der Bettgenossinn seines Seehelden in dem Momente der entzückenden Betrachtung gegeben hat. Man ziehe einmal eine Linie von der rechten Hand, die so präcis das Ohrgehenke hält, bis zu der äußersten Fingerspitze der linken! Man vergleiche die zierliche Biegung beider Hände mit der begleitenden Emphase in dem correspondirenden Ausdruck beider Arme! Wenn das keine *theatralische* Gebehrdensprache ist, was wird dann, unter gleichen Umständen, dafür gelten können? Dahin deutet auch ohne Zweifel das schildförmige Ding am Nagel an der Wand über dem Kopfe der Betrachtenden. Hr. *Ireland* wenigstens erklärt es für einen Reifrock. Er macht dabey die Bemerkung, »daß dieser Reifrock ein gutes Specimen von der damaligen Mode sey, wo diese lästige und ungraziöse Combination von Fischbeinstreifen von Weibern *sowohl vom untersten als vom obersten Stande* getragen wurde.« Ob diese Bemerkung der historischen Wahrheit gemäß ist, ist aber noch sehr die Frage; der unterste Stand müßte denn der Stand der Kammermädchen und der *eleganten* Handwerker seyn. Denn Taglöhnerinnen, Bäurinnen u. desgl. haben schwerlich jemals Selbstverleugnung genug gehabt, um Reifröcke zu tragen. Vermuthlich wird nächstens ein Gelehrter, in *Beiträgen zur Geschichte der Schneiderkunst*, die Facta, auf die hier Alles ankommt, mit demselben rühmlichen Fleiße, wie so manches ähnliche Factum, über welches Quartanten geschrieben sind, zu berichtigen suchen. Bis dahin bleibt uns die Hypothese erlaubt, nach welcher dieser Reifrock als ein Denkmal, vielleicht das letzte unter den Denkmalen der vorigen Tage der Heldinn, erscheint; und durch ihre Erinnerung an jene schönern Tage, wo sie vielleicht noch *eigne* Ohrringe trug, würde dann ihre Begeisterung noch mehr entschuldigt. Die Moral, die dann in der Beziehung des Theaters auf solch ein Lotterbette läge, wäre Hogarths wohl nicht ganz unwürdig.

Der erschrockene Bösewicht, der sich selbst commentirt, bleibt aber doch auf diesem Blatte die Hauptfigur. *Er* hat diese Situation unmittelbar veranlaßt. Jeder mitgezeichnete Umstand ist hier als Theil *seiner* Geschichte mitgezeichnet. Auf ihn fällt auch zuerst unsere Aufmerksamkeit; denn der Schrecken theilt sich kräftiger mit, als die Freude.

Als Embleme einer *zerbrochenen Reputation* (a crack'd reputation), wie der Engländer sagt, kann man auch die Risse und Löcher in dem Hausgeräth ansehen, vor dessen unmethodischer Vertheilung überdem schon eine gute Hausfrau schaudern muß. Das Weinglas auf dem Boden hat ein Loch. Die Bouteille darneben hat ein Loch. Der problematische Henkeltopf hat ein Loch. Nicht besser steht es mit dem andern Gefäße auf dem Gesimse des Kamins. Und daß sogar die Tasse dort oben neben den Gläsern, die denn doch ohne Zweifel *Arzneygläser* sind, ein Loch hat, ist Hieb und Stich mit Einem Zuge. Denn wer kann zweifeln, von welcher Art diese Arzney ist?

Zusätze zur Achten Platte

Hr. Ireland ist der Meinung, man müsse beym Anblick dieser speisenden Gesellschaft den Schluß machen, daß diese Leute mehr *leben, um zu essen, als essen, um zu leben.* Das paßt doch wohl nicht auf den Nicht-Esser mit dem langen, hohlen Gesichte und der Jammermiene, die einen Stein rühren möchte? Den kneipt es irgendwo, wo es auch sey, so stark, daß er den Eßlöffel mit dem Stiele zu unterst in die Suppe zurücksinken läßt, und den Neger, der ihm den belebenden Trank nahe genug vor das Auge hält, nicht einmahl bemerkt. Aber vielleicht *hat* er gelebt, um zu essen, und wird *deßwegen* auch vielleicht bald aufhören, zu essen, um zu leben. In diesem Falle wäre er keine solche Nebenperson auf dem Blatte, wie bey dem Schmause, den das Blatt vorstellt.

Der herrschende Gedanke in der Composition dieses ganzen Blattes ist doch wohl dasselbe Problem, das den Philosophen in dem Streite über die *Verbindung des Leibes mit der Seele* so viel zu schaffen macht. Denn was diese Gesichter Seelenartiges haben, begünstigt sichtbar den *Materialismus*. Die Seele erscheint hier als eine bloße Modification des Körpers. Die *ernsthaftesten* Esser scheinen daran am wenigsten zu zweifeln. Und doch würden wir sehen, wie ganz anders gerade *sie* sich äußerten, wenn sie nach aufgehobener Tafel in *theologische* Streitigkeiten geriethen. Denn bisher waren noch fast immer die orthodoxesten, Alles, was die Kirche glaubt, systematisch nachglaubenden, und mit Faust und Mund verfechtenden Dogmatiker Leute, die gründlich zu *essen* verstanden, und in ihren ramassirten Figuren den Beweis davon trugen. Die hagern und schmächtigen Theologen haben weit mehr Skeptisches in ihrer Composition. Ueberdem kann man Hundert gegen Eins wetten, daß, wenn die Kirche nicht zuweilen auftischte, wie hier der neue Sheriff von London, sie sich als *streitende* Kirche nicht so tapfer halten würde.

Indessen scheint unser Künstler dem Lehrstande an dieser Tafel kein entscheidendes Uebergewicht gegeben zu haben. Der *weltliche Hut*, der hier vorn auf der Bank vicariirt, gehört zu den Insignien des Wehrstandes. Auf diesen Hut bezieht sich das kreuzweise über einander gelegte Paar Messer und Gabel. Der Platz ist *belegt* für einen Hauptmann, oder Major, oder Obersten, oder gar für einen General. Denn ein Subalternofficier würde doch wohl nicht hier, wie in den Wirthshäusern, unter die bedeutendsten Personen zu zählen seyn. Dahin aber zählt ohne alle Zweifel Hogarth den abwesenden Inhaber des belegten Platzes. Denn warum läge sonst hier der Hut so sprechend auf *dem* Platze, der dem Zuschauer der nächste ist? Die berufenen Erklärer haben bey diesem Hute überhaupt Gelegenheit, ihren Scharfsinn in gründlichen Conjecturen zu üben. Erstens fragt sich: Warum liegt hier ein *Officiershut*? Und zweytens: Warum liegt der Officiershut *hier*?

Die erste Frage führt zu einer *historischen* Speculation. Der Officier, dem dieser Hut gehört, hat ihn gewiß nicht, wie ein Pastor die Bibel durch den Küster, durch den Unterofficier vorausgeschickt. Er ist gewiß nicht Willens, so wenig *chapeau-bas*, als mit einem zweyten Hute, nach zu kommen. Also – er war schon einmahl selbst da, und hat sich nur auf einen Augenblick *absentirt*. Wohin aber und zu was Ende? Das möchten wir ergründen. Was will der Künstler mit diesem Gedanken?

Und daß, die *zweyte* Frage betreffend, der Hut gerade *hier* liegt, bestätigt die Wichtigkeit der ersten Frage. Der Hut soll in's Auge fallen, und das Interesse für seinen abwesenden Herrn und dessen dermahligen Geschäfte recht nachdrücklich erregen. Aber warum das?

Nicht leichter zu deuten ist die ganze Gesellschaft als *gemischte* Gesellschaft. Die Damen, die unverkennbar da sind, haben uns alle den Rücken zugekehrt; und so breit auch der Rücken der einen von ihnen ist, klärt er doch nicht auf, warum hier so *wenige* Damen unter so vielen Männern erscheinen. Wir sehen wohl, daß es dem Gastgeber nicht um eine *bunte Reihe* zu thun war. Aber damit sehen wir noch nicht viel.

So wenig *Ausgeführtes* auch in der Zeichnung der Figuren im Hintergrunde ist, so mannigfaltig und natürlich zeigt sich das Ganze. Man versuche einmahl, eine beliebige Person aus dieser Gruppe länger anzusehen; und sie entwickelt sich mechanisch in der Phantasie mit charakteristischen Zügen und Attributen.

Zu den Figuren, mit denen uns der Künstler auf diesem Blatte vorzüglich unterhalten wollte, gehört der *Rathspedell* und die *hungrige* Gesellschaft hinter der Barriere im Vordergrunde zur Rechten. Diese hungrige Gesellschaft meldet sich, ihr unvollkommenes Recht auf den Ueberfluß der Tafel durch demüthiges Bitten, wie so Mancher sein *vollkommnes* Recht, geltend zu machen; und der Pedell, dessen Gesicht nicht weniger als seine energische Stellung beweiset, daß er sich heute schon satt gegessen hat, und zu allen Zeiten satt zu essen pflegt, buchstabirt, statt der Antwort auf die Supplik, den Armen unter die Nase die Aufschrift eines Briefes, den er unterdessen bestellen sollte. Vielleicht ist es ein Bettelbrief, ein Gratulationsschreiben an den neuen Sheriff. Der arme Sünder, der mit krummen Knien da draussen hinter der Barriere steht, den Arm vertrauensvoll auf die Barriere legt, und mit kleinen Augen und offenem Munde dem Buchstabiren des Pedells mit besonderer Aufmerksamkeit zuhört, könnte wohl der Verfasser und Ueberbringer dieses Briefes seyn. Ist er es wirklich, so ist der vermeinte Brief auch ohne Zweifel ein *Carmen.* In der Miene dieses spitzfindigen Enthusiasten liegt auch etwas vom neuesten *Recensentengenie.* In Deutschland würde er ein ganz anderes Glück machen. Der andere Supplicant, den man für einen Quäker oder Methodisten halten könnte, wenn diese Brüderschaften ihre Mitglieder betteln ließen, hat weit mehr Resignirtes in Blick und Stellung. Verse hat er schwerlich gemacht; und auch seine Prose scheint er gemächlich und leise wie ein Vater unser vorzutragen, an dem er sich müde gebetet hat. In der Art, wie er seinen Hut auf den gefalteten Händen hält oder dreht, liegt ein Bettlermechanismus, und in der ganzen Miene des Kerls ein Bettlercharakter, den Hogarth nicht verfehlen konnte. Das dritte Gesicht, das sich zwischen den beiden vorderen durchdrängt und den Mund wie zum Singen aufsperrt, gehört auch keinem Neulinge in der Kunst, die hier geübt wird. Aber es scheint ihm an Erfindungsgeiste zu fehlen.

Hoch erhaben über das Anliegen aller dieser bedürftigen Wesen steht majestätisch in seiner Selbstgenügsamkeit der Rathspedell da. Sein Gesicht ist ein Löwengesicht; seine ganze Gestalt die zweckmäßigste Unterlage zur Uebung junger Aesthetiker in der Theorie des *dynamisch Erhabnen.* Mit *der* Miene, wie er die Aufschrift des Briefes lieset, blickt auch wohl ein philosophirendes Jüngerchen aus irgend einer *einzig möglichen* Schule das Titelblatt eines Buches an, dessen Verfasser Zweifel und Gründe gegen ein System, das des Jüngerchens Welt ist, auch nur zu denken wagt. Was es doch für eine schöne Sache um die Majestät aus der zweyten und dritten Hand und um das Selbstgefühl ist, das man *nicht sich selbst* verdankt! Wer gleicht dem Pedell im Amtscostum, dem Kutscher und Lakaien in der Staatslivrey, und dem Jünger im Ornat seines Meisters?

Zusätze zur Neunten Platte

Herr Ireland hat wohl nicht Unrecht, diese ganze Scene ein *Pandämonium* zu nennen. Bekanntlich gibt Milton diesen Nahmen der Versammlung der Teufel. Aber allen Teufeln können die hier gezeichneten Menschen etwas aufzurathen geben. In Miltons Pandämonium wenigstens herrschen die *rüstigen* Affecten. Da wird haranguirt, distinguirt, getobt und geraset, wie in einem Jacobiner-Clubb. Teuflisch genug geht es dabey her. Aber man hält um des gereizten Affects willen selbst der Teufeley etwas zu Gute. Immer bleibt ein mächtiger Unterschied zwischen dem Bösen, das der Mensch aus Ehrfurcht und Rache verübt, und der *ruhigen* Infamie, die das letzte Resultat der Brutalität ist. Und diese hat uns Hogarth hier in einer Gallerie von scheußlichen Varietäten gezeichnet.

Nur durch dieselben Züge, durch die dieses Blatt ein Beytrag zur geheimen Geschichte der Menschheit ist, kann es auch ein ästhetisches Interesse behaupten. Es ist, leider! *menschliche Natur,* die wir hier sehen; menschliche Natur unter der thierischen; und, mit andern Hogarthischen Darstellungen verglichen, keine Caricatur. Man erinnere sich, wenn man den ästhetischen Werth dieser Dichtung bezweifelt, an eine Idylle aus *Geßners* Unschuldswelt; und man hat durch den Contrast gefunden, was man vermißte.

Der Held des Blattes, *Idle* selbst, scheint der einzige von der Gesellschaft zu seyn, der sein Gewissen mit allen Sirenengesängen des Eigennutzes nicht ganz hat einschläfern können. Der Schrecken, den sein Gesicht auf dem siebenten Blatte ausdrückt, zeigt sich auch hier noch, ob er gleich dieß Mahl durch kein Gepolter erschreckt wird. Die Gerichtsdiener kommen, nach ihrer Art, *geschlichen.* Idle hat den Rücken gegen sie gekehrt. Er ist auch viel zu tief in Nachdenken versunken, als daß er ihre Ankunft bemerken könnte. Dem Ansehen nach besorgt er, von seinem viel schlauer schmunzelnden Cameraden bey dieser Gütervertheilung verkürzt zu werden. Der Argwohn verzerrt besonders seine Freundlichkeit. Aber in allen seinen Mienen liegt noch etwas *Verstörtes,* das die übrigen Dämonengesichter hier nicht haben. Er könnte indessen, so wie er hier aussieht, noch immer ganz paßlich einen *Croupier* an einer öffentlichen Pharao-Bank vorstellen, etwa in dem Augenblicke, wo aus der Casse, die schon in Gefahr steht, gesprengt zu werden, ein Bedeutendes ausgezahlt wird. Er ist auch der *eleganteste* von der Gesellschaft. Seine Perücke macht ihn sogar zu einem *heutigen* Elegant. Vielleicht wird er von der Bande als eine Art von Hauptmann respectirt. Wenigstens kann er die Pistolen, deren eine in seiner Tasche sehr schlecht versteckt ist, während die andere neben ihm liegt, jeden Augenblick als Argument benutzen, um die Rechtmäßigkeit seiner Herrschaft zu beweisen. Denn ohne Zweifel gehört er kraft dieser Pistolen zu der *vornehmsten* Classe von Dieben. Er ist Highwayman, *berittener* Straßenräuber. Was aber das *beritten* oder nicht *beritten seyn* für einen Unterschied in der menschlichen Gesellschaft hervorbringt, ist historisch bekannt. Eben so bekannt ist, daß die berittenen Straßenräuber in England mit großer Verachtung auf die *Foot-pads*, d.i. die Diebe zu Fuß, herabsehen, und daß die Pistole in der Tasche das Kennzeichen eines Highwayman ist. Der Straßenräuber *Idle* will also, oder könnte doch wollen, daß die vor dem größern Publicum versteckte Pistole in seiner Tasche das Gesindel in diesem Mordkeller in Respect erhalte; und deßwegen könnte er sie mit Fleiß so viel bedeutend hervorblicken lassen. Wie reichhaltig doch die Begriffe von Rangordnung und Respect sind!

Idle's alter Camerad, der *Adramelech*, der mit diesem *Satan* die Gütervertheilung besorgt, scheint übrigens von keiner Art von Respect durchdrungen zu seyn. Er hat es sich bequem gemacht. Die Mütze auf seinem Kopfe könnte auf politische Vermuthungen leiten, wenn es nicht eine häusliche Nachtmütze wäre. Sie beweiset nur, wie gesagt, daß ihr Besitzer – denn Eigenthümer ist er schwerlich – es sich bequem gemacht hat. Seine behagliche Stellung nicht weniger als seine selbstzufriedene Miene contrastirt sehr gut mit der Spannung und Unruhe, die sich in Idle's ganzem Wesen zeigt: als ob dieser den Strick und das höllische Feuer schon fühlte, während jener, echt jacobinisch, *über dergleichen Possen hinaus ist.* Idle wagt nicht, sich ordentlich zu setzen. Er hält sich in den Grenzen des spanischen Reverenzes, den er, nur auf einem Knie ruhend, vor dem Mammon macht, den er mit seinem Cameraden, leider! theilen muß. In dieser Stellung ist er immer sprungfertig, auf den Fall, wo es zur äußersten Hand kommen sollte. Sein getreuer Freund läßt es darauf ankommen. Mit kreuzweise über einander geschlagenen Beinen sitzt er da wie ein türkischer Bassa. Es fehlt nur der lange Talar und die lange Tobackspfeife. Sein Gesicht verkündigt, verglichen mit Idle's Gesichte, eine Teufelsgenügsamkeit. Er hat gerade so viel *Katzenartiges*, als Idle's Physiognomie *Hündisches* hat. Auch scheint er sich einer geistigen Ueberlegenheit bewußt zu seyn, die ihm besonders bey diesem Theilungshandel zu Statten kommt, und Idle's argwöhnische Miene veranlaßt. Man sehe auch einmahl die sanfte Bewegung, mit der seine Hand die gestohlne Uhr unter den übrigen Schätzen hervorzieht, und vergleiche damit die geballte Faust Idle's!

Die dritte Hauptfigur auf diesem Blatte ist die Dirne, die ihren Bettgenossen der Justiz überliefert. Ihr Gesicht ist sehr glücklich beybehalten. Ihr Costum rechtfertigt die historischen Vermuthungen, auf die man beym siebenten Blatte geräth. Nicht zu vergessen das beredte Loch in der Schürze. Die Dirne verräth, nach dem Bilde, ihren Liebhaber für Geld. Das Geld mußte hier in loco ausgezahlt werden, wenn die Composition verständlich seyn sollte. Daß aber außer dem Gelde noch ein anderes Motiv mitwirkt, hat Hogarth auch nicht zu sagen vergessen. Die Correspondenz zwischen den Blicken der Dirne und den Blicken des Gerichtsdieners spricht zu deutlich. So empfindsam sieht sonst kein Gerichtsdiener aus. Und so viel Süßes, wie in der Miene des Weibsstücks liegt, läßt sich aus Golde nicht pressen. Die Beiden kennen einander nur zu gut. Wir sehen hier ein neues *Pärchen.* Und wer weiß, ob unter der Protection seines neuen Liebhabers dieser gefallene Engel sich nicht wenigstens wieder bis zur Höhe des irdischen *Empyreums* erheben wird, wo schon einmahl die Lampen am *Proscenium* und zwischen den Coulissen ihre Reize verklärten! Ob bey einer solchen Protection die Justiz oder das Theater am schlimmsten fährt, verdient besonders, nur nicht hier, untersucht zu werden.

Zu den Figuren im Vordergrunde gehören noch der Ermordete, und der Kerl, der ihn sanft zur Ruhe schiebt. Sollte es von ungefähr gekommen seyn, daß uns Hogarth von diesem Kerl nur das Untergesicht in einer Verkürzung zeigt? Getraute er sich etwa nicht, den Grad von Abstumpfung und Verworfenheit auszudrücken, der sich auf dem versteckten Obergesicht hätte verrathen müssen, wenn es unserer Betrachtung freyes Spiel gäbe? Hogarths Talent wird wenigstens durch diesen Zweifel nicht verkleinert. Bekannt ist, was die Alten von einem berühmten Gemählde, nur freilich einem Gemählde anderer Art (es stellte die Opferung der *Iphigenia* vor), Aehnliches erzählen. Der Künstler, der auf den Gesichtern der umherstehenden Personen den Ausdruck der Traurigkeit erschöpft hatte, mahlte die zweyte Hauptperson, den Vater Iphigeniens, *verschleyert.* Aber der Elende, der in diesem Mordkeller das Todtengräberamt versieht, ist keine Hauptperson. Zeigte er uns sein ganzes Gesicht, so würde er uns durch das, was in diesem Gesichte liegen müßte, mehr interessiren, als er soll. Dann gienge die Einheit der Composition verloren. Besser also, wir sehen seinen Hut statt seines Obergesichts. Das Untergesicht hat ohnehin Brutalität genug.

Mit sehr viel Geist und Bestimmtheit hat Hogarth die Personen im *Hintergrunde* dieses Blattes gruppirt. Krieg und Friede grenzen da, wie überall, wo Redlichkeit und Humanität nicht viel vermögen, dicht an einander; und wer nicht *für seine Person* in den Krieg verwickelt ist, schläft, raucht sein Pfeifchen, oder besudelt die Wand in Frieden. Der Ausdruck dieses gänzlichen Mangels an Antheil, dieser inneren Isolierung der menschlichen Geschöpfe, die nur durch Eigennutz an ihre Mitgeschöpfe gebunden sind, diese moralische Einöde möchte wohl, wie man es nimmt, das Abscheulichste, oder das Schönste auf dem ganzen Blatte seyn.

Die Interessenten bey der Prügeley, das heißt, Alle, die persönlich mitprügeln oder geprügelt werden, interessiren uns nur *in Masse.* Die Individuen, für sich betrachtet, bedeuten nichts. Das bringt gewissermaßen auch schon der Krieg so mit sich. Was bedeutet ein Soldat? Ein lebendiges Gewehr. An Werth des Individuums darf wenigstens der commandirende General nicht denken. Ob der Mensch hier als Mensch glücklich oder unglücklich ist, lebt oder stirbt, darauf darf nicht weiter reflectirt werden. Hier wirkt und entscheidet die gesammte *Masse.* Der Soldat feuert seine Flinte als eine von den tausend Flinten ab, aus denen sein *Regiment* schießt; und die Summe aller Schüsse des Regiments ist wieder nur ein Bruch von der Einheit des Totalschusses, Totalhiebes und Totalstichs der Armee. Die Armee schlägt oder wird geschlagen. Auf eine erbeutete oder verlorene Kanone kommt deßwegen oft mehr an, als auf ein Dutzend Mann Getödteter oder Verwundeter von beiden Seiten. (Wir haben bey dieser Affaire zwölf Mann verloren«, heißt in einem militärischen Rapport nicht viel mehr, als: »Wir haben nichts verloren.« Wer diese zehn Mann waren, darnach fragt Niemand, als wer in ihnen einen Freund, einen Gatten, einen Sohn u.s.w. verlor; und davon kommt kein Wort in die Zeitung. Und wie kommt diese, in keiner Hinsicht neue Betrachtung hierher? Bloß durch eine kleine Anwandlung des Gefühls, von dem kein Gesicht auf diesem Blatte etwas weiß. Wir, die wir mehr wissen, bedürfen dann freilich auch keines weit hergehohlten

Unterrichts, um zu begreifen, daß auch im gerechten Kriege die Reduction der Individualität auf ein Fragment der zerstörenden Totalität ein nothwendiges Uebel ist, und daß ein menschenfreundlicher *Türenne* als General seine Leute eben so nach Waffen berechnen muß, wie ein *Potemkin*. Aber daß dem so ist und, nach allen Aspecten, bis an's Ende der menschlichen Dinge so seyn wird, daran einmahl zu erinnern, ist besonders beym Eintritt in das neue Jahrhundert der Mühe werth. Denn practischer hat noch keine Weisheit den ewigen Frieden eingeleitet, als die Weisheit unserer Tage. Wer ihr eine Gewissensfrage arglos *in's* Ohr zuflüstert, der bekommt die Antwort *auf's* Ohr.

Die Gruppe des Friedens auf diesem Blatte, von dem nasenlosen Weibsbilde bis zum mahlenden oder dichtenden Grenadier, ist eher ein Vorspiel des *ewigen Todes* in der alten dogmatischen Bedeutung des Worts, als des ewigen Friedens. So sehen Leute aus, deren Seelen der Fürst der Finsterniß *gewiß* hat. Was über der Thür der Hölle Milton's geschrieben steht, sagen auch diese Gesichter: »*Hier ist sogar die Hoffnung verloren.*«

Das nasenlose Weibsbild stellt die *Anti-Hebe* in diesem umgekehrten Himmel vor. Sie reicht den Porterkrug mit eben so viel altkluger Trägheit, wie *Hebe* vermuthlich mit jugendlicher Behendigkeit die Nektarschale reichte. Wer so, wie sie, den Kopf schief hält, der *denkt*, und zwar langsam. Woran aber, oder worauf sie denkt, überläßt man am besten ihr selbst. Denn etwas Anderes kann doch wohl dieser Verstand nicht durchwühlen, als eine *Gedanken-Cloake*.

Sanft, wenn gleich nicht selig, schlummert, wo Krieg und Frieden sich scheiden, unter dem herabhängenden Stricke Einer, der vermuthlich zum Stricke reif ist. Das wollte doch wohl der Künstler sagen. Wie der Strick dahin gekommen ist? Vielleicht ganz von ungefähr. Die Dienste, die er gethan hat, waren vielleicht die unschuldigsten von der Welt. Andrer Meinung ist der ungenannte Verfasser der *Explication of several of Hogarth's prints*. (Lond. 1785). Nach seiner Muthmaßung hat sich ein armer Sünder von der Gesellschaft an diesem Stricke erhenkt. Das könnte immerhin der Fall seyn. Aber warum sollte er es hier seyn? Wozu hier ein so überflüßiger Zug? Sich selbst erhenken, ist und bleibt etwas sehr Schlechtes; aber die schlechtesten unter den Gaunern sind zuverlässig *die* nicht, die sich selbst erhenken. Verzweiflung setzt voraus, daß man sich unglücklich fühlt; und wer sich als Bösewicht unglücklich fühlt, hat noch einige Stufen *hinunter* zu steigen, ehe er ein würdiges Mitglied der Gesellschaft wird, über der hier der Strick hängt. Und die Selbstentleibung eines Solchen, so viel sie auch sonst zu bedeuten haben mag, hätte hier etwas zu bedeuten? Diese von Gefühllosigkeit erstarrten Ungeheuer, die einen in ihrer Mitte Ermordeten so ruhig einsenken sehen, als ob sie Leichenbitter auf dem Kirchhofe vorstellten, sollten durch Betrachtungen über einen Strick gerührt werden, an dem sich Einer von ihnen, nach ihrer Theorie ein Narr, erhenkte? Man drehe die Aufgabe, wie man will; es wird immer unwahrscheinlicher, daß Hogarth hier an Selbstmord gedacht hat. Eher möchte die Gesellschaft selbst sich die Kurzweile gemacht haben, an einem Unglücklichen, den sie in diesen Keller, etwa zu einer Karten-Partie (man sehe die Spielkarten im Vordergrunde!) herablockte, und dann ausplünderte, zum Beschlusse im eigentlichen Verstande zu Henkern zu werden, um sich einmahl als active Mitglieder eines Festes zu fühlen, bey dem sie die passive Rolle doch, früher oder später, zu übernehmen befürchten müssen. Vielleicht ist der Ermordete, der hier versteckt wird, selbst auf diese Art mißhandelt worden. Wie dem auch sey; der Strick über dem Schlafenden bedeutet in der Vergangenheit was er will; in der Gegenwart bedeutet er nichts weiter, als die erhabene Bestimmung dessen, über dem er hängt.

Nach der Erklärung desselben Schriftstellers, dessen Theorie von dem Zwecke des Stricks auf diesem Blatte man nicht wohl unterschreiben kann, sieht der Kerl, der neben dem Schlummernden sein Pfeifchen raucht, mit der größten Sorglosigkeit der Einsenkung des Ermordeten zu. Aber die Augen dieses Kerls sind offenbar nicht nach dem Ermordeten gerichtet. Er blickt, in Phantasien verloren, stier in die Welt hinein, und gefällt sich selbst nicht wenig in seinen Phantasien. Er ist vielleicht der *infamste* unter diesen Gaunern. Für ihn gibt es, wenn sein Gesicht nicht lügt, auch in der Art und *Gradation* der Laster keine fühlbaren Unterschiede mehr. Ihm gilt, ein Einziges abgerechnet, Alles gleich; und dieses Einzige ist das Gelingen jedes, gleichviel welches, Bubenstücks, dazu ein Trunk Bier und eine Pfeife Toback. Vermuthlich idealisirt er sich, nach diesen drey Gesichtspuncten, so wie er da sitzt, eine Glückseligkeit, die er bald zu erleben hofft.

Daß der Sudler an der Wand, auf der andern Seite des Camins, ein *Grenadier* ist, hat entweder unmittelbaren Bezug auf die Sitten der *damahligen* Grenadiere; oder vielleicht hatte man gerade damahls auch nur Einen Grenadier unter einer Diebesbande ertappt, und Hogarth wollte einen Wink geben, dafür zu sorgen, daß der Fall nicht vervielfältigt würde. Hr. Ireland's Erklärung greift weiter um sich. Er *generalisirt* und *perpetuirt* den Fall in einer ironischen Phrase, wofür ihm das Grenadier-Corps in London, wenn es so etwas läse, schwerlich mit zu vieler Höflichkeit danken würde. Hogarth hat, nach Hrn. Ireland, »um zu zeigen, daß die Grenadier-Compagnie damahls, *wie noch jetzt*, ein Corps von *tugendhaften* Leuten ist, einen von ihnen im Winkel vorgestellt.« Die Phrase klingt fast so pathetisch, wie die über den Reifrock auf dem siebenten Blatte. Was Treffendes in ihr liegt, wird man in London am besten wissen.

Zusätze zur Zehnten Platte

Hogarth war uns durch das vorige Blatt eine Zeichnung schuldig geworden, durch die er uns mit der *menschlichen Natur* wieder aussöhnen mußte. Dieses Blatt stellt zwar, verglichen mit der Hölle auf dem vorigen, nicht eben einen Himmel, aber doch etwas dem Aehnliches, ein *edles* Menschengesicht im Contraste mit den Zügen der tiefsten Erniedrigung der *Rasse* vor, zu der wir nun einmahl Alle zu gehören die Ehre haben. Die Figur *Goodchilds*, der hier als Richter seinen Jugendfreund wieder sieht, spricht so deutlich für sich und zur Ehre des Künstlers, daß eine genauere Beschreibung nur den Eindruck schwächen würde, den das Ganze auf jedes Auge machen muß, das dergleichen Scenen nicht so zu beäugeln gewohnt ist, wie der *Büttel*, der hier wie ein Kettenhund die unglückliche Mutter anbellt, oder wie der *Schreiber* mit dem Judengesicht in seiner Zettel-Boutique.

Einige von den englischen Erklärern glauben, der Moment dieses Blatts sey das *Ende* des Verhörs, und Goodchild erscheine so gerührt, weil er jetzt eben das Todesurtheil sprechen müsse. Andere sehen in der Erschütterung Goodchilds die Wirkung des *ersten* Eindrucks eines solchen Wiedersehens zwischen ihm und Idle. Die Wahrheit möchte wohl auch hier in der Mitte liegen. Das Verhör hat schon angefangen und ist noch nicht zu Ende. Es ist bis zur Ablegung des Eides vorgerückt, durch den der unter aller Kritik verächtliche Bube, der hier als Zeuge auftritt, seinen Cameraden an den Galgen schwört. Der Richter, der in diesem Augenblicke nichts mitzusprechen hat, kann sich daher seinen Empfindungen so überlassen, wie er sie hier äußert; der Schreiber fertigt indessen vorläufig die Addresse an den Kerkermeister; und der Gerichtsdiener gibt der schluchzenden Mutter den menschenfreundlichen Befehl, »das Maul zu halten« damit die feyerliche Handlung nicht gestört werde, bey der ohnehin die nöthigen Worte gewöhnlich nur gemurmelt werden, wie ein Gebet *in der Eile*.

Die *Satyre* dieses Blatts gilt ausschließlich der heiligen Justiz. Nur der Richter erscheint hier als ein Mann ohne Tadel und, wie beym *jüngsten* Gerichte, als der einzige in seiner Art. Mit den übrigen Justizverwandten steht es anders. Auf den Schreiber läßt sich zwar auch nichts bringen, sofern er schreibt; aber man sehe die Miene, mit der er schreibt. Was gibt es denn hier so zu belächeln? Das ist die Frage, die man unmöglich zur Ehre des Schreibers beantworten kann. Macht es ihm Spaß, die Addresse zu expediren, ehe er noch den Befehl dazu vom Richter erhalten hat? Freuet er sich der Divinationsgabe, die ihn in solchen Fällen nicht trügt? Oder freut er sich nur der Sporteln, die es hier wieder zu verdienen gibt? Auf *reinere* Freuden wenigstens kann diese Miene nicht deuten. Verständlicher noch steht der Syndicus, oder wie er sonst heißen mag, da, der Mann, der dem Schwörenden den Eid abnimmt. Die freche Selbstgefälligkeit, mit der er so baumgerade und so tanzmeistermäßig seine Vorderseite zu dem Amtsgeschäfte präsentirt, versteckt sehr methodisch das Privatgeschäft hinter seinem Rücken. Und der ausgemästete Gerichtsdiener mit dem Bullenbeissergesichte sieht auch nicht aus, als ob er auf dem Wege Rechtens so satt geworden wäre. Wenigstens gehört er mit diesem Gesichte und dieser Art von Gravität nicht dahin, wo die Gerechtigkeit das Mitgefühl beherrschen, aber nicht in Fett und Grobheit die Menschlichkeit ersticken soll.

Die Dirne, die dem Syndicus das *Douceur* in die Hand drückt, gehört, nach ihrem Costum zu schließen, in Eine Classe mit der vom vorigen und dem siebenten Blatte. Dieselbe Person aber ist es nun wohl nicht. Sie sieht auch ganz anders aus. Um uns aber zu sagen, was die Bestechung hier noch weiter als eine im Gerichte selbst, während der feyerlichsten Gewissenserschütterung selbst, vorgehende *Bestechung überhaupt* bedeuten soll, hätte sich der Künstler deutlicher ausdrücken müssen. Aber wenn er es nun auch gethan hätte, was gewönnen wir Sonderliches dabey? Es gibt Dinge in der Welt, die an sich schon zu viel bedeuten; und dahin gehört doch wohl eine solche Bestechung.

Idle, der Missethäter, dem zu Ehren diese Sitzung gehalten wird, erscheint also auf diesem Blatte im Ganzen in nicht viel besserer Gesellschaft, als auf dem vorigen. Nur die Decorationen sind verändert; und das ändert *hier* die Sache. Dadurch gewinnt die Composition auch eine versteckte Einheit, die man wohl in's Auge fassen muß; denn sie ist der Brennpunct aller von diesem Blatte den Justizverwandten auf die Seele brennenden Strahlen. Wenn nicht der Richter, als die Hauptperson, dießmahl glücklicher Weise eine Ausnahme machte, so wäre der Unterschied zwischen dem Angeklagten, dem Zeugen und den Justizpersonen nur *formell*. Aber wer noch nicht weiß, wie viel in Justizsachen auf die *Formalien* ankommt, kann es hier lernen. Der Syndicus, der sich hier bestechen läßt, ist ein eben so abgefeimter Dieb, ein eben so gewissenloser Bösewicht in der Welt, wo das Recht selbst richtet, wie der angeklagte Idle und sein Camerad, der ihn an den Galgen schwört. Aber er hat *studiert*. Er hat besser, als Idle, begriffen, was es heißt: *Vigilantibus iura sunt scripta,* d.i. »Hinter dem Rücken der Justiz gibt es keine Gesetze.« Darnach richtet sich auch das Weibsbild, das ihm das Geld zusteckt. Idle wird gehenkt, weil er nicht gründlich zu stehlen verstand, und noch dazu so überdumm war, ohne Noth, und gar vor Zeugen, zu *morden*. – Vergleicht man die Freundlichkeit des Schreibers hier mit dem Lächeln des Einäugigen auf dem neunten Blatte; welche Verwandtschaft der Mienen, so wenig auch ihre Gesichter auf Familienverwandtschaft schließen lassen! – Und was das *Zartgefühl* des Büttels hier betrifft, möchte es sich mit den Gefühlen des Grenadiers auf dem neunten Blatte auch wohl ohne viele Schwierigkeit amalgamiren, wenn auf der einen Seite die Noth, auf der andern auch nur ein Krug Porter stände.

Idle's Stellung und Gesicht hat übrigens etwas fürchterlich Zerknirschtes, das man nicht ohne Mitleid ansehen kann. Er sieht aus, als ob er von seinem Gewissen lebendig gerädert würde, oder als ob er die ganze linke Seite des jüngsten Gerichts im Moment, wo das Urtheil der ewigen Verdammniß gesprochen wird, repräsentirte. Hätte *Robespierre* so ausgesehen, als er auf der linken Seite der constituirenden Versammlung das souveräne Volk repräsentiren zu *wollen* anfing, wie mancher Guillotinirte würde noch leben! Aber Robespierre – *le seul homme vertueux de la France* – wie er vor sechs Jahren hieß – hat, im Porträte wenigstens, weit mehr Aehnliches mit dem Einäugigen hier, in dessen Charakter sich auch von Anfang an *Frechheit* als der Zug gezeigt hat, der am stärksten hervorspringt. Idle zeichnet sich in dieser ganzen Gallerie seiner Thaten und ihrer Folgen unter seinen Spießgesellen immer durch Mangel an gehöriger Frechheit aus. Ihm ein Compliment damit zu machen, kann Hogarths Gedanke nicht gewesen seyn. Nur um die Wirkung des *Abschreckens* zu erreichen, mußte der Elende so gezeichnet werden, wie das böse Gewissen sichtbar das Herz zermalmt. Eben dadurch aber wird dieser immer von sich selbst geängstigte und endlich verzweifelnde Sünder ein Gegenstand des Mitleids. Man wünscht, so oft man ihn anblickt, in der ganzen, nicht bloß in der gewöhnlichen Bedeutung: »Gott sey seiner armen Seele *gnädig*!« Er hängt ja in der That schon, ehe er noch gehenkt wird. Wie er da, gelähmt in allen Gelenken, als ob er in sich selbst versinken wollte, über die Barriere gebogen, kaum mit den Armen sich hält, um nicht auf die Knie zu fallen! Er würde, wie auch Hr. Ireland bemerkt, sich nicht aufrecht halten können, wenn diese Barriere ihn nicht unterstützte. Und *die* scheidet ihn nun auf ewig von dem Gefährten seiner Jugend. Er faltet seine gefesselten Hände umsonst. Sein Stündlein hat geschlagen.

Zusätze zur Elften Platte

Die Lection, die auf diesem Blatte gegeben wird, ist nicht ganz so bitter, wie die vom vorigen, aber doch in ihrer Art kräftig genug, und dabey *extensiver*. Wir sehen hier ein *Volksfest*.

Es scheint schwer, den Begriff eines Volksfestes zu bestimmen, seitdem eine eben *so feine als große* Nation sich sieben Jahre hinter einander, bey allem Wechsel ihrer Meinungen und Constitutionen, bequemt hat, den Tag der Hinrichtung ihres Königs als ein Volksfest zu feyern. Aber was wundern sich doch unsre Politiker und Moralisten über diese, ihrer Meinung nach unerhörte Erscheinung in der Geschichte der Denkart eines gesitteten Volks? Ist sie denn wirklich so ganz unerhört? Das Volk, das heißt, der große und bunte Inbegriff aller derjenigen, die mit sich selbst nichts anzufangen wissen und, wo nur etwas Neues aufgethan wird, *in Masse* aufstehen, nimmt jede Veranlassung, sich zu *drängen*, bereitwillig für ein Fest an, und bekümmert sich wenig oder gar nicht um Inhalt und Ueberschrift des Festes. Ob es ein Geburtsfest, oder ein Hochzeitsfest, oder ein Todesfest ist, wird da nicht weiter untersucht. Die Hauptfrage ist, ob es eine Gelegenheit gibt, sich zu drängen, und mit offenen Augen und Ohren etwas neues Licht und neue Luft einzufangen. Solche Gelegenheiten wurden und werden von Hunderten und Tausenden, ihre übrigen Tugenden in allen Ehren, immer und überall mit beiden Händen ergriffen.

Das *Galgenfest*, das hier mit allem Pomp gefeyert wird, ist also schon seiner Natur nach ein Volksfest. Man kann hier nicht sagen: »Der Henker mag wissen, was diese Leute ergötzt.« Der Henker, der da oben in aller Behaglichkeit seine Pfeife raucht, weiß von der ganzen Sache gerade so viel, wie das Volk, auf das er herabsieht. Auch für ihn ist die ganze Begebenheit weder *Lustspiel*, noch *Trauerspiel*, also, nach deutscher Theatersprache, ein *Schauspiel*, das will sagen, ein Spiel, bey dem man empfinden kann, was man will, und deßhalb, zur Vermeidung aller Collisionen, gewöhnlich gar nichts empfindet. Und so könnte man eher sagen: »Der Henker mag wissen, was die deutschen *Schauspiele* bedeuten.«

Hr. Ireland nennt den Henker hier einen *gentleman*, und erinnert an den Titel, den dieser *Gentleman* in der englischen Justizsprache führt. Er heißt da *The finisher of the Law*, d. i. der *Vollender des Gesetzes*. Der gemeine Engländer nennt ihn schlechtweg den *hangman*, d. i. *Henker*. Seinem Posten nach könnte er auch *Maitre des hautes œuvres* heißen, ein Titel, der im Französischen nur dem *Scharfrichter* zukommt. Scharfrichter könnten dafür im Deutschen unter andern auch diejenigen unter den *Bücherrichtern* heißen, deren scharfe Justiz nichts Geringeres zum Ziele hat, als denen, die sie richten, in der litterärischen oder moralischen Welt *den Garaus zu machen*. Das Verdienstliche aller dieser Aemter ist gleich einleuchtend; und die Gelehrten-Republik kann eben nicht stolz darauf seyn, daß sie, weniger dankbar als der Staat, die Vollender des Gesetzes der Kritik, die schlechtweg *Recensenten* heißen, nicht mit besondern der litterärischen Justizsprache eignen Titeln beehrt, da sie sich doch sonst mit Kunstwörtern überflüßig bereichert.

Das Volksfest auf diesem Blatte wird dieses Mahl von den höheren Ständen nicht mit gefeyert. Es ist auch zu bekannt, daß nur da, wo die Hinrichtungen *selten* vorfallen, das *feinere* Publikum, das mit *Equipagen* kommt, zur Verschönerung des Festes das Seine beyzutragen nicht ermangelt. Das Hochgericht zu *Tyburn*, wo die Londonische Justiz vollendet wird, hat für das dortige Publicum den Reiz der Neuheit verloren. Wenn man Hrn. Ireland recht berichtet hat, so werden auf der einzigen Insel Großbritannien jährlich mehr Menschen hingerichtet, als in dem ganzen übrigen Europa. Nach welcher Berechnung sich dieses Facit ergeben hat, sagt Hr. Ireland nicht. »*Man hat mir gesagt*,« dabey läßt er es, wie der historische Altvater Herodot, bewenden. Was er daher ironisch die viel gerühmte *Menschlichkeit der englischen Gesetze* nennt, mag er bey seiner Nation verantworten. Gewiß ist, daß die englische Justiz zu Tyburn immer vollauf zu thun hat, und daß niemand in London mehr der Mühe werth ist, diesem Schauspiele beyzuwohnen, außer die Fremden, die es noch nicht gesehen haben, dann die bey dem Tode des Delinquenten besonders interessirten Personen, und endlich die Leute, die dabey Geschäfte haben. Hogarth unterhält uns nur mit den beiden letzteren Classen.

Idle selbst bedeutet hier, wo er zum letzten Mahle und nur noch wenige Schritte diesseit des Ziels seiner Bestimmung erscheint, nicht viel mehr, als die beiden Gerippe an der Einfassung des Blattes. Der Künstler kann ihn uns in keinem neuen Lichte mehr zeigen, außer in dem Lichte der Desperations-Andacht, die den Elenden jetzt treibt, aus dem Gesangbuche sein Abschiedslied zu schreyen, und dabey den Athem nicht zu sparen, an dem er doch nicht viel mehr zu verlieren hat. Wie ganz anders sang Goodchild sein frommes Lied in der Kirche auf dem zweyten Blatte! (S. die *fünfte Lieferung*).

Personen, die bey dem Tode des Delinquenten hier besonders interessirt wären, bemerkt man nicht viele. Unter ihnen ist die erste seine Mutter, an der er sich nun endlich nicht mehr versündigen wird, wenn anders der Strick nicht reißt. Die übrigen drey Personen, die mit ihr auf demselben Karrn, rechts im Vordergrunde, sitzen, scheinen aber auch *Leidtragende* zu seyn. Nur wer diese drey Personen sind, ist schwer zu errathen. Der Mann mit dem runden Hute, hinter der Mutter, scheint es sehr ehrlich mit seiner Theilnahme zu meinen. Aber wer ist er? Und was bedeutet die Figur zu seiner Linken, dicht neben dem Fuße des Skeletts an der Einfassung? Und wem gehört das Kind, das Idles Mutter mit schmeichelnden Händen zu trösten sucht? Vermuthlich sind diese Drey die Wenigen von der Idleschen Blutsfreundschaft, die der Mühe werth fanden, die alte Frau Idle im Unglück nicht zu verlassen, obgleich nichts dabey zu verdienen war. Der Künstler scheint ihnen den verlornen Posten auf dem Karrn hier angewiesen zu haben, um doch wenigstens einen kleinen Zug von besserer Menschlichkeit in diese Verwickelung von Menschlichkeiten hinein zu weben.

Weit zahlreicher ist die Gesellschaft derer, die hier bey diesem Galgenfeste theils Geschäfte *haben*, theils, kaufmännisch zu reden, Geschäfte *machen*. Die ersten sind nur von Amtswegen zugegen. Dahin gehören, nächst dem Vollender des Gesetzes, der geistliche Führer in der Staatskutsche, dann der methodistische Todesengel *Obaddon* neben dem Delinquenten, und zuletzt das Commando Reiter, die die Procession escortiren. Der Mann in der Staatskutsche ist nicht ausgezeichnet; aber liegt nicht in den kleinen Strichen, die seine Augen, seine Nase und seinen Mund andeuten, besonders in dem *unterstrichenen* Munde, eine eminente Andacht *ex officio?* Der Mann hat sich hier auch vorzusehen, um seiner Würde nichts zu vergeben. Im Gedränge läuft die Würde immer einige Gefahr. Selbst die Kutsche ist hier nur ein unsicheres Bollwerk. Der Pöbel, der es sich, wo er kann, seines Orts auch gern einmahl bequem macht, hat diese Staatskutsche mit Ueberfracht so behangen und beladen, daß der Kutscher mit der Peitsche zurückwirken muß, um Ordnung zu stiften. Das Individuum, dem der Hieb zunächst gilt, hat sich auf der Kutsche fast eben so gelagert, wie der Henker auf dem Galgen. Das Aergerniß, das er dadurch gibt, ist zu merklich.

Keiner ausführlichen Beschreibung bedürftig ist der größere Haufe, der hier Geschäfte *macht*. Einige kommen, um zu betteln, Andre, um zu handeln, Andre, um zu stehlen;

und wo so *im Kleinen* gebettelt, gehandelt und gestohlen wird, da sind alle drey Geschäfte oft wundersam in einander verflochten, besonders in der Nachbarschaft des Galgens. Viel mehr, als der Strick *in natura* oder in Werth, ist hier auf allen Fall nicht zu verdienen. Das Gesindel muß sich, wenn es stehlen will, unter sich bestehlen. Deßwegen zeigt sich auch in einigen Gruppen, wo es zu Mißverständnissen gekommen ist, so viel Animosität und kritischer Entscheidungsgeist.

Hogarth wollte mit diesen Gruppen ohne allen Zweifel die alte Glosse wiederhohlen, die der gesunde Verstand so lange schon, und fast überall umsonst, dem Criminalcodex der aufgeklärten Nationen beygefügt hat. »Wenn ihr mit euren peinlichen Gesetzen nicht einmahl *das* verhüten könnt, daß selbst unter dem Galgen gestohlen und im Angesicht der Strafe nur lustiger gesündigt wird, so macht lieber mit euren Executionen so wenig Geräusch als möglich. Der Staat, der so geschickt ist, Verbrecher zu bestrafen, und so ungeschickt, Verbrechen zu hindern, braucht sich dann doch wenigstens nicht öffentlich zu schämen.«

Aus allen Mienen und Handlungen in diesem Gruppen spricht *Empfindung*, die schlimmer als gar keine ist. Kein Gesicht aber sagt mehr als das schadenfrohe Bubengesicht im Vordergrunde links am Rande des Blatts. Wie der Junge da steht! Er ist ganz verloren in dem süßen Genusse des Anblicks, auf den ihn sein flinkerer Camerad aufmerksam macht. Wie seine Aermchen hängen! Wenn der Junge nicht im Innersten seiner Seele ist, was im Deutschen ein *Teufelskind* heißt, so gibt es keine stumme Beredtsamkeit. Und solche Kinder der Erhöhung, die in ihnen droht, zu entziehen, sollte der Staat keine besseren Mittel haben?

Ein anderes Kind, das sich bey dieser Nationalerziehung noch nicht so weit entwickelt hat, sehen wir, vorn in der Mitte des Blatts, in einer Lage, die seine lieben Aeltern und Vorgesetzten und den Staat vielleicht bald aller Mühe, es zu erziehen, überheben wird. Es ist in Gefahr, todt getreten zu werden. Der rechte Fuß des räthselhaften Subjects, das die Perücke auf dem Stocke trägt, steht nur einige Zolle weit von dem Kopfe des Kindes. Die *Amazone*, die zugleich mit dem Kerl, der sich nur noch als Ueberwundener wehrt, das Kind niedergeboxt hat, ist wohl gar die Mutter des armen Geschöpfs. Diese Bemerkung könnte auch das andere Weib machen, die mit den ausgespreizten Froschpfoten und der elegischen Haltung des Kopfs ihren passiven Antheil an dem Unfug vor ihr zu erkennen gibt. Sie bückt sich aber ja nicht, dem Kinde zu helfen. Darüber könnte sie etwas von dem Kram einbüßen, den sie im Korbe trägt. Sie handelt mit trinkbaren Geistern, wie es scheint. Vielleicht weint eine kräftige Essenz aus ihren gesenkten Augen.

Zwey vieldeutige Figuren *auf* diesem Blatte sind der *Perückenträger* und der Kerl, der mit dem Hunde wirft. Jener ist, nach Hrn. Ireland's Erklärung, »ein Metzger, der eine *legale* Perücke (*a legal periwig*) auf dem Stocke, *als ein Sinnbild der blutdürstigen Beschaffenheit der englischen Justiz*, zur Schau trägt.« Ein Metzger oder Fleischer mag er seyn. Das Kennzeichen hängt ihm hinten am Gürtel. Aber wie in aller Welt sollte ein Metzger auf den Gedanken gerathen, eine Perücke auf dem Stocke zu tragen, um in einer so weit hergehohlten und doch unnatürlichen Anspielung die englische Justiz anzugreifen? Ist die englische Justiz wirklich von blutdürstiger Beschaffenheit, so wird doch unter allen Philanthropen der Metzger *zuletzt* diese Bemerkung machen. Die englischen Gesetze trauen übrigens den Metzgern so wenig Philanthropie zu, daß sie ihnen Sitz und Stimme unter den Geschworenen in Criminalfällen versagen. Macht aber der Metzger die Bemerkung über die Unmenschlichkeit der Gesetze nicht *selbst*, so soll doch wohl nicht Hogarth so geschmacklos gewesen seyn, den Kerl als ein unnatürliches Vehikel zu gebrauchen, um einen Einfall anzubringen, der *hier* auf jeden Fall nicht paßt? In diesem Augenblicke, wo das Gesetz einen Räuber und Mörder nur mit dem Strange bestraft, ist es doch wohl nicht blutdürstig? Wahrscheinlich gehören zur Erkärung dieser Figur historische Privatnotizen, so wie zur Erklärung des Honigkuchenbeckers *Tiddy Doll*, der in seinem Federhute hier im Bilde auch ein Räthsel bleiben würde, wenn die Chronik von London nicht seine Geschichte gerettet hätte.

Der Kerl, der den Hund wirft, ist vieldeutig, weil man nicht recht weiß, wem der Wurf gilt. Nach dem Executions-Wagen zielt er. Ob aber nach dem Delinquenten, oder nach dem methodistischen Geistlichen? ist noch sehr die Frage. Hr. Ireland erklärt sich geradezu für die Meinung, daß dem Geistlichen der Hund an den Kopf dafür fliegen soll, daß dieser Mann ein Methodist und kein rechtgläubiges Mitglied der Kirche von England ist. Der Kerl hat auch wirklich sehr Vieles in seiner Miene, was auf einen solchen Ausbruch der Orthodoxie schließen läßt. Aber es ist noch eine dritte Erklärung übrig, die von derselben Miene des Kerls begünstigt wird. Er will sich und dem Pöbel nur einen brutalen Spaß machen. Der Hund soll zwischen dem Pastor und dem Sünder durchfliegen, um Beiden im Singen und Beten das Concept zu verrücken. Ein witziger Einfall in diesem Geschmacke gehörte wenigstens ganz wohl an diesen Ort, wo wir überhaupt anschaulich erkennen sollen, wie viel die öffentlichen Hinrichtungen zur Bildung des Volks beytragen. Die Aehnlichkeit in den Physiognomien des Hundes und dessen, dem er zum unglücklichen Werkzeuge der Spaßhaftigkeit dient, ist auch schwerlich von ungefähr entstanden.

Zusätze zur Zwölften Platte

Hr. Ireland erinnert in einer Anmerkung zur Erklärung dieses Blattes an eine Anecdote aus der Geschichte *Cromwell's* des Usurpators. Als sich dieser einmahl mit seinem Secretär *Thuxlow* zu einem Mittagsessen in der Altstadt London begab, ertönte die Luft von dem Freudengeschrey des Volks. »Da sehen Ihro Hoheit, sagte der Secretär, daß die Stimme des Volks für Sie spricht, wie die Stimme Gottes.« – »Was Gott betrifft, antwortete Cromwell, von dem wollen wir ein ander Mahl reden. Das Volk aber würde eben so laut und vielleicht noch vergnügter schreyen, wenn wir beide, Sie, mein Herr Secretär, und ich, auf dem Wege zum Galgen wären.«

Man kann diese Anecdote als eine Brücke gebrauchen, um von dem vorigen Blatte zu diesem herüber zu kommen. Dort sahen wir ein Volksfest. Hier sehen wir ein anderes. Und *Cromwell* war ein Kenner von beiden.

Doch trifft dieser Schlag, wenn anders Hogarth daran dachte, nur den Anhang zur Geschichte der Menschheit, der nirgends fehlt. An Volksfesten, wie dieses hier, nehmen auch *rechtliche* Leute Theil. Das sagen deutlich genug die Personen unter dem Thronhimmel, auf dem Balcon, und in den Fenstern umher. Freilich *über* und noch mehr *unter* den Fenstern, geht es vielleicht weniger gewissenhaft her. Unten möchte wohl Mancher diese Procession mit ähnlichen Empfindungen und Absichten, wie die vorige, begleiten. Aber auch diese stören wenigstens nicht sichtbar die Harmonie des besseren Theils der Londoner Bürgerschaft, die sich mit Recht ihres guten Burgemeisters freut. Mag immerhin den meisten selbst von Diesen an dem guten Bier, das, wo kein Wein wächst, bey solchen Gelegenheiten in Strömen fließen muß, nicht weniger gelegen seyn, als an dem guten Burgemeister. Dergleichen Nebenrücksichten gehören zur menschlichen Natur, und wenn sie nichts Schlimmeres, als einen Trunk Bier im Uebermaße, zum Ziele haben, hat die Moral nur so viel dagegen zu erinnern, wie gegen das Uebermaß und die schwache Seite der menschlichen Natur überhaupt.

Hogarth beschließt auf diesem Blatte die Geschichte der beiden Helden wie eine Comödie im ältesten Styl. Der *zürnende* und *strafende* Spott hat seine Wirkung gethan. Der *neckende* kommt als der wahre *Satyr* hinten nachgetanzt; und wenn er dabey auch ein wenig mit dem uralten Bocksschwänzchen wedelt, nimmt er ja Keinem die Freyheit, nach einer andern Seite zu sehen. Der Witz ist und bleibt, wie Amor, ein Kind, und zwar ein Kind, das keine strenge Erziehung verträgt. Nimmt es sein Vater, der Verstand, zu genau mit ihm, so läuft er zu seiner Mutter, der Phantasie, die gar nichts von Regeln weiß; und die verzärtelt ihn dann vollends, oder sie liefert ihn wieder an den Vater aus, und der arme Witz stirbt an der Erziehung, was ihm denn gewöhnlich in den Köpfen der *Gelehrten* begegnet.

Mag ein kritischer Registrator Recht haben, die Scherze, mit denen dieses Blatt übersäet ist, in das Fach der *Possen* einzutragen. Warum macht eine öffentliche Feyerlichkeit so oft sich selbst zur Posse? Man denke der Frage nur nicht zu lange nach! Die Antwort möchte sonst gar zu ernsthaft und gegen den Geist dieses Blattes ausfallen. Denn was hier die Stadtsoldaten sind, das sind bey andern Feyerlichkeiten sehr oft die u.s.w. u.s.w.

Daß Hogarth hier nicht nach den Stadtsoldaten allein zielt, beweisen der Schwertträger in der Staatscarosse, und die vier Mann hoch stehenden Lakaien hinten auf. Ein englischer Erklärer meint sogar, Hogarth würde sich selbst übertroffen haben, wenn er die Borten hätte reissen lassen, an denen sich diese vier Ehrendiener halten. Was das für Gaumen sind, die das Salz selbst noch gesalzen haben wollen! Die Satyre in der Darstellung eines solchen Gepurzels, wie jener Erklärer hier sehen möchte, hieße dann: »Die Borten hier waren zu schwach!« Ein feiner Einfall! – Man lasse also die vier Männer stehen, wie sie Hogarth gestellt hat. Vier Lerchen an einem Spieße machten ungefähr eine eben so mahlerische Gruppe. Nur hat *der* Geschmack, für den man Lerchen an Spieße steckt, die Anordnung der gespießten Vögel nicht zu verantworten. In der Küche ist eine solche Ordnung zweckmäßig. Aber wo Feyerlichkeit mit ihrem Zauber die Herzen begeistern soll, kommt *der* Geschmack, der hier zu entscheiden hat, mit dem Küchengeschmack in ein unangenehmes Gedränge. Und aus diesem Gedränge wird ihn der Schwertträger nicht ziehen. Der hat genug an seinem Schwerte selbst zu vertheidigen. Solche Schwerter und solche Staatsmützen *imponiren* bey Feyerlichkeiten des achtzehnten Jahrhunderts wie im Gemählde schwere Artillerie vor den Mauern von Troja. Aber anders kommt der *Effect* nicht heraus, der durch dergleichen Aufzüge erreicht werden soll. Das Alte ist an sich schon ehrwürdig. Was muß es nun gar seyn, wenn es dem Neuen in erhabenen Contrasten aufgeheftet wird! Hr. Ireland, der die Mütze des Schwertträgers mit einer umgekehrten Breypfanne vergleicht, bemerkt indessen, daß man diese stattliche Mütze *seit einigen Jahren* bey Seite gelegt hat.

Bis einmahl die Zeit kommt, wo man die ehrwürdigen Stiftungen der Vorfahren auch ohne die Röcke, Mützen, Schwerter und das Bedienten-Ceremoniell eben dieser Vorfahren ehrwürdig finden wird, lasse man Carossen, wie diese hier, in Frieden fahren, und ergötze sich an der Niederlage der unschuldigen Stadtmiliz, die hier von Hogarth in *effigie* total geschlagen wird. Ihr Generalissimus scheint der Ritter in wahrer alter Ritterrüstung zu seyn, der in der Mitte des Blatts über alle Figuren im Hintergrunde hervorragt. Ein solcher Heerführer aus den Zeiten, wo das Pulver noch nicht erfunden war, muß im achtzehnten Jahrhundert Truppen commandiren, die so gut mit Schießgewehr umzugehen wissen, wie diese Leute. Wer hier übrigens Officier oder Gemeiner ist, läßt sich nicht wohl ausmachen. Einer könnte seine Officierswürde durch das ganz besondre Bandelier kund thun wollen, das statt der Schärpe über seine Schultern herabhängt, wenn anders dieses Ding nicht einen Schweinschneider bedeutete, wie andre Ausleger meinen. Er ist der Held, der, links im Vordergrunde, aus dem Wirthshause getaumelt kommt, wo er sich ein wenig verspätet hat. Er läuft, was er kann, seine Truppen wieder einzuhohlen, aber er wird schwerlich weiter als bis an den Pfahl vor der Hausthüre kommen. Da wird er sinken und über ihm wird *seine Rüstung erklirren*, als ob er unter dem General Agamemnon diente, und vor Troja's heiliger Veste fiele. Der Pfahl, neben dem er sinkt, ist dann zugleich sein Monument *ad interim*. Und was das Beste bey diesem Heldentode ist, der Mann kann, wenn er seinen Rausch ausgeschlafen hat, selbst seinen Fall erzählen, seine Kinder vor das Wirthshaus führen und, auf den Pfahl deutend, sagen: »Da lag ich!«

Ob dem Subjecte auf der andern Seite des Schiebkarrens zur Seite des Bandelierträgers, unter dem Zepter des Biergottes die Augen zufallen, oder ob er in der That blind ist, und ob auch er zu der militärischen, oder nur zu der übrigen Begleitung zu zählen ist, darüber sind die Ausleger verschiedener Meinung. Sein Steckengewehr trägt er allerdings mit so viel militärischem Anstande, wie Kinder Steckenpferde mit reitermäßigem Anstande reiten. Das martialische Selbstgefühl, mit dem der sich den Hut auf den Kopf drückt, ist auch nicht zu verkennen. Oder will er den Hut durch Combination entgegengesetzter Bewegungen, indem er ihn fest drückt, zugleich lüften, weil er ihn doch nicht zu schwingen vermag, und mit dieser Gesticulation das *Hussah* begleiten, das aus seinem offenen Munde tönt? Sein Gesicht hat überdem etwas sehr Cholerisches und Gesetztes, verglichen mit dem aus einander fließenden Schlafmützen=Gesichte seines sinkenden Nebenmannes. Ist er wirklich blind, so ist sein Heroismus um so mehr zu bewundern.

Die Hauptarmee, zur rechten Seite des Blattes, kehrt uns größtentheils den Rücken zu, und das mit Recht, da sie geschlagen wird. Was dieser Armee an Einheit fehlt, ersetzt sie durch Mannigfaltigkeit. *So viel* dieser Soldaten sind, *so vielerley* sind ihrer auch. Weder der Länge, noch der Breite, noch der Dicke nach, sind zwey von ihnen einander gleich. Zu den *regulärsten* gehört der kleine Flügelmann, der uns seine ganze Kehrseite ohne alle Verkürzung zeigt. Man kann sich die Regelmäßigkeit seiner Figur am besten *mathematisch* verdeutlichen. Man subtrahire den Kopf, die Arme, und die Beine von unten bis an die Knie. Was übrig bleibt, ist ein Oblongum. Dieses Oblongum zerfällt wieder in zwey

Quadrate, die durch das übergeschnallte Wehrgehenke deutlich von einander abgesondert werden. Das obere Quadrat zerfällt wieder in zwey Oblonga, vermittelst des Perpendicular-Zopfs in der Gestalt eines regelmäßigen Kreuzes. Eben so löset sich das untere Quadrat durch die Dazwischenkunft des Degens in zwey mit den obern correspondirende, nur etwas unregelmäßigere Oblonga auf; und jedes dieser beiden Oblongen enthält noch einmahl zwey Vierecke, doch mit dem Unterschiede, daß nur zwey davon sichtbar sind, die beiden andern aber, nach Art der unsichtbaren Mondfinsternisse, durch Schlüsse gefunden werden müssen. Das wäre eine Figur für den Pythagoras gewesen! Zu Gunsten einer so mathematischen Vollkommenheit hält man einem ernsthaften Manne kleine Nachlässigkeiten von unbedeutender Art gern zu Gute. Daß z. B. dieser regelmäßige Krieger den Degen verkehrt, die untere Seite des Griffs zu oberst, und zwar in einer Richtung angesteckt hat, als ob er der Gefahr einen Riegel vorschieben wollte, ist Nebensache. Ueberdem ist mit Leuten von diesem Caliber nicht zu spaßen. Auch steht unser Kleiner auf festen Füßen, und steht noch fester kraft der divergirenden Richtung seiner kurzen Beine, über deren Zwischenraum am Boden sein Schwerpunct so leicht nicht hinausfallen wird, besonders wenn er sich immer so gerade trägt.

Der um ein Viertheil höhere, aber der Ohnmacht nahe Held mit dem Haarbeutel, und der andere, den mit seinem griechischen Profil und seiner Stutzperücke die Last seines Gewehrs bald auf die Knie hinabziehen wird, ob er gleich über den Degen noch eine Messerscheide gesteckt hat, und die Flinte auf der linken Schulter trägt, bedürfen weiter keiner Erklärung. Am meisten ist wohl noch auf den Bürger-Grenadier mit dem Bierkruge zu rechnen. Sein Gesicht flößt Zutrauen ein; und das Laufen würde ihm unbequemer fallen, als das Stehen.

Vor allen diesen Gewaffneten, deren Bestimmung nicht ist, Blut zu vergießen, figuriren als Hauptpersonen bey dem Gefolge des Lord-Mayors die Metzger, die auf ihre Markknochen wenigstens eben so stolz sind, wie die Soldaten auf ihre Gewehre. Mit einem von ihnen, dem langen Figuranten mit dem Tuche um den Kopf, muß es eine besondere Bewandtniß haben. Der Statur, der Attitüde und dem ihm eignen Kopfputze nach, ist es derselbe, der auf dem vorigen Blatte die Perücke auf dem Stocke trägt. Aber was will Hogarth zwey Mahl mit diesem wunderlichen Subjecte? Ist es wohl gar ein *französischer* Metzger? Und trägt er den Kopf verbunden um der künftigen *Frisur* willen? Das wäre alles Mögliche für einen Mann von seiner Profession.

Zum *Geiste* eines Festes, wie dieses *Lord-Mayors-Fest*, gehört überhaupt die Wichtigkeit der Metzger bey bürgerlichen Feyerlichkeiten. In mehreren Gegenden von Deutschland bilden, bekanntlich, diese verdienstvollen Leute eine Art von geheimer Cavallerie, die augenblicklich aufsitzt, so bald hohe Herrschaften einzuhohlen sind. Auf dem Blatte hier haben sie es so weit noch nicht gebracht.

Zu den *Verzierungen* dieses Blattes gehören alle die Figuren sowohl auf den Tapeten, die aus den Fenstern, wo der Hof ist, herabhängen, als in der Natur, rechts auf der Treppe, links auf dem Gerüst, und in der Mitte des Vordergrundes auf dem Boden neben dem eingestürzten Gerüst, das aus nichts weiter bestand, als aus einem auf eine Bank und einen Schemel gelegten Brete, und nun den armen Mädchen, die sich auf dieser Höhe sicher glaubten, eine nützliche Lehre gibt, die Hogarth, weil er sie doch einmahl mit Strichen ausdrücken wollte, aus Höflichkeit wenigsten stark schattirt hat. Die meisten dieser Figuren ausführlich zu beschreiben, wäre der Mühe werth; aber es gehörte nicht wenig Zeit dazu. Besonders ist die Gesellschaft rechts auf der Treppe eine Fundgrube für die Physiognomik.

(COLUMBUS BREAKING THE EGG.) EIGENTLICH, COLUMBUS WIE ER EIN EY AUF DIE SPITZE STELLT

Erstveröffentlichung und Satzvorlage: Der Abdruck dieses Textes entspricht der Fassung im »Göttinger Taschen Calender« für 1793, S. 165–173, niedergeschrieben vermutlich Juli/August 1792, erschienen Herbst 1792. Eine Handschrift ist nicht überliefert. Das Blatt »Columbus breaking the Egg« von William Hogarth, 1752 entstanden, erschien als Radierung in London 1753. Riepenhausen hat Hogarths Stich, wenn auch seitenverkehrt, für den »Göttinger Taschen Calender« vollständig wiedergegeben.

Diese Hogarth-Erklärung ist in der Achten Lieferung der Ausführlichen Erklärungen (Tafel 49), VS 12, S. 277–281, Göttingen 1853, wieder abgedruckt worden, allerdings, wie Lauchert S. 132 vermerkt, mit Abweichungen gegenüber dem Erstdruck. Sie betreffen Lichtenbergs Anregung zu einem Wettbewerb junger Zeichner in Deutschland; die Passage auf S. 234 von »Wie wenn sich unsere junge Zeichner...« bis »Herrn Verleger bezahlt würde« ist in den »Vermischten Schriften« gestrichen; und was den Satz S. 234 f.: »Er stach sein eignes Porträt, unten mit einer Mahler-Palette, auf welcher diese Linie [...] dargestellt ist« angeht, so ist dieser in den Ausgaben der »Vermischten Schriften« durch Ausfall des Zusatzes entstellt. In der ersten Ausgabe ist einfach der Zusatz ausgefallen, in der zweiten Ausgabe sogar das Relativum danach geändert: »sein eigenes Porträt, auf welchem [...]«.

Nach dem Erstdruck im »Göttinger Taschen Calender« für 1793 erschien im Lichtenberg Jahrbuch 1994 (1995), S. 7–12, ein diplomatisch getreuer Nachdruck, mitgeteilt und erläutert von Wolfgang Promies und Julia Webert, Darmstadt.

Den Beweggrund für die Radierung von Hogarth in Zusammenhang mit der bevorstehenden Veröffentlichung der »Analysis of beauty« hat Lichtenberg in seiner Kalendererklärung selbst angegeben; von Interesse sind gleichwohl die Hinweise, die der Katalog der Ausstellung »William Hogarth. Der Kupferstich als moralische Schaubühne« im Wilhelm-Busch-Museum Hannover 1987, S. 190, erschienen im Verlag Gerd Hatje Stuttgart, zusätzlich gibt: die Gruppierung der Figuren hinter dem Tisch, die, allerdings ins Burleske verkehrt, Leonardo da Vincis berühmtes »Abendmahl« als Vorbild sichtbar macht; der typische Erzählstil des Künstlers, der in dem physiognomischen Kontrast zwischen Kolumbus und seinen Widersachern deutlich wird. Die in dem Katalog mitgeteilte Bildbeschreibung versäumt jedoch die abstechende Charakteristik dieser Figuren durch ihren Gesichtsausdruck, die unschwer auf die komischen Charaktermasken der italienischen Commedia dell'arte zurück verweisen. Und der voluminöse Vorhang hinter der Szene, die angeschnittene Säule am Rande des Bildes mögen zum Repertoire der Malerei im »Grand Style« gehört haben, aber Hogarth stellt damit wohl kaum die Musterhaftigkeit vieler älterer Werke außer Frage, im Gegenteil: sie sind groteske Requisiten eines zur Burleske verrückten Pathos.

Zur Entstehung dieser Kalendererklärung ist nur soviel zu sagen, daß Lichtenberg am 2. Juli 1792 – er hat gerade ein übles Zahngeschwür überstanden – Gottlieb Hufeland schreibt, der Monat Juli sei »sein Haußzins Monat, ich meine da muß ich den Taschen Calender schreiben, womit ich meinen Haußzins bezahle, und da ich nicht eher daran dencke bis mich der Setzer mahnt, so geht es alsdann in meinen Freystunden offt etwas drunter und drüber« (Bw III, Nr. 2111, S. 1131). Aus dem Tagebuch (SK) geht lediglich hervor, daß Lichtenberg am 14. und 15. Juli am »Seebad« geschrieben hat (SK 351. 352), am 29. Juli den zweiten Bogen zum Kalender korrigiert (SK 357). Unterm 24. August notiert Lichtenberg, er schreibe etwas am Hogarth (SK 366), am 25., er habe zu früher Morgenstunde an dem Hogarth gearbeitet: »Es will nicht flecken. Ich weiß nicht recht warum« (SK 367). Es ist wohl anzunehmen, daß sich Lichtenberg dabei auf die diesjährigen Kalender-Erklärungen zu Hogarth und noch nicht auf die seit 1794 erscheinende Ausführliche Erklärung der Hogarthischen Kupferstiche bezieht. Tatsächlich erscheinen im »Göttinger Taschen Calender« für 1793 neben der Kolumbus-Erklärung noch »Die Vorlesung. The Lecture« mit vier Tafeln und »Southwark-Fair. Der Jahrmarkt von Southwark« mit sechs zu kommentierenden Tafeln. Ein Grund, die Kolumbus-Radierung 1792 zu kommentieren, ist vermutlich darin zu sehen, daß dreihundert Jahre zuvor Kolumbus Amerika entdeckt hatte. Lichtenberg beendete die diesjährige Kalenderarbeit am 2. September 1792: »Kalender geendigt. 87. Fol[io]. Seit[en] Mspt.« (SK 375).

Ein Echo auf diesen Kalenderjahrgang und seine Hogarth-Erklärungen insbesondere ist nicht überliefert.

233 *Columbus ... ein Ey auf die Spitze stellt*: Diese Redensart geht auf eine Erzählung in Girolamo Benzonis *Historia del mondo nuovo* (Venedig 1565) zurück: Nach der ersten Reise des Kolumbus gab Kardinal Mendoza im Jahre 1493 dem Entdecker zu Ehren ein Mahl, bei dem der Kardinal meinte, die Entdeckung der Neuen Welt sei eigentlich gar nicht so schwer gewesen. Kolumbus nahm darauf ein Ei und fragte, wer von den Anwesenden das Ei auf eine seiner beiden Spitzen stellen könne. Als es keinem gelang, nahm Kolumbus das Ei und schlug es mit dem einen Ende auf den Tisch – das Ei stand. In übertragenen Sinne bedeutet diese Wendung, eine überraschend einfache Lösung zu einer schwierigen Frage finden. Vgl. Georg Büchmann: Geflügelte Worte. Der Zitatenschatz des deutschen Volkes. Frankfurt/M., Berlin 1991, 322; s. auch Lutz Röhrich: Lexikon der sprichwörtlichen Redensarten. Freiburg, Basel, Wien 1973, 225. Kurioserweise erschien in DAAD Letter. Hochschule und Ausland Nr. 3 September 1993, 6–7, unter der Überschrift *Wer kennt das Ei des Kolumbus? Japanischer Professor erforscht weltweit den Gebrauch der Redewendung* ein Artikel von Naoshi Fukushima, emeritierter Geophysiker der Universität Tokio, der seit Jahren dem Gebrauch dieser Redewendung in allen Sprachen der Erde auf der Spur ist – bislang hat er 31 Nachweise beisammen – und dabei glaubte, feststellen zu können, daß die Redewendung ausgerechnet in den englischsprachigen Ländern nicht gebräuchlich ist. Sollte Hogarth so vergessen sein? Dabei zeigt die Abbildung zu dem Text den Stich von Hogarth, ohne dabei den Künstler zu nennen. – *Riepenhausen*: Über ihn s. zu S. 31. – *obgleich verkleinert*: Hogarths Radierung hat das Format 16,4 x 19,2 cm. Lichtenberg behalf sich für den Nachstich im »Göttinger Taschen Calender« mit einem Faltblatt. – *Almanach*: [arab. ›Ort, wo man die Kamele niederknien läßt‹, ›Erzählung‹, ›Kalender‹], urspr. Festgabe, bes. das Neujahrsgeschenk der Astronomen an ihre Fürsten, bestehend in Aufstellung der astronom. Ephemeriden, oft mit belehrendem und unterhaltendem Beiwerk. Auch im Abendland war Almanach zunächst wesentlich der Kalender. Lichtenberg nannte so den von ihm herausgegebenen »Göttinger Taschen Calender«. – *neuen Welt*: König Ferdinand V. von Spanien (1479–1515) verlieh (nach Angelo Maria Bandini: *Vita e lettere di Amerigo Vespucci*, Florenz 1745, S. XL) Kolumbus 1493 den Wappenspruch: »Por Castilla y por Leon / Nuebo mundo alló Colon«: ›Für Kastilien und Leon fand Kolumbus eine neue Welt‹. Dies scheint der erste Beleg für ›Neue Welt‹ zu sein. In deutscher Sprache erscheint das Wort wohl zuerst im Titel von Matthi Hüpfuff zu Straßburg 1505 gedruckten Übersetzung von Vespuccis Brief *De nova antarctica per regem Portugallie pridem invent*: *Von der Nüwen welt*. S. Georg Büchmann: Geflügelte Worte. Frankfurt/M., Berlin 1991, 322. – *in diesen goldenen Tagen der Pädagogik*: Ironischer Seitenhieb Lichtenbergs gegen die Reformpädagogik von Aufklärern wie Basedow; vgl. zu dem Stichwort das Wortregister in SB K I+II. – *Allbelesenheit*: Im DWb nicht belegt; wohl Wortprägung Lichtenbergs. Zu seinem durchweg abschätzigen Urteil über die – unproduktive – Belesenheit vgl. B 22, E 370, F 715 und G 24. – *Ey der Leda*: Leda, Tochter des aitol. Königs Thestios und der Eurythemis, Gattin des lakedaimon. Königs Tyndareos, fand das von Nemesis – die von Zeus in Gestalt eines Schwanes befruchtet worden war – geborene Ei und bewahrte es auf, bis Helena ihm entschlüpfte, die sie dann als eigenes Kind aufzog. S. *Der kleine Pauly*. Lexikon der Antike. Hrsg. v. Konrad Ziegler u. a. München 1975. 532. – *frommen Schweppermann*: Seifried Schweppermann (um 1260–1337), Nürnberg. Feldhauptmann; kämpfte 1313 in der Schlacht bei Gammelsdorf auf seiten Ludwigs IV. des Bayern, bekannt durch sein Eingreifen in die Schlacht bei Mühldorf am Inn (1322), nach der der Kaiser beim kärglichen Mahl Schweppermann mit den Worten »Jedem ein Ei, dem frommen (= tapferen) Schweppermann zwei« ausgezeichnet haben soll.

234 *Si tacuisses*: Ergänze: philosophus mansisses – wenn du geschwiegen hättest, wärst du ein Philosoph geblieben. Diese Sentenz geht wohl auf Boethius' (um 480–524) *Tröstung der Philosophie* II,7 zurück; vgl. aber auch Hiob 13,5 und Sprüche Salomonis 17,28. Vgl. Büchmann, Georg: Geflügelte Worte. Frankfurt/M., Berlin 1991, S. 592. – *Almanach*: S. zu 233. – *Herrn Verleger*: Gemeint ist Johann Christian Dieterich in Göttingen. – *bezahlt würde*: Diese Passage ist in den *Vermischten Schriften* weggelassen; vermutlich, weil Lichtenbergs Aufruf bei den zeitgenössischen Zeichnern kein Echo gefunden hatte. – *aus der Natur und nicht aus dem Zeichenbuch geschöpft*: Diese Forderung erinnert an Lichtenbergs Ausführungen in Vorschlag zu einem *Orbis pictus für deutsche dramatische Schriftsteller, Romanen-Dichter und Schauspieler*, erschienen 1780 im GMWL (SB III, 377 ff.). Im Gegensatz dazu stehen Lichtenbergs Ausführungen zu Liotard in »Die Biergasse und das Branntwein–(Genever-) Gässchen« S. 267. – *Collectanenbuch*: Kollektanea, Kollektaneen, Lesefrüchte, gesammelte Auszüge aus Schriftwerken, Sammlungen von wissenschaftlichen Belegstellen, Notizen. – *Carricatur*: Zu diesem Begriff s. zu S. 115.

235 *Schönheitslinie ... Analyse der Schönheit*: *The Analysis of beauty*, London 1753 erschie-

nen, ist Hogarths theoretisches Hauptwerk, in dem er die geschwungene Linie zur Basis künstlerischer Formgebung machte, um damit sein »Ideal der beweglichen Grazie zu propagieren«. Eine deutsche Übersetzung erschien bereits Leipzig 1754 unter dem Titel *Zergliederung der Schönheit,* übersetzt von Christoph Mylius. Lichtenberg, der eine englische Ausgabe von 1772 besaß (BL, Nr. 1860), spielt auf das Werk, die darin propagierte ›Schlangenlinie‹ auch B 131, F 182, J 25, Mat I 107 an. Vgl. auch die »Zusätze« S. 341. – *Er stach sein eignes Porträt* ...: Hogarth benutzte diesen Druck als Frontispiz für gebundene Ausgaben seiner Graphiken, die er in dieser Zeit zu verkaufen begonnen hatte. Wahrscheinlich annoncierte er ihn aus diesem Grunde nicht in Zeitschriften. Georg Vertue, 1684–1756, Kupferstecher und Antiquar, notiet als Datum der Veröffentlichung den 6. März 1748/49. Dieses Selbstporträt ist im Lichtenberg-Jahrbuch 1994[1995], S. 11 abgebildet. Zu weiteren Selbstporträts s. zu S. 60. – *Sigismunda des Corregio*: Die literarische Vorlage des Bildes findet sich in der ersten Novelle des 4. Tages von Boccaccios *Decamerone.* Danach läßt Tancredi, der Fürst von Salerno, Guiscardo, den Liebhaber seiner Tochter Sigismunda, ermorden und schickt ihr in einem goldenen Gefäß sein Herz. Sie gießt vergiftetes Wasser darauf, trinkt es und stirbt. Die fälschlicherweise dem italienischen Maler Correggio (1498–1534) zugeschriebene *Sigismunda* wurde 1758 in einer Londoner Auktion von Sir Thomas Sebright für 404 Pfund gekauft. Tatsächlich handelt es sich um ein Gemälde von Francesco Furini (ital. Maler, 1604–1646). 1939 tauchte das Bild in einer Auktion bei Christie's in London wieder auf, diesmal richtig als ein Furini deklariert, und wurde vom Duke of Newcastle erworben. S. Cecil Gould: *The Paintings of Correggio.* London 1976. Das Gemälde ist im Lichtenberg-Jahrbuch 1994 [1995], S. 10 abgebildet. – *die Nacht ... in der Dresdner Galerie*: Correggios *La Notte* ist berühmt wegen seiner Helldunkel-Effekte. Das Bild entstand zwischen 1522 und 1530. Der Auftrag des Alberto Pratonero für dieses Gemälde ist auf den 14. Oktober 1522 datiert. 1530 wurde die Kapelle der Familie Pratonero mit dem vollendeten Bild in der Kirche S. Prospero in Reggio eingeweiht. Das Gemälde, das sich jetzt in der Dresdner Galerie befindet, ist im Lichtenberg-Jahrbuch 1994 [1995], S. 9, abgebildet. – *ein betrunkener Freymäurer nach Hause gebracht*: Die *Nacht* ist das vierte Kupfer des Zyklus *Die vier Tags-Zeiten*, den Hogarth 1738 veröffentlicht hatte. Lichtenberg kommentierte ihn ausführlich in der Ersten Lieferung seiner Ausführlichen Erklärung der Hogarthischen Kupferstiche, Göttingen 1794. *Die Tags-Zeiten* sind in SB III, 703–726, wiederabgedruckt; zu Lichtenbergs Erläuterungen dieser Figur s. ebenda S. 723–724. – *Lord Grosvenor*: Richard Grosvenor, 1st Lord Grosvenor (1731–1802), ältester Sohn und Erbe des Sir Robert, sechster Baronet, folgte seinem Vater als siebter Baronet 1755. Bei der Krönung von George III. 1761 amtierte er wie zuvor sein Onkel bei der Krönung von George II. als Großmundschenk. 1764 heiratete er Henrietta, Tochter des Henry Vernon von Hilton Park, Staffordshire. Lady Grosvenor erregte Skandal wegen ihrer Liebesaffaire mit Henry, dem Herzog von Cumberland. – *er mußte eine Sigismunda malen*: Hogarth's Ölbild, gemalt 1759, befindet sich in der Tate Gallery London. Eine Ölskizze, wohl Vorlage für den Kupferstich, gilt als verloren. Der Kupferstich (1761?) wurde unter der Leitung von Hogarth von James Basire gestochen. Lord Grosvenor hatte bei Hogarth ein Bild in Auftrag gegeben, dessen Thema den Preis der Maler selbst bestimmen durfte. Überrascht über den hohen Preis des angeblichen Correggio (vgl. oben: Sigismunda des Correggio) beschloß Hogarth, seine eigene Sigismunda zu malen und denselben Preis zu verlangen, den Furinis Bild gebracht hatte. Lord Grosvenor weigerte sich daraufhin, das fertige Bild abzunehmen. Hogarth bot die Annulierung des Auftrages an und Lord Grosvenor stimmte zu. Zur eigenen Rechtfertigung beschloß Hogarth, zu dem Ölbild einen Kupferstich anzufertigen. Der unfertige Zustand des Kupferstichs zeigt indes, daß Hogarth entweder mit der Ausführung nicht zufrieden war oder vor dessen Fertigstellung verstarb (1764). Basire veröffentlichte die Stiche, unfertig wie sie waren, im Jahre 1790. – *italisirende Kunstgefühl-Heuchler*: Invektive Lichtenbergs gegen den in Deutschland nicht zuletzt durch Winckelmann geförderten Antikenkult, die kritiklose Bevorzugung des Klassizismus, über die er sich in den Sudelbüchern verschiedentlich ausläßt; s. etwa RA 159. – *nach dem Tode seiner Witwe*: Hogarth wollte sein Ölgemälde der Sigismunda nicht unter 500 Pfund abgeben (vgl. oben: Sigismunda des Correggio). Das Bild wurde zu seinen Lebzeiten nicht verkauft. Seine Witwe übernahm es und hielt sich an seine Preisforderung. Erst nach ihrem Tode (1789) wurde das Bild von Boydell erworben. Die Figur der Sigismunda stellt vermutlich Mrs. Hogarth in ihrer Trauer um die verstorbene Mutter dar. – *Boydell für die Shakespear-Gallerie*: John Boydell (1719–1804), engl. Radierer und Verleger, 1790 Lord-Mayor von London. Verlegte Graphiken franz. und engl. Künstler, insbes. Illustrationen zu Shakespeare, Stiche nach Bildern bedeutender Künstler der Zeit wie J. Reynolds, G. Romney, J. H. Füßli. 1786 begann Boydell das bedeutendste Unternehmen seines Lebens: die Veröffentlichung einer Reihe von Drucken nach Gemälden englischer Künstler, die in seinem Auftrag Illustrationen zu Shakespeares Werken anfertigten. Für deren Ausstellung baute er in der Pall Mall die sogenannte Shakespeare-Galerie. Boydell's »Shakespeare«-Katalog wurde 1802 veröffentlicht. – *die demüthige Sprache der Vorreden*: Von »fußfälligen Vorreden« schreibt Lichtenberg schon in B 290; im übrigen s. das Wortregister in SB K I+II, S. 1355. – *gelehrten Intelligenzblätter*: Intelligenzblätter waren ursprünglich regelmäßig (zumeist ein bis zweimal pro Woche) erscheinende Zusammenstellungen der in den »Intelligenzkontoren« aufgegebenen Angebote und Nachfragen jeder Art, in Deutschland um 1720 erstmals eingeführt. Sie standen im Dienst der absolutistischen Fürsten und ihrer Verwaltung, die sie als amtliche Publikationsorgane und staatliche Einnahmequelle benutzte. Erst im Laufe des 18. Jahrhunderts bemühte man sich, sie durch Einschaltung belehrender und unterhaltender Artikel anziehender zu gestalten. So hatte die Jenaer *Allgemeine Literatur-Zeitung* regelmäßig als Beilage ihr ›gelehrtes Intelligenzblatt‹. – *Ein Freund von mir ... bewundere den Schieferdecker*: Wohl Lichtenberg selbst; vgl. J 609 und SK 195, 210. – *200 Fuß*: Altes Längenmaß; 1 Fuß = 25–40 cm, in der Regel ca. 30 cm.

236 *Sandsteingesicht*: Nicht im DWb verzeichnet; wohl Wortprägung Lichtenbergs, die er auch F 1137 verwendet. Zu weiteren Komposita mit *-gesicht* s. in SB K I+II (Wortregister), S. 1194–1195. – *Quentchen*: Quent, früheres deutsches Handelsgewicht; bis zur Einführung des metrischen Systems 1/10 Lot oder 1,667 g. – *gebranntes Katzenhirn*: Zu Pulver gebranntes Katzenhirn war früher eine zauberhafte Arznei. »Machen auch also dobig

und unsinnig Leut, so man spricht, sie haben Katzenhirn gefressen« (Paracelsus, 1590). »Er hat Katzenhirn gefressen« bedeutet im übertragenen Sinne: er ist überspannt, verrückt. S. Wilhelm Wander: *Deutsches Sprichwörterlexikon*. Leipzig 1867 (Nachdrucke 1964. 1987) 2, 1210. Das Anführungszeichen am Ende des Satzes fehlt im Erstdruck des Kalenderartikels von Lichtenberg. – *Man beurtheile die Menschen...*: Diese ›goldene Regel‹ notiert Lichtenberg in J 966. – *Richterstuhl*: Dieses Wort gebraucht Lichtenberg auch D 267; E 387; F 737, 1107, 1194. Zu der vielfältigen Verwendung dieses Substantivs in religiöser (s. 4 Esra 7,33) und juristischer Hinsicht, vor allem aber im übertragenen Sinne durch Ästhetik und Belletristik s. DWb 8, S. 894–895. – *Jesuiten*: Die Mitglieder der Gesellschaft Jesu, lat. Societas Jesu, eines Ordens, dessen Ziel die Ausbreitung und Befestigung des katholischen Glaubens mit den jeweils zeitgemäßen Mitteln, bes. durch Mission, Unterricht und Erziehung, war. Die SJ, von Ignatius von Loyola 1534 gegründet, hatte großen Erfolg bei der Durchsetzung der Gegenreformation, brachte sie aber immer wieder in Konflikt mit weltlichen Regierungen. Daraus erwuchs im 18. Jahrhundert eine starke Gegenbewegung gegen die Jesuiten; sie führte zu ihrem Verbot in Portugal (1759), Frankreich (1764), Spanien und Neapel (1767) und schließlich zu ihrer kirchlichen Aufhebung durch Papst Klemens XIV. (1773). Erst 1814 wurde der Orden von Pius VII. wiederhergestellt. Lichtenberg folgt in der Einschätzung und Beurteilung der SJ der verbreiteten aufklärerischen Haltung (s. Wortregister in SB K I+II). – *Empfangsschein ... Analyse der Schönheit*: Auf den ursprünglichen Zweck eines Zahlungsbelegs für Abonnenten der *Analysis of Beauty* (s. zu 234), weisen bei der Originalradierung Buchstabenreste am unteren rechten Bildrand hin.

Von unbekannter Hand neu erschienen in »G. C. Lichtenberg's Erklärung der Hogarthischen Kupferstiche«, Achte Lieferung, Göttingen 1805, S. 135–141 (VS 12, S. 282–284, 1853) folgende

Zusätze

Daß sich das ganze Blatt auf Hogarth's Schlangen- oder Wellenlinie bezieht, hat Lichtenberg vortrefflich erwiesen. Vielleicht entlehnte Hogarth die Idee derselben von Michel Angelo, der einst zu seinem Schüler Marco da Siena gesagt haben soll, daß die Linie einer auflodernden Flamme, die Linie der ausdrucksvollesten Bewegung sey. Was aber der große Florentiner, wahrscheinlich nur von dem allgemeinen Umriß seiner colossalen Gruppen verstehen wissen wollte, trug Hogarth fälschlich auf andere Gegenstände über, und behauptete nun schlechthin, daß die ganze Schönheit in der Wellenlinie bestehe. Daß Hogarth dieses Blatt den Subscribenten gratis mittheilte, hatte gegründete Ursachen; denn nie gerieth die Kritik seiner Gegner in größern Amtseifer, als nach der Erscheinung der Analyse der Schönheit. Man warf ihm von allen Seiten unvereinbare Widersprüche vor, bekrittelte seine Beyspiele, und wies ihm im Lomazzo die Stelle nach, aus welcher seine Idee gestohlen sey. Ja man ging, wie Ireland (T. III S. 118) bemerkt, so weit, ihn mit Bocksfüßen und dem Italienischen Werke in der Tasche, begleitet von ein paar unwissenden Connoisseurs abzubilden. Hogarth's flüchtiger Witz trug jedoch über die pedantische Schwerfälligkeit seiner Feinde einen glänzenden Sieg davon.

Vielleicht schrieb Hogarth sein Werk auch in der Absicht, die Abgötterey lächerlich zu machen, welche man mit alten Gemälden trieb. Man bezahlte, wie noch heute zu geschehen pflegt, alte, oft mittelmäßige Gemählde theuer, dachte aber an Pflanzung und an das Lebendige und Volksmäßige gar nicht. Auch züchtigte er die Bildhauer, welche oft nicht wußten ob sie Römische Gewänder oder Priesterröcke und Peruquen machen sollten; so wie noch bey uns manche Uniformen und steife Zöpfe in Marmor gehauen werden.

Daß man alle Zeitalter hindurch die liebliche Form der Schlangenlinie in den Wogen des Weltmeers, wie in den zarten Umrissen der Pflanzenwelt, angeschauet habe, leidet wohl keinen Zweifel, allein der Gedanke, sie zur allgemeinen Norm des Schönen zu erheben, gehört Hogarth, und daher konnte er mit Recht die Ehre der Erfindung durch das vorliegende Kupfer behaupten. Ob aber gerade Eyer und Aale dazu geeignet sind, die schönste Form in der Natur zu versinnlichen, möchte wohl mancher bezweifeln; ein Sultan würde sie vielleicht eher mit liebeswarmen Fingerspitzen an dem Busen junger Circassischer Mädchen suchen. Doch wir überlassen Anderen diese ästhetischen Gaukeleyen.

Was die Sigismunda des Correggio betrifft, welche nach Ireland's Angabe, Sir Thomas Seabrigth für 2424 Rthlr. kaufte, so ist sie wahrscheinlich kein Original, sondern das Werk eines modernen Pinsels. Correggio mahlte bekanntlich äußerst wenig Porträte, auch hat sie, so weit man nach dem von Ireland gelieferten Kupferstich (T. III. S. 7) urtheilen kann, nichts vom Character jenes Meisters, und scheint daher von einem schlauen, speculirenden Mahler zum Betrug verfertigt zu seyn. Zu Hogarth's Zeiten konnte leicht ein reicher, an der Kunstwuth leidender Lord, mit einem solchen Machwerk betrogen werden; und vielleicht merkte selbst Hogarth den Betrug, weil er es sonst nicht gewagt haben würde, sich neben Correggio zu stellen. Daß ihm der Lord die Palme verweigert, ließ sich leicht voraussehen, denn er würde ja das Ansehen seiner Kennerschaft verloren haben.

Einen eignen Genuß gewährt die Vergleichung des Hogarthischen Columbus mit einem andern, höchst merkwürdigen spanischen Gemählde, im Besitz des Herrn Eduard Horne zu Bevis Mount in Southampton. Auf diesem erblickt man ebenfalls den Entdecker Westindiens mit seinen Söhnen Diego und Ferdinand an einem Tische, worauf aber keine Aale und Eyer, sondern Karten und Weltkugeln liegen. Eine schöne Abbildung erschien davon vor kurzen in Edwards Geschichte der Brittischen Colonien in Amerika.

Daß endlich Hogarth dieses Blatt den Subscribenten gratis übergeben, wie Lichtenberg vermuthet, wird auch von Nichols (S. 257) bestätigt.

DIE VORLESUNG (THE LECTURE)

Erstveröffentlichung und Satzvorlage: Der Abdruck dieses Textes entspricht der Fassung im »Göttinger Taschen Calender« für 1793, S. 173–179, mit 4 Blättern von Riepenhausen nach Hogarth. Er erschien im Herbst 1792 und wurde vermutlich Juli/August 1792 niedergeschrieben. Eine Handschrift ist nicht überliefert. Radierung und Kupferstich »Scholars at a Lecture« – Gelehrte in einer Vorlesung von Hogarth erschienen 1737. Der Text erschien mit geringen Abweichungen und »Zusätzen« von unbekannter Hand in »G. C. Lichtenberg's Erklärung der Hogarthischen Kupferstiche« Achte Lieferung, Göttingen 1805, S. 144–153.

239 *Pedantereyen*: Über Professoren und deren Gleichsetzung mit Pedanten läßt sich Lichtenberg in G 68 aus. – *Oxford*: Darüber s. zu S. 33. – *Schuhflickergesichter*: Zu Lichtenbergs Wortbildungen mit *-gesicht* s. zu S. 118. – *Musenfresser*: Offenbar Wortschöpfung Lichtenbergs. In DWb nicht belegt. – *didicisse fideliter artes*: Zitat aus Ovid, Epistulae Ex Ponto II, IX, 47, wo es wörtlich heißt: »Adde quod ingenuas didicisse fideliter artes / Emollit mores nec sinit esse feros« – Setze hinzu, daß, die freien Künste gewissenhaft studiert zu haben, die Sitten verfeinert und nicht erlaubt, wild zu sein. Publius Ovidius Naso (43 v. Chr. bis 18 n. Chr.), röm. Dichter, von Augustus ans Schwarze Meer verbannt; der letzte große röm. Elegiker. – *was glauben Sie wohl was dieses vorstellt*: Interessant, daß Lichtenberg dieses ›physiognomische Rätselraten‹, das er schon einmal 1782 bezüglich des Massenmörders Johann Herrmann Simmen betrieben hat, um Lavater zu widerlegen (s. an A. L. F. Meister. Bw II, Nr. 963, S. 420), unter Freunden 1792 weiter ›spielt‹. – *neuen litterarischen Bedlam ... Almanach für 1792.*: Anspielung zum einen auf die berühmt-berüchtigte Londoner Irrenanstalt – s. zu S. 57 –, zum andern auf Lichtenbergs im »Göttinger Taschen Calender« für 1792 erstmals eingerichtetes »Bedlam für Meinungen und Erfindungen«, ebd. S. 128–136, eine Versammlung von abstrusen Theorien und deren Vertretern, die Lichtenberg ›toll‹ fand. – *Rabiqueau*: Lebensdaten unbekannt. – *National-Versammlung*: S. zu S. 188. – *Abbe Fauchet*: François-Claude Fauchet (1744–1793), Theologe, Anhänger Rousseaus; der Komplizenschaft mit Charlotte Corday, der Mörderin Marats, bezichtigt, wurde er am 31. Oktober 1793 hingerichtet. – *Pethion*: Pétion de Villeneuve, Jérôme (1753–1794), franz. Revolutionspolitiker, mit Robespierre Mittelpunkt der republikanischen Partei, 1791 Maire von Paris, bewaffnete das Proletariat und rief die Aufstände (u. a. die vom 20. Juni 1792) hervor; beantragte am 3. August 1792 bei der Nationalversammlung die Absetzung des Königs von Frankreich. Das weitere politische Schicksal ist hier nicht von Belang, da Lichtenberg im Sommer 1792 selbstverständlich auf *aktuelle* Ereignisse anspielt. – *Santerre*: Antoine Joseph Santerre (1752–1809), General der frz. Revolutionsarmee, nahm an der Erstürmung der Bastille teil, übte Einfluß auf die Aufständischen vom 20. Juni und 10. August 1792 in Paris aus; führte am 11. Dezember 1792 den König von Frankreich vor die Schranken des Konvents. Auch in diesem Fall interessiert hier nur die von Lichtenberg angespielte Aktualität, nicht der weitere Lebenslauf. – *ça ira*: Franz. ›'s wird schon gehen‹. Die Herkunft dieser berühmten Zeile aus der Frz. Revolution ist unklar; jedenfalls gehörte das Studentenlied neben der Marseillaise zu den am meisten gesungenen Revolutionsliedern: »Ah! ça ira, ça ira, ça ira, Les aristocrates à la lanterne«. S. Büchmann, S. 670, Berlin 1972[32]. – *Man sieht die Stimm' und hört sie nicht*: Zitat aus dem Sinngedicht »Über die Statüe der Venus an die sich Amor anschmiegt; von den von Papenhoven, in Sanssouci« II mit der Überschrift »Auf eben dieselbe Statüe« (1755). RUB 211–214, S. 85. Lichtenberg zitiert diese Zeile auch SB III, S. 753. Ewald Christian von Kleist (1715–1759), Verfasser dieses Gedichts, studierte Jura, Philosophie und Mathematik; 1740 Eintritt in die preußische Armee, 1757 Major, Beginn der Freundschaft mit Lessing, fiel 1759 in der Schlacht bei Kunersdorf: einer der betrauerten Frühverstorbenen der deutschen Poesie. Vgl. J 239. – *Baretchen*: Franz. barrette: schirmlose, runde oder eckige Mütze der Geistlichen und Doktoren (eine altertüml. Ehren- und Amtskappe). – *Schneider-Convent*: Lichtenberg verbindet in dieser Wortschöpfung seine Abneigung gegenüber dem Beruf des Schneiders mit seiner politischen Abneigung gegenüber dem revolutionären Frankreich: der Konvent, die Convention nationale, hatte im September 1792 die Assembleé nationale législative abgelöst. – *Schnürbrust*: Zu Lichtenbergs metaphorischem Gebrauch dieses »Korsetts« des 18. Jh.s. Wolfgang Promies, Über Schnürbrüste, Forster und Lichtenberg. Ein Paradigma für Aufklärung. In: ders., Reisen in Zellen und durch den Kopf. Ansichten von der Aufklärung. Tübingen 1997, S. 84–111.

240 *ein Clübbchen Schwedenborger*: Emanuel von Swedenborg (1688–1772), schwed. Naturforscher und berühmter Theosoph, dessen Prophezeiungen im 18. Jh. zahlreiche Gläubige fanden und nicht zuletzt Kant 1766 zu einer Stellungnahme im Sinne der Aufklärung veranlaßten. Zu Lichtenbergs Kritik vgl. KA 41 und Anm. – *Jacob Böhmisten*: Anhänger Jacob Böhmes (1575–1624), Mystiker und Theosoph. Lichtenbergs Urteil schwankte zwischen Faszination und Ablehnung, wie aus den Sudelbüchern und Briefen hervorgeht. Über Böhme und seine Rezeption im 18. Jh. s. zu SB III, S. 419, 7. – *die bittere Qualität ... Centro ... primus*: Begriffe aus Böhmes »Aurora«, s. zu D 172. – *der Schuster ... wohl Jacob Böhm*: Böhme war Schuhmacher in Görlitz. – *Fellows, Masters of arts, Doctors*: Akad. Titel in England. *Fellows*: Mitglieder eines College in Oxford oder Cambridge, die auf Grund hervorragender wissenschaftl. Leistungen Einkünfte aus dem Stiftungsvermögen des College beziehen und an dessen Verwaltung beteiligt sind. *Masters of arts*: Hochschulgrad an fast allen englischen und – später – amerikanischen Universitäten (magister artium liberalium). – *Datur vacuum*: Gegeben ist das Leere (eben nicht der physikalische Begriff!). – *Zeugniß aller Erklärer des Hogarth*: 1792 waren das Rouquet, Trusler, Gilpin (nur die Erklärung vom »Leben eines Liederlichen«), Walpole-Virtue, Nichols, der Ungenannte, John Ireland. – *Phlogiston*: Nach der von Georg Ernst Stahl (1660–1734) begründeten Theorie hypothetischer Stoff in den brennbaren Körpern, der ihnen die Eigenschaft der Brennbarkeit verleiht und bei der Verbrennung entweicht. Die Lehre der Phlogistiker wurde erst durch die Oxydationstheorie von Lavoisier verdrängt. Lichtenberg selbst schloß sich in den neunziger Jahren der von Lavoisier begründeten antiphlogistischen chemischen Theorie zögernd an. Darüber s. Wortregister in SB K I+II. – *Oxygenium*: Franz. oxygène: Sauerstoff. – *Raum und Zeit*: Kernbegriffe der »Kritik der reinen Vernunft« von Immanuel Kant; s. zu H 16. – *Caussalität*: Zu diesem Begriff der kantischen Philosophie s. zu J 429. – *pro oder contra*: Lat. ›Für und wider‹. – *datur ... diabolus*: Gegeben ist weder c noch h noch ch noch – Teufel auch. – *vom Wahrsagen ... leben, aber nicht vom Wahrheit sagen*: Fast gleichlautend findet sich der Satz in J 787, September 1791, notiert.

241 *Donnerwolke, aus der diese Cherubsköpfe ... hervorsehen ... Posaunen*: Zu diesem Bild s. zu S. 222; zu den *Cherubsköpfen* s. zu S. 69. – *ominös*: Lat. ominosus: vorbedeutend, besonders von schlechter Vorbedeutung; ahnungsvoll. – *die Sonne der Aufklärung*: Zu diesem Bild vgl. den »Göttinger Taschen Calender« für 1792, S. 212–213, wo Lichtenberg zu dem Kupferstich von Chodowiecki, betitelt »Die Aufklärung«, schreibt: »Dieses höchste Werk der Vernunft, dessen Nahme sogar uns neuerlich einige seichte aber eben deßwegen

beliebte Phrasenskünstler, haben lächerlich machen wollen, die zu eingeschränkt waren bey ihren Frömmeleyen, zu bedenken, zu was für Misbräuchen nicht selbst Religion und Liebe, diese Grundfesten der moralischen und physischen Welt, geführt haben, hat bis jetzt noch kein allgemeiner verständliches allegorisches Zeichen (vielleicht weil die Sache selbst noch neu ist), als die aufgehende Sonne. Es wird wohl auch lange das schicklichste bleiben, wegen der Nebel, die immer aus Sümpfen, Rauchfässern, und von Brandopfern auf Götzenaltären aufsteigen werden, die sie so leicht verdecken können. Indessen wenn die Sonne nur aufgeht, so schaden Nebel nicht.« – *die natürliche Größe des Originals*: Radierung und Kupferstich haben das Format: 22 x 18,5 cm. – *Kopf des Columbus verkleinert*: Vgl. S. 233. – *Bemerkung Swifts*: Anspielung auf Swifts »Thoughts on Various Subjects«; dort heißt es: »Elephants are always drawn smaller than they are, but a flea always larger«. Zit. nach »The Prose Writings of Jonathan Swift«. Oxford o. J., Bd. IV, S. 297; zu Lichtenbergs Reflexion über Groß und Klein s. etwa E 464.

Von unbekannter Hand erschienen in »G. C. Lichtenberg's Erklärung der Hogarthischen Kupferstiche«, Achte Lieferung, Göttingen 1805, S. 153–160, folgende

Zusätze

Die zwecklose Thätigkeit einiger gelehrten Spinnen in Oxford hat wahrscheinlich Hogarth bewogen, sie durch das vorliegende Blatt zu verewigen. Es ist eine köstliche Gruppe, welche Herr Lamarck, um unsere nahe Verwandtschaft mit dem Urangutang noch unwidersprechlicher zu machen, in seine neueste Schrift hätte aufnehmen sollen. Wer die einzelnen Köpfe in Absicht auf die Seelenkräfte welche sie offenbaren, genauer untersucht, wird darin mit Erstaunen das tiefe Studium der Characteristik erkennen, wodurch sich Hogarth von allen so vortheilhaft unterscheidet. Gleich unten gewährt uns der Vorleser *Mr. Fisher* einen reichhaltigen Stoff. Man sieht es ihm an, daß es ihm so recht innig am Herzen liegt, daß ihn seine Zuhörer doch ganz verstehen und recht vernehmen möchten. Die höchste Deutlichkeit der Aussprache, wonach er ringt, zwängt sein Karpfenmaul weit auseinander. Er starb übrigens alt und lebenssatt, ohne vielleicht sich selbst deutlich und begreiflich geworden zu seyn.

Ihm links zur Seite blickt ein Andrer schalkhaft hervor, der, wie Herr Ireland bemerkt, klüger scheinen will, als er wirklich ist. Durch die aufgeworfne und spöttisch verzogene Unterlippe will er andeuten, daß er bereits Alles wisse, was der Vorleser vorträgt, und daß er dieß auch längst so vorgetragen habe.

Derjenige, welcher den Zeigefinger an die Stirn legt, prüft, nach Herrn Ireland, die Richtigkeit eines Syllogismus. Er scheint es sich aber selbst zu gestehen, daß das Denken sein wahres Kreuz sey, und daß es ihm damit nie so recht habe glücken wollen. Ob der Mann wohl seines Gleichen bey uns findet?

Gerade über ihm sieht man einem ältern die Hülfsbedürftigkeit so recht an; auch er scheint sich mehr mit Worten als mit Sachen gefüttert zu haben.

Zur Seite steht ein Wesen mit einer Kreuzschnabel-Physiognomie und ein Anderes mit Ochsen-Augen, als die vollendetsten Beyspiele einer radikalen Geisteszerrüttung und Verrückung.

Ueber diese präsentirt sich, nach der selbstgenügsamen Miene, den wohlgenährten Backen, den ungekämmten und ungelockten Haaren zu urtheilen, ein Anhänger *Jacob Böhms* oder, wie Jemand glaubte, *Jacob Böhm* selbst. Um aber die zahlreichen Verehrer, welche dieser herrliche Kopf in unsern Tagen wieder gefunden hat, aus banger Besorgniß zu retten, bemerken wir, daß er nur ein *Fellow* oder *Master of arts*, wie die übrigen ist.

Das zarte, nette Bürschchen, welches mit einem feinen, nur an der einen Seite etwas zu rund verschobenen Gesicht, die Pyramide krönt, ist wahrscheinlich gar hübscher Leute Kind, das als ein hoffnungsvoller Anwuchs in diese Schule geschickt worden, damit die Aeltern in reifern Jahren Freude an ihm erleben.

Dasselbe gilt wohl auch von dem Jüngling, der sich ihm zur Rechten hervordrängt, und so etwas von dem beliebten *kindlichen Gemüthe* in der Physiognomie hat.

Von allen, welche die linke Seite formiren, getrauen wir uns ebenfalls zu sagen, bey welchem Handwerk sie gearbeitet haben. Die unbeweglichen Gestalten, welche uns gerade anblicken, erheben sich mit ihrem Geist kaum über das bloße Aneinanderknüpfen der Worte ihres Vorlesers. Jedoch kann man dem unteren ein gewisses behagliches Gefühl von innerer Erleuchtung nicht ganz absprechen. Der Mann mit dem Hute aber, scheint so gar kein starkes Hör-Organ zu besitzen; von einem Geistigen war ohnehin bey ihm nie die Rede.

Lichtenberg's Idee, da, wo das Buch ist, eine Oeffnung zu lassen, und auf eine bewegliche Scheibe die gelehrten Streitigkeiten des Tages einzutragen, verdient unstreitig allgemeinen Beyfall und allgemeine Aufnahme. Jetzt im Jahr 1805, würde diese Meteorologische Gelehrten-Tabelle etwas anders lauten, als im Jahr 1793. Vielleicht stände so etwas von den Tendenzen einer gewissen Poesie darauf, von dem Reiche der Seeligen, von der Plastik des Flüssigen, von den Experimenten in einem gewissen artistischen Laboratorio, um die Spree in den Ilissus zu verwandeln, von den Bemühungen die Attische Kunst unter zwey und funfzig Graden der Breite ins Leben zurückzurufen, von der prodigiosen Höhe unserer Poesie, da doch endlich einmal die Bäume sprechen, die Kräuter und Blumen singen, und der Winde Brausen sich articulirt, und die bisher ungesehenen Vögel aus dem Süden zu uns herauffliegen, und die Luftgeister und Erdgeister beredt werden, und was dergleichen äußerst interessante Dinge ferner seyn mögen.

Vielleicht kann aber diese Sammlung geistreicher Köpfe noch einen andern Nutzen haben. Da nämlich jeder Band einer gewissen, den schönen Wissenschaften gewidmeten Bibliothek mit dem Bildniß eines würdigen deutschen Gelehrten verziert seyn soll, das Zeitalter aber nach der wohlgegründeten Meinung des Redacteurs, immer mehr aus der Art schlägt, und die echten Gelehrten zuletzt nicht mehr aufzutreiben sind: so möchten wir vorschlagen, die künftigen Theile jener Sibyllinischen Blätter mit den Porträts dieser längst verstorbenen Oxforder Gelehrten zu schmücken, deren Verdienste anerkannt sind, und der lehrbegierigen Jugend als glänzende Muster dienen können.

SOUTHWARK-FAIR. DER JAHRMARKT VON SOUTHWARK

Erstveröffentlichung und Satzvorlage: Der Abdruck dieses Textes entspricht der Fassung im »Göttinger Taschen Calender« für 1793, S. 180–196, mit sechs Blättern von Riepenhausen nach Hogarth. Er erschien im Herbst 1792 und wurde vermutlich Juli/August 1792 niedergeschrieben. Eine Handschrift ist nicht überliefert. Der Text erschien mit geringen Abweichungen und »Zusätzen« von unbekannter Hand in »G.C. Lichtenberg's Erklärung der Hogarthischen Kupferstiche« Zehnte Lieferung, Göttingen 1808, S. 7–31. Radierung und Kupferstich von Hogarth erschienen 1733.

243 *Southwark*: Ursprünglich eine Messe mit der Zugabe schaustellerischer Darbietungen, die sich zu einer ausschließlichen Volksbelustigung entwickelte, wurde der Jahrmarkt 1762 verboten. – *Scheibenschießen*: Wie sehr Lichtenberg das alljährliche Schützenfest in Göttingen, das Schießen nach der Scheibe schätzte, geht aus dem Wortregister in SB K I+II hervor, Stichwörter: Scheibe, Schützen-Compagnie, Schützenfest, Schützenhof, Schützenkunst, Schützen-Obrist. – *Gilden*: S. zu S. 127. – *Schützencorps*: Von der »Londonschen Schützen-Compagnie« schreibt Lichtenberg ironisch in E 108. – *Divertissements*: Franz. ›Lustbarkeiten, Vergnügungen‹. –*siamo ... Christiani*: Wir sind Venezianer und erst danach Christen. Nach Auskunft von Franco Farina, Riva del Garda, handelt es sich um einen anonymen Spruch zur Zeit des Interdikts, der wörtlich lautet: »Primo Veniziani, e poi Cristiani«, wie Guiseppe Giusti-Gino Capponi, Dizionario dei proverbi italiani, Florenz 1994, mitteilt, ohne die Quelle angeben zu können.

244 *Spitzbuben-Seminarium*: Von mir verb. aus: *Sitz*buben-Seminarium; wohl Druckfehler. – *Laune*: Zu Lichtenbergs Urteil über Hogarth's ›Laune‹ s. zu S. 27. – *Knotenperücke*: Zu diesem Modeartikel s. zu S. 88. – *Alexander der Große*: Über ihn s. zu S. 127. – *Macedoniern*: Makedonien, Region in Nordgriechenland, unter Philipp II. (359–336) zur Großmacht auf der Balkanhalbinsel aufgestiegen, die Alexander der Große bis zum Indus ausdehnte. – *Muthmaßung des ... Herrn Irelands*: John Ireland, engl. Kupferstecher und Schriftsteller, gest. 1800, veröffentlichte London 1791 in zwei Bänden »Hogarth Illustrated«. Irelands ›Mutmaßung‹ ebenda Bd. I, S. 76. Im übrigen s. zu J 1060. – *Cäsar ... Brutus und Cassius*: Marcus Iunius Brutus (85–42 v. Chr.), Verfechter der alten republikanischen Ordnung Roms, einer der Mörder Cäsars; nach der Niederlage in der zweiten Schlacht bei Philippi beging er Selbstmord. Gaius Longinus Cassius, neben Brutus der führende Kopf unter den Mördern Cäsars; in der ersten Schlacht von Philippi, Anfang Oktober 42, von Antonius geschlagen, beging er Selbstmord. –*Allgewalt*: Zu dieser Wortprägung vgl. S. 245. DWb 1, Sp. 235 bringt Belege aus Goethe und Bürger. – *eines mit Gold bordirten Federhuts auf einem weiblichen Kopf*: Vgl. dazu Lichtenbergs Beschreibung und Handzeichnung an Dieterich, London, 12. November 1775 (Bw I, Nr. 292, S. 580) und zuvor unter dem 31. März 1775 (Bw I, Nr. 276, S. 521–522). – *bordirt*: S. zu S. 108.

245 *Wünschhüthchen*: Ein zaubermächtiger Hut, durch den dessen Träger an jeden von ihm gewünschten Ort versetzt werden kann; zuerst in dem Volksbuch »Fortunatus« verwendet. Lichtenberg spielt aber eher auf Märchen von Perrault an. – *praesens numen*: Praesentia numina sentit: »spürt die gnadenreiche Nähe der Allmacht«, Zitat aus Horaz, Epistolae 2,1,134. Dasselbe Zitat begegnet F 184 und SB III, S. 860 (Der Weg des Liederlichen). – *Schornsteinfeger*: Zu dieser seinerzeit volkstümlichen und von Hogarth beliebten Figur s. zu S. 140. – *Mohrenknabe*: Zu dieser Figur s. zu S. 15. – *Klopffechter*: Zu diesem Berufsstand s. zu S. 37. – *dupe ... fripon*: Franz. ›Betrogener ... Spitzbube‹. – *Klopfechter*: So in dem Erstdruck.

246 *Ireland nennt ihn ...*: Gemeint ist »Hogarth illustrated« I, S. 76. Im übrigen s. zu S. 244. – *a younger branch ... Simples*: Ein jüngerer Zweig aus der Familie der Einfaltspinsel. – *ein Mr. de la Pillule*: Über diesen Kurpfuscher s. zu. S. 75. – *wie oben Alexander*: Siehe S. 244. – *mystischer Triple-Allianz*: Zu Lichtenbergs Gebrauch von »mystisch« s. zu S. 28; – *Triple-Allianz*: Sozusagen Dreifaltigkeit, religiös gewendet. – *Memento mori*: Zu dieser ehrwürdigen Floskel s. zu S. 76; vgl. S. 247. – *Sancho*: Sancho Pansa: legendäre Figur des – schwatzhaften – Dieners von Don Quijote in dem gleichnamigen Roman von Cervantes. – *Anecdoten-Spediteur*: Diese Wortbildung begegnet J 1028. – *Marionettenspiel*: Punche's Opera: Punch, wahrscheinlich Kurzform von ›punchinella‹: die Lustige Person des englischen Puppenspiels, danach auch Name des 1841 gegründeten berühmten satirischen Londoner Wochenblatts, dessen Titelseite das Bildnis des Punch zeigt. S. auch S. 129. – *das Trojanische Pferd*: Bekanntlich die Erfindung des ›listenreichen‹ Odysseus, mit dessen Hilfe Troja schließlich erobert wurde. – *die Belagerung von Troja*: »The siege of Troy«: beliebtes Stück auf Jahrmärkten, »a celebrated droll« (Ireland I, S. 78 Fußnote), Verf. Elkannah Settle (geb. 1648), 1707 gedruckt. – *Chryseïs*: Apollonpriester, der zu Chryse, einem Städtchen am Fuß des Ida wohnte. – *Ireland muthmaßt ...*: Gemeint ist a.a.O., I, S. 78. – *Chryseis*: Tochter des Chryses; um sie kam es nach der Zerstörung Thebes zum Streit zwischen Agamemnon, dem sie als Sklavin zugeteilt wurde, und Achill, so daß Apollon eine Pest ins Lager der Griechen sandte.

247 *Memento mori*: S. zu S. 76; vgl. S. 246. – *Booth*: Barton B. (1681–1733), berühmter engl. Schauspieler, der auf Geheiß der Königin Anne neben Colley Cibber und anderen Manager des Drurylane Theatre wurde. – *Colley Cibber*: Engl. Schauspieler und Verf. zahlreicher bühnenwirksamer Stücke (1671–1757). Lichtenberg erwähnt RA 184 dessen 1728 in London uraufgeführte Komödie »The provoked husband«. – *Theater in Drurylane*: Darüber s. zu S. 123. – *Highmore*: Lebensdaten unbekannt. – *würfelte sich ... Staffeln herunter*: Zu dieser Redewendung vgl. S. 91. 261. – *White's Caffeehaus*: Darüber s. zu S. 45. – *berühmten Ort*: Dettingen, Kirchdorf 15 Kilometer unterhalb Aschaffenburg am Main gelegen. Hier erfolgte im Österreichischen Erbfolgekrieg am 27. Juni 1743 der Sieg der verbündeten Kaiserlichen und Engländer unter Georg II. von England über die Franzosen unter Noailles. – *ein gewisser Mahler Ellis*: John Ellys (1701–1757), seinerzeit namhafter engl. Porträtmaler. – *Giffard*: In Frage kommt vielleicht Andrew Gifford (1700–1784), engl. Baptist und Numismatiker. – *quiet and snug*: Engl. wörtlich: ruhig und gemütlich.

248 *das Boxen*: Darüber s. zu S. 155. – *pictoribus atque poetis*: Zitat aus Horaz, Ars poetica V. 9, wo es heißt: »pictoribus atque poetis quidlibet audendi semper fuit aequa potestas«: Und doch hatten Maler und Dichter seit je gleiche Freiheit, zu wagen, was sie nur wollen. Lichtenberg zitiert die Wörter auch S. 268 und Bw IV, Nr. 2398, S. 290, an Christian Gottlob Heyne, vom 14. Juni 1794. – *Cibber (Theophilus)*: Engl. Theaterdichter und Schauspieler (1703–1758), Sohn Colley Cibbers. – *Theater auf dem Heumarkt*: Haymarket, 1720 eröffnet lag dieses Theater zwischen Suffolk Street und James Street, diente lange Zeit Fielding als Schauplatz seiner Komödien, erlebte Macklins erstes Auftreten auf Londoner Bühnen, seit 1747 nach langen Lizenzschwierigkeiten unbenutzt, unter Leitung von Samuel Foote seit 1767 Royal Thea-

tre. – *Character des windigen Pistols*: Figur aus Shakespeares »Henry V.« (IV, 1), auf den Lichtenberg in der Ausführlichen Erklärung von »Der Weg des Liederlichen« (SB III, S. 860–861 Fußnote) eingeht. – *Harper, ein eminenter Falstaff*: Über »Falstaff« s. zu S. 89. John Harper (gest. 1742), seinerzeit beliebter engl. Schauspieler, der jahrelang am Drurylane Theatre die Rolle des Falstaff spielte. – *Liberty and property*: Engl. ›Freiheit und Eigentum‹. – *Bajazet*: Bajesid I. (1354–1403), seit 1389 osmanischer Sultan, unterwarf die Balkanstaaten, belagerte Konstantinopel, siegte 1396 bei Nikopolis über König Sigismund von Ungarn. 1402 wurde er von Timur (Tamerlan) bei Angora besiegt und starb als dessen Gefangener. Das Theaterstück »Tamerlan and Bajazet« wurde 1733 in Smithfield uraufgeführt; der Verfasser ist unbekannt. Im übrigen s. Ireland I, 74.

249 *die menschliche kennen zu lernen ... die vom Affen zugleich mit zu studiren*: Ähnlich schreibt Lichtenberg S. 221. – *Welgerholz*: Klopfholz, Walzholz, Stößel. Lichtenberg gebraucht das Wort auch in der Ausführlichen Erklärung der »Herumstreichenden Komödianten« SB III, S. 672). – *Janitscharenmusic*: Darüber s. zu S. 147. – *Mohrenknabe*: Siehe zu S. 15. – *Frankreich ... jetzt kein Gegenstand für die Satyre mehr*: Geschrieben zwischen Juli und September 1792.

Von unbekannter Hand erschienen in »G. C. Lichtenberg's Erklärung der Hogarthischen Kupferstiche« Zehnte Lieferung, Göttingen 1808, S. 31–39, folgende

Zusätze

Da der sel. *Lichtenberg* zur Erklärung dieses Blattes bereits die beßten englischen Ausleger benutzt hat, so bleiben uns nur wenige Ergänzungen übrig. Wir wollen jedoch der Vollständig[keit] wegen das Interessanteste, was wir noch in manchen Schriften zerstreuet aufgefunden haben, hier mittheilen.

Der Jahrmarkt von Southwark erschien im Jahr 1733, und gehört zu *Hogarth's* geistreichsten Werken, weil er die berühmtesten Schauspieler seiner Zeit darin aufgeführt hat. Zuerst fällt die Bude einer Truppe in die Augen, an welcher fast in Lebensgröße das Trojanische Pferd aufgehängt ist. Das Stück, das hier gespielt werden soll, war die Arbeit eines gewissen *Elkanah-Settle*, und wurde damals mit rauschendem Beifall aufgenommen. Ob aber die Figuren, die bey der Bude sitzen, Porträte sind, ist unentschieden. Jedoch habe ich in Garrick's Lebensbeschreibung eine Stelle gefunden, die vielleicht einiges Licht geben kann. Der Verfasser derselben erzählt nämlich, daß der große Schauspieler *Boheme*, der sich in der Folge auf dem Theater von Lincoln's Innfield so glänzend auszeichnete, zuerst in einer Bude auf dem Jahrmarkt zu Southwark erschien, wo er die Rolle des Menelaus in der Belagerung von Troja meisterhaft spielte. Vielleicht ist also der sitzende Held mit Helm und Federbusch ein Porträt von Boheme.

Der Mann der von der Thurmspitze an einem Strick hinabfliegt, war ein gewisser *Thomas* Cadman oder Kidman, der diese gefährliche Expedition von dem St. Martins-Thurme in London und von andern hohen Gebäuden in England so oft wiederholte, bis er zuletzt zu Shrewsbury den Hals brach. Hier beerdigte man ihn, und setzte ihm einen Leichenstein mit einer warnenden Inschrift*.

Als er einst einen Bischof um die Erlaubniß bath, ein Seil an die Spitze seiner Cathedralkirche zu befestigen, so antwortete dieser, daß es ihm immer erlaubt seyn solle von der Erde zur Thurmspitze zu fliegen, aber nie umgekehrt. Er war übrigens in seiner Art ein großer Künstler, und wagte es, in Gegenwart vieler tausend Zuschauer, nicht nur von dem sehr hohen Thurm zu Broham in Wiltshire, sondern auch von der höchsten Felsenspitze bey Bristol (*The hot-well*) herab zu fliegen.

Die *Theaterumwälzung* im Vorgrunde bezieht sich auf eine Tragödie, *Tamerlan und Bajazet*, die in demselben Jahr, worin unser Blatt erschien, einen großen Beifall fand. Man bauete zu Smithfield eine Bude, um sie aufzuführen, wobey sich *T.* Cibber, Griffin, Bullock und H. Hallam auszeichneten. Da der ältere Mills gemeiniglich die Rolle des Bajazet übernahm, so ist es nicht unwahrscheinlich, daß ihn Hogarth durch d. rückwärts fallende Figur mit dem Helm und der Knotenperücke dargestellt hat. Die unglücklich fallende Prinzessin soll eine Schauspielerinn, Nahmens *Violante*, seyn.

Das Aushängeschild, das die *Stage Mutiny* enthält, ist von Lichtenberg umständlich erläutert worden. Wir bemerken hier noch, daß es eigentlich eine verkleinerte Copie eines großen Kupferstichs von John Laguerre ist, der ein Sohn des Historienmahlers Louis Laguerre war, und im J. 1748 starb. Zugleich kam damals ein tragicomisches Stück: The *Stage Mutiny* zum Vorschein, worin alle Personen, die auf dem Schilde gemahlt sind, miteinander reden**. Was den Herrn Highmore betrifft, so war er, wie Ireland versichert***, ein sittenloser Mensch, der sich durch den mißglückten Versuch, die Gemahlinn eines seiner Freunde zu verführen, lächerlich und verächtlich gemacht hatte. Diese Begebenheit hat Hogarth ebenfalls durch einen Kupferstich verewigt, der zu den größten Seltenheiten gehört, da die Platte, nachdem man ein paar Abdrücke gemacht hatte, vernichtet wurde. Man sieht auf demselben eine Mohrinn, die in einem Bette liegt, und den Herrn Highmore, der vor ihr steht, mit der Hand liebkosen will. Allein in diesem Augenblick treten einige Leute mit Lichtern in das Zimmer, wodurch der Betrug entdeckt wird, und Highmore in die größte Bestürzung geräth, der sich bey einem schönen Mädchen zu befinden wähnte.

Zuletzt muß ich noch bemerken, daß die schöne Comödiantinn mit der Trommel ein Porträt ist, wie Hr. Samuel Ireland von Hogarth mündlich erfahren hat. Als nämlich Hogarth einst auf dem Jahrmarkt zu Southwark spatzieren ging, so sah er, daß der Director einer Truppe ein schönes Mädchen mißhandelte und schlug. Dieses beleidigte ihn so sehr, daß er sich des Mädchens annahm, und dem Director eine tüchtige Tracht Schläge gab. Und weil ihm die Figur und Gesichtsbildung des Mädchens sehr gefiel, so nahm er sie stets zum Vorbilde, wenn er eine Schönheit darstellen wollte.

Schließlich müssen wir noch bemerken, daß sowohl die Erklärung des sel. Lichtenbergs als auch unsere Zusätze nach dem *englischen Original* verfertigt sind, welches nicht umgezeichnet ist, daher alles was rechts erscheint links seyn soll, und so umgekehrt. Diesen Umstand hat Hr. Riepenhausen in seiner *Copie* sorgfältig vermieden.

* Sie ist abgedruckt in der *Explanat. of Several of Hogarth's prints*. S. 90.

** S. *Ireland* T. III. S. 366. und *Sam. Ireland's* Graphic illustrat. T. I. S. 111.

*** S. Graphic illustrat. T. I. S. 112 u. folg.

FRANKREICH UND ENGLAND

Erstveröffentlichung und Satzvorlage: Der Abdruck dieses Textes entspricht der Fassung im »Göttinger Taschen Calender« für 1794, S. 194–207, mit 2 Blättern von Riepenhausen nach Hogarth. Der Text erschien im Herbst 1793 und wurde vermutlich Juli/August 1793 niedergeschrieben. Eine Handschrift ist nicht überliefert. Der Text erschien mit geringen Abweichungen und »Zusätzen« von unbekannter Hand in »G.C. Lichtenberg's Erklärung der Hogarthischen Kupferstiche«, Siebente Lieferung, Göttingen 1801, S. 3–28. Hogarths zwei Radierungen unter dem gemeinsamen Titel »The Invasion« erschienen 1756.

250 *die Begebenheiten von 1756*: Das Jahr 1756, der Ausbruch des Siebenjährigen Kriegs, bedeutete für England den Kampf gegen Frankreich um die Kolonien. Man registrierte franz. Truppenbewegungen an der Kanalküste, befürchtete eine Invasion. Hogarths Radierungen sind »Propaganda im Interesse des eigenen Landes« (Arndt, S. 73). – *Welche Classe von Landsleuten*: Auch andernorts bemerkt Lichtenberg, daß Hogarth mit seinen Illustrationen durchaus auch den englischen ›Pöbel‹ anzusprechen suchte; s. S. 141. – *die Blätter ... sind im niedrigsten Styl*: Bemerkenswert, daß Lichtenberg in einer politisch aufgeregten Zeit, in der er sich gegen das revolutionäre Frankreich erklärt, diese Radierungen Hogarths glaubt erklären zu müssen und zugleich ihre Parteilichkeit betont. – *Solche Predigten ... gehen unmittelbar vom Auge in die Faust über*: S. dazu das Nachwort.

251 *nachsumset*: Zu Lichtenbergs Gebrauch des Verbums *sumsen* s. zu S. 2138. Diese Verbbildung ist im DWb nicht belegt. – *O, ich werde nie ein ähnliches Beyspiel vergessen*: So persönlich äußert sich Lichtenberg nur noch bezüglich Bedlam, Amsterdam und dem Dachdecker. – *unsere Stadt im Sommer (1793)*: Gemeint ist Göttingen. – *der Prospect von Mainz an den Fenstern des Bilderhändlers belagert*: »Neuer Plan von Mainz und Königstein« notiert Lichtenberg am 17. Juni 1793 (SK 490); vgl. auch SK 501. Zu *Prospect* s. zu S. 89. – *Guillotine*: Über diese ›revolutionäre‹ Hinrichtungsmaschine s. zu J 1040; im »Göttinger Taschen Calender« für 1795, S. 157–163, hat Lichtenberg dann eine Miszelle »Ein Wort über das Alter der Guillotine« erscheinen lassen (SB III, S. 488). – *Haupt des Unvergeßlichen*: Gemeint ist Ludwig XVI., geboren 1754, seit 1774 König von Frankreich, am 21. 1. 1793 guillotiniert. S. auch SK 492. 519. Der »Unvergeßliche« ist wohl weniger Ausdruck von Treue zur Monarchie als ein Kotau umständehalber. – *Famars*: Ort im franz. Département Nord, südlich von Valenciennes zwischen Schelde und Rhonelle gelegen; am 23. Mai 1793 erstürmten die Österreicher unter dem Prinzen von Koburg das befestigte Lager der von Dampierre befehligten Franzosen.

253 *Erbfeindes*: S. zu S. 116. – *dirty ... thirty*: Engl., schmutzig ... dreißig. – *John Bull*: Über diesen Inbegriff des Briten s. zu. S. 11: Arbuthnot. – *Wassersuppe, Schnecken und Frösche*: Zu dieser Charakteristik der französ. Küche vgl. S. 116. – *Hogarth auch unter den Propheten*: Anspielung auf und Abwandlung von 1. Sam. 10,10–12, wo es heißt »Wie kommt Saul unter die Propheten?« – *Es läßt ...*: Zu dieser Wortprägung s. zu S. 43. – *kaltes Fieber*: Svw. Frost. – *Cabinetsstück*: Ein für eine ausgewählte Sammlung von Kunstgegenständen geeignetes, vorzügliches Stück, z.B. Gemälde. – *Memento mori*: S. zu S. 76. – *Lantern Jaws*: Lantern-jawed engl. svw. ›hohlwangig‹. – *Galvanischen Versuche mit seinen Fröschen*: Luigi Galvani (1737–1798), ital. Arzt und Naturforscher, seit 1775 Professor für Anatomie und Gynäkologie in Bologna, entdeckte 1780 die Kontraktion präparierter Froschmuskeln beim Überschlag elektrischer Funken, eine Erscheinung, die er fälschlich für tierische Elektrizität hielt. Im übrigen s. zu J 1160. – *Ein junger Engländer ... in meinem Beyseyn*: Wer von Lichtenbergs ›Zöglingen‹ könnte gemeint sein? – *in Holland ... betrogen*: Zu dieser Erfahrung, die einem Vorurteil gleichkommt, s. TB 1 (SB II, S. 600).

254 *die Holländer hätten ... keine Regeln in ihrer Sprache*: Zu Lichtenbergs Auffassung vom Holländischen s. S. 21 und das Wortregister in SB K I+II. – *Freyheit und Gleichheit und Menschenrecht*: Die ersten beiden Vokabeln sind Schlagworte der Französ. Revolution; ›Menschenrechte‹ seit der ›Bill of Rights‹ von 1689 in England Staats-Grundgesetz. – *Cloots*: Jean-Baptiste du Valde-Grâce, Baron von Cloots (1755–1794), ehemals preuß. Freiherr, Anhänger der Franz. Revolution, gehörte zum radikalen Hébert-Flügel im Convent, starb auf dem Schafott. – *National-Convent*: S. zu S. 188. – *der Mönch, der Alleinfette*: Lichtenbergs Antipathie gegenüber dem Mönchswesen geht auch aus seiner Erklärung von Hogarths »Thor von Calais« hervor (S. 121). – *Borns Monachologie*: Darüber s. zu S. 121. – *Barfüßer oder Franciscaner*: Zu diesem Ordensbruder s. S. 117; für den Liebhaber der Bornschen Satire hier seine ›Linnésche‹ Bestimmung: »Monachus franciscanus: imberbis; Capite raso, corolla pilosa continua; Pedibus subcalceatis; Ano semitecto; Tunica susca pannosa; Cucullo mobili, subcordato, brevi; cum appendice scéu scuto pectorali subrotundo & dorsali triangulari, decurrente infra funem trinodosum linteum album, quo bis cingitur abdomen; Manicis aequalibus, amplis satis, ut intra eas manus abscondantur; Scapulari nullo: Pallio fusco infra anum finiente, connexo fibula ossea circum pectus. Interula pannea indusii loco cutem fricat, cui circa nates adligatur praetexta pannea, ad genua fere porrigens.

Habitus Monachi franciscani rusticus; incessus mensuratus; Tunica undequaque sacculis scatet, cucullaribus: quo comestibilia abscondit; axillaribus, in quibus fermentat tabacum; pectoralibus, pro pixide; manicabilibus, pro strophio conservando. Hircum olet; Auri & argenti contemptor ventrem tantum curat, quem bis quotidie carne aut piscibus replet; Ruminat interdiu otiosus; Mendicans benefactoribus detracto cucullo herbam nicotianam porrigit; Icunculas, schedulas triquetras, amuleta, aliasque hujus farris nugas, mira metamorphosi, in vinum & cibum transmutat. Dimicat cum suis, & hostem non raro clam trucidat.

Cantat saepiu de die & nocte media usque ad crepusculum, voce alta clamosa.

Corporis vires juniorum per annum unum probantur; species spuria, quam Hybernam dicunt, intellectum quoque excolit.

Monacha Franciscana tela nigra caput velat; ceterum mares imitatur.

Asseclarum hujus ordinis innumerae varietates, obscuriores, moribus, vestitu & habitu diversae.

Habitat in oppidis & urbibus.

Genuinus Francisci filius, & aeternus, si fides habenda Patri Franciscanorum, qui divino numine se afflatum putans, praedixit: interiturum prius genus humanum, quam hanc speciem; ne fors turbetur oeconomia Naturae, cum, vel sublata unica cimicis specie, catena, qua creaturae omnes cohaerent, rumperetur.

Primum laborum Francisci socium Procum

fuisse annales speciei narrant. Dubius enim Franciscus, qua ratione persuaderet Innocentio III, ut suam vivendi rationem approbet, suem vidit in luto se voluntantem, cujus exemplo tractus luto quoque se immersit; & derelicto comite lutosum sese summo sacerdoti ostendit; qui motus hac pietate legibus Francisci benedixit ad initium Saeculi 13ii. Ita Sus Minervam. – *Antonius mit dem Schwein*: Gemeint ist wohl Antonius von Padua (1195–1231), Mitglied des Franziskanerordens, 1232 heilig gesprochen. Der Legende nach predigte er den Fischen, als die Menschen ihn nicht hören wollten; daher gilt er als Patron der Tiere. Aber Lichtenberg täuscht sich vermutlich in dem Namen, da er, wie er selbst schreibt, den Text von Born nicht zur Hand hat. Dort schreibt Born von Franciscus, daß er, sich an seinem ihn begleitenden Schwein ein Beispiel nehmend, sich im Kot gewälzt habe, um dem Papst Innozenz III. seine Lebensauffassung zu demonstrieren, und erlangte so die Billigung der Ordensgründung. – *ad majorem Dei gloriam*: Zum größeren Ruhme Gottes; zuerst nachgewiesen bei Papst Gregor dem Großen (590–604), später Wahlspruch des Jesuitenordens. – *Black Friars*: Engl. wörtl. ›Schwarze (Bettel-) Mönche‹. – *Winkelhaken*: Insignie des Freimaurer-Ordens; s. zu S. 177. – *Freymaurerey*: Engl. ›freemasonery‹, franz. ›franc-maçonnerie‹: Bewegung mit dem Ziel, ihre Anhänger auf der Grundlage einer natürl. Ethik zu dem Ideal edlen Menschentums hinzuführen. Der Name rührt von symbolischen Riten der Freimaurer her, die auf die Bräuche der mittelalterl. Bauhütten zurückgeführt werden. Im 18. Jh. galt die Freimaurerei als Geheimbund, der sich gegen den politischen und religiösen Absolutismus verschworen hatte. – *Holschen*: Niederdt. ›Holsschuh‹. – *Wassersuppe*: S. zu S. 35. – *Sponton*: S. zu S. 115. – *armen Teufel*: Zu dieser Wendung s. zu S. 58. – *Hogarths Muthwillen*: Zu dieser Charakteristik s. zu S. 24.

255 *ihm zuzurufen*: Zu Lichtenbergs Apostrophen vgl. S. 118 und Anm. – *Ludwigen*: Zu Lebzeiten Hogarths regiert in Frankreich Louis XIV. (1638–1718), der 1643 den Thron bestieg; Louis XV. (1710–1774), Thronfolge 1715. – *Georgen*: Zu Lebzeiten Hogarths regierten in England Georg II. (1685–1760) und Georg III. (1738–1820), der 1760 den Thron bestieg. – *Schilde des Wirtshauses*: Zu diesem Motiv s. zu S. 122. – *Herzog von Cumberland*: Über ihn s. zu S. 149. – *die Bierflasche*: Dazu vgl. S. 262. – *Grenadier, der das Porträt Ludwigs XV. ... entwirft*: Diesen Zug erwähnt Lichtenberg schon S. 79. Ludwig XV. (1710–1774), seit 1715 König von Frankreich. – *Fratzengesicht*: Zu dieser Wortbildung vgl. S. 152. – *hervorschmaucht*: Wohl Wortbildung Lichtenbergs. – *Casernengekritzel zu Pompeji, das man jetzt in Kupfer sticht*: Pompeji, 79 n. Chr. bei dem verheerenden Ausbruch des Vesuvs wie die Stadt Herculaneum untergegangen, wurde seit 1748 ausgegraben, aber erst 1763 wußte man, daß man Pompeji erforschte, das dann rasch ein beliebtes Ziel für hohen ausländischen Besuch wurde. Lichtenbergs Aversion gegenüber dieser Ausgrabung steht in Zusammenhang mit seiner Ablehnung des Antiken-Kults seiner Zeit. Kritzeleien fanden sich allerdings genügend, etwa die Wandinschrift an der Fassade des Hauses von Trebius Valens, nach denen er und sein Sohn 30 Gladiatorenpaare kämpfen lassen und außerdem eine Tierhetzte stattfinden und ein Sonnensegel aufgespannt sein wird. S. Theodor Kraus/Leonhard von Matt: Pompeji und Herculaneum. Antlitz und Schicksal zweier antiker Städte. DuMont Köln 1977, S. 156. – *attisch ... der Witz*: Von athenischer Bildung, mit Bezug auf Athen als Sitz von feiner Lebensart, auch *attisches Salz* im Sinne von: sinnreiche, witzige Reden, feiner Scherz. S. auch B 374. – *im siebenjährigen Krieg ... Schlacht bey Collin*: Bei Kollin, einer im östlichen Böhmen gelegenen Stadt, fand am 18. Juni 1757 eine Schlacht zwischen den Preußen und den Österreichern unter Daun statt. Friedrich II. verlor die Schlacht. »Als er sich allein sah, kehrte er um und befahl den Rückzug, der unter Ziethens Schutz unbelästigt vollführt wurde. Aber nur 6000 Mann waren noch beisammen, 14000 Mann an Todten, Verwundeten und Gefangenen, 29 Fahnen, 43 Geschütze waren verloren; der Verlust der Oesterreicher betrug 8000 Mann. Die Aufhebung der Belagerung von Prag und die Räumung Böhmens war die nächste Folge dieses ersten Siegs Dauns.« So der Bericht in »Meyers Konversations-Lexikon« Bd. 10, 1877^3, S. 151. – *König von Preußen*: Friedrich II.; über ihn s. zu S. 60. – *Orang-Utange*: Über deren Sprachfähigkeit beziehungsweise Sprachunfähigkeit und, damit verbunden, fragwürdige Menschenähnlichkeit s. zu B 12.

257 *Alle Ausleger glauben ...*: Zu den von Lichtenberg benutzten Kommentatoren s. zu S. 140; Zu Lichtenbergs Methode s. das Nachwort S. 274. – *der Alleinfette*: Vgl. S. 254. – *Porter-Krug*: Über dieses britische Nationalgetränk s. zu S. 7. – *Güte des Korns ... Defect im Schrot*: Zu diesem Bild vgl. S. 200. – *größer scheinen zu wollen, als man ist*: Zu dieser Antithese vgl. E 40. 175; F 51; K 40. – *God save the King*: Zu dieser Hymne und Zeile s. oben S. 149.

Von unbekannter Hand erschienen in »G. C. Lichtenberg's Erklärung der Hogarthischen Kupferstiche« Siebente Lieferung, Göttingen 1801, S. 23–38, folgende

Zusätze

Als ein Paar wollen diese Blätter, *Frankreich und England*, verstanden seyn. Jedes spricht durch das andre so deutlich, oder noch deutlicher, als durch sich selbst. So mußte es auch seyn. Beide sind Embleme des Kriegs zwischen Frankreich und England; und zu jedem Kriege gehört, wie zum Ehestande, auf's Wenigste ein Paar.

Welchem von beiden Blättern der Vorzug gebührt? Wer kann zweifeln?

Das Salz, das Hogarth für den Gaumen John Bull's auf das Blatt *Frankreich* gestreuet hat, ist nicht nur sehr grobkörnig; es ist auch in Hogarths eignem Magazin schon dumpf geworden. Gerade so ganz erbärmliche Geschöpfe, wie die Musketenträger sind, die hier *französische* Soldaten vorstellen sollen, finden sich auch unter den *englischen* Soldaten auf dem letzten Blatte der Suite *Fleiß und Faulheit*. Siehe das vorige Heft unsrer Sammlung. Freilich sind dort, beym Aufzuge des Lord-Mayors, nur Stadtsoldaten, d. i. irreguläre Truppen, hier aber, wo Frankreich England erobern will, Landsoldaten, d. i. reguläre Truppen gemeint. Jene haben keinen Krieg zu führen, außer mit den Bierkrügen. Die regulären Land- und Landungstruppen aber, die wir auf dem Blatte *Frankreich* sehen, sollen Männer zu Boden strecken, die im Streit mit den Bierkrügen schon oft gesiegt haben, und dabey so rüstig geworden sind wie die Helden auf dem Blatte *England*. So weit alles gut. Nur Schade, daß zwischen der Scheere dieser Antithese, die das französische Militär zerschneiden soll, auch Engländer liegen, die, nach Hogarths Zeichnung der großen Londoner Nationalfeierlichkeit, eben so, wie diese Franzosen, aussehen. Mag es solcher Engländer, nach Hogarth, immerhin nur wenige, und selbst unter den Stadtsoldaten in

London nur einige geben, die das Relief der übrigen desto mehr erhöhen; schlimm genug, nach der Kritik John Bulls und nach dem praktischen Sinne dieser Blätter, daß ein bewaffneter Engländer sich *jemahls* gerade so wie diese bewaffneten Franzosen ausnehmen kann! Wem das Blatt *Frankreich* patriotisch afficiren soll, der muß das letzte Blatt von *Fleiß und Faulheit* nicht gesehen haben. Das hatte Hogarth vergessen. Oder war er, gegen sein patriotisches Selbstgefühl, ohne es zu wissen, ein Prophet? Ahndete ihm etwas von einer Zeit, wo der reichsten Nation nichts dringender Noth thun würde, *als Rumfordsche Suppe*? und dieß unter der Regierung eines der besten und menschenfreundlichsten Fürsten?

Was dem Blatte *Frankreich* für den Kunstliebhaber noch den meisten Werth gibt, möchte wohl die *Gruppirung* der Truppen im Vordergrunde, und in dieser besonders die *geistliche Figur* an der Spitze der weltlichen Eroberer seyn. Dieser Geistliche, nicht der Officier, erscheint hier als der wahre Heerführer. Der Officier ist eine Nebenperson. Er sitzt zur Seite, und brät Frösche. Verloren im Enthusiasmus, der ihn auch in seiner Feldküche unter dem freyen Himmel in Gegenwart seiner Leute nicht verläßt, jauchzt er sein *Vive le Roi* (vieux style), und sein schwärmender Blick begegnet nicht dem Blicke des Soldaten, der neben ihm, den hungernden Mund an den Flintenlauf gedrückt, nach den halb gebratenen Fröschen schmachtet. Aber dem Geistlichen ist es ein Ernst mit der Expedition. Als eine Hautpfigur zeigt er sich auch auf der Mitte des Blattes. Die Stelle des stärkeren Lichts vertritt bey ihm, dem Sohne der Finsterniß, der stärkere Schatten, der durch die dunklere Farbe seines Habits entsteht. Einen Degen darf er nicht tragen. Das erlaubt die Kirche nicht. Aber ein Beil? Das ist etwas anders. Mit dem Beile, statt des Degens, in der Hand führt er seine Gläubigen an. *Vor* den Soldaten der Pfaffe; *vor* dem Pfaffen die Beweisgründe des wahren Glaubens; das ist die Hogarthische Schlachtordnung beym Ausmarsche dieser Eroberer; und der Hogarthische Gedanke dabey ist doch wohl: »Seht hier nur gleich zuerst anrücken, was zuverlässig hinten nach kommen würde, wenn, in umgekehrter Schlachtordnung, die Soldaten für den Pfaffen und der Pfaffe für seinen Bauch und seinen Glauben Alt-England erobern – *könnten*!

Das Gesicht des Pfaffen und die Bewegung der rechten Hand, mit der er die Schärfe seines ersten Beweisgrundes prüft, könnten nicht bedeutsamer und energischer seyn. Der T- selbst lacht aus dem schadenfrohen Gesicht.

Der jovialische und derbe Patriotismus aus dem Blatte *England*, macht zuerst, wenn man aus dem Hogarthischen *Frankreich* herüber kommt, bemerklich, daß man von so etwas in Frankreich keine Spur sah. Anders, als durch diesen Gegensatz, konnte auch *Hogarth*, als Mahler, den Mangel des Patriotismus auf dem ersten Blatte nicht ausdrücken.

Der positive Ausdruck auf dem Blatte *England* beruht, zum Glück für den Künstler, auch nicht bloß auf dem *geschriebenen God save the King und Rule Britannia*. Er beruht, wie die Pistole und der Degen, auf den sichtbaren Beweisen des Nationalwohlseyns und der Nationalkraft. Daraus erklärt sich der heroische Drang des kleinen Rekruten, der unter dem Längenmaße der Tapferkeit den Augenblick nicht abwarten kann, sich auf eine andre Art mit dem Feinde zu messen. Die Soldaten, die im Hintergrunde exercirt werden, klären das Uebrige auf. Der Patriotismus, eine Reflexionsempfindung, die unmittelbar dem Auge darzustellen unmöglich ist, erscheint also hier in seiner einfachsten und populärsten Energie als ein Resultat der ganzen Composition. Das ganze Blatt ist Text zu der Musik, die der Pfeifer spielt.

Hr. Ireland spricht bey dieser Gelegenheit etwas bedenklich von *alten* Zeiten. Wir sehen hier, sagt er, eine Gesellschaft wohlgenährter und hochherziger Britten mit aller fröhlichen Kühnheit *der alten Zeiten*, bereit, ihr Vaterland zu vertheidigen.

Der *satyrische* Theil dieses Blatts ist so John-Bullisch, daß er nur durch den *jovialischen* entschuldigt werden kann. Denn der Popanz, den der Grenadier an die Wand mahlt, ist doch immer ein Werk des Künstlers, der den Grenadier sammt dem Popanz gemahlt hat; und hätte sich der Künstler in dieser Vorstellung nicht gefallen, so würde er nicht durch den Ausdruck der Aufmerksamkeit, mit der die fröhliche Gesellschaft der Arbeit des Satyrikers zusieht auch die unsrige auf denselben Gegenstand geleitet haben. Der Grenadier hätte dann, als eine Nebenperson, seinen politischen Antichrist etwa in einem Winkel porträtiren können. Auch wäre nicht eben Lebensgröße zur Schönheit des Bildes nöthig gewesen. Aber Hogarth ist nicht der einzige unter den Künstlern, die Dichter ja nicht ausgeschlossen, der seinem Herzen die kleine Freude gegönnt hat, seine Helden zu Lastträgern seiner kleinen Sünden zu machen, und ihnen in den Mund oder in den Pinsel zu legen, was der Künstler selbst um des Himmels willen nicht in seinem eignen Namen gethan oder gesagt hätte, wenn es ihm gleich eine unbeschreibliche Freude machte, es durch einen Andern zu thun oder zu sagen. Und nehmen sich denn nur die Künstler dergleichen, ihrem Bedünken nach, unschuldige, wohl gar lobenswerthe Freyheiten? Hat es noch keinen Moralisten gegeben, in dessen Sittenlehre gegen gewisse Untugenden und Laster so *con amore* geeifert wird, daß sich der geheime Geschmack gar nicht verkennen läßt, den der Moralist selbst, vermuthlich ohne es zu wissen, an eben diesen Untugenden und Lastern fand? Es gäbe einen trefflichen und noch nie benutzten Stoff zu einer neuen Comödie, *die Comödie, die der Mensch mit sich selbst spielt.*

Die englischen Grenadiere müssen übrigens zu Hogarths Zeit zugleich als Mahler berühmt gewesen seyn; oder *Hogarth* muß einmahl in einem Grenadiere einen Amtsbruder entdeckt haben, der einen tiefen Eindruck auf ihn gemacht hat. Denn in der schlechten Gesellschaft auf dem dritten Blatte von *Fleiß und Faulheit* sahen wir, wie hier in der guten, einen Grenadier, fast in derselben Stellung, nur im Hintergrunde, mit der Ausübung einer von den zeichnenden Künsten beschäftigt. Durch die Art, wie der unbescholtene Grenadier, den wir hier sehen, den Pinsel führt, ist recht gut ausgedrückt, daß er mit starken Zügen mahlt. Dem Pinsel selbst fehlt es auch nicht an Stärke; und doch steckt auf den Fall, wenn er nicht scharf genug streichen sollte, schon ein andrer im Farbentopfe in Bereitschaft. In diesem Topfe, der zugleich die Stelle des Paletts vertritt, ist denn doch wohl nur Eine Farbe befindlich, und vermuthlich keine chinesische Tusche. So mahlen deutsche Ritterromanenschreiber die Charaktere ihrer Helden und Heldinnen, wie hier Ludwig XV. gemahlt wird, kräftig und mit Einer Farbe, die aber in's Feld scheint.

Artig contrastirt die Ruhe des militärischen Mahlers mit dem lauten Enthusiasmus seiner Bewunderer. So bringt es auch das wahre Verhältniß des Künstlers zum Publicum mit sich. Laut und feindselig gegen den Feind an der Wand äußert sich hier aber nur der männliche Enthusiasmus. Der weibliche zeigt sich von der kritischen Seite. Der Matrose, der es sich auf dem Tische bequem gemacht hat, schreyet dem Feinde eine verwegene Herausforderung zu. Der Soldat, der sich brüderlich an den Matrosen, lehnt, demonstrirt und ficht zugleich, und mit demselben Instrumente. Das bringt wieder der militärische Sinn des Begriffs einer Demonstration mit sich, wenn gleich *Hogarth* daran schwerlich dachte. Eine Demonstration in der Sprache der Taktik ist, bekanntlich, eine Bewegung, die einen Angriff vermuthen läßt. Sehr oft ist die Demonstration nur eine Kriegslist, um den Angriff, der von einer ganz andern Seite wirklich erfolgt, zu maskiren. Das soll aber selbst bey Demonstrationen, wo mit der Feder gefochten wird, eben so oft der Fall seyn, seitdem die Wissenschaften nicht nur *geehrt*, sondern auch *honorirt* werden. Eine Demonstration in den wissenschaftlichen Schriften dieser Art wäre dann nichts weiter als – eine Demonstration. Der wahre Angriff, der dadurch maskirt wird, ist gegen die Casse des Verlegers gerichtet. Warum sollte auch der Lehrstand sich nicht terminologisch immer mehr mit dem Wehrstande befreunden, da die Verwandtschaft der Fechtkunst mit der Disputirkunst uralt ist, und immer mehr das Ansehen gewinnt, als ob sich ohne Hieb und Stich gar kein Terrain im Lande der Wissenschaft weder erobern, noch behaupten lasse?

Der kritische Patriotismus der beiden Schönen auf diesem Blatte ist von so delicater Natur, daß er gar keinen Commentar gestattet. Kein geringes Talent gehörte wenigstens dazu, die Spitze der Gabel, deren Elasticität das eine Mädchen prüft, zu erläutern, ohne sich zu stechen.

DER AUFGEBRACHTE MUSIKER (THE PROVOKED MUSICIAN).

Erstveröffentlichung und Satzvorlage: Der Abdruck dieses Textes entspricht der Fassung im »Göttinger Taschen Calender« für 1794, S. 207–214, mit 4 Blättern von Riepenhausen nach Hogarth. Der Text erschien im Herbst 1793 und wurde vermutlich Juli/August 1793 niedergeschrieben. Eine Handschrift ist nicht überliefert. Der Text erschien mit geringen Abweichungen und »Zusätzen« von unbekannter Hand in »G. C. Lichtenberg's Erklärung der Hogarthischen Kupferstiche« Achte Lieferung, Göttingen 1805, S. 95–104. Hogarths Radierung und Kupferstich datieren von 1741.

259 *Es soll ein gewisser Hr. Festin seyn*: S. Ireland I, 127: »the late Mr. John Festin, who is the hero of the print. He was eminent for his skill in playing upon the German flute and hautboy, and much employed as a teacher of music.« Lebensdaten unbekannt; Todesjahr 1772. Für Nichols (S. 214) »undoubtely Castrucci«, der Leiter von Händels Orchester. – *Festino*: Ital. ›Kostüm-, Maskenball‹. – *gegen die Italiänische Oper gerichtet*: Zu Lichtenbergs Aversion gegen diese Kunstform, die in London seinerzeit in Blüte stand, s. auch S. 261. – *Hautbois*: Franz. ›Oboe‹. – *mäckern*: Im 18. Jh. noch übliche Schreibweise neben: meckern. – *das Milchmädchen ... eine Schönheit:* Zu Hogarths Darstellungsweise weiblicher Schönheit s. zu S. 33, zu Hogarths *Milchmädchen* s. zu S. 151.

260 *mystisch*: Zu diesem Ausdruck s. zu S. 28. – *Ireland*: Siehe Ireland I, S. 125. – *halben Mond*: Hornähnliches Instrument. Den Ausdruck gebraucht Lichtenberg auch J 1004. – *Sauschnitter*: S. zu S. 191: Schweinschneider. – *Hackmesser*: Zu den Marrowbones s. zu S. 142. – *Dust*: Engl. ›Staub, Müll‹.

261 *Die Ausleger quälen sich* ...: Bemerkenswert auch hier, daß und wie sich Lichtenberg mit den englischen ›Auslegern‹ anlegt, als ginge es um wissenschaftliche Hypothesen. – *St. Martin's lane*: Londoner Straße zwischen Cranbourne street und William IV street. – *Scholiasten*: S. zu S. 30. – *die Bettler-Oper*: Anspielung auf die »Beggar's Opera« von John Gay mit der Musik von Johann Christoph Pepusch, einem aus Berlin stammenden und in London wirkenden Geiger und Komponisten. Die Uraufführung erfolgte 1728 in London. Es handelt sich dabei um den Typus einer »Ballad-Opera«, einem Singspiel mit Volksmelodien, Balladen und Moritaten. Das Stück, eine Satire auf die englischen Gesellschaftszustände zu der Zeit, war vor allem erfolgreich als Parodie auf die italienische Oper, der auch Händel huldigte. – *Trait*: Franz. ›Zug‹. – *unsere Alexander ... Cäsare*: Anspielung auf die pompösen antikisch-klassizistischen Opernlibretti und ihre musikalische Intonation durch die ›italienische Oper‹. – *Pfennigs-Flageolettchen*: Wohl Anspielung auf die Kastraten-Stimmchen der italienischen Oper. Zu Wortbildungen mit *Pfennig-* s. das Wortregister in SB K I+II; »Pfennigs-Trompetgen« prägt Lichtenberg in F 691. – Flageolet: Seit dem 13. Jh. Bezeichung jeder kleinen Flöte, dann für die um 1581 von Juvigny in Paris geschaffene Blockflöte; scharfklingendes Instrument. – *auf derselben Leiter, wiewohl auf der untersten Staffell:* Zu diesem Bild vgl. S. 91 und die Anm. dazu. – *Litteratur-Alls*: Wohl Wortbildung Lichtenbergs. – *Spitzbuben-Schule*: Zu dieser Wortbildung vgl. S. 244.

Von unbekannter Hand erschienen in »G. C. Lichtenberg's Erklärung der Hogarthischen Kupferstiche« Achte Lieferung, Göttingen 1805, S. 105–111, folgende

Zusätze

In keinem Hogarthischen Blatte haben die Erklärer so viele Schwierigkeiten gefunden, oder vielleicht finden wollen, als in dem vor uns liegenden, indem sie sich weder über die Hauptfigur noch über die Beywerke vereinigen können. Und wiewohl sich Lichtenberg's Erklärung vorzüglich durch ihre Leichtigkeit empfiehlt, so verdienen dennoch die abweichenden Meinungen der Englischen Erklärer angeführt zu werden, wodurch das Einseitige einer jeden Darstellung berichtigt werden kann.

Hogarth gab das Blatt im Jahr 1740 als ein Seitenstück des *Dichters in der Noth* heraus und versprach noch ein drittes, das sich auf einen Mahler beziehen sollte, nachfolgen zu lassen, welches aber, wegen einiger Händel, worin er mit dem damaligen Lord Mayor Humphry Parsons gerieth, unterblieb.

Die erste Schwierigkeit welche die Erklärer beschäftigt, ist der Name des entrüsteten Violinspielers. Rouquet, hält ihn für einen Italiener, den das Geräusch von London in Wuth bringt; Nichols (S. 213) für den berühmten *Castrucci, Ireland* aber (T. I. S. 127), dem Lichtenberg folgte, für *John Festin*.

Nach Ireland soll Festin den Auftritt selbst an Hogarth erzählt, und ihm den Gedanken zu diesem Blatte angegeben haben, Festin hatte sich durch seine große Geschicklichkeit auf der deutschen Flöte und der Hautbois sehr hervorgethan, und gab Unterricht in der Musik. »Als ich mich eines Morgens« erzählte er »um neun Uhr zu dem Lord Spencer begab, und ihn nicht zu Hause fand, so ging ich zum Lord V**. Da dieser aber noch im Bette lag, so trat ich in einem Nebenzimmer ans Fenster, und erblickte hier einen elenden Kerl, der die Hautbois blies, und dem ein Zwiebelnhändler eine Zwiebel anboth, wenn er ihm ein Stückchen vorblasen wollte. Dieß geschah, und nun both er ihm zum zweyten und sogar zum dritten Mal eine Zwiebel für seine Arien an. Hierüber gerieth ich in Wuth. ›Schweig‹ rief ich ihm zu, ›du entehrst meine Kunst, wenn du die Hautbois für Zwiebeln bläsest‹.«

Wiewohl diese Anecdote unser Blatt zu erläutern scheint, so zweifle ich dennoch, daß sie Hogarth dargestellt hat. Denn der Auftritt geschieht vor dem Hause eines seiner Freunde, Huggins, auch ist das Ganze, wie bereits Lichtenberg vermuthete, gegen die Italienische Oper, und wahrscheinlich gegen Castrucci gerichtet.

Hogarth hat das Blatt oft geändert, allein eine zu scharfe Feile wäre vielleicht, nachtheilig gewesen. Das Mädchen hatte auf den ersten Abdrücken eine Puppe in den Händen, und dem Kehrichtsammler fehlte die Nase. Diese Abdrücke sind sehr selten.

Die Figuren sind gut angeordnet und gruppirt; der Ausdruck des Violinspielers ist vorzüglich meisterhaft. Wüthend hat er das Fenster aufgerissen; sein Unmuth hat keine Gränzen. Aus sich selbst weggerückt, läßt er die Violine fallen und hält sich die Ohren zu. Der Fiddelbogen biethet sich seiner rachgierigen Faust als Werkzeug dar, aber entrüstet durch die Unverschämtheit zahlloser lärmender Personen, läßt ihn seine Wuth nicht mehr erkennen, gegen wen er eigentlich zürnen will. Jedoch scheint vorzüglich der Kerl mit der Hautbois ihn zu reitzen. Er war, wie Ireland sagt, damals allgemein bekannt und fristete sein Leben durch seine Kunst, indem er sich für eine Kleinigkeit auf den Gassen hören ließ. Das Milchmädchen sticht zwar unter allen durch ihre Schönheit hervor, sie ist aber fehlerhaft gezeichnet und im Verhältniß der übrigen Personen im Vordergrund, viel zu groß und pfahlmäßig. Eben so fehlerhaft erscheint der kleine Tambour.

Von dem kleinen Häuschen, das einige für eine Vogelfalle gehalten haben, gibt Herr Ireland eine höchst sonderbare Erklärung. Er glaubt nämlich, daß es von einem Orangenverkäufer für Kinder erbaut sey, die, wenn sie eine Kleinigkeit erlegt haben, eine Kugel durch dasselbe rollen dürfen, und sobald sie glücklich durchrollen, Orangen dafür zur Belohnung erhalten. In dem Abdruck, den er vor Augen hatte, hält auch wirklich das kleine Mädchen eine Kugel in der Hand. Auch hat er selbst ein solches Spiel in der Straße von Whitehall gesehen, wo ein glücklicher Kugelwerfer drey Orangen als Preis davon trug. Demunerachtet scheint mir *Lichtenberg's* Erklärung wahrscheinlicher zu seyn.

Die kleinen Zweige endlich, welche um das Häuschen von Backsteinen gepflanzt sind, scheinen eine Arbeit des kleinen Buben mit der spitzen Kappe zu seyn.

DIE BIERGASSE UND DAS BRANNTWEIN-(GENEVER-) GÄSSCHEN. (BEER STREET AND GIN-LANE)

Erstveröffentlichung und Satzvorlage: Der Abdruck dieses Textes entspricht der Fassung im »Göttinger Taschen Calender« für 1795, S. 204–215, mit 5 Blättern von Riepenhausen nach Hogarth. Eine Handschrift ist nicht überliefert. Der Text erschien im Herbst 1794 und wurde Juli/August 1794 niedergeschrieben, wenngleich Lichtenbergs Fußnote S. 262 für einen späteren Zeitpunkt zu sprechen scheint. Der Text erschien mit geringen Abweichungen und »Zusätzen« von unbekannter Hand in »G. C. Lichtenberg's Erklärung der Hogarthischen Kupferstiche« Zehnte Lieferung, Göttingen 1808, S. 42–63. Hogarths Kupferstiche und Radierungen (2 Blätter) datieren von 1751.
Literatur: Berthold Linz, William Hogarth. Beer Street and Gin Lane. Lehrtafeln zur britischen Volkswohlfahrt. In: Kunststück. Herausgegeben von Klaus Herding. Fischer TB 3909, Frankfurt/Main 1984.

262 *Trinken ... in Deutschland auf einen bessern Fuß bringen*: Darüber läßt sich Lichtenberg schon in »Patriotischer Beitrag zur Methyologie der Deutschen« aus (SB III, S. 318–325). – *das viele Lesen*: Zu diesem Problem s. B 204 und die Anm. dazu. – *Lesen ist Trinken*: Zu diesem Vergleich s. F. 203; auch die Vergleichung von Studieren und Essen oben S. 218. – *die sieben Magister zu Hohenheim*: Lichtenberg spielt auf die Miszelle h im »Göttinger Taschen Calender« für 1795, S. 180–181 an: »Diesen Artikel setze ich ohne Ueberschrift her, und hatte große Neigung, ihn: den Artikel ohne Ueberschrift zu nennen; nicht so wohl aus Mangel an Ueberschriften, als aus Unentschlossenheit, welchen ich wählen sollte unter der Menge. Der Artikel selbst ist kurz der: Herr Sneedorf, der berühmte reisende Dänische Gelehrte, fand in dem wohleingerichteten Tollhause zu Hohenheim im Wirtenbergischen unter 38 Rasenden beiderley Geschlechts, die sich darin befanden, 7, schreibe sieben Magister, die durch übertriebenen Fleiß in dieses Haus gerathen waren. Eine genaue Geschichte dieser sieben Weisen, wenn sie ohne Kränkung der Verwandten bekannt gemacht werden könnte, möchte wohl leicht ein wichtigerer Beytrag zur Geschichte der Philosophie und der Anstrengung seyn, als die von siebenmahl sieben andern, die frey herumgehen. Toll zu werden ist ein Unglück, so wie es oft den glücklichsten Waghälsen in jedem Handel begegnen kann; aber wieviel ganz glückliche Waghälse gibt es nicht in der Welt, die vom Bankerot frey eine glückliche Nachkommenschaft hinterlassen? Die Bemerkung ist sehr gemein, daß eigentliches, zu E i n e r Absicht beschränktes Genie an Tollheit gränzt. Nullum magnum ingenium sine mixtura quadam *demenciae*, hat schon Seneka gesagt; und der gemeine Engländer sagt sprichwörtlich: Der Kerl ist zu dumm um ein Narr zu werden.« Den letzten Satz zitiert Lichtenberg übrigens schon KA 231; s. die Anm. dazu. – *Pedanten*: Zu diesem Tpy des bis zum heutigen Tag verbreiteten Akademikers s. zu S. 239: *Pedantereyen*. – *Excerpten-Lieferanten*: Von »Exzerpier-Comtoir« schreibt Lichtenberg in J 1094; zu seiner Abscheu gegenüber dem Exzerpieren s. zu E 455. – *Epopöen*: Veraltete Bezeichnung für Epos, besonders für Helden- oder Götter-Epos. – *Pedes*: Lat. (Vers-) Füße. – *Pulmones*: Lat. ›Lungen‹. – *Porter*: Darüber s. zu S. 7. – *flüssigen Brod*: »Das Bier ist ein fließendes Brod«, notiert Lichtenberg KA 199 nach Unzer »Der Arzt«, 5. Teil, 106. Stück, S. 24. – ***S. Göttinger Taschen Calender für 1795*: Lichtenbergs Fußnote: *S. oben S. 181* von mir notwendigerweise geändert; im vorliegenden Band S. 243.

263 *die Nonnen ihren Gästen ... verkaufen*: Wohl auch in diesem Fall Umschreibung für Prostituierte; s. zu S. 23.

265 *Museum Lombardicum*: Abgeleitet von den im 13. Jh. nach Frankreich geflüchteten Lombarden, bedeutet das Wort im 18. Jh.: Pfandleihhaus; s. auch L 433. 521. – *das Wappen der Companie*: Vgl. S. 269. – *Lombardstraße*: Lombard Street, zwischen Cornhill Leadenhall Street und Gracechurch Street gelegen. – *Pawn brokers shops*: Engl. ›Pfandleiher-Läden‹. – *beysammen*: Die Zehnte Lieferung, Göttingen 1808, S. 48 ergänzt: *wären*. – *Leibnitzens Weissagung*: Lichtenberg zitiert sie KA 257; s. die Anm. dazu. – *Wage*: So in der Satzvorlage.

266 *Rede des Königs*: Also Georg II. – *advertiser*: Von mir verb. aus: *advetiser*. »The public

advertiser«, 1734 als »The London Daily Post and General Advertiser« gegründet. Lichtenberg urteilt in einem Brief an Leopold Friedrich Günther von Goeckingh am 25. Januar 1781 (Bw I, Nr. 770, S. 150): »Unter denen, die täglich erscheinen, ist der public advertiser, den der berühmte Woodfall drucken läßt, und in welchem die Briefe des Junius zuerst erschienen sind, die beste, und zwar bey weitem«. – *Bierschröter*: Nach Adelung I, Sp. 1011: »in den meisten Orten Ober- und Nieder-Deutschlandes, verpflichtete Leute, welche allein das Recht haben, das Bier in die Keller, und aus denselben zu schroten, und welche an andern Orten Bierspünder, Spünder und zu Torgau Zippler heißen. Sie machen zuweilen eine eigene Innung aus, welche das Schrotamt, oder Bierschrotamt genannt wird.« – *drayman*: Engl. ›Bierkutscher‹. – *Maculatur*: S. zu S. 8. – *die Leichname in einem Korbe, ... Art von Sarge*: Vgl. dazu Lichtenbergs Miszelle »Urnen und Aschenkrüge von einer neuen Art« in dem »Göttinger Taschen Calender« für 1794, S. 178–181. – *Ich habe diese beiden Scenen ... in einer Art von allgemeiner Einleitung zu diesen Erklärungen kurz beschrieben*: Im »Göttinger Taschen Calender« für 1784, S. 5–6; in dieser Ausgabe S. 7–9. Der Textvergleich stellt lediglich geringfügige Änderungen fest, die keiner Hervorhebung bedürfen. – *eben erst ... gesagt*: Im »Göttinger Taschen Calender« für 1795, S. 197, Miszelle 8 [Vom Gebrauch der Hunde] ohne Überschrift innerhalb der Rubrik »Neue Entdeckungen, physikalische und andere Merkwürdigkeiten« schreibt Lichtenberg: »Worüber die jetzige Welt lächelt, lächelt deßwegen die Nachwelt noch nicht, und Calender haben ein Recht auf die Nachwelt.«

267 *D. Hill*: Über ihn s. zu S. 7. – *Porträtmaler ... Liotard*: Über ihn s. zu S. 7. – *Hill's Critik*: S. oben S. 7 und die Anm. dazu. – *Lauder on Milton*: S. oben S. 7 und die Anm. dazu. – *Maculatur*: S. zu S. 8. – *Weißbinder*: S. zu S. 8. – *Bierschild zu mahlen*: Über Wirtshausschilder und Lichtenbergs Beobachtung s. zu S. 122. – *Porter*: Darüber s. zu S. 7. – *Ars laudatur et alget*: Lichtenbergs Abwandlung von Juvenal, Satirae I, 74: Probitas laudatur et alget: Rechtschaffenheit [Kunst] wird gelobt und macht frösteln. Juvenal (58–138 n. Chr.), röm. Satiriker. – *pictores atque poetae*: Zu diesem Horaz-Zitat s. zu S. 248. – *Johnson bekennt*: Laut J 204 bezieht sich Lichtenberg auf John Hawkins, The life of Samuel Johnson, in 2. verb. Auflage London 1787 erschienen. – *Savage*: Richard Savage (1698–1743), engl. Lyriker und Dramatiker, starb im Londoner Schuldgefängnis Newgate. Sein Freund Samuel Johnson gab 1744 dessen Lebensbeschreibung heraus. – *Weißbinder*: S. zu S. 8. – *Auch Er ist ein Mahler*: Anspielung auf einen Correggio zugeschriebenen Ausspruch beim Anblick des Bildes der heiligen Cäcilia von Raffael: »Anch' io sono pittore« – Auch ich bin Maler.« (S. Büchmann, Geflügelte Worte, Berlin 1972, 32. Auflage, S. 632). – *der Herr Verleger bereits in einem eignen Werk den Anfang gemacht*: Die Erste Lieferung der »Ausführlichen Erklärung der Hogarthischen Kupferstiche« durch Lichtenberg war im Göttinger Verlag Johann Christian Dieterichs im Mai 1794 (laut Vorrede Lichtenbergs) erschienen (s. SB III, S. 659–726). S. auch S. 269.

269 *So etwas heißt jetzt in manchen ausländischen Zeitungen Heldenmuth*: Gemeint sind sicherlich französische Gazetten, die Lichtenberg auch zu lesen pflegte. – *Troglodytische Trinker*: Troglodyten, griech. ›Höhlenbewohner‹, Bezeichnung der antiken Ethnographie für verschiedene primitive Völkerschaften hauptsächlich an den Küsten des Roten Meeres und in Äthiopien. – *Das Lombard*: Darüber s. zu S. 265. – *Die Stange mit den drey Kugeln*: Vgl. S. 265. – *Schnirkeln*: Veraltete Form für: Schnörkel; vgl. L 197. – *Emblem des Jammers und der Dürftigkeit*: Ein ähnliches ›Sinnbild‹ formuliert S. 121. – *Philanthropin*: Zu dieser pädagogischen Einrichtung s. zu S. 117; bisweilen sind Einfälle Lichtenbergs arge Ausfälle, urteilt der Kommentator Jahre weit weg. – *Die Erklärung aller Auszierungen dieses Blatts versparen wir auf einen andern Ort*: Dieser Hinweis ist interessant, weil offenbar schon früh genug die Absicht zwischen Verleger Dieterich und Autor Lichtenberg bestand, das erfolgreiche Verlagsunternehmen Hogarth auszuweiten.

Von unbekannter Hand erschienen in »G. C. Lichtenberg's Erklärung der Hogarthischen Kupferstiche« Zehnte Lieferung, Göttingen 1808, S. 63–74, folgende

Zusätze

Da Lichtenberg die Erklärung dieser Blätter für den Göttingischen Taschenkalender vom J. 1795 schrieb, als er bereits den Anfang gemacht hatte, die Hogarthischen Kupferstiche in einem eignen Werk reichlich zu erläutern, so hat er sich etwas kurz gefaßt, und die zum Theil in hohem Grade launichten Ausfälle auf allerley Stände, womit der Künstler den Hintergrund dieser Blätter ausstaffirt, übergangen. Wir wollen daher dasjenige, was wir in den englischen Commentatoren zur Erklärung beider Blätter zweckmäßig finden, hier mittheilen.

Beide Blätter erschienen im Jahr 1751, und sind ausschließend für den John Bull bestimmt, daher sich auch die Knittelverse entschuldigen lassen, die man unter dem englischen Original findet, und von einem Schulmeister *James Toweley* herrühren, der den Porterkrug mit der Schale der Hebe, das Branntweinglas aber mit einem Becher voll Höllentrank vergleicht.

Die englischen Erklärer glauben, Hogarth habe die erste Idee zu diesen Blättern von zwey Gemählden des berühmten *Peter Breughel* oder *Höllen Breughel* entlehnt, die unter dem Namen der fetten und magern Küche bekannt sind. In der fetten Küche sieht man nur wohlgenährte und kraftvolle Personen, in der magern, dürre und ausgehungerte. Auch erblickt man darin ein mageres Weib mit ihrem Kinde, das mit dem Weibe auf der Treppe, im zweyten Blatt, eine gewisse Aehnlichkeit haben soll. Allein ich zweifle, daß Hogarth jenen Meister zum Muster genommen, denn beide Blätter sind echte Producte seiner Laune, und streng national, wiewohl etwas derb und kräftig ausgedrückt.

Das erste schildert John Bull in seiner heitersten Stimmung beym Porterkrug. Alle Figuren vereinigen sich zu einem harmonischen Ganzen von Kraft, Fülle und Wohlleben; Alles ist gemästet, außer dem Mahler, der dennoch eine gewisse Selbstzufriedenheit verräth, die von dem Bewußtseyn seines Kunsttalents herrührt, das er, seinen Zeitgenossen zur Schande, nur an Bierschilde verschwenden muß. Die Gruppe, die der Fleischer, Schmidt und Kärner bilden, ist vortrefflich, und hat durch eine spätere Abänderung viel gewonnen, da in den ersten Abdrücken der Schmidt statt der Hammelskeule einen magern Franzosen in die Höhe hebt.

Im Hintergrunde erblickt man komische Auftritte. Zwey Lastträger, die eine wohlbeleibte Dame in einer Sänfte tragen, sind von der langen Anstrengung so ermüdet, daß sie sie niedersetzen und sich mit Porter erquicken wollen. Dieß scheint den Gentleman an der Gassenecke in Erstaunen zu setzen.

Vor einem offenen Fenster sitzen drey

Schneider, von denen einer seinen Porterkrug einem Dachdecker gibt, wahrscheinlich um ihn wieder füllen zu lassen. Die Dachdecker selbst sind bereits mit Porter versehen, so wie der Mann der vor der Oeffnung eines Boden[s] steht, zu welchem eine Tonne hinaufgewunden wird, und der im Vollgenuß des Trunks seinen gefährlichen Stand zu vergessen scheint.

Von dem Mahler auf der Leiter hat *Lichtenberg* bereits das Nöthige gesagt. Er heißt *Liotard*, und besaß, wie Horacio Walpole versichert, weder Gedächtniß noch Phantasie. Ueberhaupt konnte er keine Sache darstellen, die er nicht vor Augen hatte. Mahlte er Porträte, so copirte er jeden Sommerfleck und jede Blatternarbe mit der gewissenhaftesten Genauigkeit. Daß Hogarth, wie Ireland glaubt*, durch diesen Mahler den elenden Zustand der Kunst in England habe schildern wollen, indem zu seiner Zeit kein andrer als ein Porträtmahler geschätzt wurde, bezweifeln wir aus mehrern Gründen.

Endlich müssen wir noch anmerken, daß die zahlreichen Porterkrüge, welche in den Händen der Personen sind, sämmtlich dem Wirthshause gehören, mit dessen Schilde der Mahler Liotard sich beschäftigt. »Es ist merkwürdig,« sagt Rouquet, »daß die Londoner Diebe nie einen Porterkrug entwenden. Denn wenn sich die Bürger einen Krug voll Porter von einem Wirthshause haben bringen lassen, so stellen sie ihn, wenn er geleert ist, vor die Thüre, damit die Aufwärter aus dem Wirthshause sie wieder abholen können. Ich selbst habe oft auf den Straßen solche Porterkrüge liegen gesehen, um die sich Niemand bekümmerte.«–

Man kann das zweyte Blatt nicht ohne Abscheu ansehen, weil es alles erschöpft, was den Menschen in seiner tiefsten Verworfenheit schildert. Trusler hat es zwar ausführlich beschrieben, aber mehr moralische Bemerkungen als befriedigende Aufschlüsse gegeben.

Die Scene ist in einer Gegend von London, die noch vor zwanzig Jahren die Ruinen von St. Giles genannt wurde, und dem elendesten Gesindel einen sichern Zufluchtsort darbot. Der Hintergrund stellt daher verfallene Häuser dar, unter denen der Kirchthurm von St. George in Bloomsbury hervorragt, der als ein Muster der Geschmacklosigkeit angesehen wird. Denn wie *Ralph* in seiner critischen Beschreibung der großen Gebäude von London bemerkt, so ist keine Kirche durch fehlerhaftere und lächerlichere Zierathen so entstellt als diese. Ja man sieht sogar statt der Wetterfahne die Statue eines Königs auf der Spitze des Thurms.

Der todte Balladenverkäufer am Fuß der Treppe ist von Hogarth nach dem Leben gezeichnet. Dieser Elende durchstrich, wie Ireland versichert**, die Straßen von London, both seine Balladen dem Pöbel feil, und gab, wie jener Barbier seinen Kunden, dem Käufer ein Glas Branntwein umsonst. Eben so scheuslich ist das Weib, das eine Prise Schnupftaback nimmt. Ein siecher, hinschwindender Menschenkörper, in dessen Innern Brand und Fäulung wüthen.

Das Weib, das dem Herrn Gripe ihren Theekessel anbietet, beweist dadurch, wie schrecklich die Leidenschaft des Branntweinsaufens überhand nehmen kann, weil ein Theekessel zu den letzten Bedürfnissen gehört, von denen sich ein Armer in England trennen wird.

Zur Linken steht das Haus eines Branntweinverkäufers, der keinen anlockenden Namen, und dennoch vielen Zuspruch hat. Er heißt *Kilman*, Menschenmörder. Die Gruppen vor dem Hause erklären sich von selbst. Es sind besoffene Krüppel die sich schlagen, Weiber, die so berauscht sind, daß man sie wegfahren muß, und zwey Kinder aus dem Waisenhause von St. Giles.

An das Haus des Herrn Kilman stoßen zwey andere, die dem Einsturze nahe sind. Von dem ersten ist bereits ein Theil der Wand herabgefallen; es gehört einem Barbier, der sich erhenkt hat. Der Eigenthümer des andern ist ein Tischler, wie man aus dem Sarg an der Stange sieht. Dieser Mensch hat sein Kind gespießt, und tanzt, ohne auf das Geschrey der herbeyeilenden Mutter zu achten, zu dem Hause des Herrn Gripe, um daselbst einen Blasebalg zu versetzen, den er auf dem Kopfe trägt.

Daß *sich* Hogarth ein großes und vielfaches Verdienst um die sittliche Bildung seiner Landsleute erworben, haben wir bereits oft gesagt; und daß er selbst die edle Absicht hatte, seine Nebenmenschen zu bessern, ersieht man aus einem sehr merkwürdigen Fragment seines literarischen Nachlasses***. Bey der geringen Aufmerksamkeit, die man in England auf die Cultur der untern Volksclassen wendet, war es von ihm ein herrlicher Gedanke, die unglücklichen Schlachtopfer zügelloser Leidenschaften in rührenden und erschütternden Bildern darzustellen. Diese Bilder wirkten außerordentlich, und schreckten sogar die Londoner Polizey auf, die im Jahr 1759, also acht Jahre nach der Erscheinung dieser Blätter, die Anzahl der Branntweinschenken verminderte. Auch erhielt Hogarth in demselben Jahre einen anonymen Brief, worin ihm, weil er vorzüglich jenes Gesetz bewirkt hatte, die größten Lobsprüche gemacht werden.

* *Ireland*, T. II. S. 328.

** *Ireland* T. II. S. 329.

*** S. *Ireland* T. III. Appendix. S. 354.

EIN BLÄTTCHEN VON HOGARTH

Erstveröffentlichung und Satzvorlage: Der Abdruck dieses Textes entspricht der Fassung im »Göttinger Taschen Calender« für 1796, S. 202–204. Eine Handschrift ist nicht überliefert. Der Text erschien im Herbst 1795 und wurde vermutlich Juli/September 1795 niedergeschrieben. Der Text erschien mit geringen Abweichungen und »Zusätzen« von unbekannter Hand in »G. C. Lichtenberg's Erklärung der Hogarthischen Kupferstiche« Eilfte Lieferung, Göttingen 1809, S. 101.

271 *Weder der Raum noch die Zeit haben es uns diesesmahl verstattet, unserer sonstigen Gewohnheit gemäß, eine Folge von Hogarthischen Köpfen zu liefern*: In SK 822, 4. September 1795, notiert Lichtenberg »Kalender geendigt. Glock 12. ein[ige.] 72 Seiten in folio.« Unter dem 10. Juli 1795 (SK 797) vermerkt Lichtenberg: »Am Kalender angefangen zu schreiben.« Raum wäre vermutlich gewesen, Zeit deswegen nicht, weil die Dritte Lieferung der Ausführlichen Erklärung der Hogarthischen Kupferstiche bereits seit August 1795 in Arbeit war (s. Lichtenbergs Vorrede in SB III, S. 731) und nach seiner »Vorerinnerung« im April 1796 erschien (s. SB III, S. 820). – *Pope's Lockenraub*: Alexander Pope's berühmtes komisches Versepos »The rape of the lock« erschien 1714. Interessant, daß Lichtenberg in K 203 anmerkt: »Wenn man Rape of the Lock durch ›Lockenraub‹ übersetzt, so ist schon die Hälfte des Witzes verloren.« – *Rape*: Engl.

wörtlich: Notzucht, Vergewaltigung. – *casum*: Lat. Akkusativ: den Fall (juristisch notabene). – *He ... case*: Er (er)öffnete erst die Schnupftabaksdose, dann den Fall. Die Elfte Lieferung a. a. O., S. 96, zitiert ausführlich: »She said; then raging to Sir Plume repairs, // And bids her beau demand the ravish'd hairs. // Sir Plume (of amber snuff-box justly vain, // And the nice conduct of a clouded cane) // With earnest eyes and round unthinking face, // He first the snuff-box open'd, then the case // And thus broke out – My Lord, why, what the devil? // Z-ds! damn the lock; foregad, you must be civil! // Plague on't 'tis past a jest – nay prithee, pox! // Give her the hair – he spoke, and rapp'd his box.« – *Samuel Ireland, der Verfasser der Graphic illustrations of Hogarth*: Engl. Kupferstecher und Schriftsteller (gest. 1800). Seine »Graphic Illustrations of Hogarth« erschienen in 2 Bden. London 1794; 1799. – *Lord Orford (ehemahligen Sir Horace Walpole's)*: Über ihn s. zu S. 8. – *Gulstone*: Lebensdaten nicht ermittelt. – *drey und dreyßig Pfund Sterling*: Über diese Münzeinheit s. zu S. 52. – *numero rotundo*: Lat. ›rund gerechnet‹. – *Verstoß*: Von mir verb. aus: *Vorstoß*. – *Damen ... alle etwas von dem Milchmensch*: Anspielung auf Hogarths Milchmädchen als Inbegriff weiblicher Schönheit, wie er sie verstand und zu malen vermochte? Vgl. S. 151. – *Laune, die sich ... im Paulus vor dem Felix zeigte*: S. zu S. 200; zu Hogarths von Lichtenberg so bezeichneter ›Laune‹ s. S. 27. – *Sterling*: S. zu S. 52. – *Vetter, dem Verfasser von Hogarth illustrated*: Über John Ireland s. zu S. 244.

272 *Witwe*: Über sie s. zu S. 7. – *Halb Opfer-Ochs, halb Priester*: Der Verfasser dieser Zeile, an Hallers von Lichtenberg gern zitierte, auch variierte Zeile angelehnt, konnte von mir nicht nachgewiesen werden. – *Priester*: Danach von mir Anführungszeichen eingefügt. – *Augspurger Probe*: Wohl Anspielung auf die Augsburger Konfession, die auf dem Reichstag zu Augsburg 1530 dem Kaiser Karl V. als Bekenntnis des evangelischen Glaubens überreicht wurde. – *küßt ein Paar Spühllumpen, die die Tradition für Fragmente ihrer Hemden ausgiebt*: Anspielung auf das Leichentuch Christi in Trier oder auf den katholischen Reliquenkult überhaupt. – *Spühllumpen*: DWb 10, II, Sp. 228, vermerkt lediglich: Spüllappen. – *das Mitschreyen der Steine*: Lukas 19,40 spricht Jesus von seinen Jüngern: »Wenn diese schweigen, werden die Steine schreien.« Büchmann, Geflügelte Worte, Berlin 1972[32], S. 84, verweist auch auf die »Legenda aurea« des Jacobus a Voragine und L. Th. Kosegarteus Nacherzählung der Legende unter dem Titel »Das Amen der Steine« (1810).

Von unbekannter Hand erschien in »G. C. Lichtenberg's Erklärung der Hogarthischen Kupferstiche« Elfte Lieferung, Göttingen 1809, S. 101–102, folgender

Zusatz

Die Erklärung dieses Blättchen vom sel. Lichtenberg ist so vollständig, daß wir nichts hinzufügen können. Wir bemerken daher nur, daß die Liebe der Engländer zu den Hogarthischen Kupferstichen in den letzten Jahren mehr zu als abgenommen hat, indem die Pracht der neuen Ausgabe in Druck, Papier und Verzierungen nicht höher getrieben werden kann. Auch seine Gemählde steigen immer höher im Preise. Ein Bild, aus dem Leben des Liederlichen, wurde im J. 1802 von einem gewissen Hrn. Christies für 580 Guineen gekauft! Der vorige Besitzer, Hr. Soane, gab nur 22 Guineen dafür. Es ist weit schlechter als die *Marriage à la Mode* ausgeführt, welche der bekannte Banquier Angerstein vor einigen Jahren für 1384 Pfund Sterling, also für 8304 Rthlr. an sich gebracht hat!! S. *Gentleman's Magazine* T. LXXII. S. 181.

PERSONENREGISTER